Die Kunst des Dialogs

Die Kunst des Dialogs
Gedenkschrift für Michael Fischer

Herausgegeben von
Stephan Kirste, Hanna Maria Kreuzbauer,
Ingeborg Schrems, Michaela Strasser
und Silvia Traunwieser

PETER LANG
EDITION

Bibliografische Information der Deutschen Nationalbibliothek
Die Deutsche Nationalbibliothek verzeichnet diese Publikation in der Deutschen Nationalbibliografie; detaillierte bibliografische Daten sind im Internet über http://dnb.d-nb.de abrufbar.

ISBN 978-3-631-66379-0 (Print)
E-ISBN 978-3-653-05835-2 (E-PDF)
E-ISBN 978-3-631-69974-4 (EPUB)
E-ISBN 978-3-631-69975-1 (MOBI)
DOI 10.3726/b10651

Peter Lang Edition ist ein Imprint der Peter Lang GmbH.

Peter Lang – Frankfurt am Main · Bern · Bruxelles · New York · Oxford · Warszawa · Wien

Diese Publikation wurde begutachtet.

www.peterlang.com

Vorwort

Am 1. Juni 2014 ist der Salzburger Rechts- und Sozialphilosoph Michael Fischer verstorben. Wenn auf einen Menschen die Bezeichnungen „Universalgelehrter“ und „Intellektueller“ zutreffen, so auf ihn, denn sein wissenschaftliches Werk umfasst nicht nur die Rechts- und Sozialphilosophie, mit der er sich als Universitätsprofessor an der Universität Salzburg ausführlich beschäftigt hat, sondern auch die Kulturwissenschaft, Politikwissenschaft, Soziologie, Geschichte und vieles mehr. Ganz zu schweigen von seinem wahrscheinlich wichtigsten Interesse, nämlich der Kunst.

Von seinen wissenschaftlichen Publikationen zur Geheimbundforschung, zur Entwicklung des Nationalsozialismus, zu den sozialen und kulturellen Trends des 21. Jahrhunderts oder zur Ethik – um nur einige wenige Themen zu nennen –, über seine Beiträge in den Medien, seine Projekte, wie beispielsweise die zahlreichen wissenschaftlichen Tagungen, die er an den erlesensten Plätzen Europas organisiert hat, oder die Reihe „Europa NEU denken“, reichten seine zahllosen Aktivitäten bis hin zu den Festspiel-Dialogen, die er 20 Jahre lang (1994 bis 2014) veranstaltete. „Der Intellektuelle“ wurde er daher in der Festschrift zu seinem 65. Geburtstag[1] zu Recht genannt.

Mit dieser Gedenkschrift wollen wir, die Autoren, Autorinnen, Herausgeber und Herausgeberinnen des vorliegenden Bandes daher seiner gedenken. Bei den Beiträgen handelt es sich zu einem Großteil um Vorträge, die anlässlich der Tagung „Die Kunst des Dialogs: Gedenktagung für Michael Fischer“ (Salzburg, 2. und 3. Juli 2015) gehalten wurden. Um die bereits beschriebene Reichhaltigkeit von Michael Fischers Werk zumindest ansatzweise abzubilden, ist das Buch in vier Teile gegliedert: es beginnt mit einem allgemeinen Teil, der Worte zu Person und Bedeutung Fischers enthält. Dem folgen drei inhaltliche Teile, und zwar zu den Themen „Kultur und Kunst“, „Philosophie und Wissenschaft“ und „Recht, Politik und Wirtschaft“. Die Beiträge beschäftigen sich mit sehr unterschiedlichen Themen und geben stets die Meinung der Autoren und Autorinnen wieder, nicht die der Herausgeberschaft.

Diesen Autoren und Autorinnen sowie allen anderen Personen, die bei der Herstellung des Buches mitgeholfen haben, insb. Herrn Yevhen Vereshchahin und den Betreuern und Betreuerinnen des Peter-Lang-Verlags, gilt unser Dank,

---

1 Fischer, Ilse / Schrems, Ingeborg (Hrsg.): Der Intellektuelle. Festschrift für Michael Fischer zum 65. Geburtstag. Peter Lang: Frankfurt a.M. et al. 2010; ferner: Wöhle Claudia B. / Augeneder, Silvia / Urnik, Sabine (Hrsg.): Rechtsphilosophie. Vom Grundlagenfach zur Transdisziplinarität in den Rechts-, Wirtschafts- und Sozialwissenschaften. Festschrift für Michael Fischer. Peter Lang: Frankfurt a.M. et al. 2010.

ebenso wie allen Sponsoren der Gedenktagung und des Bandes. Das sind die Stiftungs- und Förderungsgesellschaft der Paris-Lodron-Universität-Salzburg, die Evers-Marcic-Stiftung, der Kooperationsschwerpunkt Wissenschaft und Kunst der Universität Salzburg/Universität Mozarteum, das Land Salzburg, die Stadt Salzburg, die Café-Konditorei Fürst, das Salzburger Mietwagen und Reise Service GesmbH, die Universität Salzburg, die Rechtswissenschaftliche Fakultät der Universität Salzburg sowie der Fachbereich Sozial- und Wirtschaftswissenschaften.

Unser letztes Wort soll aber dem Ausdruck unseres Mitgefühls mit Michael Fischers Hinterbliebenen gewidmet sein, seiner Familie, seinen Freunden und Kollegen, allen voran jedoch seiner Gattin, Frau Ilse Fischer.

Stephan Kirste, Hanna Maria Kreuzbauer, Ingeborg Schrems, Michaela Strasser und Silvia Traunwieser.

Salzburg, im Juli 2016

Inhalte

Vorwort 5

Biographische Skizze Michael Fischer 11

Ingeborg Schrems
Über Michael Fischer 15

Einleitende Worte

Helga Rabl-Stadler
Michael Fischer zum Gedenken 23

Johannes Hahn
Vom Wert des Dialogs. Freundschaft als politische und soziale Kategorie 27

Kultur und Kunst

Johannes Honsig-Erlenburg
Einführende Gedanken 33

Ortrud Gutjahr
Plötzlich angesprochen! Überlegungen zum theatralen Dialog mit dem Publikum 39

Bazon Brock
Kreuzen gegen den Sturm der Zeit: Europa denken! Einheit durch Verschiedenheit. Gegen Einheit aus Verschiedenheit 53

Peter Ruzicka
Kulturkritik und Persönlichkeitsrecht 63

Ingrid Hentschel
Welt und Wirklichkeit – Das Zentrum des Theaters 73

Dieter Borchmeyer
Mozart – *Über allem Zauber Liebe* 85

Ulrich Leisinger
Festspiel-Dialoge 2014 – Don Giovanni 95

Gerhard Katschnig
Don Juan zwischen Madrid und Prag 109

Philosophie und Wissenschaft

Volker Gerhardt
Selbstdenken 121

Birgit Recki
Sinnlichkeit – Unvernunft – Melancholie? Mutmaßungen über die „Nachtseite der Vernunft“ 129

Walther Ch. Zimmerli
„...WEIL EIN GESPRÄCH WIR SIND...“ Der hermeneutische Dialog in der Zweiten Dialektik der Aufklärung 147

Helmut Kohlenberger
Der Andere im Dialog 159

Peter Daniel Moser
Lieber mit Montaigne und Camus irren als mit Heidegger und Thomas von Aquin die Wahrheit behaupten: Ein Dialog zwischen Lebenden, Toten und Erfundenen 173

Reinhold Knoll
Humanität als Floskel? Zur Erinnerung an ein Anliegen von Michael Fischer 185

Norbert Paulo
Ist ein fruchtbarer Dialog zwischen empirischer und normativer Ethik möglich? Eine Untersuchung am Beispiel der Debatte zwischen Greene und Berker 193

Hendrik Jan Ankersmit / Helmut Hofbauer
Hegemon und Wissenschaft 205

Silvia Traunwieser
Die Analyse eines Dialogs – Fortpflanzungsmedizin in Österreich 217

Jürgen Wallner
Die Organisation, der blinde Fleck der Ethik
Organisationsethische Methodik am Beispiel eines Krankenhauses 227

Manfred Gabriel
Anerkennung und Autonomie in Wissenschaft und Kunst 237

Recht, Politik und Wirtschaft

Kurt Seelmann
Die Kunst des Dialogs im Recht 251

Stephan Kirste
Recht als Kultur 261

Michaela Strasser
Legitimationsmuster terroristischer Gewalt 293

Michael Geistlinger
Die EU und Russland – Die Kunst des Dialogs 307

Nikolaus Dimmel
Post-demokratische Politiksimulation – Politische Quasi-Diskurse und non-evidence based Policy 321

Wilhelm Donner
Dialogproblem Sozialstaat. Seine ideelle Genese und das Organisationsproblem Gesundheit 339

Rudolf Mosler
Die Kunst des Dialogs: Arbeitsverfassung und Sozialpartnerschaft 353

Johannes Hofstätter / Walter Scherrer / Hannes Winner
Der Wunsch nach Wachstum: Empirische Evidenz und wirtschaftspolitische Perspektiven 367

Raimund Jakob
Fremd sein: Psychosoziologische Gedanken zu Integration und Assimilierung 379

Hanna Maria Kreuzbauer
Sehr kurze Geschichte europäischer Grundwerte 391

Die Herausgeber/-innen 409

Verzeichnis der Autorinnen und Autoren 411

Biographische Skizze Michael Fischer

Univ.-Prof. DDr. Michael Fischer wurde am 25. März 1945 in Prag geboren und kam mit seinen Eltern im Februar 1946 nach Salzburg. Dort besuchte er von 1951–1955 die Volksschule, danach von 1955–1963 das Humanistische (heute Akademische) Gymnasium, das er 1963 mit der Matura abschloss.

1963–1969 absolvierte Michael Fischer das Studium der Rechtswissenschaften an den Universitäten Wien und Salzburg. 1969 erfolgte die Promotion zum Dr. iur. an der Rechtswissenschaftlichen Fakultät der Universität Salzburg. Ebenfalls 1969 begann er das Studium der Politikwissenschaften, Soziologie und Philosophie an der Universität Salzburg.

Von 1969–1973 war er Universitätsassistent an der Rechtswissenschaftlichen Fakultät Salzburg von Univ.-Prof. Dr. René Marcic am Institut für Rechtsphilosophie, Allgemeine Staatslehre und Politikwissenschaften und nach dessen Tod von 1973–1982 bei Univ.-Prof. Dr. Ilmar Tammelo.

1972 erfolgte die Promotion mit Auszeichnung zum Dr. phil. an der Geisteswissenschaftlichen Fakultät der Universität Salzburg. Das Thema der Dissertation behandelte „Das Hegelbild des Materialismus“.

Von 1972–1974 war Michael Fischer nebenberuflich wissenschaftlicher Lektor des Rombach Verlages in Freiburg im Breisgau. Von 1973–1976 war er an der Universität Salzburg karenziert und Dozent (Assistent mit Lehrauftrag) am Philosophischen Seminar der Universität Zürich bei Prof. Dr. Dr. h.c. Hermann Lübbe.

1975 begann Michael Fischer mit seiner Habilitationsschrift unter dem Arbeitstitel „Die Rolle der Geheimbünde in Wissenschaft und Politik“. 1976 kehrte er an die Universität Salzburg zurück, und zwar an das mittlerweile umbenannte Institut für Rechtsphilosophie, Allgemeine Staatslehre und Methodologie der Rechtswissenschaften. 1979 erfolgte die Habilitation für „Rechtsphilosophie sowie Politikwissenschaft unter besonderer Berücksichtigung der Politischen Theorie“ an der Rechtswissenschaftlichen Fakultät der Universität Salzburg.

1980 war er für ein Semester Gastdozent an der Universität Innsbruck am Institut für Rechtsphilosophie und Öffentliches Recht unter Leitung von Univ.-Prof. Dr. Hans R. Klecatsky. 1982 wurde er Universitätsprofessor für Rechtsphilosophie und Politikwissenschaften unter besonderer Berücksichtigung der Politischen Theorie.

Von 1983–1999 war er Vorstand des Instituts für Rechtsphilosophie, Allgemeine Staatslehre und Methodologie der Rechtswissenschaften an der Rechtswissenschaftlichen Fakultät der Universität Salzburg und dort ab

1. Oktober 1984 Leiter der Abteilung für Sozialphilosophie, Politikwissenschaft und Grundlagenforschung.

1987 folgte eine Gastprofessur für ein Semester an der Universität Graz am Institut für Rechtsphilosophie und Rechtssoziologie unter Leitung von Univ.-Prof. DDr. Dr. h.c. Ota Weinberger und 1988 eine Gastprofessur ebenfalls für ein Semester an der Universität Tübingen am Soziologischen Seminar unter Leitung von Prof. DDr. Johannes Neumann.

Von 1991–1992 hatte Michael Fischer eine Gastprofessur am Philosophischen Seminar der Universität Zürich inne und vertrat den vakanten Lehrstuhl für Politische Philosophie von Prof. Dr. Dr. h.c. Hermann Lübbe. 1993 lehnte er den Ruf auf diesen Lehrstuhl aus familiären Gründen ab.

Von 1999–2004 war Michael Fischer Vorstand des neu gegründeten Instituts für Grundlagenwissenschaften (Zusammenschluss der Institute für Rechtsphilosophie sowie Rechtssoziologie) an der Rechtswissenschaftlichen Fakultät der Universität Salzburg und danach von 1. Oktober 2004–2009 Fachbereichsleiter des wiederum neu gegründeten und erweiterten Fachbereichs Sozial- und Wirtschaftswissenschaften an der Rechtswissenschaftlichen Fakultät der Universität Salzburg, in dem die Institute für Grundlagenwissenschaften und Rechtsgeschichte (sozialwissenschaftliche, philosophische und historische Grundlagen) sowie für Wirtschaftswissenschaften (Betriebs- und Volkswirtschaftslehre) zusammengeführt wurden. 2004 hatte er eine Gastprofessur für Kulturwissenschaften an der Universität Klagenfurt inne mit anschließender Tätigkeit als Lektor. 2007 wurde er Honorarprofessor für Kulturwissenschaften an der Kulturwissenschaftlichen Fakultät der Universität Klagenfurt. Im Zentrum stand hier die Vermittlung der internationalen Dimensionen der Kulturarbeit an junge Menschen verbunden mit Exkursionen an die großen Opernhäuser Europas und Treffen mit international renommierten Kulturpraktikern wie Gerard Mortier oder Peter Ruzicka.

Seit 2009 bis zuletzt war Michael Fischer Mitglied der Bioethikkommission beim Bundeskanzleramt. Seine Berufung in diese Kommission ging mit der Ausbildung des Forschungsschwerpunkts „Ethik transdisziplinär" einher.

Seit 1994 bis zuletzt war er Leiter der Salzburger Festspiel-Dialoge, die er gemeinsam mit Gerard Mortier, dem ehemaligen Intendanten der Salzburger Festspiele (1991–2001), begründet hatte. Konzeption und Organisation dieser wissenschaftlichen Gesprächsreihe, in deren Zentrum die jeweiligen Opern-Neuinszenierungen der Salzburger Festspiele standen, stammten ebenfalls von ihm.

1996 war er Wissenschaftlicher Leiter des European Art Forums in Salzburg, gegründet von Land Salzburg in Zusammenarbeit mit der Europäischen Union, der Republik Österreich und den Salzburger Festspielen als Plattform für kritisch kommentierte und kontroversielle Beiträge zur

Erarbeitung konkreter Vorschläge für eine EU-Kulturpolitik abseits rein theoretischer Analysen.

2006 zeichnete Michael Fischer für die wissenschaftliche und konzeptionelle Ausrichtung des Festspiel-Eröffnungs-Symposions „Die Festspiele – Visionen, Wünsche, Wirklichkeit“ verantwortlich sowie 2010 für das Festspiel-Symposion „Der ‚andere‘ Gott“. 2012 und 2014 folgten Festspiel-Symposien zur „Zukunft der Salzburger Festspiele“.

Ende September 2010 trat er an der Rechtswissenschaftlichen Fakultät in den Ruhestand und wurde mit 1. Oktober 2010 vom Rektor der Universität Salzburg, Univ. Prof. Dr. Heinrich Schmidinger, mit der Leitung des Programmbereichs Arts & Festival Culture am Schwerpunkt Wissenschaft und Kunst der Universität Salzburg / Universität Mozarteum beauftragt. Zentrales Anliegen war hier die Vermittlung einschlägiger Kompetenzen und Methoden am Beispiel von Kunst- und Kulturinstitutionen als Grundlage für die Auseinandersetzung mit den aktuellen Problemen der zeitgenössischen Bühnenkünste in ihrem sozialen Kontext. Diese Funktion übte er bis zuletzt aus.

Im Herbst 2010 etablierte Michael Fischer am Salzburger Landestheater gemeinsam mit Intendant Carl Philip von Maldeghem die Gesprächsreihe Stage-Talk, in der sich Theatermenschen und Wissenschaftlerinnen und Wissenschaftler im ästhetischen und gesellschaftlichen Dialog programmatisch zu jeweiligen Produktionen begegneten. Die Reihe wird ab der aktuellen Spielzeit 2016/17 in Erinnerung an Michael Fischer fortgeführt.

Im Herbst 2011 begann Michael Fischer mit der Konzeption und Organisation der Symposionsreihe „Europa NEU denken“, die unter Schirmherrschaft von EU-Kommissar Dr. Johannes Hahn steht. Internationale Symposien fanden 2012 und 2013 in Triest/Italien sowie 2014 in Piran/Slowenien statt. Ausgangspunkt war die Überlegung, Kultur in der Politik der lokalen und regionalen Entwicklung durchgängiger zu berücksichtigen, da Kreativität, Innovation und Unternehmergeist wichtige Wirtschaftsfaktoren sind, die daneben aber genauso für Lebensqualität, Wohlbefinden und kulturelle Vielfalt sorgen. Diese Reihe wird als „Michael Fischer Symposion“ von Ilse Fischer mit einem Beratungsteam weitergeführt (2015 in Dubrovnik/Kroatien und 2016 in Syrakus/Italien).

Am 1. Juni 2014 ist Michael Fischer verstorben.

Forschungsschwerpunkte

Seit 1969: Neben den Schwerpunkten des Studiums, Auseinandersetzung mit „Hegel und dem Linkshegelianismus“ (bis 1978) und „Geschichte der Aufklärung sowie Rolle der Aufklärung heute“ verstärkte Auseinandersetzung mit Kunsttheorie und Kunstsoziologie.

1974: „Die Rolle der Geheimbünde von der Frühaufklärung bis zur Romantik" (bis 1988) sowie Herausbildung der „Ethik" als durchgehender Schwerpunkt.

1982: „Wissenschaftssoziologie und Wissenschaftsethik" (Toleranz und Gewaltforschung).

1984: „Die philosophische und soziologische Dimension von Gesetzgebungstheorien" sowie „Antike Ethik und Sozialphilosophie".

1989: „Politische Theorie des Nationalsozialismus und aktueller Rechtsextremismus" (bis 2004).

1992: „Die gesellschaftliche Funktion von Kunst".

1996: „Empirische Wertewandelforschung" (Trendforschung) sowie „Ethik transdisziplinär" (Ethik als Schnittstelle zur Ästhetik, Humanforschung, Trend- und Gewaltforschung).

2002: „Kunst als politisches Programm" sowie „Kunst als Sinnorientierung".

2004: Beginn des Projekts „Der aktuelle Stand der Ethik in den Wissenschaften in Österreich. Auswirkungen, Perspektiven und Maßnahmen: State-of-the-art-Studie" im Auftrag des Bundesministeriums für Wissenschaft, Forschung und Kunst (BMWFK) im Rahmen von „Ethik transdisziplinär". 2007: Abschlussbericht des Ethik-Forschungsprojekts sowie 2007–2008: Folgeprojekte des Ethik-Forschungsprojekts.

2007: Beginn des Forschungsprojekts „Subjekt und Kulturalität" (in Zusammenarbeit mit dem Studium Generale der Universität Mainz, Prof. Dr. Andreas Cesana, sowie dem Lehrstuhl für Rechtsphilosophie und Strafrecht der Universität Basel, Prof. Dr. Dr. h.c. Kurt Seelmann): Der Kern des interkulturellen Forschungsansatzes besteht in der Einsicht, dass es unmöglich ist, die eigene Identität zu bestimmen, ohne sich mit anderen (Fremdidentitäten) zu konfrontieren.

Ab 2010: „Europäische Opern- und Festivalkultur": Aufbau und Herstellung einer transdisziplinären und multiperspektivischen Arbeits- und Diskussionskultur zwischen den europäischen Kulturinstitutionen mit neuen Lösungsansätzen aktueller Frage- und Problemstellungen.

Ab 2011: „Kunst, Kulturalität und Menschenbild" (Fortführung von „Subjekt und Kulturalität"): Forschungsansatz: Es soll der Nachweis erbracht werden, dass und in welchem Ausmaß Selbstwahrnehmung und Selbsterfahrung kulturell konstruiert sind.

Ab 2011: „Europa NEU denken" (unter Schirmherrschaft von EU-Kommissar Dr. Johannes Hahn): Forschungsansatz: Die Vielfalt der regionalen Kulturen ist zur zentralen Bedingung eines künftigen europäischen Zivilisationsverständnisses geworden.

Ingeborg Schrems

Über Michael Fischer

> Die Menschheit pumpt pro Minute durch ihre Herzen 53,4 Milliarden Liter Blut, und dieser rote Fluß befremdet uns nicht, muß er doch fließen, um das Leben aufrechtzuerhalten. In derselben Zeit sondern die männlichen Genitalien 43 Tonnen Samen ab, und der Haken steckt darin, daß zwar jede Ejakulation auch ein gewöhnlicher physiologischer Akt, aber für den einzelnen Menschen ein unregelmäßiger, intimer, nicht allzu häufiger, ja nicht einmal ein unbedingt notwendiger Akt ist. Gibt es doch Millionen Greise, Kinder, Menschen, die in einem freiwilligen oder erzwungenen Zölibat leben, Kranke usw. Und doch fließt dieser weiße Strom mit derselben Beständigkeit wie jener rote. Die Unregelmäßigkeit verschwindet nämlich, wenn die Statistik die ganze Erde erfaßt, und das ruft Erstaunen hervor. Die Menschen setzen sich an gedeckte Tische, suchen nach Abfällen in Müllhaufen, beten in Gotteshäusern, Moscheen, Kirchen, fliegen in Flugzeugen, fahren in Autos, stecken in mit Atomraketen bestückten U-Booten, debattieren in Parlamenten, Milliarden Menschen schlafen, Leichenzüge gehen durch Friedhöfe, Bomben explodieren, Ärzte beugen sich über Operationstische, Tausende Professoren und Dozenten besteigen gleichzeitig ihre Katheder, Theatervorhänge gehen auf und nieder, Überschwemmungen ergießen sich über Felder und Häuser, Kriege werden geführt, Traktoren stoßen auf den Schlachtfeldern uniformierte Leichen in Gräben hinab, es donnert, es blitzt, es ist Tag, es ist Nacht, es dämmert am Morgen und am Abend – was auch immer geschieht, der befruchtende Strom von 43 Tonnen Sperma fließt pausenlos und das Gesetz der großen Zahlen garantiert, daß er ebenso beständig bleibt wie die Menge der auf die Erde fallenden Sonnenenergie.[1]

Dieses Zitat von Stanisław Lem aus einer fiktiven Rezension brachte Michael Fischer unter anderem in meinem ersten Zusammentreffen mit ihm, als ich als Studentin im zweiten Semester Politikwissenschaft an seinem Seminar „Texte über Politik" teilnahm. Michael Fischers Herangehensweise an einen Text, und was man aus diesem herausholen oder auch nicht herausholen konnte, war für mich Neuland. Seine Art, wie er verschiedene Texte oder Werke präsentierte, wie er über diese sprach, war eine für mich bis dahin unbekannte Art der Vermittlung bisher nicht angedachter oder auch ungewohnter Einblicke. Durch seine persönliche Begeisterung für einen Text gelang es ihm, das Auditorium auf seine Gedankenreisen mitzunehmen und das weiterzugeben, was seiner Meinung nach einen Text so besonders machte, oder warum es sich lohnte, sich mit diesem oder jenem Buch unbedingt auseinanderzusetzen. Michael

1 Lem, Stanisław: *Eine Minute der Menschheit.* Aus d. Poln. v. Edda Werfel. Suhrkamp: Frankfurt a.M. 1983, S. 41–43.

Fischer war ein Magier in dieser Beziehung, denn er hatte die Fähigkeit, seine Leidenschaft für etwas an andere derart weiterzugeben, dass man selbst auch all das unbedingt näher kennenlernen musste, von dem er so mitreißend gesprochen hatte. Es gab damals auch einen „hermeneutischen" Zirkel von mehreren, meist höhersemestrigen Studierenden, die sich mit Michael Fischer auch nach den Seminaren trafen und mit ihm weiter diskutierten. Zu diesem Kreis gehörte ich allerdings nicht dazu.

Ich traf auf Michael Fischer wieder, als ich eine Stelle als Karenzvertretung an der Rechtswissenschaftlichen Fakultät der Universität Salzburg antrat und mich in der Folge am damaligen Institut für Rechtsphilosophie, Methodologie der Rechtswissenschaften und Allgemeine Staatslehre um die ausgeschriebene Stelle einer Referentin bewarb. Michael Fischer war Institutsvorstand und nach einem ersten Gespräch hatte er sich bereits entschieden, dass ich künftig seine Mitarbeiterin sein sollte. So begann im Juli 1992 unsere Zusammenarbeit. Zahlreiche Studierende absolvierten in dieser Zeit als eine der ersten rechtswissenschaftlichen Prüfungen das Grundlagenfach Soziologie für Juristen oder kurz vor Ende des Diplomstudiums das Wahlfach Politikwissenschaft bei Michael Fischer. Seine Lehrveranstaltungen dazu gestaltete er durchaus im Frontalvortrag mit praktischen Beispielen, Fragen jederzeit erwünscht. Die Studierenden sollten sich den Stoff keinesfalls durch Auswendiglernen aneignen, wichtig war das Begreifen der viel weiteren Zusammenhänge, die Anwendung im praktischen Leben. Das Bewusstsein sollte erweitert und geöffnet werden für eine andere Sicht der Dinge weit über die Fachgrenzen hinaus, das war Michael Fischers zentrales Anliegen. Vielen sind heute noch die Skripten „Politikwissenschaft/Politische Soziologie", „Nationalsozialismus" oder „Neonazismus" ein Begriff.

Wer sich darauf einließ, Michael Fischers Gedankenwelt zu folgen, zog großen Gewinn daraus. Nicht alle aber konnten das, weil er durchaus nicht immer strikt linear nach Schema vorging. Vielmehr folgte er im Vortrag oder im Gespräch auch Gedankensträngen, die gleich über mehrere Sprünge weiterführten, ohne dass er das genau aussprach, weil es für ihn so klar und unmissverständlich war. In seinem Denken vollzog er aber sehr wohl diese Etappen. Michael Fischer wusste immer ganz genau, woraufhin er hinauswollte. Dass er dabei so manchen Zwischenschritt oder Gedanken nicht explizit erwähnte, erleichterte es manchen nicht, seinen Ausführungen zur Gänze zu folgen. Ließ man sich aber auf Michael Fischers Denkweise ein, war es ganz wunderbar, welche anderen Wege und Richtungen sich erschlossen, die man vorher nie angedacht hätte. Auch für mich war das ein großer Lernprozess. Allerdings hatte ich bald verstanden, was ihm wichtig war, worauf er Wert legte und was er erreichen wollte. Deswegen war unsere Zusammenarbeit wohl auch so gut, weil ich seine Anliegen an andere gut weitergeben und transportieren konnte. Natürlich spielte die Erfahrung der jahrelangen Zusammenarbeit dabei eine große Rolle.

Ab 1994 durfte ich Michael Fischer und die von ihm gemeinsam mit dem ebenfalls 2014 verstorbenen Gerard Mortier begründeten und bis zuletzt jährlich stattfindenden „Festspiel-Dialoge“[2] begleiten. Im ersten Programm „Warum brauchen wir Utopien, die scheitern?“, schrieb er:

> Kunst ist ein Bestandteil öffentlicher Ideenproduktion und nicht nur Nimbus des Luxuriösen und Exklusiven. Ins Politische gewendet, kann Kunst Wert- und Begeisterungsbedürfnisse steigern, aber auch Furcht- und Zwangsvorstellungen mobilisieren. In einer Welt, die durch eine Gegenutopie zunehmender Gewaltbereitschaft gekennzeichnet ist, hat Kunst auf ihr Recht zu bestehen, nämlich, daß Kunst Utopie ist, befreit von der Lüge, stets Wahrheit zu sagen. Gerade darum ist Kunst Aufforderung zum Dialog.

Das war eine der Grundthesen, die Michael Fischer dieser Gesprächsreihe zugrunde legte und die intellektuell begleitend speziell zu den Opernaufführungen der Salzburger Festspiele stattfand. Die „Festspiel-Dialoge“ wurden zu einer Herzensangelegenheit Michael Fischers. Sobald Ende August das Festspielprogramm des nächsten Jahres bekannt war, begann er, eine Konzeption zu erarbeiten und anhand dieser geeignete Rednerinnen und Redner einzuladen, einen speziellen Aspekt vorzutragen. Er hatte immer eine genaue Vorstellung davon, welches Spektrum ein Vortrag abdecken sollte. Das alles bereitete er mit schier unendlicher Akribie vor, erarbeitete umfangreiche Arbeitsskripten, Moderations- und Diskussionsunterlagen. Er war im Vorfeld gegen alle Eventualitäten gewappnet, und das alles zusätzlich zu seinem ohnedies vorhandenen breiten Wissen. Er überließ im Vorfeld nichts dem Zufall. Das ist wohl auch einer der Gründe, warum diese Gespräche so erfolgreich waren. Michael Fischers Moderation, seine ergänzenden Ausführungen waren stets getragen von einer Leichtigkeit und Mühelosigkeit. Dahinter steckte jedoch harte Arbeit, vor allem aber die unheimlich große Freude, die ihm diese Arbeit bereitete.

Gute Vorbereitung war generell ein Merkmal von Michael Fisches Arbeitsstil. Egal ob es sich um einen Vortrag, eine Projektkonzeption oder -antrag, ein Strategiepapier für den Fachbereich oder die Vorbereitung einer Lehrveranstaltung handelte. War sie doch unabdingbare Voraussetzung für einen erfolgreichen Abschluss. Das wusste er genau. Wenn er zu mir ins Büro kam, sich einen Sessel neben mich vor den Computer heranzog und die Tür zumachte, wussten die anderen Kolleginnen und Kollegen, dass da nun gearbeitet wurde und Unterbrechungen höchst unerwünscht waren. Da konnte Michael Fischer schon auch einmal die Geduld verlieren, wenn es an der Tür klopfte oder das

2 *Festspiel-Dialoge*, retrieved 8.5.2016, from www.w-k.sbg.ac.at/archiv/arts-festival-culture/festspiel-dialoge.html.

Telefon zum wiederholten Male läutete – Geduld zählte sicherlich nicht zu seinen Stärken.

Im Mittelpunkt stand für Michael Fischer stets seine Arbeit. Auch in Zeiten, in denen er gesundheitlich schwer angeschlagen war – er verheimlichte nie, dass dieser Zustand durch übermäßigen Zigarettenkonsum rein selbst verschuldet war – verfasste er Manuskripte zur Bearbeitung oder sprach Texte auf Bänder zum Abtippen. Nie gab es Stillstand. Das Private und Berufliche verzahnte sich dabei völlig. In jeder Situation fiel Michael Fischer wieder etwas ein, wie strategisch klug in einer Sache weiter vorzugehen, in welche Richtung zu schreiten und was noch alles miteinzubeziehen wäre. Niemals war er diesbezüglich außer Dienst. Privatleben und Beruf bildeten eine Einheit. Es gab hier keine klare Grenze. Als Beispiel darf ich nur die berühmten Essenseinladungen bei sich zuhause in Anif anführen. Der Esstisch war für ihn und seine Frau Ilse stets Forum für neue Ideen, Freundschaften und Projekte. Hier arrangierte er neue Begegnungen und initiierte Gespräche bei einem guten Glas Wein und gutem Essen. Das war ihm stets eine Herzensangelegenheit.

Nach seiner Pensionierung am Fachbereich Sozial- und Wirtschaftswissenschaften an der Rechtswissenschaftlichen Fakultät übernahm Michael Fischer im Oktober 2010 mit Sonderauftrag des Rektors die Leitung des neu errichteten Programmbereichs „Arts & Festival Culture" am Schwerpunkt Wissenschaft und Kunst der Universität Salzburg/Universität Mozarteum. Von ihm konzipiert sollte dieser neue Programmbereich eine Schnittstelle bilden zwischen philosophischen (visionären), soziologischen und wirtschaftlichen Fragestellungen und Problemfeldern von Festivals. Ausgehend von den „Festspiel-Dialogen" intensivierte Michael Fischer ab nun maßgebend mit seinen profunden und vielseitigen akademischen Fähigkeiten die engere Verbindung zwischen Universität und Salzburger Festivalkultur. Aus seinen zahllosen Netzwerken in den Bereichen Kultur und Wissenschaft, Politik und Gesellschaft schöpfend, konzipierte er die großartigen Festspiel-Symposien zur „Zukunft der Salzburger Festspiele" (2012 und 2014) und etablierte die Gesprächsreihe „Stage Talk" am Salzburger Landestheater.

Im Studienbereich installierte er die neue Vorlesungsreihe „Zyklus der Mozartopern" in Zusammenarbeit mit der Stiftung Mozarteum sowie internationale Symposien mit angeschlossenen Forschungsseminaren am Teatro Real Madrid und unter der Schirmherrschaft von EU-Kommissar Johannes Hahn die Symposionsreihe „Europa NEU denken"[3]. Leidenschaftliches Anliegen war ihm dabei neben der Vermittlung von Basiswissen vor allem das Verstehen der Notwendigkeit ständigen Hinterfragens, Recherchierens und Erforschens sowie Anregung zum Nachdenken zu stiften. Im Zentrum stand stets der lebendige Diskurs, die Aufforderung, eine eigene Lesart zu entwickeln.

---

3 *Europa NEU denken*, retrieved 8.5.2016, from www.europa-neu-denken.com.

So bereitete er Studierenden, angehenden Wissenschaftlerinnen und Wissenschaftlern, dem Festspiel-Dialoge-Publikum oder Veranstaltungsbesucherinnen und -besuchern unermüdlich den Weg, selbst zu einer kritischen Instanz zu werden. Im Herausgreifen pointierter Themen führte er mit scharfsinniger Analyse seine Zuhörerschaft weit über die Grenzen der Disziplinen, erschloss völlig neue Gedankenfelder. Die Leichtigkeit, mit der er diese Verbindungen herstellte und nahebrachte, seine mitreißende Begeisterungsfähigkeit, das zeichnete den Menschen Michael Fischer vor allem aus und machte ihn so einzigartig. Sein Geist und sein Denken leben weiter in den zahlreich hinterlassenen Schriften, in den „Stage Talks", die ab Herbst 2016 in seinem Sinne und in Erinnerung an ihn am Salzburger Landestheater fortgeführt werden, sowie in der Weiterführung von „Europa NEU denken" als „Michael Fischer Symposion" (2016 in Syrakus).

Quellenverzeichnis

Europa NEU denken, retrieved 8.5.2016, from www.europa-neu-denken.com.

Festspiel-Dialoge, retrieved 8.5.2016, from www.w-k.sbg.ac.at/archiv/arts-festival-culture/festspiel-dialoge.

Lem, Stanisław: *Eine Minute der Menschheit.* Aus d. Poln. v. Edda Werfel. Suhrkamp: Frankfurt a.M. 1983.

Einleitende Worte

Helga Rabl-Stadler

Michael Fischer zum Gedenken[1]

Festspiele als Gesamtkunstwerk – Festspiele als Gemeinschaftserlebnis – Festspiele als Konzentrationsprogramm – Festspiele als Kompass – Festspiele als Beziehungswunder – Festspiele als Leuchtfeuer auf der Suche nach der eigenen Identität, nach dem Sinn des Lebens – Festspiele als Zivilisationsagentur – und immer wieder: Festspiele als europäisches Gedächtnis.

Das alles und noch viel mehr fiel Michael Fischer und den von ihm zur Diskussion Geladenen zum Thema Festspiele ein. Die Salzburger Festspiele waren für ihn eine Projektgruppe von Menschen, die Visionen verwirklichen wollen. Dazu zählte er neben den Künstlerinnen und Künstlern, dem Direktorium, den Mitarbeiterinnen und Mitarbeitern der Festspiele auch das Publikum und zu Recht auch sich selbst. Denn 20 Jahre lieferte er beharrlich, enthusiastisch und kompetent das intellektuelle Unterfutter für unsere Arbeit mit unseren, mit seinen „Festspiel-Dialogen“[2]. „Hier wird über Inhalte geredet und nicht bloß über Verpackungen,“ kommentierte Daniel Barenboim 2007 mit ehrlicher Bewunderung die unvergleichliche Diskussionsplattform. Die „Festspiel-Dialoge“ eben nicht als Begleitveranstaltung am Rande, sondern als Kommunikationsangebot in der Mitte der Festspiele.

Zu seinem 65. Geburtstag 2010 konnte ich Michael meinen Dank für und meine Freude über all seine Festspielereien bei viel gutem Wein überbringen. Und den 70. Geburtstag am 25. März 2015 wollten wir ganz besonders feiern. Mit Gerard Mortier[3], dessen leidenschaftlicher Weggefährte er in Salzburg wurde und es über alle geografischen Distanzen hinweg blieb. Dass beide nicht mehr unter uns sind, macht diese Rede für mich noch belastender. Angesichts des Todes wiegen die Worte doppelt schwer.

Ich spreche hier, liebe Ilse Fischer, in Zuneigung zu Dir, die Du ihm eine kongeniale Partnerin in all seinen Unternehmungen warst. Vor allem aber, die Du mit ihm und neben ihm bis zum bitteren Ende gekämpft hast. Wie schrieb Michael in seiner Biografie: „1999 die Bedrohung aus dem Hinterhalt. Die

1 Rede vom 2. Juli 2014 beim feierlichen Mozart Requiem für Michael Fischer in der Kollegienkirche Salzburg.

2 Die „Festspiel-Dialoge“ (1994–2014) sind eine wissenschaftliche Gesprächsreihe, die Michael Fischer gemeinsam mit Gerard Mortier während dessen Festspielintendanz konzipiert und begründet hat als Begleitveranstaltung vor allem zu den Opern-Neuinszenierungen der Salzburger Festspiele, retrieved 12.4.2016, from www.w-k.sbg.ac.at/archiv/arts-festival-culture/festspiel-dialoge.

3 Intendant der Salzburger Festspiele von 1991–2001. Er verstarb am 8. März 2014.

Krankheit. Der Kampf um das Leben 2003. Das neue Leben mit einer neuen Lunge und voller Kraft für viele Aufgaben."[4]

Zehn Jahre hat diese Kraft gewährt. Als wir mitten in einem von ihm wunderbar konzipiertem Symposium zur „Zukunft der Festspiele"[5] am 20. Jänner 2014 erfuhren, dass eine neuerliche Lungentransplantation geglückt war, wünschten wir ihm alle nochmals ein neues Leben mit der neuen Lunge und hofften inständig auf neue gemeinsame Taten. Grausamerweise kam es ganz anders. So bleibt mir heute die traurige Pflicht als Präsidentin der Salzburger Festspiele post mortem Dank zu sagen für 20 spannende Jahre. „Spannend" war ein Lieblingsbegriff von Michael, eine Lebenshaltung. Auch diese Lust an der Spannung war ein Gefühl, das Gerard Mortier und Michael Fischer geteilt haben.

„Einen der wichtigsten Bausteine des neuen Salzburgs" nannte Mortier die „Festspiel-Dialoge". Sie seien aus der von ihm so geliebten Dialektik entstanden und, so Mortier, „konnten unter Michael Fischers inspirierender Leitung und mit seinem Engagement eine wahre Festspielgemeinde um sich sammeln. In der sich selbst konsumierenden Gesellschaft wurden sie immer wichtiger und auf bestimmende Weise das Gewissen der Festspiele"[6].

Begonnen haben die „Festspiel-Dialoge" 1994 mit der Frage: „Brauchen wir Utopien, die scheitern?" Und mit der herrlichen, von Pestalozzi geborgten Antwort: „Schon das Festhalten an der Utopie verändert etwas." Bereits diese Auftaktveranstaltung zeichnet aus, was die Relevanz und den Erfolg der „Dialoge" in den folgenden Jahren ausmachen sollte: Themen, die die künstlerischen Darbietungen der Festspiele im Diskurs vertiefen. Diskutanten, deren Gedankenaustausch für Künstler, Wissenschaft, Politik und Publikum einfach spannend ist, um es mit Michael auszudrücken.

Es war ein Erlebnis, 1994 Heiner Müller zum Thema „Kunst und Gewalt" von Michael Fischer beharrlich befragt zu hören. Es war hinreißend, ein Jahr später die ebenso subjektiven wie unterhaltsamen Anmerkungen von Marcel Reich-Ranicki zum „Rosenkavalier" zu verfolgen. Und schon 1996 kam der erste echte Höhepunkt. Der über 80jährige Eric Hobsbawm sprach mit jugendlichem Feuer über „Kunst und Kultur am Ende des Jahrhunderts". George Steiner, der Festspielredner von 1994 sprach über „Wien und die Krise des Wortes". Intendant Gerard Mortier selbst fragte „Festspiele – Trendsetter oder

4 Fischer, Michael: *Biographische Skizze*, 2009, unveröffentlicht.

5 *Festspiele der Zukunft. Die Salzburger Festspiele und ihre Bedeutung für die europäischen Festspielkulturen*, Salzburg, 20./21. Jänner 2012, Bibliotheksaula der Universität Salzburg.

6 Mortier, Gerard: „Für Michael Fischer". In: *Der Intellektuelle. Rolle, Funktion und Paradoxie. Festschrift für Michael Fischer zum 65. Geburtstag.* Hrsg. v. Fischer, Ilse / Schrems, Ingeborg. Peter Lang: Frankfurt a.M et al. 2010, S. 37.

Traditionshüter?". Eine Frage, die bis heute, ich würde sagen selbstverständlich, jedes Festspielsymposium beschäftigt, und auf die wir ebenso selbstverständlich mit Traditionshüter und Trendsetter antworten.

Und noch zwei Themenkomplexe wurden immer aufs Neue von Michael Fischer beleuchtet: Ganz konkret die „Festspiele als Spiegel von Denkströmungen, Kunstentwicklungen, Gesellschaftstrends und durchaus auch Moden" sowie „die Rolle der Kunst als spirituelle Erlebnisvermittlerin, als Sinn-Substitut, wenn nicht gar als Religionsersatz".

Es hat Michael Fischer besonders gefreut, dass sich, im Gegensatz zu vielen sogenannten Veranstaltungsreihen anderswo, die „Festspiel-Dialoge" hierorts auch in ihrem zwanzigsten Jahr eines ungeheuren Besucherzustroms erfreuten. Denn Michael Fischer hat bereits als Student von Hermann Lübbe, seinem Lehrer und damaligem Superstar der politischen Philosophie, rhetorisch gelernt. Dieser gab ihm einst den Rat: „Bei einem großen Forum geht es um die Erzeugung von Zustimmungsbereitschaften."[7]

Michael Fischer gelang dies scheinbar mühelos. Denn er war ein Sammler, zunächst von Büchern und Bildern. Der wunderbare Rudolf Hradil war sein Zeichenlehrer, die Galerie Welz nach seiner eigenen Aussage sein „wesentlicher Sozialisationsfaktor". Michael Fischer war aber auch ein Menschensammler. Es interessierten ihn alle, die sich für die Kunst interessierten. Daher nahm er auch gegen den Zeitgeist, aber ganz im Sinne von Hugo von Hofmannsthal, das Publikum wichtig. Dieser schrieb 1928: „Das Verhältnis zum Publikum aber ist die oberste Wirklichkeit beim Theater."[8] Besonders gern sammelte Michael Fischer Intendanten, was fast immer gelang.

Nicht gelungen ist Michael Fischer und mir die Wiedererweckung des „European Art Forum". „Kultur und Identität in Europa"[9] war der Titel, unter dem Gerard Mortier und Michael Fischer 1996 den Versuch unternahmen, Salzburg jene Rolle als Begegnungsforum für die Kultur zu geben, die Davos für die Wirtschaft spielt. Edward Saïd, der leider verstorbene kongeniale Partner von Daniel Barenboim in der Nahostpolitik, Władysław Bartoschewski, der über Polen hinausreichende Friedenspolitiker, Rolf Liebermann, Komponist und Impresario, und viele andere trafen einander zu einer beeindruckenden und trotzdem folgenlosen Veranstaltung. Es lag am Mangel an Geld, vor allem aber auch am Mangel an politischem Interesse. Michael Fischer hielt zu

---

7 Fischer 2009.

8 Hofmannsthal, Hugo von: „Das Publikum der Salzburger Festspiele (1928)". In: Kerber, Erwin (Hrsg.): *Ewiges Theater. Salzburg und seine Festspiele*. Piper: München 1935, S. 47.

9 *Kultur und Identität in Europa. European Art Forum 1996. Internationales Kultursymposion 23. bis 25. Mai 1996: Tagungsbericht*. Hrsg. v. Land Salzburg. (Serie Salzburg Dokumentationen, Nr. 111), Landespressebüro: Salzburg 1996.

Recht die Idee, mit dem „European Art Forum" Salzburg als Plattform für den europäischen Kunst- und Kulturdialog zu etablieren, für wichtig und richtig.

So haben wir es 2010 nochmals versucht und dabei groteskerweise danach mit dem Osterfestspielskandal Gerichtserfahrung machen müssen. Wir hätten es trotzdem noch einmal gerne probiert – wie schaurig im Zusammenhang mit Michael Fischer den Konjunktiv der Vergangenheit anwenden zu müssen. Er, der stets „Entschlossenheit zur Zukunft" eingefordert, diese selbst in gesundheitlich schwierigsten Zeiten bewiesen hat, muss jetzt Vergangenheit sein.

Nein, muss er nicht. Denn er hat mit den „Festspiel-Dialogen" ein gutes Stück Festspielgeschichte geschrieben, an das wir alljährlich mit Vorträgen, Symposien und Diskussionen in seinem Geiste anknüpfen werden.

Quellenverzeichnis

Festspiel-Dialoge (1994–2014), retrieved 12.4.2016, from www.w-k.sbg.ac.at/archiv/arts-festival-culture/festspiel-dialoge.

Hofmannsthal, Hugo von: „Das Publikum der Salzburger Festspiele (1928)". In: Kerber, Erwin (Hrsg.): *Ewiges Theater. Salzburg und seine Festspiele.* Piper: München 1935.

Kultur und Identität in Europa. European Art Forum 1996. Internationales Kultursymposion 23. bis 25. Mai 1996: Tagungsbericht. Hrsg. v. Land Salzburg. (Serie Salzburg Dokumentationen, Nr. 111), Landespressebüro: Salzburg 1996.

Mortier, Gerard: „Für Michael Fischer". In: *Der Intellektuelle. Rolle, Funktion und Paradoxie. Festschrift für Michael Fischer zum 65. Geburtstag.* Hrsg. v. Fischer, Ilse / Schrems, Ingeborg. Peter Lang: Frankfurt a.M. et al. 2010.

Johannes Hahn

Vom Wert des Dialogs. Freundschaft als politische und soziale Kategorie[1]

Der Verlust von Michael Fischer ist noch immer allgegenwärtig, aber ich habe mich gefreut, heute bei dieser Gedenktagung dabei sein zu können. Ich habe so viele positive, schöne und ermutigende Erinnerungen an Michael und die heutige Gedenktagung zeigt, dass ich damit nicht alleine bin.

Michael Fischer war für mich nicht nur ein guter Freund, sondern er war auch eine außergewöhnliche intellektuelle Persönlichkeit, von denen wir in Österreich – und vermutlich in ganz Europa – nicht viele haben. Und wenn dieser intellektuelle Stern nun auch physisch erloschen ist, so leuchtet er doch intellektuell umso heller. Die heutige Gedenkveranstaltung und das breite Themenfeld von der Kultur über die Naturwissenschaften bis hin zur Rechtsphilosophie beweisen, welche außergewöhnliche Persönlichkeit Michael Fischer war und er bleibt durch seine Thesen in den diversen Bereichen auch fester Bestandteil der res publica. Es zeigt aber auch, dass er ein Meister des Dialogs war, der sowohl mit dem einfachen Bürger auf der Straße als auch mit den verschiedenen intellektuellen Eliten aus allen Bereichen gerne diskutierte – und wer Michael kannte, der weiß, wie provokant er manche Thesen formulierte.

Genau deshalb haben Michael und ich beruflich und menschlich zueinander gefunden, weil er einfach eine menschliche, freundschaftliche und intellektuelle Bereicherung war. Es war daher auch kein Zufall, dass er das größte Friedensprojekt, „die Europäische Union“, genauer und sehr kritisch unter die Lupe genommen hat und sein Ziel kein geringeres war, als dieses Friedensprojekt „neu zu denken“[2]. Auch hier hat Michael recht behalten, was einen wahren Vordenker ausmacht: Er hat die Zeichen der Zeit richtig erkannt. Er hat erkannt, welche Gefahr es in sich birgt, wenn Menschen das vereinte Europa nicht als ihre Heimat begreifen. Michael erkannte dies, noch bevor sich die Finanz- und Wirtschaftskrise in eine wahre Identitätskrise entwickelt hat und mit der Griechenland-Frage einen traurigen Höhepunkt erlebte. Diesem Trend wollte er entgegentreten, und ich bin dankbar, dass wir an diesem Projekt gemeinsam arbeiten konnten.

---

1 Eröffnungsrede *Die Kunst des Dialogs. Gedenktagung für Michael Fischer* am 2. Juli 2015 in Salzburg: Video abrufbar (Panel 1: Kultur), retrieved 27.1.2016, from http://unitv.org/beitrag.asp?ID=596&Kat=1.

2 Cf. *Europa NEU denken. Eine Reihe für die Zukunft*, retrieved 4.2.2016, from http://www.europa-neu-denken.com/de/der_gedanke.php.

Ich habe Michael als jemanden kennengelernt, der immer nach vorne geblickt hat, und ich glaube, er würde auch von uns, die wir hier versammelt sind, erwarten, dass wir sein „Staffelholz" in die Hand nehmen und weitertragen. Michael hat den Anspruch gehabt, dass sich Intellektuelle, Künstler und Kulturschaffende in den öffentlichen Diskurs einbringen, und zwar immer auch mit dem Ziel, daraus ein Ergebnis hervorzubringen. Für ihn stand an oberster Stelle nicht nur der Diskurs um des Diskurses willen – das kann natürlich auch eine Bereicherung sein –, sondern der Diskurs mit dem Ziel, Dinge weiterzuentwickeln bzw. weiterzutreiben. Das ist sein Auftrag an uns und an seine Kolleginnen und Kollegen. Michael war Mentor eines kritischen Diskurses über Europa aus dem Blickwinkel der Regionen und ihrer Bedeutung. Dieser Diskurs besteht dem Wesen nach aus einem Austausch und das bedeutet, dass das, was ich nach dem Austauschen habe, etwas anderes ist als das, was ich davor hatte. Wenn ich gut tausche, also einen guten Dialog auf Augenhöhe führe, sollte jede der beiden Seiten (die Dialogpartner) nachher mehr haben. Dies setzt voraus, sich auf den Anderen einzulassen und sich mit seinem Gegenüber auseinandersetzen, man muss es verstehen, sich mit ihm beschäftigen. Ein von beiden Seiten ideal geführter Dialog kennt nur Gewinner und das ist eine Kunst, die es zu kultivieren gilt, das steht fest. Michael Fischer stand für diese Kultur des Dialoges, und ich selbst verstehe mich hier als ein bemühter Erbe.

Wenn ich dies erwähne, so deshalb, weil in unserer sogenannten dynamischen wettbewerbsfokussierten Hochleistungsgesellschaft für den Dialog kein Platz zu sein scheint. Dies gilt für den täglichen Dialog ebenso wie für die Politik, sei diese nun national oder international. Ich gebe zu, dass ‚dynamisch', ‚wettbewerbsfokussiert' und ‚Hochleistungsgesellschaft' nun nicht unbedingt die Begriffe sind, die einem beim Betrachten des aktuellen Politikbetriebes in den Sinn kommen. Deswegen habe ich das kleine Wörtchen „sogenannt" vorangestellt. Ich habe aber jetzt nicht die Absicht, darüber zu reflektieren.

Erlauben sie mir stattdessen, auf das „Fischer-Symposion" zu verweisen, quasi die Speerspitze des Dialoges am Balkan. Hier stehen wir in der Pflicht, dabei mitzuhelfen, eine Kultur des Dialoges in der Politik zu entwickeln. Dies ist der einzige Weg, wie ein friedvolles Zusammenleben langfristig möglich ist und ist gleichzeitig Ausdruck einer uralten europäischen Tradition.

Ich bin daher stolz, dass dazu auch schon zwei erste Publikationen vorliegen, die das Ergebnis der drei gemeinsamen Symposien zusammenfassen und darstellen.[3] Ein viertes „Fischer-Symposium" ist in Vorbereitung und wird dank Ilse Fischer und der Inspiration von Michael Fischer diesmal in Dubrovnik

---

3 Fischer, Michael / Hahn, Johannes (Hrsg.): *Europa neu denken. Regionen als Ressource*, Bd. I. Anton Pustet: Salzburg 2014. Id. (Hrsg.): *Europa neu denken. Mentalitätsgeschichte der Adria – Neugierde und Konflikt als Betriebsgeheimnis*, Bd. II. Anton Pustet: Salzburg 2015.

erfolgreich durchgeführt werden.[4] Im Zentrum steht dabei die Balkanregion, die mir als Kommissar für Nachbarschaft und Erweiterungsverhandlungen besonders am Herzen liegt. Die aktuellen Ereignisse zeigen, wie wichtig es ist, sich dieser Region anzunehmen – das ist in unserem ureigensten Interesse.

Ich bin zutiefst überzeugt, dass wir die Gründungsidee der Europäischen Union auch in dieser Region verwirklichen werden können. Ganz im Sinne des Europäischen Gründervaters Jean Monnet glaube ich, dass über ein enges Zusammenwirken der Menschen über politische Grenzen hinaus tatsächlich in der Folge die Grenzen nicht nur politisch, sondern auch in den Köpfen fallen werden. In diesem Gedanken habe ich auch immer eines der großen Themen und Leitmotive von Michael gesehen. Damit hat Michael gerade diese Veranstaltung sehr geprägt, uns aber auch unglaublich Wertvolles hinterlassen. Nämlich einen Auftrag, wie wir einen Beitrag dazu leisten können, die zwischenmenschlichen Spannungen zu überwinden, die diese Region nach wie vor prägen und gleichzeitig eine Perspektive aufzuzeigen. Ich kann Sie alle hier nur einladen, an diesem Projekt mitzuwirken und beizutragen, diesen Auftrag erfolgreich zu erledigen. Danke!

Quellenverzeichnis

Die Kunst des Dialogs. Gedenktagung für Michael Fischer am 2./3. Juli 2015 in Salzburg: Video abrufbar (Panel 1: Kultur), retrieved 27.1.2016, from http://unitv.org/beitrag.asp?ID=596&Kat=1 *Europa NEU denken. Eine Reihe für die Zukunft*, retrieved 4.2.2016, from http://www.europa-neu-denken.com/de/der_gedanke.php.

Fischer, Michael / Hahn, Johannes (Hrsg.): *Europa neu denken. Regionen als Ressource*, Bd. I. Anton Pustet: Salzburg 2014. Id. (Hrsg.): *Europa neu denken. Mentalitätsgeschichte der Adria – Neugierde und Konflikt als Betriebsgeheimnis*, Bd. II. Anton Pustet: Salzburg 2015.

Michael Fischer Symposion 2015 – Unter der Schirmherrschaft von EU-Kommissar Johannes Hahn. Die Erweiterung der Europäischen Union von den Küsten aus betrachtet – Die anderen(n) Seite(n) des Meeres, Programm Dubrovnik 9.–11. Oktober 2015, retrieved 5.2.2016, from http://www.europa-neu-denken.com/images/pdf/europaneudenken_programm_2015.pdf.

4 *Michael Fischer Symposion 2015 – Unter der Schirmherrschaft von EU-Kommissar Johannes Hahn. Die Erweiterung der Europäischen Union von den Küsten aus betrachtet – Die anderen(n) Seite(n) des Meeres*, Programm Dubrovnik 9.–11. Oktober 2015, retrieved 5.2.2016, from http://www.europa-neu-denken.com/images/pdf/europaneudenken_programm_2015.pdf.

Kultur und Kunst

Johannes Honsig-Erlenburg

Einführende Gedanken[1]

> Kunst ist heute der große Recyclingbetrieb für Sinn: bis hinein in die Alltagsästhetik. Traditionell sollte die akademische Philosophie diesen Markt betreuen, doch vernachlässigt sie schon lange, die einfachen, großen Fragen zu beantworten, die jeden Menschen betreffen: etwa jene nach Tod und Unsterblichkeit oder nach der Einzigartigkeit der menschlichen Vernunft in der Natur, nach der Chance des Guten angesichts der Grausamkeit des Menschen, nach der Chance der Vernunft in der Geschichte. Sie werden letztlich nur mehr durch die Kunst nachvollziehbar verkörpert und gestellt, ja mehr noch: sie erreichen den Menschen nur mehr über die Kunst.[2]

Dieses bislang unveröffentlichte Zitat von Michael Fischer stelle ich dem Eröffnungsteil „*Kultur*" unserer zweitägigen Gedenktagung für Michael Fischer voran. Die Befassung mit, wohl auch die Suche nach dem Sinn des Lebens war bestimmend für den Politikwissenschaftler, Soziologen und Philosophen Michael Fischer. Bestimmend war für ihn auch, sich an die „einfachen und großen Fragen" nicht mit dem Blick aus dem elfenbeinernen Turm des akademischen Politikwissenschaftlers, Soziologen oder Philosophen heranzuwagen; interessiert und berührt hat ihn immer wieder und mit zunehmendem Alter immer mehr die Kunst als menschliches Kulturprodukt, als das Ergebnis kreativer Prozesse.

Seine politikwissenschaftliche, soziologische und philosophische Herkunft hat Michael Fischer nicht verleugnet – dennoch, ihm lag vor allem am tatsächlichen Erlebnis, gemeinsam mit Gleichgesinnten und solchen, die am Weg dazu waren. Ihn interessierte die Vielfalt: Vielfalt im Zugang und in der Methodik, die „einfachen und großen Fragen" anzustoßen, ins Bewusstsein zu rücken und die Zuhörerschaft dabei wach zu rütteln.

Ich begrüße herzlich die Vortragenden unseres ersten Panels, Ortrud Gutjahr und Bazon Brock. Beide waren mit Michael Fischer über mehrere Jahre eng verbunden: Ortrud Gutjahr 2009 bis 2012 als Vortragende bei den

---

1 Dieser Text bildete Einführung und Grundlage für die Moderation des ersten Panels „Kultur" bei der Gedenktagung für Michael Fischer „Die Kunst des Dialogs" am 2. Juli 2015.

2 Aus dem unveröffentlichten und unredigierten Arbeitsmanuskript Fischer, Michael: *Europäische Opern- und Festivalkultur*. Salzburg, März 2011.

Festspiel-Dialogen,[3] in Projekten mit der Stiftung Mozarteum[4] und dem Salzburger Landestheater[5] und zuletzt publizierend in dem von Michael Fischer herausgegebenen Band „Kunst als Marke europäischer Identität“[6]. Sie ist Literatur- und Kulturwissenschaftlerin, lehrt an der Universität Hamburg mit dem Schwerpunkt Neue Deutsche Literatur und Interkulturelle Literaturwissenschaften. Besonders hervorheben will ich ihre Befassung mit dem interkulturellen Film, nämlich das Forschungsprojekt „Geteilte Erfahrung – Migration im deutsch-türkischen und türkischen Film“. Kurzum: Ortrud Gutjahr verbindet wohl im Sinne Michael Fischers die Theorie oder besser die Lehre mit ihrer praktischen Anwendung. Sie spricht über „Die Kunst des Dialogs mit dem Publikum“.

Bazon Brock war Referent bei den Festspiel-Dialogen 2012 und 2014 und auch Diskutant in den beiden Festspiel-Symposien 2012 und 2014[7] sowie ebenfalls publizierend in der soeben genannten Publikation von Michael

---

3 Die „Festspiel-Dialoge“ (1994–2014) sind eine wissenschaftliche Gesprächsreihe, die Michael Fischer gemeinsam mit Gerard Mortier während dessen Festspielintendanz konzipiert und begründet hat als Begleitveranstaltung vor allem zu den Opern-Neuinszenierungen der Salzburger Festspiele: „Kunst ist die Aufforderung zum Dialog, zum werkbezogenen Dialog, und daher stehen die Opern-Neuinszenierungen im Zentrum der Salzburger Festspiel-Dialoge“ (retrieved 4.2.2016, from www.w-k.sbg.ac.at/archiv/arts-festival-culture/festspiel-dialoge.html).

4 Von Michael Fischer gemeinsam mit der Stiftung Mozarteum konzipierte Lehrveranstaltungsreihe „Zyklus Mozartopern multiperspektivisch“: „Idomeneo“ (WS 2011/12), „Lucio Silla“ (WS 2012/13) am Schwerpunkt Wissenschaft und Kunst der Universität Salzburg/Universität Mozarteum.

5 Von Michael Fischer gemeinsam mit Landestheaterintendant Carl Philip von Maldeghem konzipierte Gesprächsreihe „Stage-Talk“ am Salzburger Landestheater zu aktuellen Aufführungen ab Herbst 2011.

6 Gutjahr, Ortrud: „Subkultur am Übergang zur europäischen Moderne. Bohème-Konzeptionen bei Murger, Puccini und Kaurismaki“. In: Fischer, Michael (Hrsg.): *Kunst als Marke europäischer Identität.* (Subjekt und Kulturalität 3). Peter Lang: Frankfurt a.M. 2013, S. 241–258.

7 Festspielsymposien: „Festspiele der Zukunft. Die Salzburger Festspiele und ihre Bedeutung für die europäischen Festspielkulturen“. Salzburg, 20./21. Jänner 2012 (Organisation, Konzeption und Moderation: Michael Fischer, Schwerpunkt Wissenschaft und Kunst, Universität Salzburg/Universität Mozarteum in Kooperation mit den Freunden der Salzburger Festspiele, Land Salzburg und ACM-Projektentwicklung); „Die Salzburger Festspiele, Ihre Bedeutung für die europäischen Festspielkulturen und ihr Publikum“. Salzburg, 17./18. Jänner 2014 (Organisation und Konzeption: Michael Fischer, Schwerpunkt Wissenschaft und Kunst, Universität Salzburg/Universität Mozarteum in Kooperation mit den Freunden der Salzburger Festspiele und ACM-Projektentwicklung).

Fischer[8]. Jüngst, konkret im Mai 2015 in Salzburg, gemeinsam mit Peter Sloterdijk in Diskussion zum Thema: Akustik und Visualität, das Hören der Bilder und das Sehen der Töne.[9]

Bazon Brock, Kunsttheoretiker und Künstler, bezeichnet sich selbst als „Denker im Dienst und Künstler ohne Werk", Inhaber zahlreicher Professuren, nicht nur lehrend, sondern auch als Vermittler, Stichwort „Action Teaching – der Seminarraum wird zur Bühne für Selbst- und Fremdinszenierungen", Aktionist, gemeinsam unter anderem mit Joseph Beuys und Friedensreich Hundertwasser.[10] Gründung des Instituts für Rumorologie/Gerüchteverbreitung, beeindruckend die Beschäftigung mit der neuronalen Ästhetik, die Gabe öffentlichkeitswirksam zu pointieren, bei vielen ist er dafür beliebt und von manchen erlitten. Sie werden über „Einheit durch Verschiedenheit. Gegen Einheit aus Verschiedenheit oder Universalisierung gegen Globalisierung" sprechen.

Zu unserer zweiten Gesprächsrunde begrüße ich Frau Prof. Ingrid Hentschel und Herrn Dr. Peter Ruzicka. Auch Sie beide waren langjährig mit Michael Fischer verbunden. Frau Prof. Hentschel schon 2010 als Vortragende bei dem damaligen Festspielsymposion[11], dann wieder bei den Festspieldialogen 2012 und auch 2014 und publizierte 2013[12] unter der Herausgeberschaft von Michael Fischer sowie im 2015 erschienenen, von Michael Fischer gemeinsam mit Johannes Hahn herausgegebenem Buch „Europa neu denken"[13]. Die Theaterwissenschaftlerin Ingrid Hentschel lehrt und forscht auf den Gebieten der Ästhetik und Kommunikation mit den Schwerpunkten Theater und Literatur, Kultur und Bildung, Theorie und Praxis des szenischen Spiels an der Fachhochschule Bielefeld. Erfahrungen hat sie gesammelt als Dramaturgin, Schauspielerin und Autorin. Intensiv war und ist ihre Beschäftigung mit dem Gegenwartstheater und kulturwissenschaftlichen Fragestellungen. Seit gestern (1. Juli 2015) ist sie Inhaberin einer Forschungsprofessur für die Kunst der

---

8 Brock, Bazon: „Festspiele als Agenturen für Weltzivilisierung". In: Fischer 2013, S. 77–83.

9 Diskussionsveranstaltung der Salzburg Foundation: „Zur Sache: Blitz und Donner – Akustik und Visualität". Salzburg, 21. Mai 2015.

10 Cf. *Bazon Brock*, retrieved 4.7.2016, from www.bazonbrock.de.

11 Festspiel-Symposion 2010: „Der andere Gott". Salzburg, 29. Juli 2010 (Organisation, Konzeption und Moderation: Michael Fischer, in Kooperation mit den Freunden der Salzburger Festspiele).

12 Hentschel, Ingrid: „Laboratorien der Gegenwart – Wie viel Theater braucht Europa?". In: Fischer 2013, S. 57–75.

13 Hentschel, Ingrid: „Kein Flüchtling – ‚Dionysos erobert das Meer'". In: Fischer, Michael/Hahn, Johannes (Hrsg.): *Europa neu denken II. Mentalitätsgeschichte der Adria – Neugierde und Konflikt als Betriebsgeheimnis*. Anton Pustet: Salzburg 2015, S. 255–264.

Gabe in Theater- und Kunstperformance. Ihr Beitrag trägt den Titel „Welt und Wirklichkeit – das Zentrum des Theaters“.

Die Nachmittagsrunde wird von Herr Dr. Ruzicka eröffnet. Gerade hier in Salzburg bedarf es an sich keiner näheren Vorstellung, dennoch: Dr. Peter Ruzicka, Komponist, Dirigent, Kulturmanager, Jurist und Denker. Nach außen still, in der Sache stark. Wir freuen uns, dass Sie, Herr Dr. Ruzicka, nach Ihren vier Intendanten-Jahren bei den Salzburger Festspielen 2002 bis 2006, jetzt wieder nach Salzburg zurückkehren und jetzt ganz aktuell (ab 1. Juli 2015) als geschäftsführender Intendant nun gemeinsam mit dem künstlerischen Leiter Christian Thielemann die Führung der Osterfestspiele Salzburg übernommen haben. In meiner Laudatio anlässlich der Verleihung einer Auszeichnung der Stiftung Mozarteum im Jahr 2006 habe ich Peter Ruzicka in seiner Vielfalt in der Nachfolge von Johann Sebastian Bach und Paul Hindemith gesehen. Tatsächlich ist er außergewöhnlich in seinem universellen Wissen und Können. Er spricht über „Kulturkritik und Persönlichkeitsrecht“.

An den Schluss stelle ich wiederum ein Zitat von Michael Fischer, das seinen Zugang zu einer aktuellen Ästhetik beschreibt. Auch ein Projekt zur Publikumsbefragung und Publikumsforschung, das er in diesem Zusammenhang durchführen wollte, konnte er nur mehr andenken und leider nicht mehr zu Ende bringen:

> Jedes Kunstwerk fordert dazu auf, eine eigene Lesart zu entwickeln. So wird es im Sinnkosmos jedes Zuhörers, Betrachters oder Lesers noch einmal erschaffen: als Rekonstruktion, die von Mensch zu Mensch unterschiedlich ausfallen kann. Gemeinsame Bedeutungen liegen im Schnittbereich der vielen individuellen Deutungen und weisen zusätzlich einen eigenen, unvergleichlichen Gehalt auf. Diese Deutungsoffenheit macht es möglich, dass sich Menschen solche Erlebnisse als Kunstwerk aneignen. Dazu benötigt man die Fähigkeit zur wirklichen Individualität jenseits theatralischer Selbstinszenierungen.[14]

Quellenverzeichnis

Brock, Bazon: „Festspiele als Agenturen für Weltzivilisierung“. In: Fischer, Michael (Hrsg.): *Kunst als Marke europäischer Identität.* (Subjekt und Kulturalität 3). Peter Lang: Frankfurt a.M. et al. 2013, S. 77–83.

Festspiel-Dialoge, retrieved 4.2.2016, from www.w-k.sbg.ac.at/archiv/arts-festival-culture/festspiel-dialoge.html.

Fischer, Michael: *Europäische Opern- und Festivalkultur.* Unveröffentlichtes und unredigiertes Arbeitsmanuskript. Salzburg, März 2011.

Gutjahr, Ortrud: „Subkultur am Übergang zur europäischen Moderne. Bohème-Konzeptionen bei Murger, Puccini und Kaurismaki“. In: Fischer,

14 Fischer 2011.

Michael (Hrsg.): *Kunst als Marke europäischer Identität.* (Subjekt und Kulturalität 3). Peter Lang: Frankfurt a.M. 2013, S. 241–258.

Hentschel, Ingrid: „Kein Flüchtling – ‚Dionysos erobert das Meer'". In: Fischer, Michael/Hahn, Johannes (Hrsg.): *Europa neu denken II. Mentalitätsgeschichte der Adria – Neugierde und Konflikt als Betriebsgeheimnis.* Anton Pustet: Salzburg 2015, S. 255–264.

Hentschel, Ingrid: „Laboratorien der Gegenwart – Wie viel Theater braucht Europa?". In: Fischer, Michael (Hrsg.): *Kunst als Marke europäischer Identität.* (Subjekt und Kulturalität 3). Peter Lang: Frankfurt a.M. 2013, S. 57–75.

Ortrud Gutjahr

Plötzlich angesprochen! Überlegungen zum theatralen Dialog mit dem Publikum

Die Bühnenkunst zeichnet sich durch eine unabdingbar dialogische Grundstruktur aus. Denn Theater, als spielerische Darstellung *für* Zuschauer verstanden, kann im eigentlichen Sinne erst *vor* und damit im direkten Kontakt *mit* dem Publikum realisiert werden. Ein theatrales Ereignis ist somit nicht nur durch die Aktionen auf der Bühne gegeben, sondern notwendig immer auch von Interaktionen zwischen Schauspielern und Zuschauern getragen. Zwischen den sprechenden, tanzenden, singenden Darstellern und dem mit Auge und Ohr gespannt auf die Bühne ausgerichteten Publikum findet über Darstellungs- und Rezeptionsenergien ein Dialog statt. Das szenische Spiel zwischen den *dramatis personae* springt in seiner emotionalen Besetzung auf die Betrachter über und versetzt sie in unterschiedliche Stimmungen. Damit reagieren die Zuschauer unmittelbar auf das Miterlebte, fühlen sich berührt oder zurückgestoßen und beginnen in einem inneren Gespräch, Fragen an sich und die Inszenierung zu stellen. Das Angesprochen-Sein weckt den Wunsch nach Austausch, verlangt danach, im Kreis mit anderen noch weiter erörtert und hinterfragt zu werden. Mit dieser konstitutiven Verwiesenheit der Bühnenkunst auf das Publikum und dem daraus erwachsenden Bedürfnis nach Diskussionen drängt sich im Gedenken an Michael Fischer, der für viele Jahre in Salzburg die Reihe „Festspiel-Dialoge" leitete, die Frage auf, was unter dem theatralen Dialog zu verstehen ist, der durch eine Inszenierung angestoßen, innerlich aufgegriffen und in daraus folgenden Gesprächen fortgesetzt wird.

Unter sprachlich-kommunikativem Aspekt kann der Dialog zunächst einmal als wechselseitige Verständigungshandlung gefasst werden, deren Gelingen sowohl von Rahmenbedingungen abhängt als auch vom Vermögen zu situationsgerechter Rede und Erwiderung der Beteiligten. Es geht beim Dialog mithin um die Initiierung, Führung, Aufrechterhaltung und Beendigung eines Wechselgesprächs zur rechten Zeit am rechten Ort. Doch kann der Dialog nur dann im vollen Wortsinn als vollendet gelten, wenn sich in dessen Verlauf auch eine Erkenntnis herstellt. So sind die aus dem Altgriechischen stammenden Begriffe ‚Dialog' (*diálogos*) wie auch ‚Dialektik' (*dialektiké*) aus dem Verb *dialégesthai* abgeleitet und meinen so viel wie: *im Wechselgespräch etwas ins Klare bringen*. In der Textsorte ‚Philosophischer Dialog' ist dieses Wechselgespräch mit Fragen und Antworten auf unterschiedliche Sprecherfiguren verteilt. So geht es etwa bei der Strukturierung des Argumentationsganges durch Rede und Gegenrede in den Platonischen Dialogen darum, ein bisher verborgenes Wissen in die Unverborgenheit zu bringen. Mit dem Wechselgespräch ist aber nicht allein die Unterweisung eines Schülers durch den philosophischen Lehrer sprachlich vergegenwärtigt, sondern zugleich auch implizit der Leser als Dritter im Bunde mitinszeniert. Denn dieser findet als Wissen-Suchender zum einen in der Figur des fragenden Schülers einen Stellvertreter seines Anliegens im Text. Zum anderen aber ist der Leser in seiner Lektüre auch Beobachter des Gesprächsverlaufs und vermag von dieser Position aus Schlüsse zu ziehen, die den Erkenntnisgewinn des Schülers übersteigen. Eine solche Möglichkeit der identifikatorischen und zugleich Übersicht gewinnenden Auseinandersetzung findet sich in gesteigerter Form bei theatral inszenierten Dialogen. Denn hier ist ein Publikum anwesend, das von der Bühnendarstellung – in welcher Form auch immer – unweigerlich ergriffen wird und dabei doch Beobachter bleibt.

Die dialogische Bühne

In den szenischen Künsten ist der Dialog eine *inszenierte* Wechselrede, die mit allen ästhetischen Mitteln der jeweiligen Kunstform (u.a. Schauspiel, Oper, Ballett) ihren stimmlich-sprachlichen, körperlich-gestischen und mimisch-expressiven Ausdruck findet. Wie Aristoteles in seiner „Poetik" darlegt, ist das Theater aus der menschlichen Fähigkeit zur Nachahmung erwachsen. Die Wiedergabe chorischer, dialogischer und monologischer (Sprach-)Handlungen durch Schauspieler stellt dem Publikum also Figurationen eines Erfahrungswissens in ästhetisch verdichteter Form vor Augen. Die Zuschauer erfassen durch das Nachgeahmte bereits Bekanntes mit neuem Blick und empfinden bei diesem Lernprozess, wie Aristoteles betont, „größtes Vergnügen".[1] Beim Dialog liegt davon abgeleitet das Erkenntnisvergnügen gerade in der Möglichkeit, sich wechselweise in die eine oder andere Position hineinversetzen zu können, um daraus eigene Schlüsse zu ziehen. Denn im Gegensatz zum Wettstreit (*agon*), bei dem sich Protagonist und Antagonist zur Profilierung der je eigenen Position gegenüberstehen, werden im Dialog Standpunkte verhandelt und Erkenntnisse generiert. Form und Funktion dieser Wechselrede auf der Bühne haben sich im Verlauf der europäischen Theatergeschichte allerdings erheblich verändert.

In der antiken Tragödie war dem Chor zunächst nur ein einziger Respondent (*hypokrites*) gegenübergestellt. Erst Aischylos machte den in Jamben gesprochenen Dialog „zur Hauptsache"[2] des Dramas. In dieser Wechselrede adressieren sich zwei Figuren im jeweiligen Spielzusammenhang, doch

1 Aristoteles: *Poetik*. Griechisch/deutsch. Übers. und hrsg. v. Manfred Fuhrmann. Reclam: Stuttgart 1994, S. 11.

2 Ibid., S. 15.

können sie auch in monologisch angelegte Aussprachen mit Zuschauerbezug übergehen. Noch die Bühne des Barocks ist antiker Rede-Tradition verpflichtet, dient der rhetorischen Schulung der (Laien-)Darsteller und setzt Dialoge bevorzugt ein, um den Zuschauern religiöse Positionen, moralisch bewertete Tugendvorstellungen und philosophische Lehrmeinungen zu vermitteln. Erst mit der Aufklärung findet in den Bühnen-Dialogen auch ein Austausch über aktuelle bürgerliche Problematiken statt. Nun setzt eine intensive Debatte darüber ein, wie das Publikum für das theatrale Geschehen eingenommen werden kann, wobei zunächst noch eine strikte Trennung von Bühne und Publikum favorisiert wird.

So fordert Denis Diderot in seiner Schrift „Das Theater des Herrn Diderot", dass die Schauspieler im Dienste eines Illusionstheaters so selbstbezogen miteinander spielen sollen, als wäre kein Publikum anwesend. Ziel dieser hermetischen Spielweise ist es, den Zuschauern beim Blick auf den von drei Seiten umschlossenen Bühnenraum das Gefühl zu vermitteln, dass sie vor einer unsichtbaren „Vierten Wand" einem theatralen Geschehen beiwohnen, „als ob der Vorhang nicht aufgezogen"[3] wäre. Von diesen Setzungen aus ist das Publikum als heimlicher Beobachter eines selbstkonzentrierten, sich im intimen Raum abspielenden Geschehens konfiguriert. Die Bühnendialoge werden gleichsam durch die Wand gesprochen und die Rampe markiert eine unüberschreitbare Grenze zwischen Darstellern und Zuschauern. Demgegenüber verlangt Gotthold Ephraim Lessing, der Diderots Ausführungen zum Theater ins Deutsche übertragen hat, ein empathisches Mitgehen des Publikums mit den sprachlich-szenischen Dialogen im Dienste der Stärkung seiner Mitleidsfähigkeit. Er redet in seiner „Hamburgischen Dramaturgie" der ästhetischen Geschmacksbildung und Kritikfähigkeit das Wort, denn selbst bei mittelmäßigen Stücken sieht er die Chance, dass „der unbefriedigte Zuschauer wenigstens daran urteilen lernt".[4] Der aufklärerische Dramatiker vergleicht die europäisch vielfältige Ausgestaltung von Theaterkulturen, diskutiert die Unterschiedlichkeit von Stücken, Aufführungspraxen sowie Schauspielkünsten und bestimmt die Mitleidsfähigkeit des Publikums als Voraussetzung bürgerlicher Selbstverständigung.

Auch wenn weiterhin die Bühne des 19. Jahrhunderts interne Konversationsdialoge bevorzugt, gewinnt die Debatte über die Stellung des Zuschauers neue Züge. So betont Hegel, dass Kunst allgemein und eine Theateraufführung

---

3 Diderot, Denis: *Das Theater des Herrn Diderot*. Aus d. Französ. übers. v. Gotthold Ephraim Lessing, Anmerkungen u. Nachwort v. Klaus Detlef Müller. Reclam: Stuttgart 1986, S. 40.

4 Lessing, Gotthold Ephraim: Hamburgische Dramaturgie. In: Id.: *Werke 1767–1769*. Hrsg. v. Klaus Bohnen. Deutscher Klassiker Verlag: Frankfurt a.M. 1985, S. 181–694, S. 185.

im Besonderen „nicht *für sich*, sondern *für uns*, für ein Publikum“[5] existiert. Arthur Schopenhauer geht noch weiter und verweist darauf, „daß jedes Kunstwerk nur durch das Medium der Phantasie wirken kann“ und deshalb aktive „Mitwirkung des Beschauers“[6] gefordert ist. Im Sinne dieser „Mitwirkung“ hat Richard Wagner mit seiner Idee des Gesamtkunstwerkes den Zuschauer zum „organisch mitwirkenden Zeugen“[7] des Bühnengeschehens und „notwendigen Mitschöpfer des Kunstwerks“[8] promoviert. Schließlich rückt der Zuschauer im Zuge der Theaterreformbewegungen des frühen 20. Jahrhunderts endgültig ins Zentrum des Interesses, sodass der Theatertheoretiker Georg Fuchs in seiner 1904 erschienenen Schrift „Die Schaubühne der Zukunft“ apodiktisch erklären kann: „Spieler und Zuschauer, Bühne und Zuschauerraum sind ihrem Ursprung nach nicht entgegengesetzt, sondern eine *Einheit*.“[9] Dieser Ansatz findet bei vielen Regisseuren Anklang, wie etwa auch bei Wsewolod Meyerhold, der in verschiedenen Schriften betont, dass das Theater „vom Willen des Publikums mitgeschaffen“[10] wird.

Mit dieser Ermächtigung der Zuschauer zu Mitschöpfern des theatralen Ereignisses wird die Rampe nicht mehr als strikte Trennlinie zwischen Bühne und Publikum verstanden, sondern als zu bespielender liminaler Bereich. Oder aber es werden im Dienste eines neuen theatralen Erlebens Orte im städtischen Raum zur Bühne umfunktioniert, wie dies Max Reinhardt als einer der Ersten tat. Im Sommer 1910 bringt der für avantgardistische Projekte motivierte Regisseur in der zu einer Arena umgestalteten Münchener Festhalle seine Inszenierung von Sophokles' „König Ödipus“ heraus, die er später im Berliner Zirkus Schuhmann zeigt, wo er ein Jahr danach zudem Aischylos' „Orestie“ aufführt. Auch Hugo von Hofmannsthals „Jedermann“ inszenierte er zunächst hier, bevor er dieses „Spiel vom Sterben des reichen Mannes“ 1920 auf einem Brettergerüst vor dem Salzburger Dom zur Aufführung bringt.[11] Reinhardt will nicht allein den festlich-rituellen Charakter

---

5 Hegel, Georg Wilhelm Friedrich: *Ästhetik*. Hrsg. v. Friedrich Bassenge. Aufbau-Verlag: Berlin 1955, S. 276.

6 Schopenhauer, Arthur: *Sämtliche Werke*. Bd. 2. Hrsg. v. Wolfgang Freiherr von Löhneysen. Wissenschaftliche Buchgesellschaft: Darmstadt 1968, S. 523.

7 Wagner, Richard: *Gesammelte Schriften und Dichtungen*, Bd. 4. Fritzsch: Leipzig 1887/88, S. 192.

8 Ibid., S. 186.

9 Fuchs, Georg: *Die Schaubühne der Zukunft*. Schuster & Loeffler: Berlin/Leipzig [1906], S. 38–39.

10 Meyerhold, Wsewolod: *Schriften*. Bd. 2. Henschelverlag Kunst und Gesellschaft: Berlin 1979, S. 97.

11 Cf. auch Fischer-Lichte, Erika: *Die Entdeckung des Zuschauers. Paradigmenwechsel auf dem Theater des 20. Jahrhunderts*. Francke: Tübingen/Basel 1997, S. 21–22.

des Theaters verdeutlichen, indem er beispielsweise Hofmannsthals „Das Salzburger Große Welttheater“ 1923 in der Salzburger Kollegienkirche aufführt, sondern damit auch die Raumwahrnehmung und Sehgewohnheiten der Betrachter verändern.

Mit der Aufhebung der strikten Trennung von Bühne und Publikum geht auch die Infragestellung von Konversationsdialogen einher. So fordert das Theater der Avantgarde zu Beginn des 20. Jahrhunderts wie auch insbesondere Bertolt Brechts Episches Theater die Zuschauer zur Auseinandersetzung mit politischen Fragestellungen heraus. Statt illusorischer Repräsentation geht es nun verstärkt um demonstrative Präsentation, wobei die Integration von dokumentarischem Material und Fremdtexten zu heterogenen Redeformen führt, die dann im postdramatischen Theater keiner eindeutigen Figur mehr zuordenbar sind. Durch Entkoppelung von Figur und Rollentexten gerät die Form des Dialogs unter Druck und wird grundsätzlich infrage gestellt, denn die Wechselrede findet nicht mehr zwischen identifizierbaren Sprecher-Ichs, sondern verschiedenen Stimmen und Diskurspositionen statt. Doch auch das postdramatische Theater, das die Rampe mit direkten Zuschaueradressierungen bespielt, initiiert mit jeder Inszenierung einen Dialog mit dem Publikum.

Der mitinszenierte Zuschauer

Obgleich seit der Aufklärung in zahlreichen Texten niedergelegt ist, dass sich Theater im Bezug auf die Zuschauer realisiert, blieben diese lange Zeit ein Stiefkind der Theaterforschung.[12] Dabei erweist sich erst über das Publikum die gesellschaftspolitische Kraft der Bühnenkunst. Denn jeder einzelne Zuschauer ist im Theater Individuum und zugleich Teil eines Publikums, das sich durch das gemeinsame Erleben einer Inszenierung begründet. Das Publikum (von lat. *publicus*, dem Volk oder Staat gehörig) kann somit als ein theatral konfiguriertes Gemeinwesen verstanden werden, das sich auf eine szenische Darstellung fokussiert, die verändernd wirkt. Schon Aristoteles ging davon aus, dass eine Aufführung den Zuschauer fesselt, indem sie Furcht und Schrecken in ihm erweckt. Lessing nahm an, dass eine durch Furcht und Mitleid hervorgerufene kathartische Wirkung den Betrachter in das Bühnengeschehen involviert. Schiller verstand das Theater als „moralische Anstalt“, in welcher der Zuschauer seine ästhetische Urteilskraft schärft und seine Bildung vervollkommnet. Brecht gestaltete seine Inszenierungen als Labor der Reflexion und Kritik, während im postdramatischen Theater insbesondere der Werkstattcharakter von Aufführungen zur Auseinandersetzung mit aktuellen Konfliktkonstellationen und

---

12 Cf. Roselt, Jens: „Dialog/Monolog“. In: Fischer-Lichte, Erika / Kolesch, Doris / Warstat, Matthias (Hrsg.): *Metzler Lexikon Theatertheorie*. Metzler: Stuttgart/ Weimar 2005, S. 67–72.

deren medialen Transformationen herausfordert. Bei aller Unterschiedlichkeit in den wirkungsästhetischen Ansätzen ist die Bühne immer gefordert, den Anspruch zu kommunizieren, den sie mit einer Produktion verbindet. Dabei geht es weniger um die Vorstellung von Konzepten als um drängende Fragen, die mit alten wie neuen Stücken vor dem Hintergrund zeitgenössischer Diskurse verhandelt werden.

Mit Beginn der Arbeit für eine Inszenierung nimmt das Regieteam unweigerlich einen Dialog mit dem erwarteten Publikum auf. Im Hinblick auf Themen und Fragen, die nicht nur die an der Produktion Beteiligten umtreiben, sondern auch die Zuschauer interessieren könnten, wird ein Konzept erarbeitet, das sich von der ästhetischen Signatur bisheriger, dem theateraffinen Publikum vielleicht bereits bekannter Aufführungen absetzt. Mithin formiert sich eine Inszenierung von der ersten Probe bis zur Premiere bereits als Dialogpartnerin, die mit ihrem dramaturgischen Konzept die Zuschauer überraschen und ansprechen will. Dabei findet jedes Theaterprojekt, entsprechend der Anlage des Stücks und den ästhetischen Vorlieben des Regisseurs, seine je eigenen Formen der Zuschauereinbindung. Entwickelt wird damit eine Kunst des Dialogs, die im modernen Regietheater ihr besonderes Atelier fand.

Wurde der Kunstcharakter einer Aufführung bis weit ins 19. Jahrhundert fast ausschließlich durch den zugrunde liegenden Dramentext eines möglichst namhaften Autors beglaubigt, plädiert zu Beginn des 20. Jahrhunderts Edward Gordon Craig in seinem richtungsweisenden Dialog „Die Kunst des Theaters" entschieden für die ästhetische Autonomie der Inszenierung.[13] Auch Reinhardt sieht die Aufgabe des Regisseurs darin, die „toten Stücke *in die lebendige Sprache der Bühne* zu übersetzen".[14] Im Zuge der Protestbewegungen der 1960er- und 1970er-Jahre begann an einigen Theatern eine forcierte Beschäftigung mit Bühnen-Klassikern. Regisseure setzten sich verstärkt mit Inszenierungstraditionen auseinander und verbanden die Kritik an einer erbaulichen Klassikerrezeption mit dem Impetus politischer Aufklärung. Verstärkt wurde ans Publikum vermittelt, dass es sich bei einer Aufführung um ein gemeinschaftlich erarbeitetes Kunstprodukt handelt, das sich zur Disposition stellt.

Denn eine Inszenierung ist zwar maßgeblich durch den Regisseur verantwortet, doch kann er nur in enger Zusammenarbeit mit dem Inszenierungsteam und dem Schauspielerensemble deren Autorschaft beanspruchen. Eine Aufführung entsteht durch die Kooperation unterschiedlicher unmittelbar involvierter

---

13 Craig, Edward Gordon: *Die Kunst des Theaters*. Übers. u. eingeleitet v. Maurice Magnus mit einem Vorwort v. Harry Graf Kessler. H. Seemann: Berlin/Leipzig 1905.

14 Reinhardt, Max: „Über das ideale Theater" (1928). In: Id.: *Schriften. Briefe, Reden, Aufsätze, Interviews, Gespräche, Auszüge aus Regiebüchern*. Hrsg. v. Hugo Fetting. Henschelverlag Kunst und Gesellschaft: Berlin 1974, S. 341–344, S. 341.

Akteure, wie Bühnen- und Kostümbildner, Dramaturgen und Assistenten. Zugleich aber kommt dem Regisseur eine neue Rolle als Autor zu, insofern er sein Interesse an einem Text und den ihn tangierenden Künsten und Diskursen in seiner Inszenierung dem Publikum kommuniziert. Durch die Aufführung wird gleichsam ein theatraler Text geschaffen, der sich in ein intertextuelles Verhältnis zum literarischen Werk wie auch zur eigens erstellten Spielfassung setzt. Auf der Suche nach neuen Erkenntnis- wie Darstellungsmöglichkeiten hat sich die Regie von der Rekonstruktion und Deutung eines teilweise sakrosankten Textes aufgemacht zur Neukonzeption eines Erfahrungsraumes auf der Bühne, in dem der theatrale Hypertext in Polylog mit Diskursen, Künsten und Medien geführt wird. Von daher ist Regietheater häufig als ein Theater der Recherche angelegt. Was Zuschauer somit in einer Vorstellung sehen, ist die im Probenprozess entwickelte Auslegung eines Textes in Bezug auf anschlussfähige Kontexte.[15] Mit ihrem Inszenierungskonzept reagiert ein Regieteam mithin sowohl auf Bühnenkonventionen und Stiltraditionen als auch virulente gesellschaftspolitische Diskurse und aktuelle mediale Präsentationsformen. Über ironische Zitation, Camouflage oder Verfremdung des Erwartbaren stellen Inszenierungen die Neuartigkeit ihres Ansatzes aus und begeben sich gerade dadurch in einen Dialog mit vormaligen Aufführungserfolgen oder auch Theaterskandalen. Auffällig häufig arbeitet das gegenwärtige Regietheater mit dem Einsatz multimedialer Mittel wie Videoclips, Musikeinspielungen und Bildprojektionen, wobei häufig der Spielcharakter des Dargebotenen betont und die Inszenierungspraxis selbst zum Thema der Aufführung wird.

Auch wenn es in der Inszenierung sowohl historischer als auch zeitgenössischer Stücke um die Befragung der Gegenwart geht, werden Eingriffe in Klassiker vom Publikum stärker moniert als in Gegenwartsdramen. Eine vormals als prägend erlebte Inszenierung, oft aber auch vage Vorstellungen darüber, was auf der Bühne eigentlich gezeigt werden müsse, werden mit der Neuproduktion verglichen. Fällt die Bilanz für das Dargebotene negativ aus, macht sich Enttäuschung breit, während Aufführungen Beifall finden, in denen die Regiehandschrift ein mitreißendes Bühnenereignis ermöglicht. So ist für das Gelingen einer Inszenierung neben überzeugenden darstellerischen Leistungen nach wie vor die Stimmigkeit eines Inszenierungskonzepts von maßgeblicher Bedeutung. Durch die Verknappung eines Textes auf Grundkonflikte oder die Fokussierung auf bestimmte Beziehungskonstellationen und soziale Problematiken kann eine Aufführung zur Aufdeckung oder Verdeutlichung von Gehalten führen, die in der bisherigen Rezeption kaum Beachtung fanden.

---

15 Cf. zu den Ausführungen zum Regietheater: Gutjahr, Ortrud: „Spiel mit neuen Regeln? Rollenverteilungen im Regietheater". In: Id. (Hrsg.): *Regietheater! Wie sich über Inszenierungen streiten lässt.* (Theater und Universität im Gespräch 6). Königshausen & Neumann: Würzburg 2008, S. 13–25.

Doch hängt der Erfolg einer Aufführung nicht unerheblich von bisherigen Theatererfahrungen des Publikums ab und seiner Fähigkeit, sich mit ungewohnten Inszenierungsstilen auseinanderzusetzen. So kann ein in voller Länge und vielleicht auch noch in historisierenden Kostümen gespieltes Schauspiel ebenso zu einem Theatererfolg werden, wie andernorts dessen radikal verknappte und aktualisierte Fassung.

Die Vieldeutigkeit eines Textes konkretisiert sich für das Theaterpublikum unmittelbar sinnlich wahrnehmbar durch die szenische Vergegenwärtigung auf der Bühne. Dabei dienen die eingesetzten theatralen Zeichen der Verdeutlichung polyvalenter Bezüge und neuer Deutungsebenen. Die Spielfläche wird etwa durch helles Licht zum Zuschauerraum hin geöffnet und das Publikum als Akteur in das szenische Spiel miteinbezogen. So dominieren im gegenwärtigen Theater zumeist Inszenierungen, die nicht als Realisierung eines vorgefertigten Konzeptes oder Darstellung einer spezifischen Deutung des Textes zu verstehen sind. Vielmehr werfen der Aufbau und die darauffolgende Zurücknahme oder gar der Zusammenbruch von Bezügen und Kausalitäten erneut Fragen auf, die den Zuschauern überantwortet werden. Regisseure grenzen sich in neueren Produktionen durch Zitate und Anspielungen von früheren eigenen Inszenierungskonzepten oder denjenigen von Kollegen deutlich ab und setzen eine theatral immer neu zu (er-)findende Zeitgenossenschaft in Szene. Von daher spricht das Regietheater ein Publikum an, das nicht nur ein bestimmtes Stück sehen und eine bevorzugte Schauspielerin oder einen bestimmten Schauspieler in einer neuen Rolle erleben will, sondern sich von dem, *wie* etwas zu sehen gegeben wird, überraschen lassen möchte. Wer darüber hinaus eigens die Inszenierung eines geschätzten Regieteams betrachtet, will sich mit dem Bühnengeschehen in eine spezifische Weise des Sehens und in eine neue Form der Auseinandersetzung mit dem Text hineinführen lassen.

Ein Theater, das angeht

Schon Hofmannsthal hat in Reinhardts bahnbrechenden Theaterarbeiten eine Würdigung des Publikums als wichtigsten Partner in einer Reihe von theatralen Dialogen erkannt: „Damit ein Theaterstück zu seiner letzten, vollständigsten Wirkung komme, muß der Dichter dem Regisseur freien Raum lassen, der Regisseur dem Schauspieler, der Schauspieler aber dem Zuschauer: in dessen Gemüt erst darf sich das Wechselspiel der Wirkungen vollenden.“[16] Von daher

16 Hofmannsthal, Hugo von: „Max Reinhardt“. In: Id.: *Gesammelte Werke in zehn Einzelbänden*. Hrsg. v. Bernd Schoeller in Beratung mit Rudolf Hirsch. Bd. 10: Reden und Aufsätze II, 1914–1924. S. Fischer: Frankfurt a.M. 1979, S. 310–316, S. 316.

ist für jedes Inszenierungskonzept entscheidend, dass die Zuschauer gleichsam von Anbeginn in den elementaren Prozess der Bedeutungsgenerierung des szenischen Spiels implizit mit eingebunden sind. So ist der Beginn einer Aufführung, das Erlöschen des Saallichts, das Heben des Vorhangs, die Öffnung der Bühne, das ‚Jetzt geht es los!' ein durch Vorfreude gehobener, gespannter Augenblick. Dieser Augenblick ist mit der Erwartung auf einen theatralen Dialog verbunden: mit der Hoffnung, vom Gezeigten angesprochen zu werden.

Eine direkte Art und Weise, dieser Erwartung entgegenzukommen, ist die Publikumsadressierung. Sie erwächst aus Spiel- und Sprechverfahren, die aus der (wie auch immer gearteten) Handlung auf der Bühne hinausweisen und den stummen, zumeist im Dunkeln sitzenden Zuschauer explizit miteinbeziehen. So werden beispielsweise Konfidentfiguren, die über Geheimnisse, innerste Regungen und noch nicht weiter kommunizierte Pläne der Protagonisten wissen, häufig als Stellvertreterfigur der Zuschauer inszeniert. Oftmals tritt eine Figur oder eine Gruppe von Schauspielern an die Rampe, um die Zuschauer offensiv und direkt als Dialogpartner anzusprechen. Solche Adressierungen können Peinlichkeit erzeugen, wenn der Eindruck entsteht, dass der theatrale Pakt zwischen Darstellern und Betrachtern einseitig gebrochen wird. Direkte Anreden werden von den Zuschauern erst dann als Angebot zum Dialog wahrgenommen, wenn sie sich vom Gesagten gemeint fühlen. Sie sind nun nicht mehr allein stumme Zeugen eines Geschehens, sondern auch Angesprochene, die von ihrer eigenen Betroffenheit Auskunft geben.

Erst mit ihren affektiv fundierten Reaktionen geben die Zuschauer zu verstehen, ob sie die Adressierung annehmen oder ablehnen. Sie tragen das szenische Geschehen auf der Bühne allein schon durch ihre gespannte Aufmerksamkeit oder nehmen ihm durch ihre Unkonzentriertheit oder Langeweile an Energie. So können sie durch bestätigendes Lachen, Zwischenapplaus oder Laute der Begeisterung die Aufführung befeuern wie auch durch unwillige Zwischenrufe, Husten und Zischen ins Wanken bringen. Durch lauten Protest, Pfiffe, Buhs, Türenknallen oder einfach nur langsamen, laschen Applaus wird unmittelbar nach der Vorstellung dem Missfallen oder der Verärgerung Ausdruck gegeben, wie auch der Zustimmung durch Bravorufe, Fußetrampeln und langanhaltenden, frenetischen Beifall. Um solche Reaktionen der Begeisterung hervorzurufen, tritt eine Inszenierung nicht selten über spielerische Selbstreflexionen mit dem Publikum in Kontakt. Hierdurch wird verdeutlicht, dass sich die theatrale Wirklichkeit durch dialogische Szenen aufbaut, denen im Verlauf der Bühnenhandlung sukzessiv neue Bedeutungen zugesprochen werden. Somit geht es nicht um die bloße Wahrnehmung des Bühnengeschehens, sondern um die gleichsam mitinszenierten Möglichkeiten, eigenen Vorstellungen Raum zu geben. Denn erst durch diese Imagination der Zuschauer wird die Bühnenhandlung zum lebendigen, wahrheitsverbürgenden Geschehen. Mit anderen Worten: Die Flüchtigkeit von einzelnen Theaterszenen verlangt die Einbeziehung von

Vor- und Nachszenen, um den Mitvollzug ihrer Bedeutung überhaupt zu ermöglichen. Die Erwartungen, Assoziationen, Erinnerungen, die mit einer Szene verknüpft werden, versetzen den Zuschauer in einen Zustand der Erregung, in ein affektives Mitgenommen-Werden. In ihm entwickelt sich auf mental und psychisch komplexe Weise eine eigene ‚Vorstellung', eine gesteigerte Empfindung des eigenen Selbst: ein Gefühl des ‚Plötzlich-Angesprochen-Seins!'

Dabei ist nun der Ort, den jeder einzelne Besucher in der Ordnung des Theaters einnimmt, nicht allein im Zuschauerraum oder einem wie auch immer lokalisierten Schauplatz theatralen Geschehens, sondern auch auf einer eigenen inneren Bühne. Denn im Mitvollzug der Aufführung begibt er sich durch sein Imaginationsvermögen in die Welt des Dargestellten hinein und bleibt doch zugleich immer Beobachter. Der Zuschauer übernimmt somit im Dialog mit dem Bühnengeschehen eine Doppelrolle: die des Miterlebenden und die des Erklärung-Suchenden. Diese Doppelrolle lässt sich mit dem Konzept der Dialogizität, wie es der Semiotiker Michail Bachtin entwickelt hat, näher fassen. Er legte dar, dass sich der Sinn einer Sprachhandlung nicht direkt aus den einzelnen Worten oder Sätzen erschließen lässt, sondern erst unter Berücksichtigung der Redesituation. Denn je nach Verwendungszusammenhang kann ein und derselbe Wortlaut ganz Unterschiedliches meinen. Begriffe und Propositionen werden referenzfähig durch ihre Verwendung. Dabei ist jede Äußerung auf vorhergehendes und künftiges Sprechen bezogen, und Worte sind in sich dialogisch angelegt, indem sie immer mehrdeutig und offen für weitere Dialogisierungen sind. Dialogizität meint hier also die Interferenz von unterschiedlichen Sinnpositionen (Stimmen) in einem Wort oder einer Äußerung, die als neue Sinnstiftung erfahren wird. Von daher kann Bachtin resümieren: „Die dialogische Erkenntnis ist eine *Begegnung*.“[17]

Eine solche dialogische Erkenntnis ereignet sich in der szenischen Begegnung des Publikums mit dem Bühnengeschehen und verweist zugleich auf eine elementare Form der Selbstvergewisserung und Weltorientierung, die zur *conditio humana* gehört. Denn Erleben ist bereits seit der frühen Kindheit von imaginären spielerischen Inszenierungen begleitet und besonders deutlich, wenn dieses verstörend, verletzend, versagend oder beschämend ist. Um ein solches Erleben bearbeiten zu können, muss es in der Phantasie immer wieder durchgespielt werden, wobei sich das Selbst auf einem inneren Schauplatz beobachtet, indem es die erlebte Szene imaginär modifiziert und sich in neuen Rollen ausprobiert, bis eine Lösung gefunden und das Erlebte zur Erfahrung gemacht werden kann. Diese innere Differenz als „Abständigkeit

---

17 Bachtin, Michail Michailowitsch: *Die Ästhetik des Wortes*. Hrsg. v. Rainer Grübel. Suhrkamp: Frankfurt a.M. 1979, S. 352.

des Menschen zu sich"[18] bei gleichzeitiger Verwiesenheit auf den Anderen ist Kennzeichen eines Rollenverständnisses, das explizit auch die Auseinandersetzung mit Formen des kulturellen Erbes und der Interkulturalität einschließt.

Bei einer Inszenierung wird der Zuschauer mithin in szenisch-dialogische Kommunikation mit dem Bühnengeschehen geführt. Er ist von Anfang an Beobachter ‚fremder Szenen', die ‚eigene Szenen' in verändernder Weise innerlich anstoßen. Abgefordert wird somit die Bereitschaft, sich in das, was andere darstellen, durch Gestik, Mimik, Stimme und Sprache zu sagen haben, hineinzuversetzen, um damit zugleich in ein vielschichtiges inneres Spiel einzutreten. Dargestellte Szenen rufen im Modus der Verfremdung oder Ähnlichkeit Selbsterlebtes wach und bringen es in unmittelbare Präsenz. Dabei kann eine emotionale Umbesetzung dieser erinnerten Szenen gelingen, wenn aus dem theatralen Dialog neue Empathie erwächst: das Vermögen, sich dialogisch in andere Positionen hineinzuversetzen und diese zugleich in sich anzuerkennen. Erst durch solch innere Reinszenierungen im Modus ästhetischer Erfahrung werden die Zuschauer Teil der theatralen Handlung und beglaubigen die Wahrhaftigkeit des Zu-sehen-Gegebenen. Nun wird unmittelbar evident, dass durch diese Form der Teilhabe am Bühnengeschehen keine *andere* Wirklichkeit geschaffen wird, sondern eine genuin theatrale Situation, die selbst wirklich *ist*.

Das große Bedürfnis, sich nach einer Inszenierung mit anderen über das Gesehene und damit auch das eigene Angesprochen-Sein auszutauschen, verdankt sich dieser Erfahrung. Der Wunsch nach Gespräch wird allein schon durch das gemeinsame, teilweise zutiefst aufwühlende Erlebnis einer Aufführung evoziert. Ein verändertes Verständnis über das, was ein Stück ist, und die Ausdifferenzierung intermedial ausgerichteter Inszenierungsstile fordern heute in besonderer Weise zu kritischen Auseinandersetzungen heraus. Daher sind Möglichkeiten der Partizipation und Reflexion, der Wunsch nach Teilhabe an einer dialogischen Kultur Ausdruck eines tiefgreifenden Selbstverständnisses der szenischen Künste und ihres Publikums. So sucht das gegenwärtige Theater auffällig häufig auch jenseits der Aufführung von Theaterstücken den Dialog mit seinem Publikum. Es führt gezielt unterschiedliche Gruppen an Aufführungsprojekte heran, erläutert seine Inszenierungen vor Beginn der Vorstellung und bereitet sie in Publikumsgesprächen nach. Es veranstaltet Lesungen und Autorengespräche, um alte Stoffe und neue Themen in ihrer Relevanz für die gegenwärtige Bühne und darüber hinaus vorzustellen. Es greift in Diskussionsforen gesellschaftlich aktuelle Fragen auf und bietet wissenschaftlichen Podien Raum. Die starke Nachfrage bei solch diskursiven

18 Plessner, Helmuth: „Zur Anthropologie des Schauspielers". In: Id.: *Gesammelte Schriften. Ausdruck und menschliche Natur*. Bd. 7. Hrsg. v. Günther Dux / Odo Marquard / Elisabeth Ströker. Suhrkamp: Frankfurt a.M. 1982, S. 399–418, S. 407.

Veranstaltungen verdeutlicht, dass der Erfolg einer Inszenierung sich nicht allein an der Zustimmung bemisst, die das Publikum dem Bühnengeschehen spendet, sondern auch an der Intensität, mit welcher dieser angestoßene Dialog auch außerhalb des Theaters fortgeführt wird. Denn erst hier zeigt sich, wie weitreichend Bühnenkunst angeht.

Quellenverzeichnis

Aristoteles: *Poetik*. Griechisch/deutsch. Übers. und hrsg. v. Manfred Fuhrmann. Reclam: Stuttgart 1994.

Bachtin, Michail Michailowitsch: *Die Ästhetik des Wortes*. Hrsg. v. Rainer Grübel. Suhrkamp: Frankfurt a.M. 1979.

Craig, Edward Gordon: *Die Kunst des Theaters*. Übers. u. eingeleitet v. Maurice Magnus mit einem Vorwort v. Harry Graf Kessler. H. Seemann: Berlin/Leipzig 1905.

Diderot, Denis: *Das Theater des Herrn Diderot*. Aus d. Französ. übers. v. Gotthold Ephraim Lessing, Anmerkungen u. Nachwort v. Klaus Detlef Müller. Reclam: Stuttgart 1986.

Fischer-Lichte, Erika: *Die Entdeckung des Zuschauers. Paradigmenwechsel auf dem Theater des 20. Jahrhunderts*. Francke: Tübingen/Basel 1997.

Fuchs, Georg: *Die Schaubühne der Zukunft*. Schuster & Loeffler: Berlin/Leipzig [1906].

Gutjahr, Ortrud: „Spiel mit neuen Regeln? Rollenverteilungen im Regietheater". In: Id. (Hrsg.): *Regietheater! Wie sich über Inszenierungen streiten lässt*. (Theater und Universität im Gespräch 6). Königshausen & Neumann: Würzburg 2008, S. 13–25.

Hegel, Georg Wilhelm Friedrich: *Ästhetik*. Hrsg. v. Friedrich Bassenge. Aufbau-Verlag: Berlin 1955.

Hofmannsthal, Hugo von: „Max Reinhardt". In: Id.: *Gesammelte Werke in zehn Einzelbänden*. Hrsg. v. Bernd Schoeller in Beratung mit Rudolf Hirsch. Bd. 10: Reden und Aufsätze II, 1914–1924. S. Fischer: Frankfurt a.M. 1979, S. 310–316.

Lessing, Gotthold Ephraim: „Hamburgische Dramaturgie". In: Id.: *Werke 1767–1769*. Hrsg. v. Klaus Bohnen. Deutscher Klassiker Verlag: Frankfurt a.M. 1985, S. 181–694.

Meyerhold, Wsewolod: *Schriften*. Bd. 2. Henschelverlag Kunst und Gesellschaft: Berlin 1979.

Plessner, Helmuth: „Zur Anthropologie des Schauspielers". In: Id.: *Gesammelte Schriften. Ausdruck und menschliche Natur*. Bd. 7. Hrsg. v. Günther Dux / Odo Marquard / Elisabeth Ströker. Suhrkamp: Frankfurt a.M. 1982, S. 399–418.

Reinhardt, Max: „Über das ideale Theater“ (1928). In: Id.: *Schriften. Briefe, Reden, Aufsätze, Interviews, Gespräche, Auszüge aus Regiebüchern.* Hrsg. v. Hugo Fetting. Henschelverlag Kunst und Gesellschaft: Berlin 1974, S. 341–344.

Roselt, Jens: „Dialog/Monolog“. In: Fischer-Lichte, Erika / Kolesch, Doris / Warstat, Matthias (Hrsg.): *Metzler Lexikon Theatertheorie*. Metzler: Stuttgart/Weimar 2005, S. 67–72.

Schopenhauer, Arthur: *Sämtliche Werke*. Bd. 2. Hrsg. v. Wolfgang Freiherr von Löhneysen. Wissenschaftliche Buchgesellschaft: Darmstadt 1968.

Wagner, Richard: *Gesammelte Schriften und Dichtungen*. Bd. 4. Fritzsch: Leipzig 1887/88.

Bazon Brock

Kreuzen gegen den Sturm der Zeit: Europa denken! Einheit durch Verschiedenheit. Gegen Einheit aus Verschiedenheit[1]

Einleitend möchte ich zur Darstellung der konstitutiven Selbstverpflichtung von Michael Fischer einen weiteren Aspekt beitragen. Es ist die selbstverständliche Annahme, dass wir in gleicher Weise mit den Toten reden wie mit den Lebenden. Das geht allein aus der Bearbeitung von Literatur hervor, denn die meisten Autoren, auf die wir uns beziehen, repräsentieren längst das Reich der Toten. Ich habe das mit Fischer sehr eingehend erörtert.

Die Frage ist ja, auf welche Weise wir die Realpräsenz der Toten in unseren Dialogen unter Lebenden erfahren. Der Dialog ist in Wahrheit ein Trialog, also ausgerichtet auf einen Adressaten. Erst diese Adressaten, das Publikum, die Öffentlichkeit, vermitteln den Dialog, indem sie ihm Intention geben. Die Relation zwischen Zweien kann nur in der Öffentlichkeit und für die Öffentlichkeit geführt werden. Beide Dialogpartner verpflichten sich auf die Ernsthaftigkeit ihrer Haltungen, indem sie diese Haltungen der Öffentlichkeit gegenüber demonstrieren. Der wunderbare Gadamer hat uns immer wieder in Erinnerung gerufen, dass die Griechen etwa unter dem Begriff des Schönen das fassten, womit man sich in der Öffentlichkeit sehen lassen kann. Hässlich ist das, was im Verborgenen bleibt, also das Licht der Öffentlichkeit scheut.

Europa hat diese Form der Vermittlung im Wesentlichen schon sehr früh im Theater zu lernen begonnen. Auf der Scena, auf der Bühne sprechen ja Akteure zueinander im Bewusstsein, dass sie jetzt vor der Öffentlichkeit sprechen. Und das Publikum als Repräsentant der Öffentlichkeit erhält seit Euripides die Funktion eines Jurors über das Gelingen der theatralischen Präsentation, nämlich Mythen, Historien, gewesene Könige, Philosophen etc. in der Gegenwart des Publikums, der Gemeinschaft der Lebenden sprechen zu lassen. Also: Die Anwesenheit der Öffentlichkeit als Publikum bezeugt, dass auf der Bühne die Realpräsenz der Toten gelungen ist. Auferstehung von den Toten meint, in der Öffentlichkeit die Kommunikation der Lebenden mit der entscheidenden Dimension zu versehen, dass sie erst dann bemerkenswert,

1 Vortrag bei: *Die Kunst des Dialogs. Gedenktagung für Michael Fischer*, 2. Juli 2015 in Salzburg. Panel 1: Kultur: Video abrufbar, retrieved 27.1.2016, from http://unitv.org/beitrag.asp?ID=596&Kat=1.

lehrhaft und allgemein förderlich wird, wenn man sie im Bewusstsein führt, schon in der Vergangenheit von morgen zu sprechen.

Ob das nun zum ersten Mal im fünften vorchristlichen Jahrhundert durchexerziert worden ist, sagen wir von Euripides, vielleicht von Sophokles, oder erst im Konzept von Shakespeare entscheidend wurde, sei dahingestellt. Für Shakespeare war es ausdrücklich eine große Herausforderung, tote Könige als lebende, auf der Bühne, in der allumsichtigen Scena des Globe Theatre sprechen zu lassen. Er gibt dafür eine anspruchsvolle Begründung: Es ist nicht selbstverständlich, einen Schauspieler einfach in der Rolle eines Richard II. über die Bühne laufen zu lassen und ihm zu sagen: „Auf Dich kommt es jetzt an, den Toten als Lebenden zu präsentieren.“ Nicht nur die christliche Theologie widerstand der Anmaßung des Theaters, die Auferstehung von den Toten als allabendliches Realereignis zu bieten; auch die jeweilige politische Machtkonstellation im Kampf zwischen Elisabeth I. und den Parteigängern der Stuarts verlangte genauestes Kalkül der politischen Vernunft. Shakespeare wie seine Kollegen Dramatiker riskierten, der Subversion bezichtigt zu werden, wenn sie etwa solche Toten verlebendigten, deren historische Aktivitäten in den Konflikten der Gegenwart Gewicht gewännen, und damit Partei zu ergreifen.

Der Dialog mit den Toten übertrifft eigentlich in unserer Kulturgeschichte bei weitem den Dialog mit den Lebenden. Und Dialog meint tatsächlich die Technik, in der das Vergangene zur Realpräsenz wird, weil in der Vergegenwärtigung auf der Bühne gezeigt wird, dass das Vergangene das ist, was nicht vergeht. Das ist nicht naiv, wie etwa noch bei Augustinus, dessen Zeitverständnis einen kontinuierlichen Fluss der Zeit aus der Vergangenheit über die Gegenwart in die Zukunft ausmacht oder, im Wohlverständnis des lebenden Augustinus-Lesers, den kontinuierlichen Zeitfluss aus der Zukunft über die Gegenwart in die Vergangenheit fortstreben sieht. Die Zeit kommt demnach aus der Zukunft auf uns zu, wie ein Sturm auf dem Meer gegen ein Schifflein von Lebenden trifft. Die dem Zeitensturm Ausgesetzten können kraft ihrer Kooperation den Widerstand gegen die Naturmächte der Zeit bemeistern, indem sie lernen, gegen den Sturm zu kreuzen und so den Weg zum gesteckten Ziel zu erreichen. Aufs Allgemeine übertragen heißt das, Menschen vermögen gegen die Zeit als „Furie des Verschwindens“ Bleibendes zu behaupten, ja triumphal das Postulat der Ewigkeit zu setzen. Ich verstehe alle unsere Überlegungen (wie bei diesem Anlass des Gedenkens an Fischer) als eine Anleitung, gegen den Sturm aus der Zukunft zu kreuzen, gegen die zerstörerische Kraft des Vergessens oder des Machtopportunismus Bleibendes zu behaupten in Museen, in Bibliotheken, in Archiven, die vom Academos als Wächter im Tempel der zeitlosen Dauer gehütet werden.

Für unsere Gespräche war die Tatsache grundlegend, dass ab Mai 1987 mehr Menschen leben, als je zuvor gelebt haben. Dadurch verschieben sich alle Fragestellungen unserer Kulturgeschichte. Man versteht eigentlich gar nicht mehr, was historisches Denken und Operieren ist, weil der Triumph der gegenwärtig Lebenden das für unerheblich erklärt. Der jeweils aktuelle Überlebenskampf behauptet, Not kenne kein Gebot, also auch keine Verpflichtung auf das Leben der Gelebthabenden, die Leistungen früherer Kulturen und das Welt- und Gottesverständnis, die ganz offensichtlich die Geschichte bis zum gegenwärtigen Augenblick vorangebracht haben.

Die Niedertracht oder der Nihilismus, der die Allmacht der Lebenden gegenüber den Toten für selbstverständlich hält, kommt ja in der höhnischen oder zynischen Erklärung zur Geltung, man arbeite ganz im Sinne der humanistischen Totenverehrung, indem man das Reich der Toten mit möglichst vielen neuen Exemplaren bestücke. Allein im 20. Jahrhundert wurden 70 Millionen Menschen gewaltsam ins Reich der Toten überführt – mit humanistischer Lizenz und nicht als Verpflichtung auf die Toten. Alles Gerede über die Märtyrer, denen die Mordenden angeblich Ehre und Kränze winden, zerstäubt in der nächsten Attacke auf die Ruinen, die die vorangegangene erzeugte.

In diesem Sinne unübertroffen ist nicht nur der heutige Islamische Staat (IS), sondern bereits der große Europäer Napoleon, der lächelnd erklärte, die Hunderttausende, die er in einer Schlacht opfere, würden ihm in ein paar Pariser Nächten von willigen Paaren ersetzt. Napoleons europäischer Fundamentalismus rechtfertigte sich mit dem Argument, dass er die Unwilligen, Widerständigen eben ins Reich der Toten befördern müsse, um den Überlebenden den Code Civil schmackhaft zu machen. Schon Friedrich Schlegel meinte, dass der Code Civil neben Goethes „Wilhelm Meister“ und Fichtes „Wissenschaftslehre“ die größte Manifestation des europäischen Zeitalters sei. Leider vergaß er zu berücksichtigen, dass zum Code Civil eben die napoleonischen Mördereien gehören, zu Fichte der blutige Nationalismus, den er bestenfalls unfreiwillig gefordert hat, und zu Goethe die Verachtung des jeweils gegenwärtigen Überlebenskampfes, Goethe war ja ein „Genie der Zeitablehnung“ (so Gottfried von Berlin).

Dichter wie Conrad Ferdinand Meyer konnten noch pathetisch verkünden:

Chor der Toten
Wir Toten, wir Toten sind grössere Heere
Als ihr auf der Erde, als ihr auf dem Meere!
Wir pflügten das Feld mit geduldigen Taten,
Ihr schwinget die Sicheln und schneidet die Saaten,
Und was wir vollendet und was wir begonnen,
Das füllt noch dort oben die rauschenden Bronnen,
Und all unser Lieben und Hassen und Hadern,
Das klopft noch dort oben in sterblichen Adern,
Und was wir an gültigen Sätzen gefunden,
Dran bleibt aller irdische Wandel gebunden,
Und unsere Töne, Gebilde, Gedichte

Erkämpfen den Lorbeer im strahlenden Lichte,
Wir suchen noch immer die menschlichen Ziele –
Drum ehret und opfert! Denn unser sind viele![2]

Wie gesagt, das Ehren und Opfern wird inzwischen kulturideologieübergreifend weltweit als wohlgefällige Vergrößerung der Nation der Toten angesehen. Aber das Ethos des massenhaften Tötens hat nicht hingereicht, um die Zahl der Toten über die der Lebenden hinauszutreiben. Der Mai 1987, da hat Fischer lebhaft zugestimmt, sollte zum höchsten Feiertag aller auf Geschichtlichkeit ausgerichteten Disziplinen werden. Denn seit die UNESCO damals verkündete, dass die Toten von nun an eine Minderheit in der Menschheitsgeschichte darstellen, müssen alle Kulturwissenschaftler, Historiker, Archäologen, Kunstwissenschaftler zu Lobbyisten der Toten werden, die in den Parlamenten versuchen, den Gesetzgeber auf den Respekt vor den Toten zu verpflichten, indem man Museen, Archive, Bibliotheken und vor allem die mit ihnen arbeitenden universitär Lehrenden zu fördern habe. Bisher gab es nur eine Antwort auf dieses Ansinnen: Die jetzt lebenden acht Milliarden würden ja spätestens in 70 Jahren das Reich der Toten bevölkern, um das Gleichgewicht zwischen Lebenden und Toten wiederherzustellen.

Das hat dramatische Folgen, weil die Missachtung des Vergangenen, also dessen, was nicht vergeht – anders kann man Vergangenheit ja gar nicht würdigen – ökonomisch gefordert ist, denn der noch so soziale Kapitalismus lebt (mit Schumpeters Worten) nur durch Zerstörung als Voraussetzung dafür, etwas Neues zu schaffen. Schumpeter veröffentlichte das 1942.[3] Zur selben Zeit verfolgten in der Logik dieses Arguments die deutschen Stadtplaner um den Generalbaumeister Albert Speer das Konzept, die Zerstörung der altdeutschen Stadtlandschaften durch alliierte Bomber vornehmen zu lassen, womit Freiraum für ihre Zukunftsentwürfe entstünde.

Diese Haltung wurde schon im bürgerlichen Zeitalter als Logik des kapitalistischen Totalitarismus eingeübt. Bekanntlich werden Machtkonzepte am besten volkstümlich ausgedrückt, meinte Hermann Göring, weil der Sprachwitz, die Karikatur eine Art Anerkennung des Bespotteten darstelle. Die schöpferische Zerstörung wird im Bildungsbürgertum des 19. Jahrhunderts in folgender Anekdote als längst anerkannt deutlich: Ein bildungswilliger venedigreisender Bauunternehmer beurteilt die Bedeutung der Paläste am

2 Zeller, Hans / Zäch, Alfred (Hrsg.): *Conrad Ferdinand Meyer. Sämtliche Werke. Historisch-kritische Ausgabe*, Bd. 1. Benteli-Verlag: Zürich 1963, S. 355 [Gedichte von 1892 / VIII. Genie].

3 Cf. Schumpeter, Joseph A.: *Kapitalismus, Sozialismus und Demokratie*. Einführung v. Eberhard K. Seifert. (UTB Uni-Taschenbücher Bd.172). UTB: Stuttgart [8]2005, 7. Kapitel „Der Prozeß der schöpferischen Zerstörung“, S. 134–142.

Canale Grande danach, wieviel Mann seiner Firma in welcher Zeit benötigt würden, um den ganzen historischen Plunder abzureißen.

Solche Kalküle erschließen wahrhaft alle Bemühungen besagten Bürgertums, geläufig auf Hebräisch, Griechisch, Lateinisch, Englisch, Französisch, Italienisch, Russisch und Deutsch den großen Leistungen des europäischen Kulturheroismus gerecht zu werden und für die Zukunft fruchtbar zu machen. Sie führten jedoch nur zu Allmachtsanmaßung, Gedankenarmut, Phantasielosigkeit und Egoismus, mit denen die Herrschaften spätestens ab 1914 der totalen Zerstörung der angeblich heiligen Traditionen als Verpflichtung auf Modernität freudig zustimmten.

Wem sagen wir das? Wer kommt noch als Adressat für uns in Frage? Gott jedenfalls nicht, denn der hat zur Kenntnis nehmen müssen, dass die Menschheit seine Schöpfung mutwillig ruiniert. Die zukünftigen Generationen auch nicht, denn deren Zukunft haben wir längst in ungeheuerlichen Anhäufungen von Schulden verfrühstückt. Wir leben ausdrücklich auf Kosten der Kommenden, indem wir die Menschen nach uns der Gestaltungsmacht bereits jetzt weitgehend beraubt haben.

Unter diesem Gesichtspunkt enfaltet sich Fischers Frage nach einem zukünftigen Europa mit noch größerer Dringlichkeit. Es gibt keine Zukunft, weil wir sie bereits in der Gegenwart vorweggenommen haben. Ein wahrhafter Sieg der Gegenwart über alle andere Zeit (Alexander Kluge).[4] Trauten wir uns ruchlosen Optimismus (Schopenhauer und Nietzsche) zu, dann könnten wir ewige Gegenwart behaupten mit dem Argument, dass jede Zukunftsannahme immer nur die von Lebenden sein kann, also von Gegenwärtigen; desgleichen, dass alle Vergangenheit ja nur für diejenigen reale Größe wird, die sich auf sie agierend beziehen. Das aber heißt, dass Gegenwart nichts anderes ist als die Vereinigung von Vergangenheit und Zukunft in der faktischen Arbeit an der Welt durch die jeweils Lebenden.

Was hieße unter diesen Vorgaben Michael Fischers Programm „Europa NEU denken"?[5] Welchen Beitrag liefern Archäologie, Ästhetik, Kunstgeschichte, Kulturgeschichte, Philosophie, Rechtswissenschaft für genau diese Aufforderung? „NEU denken" ist nachgeordnet. Was also meint die behauptete Einheit „Europa", als Einheit der vielen in Europa vorkommenden, bis auf den heutigen Tag sich als Nationalstaaten verstehenden politischen sozialen Entitäten?

---

4 Cf. *Der Angriff der Gegenwart auf die übrige Zeit*, retrieved 4.2.2016, from http://www.deutsches-filmhaus.de/filme_einzeln/k_kl_einzeln/kluge_alexander/angriff_der_gegenwart.htm.

5 Cf. *Europa NEU denken*, retrieved 4.2.2016, from http://www.europa-neu-denken.com.

Die Salzburgerin Nadia Koch[6] hat mir in ihren Schriften einen wunderbaren Beleg für meine Antworten gegeben. Sie verweist auf die Zweitausgabe von Johann Joachim Winckelmanns grundlegenden Schriften von 1762. Dort antwortet er nämlich auf die Frage, wie wir als Archäologen eigentlich zu einer Vorstellung von Einheit kommen, wenn wir es doch ständig mit einzelnen, völlig heterogenen Artefakten zu tun haben, die wir der Zeit bewahrenden Erde entnehmen? Er beschreibt das Verfahren der Archäologen als ein Versammeln der Vielzahl der Artefakte „in einem Raum", was bedeutet, in einem Wahrnehmungshorizont. Heute heißt das, die Welt als räumliche Einheit, also als globale zu sehen.

Was aber geht über die räumliche Einheit hinaus als allen gemeinsame Auffassungen, Vorgehensweisen, Urteilsformen und Verfassungen des Selbstverständnisses, die wir zu Recht der globalen Einheit als Universalismus entgegensetzen? Die Antwort ist verblüffend einfach. Der Archäologe wie jeder auf Distinktion angewiesene Wissenschaftler oder allgemein Urteilende schafft die Einheit durch die Erkenntnis, dass die Sicherung der Eigentümlichkeit jedes einzelnen Artefakts ja nur dadurch möglich wird, dass man es in Beziehung zu den anderen Artefakten setzt. Diese Beziehungen mögen zeitlich oder sachlich oder sozial den verschiedensten Kulturen zuzuordnen sein – verschiedenen Epochen, in denen je unterschiedliche Entfaltungen kultureller Dynamiken beschreibbar sind –, immer bleibt unabdingbar, dass die je Einmaligkeit der behaupteten kulturellen Leistungen, repräsentiert durch die im Museum versammelten Artefakte, nur durch den Bezug der Artefakte aufeinander erfasst werden kann. Archäologen wie generell distinktionswissenschaftlich Arbeitende bestimmen die Einheit der Artefakte aus deren Verschiedenheit, denn die Verschiedenheit kann ja nur durch den Vergleich festgestellt werden. Der Vergleich erzwingt aber das Konzept der Einheit des Vergleichbaren.

Wir nennen dieses Verfahren „Musealisierung als Zivilisationsstrategie". Zivilisierung deshalb, weil jenseits aller ethnischen, sprachlichen, religiösen und sonstigen Unterschiede der Kulturen für ihre Betrachtung mit Blick auf ihre Verschiedenheit eine transkulturelle oder Kulturen überspannende Sicht entwickelt werden muss. Und die nennen wir seit augusteischen Zeiten Zivilisation. Musealisierung ist also eine Strategie zur Entfaltung einer einheitlichen Sicht auf die verschiedenen Kulturen der verschiedenen Zeiten – repräsentiert durch die im Museum versammelten Artefakte!

Und das Entscheidende ist, dass diese transkulturelle Zivilisation der Einheit nur durch Würdigung der Verschiedenheit der Kulturen zustande kommt. Dieses Vorgehen der Musealisierung als Strategie zur Ausbildung einer Einheit

6 Koch, Nadia J.: *Paradeigma. Die antike Kunstschriftstellerei als Grundlage der frühneuzeitlichen Kunsttheorie.* (GRATIA – Tübinger Schriften zur Renaissanceforschung, Bd. 050). Harrassowitz: Wiesbaden 2013.

des Verschiedenen widerspricht den gängigen Auffassungen von Einheit. Im amerikanischen Melting pot-Konzept zum Beispiel werden die verschiedenen Kulturen der Einwanderer programmatisch eingeschmolzen, um die Verschiedenheiten zu einer Einheit zusammenzuführen. Dieses Konzept ist gescheitert; allenthalben bildeten sich gerade in Amerika die zitadellenartig organisierten Parallelgesellschaften. Sie mit den Begriffen Germantown, Chinatown oder ähnlichem zu belegen, mag als touristische Erschließung ganz hübsch sein. Dem Alltag der Lebensanstrengung im Melting pot USA ist man als Einwanderer nur gewachsen, wenn man sich der Neuen Welt mit der Bildung einer Kolonie eine eigene Auswandererkultur schafft. Melting pot wurde zur bloßen Ideologie, das heißt, zur Vorspiegelung einer Verpflichtung auf die gleichen kulturellen Werte. Die morgendliche Einschwörung auf diese Werte mit der Hand auf dem Herzen mag soziale Realität im Militär werden, in der Organisation von Fabriken und Konsumtempeln. Für das Alltagsleben der meisten Einwanderer stellt sich so etwas wie ein Ankommen in Amerika als Aufnahme in dort bereits bestehende Kolonien der eigenen Kultur dar: Um diese „Heimat" zu verteidigen, riskiert man sogar die Identifizierung mit kulturell-religiös verbrämten Banden, die auf extreme Exklusivität angewiesen sind wie Einheit der sprachlichen Prägung bis hin zum Dialekt, geteilte Herkunftsgesellschaften und -kulturen. Kurz und knapp: Das Konzept des Melting pot, „e pluribus unum", aus der Vielheit eine Einheit zu schaffen, hat sich als unbrauchbar erwiesen.

Die Europäer hätten jetzt eine Chance, nach dem Vorbild der Distinktionswissenschaften ein neues Konzept der Einheit zu erproben, nämlich die Einheit durch Verschiedenheit. Wie man jedes Artefakt braucht, um dessen Verschiedenheit durch den Vergleich mit anderen zu bestimmen – also die Einheit der Distinktionskriterien herauszubilden, die hinreichen, um Verschiedenheit nicht nur zu beschreiben, sondern als wesentlich zu erkennen –, so muss man, um ein neues Europa zu denken, gerade auf der Verschiedenheit der europäischen Kulturen bestehen. Das allerdings setzt voraus, dass die Europäer ihre behauptete je kulturelle Einmaligkeit tatsächlich aus der kenntnisreichen Unterscheidung zu wenigstens drei benachbarten Kulturen in möglichst vielen Einzelheiten und zu den 30 anderen wenigstens in groben Zügen, und sei es durch die Sammlung folkloristisch-touristischer Merkmale, zu beherrschen. Eine offenbar peinliche Zumutung, weil die Kulturnationalisten und Kultursuprematisten bisher ihre je Einmaligkeit nur behauptet, aber nicht begründet haben. Denn zur Begründung der je Einmaligkeit gehört ja der unterscheidende Vergleich mit anderen Kulturen. In erster Linie müsste für das neu zu denkende Europa die Pflicht ausgerufen werden, beim Bestehen auf kultureller Identität die Behauptung des Unterschieds anderer kultureller Identitäten auszuweisen.

In gewisser Hinsicht kann man die transnationalen Sportveranstaltungen als simple Vorübungen für diese Identitätsbehauptung akzeptieren. Sportler unterscheiden sich in ihren Leistungen als Repräsentanten ihrer Kulturen/ Nationen durch Anerkennung der Geltung von gleichen Regeln für alle.

Das ursprünglich als abwertendes Unterscheidungsmerkmal gemeinte „Made in Germany" stellte auch für den transnationalen Warenaustausch so etwas wie die technologische Identität der Kulturen dar. Die Eigendefinition, das heißt, das Bekenntnis zur Singularität etwa der deutschen Industriekultur ist eben leider nicht auf die Anerkennung der alle gemeinsam verpflichtenden ökonomischen Vernunft gestützt. Rechtfertigender Grund dafür ist häufig der Verweis darauf, dass im Zeitalter des Globalismus jede international/global agierende Firma keine Herkunftsbestimmung mehr anerkennen dürfe.

Die Realität sieht aber anders aus. Die kulturell-religiöse Identitätsbehauptung der verschiedenen Gesellschaften wird in der Werbung für die Produkte an erster Stelle zur Geltung gebracht. Immer noch soll der „Mercedes" pars pro toto ein deutsches Produkt sein, obwohl in ihn sogar komplette Motoren aus fremder Produktion eingebaut werden. Die inzwischen gescheiterte himmlische Hochzeit der Giganten Daimler und General Motors glaubte den nationalen Suprematismus durch einen genau so dummen Internationalismus der Multinationalität zu übertrumpfen. Dumm? Man muss sich nur die Reden der Herren Schrempp, Esser, Sommer, Middelhoff, Breuer, Ackermann, Jain und tutti quanti anhören, um die Differenz zwischen dem idelogischen Geplapper der Großmanager und ihrem faktischen Leitungsversagen als Energie des Asozialen zu erkennen. Dabei nicht erwischt zu werden, erfordert schon mehr Intelligenz, als die masters of the universe bewiesen haben. Um erfolgreicher Mafiaboss zu werden, ist auf jeden Fall mehr soziale und kognitive Intelligenz gefragt als für die Karriere eines Managers in behauptet multinationalen Firmen. Das verlockendste Ziel bleibt natürlich, derartige Firmen wie Mafiagesellschaften zu führen.

Wie äußert sich eine solche Intelligenz? Als Befähigung von jedermann! Auch dafür können wir wieder auf das Theater als europäische Zivilisationsagentur zurückgreifen. Die Griechen nannten die auf den Rängen um die Scena sitzenden Zuschauer „Theoretiker". Das Zuschauen ist ja in seiner intensiven Form des Erfassens der Bühnenvorgänge ein „sinnendes Betrachten". Das aber führt zur Entwicklung eines sinnvollen Zusammenhangs der auf der Bühne in vielen kleinen Einzelepisoden von Auf- und Abtritten demonstrierten Vorgänge. Der Theoretiker, der Zuschauer sichert also den für ihn bedeutsamen Sinn des theatralischen Geschehens. Nicht das Bühnengeschehen selber bildet aus sich heraus ein Evidenzerleben, einen überzeugenden Sinnzusammenhang. Der Zuschauer muss selber in der sinnenden Betrachtung erfassen, warum er aus freien Stücken überhaupt ins Theater gegangen ist. Anwort: Man geht ins Theater, um als Repräsentant der Öffentlichkeit, als Zuschauer das Theoretisieren zu lernen. Wer zwei Stunden, vier Stunden und mehr in Häppchen eine lange, große Erzählung vorgesetzt bekommt, muss nicht nur über ein hinreichendes Gedächtnis verfügen, sondern die erinnerten Einzelheiten stundenlangen Bühnengeschehens zur Einheit der Erzählung zusammenfügen.

Genau diese Fähigkeit zum Theoretisieren ist die Voraussetzung für den Ausweis von kulturellen Identitäten, nicht nur der eigenen, die ja, wie gesagt, den vergleichenden Bezug auf andere voraussetzt. Insofern ist „Europa NEU zu denken" ein Postulat, die Kraft des Theoretisierens und damit auch die Fähigkeit zur Bewsstseinsbildung durch Antizipation, durch Rechnen mit den Konsequenzen von Handlungen, die noch gar nicht eingetreten sind, aber eintreten könnten, zu stärken. Insofern sind wir herausgefordert, Europa als einen Möglichkeitsraum wie eine Bühne oder einen Hörsaal oder ein Labor zu verstehen, in dem die Wirklichkeit vollständig haltloser Identitätsbehauptungen mit den Möglichkeiten ihrer tatsächlichen Begründung abgeglichen werden kann.

Der Charakter der dafür notwendigen Regeln und Verfahren ist allen Europäern längst geläufig: Soweit sie Verkehrsteilnehmer sein wollen, müssen sie sich alle zivilisieren, indem sie die gleichen Verkehrsregeln anerkennen. Dadurch erst können sie antizipierend ihre sehr unterschiedlichen Ziele erreichen und die höchst differenten Motivationen zur Geltung bringen.

Die Prinzipien des Rechtsstaats sind solche Regeln für den interkulturellen Verkehr, für die Austauschprozesse der ganz unterschiedlichen religiös-kulturellen Weltsichten und Lebensformen. Erst durch die Anerkennung solcher universaler Werte wie Regeln und Verfahren, die für alle gelten, lässt sich gerade die erwünschte je Einmaligkeit ausbilden und mit Gründen durch die Anerkennung der notwendigerweise differenten Auffasungen der Nachbarkulturen behaupten.

Im Privaten hat jeder schon erlebt, wie überzeugend ein zurückgekehrter Reisender von fremden Ländern erzählt, weil er die Fremdheit in Relation zum Eigenen zu setzen versteht. Man respektiert solche Erzähler im Maße ihrer Begeisterung für das Fremde, weil sie dabei jederzeit die eigene Identität im Unterschied zum Erzählten zur Geltung bringen. Die Fähigkeit eines Niederländers, sich als solcher zu präsentieren, wenn er von Europa spricht, hängt davon ab, wie weit er belgische Flamen oder Franzosen oder Deutsche oder Briten in ihrem kulturellen Selbstverständnis zu würdigen versteht. Dem Erzähler wird in dem Maße eigene Würde der kulturellen Identität zugestanden, wie er die differenten Identitätsbehauptungen anderer Europäer zu würdigen versteht. Denn Würde hat nur, wer andere würdigen kann. Das sagt uns ein alltagsbrauchbares Verständnis des entsprechenden Grundsatzes unserer Verfassung.

Und Michael Fischer war in der Lage, mit Nachdruck und Begeisterung die vielen kulturellen Identitäten zu würdigen, die etwa durch die Salzburger

Festspiele ins Spiel gebracht wurden. Er war wirklich in dem Maße ein großer Europäer, in dem er ein selbstbewusster Österreicher sein konnte. Was unter anderem auch heißt, auf die regionalen Differenzen aus behaupteter Eigentümlichkeit eingehen zu können. Sein Arbeitsfeld, die die Salzburger Festspiele begleitenden kulturgeschichtlichen Reflexionen, sollte unbedingt erhalten bleiben, um in seinem Sinne Europa neu zu denken.

Quellenverzeichnis

Der Angriff der Gegenwart auf die übrige Zeit, retrieved 4.2.2016, from http://www.deutsches-filmhaus.de/filme_einzeln/k_kl_einzeln/kluge_alexander/angriff_der_gegenwart.htm.

Die Kunst des Dialogs. Gedenktagung für Michael Fischer, 2. Juli 2015 in Salzburg. Panel 1: Kultur: Video abrufbar, retrieved 27.1.2016, from http://unitv.org/beitrag.asp?ID=596&Kat=1.

Europa NEU denken, retrieved 4.2.2016, from http://www.europa-neudenken.com.

Koch, Nadia J.: *Paradeigma. Die antike Kunstschriftstellerei als Grundlage der frühneuzeitlichen Kunsttheorie.* (GRATIA – Tübinger Schriften zur Renaissanceforschung, Bd. 050). Harrassowitz: Wiesbaden 2013.

Schumpeter, Joseph A.: *Kapitalismus, Sozialismus und Demokratie.* Einführung v. Eberhard K. Seifert. (UTB Uni-Taschenbücher Bd.172). 8., unveränd. Aufl. UTB: Stuttgart 2005, 7. Kapitel „Der Prozeß der schöpferischen Zerstörung“, S. 134–142.

Zeller, Hans / Zäch, Alfred (Hrsg.): *Conrad Ferdinand Meyer. Sämtliche Werke. Historisch-kritische Ausgabe*, Bd. 1. Benteli-Verlag: Zürich 1963 [Gedichte von 1892 / VIII. Genie].

Peter Ruzicka

Kulturkritik und Persönlichkeitsrecht

Bei der Vorbereitung zu diesem Symposion gingen die Gedanken zurück an die vielen Gespräche, die ich mit Michael Fischer, insbesondere in meinen Jahren als Intendant der Salzburger Festspiele zwischen 2001 und 2006, führen durfte. In jedem dieser Festspielsommer waren es die Salzburg-Dialoge[1], die wir gemeinsam planten, über Themen, die auf die jeweiligen Programmlinien der Festspiele Bezug nahmen. Darüber hinaus gab es viele persönliche Begegnungen, einen beständigen Gedankenaustausch über aktuelle kulturpolitische Themen, auch über Kulturkritik, und einmal sogar über rechtliche Fragen, die sich im Zusammenhang mit aktuellen kritischen Rezensionen stellten, eine Fragestellung, die ich im Gedenken an den damals geführten Diskurs heute noch einmal aufgreifen möchte.

Es wird uns allen schon so gegangen sein: Nach dem Besuch einer Theaterpremiere wollen wir unseren persönlichen Eindruck mit den nachfolgenden Rezensionen der Zeitungskritiker vergleichen. Und dabei mögen wir uns bisweilen auch geärgert haben über tatsächliche oder vermeintliche Fehlurteile sogenannter Großkritiker. Besonders dann, wenn nach einem großen Publikumserfolg eine Aufführung womöglich gnadenlos niedergemacht wird. Oder wir werden, und dies noch häufiger, auch den umgekehrten Fall erlebt haben.

Nun, ich gestehe, selbst Betroffener dieses Spannungsfeldes zu sein, des Spannungsfeldes zwischen Kunst und Kritik – als Komponist wie als Intendant, und ich bin es mit bisweilen sehr gemischten Gefühlen. Ich bekenne, dass ich es gerade bei den Salzburger Festspielen nicht ganz ohne Reiz fand, nach einer Premiere einmal alle eingehenden Rezensionen – es mögen hier mehr als hundert verschiedene aus aller Welt gewesen sein – nebeneinander zu legen. Dann war festzustellen, dass eigentlich zu jedem, zu wirklich jedem denkbaren Aspekt der Aufführung extrem divergierende Beurteilungen zu lesen waren: zum Werk selbst, zur Regie, zum Bühnenbild, zur Qualität der Sänger und Schauspieler, zum Dirigenten, zum Orchester: vom hymnischen Lob bis zum vernichtenden Urteil. Selbst die Resonanz beim Publikum wurde ganz unterschiedlich wahrgenommen, etwa dann, wenn eine zwanzigminütige ganz offensichtliche Zustimmung des Auditoriums anschließend als „durchaus endenwollender Beifall" reportiert wurde.

Kritik ist mit dem schöpferischen Wirken des Menschen schon immer eng verbunden gewesen. So lohnend es ist, ein wenig dem Wesen und der

1 *Salzburger Festspiel-Dialoge*, retrieved 6.2.2016, from www.w-k.sbg.ac.at/archiv/arts-festival-culture/festspiel-dialoge.html.

Entwicklungsgeschichte der Kunstkritik nachzugehen, so interessant ist es auch, die Grenzen auszuloten, wie weit Kritik gehen darf, bevor sie zur bloßen Schmähung verkommt.

Wendet man sich der Kunstkritik des 19. Jahrhunderts zu, so zeigt sich ein Wandel in den Äußerungsformen der Kritik. Mit dem Übergang von der Klassik zur Romantik verlor die Kritik durch die Psychologisierung der Kunst und durch den Historismus zunehmend ihre bis dahin überpersönlichen Maßstäbe. Hinzu traten dafür zunehmend außerkünstlerische, oftmals politische Gesichtspunkte. Mit dem Anstieg von Publizistik in Form von Zeitungen und Zeitschriften und dem Entstehen eines breiten Bildungsbürgertums änderte sich auch die Art der Kritik, die sich nunmehr weniger von dem Kritiker an den Künstler, sondern mehr an das Publikum richtet. Die Kritik wandelte sich dabei auch zur Stimme des Zeitgeistes. Im Feuilleton der Zeitungen machte sich ein geistreiches, witziges und subjektives Rezensieren breit, das, beispielsweise im Zusammenhang mit den Geschehnissen um 1848, teilweise auch zur politischen Stimme wurde.

Gelegentlich kommt es dabei auch zu einer Symbiose von Künstlern und Kritikern. Auf musikalischem Gebiet ist dafür der bekannte Musikkritiker Eduard Hanslick ein gutes Beispiel. Er ist als Wagner-Gegner in die Geschichte eingegangen. Landläufig sieht man in ihm das Vorbild für den „Beckmesser“ in Wagners Oper „Die Meistersinger von Nürnberg“. Hanslick war Jurist. Aber schon neben seinem Studium in Prag und Wien betrieb er Musikjournalistik. Nach dem Studienabschluss war er recht bald im Finanzministerium in Wien und schließlich im Wiener Kultusministerium tätig. All diese Ämter hinderten ihn jedoch nicht, daneben einer der bekanntesten Musikkritiker der zweiten Hälfte des 19. Jahrhunderts zu werden. Was seine Kritiken anbelangt, so waren diese voll Esprit, getragen von akademisch-klassischer Bildung. Hanslick wusste in seinen Rezensionen auch blendend zu unterhalten. Er pochte dabei nicht auf die Richtigkeit seines Urteils, sondern auf dessen Wahrhaftigkeit.

Bekannt wurde Hanslick besonders wegen seiner Kontroversen mit Richard Wagner. Ob daran Hanslick die – alleinige – Schuld trägt, ist wohl fraglich. Beide hatten sich bereits 1845 in Marienbad kennengelernt. Wagner lud Hanslick zum „Tannhäuser“ nach Dresden ein. Hanslick war von diesem Werk überwältigt und veröffentlichte nach seiner Rückkehr in der „Wiener allgemeinen Musik-Zeitung“ eine Folge von nicht weniger als elf Abhandlungen über Wagners neueste Oper. Er wollte den Komponisten und dessen Werk damit in Wien einem breiten Publikum bekannt machen. Dabei unterlief ihm jedoch ein – aus Wagners Sicht – geradezu schockierender Fauxpas, als er den „Tannhäuser“ als ebenso epochal einstufte wie Giacomo Meyerbeers „Hugenotten“, die erfolgreiche Oper von Wagners verhasstem Antipoden. Ein Brief Wagners vom Neujahrstag 1847 macht dessen Verstimmung deutlich. Doch Hanslick focht unverdrossen weiter für Wagner; 1859 kam es endlich zur Premiere des

„Tannhäuser“ an der Wiener Hofoper. Wagner reiste selbst nach Wien – und behandelte Hanslick zu dessen Überraschung wie einen Unbekannten, vielleicht auch deshalb, weil Hanslick den zwischenzeitlich entstandenen „Lohengrin“ deutlich weniger mit Lob bedacht hatte als seinerzeit den „Tannhäuser“.

Im Winter 1863 kam es zu einer weiteren Begegnung der beiden anlässlich einer Abendgesellschaft in Wien. Dort las Wagner das kürzlich fertig gestellte Textbuch der „Meistersinger“. In dieser Fassung hieß der musikalische Zensor oder Merker noch „Hanslich“. Erst später wurde daraus „Beckmesser“. Hanslick war empört. Wagner berichtet darüber in seiner Autobiographie „Mein Leben“[2], dass während der Lesung der Rezensent – gemeint ist Hanslick – immer verstimmter und blasser geworden sei und nach deren Ende durch nichts mehr zu längerem Verweilen zu bewegen gewesen sei. Man habe in unverkennbar gereiztem Ton Abschied genommen. Seitdem sei die Freundschaft Hanslicks ihm gegenüber in verschärfte Feindschaft umgeschlagen. Dennoch (oder gerade deshalb) muss angemerkt werden, dass sich Hanslicks Kritiken, die er in den folgenden Jahren zu Wagners „Ring“ verfasste, um auffallende Objektivität bemühten.

Für das 20. und 21. Jahrhundert, in dem die Kritik zunehmend auch zum Austragungsort weltanschaulicher Gegensätze werden sollte, habe ich stellvertretend eine prägende Kritikerpersönlichkeit des 20. Jahrhunderts ausgewählt, die ich kurz porträtieren möchte: Alfred Kerr. Kerr ist 1867 in Breslau geboren, er starb 1948 in Hamburg. Nach dem Studium in seiner Heimatstadt Breslau und in Berlin kam er bald – und zwar schon als Kritiker – mit dem Theater in Kontakt, namentlich mit der „Freien Bühne“ in Berlin, die Ende des 19. Jahrhunderts mit Autoren wie Ibsen, Zola, Tolstoi und Gerhart Hauptmann geradezu einen Kampf um ein neues Publikum und gegen das in Konvention und Pathos erstarrte Hoftheater führte. Ab der Jahrhundertwende schrieb Kerr für alle damals bekannten Tageszeitungen, insbesondere für die „Vossische Zeitung“. In den zwanziger Jahren bis zu seiner Emigration 1933 finden sich Kerrs Rezensionen hauptsächlich im „Berliner Tageblatt“. Am 15. 2. 1933 verließ er Berlin, nachdem ihm aus dem Polizeipräsidium die Warnung zugespielt worden war, ihm solle der Reisepass entzogen werden. In seiner letzten Kritik vor seiner Abreise anlässlich einer Aufführung des „Faust II“, bezeichnete er dieses Werk Goethes als testamentarisch.[3]

---

2 Cf. Wagner, Richard: *Mein Leben. Erste authentische Veröffentlichung.* (Jubiläumsausgabe). Hrsg. u. mit einem Nachwort v. Martin Gregor-Dellin. List: München 1963, S. 815.

3 Cf. Kerr, Alfred: „Faust II. Staatstheater. 23. Januar 1933“. In: Id.: *Mit Schleuder und Harfe. Theaterkritiken aus drei Jahrzehnten.* Hrsg. v. Hugo Fetting. Severin und Siedler: Berlin 1981, S. 600–605.

Was Kerr im Gegensatz zu anderen kennzeichnet, ist der Umstand, dass er in der Kritik eine eigene Kunstform sah (wir werden übrigens gleich sehen, dass diese Einschätzung heute von der Rechtsprechung nicht geteilt wird). Er schuf sich einen geistreich-ironischen, durch knappe Wendungen und überraschende Wortbildungen gekennzeichneten, manchmal geradezu saloppen Stil (bezeichnenderweise trägt eine Sammlung seiner Kritiken, die 1981 herauskam, denn auch den Titel „Mit Schleuder und Harfe“[4]). Dies brachte es mit sich, dass er von nicht wenigen gefürchtet wurde. Dabei sah er seine Aufgabe als Kritiker darin, Autoren zu fördern, was freilich nicht immer ohne Härte abging.

Kerr baute seine Kritiken recht eigenwillig auf, meist in nummerierte Abschnitte gegliedert, machte nicht viele Umschweife und ließ bereits in den ersten Zeilen seiner Rezension erkennen, was er von dem dargebotenen Werk hielt, nämlich Lob oder Verriss. Mancher Regisseur geriet bei der Lektüre der Rezension schon deshalb in Rage, weil Kerr ihn respektlos als „Einüber“, „Spielhüter“, „Mimentreiber“ oder „Probenschulze“ tituliert hatte.

Lassen Sie mich nach diesem Streifzug durch die Geschichte der Kunstkritik jetzt zur rechtlichen Seite kommen. Kulturkritik ist höchst facettenreich. Das Spektrum reicht von der Kurzrezension bis zum kulturphilosophischen Essay. Wenn Schriftsteller, Musiker, Schauspieler oder Regisseure angegriffen werden, geht es dabei in der Regel um Werturteile, nicht aber um Tatsachenbehauptungen. Aussagen über die Qualität einer darstellerischen Leistung oder einer Inszenierung sind Ausdruck der persönlichen Überzeugung des Kritikers. Ihre „Richtigkeit“ ist nicht beweisbar. Ich vernachlässige die Fälle falscher Tatsachenbehauptungen durch Kritiker. Solche Fehlleistungen münden eher ins Anekdotische, etwa im Falle jenes Dresdner Rezensenten, der eine Aufführung überaus kritisch besprach, die überhaupt nicht stattgefunden hatte. Immerhin musste sogar schließlich das Oberlandesgericht Dresden vom düpierten Künstler angerufen werden, um die fällige Gegendarstellung gegenüber der Zeitung durchzusetzen (man hat seither von jenem Kritiker nichts mehr gelesen!).

Die Literatur-, Theater- oder Musikkritik wurde – zivilrechtlich jedenfalls – erst justitiabel mit der Begründung des Allgemeinen Persönlichkeitsrechts. Man zog zwar auch früher schon Kritiker vor die Schranken des Gerichts, wenn man sich durch eine Kritik geschmäht fühlte, dann aber meist auf strafrechtlichem Wege: Beleidigung, üble Nachrede und Verleumdung waren die Kriterien, unter denen man gegen einen Kritiker vorging. Schwieriger wird es auf der zivilrechtlichen Ebene, wenn es gilt, die Verletzung des Persönlichkeitsrechts eines Künstlers zu bejahen oder zu verneinen.

Ehrverletzenden Werturteilen kann zivilrechtlich vor allem auf zweierlei Weise begegnet werden. Einerseits durch einen negatorischen Unterlassungsanspruch,

4 Ibid.

wenn eine rechtswidrige Verletzung des allgemeinen Persönlichkeitsrechts vorliegt bzw. der Tatbestand der Beleidigung rechtswidrig erfüllt ist; bei schweren und schuldhaften Persönlichkeitsrechtsverletzungen auch mit einem Schmerzensgeldanspruch, sofern der Verletzte bei Versagung einer Geldentschädigung ohne zureichenden Schutz bliebe.

Die Feststellung, ob im Einzelfall eine zulässige Kritik oder schon eine Verletzung des allgemeinen Persönlichkeitsrechts vorliegt, ist schwierig. Die notwendige Grenzziehung ist kaum objektivierbar. Die allgemeine Aussage, dass in einer sachlichen Kritik keine Verletzung der Urheberehre liegt, auch wenn diese das Werk in schärfster Wortwahl verreißt, ist zwar zutreffend, aber im Einzelfall wenig hilfreich. Denn die Begriffe „Sachlichkeit“ der Kritik oder „Schmähkritik“ sind wertungsbedürftig. Einen zu beachtenden Rahmen bei der Festlegung einer Grenzziehung bieten bei alledem die Wertaussagen der Verfassung.

Erlauben Sie mir für einen Augenblick auf die deutsche Rechtslage abzuheben, die freilich der österreichischen inhaltlich weitgehend entspricht. Die Meinungsfreiheit ist in Österreich in Art. 13 Staatsgrundgesetz geregelt, wo es heißt „Jedermann hat das Recht, durch Wort, Schrift, Druck oder durch bildliche Darstellung seine Meinung innerhalb der gesetzlichen Schranken frei zu äußern.“[5] Aber weil die Freiheit des Einen dort aufhört, wo die Freiheit des anderen beginnt, sind Grundrechte nicht „schrankenlos“. So schränkt beispielsweise das österreichische Mediengesetz das Grundrecht auf Kommunikations- und Pressefreiheit ein – zum Schutze der Rechte jener, über die berichtet wird, etwa ihrer Ehre und ihrer Privatsphäre.

Es ist festzuhalten, dass Kunstkritik grundsätzlich nicht selbst Kunst ist. Sie nimmt an dem weitgespannten Schutz der Kunstfreiheitsgarantie nicht teil, auch dann nicht, wenn sie zu besonders gearteten Stilmitteln greift. Zu denken ist deshalb an das Recht auf freie Meinungsäußerung, das auch für die Kritik als Teil der Publizistik gilt.[6] Diesem Recht steht freilich dasjenige der freien Entfaltung der Persönlichkeit, also das allgemeine Persönlichkeitsrecht, gegenüber.[7] Keinem der beiden genannten Grundrechte kommt von vornherein ein grundsätzlicher Vorrang zu. Vielmehr ist im Einzelfall die Intensität des Eingriffs in den Persönlichkeitsbereich abzuwägen gegen das Informationsinteresse der Öffentlichkeit. Ein „in dubio pro ...“ gibt es nicht.

Ein grundsätzlicher Vorrang gebührt der Meinungsfreiheit nur, soweit eine Äußerung zur ständigen geistigen Auseinandersetzung in Angelegenheiten von öffentlicher Bedeutung gehört, die für eine freiheitliche demokratische Ordnung schlechthin konstituierend ist.

---

5 *Staatsgrundgesetz über die allgemeinen Rechte der Staatsbürger.* StGG Art. 13. öRGBl. Nr. 142/1867.

6 *Grundgesetz für die Bundesrepublik Deutschland.* Art. 5 Abs 1 GG.

7 Ibid. Art. 2 Abs 1 GG.

Ein Weiteres mag man als gesicherte Ausgangsposition festhalten: Das Urteil des Kritisierenden muss nicht richtig sein. Jedermann darf seine Ansicht äußern, ohne dass es auf deren Richtigkeit – was immer das auch sei – ankommt. Ebenfalls darf dem Kritiker die Berechtigung zu abwertenden Äußerungen nicht von vornherein deshalb abgesprochen werden, weil er dem Leser möglicherweise keine Tatsachen an die Hand gibt, um die beanstandete Wertung nachvollziehen zu können. Zwei weitere Kriterien, die immer wieder ins Feld geführt werden, nämlich das Element der „Sachlichkeit" der Kritik und das des „schonendsten Mittels", wurden von der Rechtsprechung ebenfalls verworfen. Unzulässig ist somit nur die böswillige oder gehässige Schmähkritik, eine Kritik, die auf eine vorsätzliche Ehrverletzung abzielt.

Einschränkungen kennt dieser Vorrang der Meinungsfreiheit also nur in zwei Konstellationen: bei Schmähkritik und Formalbeleidigungen. Da es sich bei der Kulturkritik in der Regel um Werturteile und weniger um (reine) Tatsachenbehauptungen handelt, kommt hier in erster Linie die Fallgruppe der Schmähkritik in Frage. Diese liegt vor, wenn bei einer herabsetzenden Äußerung nicht die Sache, sondern die Diffamierung der Person im Vordergrund steht. Dabei soll sich nach Auffassung des Bundesverfassungsgerichts eine solche Schmähkritik eher auf sogenannte Privatfehden beschränken. Bei einer die Öffentlichkeit wesentlich berührenden Frage soll Schmähkritik nur ausnahmsweise vorliegen, wenn sie die Menschenwürde des Betroffenen verletzt.

Der BGH führte hierzu aus:

> „Allerdings muss eine Meinungsäußerung und eine wertende Kritik am Verhalten anderer ihre Grenze finden, wo es sich um reine Schmähkritik oder eine Formalbeleidigung handelt oder wo die Äußerung die Menschenwürde antastet."[8]

Einschränkend heißt es weiter:

> Wegen seines die Meinungsfreiheit des Art. 5 Abs. 1 GG verdrängenden Effekts ist der Begriff der Schmähkritik eng auszulegen. Auch eine überzogene, ungerechte oder gar ausfällige Kritik macht eine Äußerung für sich genommen noch nicht zur Schmähung. Von einer solchen kann vielmehr nur dann die Rede sein, wenn bei der Äußerung nicht mehr die Auseinandersetzung in der Sache, sondern die Diffamierung des Betroffenen im Vordergrund steht, der jenseits polemischer und überspitzter Kritik herabgesetzt und gleichsam an den Pranger gestellt werden soll.[9]

Als Zwischenfazit ist festzuhalten: Die Meinungsfreiheit tritt regelmäßig nur im Falle der Schmähkritik hinter den Ehrenschutz zurück. Der Begriff der Schmähkritik ist jedoch wegen des die Meinungsfreiheit tangierenden Effekts eng auszulegen. Sie liegt nicht bereits wegen der herabsetzenden Wirkung einer

---

8 *BGH*. Urteil vom 29. Januar 2002. Az. VI ZR 20/01.

9 Ibid.

Äußerung vor, selbst wenn es sich um eine überzogene oder ausfällige Kritik handelt. Vielmehr kann von ihr erst dann gesprochen werden, wenn nicht mehr die Auseinandersetzung in der Sache, sondern – auch bei polemischer und überspitzter Kritik – die Diffamierung der Person im Vordergrund steht. Bei der Prüfung sind Anlass und Kontext der Äußerung zu berücksichtigen. Sofern diese restriktiv auszulegenden Ausnahmefälle (Schmähkritik und – die hier weniger interessierende – Formalbeleidigung), in denen der Persönlichkeitsschutz vorgeht und keine Abwägung stattfindet, nicht vorliegen, kann eine einzelfallbezogene Abwägung Ehrschutz – Meinungsfreiheit erfolgen.

Gestatten Sie mir, dass ich Ihnen nach diesen ein wenig theoretischen Erörterungen abschließend noch anhand eines Beispielsfalls die rechtliche Zulässigkeit und die Grenzen der Kulturkritik veranschauliche. Es geht um einen Fall, in dem eine auf die Diffamierung der Person abzielende Schmähkritik im Vordergrund steht, so im Jahre 1993 vom Bundesverfassungsgericht entschieden.

Hier mussten sich die Richter mit einer Kurzbesprechung befassen, die der Literat Eckhard Henscheid anlässlich der Neuausgabe der Werke Heinrich Bölls verfasst hatte. In einem Literaturmagazin schrieb Henscheid zu Bölls Roman „Und sagte kein einziges Wort“ unter anderem:

> Es ist schon schlechterdings phantastisch, was für ein steindummer, kenntnisloser und talentfreier Autor schon der junge Böll war, vom alten fast zu schweigen – und mehr noch: Er war, gegen das allzeit und bis heute gängige Klischee und mit Sicherheit gegen seine eigene Selbsteinschätzung, auch einer der verlogensten, ja korruptesten. Dass ein derartiger z.T. pathologischer, z.T. ganz harmloser Knallkopf den Nobelpreis erringen durfte, ist unglaublich! [...].[10]

René Böll, Sohn des 1985 verstorbenen Romanciers, klagte gegen diese Rezension. Das Landesgericht Berlin verbot Henscheid im März 1992 die Wiederholung derartiger Äußerungen, und zwar unter dem Gesichtspunkt eines quasi-negatorischen Unterlassungsanspruchs. Henscheid legte dagegen Berufung ein, die das Kammergericht Berlin im Dezember desselben Jahres zurückwies. Bei dem im Wege der Verfassungsbeschwerde gegen die genannten gerichtlichen Entscheidungen angegangenen Bundesverfassungsgericht hatte Henscheid ebenfalls keinen Erfolg. Im Rahmen seines Beschlusses vom 15. Februar 1993 hat das Bundesverfassungsgericht vorab klargestellt, dass Kunstkritik selbst nicht Kunst ist. Die Verwendung spezifischer Stilmittel, auf die sich der Beschwerdeführer berief, genügte dem Gericht nicht. Es attestierte den Berliner Gerichten, dass diese die bisher verfassungsrechtlich entwickelten Merkmale einer Abwägung von Meinungsfreiheit und Persönlichkeitsrecht beachtet hätten. Das Gericht führt aus:

10 *Der Rabe* (30) 1991.

> Der Beschwerdeführer hat seine Äußerungen über Böll nicht im Rahmen einer inhaltlichen oder ästhetischen Auseinandersetzung mit dessen Werk getan. Die Neuauflage des Buches ‚Und sagte kein einziges Wort' dient vielmehr nur als Anlass für herabsetzende Äußerungen über die Person des Autors im allgemeinen. [...] Bezüge zu Inhalt oder Form des rezensierten Romans insgesamt oder zu einzelnen Textstellen fehlen gänzlich. [...] Die Äußerungen sind auch nicht etwa abseits des literarischen Werks in eine Auseinandersetzung mit sonstigen Anschauungen oder Verhaltensweisen Bölls eingebettet. Sie stehen für sich und erschöpfen sich in dem schmähenden Inhalt.[11]

Karlsruhe locuta, causa finita!

Betrachtet man die historische Seite der Kulturkritik, so fällt auf, dass seit jeher ästhetische, moralische, religiöse und andere Grundhaltungen das eigentliche Urteil bestimmt haben, mit der Folge, dass die Geschichte der Kritik (auch) eine Geschichte von Fehlurteilen ist. Die Maßstäbe von gestern sind nicht selten die Irrtümer von heute (und umgekehrt).

Betrachtet man die rechtliche Seite, so stellt man fest, dass es so einfach nicht immer ist, die Grenzen zu ziehen zwischen zulässiger und verletzender Kritik. Es tut sich ein Spannungsbogen auf zwischen der grundgesetzlich garantierten Meinungsfreiheit und dem Persönlichkeitsrecht des Kritisierten. Jeder Fall hat seine eigene Dimension. Gesetz, Lehre und Rechtsprechung können allenfalls eine grobe Grenzziehung vornehmen. Eine Grauzone zwischen dem Persönlichkeitsrecht des Künstlers und dem Grundrecht auf Meinungsfreiheit, auf das sich der Kritiker beruft, wird immer bleiben.

Und dennoch, auch wenn zwischen Kunst und Kritik ein unauflöslicher Spannungsbogen liegt, so gehören beide doch zusammen. Man lässt sich aufeinander ein. Regisseure, Musiker, Schauspieler und Kulturkritiker leben dabei nun einmal in einer spannungsgeladenen Symbiose. Der Künstler, das Theater oder das Opernhaus liefern dem Kritiker den Stoff. Der Kritiker seinerseits fördert den Stellenwert des Theaterbetriebes im öffentlichen Leben. Jeder braucht den anderen.

Quellenverzeichnis

BGH. Urteil vom 29. Januar 2002. Az. VI ZR 20/01.

Bundesverfassungsgericht der Bundesrepublik Deutschland. BVerfG (1 BvR 151/93), 25.02.1993.

Der Rabe (30) 1991.

---

11 *Bundesverfassungsgericht der Bundesrepublik Deutschland.* BVerfG (1 BvR 151/93), 25.02.1993.

Kerr, Alfred: „Faust II. Staatstheater. 23. Januar 1933“. In: Id.: *Mit Schleuder und Harfe. Theaterkritiken aus drei Jahrzehnten.* Hrsg. v. Hugo Fetting. Severin und Siedler: Berlin 1982, S. 600–605.

Salzburger Festspiel-Dialoge, retrieved 6.2.2016, from www.w-k.sbg.ac.at/archiv/arts-festival-culture/festspiel-dialoge.html.

Staatsgrundgesetz über die allgemeinen Rechte der Staatsbürger. StGG Art. 13. öRGBl. Nr. 142/1867.

Wagner, Richard: *Mein Leben. Erste authentische Veröffentlichung.* (Jubiläumsausgabe). Hrsg. u. mit einem Nachwort v. Martin Gregor-Dellin. List: München 1963, S. 815.

Ingrid Hentschel

Welt und Wirklichkeit – Das Zentrum des Theaters

1. Vorab

Michael Fischer steht in seiner wissenschaftlichen und kulturpolitischen Aktivität für ein Denken und Engagement, das die Grenzen zwischen den Wissensdisziplinen wie zwischen den Künsten und ihren jeweiligen Herausforderungen durch die Gegenwart wie selbstverständlich immer wieder neu befragt und überschreitet. In diesem Sinne gab er mir mehrfach Gelegenheit, meine Gedanken zu aktuellen Entwicklungen im Theater im Sinne einer kulturwissenschaftlichen Zeitdiagnostik zu entwickeln und vorzutragen. Dafür danke ich ihm von Herzen und will auch in diesem Band einige Überlegungen zum Zusammenspiel von Kunst, Gesellschaft und Wissenschaft vorbringen, die durch derzeitige Entwicklungen der Theaterkunst angeregt sind und diese auf dem Hintergrund philosophischer Reflexion kritisch befragen.

2. Die Dominanz des Sichtbaren

Anlass meiner Überlegungen ist ein Phänomen, das nicht nur in den Künsten, sondern auch in verschiedenen gesellschaftlichen Feldern zunehmend zu bemerken ist: In den Wissenschaften, in Kunst und Theater lässt sich ein Hang zur Sichtbarmachung, zur vermeintlichen Evidenz der Fakten konstatieren. Der Datenflut in den Wissenschaften entspricht ein Hype der Künste um die vermeintliche Wirklichkeit der Betroffenen. Während das Authentische gegenüber dem Künstlichen, das Dokument gegenüber der Fiktion, das Bild gegenüber der Sprache beschworen wird, sind die Wirklichkeits- und Weltverhältnisse ins Schlingern geraten. Es ist sicher nicht überzogen, wenn Chul Han von einer Tyrannei der Sichtbarkeit spricht, die gegenwärtig verschiedene gesellschaftliche Felder durchzieht.[1] So war denn auch im Feuilleton einer führenden Tageszeitung die kritische Bemerkung zu lesen: „Wir Voyeure. Die Grenzen zwischen Theater und Wirklichkeit verwischen. Was soll der Hang zum Authentischen?“[2]

---

1 Han, Chul: *Transparenzgesellschaft*. Matthes&Seitz: Berlin 2012.

2 Laudenbauch, Peter: „Wir Voyeure. Die Grenzen zwischen Theater und Wirklichkeit verwischen. Was soll der Hang zum Authentischen?“. In: *Süddeutsche Zeitung* (147) 30.6.2015.

Es sind gegenwärtig in vier Bereichen Tendenzen hin zu einer Dominanz des Sichtbaren zu beobachten, die sich miteinander verschränken, und zwar sowohl im Theater wie in der Kulturpolitik, in den Wissenschaften und den Medien.

2.1 Die Grenzen zwischen Theater und Wirklichkeit verschwimmen

Die bisherige strukturelle Trennung von Kunstproduktion, Rezeption und Vermittlung ist in Bewegung geraten. Professionelles Theater und Theatervermittlung sowie Theaterpädagogik haben sich angenähert. Ein Prozess, der auch in der bildenden Kunst und ihrem Verhältnis zur Kunstvermittlung zu beobachten ist (und dort auch durchaus kritisch diskutiert wird).

Theater, dieses Medium des ‚Als ob' und der semiotischen Doppelung zwischen Sein und Bedeuten wird vielfach zum Akteur im Feld des Realen. Gerichtsverhandlungen werden (wie von Milo Rau im „Kongo Tribunal") ins Werk gesetzt, reale Flüchtlinge spielen in Nicolas Stemanns Inszenierung von Jelineks „Schutzbefohlenen" mit. Nur sie selbst als Betroffene, so verkünden sie auf der Website des Thalia Theaters, seien in der Lage die Situation der Flüchtlinge wirklichkeitsgerecht auf die Bühne zu bringen.

Auch da, wo nicht Betroffene als Experten des Alltags auf den Bühnen stehen, ist die Recherche im sozialen Feld für viele Theatermacher inzwischen ein Muss, das soziale Wirksamkeit verbürgen soll. So verbinden sich Theater und unmittelbare sozial/politische Aktion immer häufiger auf direkte Weise – wie auch im Bereich der Kunst, Performance und Installation – ohne künstlerische Umwege mithilfe von Stücken, professionellen Schauspielern und Autoren zu nehmen. Das ‚Zentrum für politische Schönheit' hebt in Berlin Gräber für ertrunkene Flüchtlinge aus: als Kunst und politische Aktion in einem. Kunst und Theater wollen im sozialen und politischen Feld wirkungs- und wirklichkeitsmächtig werden.[3]

Theatergeschichtlich betrachtet lässt sich der hier nur kurz umrissene Prozess der Wirklichkeitsorientierung der Theaterkunst als Verlust der Maske beschreiben. Die Maske ist mit ihrer Zweigesichtigkeit das Emblem der Theaterkunst, Symbol ihrer Uneindeutigkeit, des Spiels und der Verwandlung. Die Maske hat eine Innen- und eine Außenseite, ihr Gott ist bekanntlich der vielgestaltige Dionysos. Sie verbirgt indem sie zeigt. Dieses paradoxe Weltverhältnis des Mediums Theater, das die Maske zum Ausdruck bringt und das sich durch die Theatergeschichte in unterschiedlichen Schattierungen und Gewichtungen präsentiert, steht gegenwärtig zur Disposition. Aktuell verlagern Theaterinszenierungen

---

3 Cf. Hentschel, Ingrid / Hoffmann, Klaus / Moehrke, Una H. (Hrsg): *Im Modus der Gabe. Theater, Kunst, Performance in der Gegenwart.* Christof Kerber: Bielefeld et al. 2011.

ihren Fokus: vom Schein zum Sein, vom Wort zur Aktion, vom Virtuellen zum Materiellen.[4]

2.2 Kulturpolitische Aufträge

Kulturpolitisch entsprechen dem Wirklichkeitsstreben zeitgenössischer Theaterinszenierungen zunehmend außerästhetische Begründungen für das Theater. Theaterproduktionen werden mit sozial-, bildungs- und kulturpädagogischen Aufträgen behaftet. Einige Zitate aus verschiedenen Förderanträgen mögen die kulturpolitisch gewünschten Legitimationen veranschaulichen: Theater „schafft Offenheit für andere Lebensstile", „Theater ist ein Ort, wo man neue Ideen und Zukunftsperspektiven entwickeln und vermitteln kann", Theater „sorgt für die Auseinandersetzung mit anderen Weltbildern und fördert das Bewusstsein der eigenen Kultur". Theater verspricht „einen wichtigen Beitrag zur Profilierung der Region" zu leisten. Mit einer Inszenierung wird die „Bedeutung der Kunst in Konfliktzonen, politisch, religiös, sozial motiviert, akzentuiert". Eine weitere zeigt, dass auch schon in traditionellen Theaterformen „Empowerment durch Kunst" stattfand und „durch körperliche Aktionen auf der Bühne neue Erfahrungen und Gemeinschaften" ermöglicht und „Wechselseitigkeit und Gemeinsamkeit durch Einbeziehung der Zuschauer erfahrbar" werden.

Das ist alles richtig: Aber sind diese kulturpolitischen, standortökonomischen, pädagogischen und entwicklungspolitischen Argumente der Grund, warum wir ins Theater gehen? Warum Menschen mit aller Leidenschaft einen Beruf ausüben, der wenig Freizeit und meistens wenig Geld einbringt?

2.3 Empirie in den Wissenschaften

Der dritte Aspekt der Dominanz der Sichtbarkeit betrifft die Wissenschaften. In den Sozial- und Kulturwissenschaften entspricht dem ‚performativen Turn' mit seiner Wirklichkeitsorientierung ein Boom empirischer Forschung. Eine Fülle von Doktorarbeiten entsteht gegenwärtig, die ausschließlich auf Interviews und deren ausgefeilten Auswertungsmethoden beruhen. So werden nicht empirisch datenbasierte Forschungsprojekte explizit aus Programmen ausgeschlossen wie etwa im Forschungsfonds Kulturelle Bildung[5]. Die genannten Tendenzen hin zur Empirie, zu Sichtbarkeit und Dokumentation

4 Zum Verlust der Maske im Gegenwartstheater cf. Hentschel, Ingrid: „Nicht das Eine" Ekstasen der Weiblichkeit im 21. Jahrhundert. Festspiel-Symposium „Der ‚andere' Gott" Salzburger Festspiele 29. Juli 2010, retrieved 13.10.2015, from http://www.w-k.sbg.ac.at/fileadmin/Media/arts_and_festival_culture/ingrid_hentschel_fssymp_100729.pdf.

5 Cf. *Forschungsfonds Kulturelle Bildung*, retrieved 12.10.2015, from https://www.stiftung-mercator.de/de/projekt/forschungsfonds-kulturelle-bildung.

in der Theaterästhetik wie in Kulturpolitik und Wissenschaft werden durch eine vierte ergänzt.

2.4 Mediale Bilderfluten

Die Allgegenwart medialer Repräsentationen in den digitalen Medien und Netzwerken begünstigt, vermittelt über die endlose Bilderflut, mit ihrem impliziten Sichtbarkeitsparadigma die Dominanz der Empirie in unserer Weltwahrnehmung. So wird uns in den Medien, in der Forschung, in Kunst und Theater zunehmend eine Außenansicht der Dinge präsentiert.

Der Zunahme evidenzbasierter Forschung entspricht der Hype der Kunst um die vermeintliche Wirklichkeit des Betroffenen. Zu besichtigen ist auf den Bühnen eine Tyrannei der Authentizität, die meint durch die Verwendung dokumentarischen Materials, von Alltagssprachen, Videodokumenten und Laiendarstellern verbürgt zu sein. Diese Entkunstung der Theaterkunst veranlasst zu der Frage: Was ist das Zentrum des Theaters, was der Kern der Sache, worum geht es jenseits aller Indienstnahmen im Namen der Wirklichkeit, der Funktionalisierungen und kulturpolitischen Aktionen?

3. Das Zentrum des Theaters

Was ist der Kern des Theaters, wenn wir alles wegnehmen, was anders auch zu haben ist? Im Jahr 1968 fragte ein polnischer Theaterrevolutionär: Was ist das Theater, wenn man alles Verzichtbare entfernt, was bleibt dann übrig?[6] Die Antwort formulierte ein berühmter Shakespeare Regisseur namens Peter Brook. Sie ist inzwischen in den Grundbestand theaterwissenschaftlichen Wissens eingegangen. „Ich kann jeden leeren Raum nehmen und ihn eine nackte Bühne nennen. Ein Mensch geht durch den Raum, während ihm ein anderer zusieht; das ist alles, was zur Theaterhandlung notwendig ist.“[7]

3.1 Dialog zwischen Bühne und Zuschauer

Theater bedeutet Dialog zwischen Zuschauer und Schauspieler.[8] Zuschauen ist ein aktiver Prozess! Jacques Rancière hat die aktive Rolle des Zuschauens angesichts der Zunahme dezidiert partizipativer Formate in der Gegenwartskunst wieder rehabilitiert: Auch da, wo ein Zuschauer ruhig in seinem Sessel sitzt, verbindet er das, was er sieht, mit dem, was er gesehen und gesagt,

6 Cf. Grotowski, Jerzy: *Towards a Poor Theatre (Introduction by Peter Brook)*. Simon and Shuster: New York 1968.

7 Brook, Peter: *Der leere Raum*. Alexander Verlag: Berlin 1983, S. 9.

8 Cf. Beitrag von Ortrud Gutjahr in diesem Band.

gemacht und geträumt hat.[9] Eine Theateraufführung als ein immer wieder aktuell sich im Hier und Jetzt vollziehendes Geschehen zwischen Spielern und Zuschauern gehorcht den grundlegenden Paradigmen des Theaterspiels: Sehen und Gesehen werden, Hören und Gehört werden. Es handelt sich um subtile energetische, aber vor allem auch über Blicke vermittelte Austauschprozesse zwischen Bühne und Publikum, die allerdings nicht an der Oberfläche der Wahrnehmung stehen bleiben.

Waldenfels fasst das Zusammenspiel von Schauspiel und Zuschauer differenziert im Begriff der Responsivität.[10] Im Rezeptionsprozess, dem Wechselspiel zwischen Spielern und Zuschauern, wie es generell in theatralen Aufführungen zu finden ist, bestimmt das konkrete räumliche Arrangement von Bühne und Zuschauerraum die vorrangig auf Blicken beruhende, teils stumme, teils auch hör- und sichtbare Anteilnahme bis hin zur deutlichen Aktivität der Zuschauer. Ein Vorgang, der bei näherer Betrachtung als Wechselseitigkeit der entstehenden Rückkopplungsschleifen beschrieben werden kann, als ein gebendes Nehmen und nehmendes Geben. Die Zuschauer spenden ihre Aufmerksamkeit, sie fühlen, denken, spielen mit, wenn auch vielfach unsichtbar, im Stillen, aber doch aktiv und intensiv.

En passant verweist Waldenfels, wie Kristin Westphal bemerkt, auf den „Gedanken, dass es bereits im Griechischen der Schauspieler sei, der ursprünglich als ‚Antworter' auftrete",[11] während theatron bekanntlich den Ort der Zuschauer bezeichnet. Dazu gehört die imaginative Aktivität des Zuschauers, die sich nicht auf Wahrnehmungsakte beschränkt. Der zweite grundlegende Aspekt des Theaters, der sich an Peter Brooks Definition anschließt, betrifft den besonderen semiotischen Charakter des Mediums Theater. Indem ein Raum als eine Bühne bezeichnet und als Bühne benutzt wird, verändert er seine Konnotation. Er wird zum gedoppelten Raum. Alles was geschieht, geschieht dort und nicht allein in der Wirklichkeit und ist zugleich doch in Raum und Zeit lokalisiert.

9 Cf. Rancière, Jaques: *Der emanzipierte Zuschauer.* Passagen: Wien 2009, S. 28. (i.O. *Le spectateur émancipé.* La Fabrique: Paris 2008).

10 Cf. zum Begriff der Responsivität Waldenfels, Bernhard: *Antwortregister.* Suhrkamp: Frankfurt a.M. 1994; id.: *Phänomenologie der Aufmerksamkeit.* Suhrkamp: Frankfurt a.M. 2004; Mersch, Dieter: „Aisthetik und Responsivität. Zum Verhältnis von medialer und amedialer Wahrnehmung". In: Fischer-Lichte, Erika / Horn, Christian / Warstat, Matthias (Hrsg.): *Wahrnehmung und Medialität.* (Theatralität 3). Francke: Tübingen/Basel 2001, S. 273–299.

11 Waldenfels, S. 595. Cf. Westphal, Kristin: „Geben ohne Verpflichtung? Eine Theorie des theatralen Austauschs". In: Hentschel et al. (Hrsg.), S. 77–85.

3.2 Das Spiel von Sein und Verbergen

Der „performative turn“ der Künste, an dem auch das Theater teil hat[12] und den es vorantreibt, zieht einen Verlust des Spiels und damit des Unsichtbaren nach sich. Die Anlehnungsbedürftigkeit von Vorstellungen an Wahrnehmungen nimmt zu,[13] während der Sinn für das Nicht-Sichtbare abnimmt. Die Maske als Symbol der Theaterkunst ist das Emblem des Hinüberwechselns in ein anderes fremdes Sein. Sie verkörpert die Anwesenheit des Abwesenden. In ihrer strukturellen Doppelung kann sie als Symbol des Theaters fungieren.[14]

Die Maske ist heute im Theater verpönt, während sie in der Mode und der Schönheitschirurgie sozusagen veralltäglicht wird.[15] Das Regie-Kollektiv ‚Rimini-Protokoll‘, das gegenwärtig führend für eine Entwicklung ist, die hier der Kürze halber als Wirklichkeitstheater bezeichnet werden soll, versammelte in der „Promethiade“ einhundert Einwohner Athens auf der Bühne des Odeon Theaters zu Füßen der Akropolis, die ihr Leiden, ihre Befindlichkeit – nicht zuletzt angesichts der Finanzkrise – dem Publikum vortragen.[16]

Theater wird hier zu einem einzigartigen und öffentlichen Ort der Versammlung. Allerdings – und deswegen ist das Beispiel hier erwähnenswert – handelt es sich dabei um ein Theater, das keine Transformation braucht, lediglich Inszenierung. Jeder, der auftritt, ist er selbst. Seine Biografie, seine Worte, seine Gesten sind aus seinem Alltagsleben übernommen und wiedererkennbar. Und jeder Zuschauer könnte selbst mit seiner Geschichte auf der Bühne stehen, wenn man ihn denn dazu einlüde.[17]

Zusammen mit dem Verwandlungsprinzip verschwindet gegenwärtig das Fremde, das uns doch durch die Kunst im Namen der Partizipation und direkten Aktion oder wie Nicolas Bourriaud es formuliert, durch die auf Schaffung von Sozialität ausgerichtete „Relationale Ästhetik“ nahe gebracht werden soll.[18]

---

12 Fischer-Lichte, Erika: *Ästhetik des Performativen.* Suhrkamp: Frankfurt a.M. 2004.

13 Türcke, Christoph: *Hyperaktiv! Kritik der Aufmerksamkeitsdefizitkultur.* C.H. Beck: München 2012.

14 Cf. Weihe, Richard: *Die Paradoxie der Maske. Geschichte einer Form.* Fink: München 2004.

15 So äußert sich auch Hans Belting kritisch über den Verlust der Maske im Theater. Cf. Schmidt, Christopher: „Alles, was tief ist. Hans Belting spricht in München über ‚Theater und Maske‘“. In: *Süddeutsche Zeitung* (162) 17.7.2010, S. 16.

16 „Prometheus in Athen“, Odeon Theater, Athen. Regie Rimini Protokoll. Cf. auch Strittmatter, Kai: „Hier spricht das Volk“. In: *Süddeutsche Zeitung* (165) 21.7.2010, S. 11.

17 Cf. FN 4.

18 Bourriaud, Nicolas: *Relational Aesthetics.* Les Presses Du Reel: Paris 2002.

4. Welt – Wirklichkeit

Aber ist ein Selbstbild immer verlässlicher als ein Fremdbild? Gehört nicht beides zusammen? Ist das immer ihre Wirklichkeit, die die vermeintlich authentischen Akteure uns von sich zeigen? Zeigt ein so dokumentarisch verstandener Realismus Wirklichkeit? Lässt sich unsere Welt auf Wirklichkeit reduzieren, so wie wir es gewohnt sind, beide vorschnell miteinander zu identifizieren: Welt und Wirklichkeit?

Kommunikations- und Verstehensprozesse im Theater, wie sie unter dem Gesichtspunkt der Responsivität als Zusammenspiel von Zuschauerrezeption und Schauspieleraktion beschrieben wurden, sind weitaus komplexer, als es den Anschein hat: Der Theatervorgang und das Theaterspielen sind dialogische Prozesse: Sie gehen vom Ich zum Du der Mitspieler, aber auch vom Ich zum Du der Rolle und schließlich vom Schauspieler/Darsteller-Ich zum Zuschauer-Du.

Immer aber beziehen wir uns in diesen Situationen auf etwas Drittes, etwas, das die Schnittmenge zwischen mir und dem jeweiligen Du bildet. Etwas, das es ermöglicht, wenn ich „Tisch" sage, dass Sie als Leser oder Zuschauer auch an einen Tisch denken mögen, egal welche Farbe er in Ihrer Vorstellung hat. Wenn ich „Berg" sage oder dies mit einer Geste andeute, dass Sie an eine Erhebung in der Landschaft denken, ob verschneit, mit Blumen bewachsen oder von kargen Felsen gebildet. Dieses Dritte kann mit dem Begriff Welt bezeichnet werden. Ich und Welt machen das Grundverhältnis unserer Existenz aus. Dieses ist aber immer gebunden an personale Beziehungen: an ein Du, mit dem ich etwas aus der Fülle dessen, was ich wahrnehme, teilen kann.[19]

Hannah Arendt begreift Welt nicht nur als materielles Äußeres, das uns umgibt, nicht nur die Erde und die Umwelt, sondern auch die Mitwelt und die Welt, die sich der Sichtbarkeit in Raum und Zeit entzieht, die Innenwelten der Menschen und ihre kulturellen Hervorbringungen.

> Die Welt ist vielmehr sowohl ein Gebilde von Menschenhand wie der Inbegriff aller nur zwischen Menschen spielenden Angelegenheiten, die handgreiflich in der hergestellten Welt zum Vorschein kommen. In der Welt zusammenleben heißt wesentlich, daß eine Welt von Dingen zwischen denen liegt, deren gemeinsamer Wohnort sie ist, und zwar in dem gleichen Sinne, in dem etwa ein Tisch zwischen denen steht, die um ihn herum sitzen; wie jedes Zwischen verbindet und trennt die Welt derjenigen, denen sie jeweils gemeinsam ist.[20]

---

19 Zu den folgenden Überlegungen cf. Hentschel, Ingrid: *Theater zwischen Ich und Welt. Beiträge zur Ästhetik des Kinder- und Jugendtheaters*. Transcript: Bielefeld 2016, S. 255ff.

20 Arendt, Hannah: *Vita activa oder vom tätigen Leben*. Piper: München 2002, S. 65–66.

Aus Hannah Arendts Definition geht hervor, dass Welt dasjenige ist, das uns verbindet, das zwischen uns steht. Aber als ein solches Zwischen-uns-Stehendes trennt es uns auch. Wir haben verschiedene Weltzugänge und verschiedene Perspektiven und dennoch teilen wir eine Welt. Das bedeutet: Unser Weltverhältnis ist paradox.

4.1 Wirklichkeitstheater?

In der Inszenierung „Before Your Very Eyes“[21] von Gob Squad spielen echte Kinder zwischen acht und 14 Jahren das Erwachsenwerden und Erwachsensein bis zum Altern durch. Die Kinder zeigen sich selbst als Kinder, als Jugendliche und als Erwachsene, die sie einmal selbst sein werden. Sie betrachten sich in dokumentarischen Videoaufnahmen, die sie zeigen, als sie jünger waren. Sie stellen sich selbst Fragen und sie stellen den als Erwachsenen verkleideten Mitspielern Fragen nach ihrem Leben.

Die Kinder befinden sich in einem aquariumsähnlichen Kasten. Sie sind durch spiegelnde Glasscheiben vom Publikum abgetrennt, das sie beobachten kann, das aber meistenteils von den Kindern nicht gesehen werden kann. Man sieht, wie die Kinder sich verkleiden, spielen, herumlümmeln, Musik hören, herumspringen, sich so gebärden, wie wir als Erwachsene es gewohnt sind, Jugendliche zu sehen. Die jungen Akteure spielen mit ihrem Spiegelbild zu einem für sie über Strecken nicht sichtbaren Publikum hin sowie mit den Videobildern, auf denen nur sie selbst zu sehen sind, nur manchmal treten sie heraus um direkten Augenkontakt mit dem Publikum aufzunehmen.[22]

Das Interessante an dieser Aufführung besteht darin, dass die Kinder sich selbst und ihre Abbilder von außen anschauen. Die Art, wie sie ihr Leben darstellen – und dann das der Erwachsenen – ist ernüchternd. „Ich kann ein Motorrad kaufen und meine Midlife-Crisis verleugnen. Ich kann sagen: In meiner Jugend […] Ich kann sagen: ich habe ein Burn-out. Ich kann Beziehungen beginnen und beenden.“ Erwachsen zu sein stellen sich die Kinder in dieser Inszenierung als endlose, fürchterlich öde Stehparty vor.[23]

---

21 Uraufführung 2011, retrieved 13.10.2015, from http://www.gobsquad.com/projects/before-your-very-eyes. Ausführlicher behandelt wird die Inszenierung in: Hentschel 2016, S. 257f.

22 Westphal, Kristin: „Theatre as a Place of Self-Empowerment. The Example of Gob Squad: Before Your Very Eyes“. *Scenario. Zeitschrift für Drama und Theater im fremd- und zweitsprachlichen Unterricht* IX (1), 2015, S. 132–145, retrieved 25.8.2015, from http://research.ucc.ie/scenario/2015/01/Westphal/08/en.

23 Cf. Laudenbach, Peter: „Na wie ist Dein Leben so gelaufen?“. In: *Süddeutsche Zeitung* (101) 3.5.2011, S. 13.

Liegt in dieser Inszenierung und der Laborsituation, mit der uns die Kinder präsentiert werden, Wirklichkeit? Wo ist das Unaussprechliche, das zu ihr gehört? Mit welchen Mitteln wird man der eigenen Wirklichkeit gewahr?

Realistische Positionen, so war jüngst unter dem Titel „Facing Reality“ zu lesen, sind für mich dadurch gekennzeichnet, dass sie aus empirischen Details des Stoffs der sozialen Wirklichkeit ihre Konstruktionen errichten und diese auf die sozialen Verhältnisse der gegenwärtigen Wirklichkeit beziehen.[24]

Realismus wird nahezu unbefragt an Empirie geknüpft. Betrachtet man dagegen beispielsweise nur einmal Bertolt Brechts Realismusverständnis aus den 1930er Jahren wird sichtbar, wie naiv diese Auffassung ist, die gegenwärtig zunehmend auf den Bühnen, in Wissenschaft und Kulturpolitik Verbreitung findet: ohne erkenntnistheoretische Tiefe. Empirisch ist das mit den Sinnen Erfahrbare, das Beweis- und Messbare, das Sichtbare – mehr nicht. Es stellt sich die Frage: Worin unterscheidet sich ein solcher „Realismus“ von dem Material, das tagtäglich in den Sozialen Netzwerken verbreitet wird, von der Fülle der Bilder, der Tonaufzeichnungen, Videos und Selfies?

Theater ist die Kunst der Veröffentlichung, nicht in einem Blog, sondern vor einer lebendigen Gemeinschaft, die hier und jetzt an einem Ort zusammenkommt. Man sollte die Dimension der Öffentlichkeit nicht unterschätzen. Sie ist nicht gleichzusetzen mit der Performance, die Menschen von sich selbst ständig in den Sozialen Netzwerken bieten. Im Theater wird immer für und mit dem Zuschauer gespielt, der eine Resonanz gibt im Sinne der dem Rezeptionsprozess innewohnenden Responsivität.

Natürlich existiert auch auf Facebook Resonanz. Darauf zielen die medialen Selbstinszenierungen ja vor allem ab. Aber da agieren wir sozusagen mit heruntergezogenem Visier. Die Frage ist, ob die Veröffentlichung vieler Informationen über uns selbst überhaupt so etwas wie Öffentlichkeit herstellt. Wir neigen dazu, Öffentlichkeit mit Politik, zumindest mit der Voraussetzung von politischem Engagement zu identifizieren. Das ist aber angesichts der medialen Öffentlichkeiten so nicht mehr haltbar und das hat Konsequenzen für das Theater als Ort von Öffentlichkeit.

4.2 Theater als Medium von Öffentlichkeit

Volker Gerhardt unterscheidet in seinem Buch „Öffentlichkeit. Die politische Form des Bewusstseins“[25] zwischen der Form der Öffentlichkeit, die wir mit dem Politischen identifizieren können und einem Bedürfnis des Menschen sich

---

24 Taube, Gert: „Facing Reality. Zeitgenossenschaft und Realismus im Theater für junges Publikum“. In: Schneider, Wolfgang (Hrsg.): *IXYPSILONZETT*. (Jahrbuch für Kinder- und Jugendtheater 2014). Theater der Zeit: Berlin 2013, S. 8–10.

25 Gerhardt, Volker: *Öffentlichkeit. Die politische Form des Bewusstseins*. C.H. Beck: München 2012.

zu veröffentlichen. Das eine bezeichnet er als „zoon politicon“ und das andere als „homo publicus“. Die Selbstdarstellung auf Facebook und Theaterbühne betrifft nicht den „homo politicus“, sondern den „homo publicus“.

Unser Realitätsgefühl ist davon abhängig, dass es Erscheinungen im öffentlichen Raum gibt und die Möglichkeit, uns ihnen gegenüber zu positionieren. Auf der anderen Seite aber ist „die Möglichkeit uns dem Gesehen- und Gehörtwerden zu entziehen, uns zu verbergen“, wie Hannah Arendt schon 1958 schrieb, nachdem sie als Jüdin in den USA Zuflucht suchen musste, „[ist] eine Grundbedingung menschlicher Freiheit“[26].

Der Verlust der Maske im Theater ist metaphorisch zu verstehen, er zeigt einen Prozess an, in dem wir zunehmend einer allumfassenden Sichtbarkeit ausgeliefert sind. Einer Sichtbarkeit, die uns täuscht, indem sie sich an die Stelle von Wahrheit und Wirklichkeit setzt. Die Maske macht deutlich, dass es eine verborgene unsichtbare Seite der Dinge gibt: Die Außenseite allein, die Äußer-ung ist nicht als ihre „Wirklichkeit“ zu betrachten.

Kunst und Theaterkunst können uns die Verborgenheit der Dinge und unserer Selbst verdeutlichen. Richtig ist: Theater ist ein Ort der Sichtbarkeit. Aber es handelt sich um eine andere Sichtbarkeit als die der Fakten und Daten. Der Doppelcharakter des Theaters entspricht der – und jetzt ist zu sagen: Wirklichkeit – der menschlichen Existenz mit ihren abgründigen Zonen. „Unter den Eindeutigkeiten des Politischen, [oder auch I.H.] des Religiösen zeigt [das Theater I.H.] die tiefe Zweideutigkeit des Wirklichen, die die Menschen, im Leben, zu zerreißen vermag.“[27]

Wenn das Politische zu verstehen ist als ein Gewebe sozialer Beziehungen, die wir bewusst gestalten, wie Hannah Arendt ausgeführt hat, dann ist eine Kunst der Zwei- und Vieldeutigkeit, des Verborgenen und Unsichtbaren, des Spiels und der Imagination weder unrealistisch noch unpolitisch: „Eine gemeinsame Welt verschwindet, wenn sie nur noch unter einem Aspekt gesehen wird; sie existiert überhaupt nur in der Vielfalt ihrer Perspektiven.“[28]

Quellenverzeichnis

Arendt, Hanna: *Vita activa oder vom tätigen Leben*. Piper: München 2002.

Bourriaud, Nicolas: *Relational Aesthetics*. Les Presses Du Reel: Paris 2002.

Brook, Peter: *Der leere Raum*. Alexander Verlag: Berlin 1983.

Fischer-Lichte, Erika: *Ästhetik des Performativen*. Suhrkamp: Frankfurt a.M. 2004.

---

26 Arendt 2002, S. 169.

27 Girshausen, Theo: *Ursprungszeiten des Theaters*. Vorwerk 8: Berlin 1999.

28 Arendt 2002, S. 73.

Forschungsfonds Kulturelle Bildung, retrieved 12.10.2015, from https://www.stiftung-mercator.de/de/projekt/forschungsfonds-kulturelle-bildung.

Gerhardt, Volker: *Öffentlichkeit. Die politische Form des Bewusstseins*. C.H. Beck: München 2012.

Girshausen, Theo: *Ursprungszeiten des Theaters*. Vorwerk 8: Berlin 1999.

Gob Squad: *Before Your Very Eyes*. Uraufführung 2011, retrieved 13.10.2015, from http://www.gobsquad.com/projects/before-your-very-eyes.

Grotowski, Jerzy: *Towards a Poor Theatre (Introduction by Peter Brook)*. Simon and Shuster: New York 1968.

Han, Chul: *Transparenzgesellschaft*. Matthes&Seitz: Berlin 2012.

Hentschel, Ingrid: *Theater zwischen Ich und Welt. Beiträge zur Ästhetik des Kinder- und Jugendtheaters*. Transcript: Bielefeld 2016.

Hentschel, Ingrid: *„Nicht das Eine" Ekstasen der Weiblichkeit im 21. Jahrhundert*. Vortrag bei Festspiel-Symposium „Der ‚andere' Gott" Salzburger Festspiele 29. Juli 2010, retrieved 13.10.2015, from http://www.w-k.sbg.ac.at/fileadmin/Media/arts_and_festival_culture/ingrid_hentschel_fs-symp_100729.pdf.

Hentschel, Ingrid / Hoffmann, Klaus / Moehrke, Una H. (Hrsg): *Im Modus der Gabe. Theater, Kunst, Performance in der Gegenwart*. Christof Kerber: Bielefeld et al. 2011.

Laudenbauch, Peter: „Wir Voyeure. Die Grenzen zwischen Theater und Wirklichkeit verwischen. Was soll der Hang zum Authentischen?". In: *Süddeutsche Zeitung* (147) 30.6.2015.

Laudenbach, Peter: „Na wie ist Dein Leben so gelaufen?". In: *Süddeutsche Zeitung* (101) 3.5.2011, S. 13.

Mersch, Dieter: „Aisthetik und Responsivität. Zum Verhältnis von medialer und amedialer Wahrnehmung". In: Fischer-Lichte, Erika / Horn, Christian / Warstat, Matthias (Hrsg.): *Wahrnehmung und Medialität*. (Theatralität 3). Francke: Tübingen/Basel 2001, S. 273–299.

Rancière, Jaques: *Der emanzipierte Zuschauer*. Passagen: Wien 2009. (i.O. *Le spectateur émancipé*. La Fabrique: Paris 2008).

Schmidt, Christopher: „Alles, was tief ist. Hans Belting spricht in München über ‚Theater und Maske'". In: *Süddeutsche Zeitung* (162) 17.7.2010, S. 16.

Strittmatter, Kai: „Hier spricht das Volk". In: *Süddeutsche Zeitung* (165) 21.7.2010, S. 11.

Taube, Gert: „Facing Reality. Zeitgenossenschaft und Realismus im Theater für junges Publikum". In: Schneider, Wolfgang (Hrsg.): *IXYPSILONZETT*. (Jahrbuch für Kinder- und Jugendtheater 2014). Theater der Zeit: Berlin 2013, S. 8–10.

Türcke, Christoph: *Hyperaktiv! Kritik der Aufmerksamkeitsdefizitkultur*. C.H. Beck: München 2012.

Waldenfels, Bernhard: *Phänomenologie der Aufmerksamkeit*. Suhrkamp: Frankfurt a.M. 2004.

Waldenfels, Bernhard: *Antwortregister*. Suhrkamp: Frankfurt a.M. 1994.

Weihe, Richard: *Die Paradoxie der Maske. Geschichte einer Form*. Fink: München 2004.

Westphal, Kristin: „Theatre as a Place of Self-Empowerment. The Example of Gob Squad: Before Your Very Eyes". *Scenario. Zeitschrift für Drama und Theater im fremd- und zweitsprachlichen Unterricht* IX (1), 2015, S. 132–145, retrieved 25.8.2015, from http://research.ucc.ie/scenario/2015/01/Westphal/08/en.

Westphal, Kristin: „Geben ohne Verpflichtung? Eine Theorie des theatralen Austauschs". In: Hentschel, Ingrid / Hoffmann, Klaus / Moehrke, Una H. (Hrsg): *Im Modus der Gabe. Theater, Kunst, Performance in der Gegenwart*. Christof Kerber: Bielefeld et al. 2011, S. 77–85.

Dieter Borchmeyer

Mozart – *Über allem Zauber Liebe*[1]

Wenn jemand auf die Idee käme, mich zu fragen, was mich in Mozarts Opern am meisten bewege, dann verwiese ich auf einen Wesenszug, den ich bei ihm so ergreifend ausgeprägt finde wie bei keinem anderen Komponisten. Es ist seine Kunst, den Augenblick – der oft wahrhaft ein Augen-Blick ist –, den Blick als Initial der Liebe so zu vergegenwärtigen, dass die Zeit stillzustehen scheint, ja so erfüllt ist, dass man von ihrem Fortschreiten nichts mehr wissen mag. Das ist der Zustand reinen Glücks, den Pamina und Tamino nach der Feuer- und Wasserprobe singend preisen: „Ihr Götter! Welch ein Augenblick! / Gewähret ist uns Isis' Glück!"[2]

Wie oft hat Mozart diesen glückhaft erfüllten – ewigen – Augenblick beschworen, für ihn, gewiss als Erster in der Musikgeschichte, den vollkommenen musikalischen Ausdruck gefunden! Und bezeichnenderweise sind es die Götter, die in ihm angerufen werden. Das bringt die „Zauberflöte" in nächste Nähe zur Sesenheimer Lyrik Goethes, deren revolutionäre Bedeutung ebenfalls in der einzigartigen Beschwörung, *Präsentierung* des Liebesaugenblicks besteht: „Und Zärtlichkeit für mich – ihr Götter!" – „Und doch, welch Glück, geliebt zu werden! / Und lieben, Götter, welch ein Glück!"[3] Immer werden die Götter angerufen, wenn sich der Himmel des erfüllten Liebesaugenblicks öffnet. Liebe ist *Transzendenz*, Überschreitung der Grenzen des Menschlichen, Erfahrung des Göttlichen im Menschlichen. „Mann und Weib und Weib und Mann / Reichen an die Gottheit an" singen Pamina und Papageno in ihrem Duett im ersten Aufzug.

Mozarts Oper ist Theater des musikalischen Augenblicks – in wörtlichem Sinne: im Augen-Blick der Liebe verwandelt sich die Wirklichkeit in etwas (so der zweite Vers von Taminos Bildnisarie), „wie noch kein Auge je gesehn". Niemand hat es bis dahin vermocht, diesen Augen-Blick in seiner zeitaufhebenden Gegenwärtigkeit und wirklichkeitsverändernden Kraft so bezwingend in Töne zu fassen. Mozart hat für die Liebe wirklich einen neuen Ausdrucksraum geschaffen. Betrachten wir die Operngeschichte der Liebe, so ist diese bis weit ins 18. Jahrhundert fast immer etwas Vorgegebenes. Sie ist ganz

---

1 Vortrag bei den Salzburger Festspiel-Dialogen am 11. August 2011, gewidmet Michael Fischer für die vorliegende Gedenkschrift.

2 Alle Zitate aus dem „Zauberflöte"-Libretto. In: *Die Zauberflöte. Eine große Oper in zwei Aufzügen.* Von Emanuel Schikaneder. Die Musik ist von Herrn Wolfgang Amade Mozart [...]. Langen: Köln 1794. Repr. Nachdruck 1991.

3 So die Verse des Sesenheimer Gedichts „Willkommen und Abschied" (1771).

einfach da. Nicht viel anders ist es im Schauspiel, vor allem in der Komödie. Erst die Gefühlsrevolution der Empfindsamkeit im 18. Jahrhundert stellt die Liebe und alle Gefühle nicht mehr einfach als fix und fertig hin, sondern zeigt ihre Geburt, den *amour naissant*, den Marivaux glaubt in seinen Komödien erfunden zu haben: die Liebe *in statu nascendi*, im Moment ihres Entstehens.[4]

Ein Musterbeispiel des *amour naissant* finden wir in der berühmtesten Liebesarie der Musikliteratur, der Bildnisarie Taminos in der „Zauberflöte". Bevor der Prinz von den drei Damen das Bildnis Paminas empfängt, befindet er sich in einer emotionalen Nullposition. Die Ankündigung der drei Damen, ihn erwarte „Glück, Ehr und Ruhm", lässt ihn offenbar kalt, er scheint „für alle diese Reden taub", wie es in der Regieanweisung heißt, doch beim „Empfange des Bildnisses" wird er gleich „aufmerksam", und „seine Liebe nimmt zu". Bei der Betrachtung der Schönheit des Bildes beobachtet er an sich selber, dass jene sein Herz mit „neuer Regung" füllt. Für dieses neue „etwas" hat er zunächst noch keinen Namen, doch er fragt sich, ob jene Empfindung nicht den Namen „Liebe" trägt – um empathisch mit der Feststellung zu schließen: „Ja, ja! Die Liebe ists allein." Ein Miniaturdrama des *amour naissant*: aus dem emotionalen Nichts entsteht die „neue Regung", über deren Inhalt Tamino sich erst einmal klar werden, für die der Name gefunden werden muss; sobald er gefunden ist, wechselt die Arie vom Indikativ – vom Ist-Zustand – in den Optativ: in den erwünschten Zustand, die Geliebte gefunden zu haben, an sich zu drücken und sich ewig mit ihr zu vereinigen.

Wie hat Mozart diesen Arientext vertont? „Dies Bildnis ist bezaubernd schön, / Wie noch kein Auge je gesehn!" lauten die beiden ersten Verse. Mozart kümmert sich in seiner Vertonung weniger um die verbale Feinstruktur, um die Übereinstimmung von sprachlicher und musikalischer Betonung.[5] Er legt also die Hauptakzente nicht auf die Wörter „bezaubernd" und „kein Auge", sondern betont ungenau „Dies *Bild*nis ist bezaubernd schön, / Wie *noch* kein Auge je gesehn", da ihm offenbar eine andere Sinnschicht hinter den Worten wichtiger ist: die eröffnende Sext-Gebärde, die jene ungenaue Betonung zur Folge hat, ist bei Mozart stets – eine Parallele bildet etwa das Sextintervall im „Contessa, perdono" des Grafen in „Le nozze di Figaro" – das Signal eines emphatischen Gefühls. Das musikalische Emblem dieses *transzendierenden*

---

4 Für Marivaux und für die Empfindsamkeit überhaupt, ist die *sensibilité*, ist die Liebe nicht mehr die *passion de l'âme* der cartesianischen Affektenlehre (1649), wie sie etwa in der klassischen französischen Tragödie dominiert, sondern die positive Stimmung der *âme sensible*, die in ihr und der beglückend-glückenden Begegnung mit dem geliebten Anderen zu sich selbst, zu ihrer subjektiven Identität findet.

5 Cf. Krämer, Jörg: *Deutschsprachiges Musiktheater im späten 18. Jahrhundert,* Bd. I. (Studien zur deutschen Literatur 149/150). Niemeyer: Tübingen 1998, S. 555.

Intervalls ist Mozart wichtiger als die korrekten sprachlichen Betonungsverhältnisse, der Geist der Dichtung wesentlicher als ihr Buchstabe.

Aber mehr noch: Mozart vertont nicht einfach den Text, sondern vertextet den Ton. Die beiden orchestralen Eröffnungstakte der Arie beschwören nach dem vorangehenden komödiantischen Geplänkel zum erstenmal innerhalb der Oper wieder die feierliche Stimmung, auf welche der Beginn der Ouvertüre vorbereitet hat. Und auch dem Vers „Dies etwas kann ich zwar nicht nennen" gehen zwei instrumentale Takte voraus, die mehr wissen als in diesem Moment der Text. Es sind die Klarinetten, die signalisieren, was Tamino erst erkennen muss: die Liebe. Ebenso beantworten sie – die Blasinstrumente – bereits die Frage Taminos „Soll die Empfindung Liebe sein?" mit einem Motiv, das er in seinem bestätigenden „Ja, ja" aufgreift. Auch Taminos Frage „Was würde ich?" wird nach der Generalpause zunächst nicht von ihm, sondern vom Orchester beantwortet, von dem Tamino das Motiv übernimmt. Es ist die Musik der Instrumente, die den Ausdruck des *amour naissant* ermöglichen – dem das Wort erst später gewachsen ist. Die Musik ist die Ursprache der Liebe! Und in der von der Musik ermöglichten Liebeserfahrung findet Tamino erst zu sich selber.

In parodistischer Form wiederholt sich der *amour naissant* Taminos in jener Szene des zweiten Aufzugs, als Papageno sich, vom Wein inspiriert, „ein Mädchen oder Weibchen" imaginiert. Das Aufkeimen der Liebe – mit der gleichen Unsicherheit, was sich denn da in ihm rührt, wie sie den Beginn der Bildnis-Arie prägt – beschreibt Papageno, gleich Tamino in sich hineinlauschend, stammelnd und fragend, freilich noch nicht singend: „Ha! Mir wird ganz wunderlich ums Herz! – Ich möchte – ich wünschte – ja, was denn?" Ein noch deutlicheres Beispiel für die im Augen-Blick entstehende Liebe ist das berühmte „Pa-Pa-Pa"-Duett Papagenos und Papagenas, ihr Papageien-Geplapper, im Finale der Oper: das Stammeln, ja das Erzeugen des Namens im Moment des Singens – wie vom *amour naissant* könnte man geradezu vom *nom naissant*, vom entstehenden (Liebes-)Namen reden – ist ein Moment von so absoluter Gegenwärtigkeit, der überdies durch das ständige „Nun" („Bist du mir nun ganz gegeben?", „Nun bin ich dir ganz gegeben!", „Nun so sei mein liebes Weibchen!", „Nun, so sei mein Herzenstäubchen!") unterstrichen wird, wie er in der Musik vor Mozart schwerlich denkbar gewesen wäre.

Der Augen-Blick der Liebe verwandelt Tamino mit einem Schlage in ein anderes Wesen, in einen *Helden*. Sein erster Auftritt zeigt ihn ja weiß Gott nicht heldenhaft. Ein Prinz, der unter Hilferufen auf die Bühne stürzt und die Götter um Rettung anfleht, gar in Ohnmacht fällt, woraufhin ausgerechnet drei verschleierte Damen das Untier besiegen, von ihrer „Heldentat" und ihres „Armes Tapferkeit" singen – hier sind die Geschlechterrollen ausgetauscht. Die Damen verkörpern die männlichen Heldentugenden, während der Prinz in die typisch weibliche – im 18. Jahrhundert in Leben, Literatur und Theater geradezu epidemische – Ohnmacht fällt.[6] Also anders als die Protagonisten der traditionellen Heldensagen erlangt Tamino nicht infolge seines Heldentums die Liebe, sondern er gewinnt infolge seiner Liebe das Heldentum. Nicht der siegreiche Kampf gegen den Drachen qualifiziert ihn – wie Siegfried – zur Liebe, sondern die Liebe qualifiziert ihn zum aufgeklärt-empfindsamen modernen Helden, in dem sich zugleich das Bild des vorbildlichen Herrschers abzeichnet. Die Liebesarie tritt gewissermaßen als heroische Initialleistung an die Stelle des Drachenkampfes.[7]

„Cogito ergo sum". Ich denke, also bin ich. So lautet das berühmte Credo von Descartes – der Wahlspruch der Aufklärung. Die Empfindsamkeit, die Gefühlskultur des 18. Jahrhunderts stellt diesem Credo ein anderes gegenüber: *Sentio ergo sum.* „Ich fühle mich! Ich bin!" so verkündet Herder.[8] Nicht mehr nur im Denken, sondern im Gefühl erfährt das Ich sich selber. Mozarts Credo aber könnte man in die Worte fassen: *Amo ergo sum.* Ich liebe, also bin ich.

Eines der schönsten Zeugnisse für die Liebeserfahrung als Selbsterfahrung ist Mozarts Mannheimer Brief an seinen Vater vom 7. Februar 1778[9] über die Heirat des Hofrats von Schidenhofen, eines Freundes der Familie. „Das ist halt wiederum eine geld heyrath, sonst weiter nichts", bemerkt Mozart mokant und betont:

> So möchte ich nicht heyrathen; ich will meine frau glücklich machen, und nicht mein glück durch sie machen. Darum will ich's auch bleiben lassen, und meine goldene freiheit genüssen, bis ich so gut stehe, daß ich weib und kinder ernähren kann. dem h: von schidenhofen war es nothwendig sich eine reiche frau zu wählen, das macht sein adl.

Mozart unterscheidet also zwischen dem adligen Eheverständnis und dem der *gemeinen Leute*: seinem eigenen. Dort ist das *Interesse* das Heiratsmotiv, hier die *Liebe.*

Recht genau bezeichnet Mozart den großen Umbruch im Ehe- und Liebesverständnis des 18. Jahrhunderts. In der aristokratischen Welt ist die Ehe

---

6 Cf. Krämer, S. 580.

7 Cf. Borchmeyer, Dieter: *Richard Wagner. Ahasvers Wandlungen.* Insel: Frankfurt a.M./Leipzig 2002, S. 293. Wagner hat Drachenkampf und Liebesumarmung musikalisch geradezu gleichgesetzt, wenn er in der Schlussszene seines „Siegfried", der unverkennbar dem Heldenschema folgt, bei Brünnhildes Worten „Wie mein Blick dich verzehrt" – „Wie mein Arm dich preßt" zweimal das Lindwurmmotiv einsetzt.

8 Herder, Johann Gottfried: *Sämmtliche Werke,* Bd. VIII. Hrsg. v. Bernhard Suphan. Weidmann: Berlin 1877–1913, S. 96.

9 Mozart. *Briefe und Aufzeichnungen. Gesamtausgabe,* Bd. II. Gesammelt u. erläutert v. Wilhelm A. Bauer u. Otto E. Deutsch. Bärenreiter: Kassel et al. 1962–1975, S. 263–264.

von jeher ein institutionelles Organ zur Regelung sozialer und materieller Interessen der Familie gewesen – bei der Liebe keine Rolle spielte. Ja, die Trennung von Liebe und Ehe ist bis weit ins 18. Jahrhundert ein Grundmerkmal in der sozialen Organisation des Geschlechtslebens.[10] Die alte Gesellschaft unterscheidet sich dadurch von der modernen grundlegend, dass die Heirat dort in der Regel keine Liebesbeziehung legalisierte, sondern einen Vertrag bildete, den zwei Menschen nicht zu ihrem Vergnügen, sondern nach dem Ratschluss der beiden Familien zu deren Nutzen schlossen.

Mit Recht bemerkt Mozart in seinem Brief:

> Noble leüte müssen nie nach gusto und liebe heyrathen, sondern Nur aus intereße, und allerhand nebenabsichten; es stünde auch solchen hohen Personnen gar nicht gut wenn sie ihre frau etwa noch liebeten, nachdemm sie schon ihre schuldigkeit gethan, und ihnen einen Plumpen Majorads=herrn zur welt gebracht hat. Aber wir arme gemeine leüte, wir müssen nicht allein eine frau nehmen, die wir und die uns liebt, sondern wir därfen, können, und wollen so eine nehmen, weil wir nicht Noble, nicht hochgebohren und adlich, und nicht reich sind, wohl aber niedrig, schlecht und arm, folglich keine reiche frau brauchen, weil unser reichthum nur mit uns ausstirbt, denn wir haben ihn im kopf; – und diesen kann uns kein mensch nehmen, ausgenommen mañ hauete uns den kopf ab. und dann – brauchen wir nichts mehr.[11]

Also: die Vornehmen heiraten nicht aus Liebe, sondern mit Rücksicht auf Namen, Haus, Besitz und Nachkommenschaft. Dieses „Interesse“ würde geradezu gestört, schreibt Mozart mit beißender Ironie, wenn „hohe Personen“ ihre Frau „etwa noch liebeten“, nachdem sie schon für den standesgemäßen Nachwuchs gesorgt hat. Der Nichtadlige hingegen braucht, so Mozart, „keine reiche Frau“, er hat kein Mandat von der mit den Augen der Vorfahren, Verwandten und Nachkommen auf ihn blickenden Familie, auf die eben immer Rücksicht zu nehmen ist; sein Reichtum stirbt mit ihm aus, denn er hat – und hier spricht das neue Selbstbewusstsein des aus herkömmlichen sozialen Verbindlichkeiten hinausstrebenden Künstlers, des modernen *Genies*, dessen Karriere mit dem Zerfall der alten Gesellschaft beginnt – diesen Reichtum in seinem Kopf; er kann ihm somit nicht genommen werden, ist für andere unverfügbar. Da er sich von keinen Familien- und Besitzinteressen bestimmen zu lassen braucht, kann er es sich leisten, eine Ehe aus wechselseitiger Liebe einzugehen.

Mozart bekennt sich zur Liebesheirat, zur zweckfreien Beglückung des Liebespartners („ich will meine Frau glücklich machen, und nicht mein Glück durch sie machen“), ein Bekenntnis, das aufs Engste mit dem Stolz eines vorerst

---

10 Cf. die Zusammenfassung der einschlägigen soziologischen Forschungsliteratur bei Greis, Jutta: *Drama Liebe. Zur Entwicklungsgeschichte der modernen Liebe im Drama des 18. Jahrhunderts*. Metzler: Stuttgart 1991, S. 8, 18ff. passim.

11 Ibid.

noch in den Sternen geschriebenen freien Künstlertums[12] verbunden ist. Dieser Stolz ist nicht nur ein künstlerischer, sondern zugleich ein ökonomischer: die Fähigkeit, von den Erträgen seiner Kompositionstätigkeit Frau und Kinder ernähren zu können und nicht in eine begüterte Familie einheiraten zu müssen. Das hat allerdings in den Ohren seiner Familie, seines ehrgeizigen Vaters und vor allem seiner aufstiegsbeflissenen Schwester, nicht so sympathisch geklungen wie heute. Seine Ehe mit Constanze Weber ist Mozart von Nannerl bis über den Tod hinaus verübelt worden, und das Bekenntnis wechselseitiger Liebe zwischen ihm und Constanze („ich liebe sie, und sie liebt mich vom herzen", so an den Vater am 15. Dezember 1781) hat die Seinen durchaus nicht empfindsam gerührt.

Mozarts Mannheimer Brief ist ein aufschlussreiches Dokument für seine eigene Einstimmung auf das empfindsame Verständnis der Liebe, die mit der *interesselosen* Ehe gleichgesetzt wird. Er ist zugleich ein bedeutsames Signal für sein Selbstverständnis als Komponist, das sich ebenso von den Normen der aristokratischen Gesellschaft löst wie sein Liebesverständnis, vom gleichen Gedanken der Zweckfreiheit und Unverfügbarkeit bestimmt ist wie seine Auffassung der Ehe. Mozarts Vorstellung von Liebe kehrt sich aber nicht nur vom aristokratischen Eheverständnis ab, sondern ebenso – und dafür sind „Le nozze di Figaro", „Don Giovanni" und „Così fan tutte" das überwältigende musikalisch-dramatische Dokument – von seiner Kehrseite: der gerade noch im 18. Jahrhundert kultivierten *galanten* Liebe, die unbekümmert um eheliche Treue von Partner zu Partner flattert, diesen nicht selbstlos zu beglücken, sondern mit eigennütziger Taktik zu erobern sucht. Musterbeispiel eines Repräsentanten der galanten Liebe ist der Graf im „Figaro" – und erst recht, über die Grenzen des galanten Spiels in die Sphäre der Gewalt vorstoßend, allen sozialen und humanen Zusammenhalt *auflösend*, Don Giovanni, der „Dissoluto punito".

Die galante Liebe ist gewissermaßen der Rhythmus des höfischen Lebens, wie die Ehe ihren Takt bildet. Sie kompensiert den Zwang der für die Ehe unabkömmlichen gesellschaftlichen Rücksichten, wie sie anderseits in ihrer Kultivierung des Raffinements, der präzisen Kalkulation des Liebesverhaltens den ausgeklügelten Kodex der höfischen Etikette spiegelt.[13] Bei Mozart nun bilden Liebe und Empfindsamkeit einen Bund sowohl gegen den Eigennutz

---

12 Zu „Mozarts Schritt zum ‚freien Künstler'" und den damit verbundenen gesellschaftlichen und künstlerischen Problemen: cf. die ausführlichen Darlegungen von Elias, Norbert: *Mozart. Zur Soziologie eines Genies*. Suhrkamp: Frankfurt a.M. 1991, S. 40–68.

13 Cf. Greis, S. 20. Zum höfischen Interaktionskodex und seinen Gefühls-Kontrollmechanismen cf. die epochemachende Untersuchung von Elias, Norbert: *Die höfische Gesellschaft. Untersuchung zur Soziologie des Königtums und der höfischen Aristokratie*. (Soziologische Texte, 54). Luchterhand: Neuwied/Berlin 1969.

der ehelichen Vertragsgemeinschaft wie der eroberungssüchtigen Galanterie. Und was die empfindsame von der galanten Liebe vor allem unterscheidet: Sie ist nicht mehr auf eine Elite beschränkt, überwindet wenigstens ihrer Grundtendenz nach alle Standesschranken. Das unvergleichliche Mozartsche *Ensemble*, wie es zumal das Finale des „Figaro" läuternd überwölbt, stellt eine überständische Empfindungsgemeinschaft dar, die Irrungen und Wirrungen des Gefühls, alle Störungen der wahren, natürlichen Empfindung, alle Verletzung und Vernichtung derselben richtet und berichtigt.

Der empfindsamen Liebe drohen freilich nicht nur von außen, sondern auch aus ihr selber heraus ernste Gefahren, zumal wenn sie sich so exklusiv einem Partner widmet, dass darüber die Mitmenschen aus dem Blickfeld geraten, ja wenn sie sich zu einer Leidenschaft steigert, welche die Maße der Vernunft sprengt. Wie sich eine anfänglich im Rahmen geselliger empfindsamer Gefühlskultur haltende Liebe allmählich zu einer selbstzerstörerischen Leidenschaft steigert, die aus dieser Kultur schließlich gänzlich ausbricht, dafür ist Goethes „Werther" das epochemachende Beispiel, aber auch in Mozarts Opern lauert immer wieder die Gefahr einer Überspannung der empfindsamen Liebe zu einer Leidenschaft, die sich der vernünftigen und geselligen Selbstkontrolle entzieht. Eine Gefahr anderer Art ist die aus dem Überschwang des Gefühls resultierende Doppelliebe, wie Goethe sie in seiner „Stella", Mozart in „Così fan tutte" oder in der multierotischen Gestalt Cherubinos im „Figaro" dargestellt hat.

Bis weit ins 18. Jahrhundert wird wahre Liebe als etwas verstanden, das in objektivierbaren Werten gründen muss. Die Empfindsamkeit des späten 18. Jahrhunderts hingegen verlegt den Grund der Liebe ganz in die Individualität der Partner. So entsteht sie nicht mehr unter kalkulierbaren gesellschaftlichen Rahmenbedingungen, sondern unter den unverfügbaren Voraussetzungen von Schicksal oder Zufall, und man braucht deshalb etwas anderes, das einem die Sicherheit ihres Bestandes gibt: den Mythos ihrer Ewigkeit. Dass Liebe unwandelbar und deshalb der Garant der Dauerhaftigkeit der Ehe sei – eben das wurde jedoch in den Liebestraktaten bis an die Schwelle des bürgerlichen Zeitalters immer wieder bestritten. Liebe entziehe sich rationaler Kontrolle, sei aufgrund ihres exzessiven Wesens notwendig der Vergänglichkeit unterworfen – und deshalb als *Voraussetzung* der Eheschließung ganz einfach untauglich, ist da regelmäßig zu lesen.[14]

Die der Ehe gemäße Liebe ist nicht die ihr vorangehende, sondern die der Gattenwahl folgende: Liebe nicht als Motiv, sondern als Folgeerscheinung der Ehe, *amor rationalis* im Gegensatz zum *fol amour*, amour foux der bloßen Passion. Und diese rationale Liebe ist es auch, der sich das Quartett

---

14 Cf. Luhmann, Niklas: *Liebe als Passion. Zur Codierung von Intimität*. Suhrkamp: Frankfurt a.M. [6]1992, S. 150.

der Liebenden am Ende von „Così fan tutte“ verschreibt – jenseits der unwägbaren, die „bella calma“ störenden Passion, deren exzessiv-destruktive Tendenzen man in der vorangegangenen Handlung genugsam erfahren hat.

Diese Passion ist im wahrsten Sinne exotisch in das von Konventionen prädestinierte Leben der beiden Ferraresischen Schwestern Fiordiligi und Dorabella eingebrochen: Guglielmo und Ferrando verkleiden sich als undefinierbare Orientalen, die völlig den gesellschaftlichen Rahmen sprengen, in dem sich die Schwestern bisher bewegt haben. Nur aufgrund ihrer exotischen Erscheinung können die beiden verkleideten Liebhaber die Herzen der Schwestern erobern. Wären sie in vertrauter Gestalt aufgetreten, hätten Fiordiligi und Dorabella sie gleich vor ihren gesellschaftlichen Erwartungshorizont gestellt, mit den gewohnten Normen der Partnerwahl gemessen: Damit wäre jedoch sogleich das eingespielte Tugendsystem eingerastet – und die Verführer hätten keine Chance gehabt.

Die Partnerwahl der Oberschicht richtete sich ganz selbstverständlich auf solche Personen des anderen Geschlechts, die einem vorgeprägten Erscheinungsbild, Tugendkatalog und Verhaltenscode entsprachen, die man also – aufgrund des engen Spielraums der Partnerwahl innerhalb einer sehr kleinen Oberschicht – gewissermaßen schon kannte, bevor man sie gesehen hatte. So hat auch das Quartett in „Così fan tutte“ vor Beginn der Opernhandlung zueinander gefunden, und der Gedanke, dass die eingegangene Beziehung durch irgend etwas gestört werden könnte, fällt aufgrund der Kongruenz von Suchmuster und gefundenem Partner völlig aus dem Horizont der Protagonisten heraus.

Die Liebesbeziehungen des Quartetts Guglielmo und Fiordiligi, Ferrando und Dorabella gründen in einem durch Vorinformationen ausgezirkelten gesellschaftlichen Raum – sind also weit entfernt von der Voraussetzungslosigkeit, vom schicksalhaften Zufall *romantischer Liebe*. Diese aber bricht nun mit den beiden exotischen, den herkömmlichen Erwartungshorizont sprengenden Liebhabern in die wohltemperierte und konventionalisierte Erfahrungswelt der beiden Ferraresischen Damen ein. Hier greift das eingespielte Suchmuster nicht mehr und so kann sich eine exzentrische Passion entfalten, die den Charakter einer Phantasmagorie hat – und als solche schließlich auch folgenlos liquidiert werden kann. Freilich ist diese Phantasmagorie zugleich eine Parabel von der Unbeständigkeit und Zerstörungskraft der Liebe als Passion, die zu meiden ist, wenn man in den Hafen der Liebe einschiffen will. Diese wird nun immer der *amour-passion* vorbeugen: *amor rationalis* sein. Jetzt erst zeigt sich, dass Guglielmo und Fiordiligi, Dorabella und Ferrando wirklich füreinander bestimmt sind – weil sie eben nicht vom *fol amour* zueinander hingerissen sind.

Dass die Subjektivierung der Liebe diese immer wieder in Konflikt mit den gesellschaftlichen Gegebenheiten und Instanzen bringt, zeigt auch noch die

„Zauberflöte". Tamino verletzt in der Unbedingtheit seiner Liebe etablierte Verhaltensnormen, wenn er etwa vor aller Augen – Sarastros und seines Gefolges – die gerade zum ersten Male gesehene Pamina umarmt: „Welche eine Dreistigkeit! / Gleich auseinander, das geht zu weit!" Der Konflikt entsteht hier aus dem unbedingten, zu keiner Entsagung bereiten Liebesanspruch mit einer durchaus zeitgerechten, vernünftigen, aufgeklärten Ordnung.

In dem Moment, da Tamino die Augen über die Instrumentalisierung seiner Person und seiner Liebe durch die Königin der Nacht aufzugehen beginnen, wandelt sich freilich seine bis dahin absolut gesetzte Liebe. Nun ist sie nicht mehr das einzige Movens seines Denkens und Handelns, sondern sie tritt unter ein höheres Gesetz, das Gesetz der „Weisheit" und „Vernunft". Es wird von Sarastros Priesterstaat verkörpert, dessen Prüfungsforderungen sich Tamino nun umstandslos beugt. Sogar Pamina zu sprechen, lässt er sich auf seinem Prüfungs- und Initiationsweg von den Eingeweihten verwehren. Wie Orpheus ist ihm bestimmt, sich von Pamina abzuwenden, muss er fähig sein, den Eindruck zu erwecken, er liebe sie nicht mehr, ja sie seelisch zu foltern, wenn er sie gewinnen will. Seine Liebe soll dergestalt nicht nur Liebe sein, sondern Führungskraft auf dem Wege zur Regentschaft „als ein weiser Fürst". Pamina indessen versteht das Schweigegebot nicht, dem Tamino sich beugt. Entsagung ist ihr fremd, für sie ist Liebe das einzige Gesetz, das letzten Endes mehr wiegt als das Vernunftgesetz der Eingeweihten.

Pamina, die nie ihre Liebe auf dem Altar höherer Vernunft geopfert, sich keiner Prüfung unterzogen hat als der Feuer- und Wasserprobe (in der sie doch nichts anderes unter Beweis stellen will, als dass ihre Liebe den Tod nicht scheut, die diese Probe also nur um des Geliebten willen besteht), wird vor den „Schreckenspforten" zur Führerin Taminos: „Ich selbsten führe dich, / Die Liebe leitet mich!" Hier wird die Relativierung der Liebe durch die Vernunft der Eingeweihten wiederum durch die höchste Steigerung der Liebe relativiert – wie in der folgenden Szene die kreatürliche Liebe Papagenos die Normen der Priesterwelt außer Kraft setzt. Die Liebe, mit der die Handlung begann, hat in der „Zauberflöte" also doch das letzte Wort.

Seit Hegel und Heine ist oft genug gesagt worden, dass der politischen Revolution in Frankreich die intellektuelle in Deutschland entspreche. Man könnte so auch von einer Liebesrevolution sprechen, wie sie von der Empfindsamkeit vorbereitet wurde und auf der einen Seite in Goethes *Sturm und Drang*-Poesie (seiner Sesenheimer Lyrik und „Werther"), auf der anderen in Mozarts Oper gipfelt. Das Finalquartett des zweiten Aufzugs der „Entführung aus dem Serail" mit seinem in der Operngeschichte wahrhaft umstürzenden Hymnus auf die Liebe („Es lebe die Liebe!") ist gewissermaßen der Sturm auf die Bastille der traditionellen Liebesideologien – wenngleich den Zeitgenossen das weitgehend verborgen blieb.

Mozarts im Verlauf eines einzigen Jahrzehnts – 1781 bis 1791 – entstandenen sieben große Opern von „Idomeneo“ bis „La clemenza di Tito“ bilden ein einzigartiges Panorama der sich überlagernden, kreuzenden, befehdenden und versöhnenden Liebeskonzeptionen des späten 18. Jahrhunderts, wobei die empfindsame die anderen Liebesformen unverkennbar dominiert, die Empfindsamkeitsgemeinde den Goldgrund bildet, von dem sich die Liebenden galanter, taktischer oder empfindsamer Provenienz, Zärtliche und Rasende, Treue und Treulose, Schwärmer und Zyniker, Verführer und Verführte, Liebesmetaphysiker und Liebesnihilisten, Passionierte und Entsagende, Spiritualisten, Sensualisten und Sexualisten leuchtend oder dunkel abheben. Mit dem Titel eines der schönsten Schauspiele des spanischen Dramatikers Calderón könnte man die musikalisch-erotische Welt Mozarts überschreiben: *Über allem Zauber Liebe.*

Quellenverzeichnis

Borchmeyer, Dieter: *Mozart oder die Entdeckung der Liebe.* Insel: Frankfurt a.M./Leipzig 2005.

Borchmeyer, Dieter: *Richard Wagner. Ahasvers Wandlungen.* Insel: Frankfurt a.M./Leipzig 2002.

Die Zauberflöte. Eine große Oper in zwei Aufzügen. Von Emanuel Schikaneder. Die Musik ist von Herrn Wolfgang Amade Mozart [...]. Langen: Köln 1794. Repr. Nachdruck 1991.

Elias, Norbert: *Mozart. Zur Soziologie eines Genies.* Suhrkamp: Frankfurt a.M. 1991.

Elias, Norbert: *Die höfische Gesellschaft. Untersuchung zur Soziologie des Königtums und der höfischen Aristokratie.* (Soziologische Texte, 54). Luchterhand: Neuwied/Berlin 1969.

Greis, Jutta: *Drama Liebe. Zur Entwicklungsgeschichte der modernen Liebe im Drama des 18. Jahrhunderts.* Metzler: Stuttgart 1991.

Herder, Johann Gottfried: *Sämmtliche Werke,* Bd. VIII. Hrsg. v. Bernhard Suphan. Weidmann: Berlin 1877–1913.

Krämer, Jörg: *Deutschsprachiges Musiktheater im späten 18. Jahrhundert,* Bd. I. (Studien zur deutschen Literatur 149/150). Niemeyer: Tübingen 1998.

Luhmann, Niklas: *Liebe als Passion. Zur Codierung von Intimität.* Suhrkamp: Frankfurt a.M. [6]1992.

Mozart. *Briefe und Aufzeichnungen. Gesamtausgabe,* Bd. II. Gesammelt u. erläutert v. Wilhelm A. Bauer u. Otto E. Deutsch. Bärenreiter: Kassel et al. 1962–1975.

Ulrich Leisinger

Festspiel-Dialoge 2014 – Don Giovanni[1]

Es hat die Festspiel-Dialoge in ihrer Konzeption durch Michael Fischer ausgezeichnet, dass er 20 Jahre lang die großen musikalischen Themen des Festspielsommers in Salzburg, die oftmals disparat nebeneinander zu stehen schienen, in einer Serie von Vorträgen zu einer Einheit zusammengefasst, ja manchmal überhaupt erst zu einer solchen gemacht hat. Nicht, dass er vorgegaukelt hätte, es würde sich ohnehin alles irgendwie aufeinander beziehen, es gäbe zwischen Werken verschiedener Epochen und unterschiedlicher Kulturkreise in jedem Fall eine zwingend-logische Verbindung. Ganz im Gegenteil; immer wieder hat er auf das je Eigene, das Einzigartige eines Kunstwerks oder eines Künstlers hingewiesen. Aber Michael Fischer hat es verstanden, das Disparate aus je einem Blickwinkel, den er in prägnanter und brillanter Weise als ein Motto zu formulieren verstand, zu beleuchten. Professor Siegbert Stronegger[2] hat die schwierige Verpflichtung auf sich genommen, die Festspiel-Dialoge 2014 im Sinne von Michael Fischer, aber eben doch mit eigener Handschrift durchzuführen, und dabei hat er – aus meiner Sicht – viel mehr geleistet, als sie „nur mit Anstand abzuwickeln", wie er bescheiden als sein Ziel ausgegeben hat. Uns beiden fehlen aber – und ich hoffe, ich trete Herrn Stronegger damit nicht zu nahe – die genialischen Gedankensprünge eines Michael Fischer. Ich für meinen Teil beherrsche sie nicht, weil es mir am festen Untergrund, an den vielen Wissensinseln unterschiedlicher Größe und Art fehlt, von denen aus man zum nächsten Sprung ansetzen kann, um mit Aplomb zu landen, ohne Gefahr zu laufen, nach dem Sprung so ins Wasser zu fallen, dass die entstehende Fontäne Redner wie Publikum gleichermaßen wie begossene Pudel dastehen lässt.

Was wäre „Don Giovanni" nicht für ein Thema für den Rechtsphilosophen, für den Kultur- und Sozialwissenschaftler Michael Fischer gewesen! Was hätte er nicht alles aus der Verbindung von Eros und Thanatos, von Liebe und Tod, die dieses Stück von der ersten bis zur letzten Minute durchdringt, gemacht! Was hätte nicht ich – umgekehrt – von ihm an Anregungen erhalten können. Doch wenn wir im letzten Jahr über Mozart gesprochen haben,

---

1 Dem Beitrag liegt ein Vortrag zugrunde, der am 6. August 2014 bei den Festspiel-Dialogen in Salzburg gehalten wurde. Er verstand sich als eine Einführung zur Aufführung von Wolfgang Amadé Mozart, „Don Giovanni", in der Inszenierung von Sven-Eric Bechtolf (Musikalische Leitung Christoph Eschenbach). Der Vortragsstil wurde beibehalten, weswegen auf Einzelnachweise weitgehend verzichtet wird. Zitate folgen der am Ende angegebenen Literaturliste.

2 Journalist und ehemaliger Direktor des ORF Landesstudios Salzburg.

dann über das Projekt „Zyklus Mozartopern multiperspektivisch“, das er hier in Salzburg am Programmbereich Arts & Festival Culture[3] initiiert und gemeinsam mit mir und dem Präsidenten der Stiftung Mozarteum Salzburg, Johannes Honsig-Erlenburg, durchgeführt hat. Sein Wunsch wäre es gewesen, nach „Idomeneo“ 2011 und „Lucio Silla“ 2013 nun „Don Giovanni“ anzugehen, aber er ließ sich überreden, sich stattdessen auf „La clemenza di Tito“ einzulassen. Dazu sollte es nicht mehr kommen.

Das Generalthema der diesjährigen Festspiel-Dialoge lautet „Ästhetizismus und Barbarei 1914–2014“; es orientiert sich am Gedenken an den Ausbruch des Ersten Weltkriegs vor 100 Jahren, der größten, nein, leider nur der zweitgrößten Katastrophe, welche die „zivilisierte“ Welt gesehen hat. „Wie lässt sich Menschenwürde festmachen zwischen Ästhetizismus und Barbarei, in Friedenszeiten oder Krisensituationen?“, heißt es auf dem Programmflyer der Festspiel-Dialoge. In meinem Beitrag möchte ich mich diesem Thema anhand der Oper „Don Giovanni“ von Lorenzo da Ponte und Wolfgang Amadé Mozart aus dem Jahre 1787 in verschiedenen Schritten nähern.

Zunächst möchte ich sehr kurz zeigen, dass „Don Giovanni“ gerade nicht dazu prädestiniert ist, dieses Generalthema auszuschöpfen, obwohl Mozart zur Zeit des „Don Giovanni“ durchaus „barbarische“ Musik geschrieben hat. Dann möchte ich zum Verständnis des Stücks nach dem eigentlichen Vergehen Don Giovannis fragen. Schließlich möchte ich die Person der Donna Elvira in ihrer Beziehung zu Don Giovanni in den Mittelpunkt stellen, wodurch wir zwanglos zum Generalthema, zur Barbarei, zurückkehren.

Mit βάρβαρος haben die alten Griechen diejenigen bezeichnet, die die griechische Sprache nicht oder nur schlecht beherrschten. Wie Bazon Brock[4] in seinem die Festpiel-Dialoge 2014 eröffnenden Vortrag „Ästhetizismus und Barbarei“ gezeigt hat, ist die „Nachbarschaft von Ästhetizismus und Barbarei“ ein wichtiges Thema in Thomas Manns Roman „Doktor Faustus“. Dieses lässt sich dort am Spannungsfeld zwischen moderner Musik und Tradition festmachen. „Barbarei“ ist hier nicht notwendigerweise abwertend gemeint, sondern gehört der kultischen Sphäre des Primitiven, einem ursprünglichen, unverfälschten Kunstverständnis an. In Thomas Manns Roman dient für diesen Zweck die ältere Kirchenmusik, an der sich der Protagonist Adrian Leverkühn bei seinem Opus maximum, dem Oratorium „Apocalipsis cum figuris“, bedienen möchte. Dort prallen grässliches Gelächter der Hölle und scherzende Kinderstimmen kakophon aufeinander. Es kann hier nicht ausgeführt werden, dass die Verbindungslinie zwischen Ästhetizismus und Barbarei eine Gratwanderung darstellt, denn Kultur und Barbarei sind aus gemeinsamen

3 Kooperationsschwerpunkt Wissenschaft und Kunst, Universität Salzburg/Universität Mozarteum.

4 Ästhetiker und Kulturtheoretiker, Berlin/Wuppertal.

Wurzeln entstanden. Man muss im Rahmen unseres Generalthemas vielleicht auch weniger – im Sinne von Thomas Manns „Doktor Faustus“ – an Arnold Schönberg denken, sondern vielmehr an Igor Strawinskys „Sacre du Printemps“ aus dem Jahr 1913 mit seinem Untertitel „Bilder aus dem heidnischen Russland“. Doch was haben diese Gedanken mit Mozart und seinem „Don Giovanni“ zu tun?

Mozart hat in der Tat „barbarische“ Musik komponiert, und zwar gerade zur Zeit des „Don Giovanni“. Der von Mozart so genannte „Musikalische Spaß“ KV 522 wurde am 14. Juni 1787, nur wenige Wochen vor der Premiere des „Don Giovanni“ in Prag am 29. Oktober 1787, in das eigenhändige Werkverzeichnis eingetragen. Wie immer man den „Musikalischen Spaß“ psychologisch deuten will, es dürfte kein Zweifel daran bestehen, dass Mozart einen inkompetenten Komponisten darstellen möchte, der die Tonsprache seiner Zeit nicht beherrscht. Zwei Beispiele müssen genügen: Die Hornpassagen im zweiten Teil des Menuetts ab Takt 17, absurderweise für ein Horn-Solo im 18. Jahrhundert mit den Vortragsbezeichnungen „piano“ und „dolce“ versehen, mögen heute einfach nur schräg klingen; im 18. Jahrhundert müssen sie hingegen grausam gewirkt haben. Doch der vorgebliche Komponist begeht nicht nur simple Fehler in der musikalischen Grammatik und Rhetorik, sondern ihm fehlt sogar das Grundverständnis für die Musik: Das Werk (sollte man nicht lieber sagen: das Machwerk?) endet in einer Katastrophe, da jeder Spieler für die letzten Noten in eine andere Tonart ausweicht (die in den Violinen und der Viola auch entsprechend vorgezeichnet wird). Nur die von mir zuvor als inkompetent gescholtenen Hörner halten bezeichnenderweise an der richtigen, nun aber nutzlosen Tonart F-Dur fest. Ob die Hörer der ersten Aufführung hierüber schallend gelacht oder erschüttert geweint haben?

Bezeichnenderweise gibt es auch im „Don Giovanni“ eine barbarische, wenn auch weit subtilere Stelle: die berühmte Tanzszene aus dem Finale des 1. Akts (No. 13; I/20). Hier werden künstlich und kunstvoll drei Musiken unterschiedlicher Taktart und unterschiedlichen Charakters übereinandergelegt, wobei Mozart in der Überlagerung durchaus harsche Klänge in Kauf nimmt. Dieter Borchmeyer spricht in seinem Aufsatz „Mozart – Zeitgenosse der Französischen Revolution“ hier von „einer orgiastischen Verwirrung der Ordnung“, dem „organisierten Chaos des Gegen- und Übereinanders der drei von einer divergierenden sozialen Semantik geprägten Tänze – Menuett, Kontertanz und ›Deutscher‹ – mit ihren kontrastierenden Rhythmen und raffinierten Taktüberlagerungen“.

Wenden wir uns nach diesen Vorbemerkungen der Frage zu, worin nun eigentlich das Vergehen des „Don Giovanni“ besteht. Hier zeigt sich ein bemerkenswerter Unterschied zwischen der „Erfindung“ des Stoffs in den ersten Jahrzehnten des 17. Jahrhunderts[5] und seiner europaweiten Verbreitung durch Molières Drama „Festin de pierre" („Dom Juan"; Erstaufführung 1665) auf der einen Seite gegenüber der Gestalt, wie sie uns 1787 bei Lorenzo da Ponte und Wolfgang Amadé Mozart begegnet. Der Don Juan des älteren Dramas ist in erster Linie ein Flegel und Gotteslästerer, wozu erst als dritter Aspekt der Frauenheld hinzutritt, auf den er später reduziert wird. Don Juan hat Donna Elvira aus dem Kloster geholt, geheiratet und bald danach verlassen. Die Vorgeschichte wird nicht im Detail mitgeteilt. Jedenfalls hat Donna Elvira ihr Klostergelübde zugunsten Don Juans aufgegeben, und dies – möchte man vermuten – aufgrund eines Eheversprechens. Bei Lorenzo da Ponte und seinem unmittelbaren Vorbild Giovanni Bertati ist Don Giovanni ein Frauenheld, der von der Jagd nach Eroberung getrieben ist. Aber Don Giovanni ist zugleich doch ein „Ehrenmann", der sich die Objekte seiner Libido nicht erkauft, sondern sie, welchen Standes auch immer sie sein mögen, verführen will und dafür als besonderen Kick auch Leib und Leben riskiert. Don Giovanni will sich zwar dem Kampf mit dem Komtur entziehen, aber nicht aus Feigheit, sondern weil er ihn als einen ungleichen Kampf – jung gegen alt – empfindet. Zu beachten ist dabei, dass ein Komtur als Verwalter der Niederlassung eines geistlichen Ritterordens, ohne selbst Priester zu sein, die Gerichtsbarkeit ausübte. Don Giovanni setzt sich erst dann mit der Waffe zur Wehr, als seine Ehre angezweifelt wird (No. 1 Introduzione; I/1)[6]:

DON GIOVANNI Va, non mi degno Di pugnar teco.	DON GIOVANNI Geh, es ist für mich keine Ehre mit dir zu fechten.
IL COMMENDATORE Così pretendi Da me fuggir?	DER KOMTUR Mit dieser Ausflucht beabsichtigst Du, vor mir zu fliehen?

Der tödliche Ausgang der Auseinandersetzung ist daher nach dem Rechtsverständnis der Zeit nicht als Mord zu werten. Adlige, Offiziere und Studenten durften Waffen tragen, und der Kampf ist als ein Duell anzusehen, da der

5 Das Drama „El burlador de Sevilla y convidado de piedra", das dem spanischen Mönch Tirso de Molina zugeschrieben wird und 1630 erstmals gedruckt wurde, scheint auf eine noch ältere Vorlage zurückzugehen.

6 Alle italienischen Zitate aus dem Libretto stammen aus dem gedruckten Originallibretto Prag 1787 (bzw. Wien 1788), die sehr behutsam mit Blick auf Orthographie und Zeichensetzung modernisiert wurden; die deutschen Übersetzungen sind nur als Verständnishilfe gedacht. Ich danke Iacopo Cividini, Internationale Stiftung Mozarteum, für Vorschläge und Korrekturen bei den Arbeitsübersetzungen. Die Akt- und Szenenzählung entspricht ebenfalls den originalen Libretti; die Zählung in der „Neuen Mozart Ausgabe" weicht hiervon vor allem am Ende des 2. Aktes stark ab.

Komtur die Ehre seiner Familie wiederherstellen will und die beiden Kontrahenten mit gleichen Waffen kämpfen. Damit ist auch die Tötung des Komturs der weltlichen Gerichtsbarkeit entzogen.[7]

Vorsichtshalber scheint Da Ponte bei seiner Fassung des Dramas das Thema Gotteslästerei ganz ausgespart zu haben, vielleicht um von vornherein Problemen mit der Zensur zu entgehen: Don Giovannis Einladung der Statue zum Essen ist zwar frevlerisch, aber nicht blasphemisch. Don Giovanni weiß sich ansonsten (außer beim Essen, wie im zweiten Finale deutlich wird) zu benehmen, solange er sich hieraus einen Vorteil verspricht.

Die beliebte voyeuristische Frage, was Don Giovanni eigentlich mit Donna Anna und Zerlina hinter der Bühne gemacht hat, ist falsch gestellt. Wollte man eine Gerichtsverhandlung gegen Don Giovanni durchführen, so ist Donna Annas im Affekt getätigter Ausruf an Don Ottavio in der Arie Nr. 10 (I/13) ernstzunehmen: „Or sai chi l'onore / Rapire a me volse" („Jetzt weißt du / wer mir die Ehre rauben wollte"), was auch nicht im Widerspruch zu ihrer Schilderung der Ereignisse im vorangehenden Recitativo strumentato steht. Dies gilt selbst dann, wenn man im Blick behält, dass Donna Anna in jedem Fall daran gelegen war, ihre Unbescholtenheit hervorzuheben, um die geplante Heirat mit Don Ottavio nicht zu gefährden. Ebenso wenig Konkretes lässt sich aus der Episode mit Zerlina ableiten, da ihr Schrei offensichtlich „Schlimmeres" verhindert hat. Angesichts der langen Registerarie mit ihren mehr als 1000 dokumentierten Eroberungen ist Don Giovanni in seinen letzten Lebenstagen jedenfalls nichts, aber auch wirklich gar nichts gelungen: Mit dem Komtur wurde er in ein Gefecht verwickelt, ehe er, wie eben gehört, bei Donna Anna zum Zuge kam; auch Zerlina, die er schon fest am Haken glaubte, entzieht sich ihm in letzter Sekunde; die Verlassene, die er zu trösten hofft, ist seine eigene Ehefrau, Donna Elvira; selbst bei ihrer Zofe gelingt eine Annäherung über ein Minnelied als erste Stufe hinaus nicht. Wie Dieter Borchmeyer festhält: „Bei Da Ponte/Mozart und in ihrer Vorlage: dem *Don Giovanni Tenorio* von Gazzaniga und Bertati (1787) ist – ganz anders als in den Don Juan-Dramen bis dahin – der Verführer als Scheiternder dargestellt."

Was also haben wir gegen Don Giovanni in der Hand? Natürlich kann man – aus heutiger Sicht – schon den Versuch der Vergewaltigung als strafbar werten; doch stünde hier wohl Aussage gegen Aussage. Was zwischen Don Giovanni und Zerlina noch und was nicht mehr geschehen ist, werden wir nicht erfahren. Vielleicht wollen wir es auch gar nicht, denn es gibt sie doch, die Grenze zwischen Erotik und Obszönität, zumal in der Kunst. Doch wenn es – mangels Vollzugs – nicht die aktuellen Eroberungen sind, lassen sich dann

---

7 Als wenig glücklich ist aus dieser Sicht der Regieeinfall von Sven-Eric Bechtolf anzusehen, wo in der Salzburger Inszenierung von 2014 der tödliche Stich von Donna Anna geführt wird.

nicht wenigstens auf der Basis von Leporellos Register Rechtsvergehen Don Giovannis dingfest machen? Es drängen sich die folgenden Vorwürfe auf:

- Promiskuität
- Ehebruch
- Ausnutzung von Abhängigkeitsverhältnissen
- Unzucht mit Minderjährigen

Immerhin: Vom Umgang mit Prostituierten ist hier schon einmal nicht die Rede. Doch erweisen sich, abgesehen von der Promiskuität als solcher und des Ehebruchs, die beide nicht zu bestreiten sind, aus heutiger Sicht aber vielleicht nicht allzu schwer wiegen, die Indizien als eher schwach: Keine der Frauen in Sevilla ist von ihm unmittelbar abhängig. Dies ist für Donna Anna offenkundig, aber auch die Zofe ist die Zofe Donna Elviras und nicht die Don Giovannis; Zerlina ist keine Leibeigene, auch wenn Don Giovanni in der ersten Begegnung mit Masetto und Zerlina der Braut (wohlgemerkt nur dieser!) seine Protektion anträgt (I/8) und Masetto – sehr zu dessen Misstrauen – zusichert, dass Zerlina nun in den Händen eines Kavaliers sei. Anders als bei Tirso de Molina gibt es bei Lorenzo da Ponte keinen Hinweis darauf, dass Don Giovanni sich Donna Elvira durch das Herauslocken aus dem Kloster gefügig gemacht hätte. Selbst Leporellos Einschätzung „Ma passion predominante / È la giovin principiante;" („Aber die vorherrschende Leidenschaft / ist die junge Anfängerin.") eignet sich kaum, um den Vorwurf der Unzucht mit Minderjährigen zu erhärten, denn noch nach dem aktuellen katholischen Kirchenrecht (CIC, can. 1083) liegt das Ehemündigkeitsalter von Mädchen bei gerade einmal 14 Jahren, von Knaben bei 16 Jahren. Das römische Recht verlegt diese Altersgrenzen noch einmal um zwei Jahre nach vorne, auf 12 bzw. 14 Jahre. Doch wird wohl hier wie dort das Alter von Mündigkeit und Geschlechtsreife gleichgesetzt. Bei aller Vorliebe für „junge Dinger" scheint Don Giovanni aber nach Leporellos Einschätzung doch den Eintritt der Pubertät abgewartet zu haben, sodass der Vorwurf der Unzucht mit Minderjährigen ins Leere läuft.

Zu berücksichtigen ist auch, dass die Ausschweifungen eines Don Giovanni in seiner Gesellschaftsschicht im Grundsatz durchaus toleriert wurden und gewiss kein Alleinstellungsmerkmal waren. Man denke nur an Giacomo Casanova und die unzähligen Mätressengeschichten vieler Fürsten und Könige; auch Joseph II. war kein Kostverächter, der anders als Don Giovanni auch vor käuflicher Liebe nicht zurückschreckte. Bezeichnend ist hier das Originallibretto, in dem Don Giovanni beschrieben wird als „Giovane cavaliere estremamente licenzioso", ein „junger, äußerst ausschweifender Edelmann". In Bertatis Vorlage fehlt ein entsprechender Vermerk. „Etwas ausschweifend" ginge nach diesem Verständnis schon; nur überschreitet Don Giovanni offenbar jedes tolerable Maß.

Was dann? Betrachten wir das Thema „Ehebruch“, das wir voreilig beiseite geschoben haben, noch einmal. Im Terzett Nr. 3 (I/5) erinnert Donna Elvira Don Giovanni daran, wie er sie umschwärmt und damit ihr Herz erobert habe. Er habe sie zwar „Braut/Gattin“ genannt, aber nach drei Tagen verlassen: „Mi dichiari tua sposa e poi, mancando / Della terra e del cielo al santo dritto, / Con enorme delitto / dopo tre dì da Burgos t'allontani.“ („Du erklärst mich zu deiner Braut und dann, / das heilige Recht der Erde und des Himmels / mit schwerer Schuld beladen, / verlässt du Burgos nach drei Tagen.“). Der Vorwurf, er habe das heilige Recht des Himmels und der Erde missachtet, lässt offen, ob die versprochene Ehe überhaupt vollzogen wurde. Der Augenschein spricht dagegen, hat er doch drei Tage und wohl auch Nächte mit Donna Elvira verbracht; das Register, das „zuverlässig“ Aufschluss geben könnte, schweigt, da Leporello in seiner Arie das Liebesleben Don Giovannis bekanntlich nur summarisch zusammenfasst.

Doch auch Zerlina hat er bei der ersten Begegnung, noch vor dem Duettino No. 7 „La ci darem la mano“, wiewohl verheiratet, ein Eheversprechen gegeben; erschwerend kommt hinzu, dass Don Giovanni zu diesem Zeitpunkt längst wusste, dass Zerlina ihrerseits Masetto die Ehe versprochen hatte. Wir dürfen aus unserem Wissen um Donna Elvira jedenfalls annehmen, dass Don Giovanni nicht willens war, dieses Versprechen auch einzulösen, als er Zerlina auf sein Schloss zu locken suchte. Polygamie war sicher angestrebt.

Aus heutiger Sicht klingt das gebrochene Heiratsversprechen harmlos; in Österreich erwachsen aus dem Eheverlöbnis keinerlei Pflichten, selbst in Deutschland ist das Kranzgeld des § 1300 des Bürgerlichen Gesetzbuchs von 1900 seit dem Jahr 1998 abgeschafft, der bis dahin regelte: „Hat eine unbescholtene Verlobte ihrem Verlobten die Beiwohnung gestattet, so kann sie [...] auch wegen des Schadens, der nicht Vermögensschaden ist, eine billige Entschädigung in Geld verlangen.“

Dass sich Don Giovanni auf gefährlichem Terrain befand, dürfte hingegen jedem Zeitungsleser des 18. Jahrhunderts bekannt gewesen sein. So berichtete beispielsweise die „Augsburgische Ordinari Postzeitung von Staats=gelehrten, histor. u. öconomischen Neuigkeiten“ am 20. Mai 1776 über die fatalen Folgen eines nicht gehaltenen Versprechens:

Montelimar im Delphinat, den 30. April

Ein junger Mensch allhier schwächte unter einem Eheversprechen ein Mägden; sie ermahnte ihn zu zwey verschiednenmalen sein Wort zu halten, er gab aber immer weder Ja noch Nein zur Antwort, endlich traf sie ihn gestern an einem beschiedenen abgelegenen Ort an, und fragte ihn zum drittenmal ob er nun sein Wort, halten und mit ihr zum Priester gehen wolle sich verkünden zu lassen; allein er gab nun ein spottend und verhönend Nein, welches das Mägden so aufbrachte, daß es eine scharf geladene Pistole hervor zog, und den Ungetreuen für den Kopf schoß; er lebte noch einige Stunden, den Hergang zu erzehlen und seine Untreue zu bereuen; das Mädgen hat sich mit der Flucht gerettet.

Ob Mozart von seiner Cousine Maria Anna Thekla über diese Geschichte bei seinem Besuch in Augsburg im Jahre 1777 unterrichtet wurde? In der frühen Neuzeit, in der die Handlung der Oper spielt, kam dem Eheversprechen nämlich eine weit reichende Bedeutung zu. Die Gültigkeit der Ehe war nicht – wie heute – an die Trauung geknüpft, sondern wurde bereits durch das Eheversprechen besiegelt. Erinnern wir uns an Shakespeares „Romeo and Juliet", wo Juliet im 2. Akt, 2. Szene, mit Romeo über Ehe spricht. Aber erst nach der Nacht, die Romeo bei Juliet verbringt, wird die Trauung von Friar Laurence vorgenommen. Das ist nicht die nachträgliche Sanktionierung eines Fehltritts, sondern nur das Siegel auf den vom Brautpaar beschlossenen Bund.

Ehebruch und nichtgehaltenes Eheversprechen erweisen sich damit als ein Schlüssel zur Katastrophe, die Don Giovanni vernichten und die Ordnung wiederherstellen soll. Damit aber rückt Donna Elvira in den Vordergrund, jene Frauenfigur, die im Bewusstsein der meisten Opernregisseure (und damit fast zwangsläufig auch der Opernbesucher) weit hinter Donna Anna und Zerlina zurücktritt.

Søren Kierkegaard hat Donna Elvira (zusammen mit Marie Beaumarchais und Margarete) im Kapitel „Schattenrisse. Psychologischer Zeitvertreib" seines Erstlingswerks „Entweder – Oder" eingehend analysiert und ihre Fixierung auf Don Giovanni hervorgehoben. Donna Elvira hat wegen Don Giovanni ihr Klostergelübde und damit ein für allemal mit der Vergangenheit gebrochen. Für Kierkegaard zeigt sich genau darin Donna Elviras Tragik: „In ihm hat sie alles, und das Vergangene ist nichts; verläßt er sie, dann verliert sie alles, auch das Vergangene." Kierkegaard sieht in Donna Elvira neben dem Komtur den eigentlichen Gegenpol zu Don Giovanni. 1000 Frauen hat er erobert und verlassen; an dieser einen, Donna Elvira, wird sich sein Schicksal erfüllen:

In der Oper interessiert Elvira uns nur, sofern ihr Verhältnis zu Don Juan für ihn selbst Bedeutung hat. Soll ich mit wenigen Worten diese ihre Bedeutung bezeichnen, so möchte ich sagen: sie ist Don Juans episches Geschick, sowie der Kommodore sein dramatisches. In ihrem Innern glüht ein Haß, welcher Don Juan in jedem Winkel aussuchen will, eine lodernde Fackel, welche das tiefste Dunkel erleuchten will; und sollte sie ihn gar nicht entdecken, alsdann ist eine Liebe in ihr, welche ihn finden wird. Sie nimmt mit den andern an der Verfolgung Don Juans teil; aber dächte ich mir, daß alle Bestrebungen seiner Verfolgung einander neutralisiert hätten, und Elvira allein mit Don Juan geblieben, und er in ihre Gewalt gegeben wäre: der Haß würde sie waffnen, ihn zu morden, aber ihre Liebe würde dem wehren, nicht aus Mitleid, denn dazu ist er in ihren Augen zu groß. So müßte sie ihn beständig am Leben erhalten: denn tötete sie ihn, so würde sie sich selbst töten. Wären also in dem Stück gegen Don Juan keine andern Kräfte in Bewegung, als Elvira, so würde es niemals enden, denn

> sie würde, wenn es möglich wäre, den Blitzstrahl selbst zurückhalten, daß er ihn nicht treffe, um sich zu rächen; und doch wäre sie wieder nicht imstande, selbst Rache zu nehmen. Auf diese Weise interessiert sie uns in der Oper; aber wir kümmern uns hier nur um ihr Verhältnis zu Don Juan. Es interessieren sich viele für sie, aber in höchst verschiedener Weise. Don Juan interessiert sich für sie, ehe das Stück anfängt, der Zuschauer schenkt ihr sein dramatisches Interesse; wir aber, wir Freunde des Leides folgen ihr nicht bloß auf ihrem nächsten Weg, nicht bloß in dem Augenblick, da sie über die Bühne wandelt; nein, wir folgen ihr auf ihren einsamen Wegen.[8]

Donna Elvira hat bei Da Ponte und Mozart in der Prager Fassung zwei Einzelnummern zugewiesen bekommen und ist in mehreren Ensembles vertreten. Ihre Auftritts-„Arie" No. 3, die von Don Giovanni und Leporello heimlich belauscht und kommentiert wird und sich somit musikalisch zum Terzett weitet, zeigt sie in Text und Musik verletzt und verletzlich, aber liebevoll. Sie sucht den Geliebten, den Ehemann, der sich davongeschlichen hat, offenbar noch ohne zu ahnen, dass sie nur eine einzige Zeile in seinem langen Register einnimmt. Die Gedanken und die Singstimme sind kaum verschnörkelt; der sanfte Tonfall steht in unaufgelöstem Kontrast zu den starken Worten: „Ah se ritrovo l'empio / E a me non torna ancor, / Vo' farne orrendo scempio, / Gli vo' cavar il cor." („Ach, wenn ich den Ruchlosen wiederfinde / und er nicht wieder zu mir zurückkehrt, / [dann] will ich ihm furchtbare Pein bereiten / und will ihm das Herz herausreißen.").

Ihre zweite Arie „Ah fuggi il traditor" No. 8 ist die kürzeste der ganzen Oper, wenn nicht in Mozarts Opernschaffen überhaupt, und gewiss eine der merkwürdigsten. Donna Elvira warnt Zerlina davor, sich auf Don Giovanni einzulassen. Sie tut dies distanziert, fast selbstlos, als hätte sie nicht ihre eigene Ehe zu verteidigen. Sie sieht das junge und naive Bauernmädel Zerlina nicht als Rivalin, sondern eher als ein Spiegelbild ihrer selbst an: Wenn schon sie, Donna Elvira, Don Giovanni verfallen ist, so soll dies anderen unschuldigen Mädchen nicht auch widerfahren. Die Arie fällt aus der Tonsprache ihrer Zeit heraus – ähnlich wie der Gesang der geharnischten Männer in der „Zauberflöte". Ist es dort die Musik Johann Sebastian Bachs, die durch den protestantischen Choral und seine Bearbeitung evoziert wird, so ist es hier mit ihren bizarren Rhythmen die Musik Georg Friedrich Händels, aber Mozart hat diese Stilkopie so geschickt angelegt, dass sich ein konkretes Vorbild in den Werken des Deutsch-Engländers nicht festmachen lässt. Diese verblüffende Wirkung hatte das Stück jedenfalls schon auf die Zeitgenossen; der Leipziger Musikschriftsteller Friedrich Rochlitz verstieg sich 1798 zu der

8 Kierkegaard: Søren: *Entweder-Oder. Ein Lebensfragment.* Kapitel „Schattenrisse", Abs. 2., retrieved 15.11.2015, from http://www.zeno.org/Philosophie/M/Kierkegaard,+S%C3%B8ren/Entweder-Oder.

Behauptung: „Er hatte sogar die Grille, eine Arie in seinem D. Giovanni in Händels Manier zu sezzen, und seiner Partitur dies offenherzig beyzuschreiben." Im Autograph, das sich heute in der Bibliothèque nationale de France in Paris befindet, steht hiervon freilich nichts – für wen auch: Mozart brauchte keine Erinnerung, dass diese Nummer retrospektiv ist. Für wen sonst hätte er den Verweis niederschreiben sollen? Für den Kopisten? Doch wem hätte dieser sie mitteilen sollen? Den Instrumentalisten? Doch wozu? Gab es damals doch keine historische Aufführungspraxis, die dazu geführt hätte, dass die Arie auch durch ihren Vortrag aus der Oper herausgehoben würde. Donna Elvira erscheint in dieser Arie der Welt entrückt.

Ihre dritte, erst für Wien 1788 hinzugefügte Arie Nr. 21b „Mi tradì, quell'alma ingrata", spricht nur oberflächlich gesehen von ihr, von ihren Gefühlen. In Wirklichkeit geht es hier jedoch um Don Giovanni. Donna Elvira schaudert es schon vor der Kirchhofszene vor der sich anbahnenden Katastrophe (No. 21b; II/14):

Quando sento il mio tormento,	Wenn ich meine Qual fühle,
Di vendetta il cor favella;	spricht das Herz von Rache;
Ma se guardo il suo cimento,	doch wenn ich sein waghalsiges Unterfangen bedenke,
Palpitando il cor[9] mi va.	fängt mein Herz an zu pochen.

In den Ensembles erscheint Donna Elvira immer wieder – aus Don Giovannis Sicht – am falschen Ort zur falschen Zeit. Ihr Auftritt in Scena 12 des 1. Akts führt letztlich dazu, dass Donna Anna ihren Peiniger wiedererkennt; bezeichnenderweise kämpft sie bis ins Finale hinein um ihn, ohne ihn jedoch retten zu können, da er sich jeder Einsicht und der Umkehr entzieht.

Auf der Textebene erweist sich „Don Giovanni" als Mozarts „barbarischste" Oper. In Lorenzo da Pontes Libretti zu „Le nozze di Figaro" und zu „Così fan tutte" sowie in Bertatis „Don Giovanni" kommt das Wort „barbaro" jeweils genau einmal und dann in keineswegs individuellen Zusammenhängen vor: Der Graf fragt Susanna „Ma un foglio sì barbaro?" („Aber so ein barbarischer Brief?"), Don Alfonso beklagt – ironisch – ein „barbaro fato" („barbarisches Schicksal") und bei Bertati wird „barbaro" ein einziges Mal mit einer Allerweltsvokabel der Opernlibrettistik in der Nachfolge Pietro Metastasios kombiniert: „barbaro tormento" („barbarische Qual").

9 Im Libretto Wien 1788, S. 66, fälschlich „ancor" statt „il cor".

In „Don Giovanni" ist das Wort hingegen „allgegenwärtig", wie aus der folgenden Aufstellung hervorgeht.[10]

Nummer	Sprecher	Italienischer Text	Deutsche Übersetzung
No. 2 Duetto (I/3)	Donna Anna, Don Ottavio	Che giuramento, o die, / Che barbaro momento	Welch ein Schwur, o Götter, / welch barbarischer Moment
No. 3 Aria (I/5)	Donna Elvira	Ah chi mi dice mai / Quel barbaro dov'è [...]?	Ach, wer sagt mir nur, / wo dieser Barbar ist [...]?
Recitativo (I/6)	Donna Elvira	[...] è questo il premio / Che quel barbaro rende all'amor mio?	[...] und ist das der Lohn, / den dieser Barbar für meine Liebe zurückzahlt?
Recitativo (I/10)	Donna Elvira (zu Zerlina)	[...] io sono a tempo / Di salvar questa misera innocente / Dal tuo barbaro artiglio.	[...] Ich komme im richtigen Moment, / um diese arme Unschuldige / vor deiner barbarischen Klaue zu retten.
No. 9 Quartetto (I/12)	Donna Elvira (zu Donna Anna)	Me già tradì quel barbaro, / Te vuol tradir ancor.	Mich hat jener Barbar schon betrogen, / dich will er gleichfalls betrügen.
No. 15 Terzetto (II/2)	Donna Elvira (zu Don Giovanni)	No, non ti credo o barbaro.	Nein, dir glaub ich nicht, o Barbar.
No. 21b Duetto (II/11)	Leporello	Barbari, ingiusti Dei! / In mano di costei / Chi capitar mi fe'!	Barbarische, ungerechte Götter! / Wer ließ mich in die Hand / von dieser da fallen!
No. 21b Duetto (II/11)	Zerlina	Barbaro traditore! / Del tuo padrone il core / Avessi[11] qui con te.	Barbarischer Verräter! / Ach hätte ich das Herz deines Herrn / hier bei dir.
No. 24 Finale (II/13[12])	Leporello	Ah che barbaro appetito, / (Che bocconi da gigante [...])	Ah, was für ein barbarischer Appetit! / Was für Riesenbissen! [...])
No. 24 Finale (II/14)	Donna Elvira	Restati, barbaro! / Nel lezzo immondo, / Esempio orribile / D'iniquità!	Bleib nur, Barbar, / im elenden Gestank / [du] grauenvolles Beispiel / der Ruchlosigkeit!

10 Der italienische Text folgt den Original-Libretti; in der deutschen Übersetzung bleibt „barbaro" unübersetzt.

11 Im Libretto Wien 1788 irrtümlich „Avedi".

12 In der „Neuen Mozart Ausgabe" II/17 in Anlehnung an das Libretto Wien 1788. Im Originallibretto Prag 1787 irrtümlich als „Scena XII" gezählt.

Nur einmal wird das Wort „barbaro“ in dieser Oper im konventionellen Sinne („Che barbaro momento“) verwendet, im Duett No. 2, und zwar gemeinsam von Donna Anna und Don Ottavio gleich zu Beginn; es erscheint auch einmal im trivialen Sinne, wenn Da Ponte Leporello beim Festmahl, das Don Giovanni am Beginn des 2. Finales alleine abhält, ausrufen lässt: „Ah che barbaro appetito“. Sonst ist es fast ausschließlich Donna Elvira, die das Wort „barbaro“ im Munde führt.

Was will Donna Elvira? Natürlich will sie Don Giovanni zurückgewinnen, aber in dem Moment, in dem sie (endlich) begreift, dass Don Giovanni ein Getriebener ist, der nicht um *einer* Frau willen allen anderen abschwört, schlägt ihre Liebe wider Erwarten nicht in Hass um. Das Motiv des Hasses hat Søren Kierkegaard in seiner Analyse meines Erachtens, ohne Not und ohne echten Beleg, zu stark gewichtet. Zwar erscheint es im Da Ponte'schen Text, aber es wird doch im selben Augenblick wieder gemildert – spätestens durch Mozarts Vertonung –, etwa in der für Wien nachkomponierten Arie No. 21b. Dieser Hass entsteht zwar aus verschmähter, verratener Liebe, aber er zielt darauf ab, Don Giovanni wiederzugewinnen, nicht, ihn zu vernichten.

Donna Elvira will daher Zerlina (I/10) und später Donna Anna (I/12) vor der Verführung durch den Barbaren retten, die, wie sie weiß, nur die Vorstufe zum Verrat ist. Aber sie will auch Don Giovanni retten: Auf Don Giovannis ironische Frage „Che vuoi, mio bene?“ („Was willst Du, meine Liebe?“) antwortet sie am Beginn des zweiten Finales (II/14) „Che vita cangi!“ („Dass du dein Leben änderst!“).

Warum ist sie dann nicht gleich ins Kloster zurückgekehrt, nachdem Don Giovanni sie nach drei Tagen verlassen hat, könnte ein Zyniker fragen. Kierkegaard gibt eine scheinbar plausible Antwort: Weil sie mit dem Ausscheiden oder der Flucht aus dem Kloster ihre Vergangenheit aufgegeben hat. Doch hätte es wirklich keinen Weg zurück gegeben, für eine reuige Sünderin, als die sich Donna Elvira fühlen musste? Die Wahrheit liegt auf einer anderen Ebene: Denn Donna Elvira war gar nicht frei, ins Kloster zurückzukehren. Anders als Don Giovanni fühlte sie sich immer an das Eheversprechen, das das ihre wie das seine war, gebunden – bis dass der Tod sie scheide. Daher musste sie ihn in ganz Spanien suchen – von Burgos nach Sevilla ist ein weiter Weg –, um ihn zurückzugewinnen oder um zuverlässig zu wissen, dass er tot sei. Don Giovannis Höllenfahrt ist somit zugleich Martyrium für Donna Elvira – verliert sie doch auf ewig den Mann, den sie bedingungslos geliebt hat – und Erlösung, denn sein Tod befreit sie; ihre Freiheit sieht sie nunmehr als Witwe darin, ins Kloster zurückzukehren, aus dem sie nur seinetwegen ausgetreten war.

Das *lieto fine*, der traditionelle Umschlag ins Gute und Fröhliche der italienischen Opera buffa des 18. Jahrhunderts, ist von der Nachwelt in kaum einem Stück mehr als eine bloße Tradition gescholten worden, die für das wahre Verständnis der Oper gar nicht notwendig wäre. Doch würde der Verzicht auf das *lieto fine* nicht seinerseits eine Konvention bedeuten, diesmal eine der Tragödie? Was hätten wir gewonnen, wenn die Oper mit Don Giovannis Ausrufen „Che inferno / Che terror" enden würde? Das Stück hätte dann seinem Namen Ehre gemacht: *Il dissoluto punito*, der bestrafte Wüstling. Durch das *lieto fine* zeigt uns Da Ponte, dass diese Oper keine individuelle Abrechnung mit dem einen Don Giovanni ist, sondern dass sich hier ein Typus zeigt. Die Tragödie ist individuell, die Komödie generalisiert. Mit dem *lieto fine* wird nicht das Drama, aber die Weltgeschichte auf den Anfang zurückgedreht. Am sinnfälligsten ist dies bei Leporello. Was hat der Hasenfuß aus der Höllenfahrt des Don Giovanni gelernt? Nichts. Er kehrt ins Wirtshaus zurück, um sich den Bauch vollzuschlagen und um einen neuen Herrn zu suchen, der wahrscheinlich wie Don Giovanni zwar ein Adliger, aber ein Spitzbube ist. Und Leporello wird dem neuen Herrn genauso treu bei allen Schurkentaten zur Seite stehen, in der Hoffnung, dass dabei auch für ihn ein erotisches Abenteuer abfallen könnte.

Wir brauchen, wenn wir in Zusammenhang mit der Charakterisierung der Komödie von Generalisierung sprechen, nicht weit zu gehen: Im „Rosenkavalier" begegnet uns der Typus des Don Giovanni aufs Neue. Auch Baron Ochs von Lerchenau ist stets auf der Jagd; die Jagd ist das Ziel, die Beute – einmal erlegt – ist uninteressant; das hat Antonia Eder[13] in ihrem Vortrag bei den Festspiel-Dialogen 2014 hervorgehoben. Der einzige Unterschied ist nur, dass Ochs von Lerchenau ein Rüpel ist, dem das Publikum die Abreibung einmütig gönnt.

Doch auch auf der Politbühne unserer Tage ließen sich leicht Beispiele finden, allerdings beschämende, denn mit primitiven Mitteln, vor allem mit Geld, wird das erkauft, was Don Giovanni immerhin noch zu erobern suchte. Typen wie diese – und damit Typen wie Don Giovanni – wird es immer geben, solange es Menschen oder zumindest solange es Männer gibt, die über diese „Vorbilder" sagen: „Ein Schuft ist er wohl schon – aber irgendwie doch ein toller Hecht."

Daher ist Don Giovanni auch nicht totzukriegen. Er feiert schon in der Inszenierung von Sven-Eric Bechtolf fröhliche Urstände, wenn er sich in der Scena ultima zunächst von allen Mitwirkenden unbemerkt verabschiedet und dann sofort erneut auf Schürzenjagd geht. Dieser Regieeinfall hätte – das glaube ich sicher – Michael Fischer gut gefallen, ja, er hätte ihn sich ohne Weiteres selbst ausdenken können.

13 Literaturwissenschaftlerin, Institut für Germanistik, Karlsruher Institut für Technologie (KIT).

Quellenverzeichnis

Borchmeyer, Dieter: „Mozart – Zeitgenosse der Französischen Revolution“. In: *Europa Révue d'actualité politique littéraire et artistique*, retrieved 15.11.2015, from http://www.sine-causa.com/er/arte/musique/mozart/mozart_d.htm.

Borchmeyer, Dieter (Hrsg.): *Mozarts Opernfiguren. Grosse Herren, rasende Weiber – gefährliche Liebschaften.* (Facetten deutscher Literatur: St. Galler Studien 3), Haupt: Bern u.a. 1992.

Da Ponte, Lorenzo: *IL / DISSOLUTO / PUNITO. / O SIA / IL D. GIOVANNI. / DRAMMA GIOCOSO / IN DUE ATTI. / DA RAPPRESENTARSI / NEL TEATRO DI PRAGA L'ANNO 1787. / IN PRAGA. / di Schoenfeld.* Faksimile des Exemplars Library of Congress, Signatur: ML 48 [S6788] FT MEADE. In: Warburton, Ernest (Hrsg.): *The Librettos of Mozart's Operas*, Bd. 3 (*The Da Ponte Operas*). Garland: New York 1992, S. 107–191.

Da Ponte, Lorenzo: *IL / DISSOLUTO / PUNITO. / O SIA / IL D. GIOVANNI. / DRAMMA GIOCOSO / IN DUE ATTI. / DA RAPPRESENTARSI / NEL TEATRO DI CORTE / L'ANNO 1788. / IN VIENNA, / NELLA IMPER. STAMPERIA DEI SORDI e / MUTI.* Faksimile des Exemplars Österreichische Nationalbibliothek, Signatur: 32550-A Mus. In: Warburton, Ernest (Hrsg.): *The Librettos of Mozart's Operas*, Bd. 4 (*The Late Works, Translations and Revisions*). Garland: New York 1992, S. 395–474.

[Fischer, Michael]: *Salzburger Festspiele: Ästhetizismus und Barbarei 1914–2014. Festspieldialoge 2014, Programmflyer*, retrieved 15.11.2015, from http://www.w-k.sbg.ac.at/fileadmin/Media/arts_and_festival_culture/fsdialoge_2014.pdf.

Kaiser, Joachim: *Mein Name ist Sarastro. Die Gestalten in Mozarts Meisteropern von Alfonso bis Zerlina.* Piper: München/Zürich 1984.

Kierkegaard: Søren: *Entweder-Oder. Ein Lebensfragment*, retrieved 15.11.2015, from http://www.zeno.org/Philosophie/M/Kierkegaard,+S%C3%B8ren/Entweder-Oder.

Rochlitz, Friedrich: „Anekdoten aus Mozarts Leben. (Fortsetzung.)“. In: *Allgemeine musikalische Zeitung* (1) 21.11.1798, Sp. 113–117.

Schneider, Sabine (unter Mitarbeit von Holger Bösmann): *Lektüren für das 21. Jahrhundert: Klassiker und Bestseller der deutschen Literatur von 1900 bis heute.* (Würzburger Ringvorlesung 5). Königshausen & Neumann: Würzburg 2005.

Gerhard Katschnig

Don Juan zwischen Madrid und Prag[1]

Mit dem Namen Don Juan[2] und seinen unzähligen Konnotationen ist eine „vielseitig deutbare und auch gedeutete Gestalt“[3] maßgebend für die europäische Dichtung geworden. Sein Leben ist Legende und Krimi zugleich. Seine verführerische Wirkung hat sich nicht nur auf die Frauenwelt der Theaterbühnen bezogen, sondern auch zahllose Interpreten ergriffen. Durch die Jahrhunderte wurden die Motive seines Denkens und Handelns in verschiedenen Variationen erörtert. Kaum eine andere literarische Figur hat eine derartige Fülle an Interpretationen hervorgebracht.

Platt formuliert ist Don Juan eine geniale Erfindung des katholischen Klerus im Spanien des 17. Jahrhunderts. Während wir beinahe zeitgleich im protestantischen Norden mit dem Gelehrten, der die Geheimnisse der Himmelskörper hinterfragt, den anderen großen europäischen Mythos der Neuzeit entstehen sehen, repräsentiert Tirso de Molinas „El Burlador de Sevilla y combidado de piedra“ gegenüber Faust den erotischen Abenteurer inmitten der Brennweite von Inquisition und Gegenreformation. Der letzte große Freigeist einer feudalen Epoche entstammt der Fantasie des spanischen Mercedarier-Mönchs mit bürgerlichem Namen Gabriel Téllez. Molina skizzierte die Geschichte des Spötters der Moral und des Verführers aller Frauen, der mit seinem libertinen Verhalten und mit den zahllosen erotischen Animositäten die Gesellschaft brüskiert, Frevel und Sünde wider den (christlichen) Geist betreibt. Sein Don Juan repräsentiert den wenig geisthaften aber dafür zügellosen Triebtäter, „dessen Lebensweise die Rache der Gesellschaft und des christlichen Gottes herausforderte.“[4] Molières „Don Juan“ und Wolfgang Amadeus Mozarts „Don Giovanni“ führen die Darstellung des Durchbrechens von

1 Überarbeitete Fassung von: Katschnig, Gerhard: „Don Giovanni – der Tod als Mythos“. In: Fischer, Michael / Seelmann, Kurt (Hrsg.): *Körperbilder. Kulturalität und Wertetransfer.* (Subjekt und Kulturalität 2). Peter Lang: Frankfurt a.M. et al. 2011, S. 345–352.

2 Ein Potpourri der gängigsten Don-Juan-Adaptionen in dankbarer Erinnerung an einen fulminanten Dialog zwischen Michael Fischer und Gerard Mortier – im Rahmen des Symposions „Don Giovanni – Mythos und Imagination“ an der Opéra de Bastille in Paris –, dem ich 2007 als Student zu folgen versuchte.

3 Valentin, Erich: *Don-Juan-Reflexionen. Eine Auswahl literarischer Zeugnisse.* Deutsche Mozart-Gesellschaft: Augsburg 1988, S. 7.

4 Cf. Gnüg, Hiltrud: *Don Juan. Ein Mythos der Neuzeit.* Aisthesis: Bielefeld 1993, S. 11.

Moralvorstellungen und Verhaltensmaximen fort. Hier wie dort steht die Titelfigur für den rationalistischen, rhetorisch begabten Verführer.

Doch was unterscheidet den zum Mythos gewordenen Urtypus des Verführers von einem einfachen Frauenhelden, von einer ganzen „Schar weibertoller junger Aristokraten im Umkreis des Hofes“[5]? Albert Camus versichert uns: „Man versteht Don Juan nur dann richtig, wenn man sich auf das bezieht, was er gemeinhin symbolisiert: den gewöhnlichen Verführer und Liebling der Frauen“[6].

1. Ein Mythos – was sonst?!

Ein Mythos als solcher ist solange lebendig, wie er fasziniert. Leporellos Aufzeichnungen in der berühmten Registerarie wären zu wenig, da sie lediglich in gleichmäßigen Wiederholungen die unzähligen Verführten anführen, die in ihren gemeinsamen Äußerlichkeiten keinen eigenen Namen erfahren. Diese Ausprägung von Quantität, die Mozarts Librettist Lorenzo da Ponte in unerwähnter Erinnerung aus Giovanni Bertatis Libretto „Don Giovanni Tenorio“ entlieh, würde unweigerlich zu ästhetischer Langeweile führen und keinen poetischen Reiz ausüben, der bis in die Oper der Gegenwart Ausstrahlung hätte. Es könnte sich ebenso gut um die Memoiren des gealterten, aber historisch fassbaren Giacomo Casanova handeln, der Kontakt zu da Ponte hatte und der Mozart'schen Uraufführung in Prag 1787 eventuell beiwohnte. Wir müssten Camus Recht geben und Don Juan „in einer Zelle jener spanischen Klöster, die einsam auf einer Höhe liegen“[7], enden lassen, in denen entflohene Liebschaften durch eine schweigende spanische Ebene ersetzt werden.

Zunächst aber gilt: „Und nur ‚Abwechslung' gibt dem Leben Reiz und läßt uns seine Unerträglichkeit vergessen!“[8], so Grabbes „Don Juan“. Kulturelle Vorschriften standesgemäßen Begehrens werden ad absurdum geführt: keine Schicht der Gesellschaft lässt er aus und konsumiert, in einem Rausch der Begierde, Frauen aller Länder. Doch die konkrete und hormonbedingte Realisation erfährt keine bühnentaugliche Ausstaffierung: nicht die Sinnlichkeit an

5 Dieckmann, Friedrich: *Die Geschichte Don Giovannis. Werdegang eines erotischen Anarchisten*. Insel: Frankfurt a.M./Leipzig 1991, S. 44.

6 Camus, Albert: „Der Don-Juanismus“. In: Id.: *Der Mythos des Sisyphos*. Deutsch u. mit einem Nachwort v. Vincent von Wroblewsky. Rowohlt: Hamburg 2005, S. 96.

7 Ibid., S. 101.

8 Grabbe, Christian D.: *Don Juan und Faust*. Mit einem Nachwort v. Alfred Bergmann. Reclam: Stuttgart 2005, S. 14.

sich ist es, sondern die Demonstration seines Könnens im Begehren[9], die ihn von einer Frau zur anderen stürmen lässt. Die Lust am Neuen und Unbekannten wiegt mehr als das konkrete Vergnügen. Dabei ist Don Juans Handlungsspielraum mit wenigen Worten beschrieben: „Verführen, erstechen, lachen, weitergehen"[10]. Seine Sinnlichkeit ist auf den Augenblick bezogen, das Verführen ist sein Element. Was ihn in Tätigkeit versetzt, ist seine Motivation zur paradereichen Quantität. Nur im Triumph über die Frau existiert er, wenngleich er diesen ständig wiederholen muss. Wenn Leporello Don Giovanni fragt: „Und Ihr bringt es übers Herz, sie dann alle zu betrügen?", so antwortet jener: „Alles aus Liebe. Wer nur einer einzigen treu ist – grausam ist er zu den andern"[11].

Doch wir wissen nicht erst seit Denis Diderot, dass bei allem Spiel der Spiele von erotischer und rhetorischer Potenz Don Juans Kunststücke des Verführens zwischen Begierde und Abenteuerlust fadenscheinig werden: „Hat man eine gewisse Anzahl guter Einfälle gehabt, dann ist man gezwungen, sich zu wiederholen. Geist und Kunst haben ihre Grenzen. Nur für Gott und für einige wenige geniale Köpfe führt die Karriere ins Grenzenlose."[12] Später wird Max Frisch dieses Eingeständnis übersteigern, wenn er Don Juan beschwichtigen lässt: „Und wenn ein Jüngling mich fragte: Wie ist das mit Frauen? Ich wüßte es nicht, offengestanden, es vergißt sich wie Speisen und Schmerzen, und erst wenn es wieder da ist, weiß ich: So ist das, ach ja, so war es immer [...]".[13] Don Juans zur Tugend gehobene Kreativität im sexuellen Exzess scheint seine einzige Heilung vom unentwegten Konsum zu sein. Wenngleich er als *Subiectum* durch die kulturellen Sphären bedingt wird, die ihn aus seinem bisherigen Erfahrungshorizont zu vertreiben suchen, ist es gerade jene Kreativität, die zur Eintönigkeit wird und zur ewiggleichen Wiederholung verkommt. Hier hat Don Juan seine Grenze, die er nur im Mythos überwinden kann, wenn er im unbegrenzten Moment versinkt. Die zahllosen erotischen Situationsbilder lassen den Verführer das *Respice finem!* übersehen, die Warnungen seiner getreuen Diener aus dem Wind schlagen und dem unausweichlichen Ende alle Möglichkeiten seiner Überwindung aufbieten.

---

9 Cf. Kristeva, Julia: „Don Juan oder Die Liebe zum Können". In: Id.: *Geschichten von der Liebe*. Aus d. Französ. v. Dieter Hornig und Wolfram Bayer. Suhrkamp: Frankfurt a.M. 1989, S. 192.

10 Frisch, Max: *Don Juan oder Die Liebe zur Geometrie*. Suhrkamp: Frankfurt a.M. 1963, S. 67.

11 Mozart, Wolfgang A. / Da Ponte, Lorenzo: *Don Giovanni*. Übers. v. Thomas Flasch. Nachwort v. Rudolph Angermüller. Reclam: Stuttgart 2005, S. 43.

12 Cf. Diderot, Denis: „Rameaus Neffe". In: Id.: *Sämtliche Romane und Erzählungen*, Bd. II. Aus d. Französ. übers. v. Raimund Rütten. Mit einer Zeittafel v. Robert Steiger sowie Anmerkungen u. einem Nachwort v. Hans Hinterhäuser. WBG: Darmstadt 1985, S. 47.

13 Frisch 1963, S. 77.

2. Der Tod und die Wechselrede

Bei aller Originalität des Stückes am Beginn des 17. Jahrhunderts bleibt Molina der Mentalität und den festgefahrenen Normen seiner Zeit verpflichtet: die Ehre der Frau liegt in ihrer Unberührtheit. Donna Anna ist eine von vielen Entehrten; ihr Vater will sich an Don Juan rächen, womit es – *punto de honor!* – zur entscheidenden Duellszene kommt. Ihr Vater fordert den gefragten Verderber heraus, wird getötet und schwört, dass dieser seine Strafe erhalten werde.

„Hast du denn eine *Jugend* nur auf Erden?"[14], fragt Nikolaus Lenaus Diego Don Juan nicht unberechtigt. Einen greisen Don Juan hat der Mythos – mit Ausnahme bei Lenau, Henri Bataille und Camus – verwehrt. Doch müssen wir sein frühes Ende betrachten, um mythengerechte Individualität zu entdecken. Im Fortgang der Handlung wird enthüllt, wofür Don Juan verantwortlich ist. Das Leben als stetes Fest, das er dem Sozialgefüge seiner Zeit aufzwingt, wird durch die Hinweise zur Sühnehandlung brüchig. Der Düpierung irdischer Instanzen wird die barocke Krone des Jenseits aufgesetzt, als er das Grabmal des Getöteten verachtet, ihn provozierend zu einem Gastmahl einlädt – hier kommen wir zu Don Juans Ende, wenn der Verschiedene als Steinerner Gast die Einladung annimmt. Don Juan stirbt nicht infolge weltlicher Rache, aber er verabschiedet sich mit einer letzten bebenden Geste, nachdem ihm der bloße Erfolg bei den Damen – wie die Libretti von Molina über Molière bis zu da Ponte/Mozart andeuten – „zu selbstverständlich und damit belanglos geworden ist"[15]. Bei da Ponte/Mozart liegen Don Giovannis Lebenssentenzen in der Vergangenheit: er verführt nicht mehr, er spricht lediglich darüber. Folgerichtig sind es nicht die in der Endlosschleife harrenden Frauen, die ihn aus der moralischen Ferne rächend einholen, sondern die Ansprüche des Jenseits, die mit dem Gewicht aller Geschädigten – „der beleidigte Himmel, die verletzten Gesetze, die geschändeten Mädchen, die entehrten Familien, die beschimpften Eltern, die verführten Ehefrauen, die betrogenen Männer"[16] – auftreten. Es ist die metaphysische Instanz, die er als Verführer verachtet und in einer Tat der Hybris herausgefordert hat. Im Schlussdialog mit dem Komtur, „wo

---

14 Lenau, Nikolaus: „Don Juan. Dramatische Szenen". In: Id.: *Sämtliche Werke und Briefe in zwei Bänden*. Erster Band: Gedichte und Versepen. Auf d. Grundlage der historisch-kritischen Ausg. v. Eduard Castle hrsg. v. Walter Dietze. Insel: Frankfurt a.M. 1971, S. 896.

15 Luhmann, Niklas: *Liebe als Passion. Zur Codierung von Intimität*. Suhrkamp: Frankfurt a.M. 1994, S. 135.

16 Molière: *Don Juan*. Aus d. Französ. übertr. v. Arthur Luther. Mit einem Nachwort v. Jürgen von Stackelberg. Reclam: Stuttgart 2007, S. 70.

wir das Uebersinnliche schauen und hören"[17] – wird später Eduard Mörike schreiben – erscheint die Don-Juan-Rezeption wie ein kulturgeschichtliches Lehrstück zweier sich gegenüberstehender Jahrhunderte.

Molinas Steinerner Gast ist der Repräsentant eines höllischen Strafgerichts, der seinen unerschrockenen Besucher mit dem Maß gesellschaftlicher Anforderung ins Verderben zieht. Er agiert als der „fraglose Vollstrecker einer rächend-strafenden, übermenschlich eingreifenden Gewalt"[18] im katholischen Süden der Gegenreformation, wo göttliche Gnade verwirkt wird, wenn der Wille des Menschen eigene Wege begeht.[19] Der szenische Gestus mit der Aufforderung des Komturs „Gib mir deine Hand" kommt nicht unerwartet. Es ist das immer wiederkehrende Versprechen, das Molinas Don Juan seinen unzähligen Frauen gab – zu Isabella: „Warte, Herzogin! Gib mir die Hand!", zu Tisbea: „Hier meine Hand und meinen Treueschwur!", zu Aminta: „Bei dieser Hand schwör ich es, Herrin, die ein Inferno kalten Schnees ist, was ich versprech, dir zu erfüllen" –, um den Betrug zu manifestieren, der am Ende zu einer Aufforderung und tödlichen Waffe wird.[20]

Das Schauspiel des Strafgerichts erfährt durch die Dynamik mentalitären Wandels – vom gegenreformatorischen Spanien zum aufgeklärten Absolutismus Josephs II. – eine Differenzierung. Bei da Ponte/Mozart ist der Komtur jenes „unsterbliche Organ des Abgeschiedenen"[21], an dem Don Giovanni zu dieser Widerstandsgröße aufwachsen kann[22]. Molinas Don Juan – im kulturbedingten Weltbild des spanischen Katholizismus durch die demonstrative Selbstüberschätzung im Angesicht des Todes der exemplarischen Abschreckung und Läuterung ausgeliefert – kapituliert vor dem Ende. Bei Mozart – Louis Dorimon (1628–1693) und Molière hatten es in ihren Stücken bereits vorskizziert – begeht Don Giovanni jene Hybris, die ihn post festum zu einem *interessanten* Sünder macht. Don Giovanni braucht keine Arien, sein Dialog mit dem Toten ist jene Wechselrede, welche die Niederungen der Vergangenheit szenisch ins Klare führen soll:

17 Mörike, Eduard: *Mozart auf der Reise nach Prag*. Hrsg. v. Joseph Kiermeier-Debre. DTV: München 2004, S. 81.

18 Dieckmann 1991, S. 7.

19 Ibid., S. 20.

20 Cf. Gnüg 1993, S. 33.

21 Mörike 2004, S. 81.

22 Cf. Dieckmann 1991, S. 7.

DON GONZALO. […] Ich hätte nicht geglaubt, daß du dein Wort mir hieltest, wo du alle hintergehst.

DON JUAN. Hältst du mich etwa gar für einen Feigling?

DON GONZALO. Ja, denn du bist in jener Nacht, als du mich tötetest, vor mir geflohn. […] Gib mir deine Hand! Hab keine Angst, gib mir die Hand!

DON JUAN. Wie sagst du? Wie, ich sollt' mich fürchten? Ach, ich verbrenne! Brenn mich nicht mit deinem Feuer! […] Erlaub, daß ich noch jemand rufe, der mir die Beichte abnimmt und mich losspricht.

DON GONZALO. Das geht nicht an, du denkst zu spät daran!

DON JUAN. Ach, ich verbrenne, ich verglühe! Ich bin des Todes. *(Er bricht tot zusammen.)*

[…] DON GONZALO. So lautet Gottes Richterspruch:

Wie eines Menschen Taten, so der Lohn. *(Unter großem Getöse versinkt das Grabmal mit Don Juan und Gonzalo. Catalinón schleppt sich weg.)*[23]

KOMTUR. Du ludest mich zum Essen ein, du kennst nun deine Pflicht; antworte mir: Kommst du mit mir zum Essen?

[…] DON GIOVANNI. Ich habe Mut in meiner Brust: Angst kenn ich nicht, ich komme!

KOMTUR. Gib mir die Hand zum Pfand!

DON GIOVANNI. Da hast du sie! *(Er schreit laut auf.)* Ha!

KOMTUR. Was hast du?

DON GIOVANNI. Wie eisig ist mir nur?

KOMTUR. Bereue, ändere dein Leben: Es ist der letzte Augenblick!

DON GIOVANNI *(versucht vergeblich, sich loszumachen)*. Nein, nein, ich bereue nichts, geh fort von mir!

KOMTUR. Bereue, Verbrecher!

DON GIOVANNI. Nein, närrischer Alter!

[…] KOMTUR. Ah, Eure Zeit ist um!

(Er geht ab.) (Flammen von verschiedenen Seiten, Erdbeben.)[24]

Die Uraufführung von „Il dissoluto punito ossia Il Don Giovanni“ erfolgte am 29. Oktober 1787 im Gräflich Nostizschen Nationaltheater in Prag. Mozart, der eher an „Le nozze di Figaro“ interessiert war, hatte mit da Ponte – ein aus dem Süden wegen freigeistiger Ansichten und zahlreicher Affären entflohener katholischer Priester, der durch die geschickte und wohl einzigartige Protektion Josephs II. Dichter des italienischen Theaters am Hof des Kaisers wurde – einen kühnen Librettisten, der in seinem eigenen Leben ein Stück des Don-Juanismus zu verkörpern schien. So kommentierte er seine Arbeit am Libretto, als hätte ihm der *dissoluto punito* über die Schultern gesehen:

23 Molina, Tirso de: *Don Juan – Der Verführer von Sevilla und der steinerne Gast.* Übers. u. mit einem Nachwort v. Wolfgang Eitel. Reclam: Stuttgart 2007, S. 75–78.

24 Mozart / Da Ponte 2005, S. 74–75.

> Nachts schreibe ich für Mozart und denke dabei an ‚Dantes Inferno'. […] eine Flasche Tokaier zur Rechten, das Tintenfaß in der Mitte, eine Schachtel Sevilla-Tabak zur Linken. Ein schönes sechzehnjähriges Mädchen – ich hätte es nur wie eine Tochter lieben sollen, nun ja … – wohnte in meinem Haus mit der Mutter, die das Hauswesen besorgte. […] Inzwischen hatte ich am ersten Tag, zwischen dem Tokaier, dem Sevilla-Tabak, dem Kaffee, der Glocke und der jungen Muse, die ersten beiden Szenen vom *Don Giovanni* geschrieben.[25]

Das von dem jungen Sänger Luigi Bassi verkörperte Aufbegehren Don Giovannis gegen den nahenden Tod und die Weigerung zu bereuen, symbolisieren den Anspruch auf das irdische, rationalistisch geprägte Wohl des Menschen, wie es in der gegen den barocken Katholizismus gerichteten Regierungszeit Josephs II. künstlerisch einmalig zum Ausdruck kam. Was wir hier herauslesen, ist der Funkenflug des zivilisatorisch verlangten Ausgleichs, der in der Unterwelt Feuer fängt. Es beginnt bereits mit der Taktlosigkeit in der Registerarie, die Don Giovannis Diskretionsbruch wie ein Firmenbuch aus Zahlen und Fakten erörtert und seine Okkupationserotik als *dissoluto* aufdeckt.[26] Mit dem Tod des Komturs hat die Gesellschaft Don Giovanni den Untergang geschworen, der Dialog mit dem Toten fordert in der Realpräsenz seiner Herkunft den Urteilsspruch. Molinas Don Juan bricht durch die zupackende Hand des Komturs tot zusammen, Mozarts Don Giovanni trotzt dem Gesandten des Jenseits ein weiteres Spektakel ab und fordert die Natur zum Erbeben auf – jenem Komtur, der ihn damit aus der Masse der sexuellen Raubritter herausholte, durch die Jahrhunderte untergehen und gleichzeitig am Leben ließ.

3. Neid und Hybris

Wenn es auch bedeutend für die Konzeption einer Oper als *Dramma giocoso* ist, dass sich das Gute am Ende durchsetzt, stellt sich die Frage: welche Schicksale lässt Don Giovanni zurück? Was passiert mit jenen, die mit ihm in Berührung kamen? Das Sextett der Überlebenden wirkt in der Prager Uraufführung etwas schwerfällig, da die Betroffenen scheinbar ihren markantesten, unschuldsbewussten Verräter, vielleicht aber auch ihren größten Illusionisten enttabuisierter Triebsphäre verloren haben. In der Wiener Aufführung von 1788 verschwindet das Ensemble zugunsten des Höhepunkts im

---

25 Da Ponte, Lorenzo: *Geschichte meines Lebens. Mozarts Librettist erinnert sich.* Aus d. Italien. übertr. u. hrsg. v. Charlotte Birnbaum. Mit einem Nachwort, einem Werkverzeichnis u. Anmerkungen v. Jörg Krämer sowie zahlreichen Abbildungen. Insel: Frankfurt a.M/Leipzig 2005, S. 142–143.

26 Cf. Borchmeyer, Dieter: *Mozart oder Die Entdeckung der Liebe.* Insel: Frankfurt a.M./Leipzig 2005, S. 165.

Stück.[27] Wenn wir Jean Pauls Notizen zu Tod und Vergänglichkeit in seinem „Ideen-Gewimmel“ aufgreifen und die Stelle zitieren „Unsterblichkeit ist Leben in einem Gedächtnis, das selber stirbt – man lebt von einem Vergessenden zum andern“[28] – so kann sich Don Giovanni seiner Vergegenwärtigung bewusst sein. Man muss sich nicht so weit ereifern zu behaupten, dass Molinas Don Juan erst dann als Problem auftaucht, wenn von Frauen die Rede ist. Der Komtur belegte den „sozialen Anspruch der Geschädigten“[29], um die moralischen Verstöße gegen Sitte und Sinnlichkeit zu bestrafen. Doch selbst dieser Auftritt zur Verhaltensregulierung bleibt innerhalb ständischer Ordnung nur der patriarchalen Machtsphäre vorbehalten und zeichnet die kultureigene Bedingtheit aus.

Da Pontes/Mozarts Don Giovanni aber stieg in seiner Größe und Bedeutung. In diesem Kampf mit dem Steinernen Gast geht er aufs Ganze und beeindruckt damit nicht nur Diderot, welcher sagte, dass es wenig darauf ankommt, ob man sich in seinen Leidenschaften zu den Exzessen des Guten oder des Bösen bekennt, wenn nur die Größe dabei nicht fehlt, der man eine gewisse Achtung nicht versagen kann.[30] Nachdem Don Giovanni mit dem Tod des Komturs alle besiegt, alle hintergangen, alles Irdische hinter sich gelassen hatte, traf ihn der Neid der Götter, wie es bei Friedrich Nietzsche in „Homers Wettkampf“ heißt:

> Und dieser göttliche Neid entzündet sich, wenn er den Menschen ohne jeden Wettkämpfer gegnerlos auf einsamer Ruhmeshöhe erblickt. Nur die Götter hat er jetzt neben sich – und deshalb hat er sie gegen sich. Diese aber verleiten ihn zu einer Tat der Hybris, und unter ihr bricht er zusammen.[31]

Gegenüber den Anmaßungen alltäglich moralischer Charaktermasken trotzte Don Giovanni der verlangten Reue – das bewahrte ihn davor, als lächerliches Zerrbild seiner Hormone und Kümmerling seines Triebes jeden Anspruch auf einen Mythos zu verlieren. Er demonstrierte jenen systematisierten Geschlechtstrieb, der anderen durch kulturelle Sozialisationsvorlagen auszuleben nicht

---

27 Cf. Pahlen, Kurt: „Zur Gestalt des *Don Juan*“. In: Mozart, Wolfgang A.: *Don Giovanni. Textbuch*. Einführung u. Kommentar v. Kurt Pahlen unter Mitarbeit v. Rosmarie König. Schott: Mainz [10]2008, S. 388.

28 Paul, Jean: *Ideen-Gewimmel*. Texte & Aufzeichnungen aus d. unveröffentl. Nachlaß hrsg. v. Thomas Wirtz u. Kurt Wölfel. DTV: München 2000, S. 242.

29 Müller-Kampel, Beatrix: „Vom Herausforderer Gottes zum Hanswurst seiner Hormone: Don Juan im deutschen Sprachraum vom 17. Jahrhundert bis zur Gegenwart“. In: Göbler, Frank (Hrsg.): *Don Juan – Don Giovanni – Don Žuan. Europäische Deutungen einer theatralen Figur*. (Mainzer Forschungen zu Drama und Theater 30). Francke: Tübingen 2004, S. 45.

30 Cf. Diderot 1985, S. 65–66.

31 Nietzsche, Friedrich: „Fünf Vorreden zu fünf ungeschriebenen Büchern: Homers Wettkampf“. In: Id.: *Werke in drei Bänden*, Bd. 3. Hrsg. v. Karl Schlechta. Hanser: München 1954, S. 298.

gestattet war. Dass er dennoch Melancholie spürte, war der große Preis, den seine prinzipielle Unergründlichkeit verlangte. Das stets wiederkehrende Phantasma seines Könnens und Begehrens kennt keine Erinnerung oder Befriedigung. Jede Eroberung gerät zur Selbstunterwerfung – erst am steinernen Arm des Komturs konnte er im unbegrenzten Moment versinken.

Die Verführer wachsen freilich nach und finden sich heute als Männer mit ausgeprägtem Sexualtrieb, wie es Don Juan in populärer Darstellung zweifelsohne ist, bei den international bekannten Sport- und Musikstars, die gewiss ihre eigenen Register führen. Ob sie allerdings an der Schwundstufe des Ruhmes[32] unserer heutigen Mediengesellschaft mit ihren Talkshows, Boulevardblättern und Viertelstundenberühmtheiten Don Juan zwischen Madrid und Prag den Rang ablaufen können, muss hier nicht weiter kommentiert werden.

Quellenverzeichnis

Borchmeyer, Dieter: *Mozart oder Die Entdeckung der Liebe.* Insel Verlag: Frankfurt a.M./Leipzig 2005.

Camus, Albert: „Der Don-Juanismus". In: Id.: *Der Mythos des Sisyphos.* Deutsch u. mit einem Nachwort v. Vincent von Wroblewsky. Rowohlt: Hamburg 2005.

Da Ponte, Lorenzo: *Geschichte meines Lebens. Mozarts Librettist erinnert sich.* Aus d. Italien. übertr. u. hrsg. v. Charlotte Birnbaum. Mit einem Nachwort, einem Werkverzeichnis u. Anmerkungen v. Jörg Krämer sowie zahlreichen Abbildungen. Insel: Frankfurt a.M./Leipzig 2005.

Diderot, Denis: „Rameaus Neffe". In: Id.: *Sämtliche Romane und Erzählungen*, Bd. II. Aus d. Französ. übers. v. Raimund Rütten. Mit einer Zeittafel v. Robert Steiger sowie Anmerkungen u. einem Nachwort v. Hans Hinterhäuser. WBG: Darmstadt 1985.

Dieckmann, Friedrich: *Die Geschichte Don Giovannis. Werdegang eines erotischen Anarchisten.* Insel: Frankfurt a.M./Leipzig 1991.

Frisch, Max: *Don Juan oder Die Liebe zur Geometrie.* Suhrkamp: Frankfurt a.M. 1963.

Gnüg, Hiltrud: *Don Juan. Ein Mythos der Neuzeit.* Aisthesis: Bielefeld 1993.

Grabbe, Christian D.: *Don Juan und Faust.* Mit einem Nachwort v. Alfred Bergmann. Reclam: Stuttgart 2005.

Katschnig, Gerhard: „Don Giovanni – der Tod als Mythos". In: Fischer, Michael / Seelmann, Kurt (Hrsg.): *Körperbilder. Kulturalität und Wertetransfer.*

32 Cf. Liessmann, Konrad Paul: „Ruhm, Tod und Unsterblichkeit. Über den Umgang mit der Endlichkeit". In: Id. (Hrsg.): *Ruhm, Tod und Unsterblichkeit. Über den Umgang mit der Endlichkeit.* (Philosophicum Lech 7). Zsolnay: Wien 2004, S. 13.

(Subjekt und Kulturalität 2). Peter Lang: Frankfurt a.M. et al. 2011, S. 345–352.

Kristeva, Julia: „Don Juan oder Die Liebe zum Können“. In: Id.: *Geschichten von der Liebe*. Aus d. Französ. v. Dieter Hornig und Wolfram Bayer. Suhrkamp: Frankfurt a.M. 1989, S. 183–200.

Lenau, Nikolaus: „Don Juan. Dramatische Szenen“. In: Id.: *Sämtliche Werke und Briefe in zwei Bänden*. Erster Band: Gedichte und Versepen. Auf d. Grundlage der historisch-kritischen Ausg. v. Eduard Castle hrsg. v. Walter Dietze. Insel: Frankfurt a.M. 1971.

Liessmann, Konrad P.: „Ruhm, Tod und Unsterblichkeit. Über den Umgang mit der Endlichkeit“. In: Id. (Hrsg.): *Ruhm, Tod und Unsterblichkeit. Über den Umgang mit der Endlichkeit*. (Philosophicum Lech 7). Zsolnay: Wien 2004, S. 7–19.

Luhmann, Niklas: *Liebe als Passion. Zur Codierung von Intimität*. Suhrkamp: Frankfurt a.M. 1994.

Mörike, Eduard: *Mozart auf der Reise nach Prag*. Hrsg. v. Joseph Kiermeier-Debre. DTV: München 2004.

Molière: *Don Juan*. Aus d. Französ. übertr. v. Arthur Luther. Nachwort v. Jürgen von Stackelberg. Reclam: Stuttgart 2007.

Molina, Tirso de: *Don Juan – Der Verführer von Sevilla und der steinerne Gast*. Übers. u. mit einem Nachwort v. Wolfgang Eitel. Reclam: Stuttgart 2007.

Mozart, Wolfgang A./Da Ponte, Lorenzo: *Don Giovanni*. Übers. v. Thomas Flasch. Nachwort v. Rudolph Angermüller. Reclam: Stuttgart 2005.

Müller-Kampel, Beatrix: „Vom Herausforderer Gottes zum Hanswurst seiner Hormone: Don Juan im deutschen Sprachraum vom 17. Jahrhundert bis zur Gegenwart“. In: Göbler, Frank (Hrsg.): *Don Juan – Don Giovanni – Don Žuan. Europäische Deutungen einer theatralen Figur*. (Mainzer Forschungen zu Drama und Theater 30). Francke: Tübingen 2004, S. 29–54.

Müller-Kampel, Beatrix (Hrsg.): *Mythos Don Juan. Zur Entwicklung eines männlichen Konzepts*. Reclam: Leipzig 1999.

Nietzsche, Friedrich: „Fünf Vorreden zu fünf ungeschriebenen Büchern: Homers Wettkampf“. In: Id.: *Werke in drei Bänden*, Bd. 3. Hrsg. v. Karl Schlechta. Hanser: München 1954, S. 291–299.

Pahlen, Kurt: „Zur Gestalt des *Don Juan*“. In: Mozart, Wolfgang A.: *Don Giovanni. Textbuch*. Einführung u. Kommentar v. Kurt Pahlen unter Mitarbeit v. Rosmarie König. Schott: Mainz [10]2008, S. 369–389.

Paul, Jean: *Ideen-Gewimmel*. Texte & Aufzeichnungen aus d. unveröffentl. Nachlaß hrsg. v. Thomas Wirtz und Kurt Wölfel. DTV: München 2000.

Valentin, Erich: *Don-Juan-Reflexionen. Eine Auswahl literarischer Zeugnisse*. Deutsche Mozart-Gesellschaft: Augsburg 1988.

Philosophie und Wissenschaft

Volker Gerhardt

Selbstdenken

1. *Exposition.* Es gibt nicht wenige persönlicher Gründe, mich an Michael Fischer in Dankbarkeit, Anerkennung und Verehrung zu erinnern. Von solchen Gründen war im vergangenen Jahr beim feierlichen Requiem in der *Kollegienkirche* die Rede.[1] Heute möchte ich den verstorbenen Kollegen dadurch ehren, dass ich in wenigen Worten an die *Vielfalt* erinnere, in der Philosophie betrieben wird, ohne dass dies im Fach selbst *genügend gewürdigt* wird. Danach werde ich an das anspruchsvolle Programm des Philosophierens erinnern, das diese *Vielfalt rechtfertigt*, um anschließend in denkbar knapper Form ins Gedächtnis zu rufen, auf welche Weise Michael Fischer diesem *Programm entsprochen* hat.

Dabei halte ich mich gar nicht erst bei der Feststellung auf, dass ein *Dialog*, wenn er denn Gewicht und Bedeutung haben soll, *eigenständige Individuen* voraussetzt, die tatsächlich etwas zu sagen haben. Und es gilt gewiss nicht nur für die Philosophie, dass die Eigenständigkeit von Personen wesentlich auch dadurch bestimmt ist, dass sie *eigene Einsichten* haben müssen, die sie – *vor*, *im* und *nach* dem Dialog – auch im Licht ihrer *persönlichen Erfahrungen* bedenken.

Das war bei Michael Fischer in hohem Maß der Fall: Er führte Dialoge in größter Aufmerksamkeit für die Sache und für die beteiligten Personen und kam gerade dabei in seiner unverwechselbaren Originalität zur Geltung, deren Gewicht darin lag, dass er das von ihm Gedachte und Gesagte *selbst* bedacht hatte.

2. *Die verkannte Vielfalt. Es gibt viele Wege, ein guter Philosoph zu sein.* Leider gibt es nur wenige Philosophen, die das auch anzuerkennen oder gar gutzuheißen vermögen.

Seit dem Tod des Sokrates neigen sie dazu, sich in „Schulen" zu organisieren – von den wenigen abgesehen, die „Schulen" für eine Sackgasse ansehen und es für einzig angemessen halten, ohne *Anschluss an eine Tradition* oder *Methode*, ohne die Proklamation einer bereits von anderen vorgelebten *Lebensweise* oder, erst recht, ohne institutionelle Zwänge zu denken.

Das alles gehört zu einer *der Philosophie angemessenen Vielfalt*. Eine Disziplin, die ohne *persönlichen Anspruch*, ja, ohne *Not* und ohne Leidenschaft gar nicht betrieben werden kann, wird immer auch eine Frage des *Temperaments*,

1 Einige, deren Beiträge in diesem Band veröffentlicht wurden, haben das in eindrucksvoller Weise deutlich gemacht.

der jeweiligen Erfahrung oder der persönlichen Ziele sein. Außerdem gibt es *wechselnde* gesellschaftliche Interessen, die es sinnvoll erscheinen lassen, dass Philosophen *in vielen Bereichen* tätig sind: in *Erziehung*, *Beratung* und *Aufklärung*, in *Welt-*, *Sinn-* und *Lebensdeutung* sowie natürlich auch dort, wo sie mit der *Prüfung* von *Theorien*, *Argumenten* und *Gründen* beschäftigt sind. In keiner Disziplin des Wissens und Denkens hat man mehr Anlass, sich über die *Vielfalt* zu freuen, die in der Auffassung und Ausübung der intellektuellen Fähigkeiten besteht – als in der Philosophie.

Umso befremdlicher ist es, dass es einer großen Zahl von Philosophen so wichtig ist, ihresgleichen entschieden abzuwerten – sobald die ihr Metier auch nur *ein wenig anders* verstehen. Natürlich gibt es gute Gründe, zwischen *Idealismus* und *Materialismus*, zwischen *Skeptizismus* und *Positivismus*, *Intuitionismus* und *Rationalismus* oder zwischen *Agnostizismus* und *rationaler Theologie* zu unterscheiden. Es hat Konsequenzen, ob man die *Wahrheit* verwirft oder für unverzichtbar hält, ob man *phänomenologischen* oder *sprachanalytischen* Methoden folgt, oder ob man die *Logik* oder die *Metaphysik* für die Königsdisziplin hält.

Doch alles das hat nichts damit zu tun, wie einer *persönlich* seinem Verständnis von Philosophie zu folgen sucht, ob er sich stärker an *Platon* oder *Aristoteles*, an *Hume* oder *Kant*, an *Hegel* oder *Marx*, *Nietzsche* oder *Husserl* orientiert, oder ob er – wie ich kürzlich ausgerechnet in Wien feststellen musste[2] – *Wittgenstein* oder *Popper* für die polaren Gegensätze seines Weltbilds ansieht.

---

2 Ich denke an einen am 20. Juni 2015 in Wien gehaltenen Vortrag über Kant und die Liebe, der vermutlich erst nach dem Kant-Kongress im Herbst 2015 veröffentlicht werden wird. Zu dem Kant und Popper verbindenden Lob siehe: Gerhardt, Volker: *Licht und Schatten der Öffentlichkeit. Zu Voraussetzungen und Folgen der digitalen Innovation*. Picus: Wien 2014. In Kürze erscheint der 2013 in Wien gehaltene Vortrag über Karl Poppers enge Verbindung zur kritischen Philosophie Immanuel Kants: Gerhardt, Volker: „Die offene Gesellschaft und ihre Freunde. Popper, Kant und einige mehr". In: Waibel, Violetta (Hrsg.): *Vielstimmiger Widerhall. Zur österreichischen Wirkungsgeschichte Immanuel Kants*. Universitätsverlag: Wien 2016 [im Druck]. Zu Wittgenstein cf. Gerhardt, Volker: „Ethik und Ästhetik bei Wittgenstein". In: Waibel, Violetta / Liessmann, Konrad Paul (Hrsg.): *Es gibt Kunstwerke – Wie sind sie möglich?* Fink: Paderborn 2014, S. 259–274. An dem Hinweis auf das undogmatische Konzept des Selbstdenkens bei Popper liegt mir auch deshalb, weil es neuerlich Ideologen gibt, die den klassischen Begriff der *Autonomie* und das mit ihm verbundene *Selbstdenken* für sich entdeckt haben, aber es nur insoweit gelten lassen wollen, als die sich selbst bestimmenden und selbst denkenden Personen genau *der* politischen Ansicht sind, die von den Ideologen propagiert wird. Gegen diese Art, Eigenständigkeit und Aufklärung nur in einem vorher festgelegten Sinn zu verstehen, hat sich Michael Fischer sowohl in seinen politischen wie auch in seinen bioethischen Aussagen stets gewehrt.

Besonders kurios ist es, wenn eine sich philosophisch für unüberbietbar haltende *scientific community* einen Verrat darin sieht, nicht bei der Normgröße eines akademischen Stiefels zu bleiben, um als Minister, EU-Kommissar oder Universitätspräsident, als Romanautor oder Moderator oder als Organisator von Ferienakademien oder als Gastgeber von Festspiel-Dialogen tätig zu sein. In der Verabsolutierung ihrer gewiss ehrenwerten, aber gleichwohl eingeschränkten und alles andere als selbstverständlichen, rein universitären Lebensform sind die vermeintlichen Grenzwächter des reinen Philosophierens ihrer ohnehin grenzüberschreitenden Profession denkbar fern. Das soll im angekündigten nächsten Punkt anschaulich werden:

3. *Philosophie als Selbstdenken.* In seiner um Hörer werbenden *Nachricht von der Einrichtung seiner Vorlesungen im Winterhalbenjahre von 1765–1766* schreibt der vierzigjährige, immer noch als Privatdozent lehrende Immanuel Kant: der Student der Philosophie, solle „nicht *Gedanken*, sondern *denken* lernen“.[3] Es sei überhaupt unmöglich, „Philosophie [zu] lernen“, weil das, was man da lernt, nur die historisch überlieferten Gedanken *anderer*, und somit keine Philosophie sei. Die finde man nur dort, wo man „*selbst* nachdenkt“[4] und „selbst[-denkend] zu *gehen*“ vermag.[5]

Zusammen mit der Aufforderung zum „*Selbstdenken*“ und zum „*Mut*, seinen eigenen Verstand zu gebrauchen“[6], gehören diese Formeln zum Bildungsgut des Wissens über die Aufklärung, so dass nur zu leicht vergessen werden kann, dass sie immer wieder *neu* und stets von jedem auf *seine Weise*, aufgenommen und umgesetzt werden müssen.

Kant ist das bewusst, wenn er in seiner auch als Anleitung zum wissenschaftlichen Studium der Philosophie gedachten Vorlesungsankündigung erklärt, dass es in ihr gar keine „Gelehrsamkeit“ geben könne, wie man das von der „Geschichte, Rechtsgelehrtheit und Mathematik“ sehr wohl sagen könne. Der Grund dafür sei, dass die auf historisches Wissen und allgemein anerkannte Verfahren gestützten Disziplinen einen „gemeinschaftlichen Maßstab“ haben. In der Philosophie hingegen „habe jeder seinen eigenen“.[7]

---

3 Kant, Immanuel: „Nachricht von der Einrichtung seiner Vorlesungen im Winterhalbenjahre von 1765–1766“. In: Königlich Preußische Akademie der Wissenschaften (Hrsg.): *Kant's Gesammelte Schriften 2 [AA Bd. II]*. Reimer: Berlin 1905/1912 [Orig. 1765], S. 306.

4 Ibid., S. 307.

5 Ibid., S. 306.

6 Kant, Immanuel: „Beantwortung der Frage: Was ist Aufklärung?“ In: Königlich Preußische Akademie der Wissenschaften (Hrsg.): *Kant's Gesammelte Schriften 8 [AA Bd. VIII]*. De Gruyter: Berlin 1923, S. 33–42 [Orig. 1784].

7 Kant, Nachricht 1764–1765, op. cit., S. 308.

Schärfer als Kant kann man es gar nicht sagen: In der Philosophie hat jeder *sein eigenes Maß*; es ist allein dadurch bestimmt, was jeder *selbst* zu denken vermag und was er sich *im eigenen Dasein* zutraut. Damit wird jede disziplinäre Verbindlichkeit verworfen. Kein *Kanon des Wissens*, kein *Organon der Methode* kann als allgemein verpflichtend angesehen werden. Die Philosophie ist allein auf die *Logik ihrer Einsicht*, auf die *Konsequenz ihres Wissens* und den *Mut, sich diesem Wissen zu stellen*, gegründet. Damit ist sie die *existenzielle Disziplin par excellence*, die vom Einzelnen fordert, nicht nur *eigenständig* zu denken, sondern auch *selbstbestimmt* zu handeln.

Aus dieser Einsicht macht die kritische Philosophie des reifen Kant ein *Programm*, das sich, nach dem Willen ihres Urhebers, selbst aufhebt, sobald eine *Schule* daraus wird.

Kants Programm klingt wie ein erklärter Verzicht auf Wissenschaft. Doch das wäre ein Missverständnis. Denn jedes *Denken* ist: *etwas denken* und zwar unter dem Anspruch, darin auch *anderen verständlich* zu sein. Also kommt das Programm des Selberdenkens nicht ohne *Wissen* und nicht ohne dessen *kritische Prüfung* aus. Damit ist das Philosophieren an die *historische Überlieferung* (1) und an den *zeitgenössischen Stand der Kenntnisse* (2) gebunden. Es kann sich auch nicht vom bestehenden *System der Wissenschaften* lösen (3). Überdies bleibt es, wenn es Wert auf *Wahrheit* und *überzeugendes Argumentieren* legt (4) den herrschenden *methodologischen Standards* (5) verbunden.

Schließlich ist das Selbstdenken weder *subjektiv* noch *privativ*. Es ist vielmehr an eine *Öffentlichkeit* gerichtet, die letztlich als *Menschheit* vorgestellt werden muss. Daraus folgt für Kant das *Ideal der uneingeschränkten Gültigkeit* philosophischer Einsichten (6) und – in letzter Konsequenz – ihre ethische *Rückbindung an die „Menschheit in der Person eines jeden einzelnen“* (7). Zu der Perspektive der Menschheit aber gehört niemals bloß der erinnernde Bezug zur *Vergangenheit*, sondern immer auch die (diesen Bezug allererst ermöglichende) Perspektive auf die *Zukunft*. Damit ist auch der ursprünglich prospektive Charakter dieser Gedenkveranstaltung – gleichsam grundlagentheoretisch – validiert.[8]

4. *Michael Fischer als Selbstdenker eigener Art.* Wenn ich Zeit für einen Vortrag üblicher Länge hätte, könnte ich zeigen, dass dieses so unakademisch (und manchem vielleicht sogar unwissenschaftlich) erscheinende Programm Immanuel Kants sehr wohl in der Lage ist, eine wissenschaftlich verfahrende

8 Von hier aus wird deutlich, was Kant die Sicherheit gibt, sich für die Philosophie in aller Bescheidenheit mit dem unteren Rangplatz aller Wissenschaften zufrieden zu geben, wenn sie nur in der Lage ist, den anderen Disziplinen als deren „Magd“, die „Fackel“ vorauszutragen. (Cf.: Kant, Immanuel: „Der Streit der Fakultäten“. In: Königlich Preußische Akademie der Wissenschaften (Hrsg.): *Kant's Gesammelte Schriften 7 [AA Bd. VII]*, Reimer: Berlin 1907/1917, S. 1–115 [Orig. 1798], S. 28.

Philosophie zu begründen. Aber für den heutigen Anlass genügt es, darauf zu bestehen, dass Michael Fischer in seinem Verständnis von Philosophie der Vorgabe Kants auf höchst individuelle und originelle Weise entsprochen hat:

Er kam von einem *Lehrer*, der selbst *Staatssekretär* gewesen war, dabei längere Zeit seinen erkrankten *Minister* vertreten hatte und von dem man wusste, dass er der wirkliche, wenn auch geheime Ministerpräsident des größten deutschen Bundeslandes gewesen war, und der nach der Rückkehr in den Universitätsdienst sein Denken in vollkommener Freiheit, mit einem durchdringenden phänomenologischen Blick sowie mit unüberbietbarer rhetorischer Brillanz öffentlich wirksam zu machen verstand.

Von ihm hat Michael Fischer, der auch dessen Assistent gewesen ist, stets mit Bewunderung gesprochen. Ihm ist er in der Breite seiner *ethischen*, *juridischen*, *politischen*, *ökonomischen* und *ästhetischen Interessen* gefolgt. Die Art jedoch, in der er sein *Selbstdenken* betrieb, war vollkommen singulär.

Das hat sich zwar noch nicht in seiner *internationalen Ausrichtung*, seiner gleichermaßen auf *Theorie und Praxis* gerichteten Aufmerksamkeit sowie in seiner *konkreten Ausrichtung auf einzelne Erscheinungen* gezeigt, vielleicht auch noch nicht im Blick auf *geschichtliche Vorgänge* oder *bioethische Problemfälle*, aber augenblicklich dann, wenn es um *Kunstwerke* und um einzelne *Künstler* ging.[9] Und man brauchte nur zu sehen, wie er *lebte*, wie er über das *ästhetische Erleben* sprach, und wie er seine zu den Festspiel-Dialogen eingeladenen *Gäste einstimmte*, wie eigenwillig er sie *vorstellte*, ihnen mit *Einwänden* und *Fragen* nicht nur *weiterhalf*, sondern zum *Weiterdenken nötigte*, um sie am Ende auf das Köstlichste zu bewirten. Kurz: *Man brauchte nur zu sehen, wie er in dem lebte, worüber er sprach.* Dann waren *Leben und Denken*, so wie man es sich für die Philosophie nur wünschen kann, *existenziell* verbunden.

Michael Fischer war ein Philosoph, der die Allgemeinheit seiner Einsichten nicht in die Form von generalisierten Theorien, sondern von *paradigmatischen Exempeln* zum Ausdruck brachte, *exemplarischen Einsichten*, die nicht nur *belehren*, sondern zugleich *unterhalten* sollten.

Dass damit der gleichermaßen *analytische*, *aufklärende* und *lehrhafte* Charakter seiner frühen Studien zur Rechtsphilosophie im Anschluss an Hegel, zum Verständnis des Terrorismus oder zur Kritischen Theorie nicht in Abrede steht, versteht sich von selbst. Ihre Besonderheit hatten sie von Anfang an in ihrer nicht nur der akademischen Profession, sondern immer auch einer breiten politischen Öffentlichkeit zugewandten Ausrichtung.

---

9 Ich erinnere an das Kolloquium, das wir auf sein Betreiben in der Berliner Lindenoper zu Ehren von Peter Ruzickas *Hölderlin* durchgeführt haben.

5. *Lois de lieu.* Michel de Montaigne hat in seinem mit seinem Leben wachsenden Buch, den *Essais*, dem bedeutendsten philosophischen Werk im Übergang von der Antike in die Moderne, einen ganzen *Weltprospekt* am *Leitfaden seines eigenen Erlebens* ausgebreitet, in dem alles auf eine *exemplarische Belehrung* ausgerichtet ist, die nur insofern Gültigkeit hat, als sie sich in der *Selbsterfahrung* und dem *Selbstdenken des Lesers bestätigt*. In diesem Buch ist eine methodische Maxime aufgestellt, die von einem Philosophen nicht mehr verlangt, als die *lois du lieu*, die „Gesetze des Ortes", mit dem er verbunden ist, aufzufinden und zum Ausdruck zu bringen.

Diese Maxime ist im Leben und Werk Michael Fischers in einer unnachahmlichen und gleichwohl beispielgebenden Weise realisiert. Er hat das Gesetz dieses Ortes, er hat Salzburg, nicht, wie Hegel gesagt haben würde, auf „den Begriff gebracht", wohl aber hat er es dem *Begreifen sinnlich näher gerückt*. Dazu hatte er nicht nur, was man für Salzburg allemal benötigt, eine beachtliche *intellektuelle* und *ästhetische* Kapazität, sondern auch ein *soziales Temperament*, das es ihm erlaubte, inmitten einer *Vielfalt von Menschen*, mit *vielen verbunden* zu sein, und sie durch *Erkenntnisse* und *Einsichten* zu befördern, obgleich er den Eindruck erweckte, als mache und wolle er nicht mehr, als auf *schöne* und *unterhaltsame* Weise mit ihnen zu leben.

Dazu musste er wahrhaft er selber sein. Und das war er in der Tat – aber nicht, wie man das Selbst heute gerne missversteht: nämlich *isolationistisch*, sondern *offen*, *tätig* und *mitteilsam*, wie es schon Platon von einem Selbst gefordert hat, das sich in seiner eigenen Bedeutung nur im Angesicht eines liebenden Anderen begreift.[10]

So schön Salzburg und seine Festspiele auch sind, und so gern ich weiterhin kommen werde: Michael Fischer hat seinen *esprit* im *loi du lieu* seiner Stadt exemplarisch gemacht. Dafür, so meine ich, schulden ihm nicht nur seine Freunde und Kollegen, sondern auch die Stadt und die Festspiele großen Dank.

Quellenverzeichnis

Gerhardt, Volker: „Die offene Gesellschaft und ihre Freunde. Popper, Kant und einige mehr". In: Waibel, Violetta (Hrsg.): *Vielstimmiger Widerhall. Zur österreichischen Wirkungsgeschichte Immanuel Kants*. Universitätsverlag: Wien 2016 [im Druck].

10 Cf. Die Schlusspassagen in Platons „Alkibiades *maior*": Id.: „Alkibiades I". In: Eigler, Gunther (Hrsg.): *Platon. Werke in acht Bänden. Griechisch und deutsch*, Bd. I. Übers. v. Schleiermacher, Friedrich D.E. Wissenschaftliche Buchgesellschaft: Darmstadt 1977, S. 527–639.

Gerhardt, Volker: „Ethik und Ästhetik bei Wittgenstein". In: Waibel, Violetta / Liessmann, Konrad Paul (Hrsg.): *Es gibt Kunstwerke – Wie sind sie möglich?* Fink: Paderborn 2014, S. 259–274.

Gerhardt, Volker: *Licht und Schatten der Öffentlichkeit. Zu Voraussetzungen und Folgen der* digitalen Innovation. Picus: Wien 2014.

Kant, Immanuel: „Beantwortung der Frage: Was ist Aufklärung?" In: Königlich Preußische Akademie der Wissenschaften (Hrsg.): *Kant's Gesammelte Schriften [AA Bd. VIII]*. De Gruyter: Berlin 1923, S. 33–42 [Orig. 1784].

Kant, Immanuel: „Der Streit der Fakultäten". In: Königlich Preußische Akademie der Wissenschaften (Hrsg.): *Kant's Gesammelte Schriften [AA Bd. VII]*, Reimer: Berlin 1907/1917, S. 1–115 [Orig. 1798].

Kant, Immanuel: „Nachricht von der Einrichtung seiner Vorlesungen im Winterhalbenjahre von 1765–1766". In: Königlich Preußische Akademie der Wissenschaften (Hrsg.): *Kant's Gesammelte Schriften [AA Bd. II]*. Reimer: Berlin 1905/1912, S. 303–313 [Orig. 1765].

Platon: „Alkibiades I". In: Eigler, Gunther (Hrsg.): *Platon. Werke in acht Bänden. Griechisch und deutsch,* Bd. I. Übers. v. Schleiermacher, Friedrich D.E. Wissenschaftliche Buchgesellschaft: Darmstadt 1977, S. 527–639.

Birgit Recki

Sinnlichkeit – Unvernunft – Melancholie? Mutmaßungen über die „Nachtseite der Vernunft“[1]

1. Exposition: Probleme mit der Vernunft?

Eine grundsätzliche Vergewisserung scheint angebracht: Die Vernunft – steht sie nun eigentlich in gutem oder schlechtem Ruf? Ohne Vernunft, soviel trauen wir uns vor jeder philosophischen Analyse zu sagen, gäbe es weder logische und sprachliche Regeln, auf die wir in unserem Interesse an Erkenntnis und Verständigung angewiesen sind, noch exakte Berechnungen, die für Bewässerungsanlagen, Tunnelbau und Transplantationen ebenso gebraucht werden wie für produktives Wirtschaften, noch moralische Grundsätze und politische Ideen, auf die wir im humanen Umgang miteinander und mit allen unseren pragmatischen Errungenschaften bauen. Ohne Vernunft kein gegenseitiges Verstehen, kein gesichertes Wissen, keine Regeln, keine Grundsätze, kein Gesetz, aber auch keine selbständige Abwägung möglicher Ausnahmen, kein Kompromiss, keine Diplomatie. Die größten Errungenschaften der menschlichen Kultur – methodisches Sprechen, Wissenschaft, Technik, Recht und Moral; Staatsgründungen, Friedensschlüsse, Prinzipien der gerechten Verteilung – erkennen wir ohne weiteres als Leistungen der Vernunft. Und doch zeigt sich bei vielen eine auffällige Berührungsscheu vor der Vernunft. Liegt es daran, dass mit einer so leistungsstarken Potenz für das Allgemeine noch lange *nicht gut Kirschen essen* ist? Fehlen uns im Blick auf all das, was wir der Vernunft verdanken, in letzter Instanz dann doch – *die Kirschen*? Ist uns mit anderen Worten das, was sich nicht aus Vernunft ableiten und vernünftig begründen lässt, das Individuelle, das sinnlich Konkrete, das Lustprinzip so wichtig, dass wir die Vernunft dafür anklagen, nicht auch dafür noch zuständig zu sein? Liegt es daran, dass die Vernunft in ihrer egalitären, prinzipiellen und

1 Der folgende Text ist der Beitrag, mit dem ich im Salzburger Festspielsommer 2007 (Thema: Nachtseite der Vernunft) der ersten Einladung Michael Fischers zu den „Festspiel-Dialogen“ gefolgt bin. In dankbarer Erinnerung an den großen intellektuellen Anreger und Förderer, den das kulturelle Salzburg und diejenigen, die er zu dessen Bereicherung einlud, in ihm hatten, belasse ich den Text mit einigen Kürzungen sowie Ergänzungen in den Fußnoten im Modus des Vortrags, den ich am 16. August 2007, 11.30 Uhr im Schüttkasten gehalten habe.

universalen Ausrichtung viel zu stark auf Einheit aus ist, als dass die Vielfalt, die wir allenthalben schätzen, bei ihr gut aufgehoben wäre?

Das erste, was auffällt, wenn die säkulare Gretchenfrage der Vernunft gestellt wird, ist eine alltagspsychologische Gesetzmäßigkeit: So wie viele Zeitgenossen sich unter Ethik vor allem eine wissenschaftliche Disziplin des Argumentierens vorstellen, die einem die Mittel und Wege weist, *anderen etwas zu verbieten*, so kommt ihnen die Vernunft vorwiegend als eine Art von Zensurbehörde mit Verbotslizenz in den Blick: Man beruft sich immer dann auf die Vernunft, wenn einem die Willkür, die Schädlichkeit – und da sagen wir dann: *die Unvernunft* – im Verhalten von Personen, Institutionen und ganzen Nationen auf der Hand zu liegen scheint; m. a. W. immer dann (und dann gern), wenn man sich davon Unterstützung und Maßstäbe der Kritik an anderen verspricht; beargwöhnt, gemieden, geschmäht wird die Vernunft dagegen, wenn ihre Ansprüche Unbequemlichkeiten für das eigene liebe Selbst mit sich bringen, wenn man ihre Maßstäbe als Einschränkung des Lustprinzips am eigenen Leibe zu spüren bekommt.

Dabei gibt es eine Unzahl von Redewendungen, an denen wir uns mit dem ersteren, dem kritischen Funktionssinn auch vor Augen führen können, wie weitgehend wir den positiven Anspruch an die Vernunft teilen. Wenn einer ohne Sinn für eigenen Vorteil oder Rücksicht auf das Wohl der anderen einem bloß situativen Impuls nachgibt, dann sagen wir, er sei *unvernünftig wie das liebe Vieh*. Wenn wir – im privaten wie im politischen Konflikt – im Interesse an beidseitig vorteilhaften konstruktiven Ergebnissen Grund haben, an einen uneinsichtigen Verhandlungspartner zu appellieren, dann beschwören wir ihn, er möge *Vernunft annehmen*; wenn wir den Eindruck haben, dass er rhetorische Mittel unredlich dazu einsetzt, sich dem berechtigten Anspruch zu entziehen, dann ahnden wir, hier solle *die Vernunft durch bloße Worte getäuscht* werden. Den positiven Sinn solchen Bezuges auf die Vernunft versteht jeder. Doch darin liegt nur die halbe Wahrheit. Das Verhältnis zur Vernunft ist zugleich von Unentschiedenheit, von Ambivalenz geprägt. Dabei haben wir so eine unangenehme Ahnung, dass es mit einem arbeitsteiligen Einsatz der Vernunft je nachdem, wie es uns gerade so in den Kram passt: also die Vernunft dort zu bemühen, wo wir Kritik üben wollen und sie dort elegant zu ignorieren, wo wir wild und unersättlich leben wollen, nicht recht klappen würde. Denn Vernunft scheint nicht von der Art zu sein, dass wir uns heute auf sie berufen und sie morgen auf sich beruhen lassen könnten: Der Anspruch der Vernunft geht aufs Ganze.

2. „Nachtseite der Vernunft“ – eine fragwürdige Metapher

Das Motto der diesjährigen Festspiele scheint für das Problem dieser Ambivalenz eine Lösung zu bieten. Die Vernunft, so die Suggestion, ist selber nichts

Eindeutiges und Einheitliches, sie ist in sich zwiespältig – *sie hat eine Nachtseite*! Dürfen wir aber sicher sein, dass wir verstanden haben, was damit gemeint ist? Wenn uns etwas ebenso richtig wie klar zu sein scheint, dann finden wir, dass *im Licht der Vernunft* etwas sichtbar wird. Was meinen wir, wenn wir in der Rede von ihrer *Nachtseite* in einem *genitivus subiectivus der Vernunft* eine dunkle Eigenschaft zusprechen? Die folgenden Überlegungen sollen zeigen, inwiefern die suggestive Selbstverständlichkeit dieser Formel nur vordergründig ist.

Die Metapher von der *Nachtseite der Vernunft*[2] verdankt ihre Suggestivkraft einem Naturphänomen, das uns regelmäßig vor Augen steht: Es gibt je nach dem Winkel der Sonnenbestrahlung eine dunkle Seite des Mondes – die nicht widerleuchtet und die wir deshalb entweder gar nicht oder nur sehr schemenhaft und dunkel sehen können. Denken wir uns, wenn wir von ihrer Nachtseite sprechen, die Vernunft also wie den Mond oder zumindest wie einen anderen räumlichen Körper? Mit dieser Vorstellung wären wir schnell fertig, denn in der kosmischen Konstellation der Himmelskörper, wenn sich denn an ihr die Funktion der Vernunft überhaupt anschaulich machen ließe, wäre diese nicht der Mond, sondern die Sonne: Die Vernunft ist das, was aus sich selber Licht auf die Dinge wirft und sie so erkennbar macht. Im Licht der Vernunft liegen die Dinge sichtbar da.

Nun wissen wir: *Wo Licht ist, da ist auch Schatten.* Aber nicht der Lichtquelle sprechen wir im Sinne dieser naturgesetzlichen Konstante den Schatten als ihre Eigenschaft zu, sondern wir wissen, dass es die Dinge sind, die einen Schatten werfen, wenn sie vom Licht beschienen werden. Wenn da also im Licht der Vernunft ein Schatten fiele, dann wäre es nicht der Schatten der Vernunft, sondern der eines Objektes, welches durch seine Körperlichkeit dem Licht der Vernunft ein Hindernis entgegensetzte. In diesem Sinne wäre die Nachtseite nicht die Nachtseite der Vernunft, sondern die Seite der Dinge, die nicht im Licht der Vernunft läge. *Die Vernunft hat (gemäß dieser kosmologischen Veranschaulichung) keine Nachtseite.* Wir haben nicht genau genug hingesehen, oder wir nehmen es mit unseren Worten nicht genau genug, wenn wir allen Ernstes von einer *Nachtseite der Vernunft* reden.

3. Traum oder Schlaf als „Nachtseite“ der Vernunft: Goyas Capricho 43 und die „Dialektik der Aufklärung“

Doch womöglich ist es eine andere und komplexere Vorstellung, von der wir ausgehen müssen – eine Vorstellung etwa von der Art, wie wir sie in dem berühmten *Capricho 43* von Goya 1799 ins Bild gesetzt finden. Wir sehen da eine menschliche Gestalt, nach vorn über einen Tisch gebeugt, offenbar erschöpft

2 Für das methodische Ernstnehmen der Metapher siehe Blumenberg, Hans: *Paradigmen zu einer Metaphorologie*. Bouvier: Bonn 1960.

über der Arbeit eingeschlafen, wie es einem nachtarbeitenden Schreibtischtäter passieren kann – und in der Sphäre über deren Kopf treiben schreckenerregende Gestalten ihr Unwesen, die wir ohne den Hinweis, den uns die Bildlegende gibt, nicht zu deuten wüssten. Lange Zeit gab es weit über die Grenzen der Kunstgeschichte hinaus einen Streit um die Auslegung dieses berühmten Bildes, an dem sich mit Eifer die Gesellschaftswissenschaften und auch die Philosophie beteiligt haben. Das Bild ist in der Originalsprache betitelt „Il sueno de la razon produce monstruos", und der Streit drehte sich *nicht* um den Begriff der Ungeheuer, bei dem man sich einig war, dass er für all das Schreckliche, Unheimliche, Angsteinflößende, für all die dunklen Mächte steht, die uns die Welt in entmutigender Weise entfremden. Der Streit drehte sich um die Übersetzung des spanischen Wortes „sueno": Ist es der *Traum* der Vernunft, der nach Goyas Bildlegende die Ungeheuer gebiert – oder ist es der *Schlaf* der Vernunft?

In dieser Interpretationsentscheidung, in der für die Einschätzung der Vernunft ein Unterschied ums Ganze bezeichnet ist, könnte auch Aufschluss über den Sinn der Rede von der Nachtseite der Vernunft zu gewinnen sein. Es ist nicht zuviel gesagt, wenn man sie so pointiert, dass der aufklärerische Anspruch an die Vernunft die Lesart vom *Schlaf* der Vernunft vertreten muss, während all das Misstrauen, der Verdacht, die Verwerfungen, die seit der romantischen Aufklärungskritik gegen die vermeintlich eindimensionale und entfesselte Vernunft vorgebracht worden sind und die in der These von der *Dialektik der Aufklärung* kulminieren, ihre natürliche Entsprechung in der Lesart vom *Traum* der Vernunft zu sehen hat.

Sollte der Traum der Vernunft gemeint sein, dann verdankten sich „die Ungeheuer" einer eigenen Produktivität der Vernunft und gehörten so zu dem, was wir von ihr als solcher zu erwarten haben; die Vernunft wäre damit insofern ambivalent und problematisch, als ihrem wachen Bewusstsein gleichursprünglich eine genuine träumende Aktivität gegenüber stünde, mit deren fataler Produktion wir ebenso zu rechnen hätten wie mit den positiven Leistungen der wachen Vernunft. Nicht allein der verständige Begriff, das klare Kalkül, mit dem wir über die Verhältnisse verfügen, nicht allein die rationale Kontrolle nach Regeln der Erkenntnis und Grundsätzen des Handelns, von der Logik und der Empirie über die Goldene Regel bis zu den Menschenrechten, – auch die Ungeheuer, die all diese Errungenschaften jederzeit in Frage stellen, untergraben, zerstören können, wären somit Produkte der Vernunft. Wir hätten allen Grund zum Misstrauen, ja: wir müssten irrewerden an einer Vernunft, die all dieses Dunkle in sich enthält.

Eine Menge Aufklärungskritik ist demgemäß an dieses Goya-Capricho geknüpft worden: Kühne, nicht allein von Enttäuschung über die Überforderung, sondern auch von dem Misstrauen in die Zwiespältigkeit der Vernunft getragene Thesen. Ja, die berühmte These von der *Dialektik der Aufklärung*, die in den 40er Jahren mit Blick auf die Barbarei der totalen Herrschaft, des

Völkermordes und des Zweiten Weltkrieges in der *Frankfurter Schule* von Max Horkheimer und Theodor W. Adorno entwickelt wurde, scheint in Goya eine bildmächtige Bestätigung zu erfahren. Nach Horkheimer und Adorno besteht die Dialektik der Aufklärung darin, dass die Rationalität, die sich gegen die Herrschaft der blinden Naturgewalt und des Mythos wendet, in ihr Gegenteil – in Irrationalität – umschlägt,[3] weil sie sich nicht selbstkritisch über sich, ihre Zwecke, ihre Mittel und ihre Grenzen verständigt, sich derart selber verabsolutiert und ihr Anderes nicht gelten lässt:[4] Eine unreflektierte, entfesselte Aufklärung sei ebenso blind und blindwütig wie die Mächte des Mythos, gegen die sie sich richtet. Aufklärung werde so selber zum Mythos. In dieser These haben wir sie in ihrem offenbar gemeinten vollen Umfang – die *Nachtseite der Vernunft*, die dunklen Mächte, die hier aus etwas hervorgehen, das nach der Art eines blinden Flecks gedacht ist. Die Vernunft, *per se* nicht mehr als ein partikulares Instrument der Herrschaft, neigt demnach, wenn sie unkontrolliert sich selbst überlassen wird, dazu, in ihr Gegenteil umzuschlagen. Weit davon entfernt, dem eigenen Selbstanspruch gemäß wirklich vernünftig zu sein, wäre die Vernunft zugleich der Ursprung des Unvernünftigen; weit davon entfernt, das reine Licht zu sein, als das wir sie in jahrtausendealten Gleichnissen und Metaphern fassen, hätte die Vernunft eine abgründig dunkle Seite, die zu ihr gehörte wie der Schatten zum Licht.

Im Beitrag des Literaturwissenschaftlers Peter von Matt zum diesjährigen Festspielprogramm ist in orakelnden Formulierungen davon die Rede, *gefährlich wären die alten Dämonen erst geworden, nachdem die neuen Wissenschaften sie abgeschafft hätten*, und *die Aufklärung unterwerfe die ganze Welt einem ungeheuren Exorzismus. Die Teufel verzischten im Abgrund. Nur Kinder und Narren würden noch eine Weile an Teufel glauben, man werde es ihnen aber auszutreiben wissen*[5] – Formulierungen, die mit der Vorstellung zu kokettieren scheinen, dass es anders besser wäre: War es denn ein Fehler, etwas gegen Teufels- und Dämonenglauben zu unternehmen? Auch wird dort suggeriert, die *terreur*, die Schreckensherrschaft im Gefolge der Französischen Revolution, wäre eine Folge der Ordnung, die durch die Aufklärung in die Welt gekommen ist.[6] Solche Optionen und damit die Rede von der *Nachtseite der Vernunft* sind nur im Assoziationsrahmen der geschichtsphilosophischen These von der *Dialektik der Aufklärung* verständlich, in dem sie sich offenkundig bewegen.

---

3 Horkheimer, Max / Adorno, Theodor W.: *Dialektik der Aufklärung. Philosophische Fragmente*. Fischer: Frankfurt a.M. 1969, S. 19 [Orig. 1947].

4 Horkheimer / Adorno, „Aufklärung ist totalitär“, op. cit., S. 12.

5 Matt, Peter von: „Die Wiederkehr der Dämonen“. In: *Nachtseite der Vernunft*. Salzburger Festspiele 27. Juli bis 31. August 2007. [Festspielmagazin der Salzburger Festspiele 2007]. Salzburger Festspiele: Salzburg 2007, S. 5.

6 Cf. ibid., S. 6.

Nun lässt sich die Bildlegende Goyas *Capricho 43* aber ebenso gut als Warnung vor dem *Schlaf* der Vernunft lesen. Dann verdankt sich die Existenz der Ungeheuer jedenfalls nicht der Vernunft; diese treiben ihr Unwesen vielmehr nur wenn und weil die Vernunft in ihrer Wachsamkeit nachlässt und darin gerade ihre ureigene Leistung nicht erfüllt. Die Vernunft wäre somit nicht selber als der produktive Ursprung der Ungeheuer gedacht. Die Vernunft vereinte dann nicht in sich das Vernünftige und das Widervernünftige. Sie bliebe einfach das, was wir ihrem Begriff ohne eine Hermeneutik des Misstrauens unterstellt hatten: vernünftig. Sie wäre offenbar nur – wie alle Vielbeschäftigten – manchmal müde. Ihr Fehler bestünde in nichts weiter als einem Nachlassen, einer Schwäche, um deretwillen sie uns jedenfalls nicht ambivalent und problematisch zu werden bräuchte, sondern uns lediglich als eine Instanz der Kontrolle erschiene, die nicht alles aus eigener Kraft zu leisten vermag, und deshalb auch der Unterstützung und Stärkung von außen bedarf. Es ginge dann darum, der Vernunft möglichst große Kompetenz zu geben und im Übrigen dafür zu sorgen, dass für die unvermeidbaren Zeiten des Schlafes Vorkehrungen getroffen sind. Ja, und mehr noch: da die Bildlegende geradezu die indirekte Aufforderung enthielte, dafür zu sorgen, dass die Vernunft in ihrer Wachsamkeit nicht nachlässt, würde sie das methodische Vertrauen, das alle Aufklärung in die Vernunft gesetzt hat, noch einmal bekräftigen und damit indirekt auch eine These wie die der *Dialektik der Aufklärung* zurückweisen.

Traum oder *Schlaf* der Vernunft – diese Auslegungen von Goyas *Capricho 43* tragen ganz entgegengesetzte Erwartungen. Lässt sich sagen, was Goya im Sinn gehabt hat mit seiner Bildlegende? Die Berliner Goya-Ausstellung 2005[7] jedenfalls hat das Blatt zusammen mit einer Notiz des Künstlers präsentiert, in der es heißt: *Wenn die Einbildungskraft sich selbst überlassen ist, anstatt sich unter der Anleitung der Vernunft zu betätigen, dann produziert sie bis zu Aberglauben und Wahnsinn entartete Gestalten.* Zweifelsfrei tritt aus dieser Äußerung Goyas Einschätzung hervor: Er findet es richtig, dass die Vernunft die Einbildungskraft in ihrer Produktivität anleitet. Da die Einbildungskraft unter anderem das kunstschaffende Vermögen ist, enthält dies *prima facie* eine produktionsästhetische Stellungnahme des Künstlers; doch sie ist mit Gewinn auszuwerten für die grundsätzliche Streitfrage, ob sich Goya wohl vorgestellt habe, dass die Wahngebilde des Aberglaubens überhaupt dem *Traum* oder dem *Schlaf* der Vernunft entspringen. Es ist auch hier der unangeleitete Wildwuchs der Einbildungskraft, wenn die Vernunft nicht – ihrer Leitungsrolle gemäß – über die Verhältnisse wachen kann.

---

7 Cf. Schuster, Peter-Klaus et al. (Hrsg.): *Goya – Prophet der Moderne.* DuMont: Köln 2005.

Die angemessene Übersetzung des Titels hätte demnach zu lauten: Der *Schlaf* der Vernunft gebiert die Ungeheuer.[8] Es sieht also nicht so aus, dass die vernunftskeptischen und vernunftkritischen Anhänger der These von der *Dialektik der Aufklärung* sich auf den Aufklärer Goya berufen könnten, der seine Caprichos in obrigkeits- und kirchenkritischer Absicht entwickelt hat – gegen die Unterdrückung der Menschen durch den Aberglauben, der sich nur allzu gut für den Dienst der ungerechten Feudalherrschaft im absolutistischen Spanien einspannen ließ.

4. Ein Aufklärer über Vernunft

Womöglich ist aber in der perspektivischen Zuspitzung auf die Kontrolle der Vernunft gegen den Wildwuchs einer sich selbst überlassenen Einbildungskraft selber ein Missverständnis begünstigt: Denn bis hierher haben wir von der Vernunft keinen anderen Begriff als den einer Kontrollinstanz, oder – wie ich es eingangs genannt habe: einer *Zensurbehörde mit Verbotslizenz*. Wenn das schon alles – wenn es auch nur das Wesentliche wäre, dann wäre das zu wenig. Offenbar hängt die Bereitschaft, ihr diese Kompetenz zuzugestehen, doch an vorgängigen Einschätzungen, die bloß in der Erwähnung von Leitungsfunktion und Wachsamkeit noch gar nicht zur Sprache gekommen sind und die es erst noch auszubuchstabieren gilt: Wodurch ist denn die Vernunft zu einer solchen Leistung qualifiziert? Also noch einmal: Was ist, was leistet und wozu haben wir Vernunft?

Wenden wir uns dafür an einen ausgewiesenen Experten in Fragen der Vernunft, an den Denker, in dessen Werk die Aufklärung des 18. Jahrhunderts auf ihren Höhepunkt gebracht wird. Ich spreche von Immanuel Kant. Nach einem geläufigen Verständnis ist ein Klassiker ein Autor, den wir *wieder*lesen. Ein Zeitgenosse aber ist einer, der für die Probleme, die uns aktuell beschäftigen, ein spezifisches Sensorium hat. In Kant haben wir beides zu sehen, einen Klassiker und einen Zeitgenossen, und das hat mit der analytischen Intensität zu tun, mit der er über die menschliche Vernunft nachgedacht hat. Wie sehr die Vorstellung von einer unreflektiert ins Kraut schießenden Herrschaftsvernunft, die den Dreh- und Angelpunkt der These von der *Dialektik der Aufklärung* bildet, deren Ansprüche verfehlt, können wir uns allein schon daran vor Augen führen, dass bei Kant als ihrem reflektiertesten Protagonisten die Erkundung der menschlichen Vernunft von vornherein als deren Selbstkritik

8 Ich betrachte es als ausdrückliche Bestätigung dieses Ergebnisses, dass Helmut C. Jacobs, der im Kontext einer breit entfalteten Motivforschung und Rezeptionsgeschichte alle Möglichkeiten der Interpretation entfaltet, für den Titel seiner großen Monographie dann die Entscheidung trifft: *Der Schlaf der Vernunft: Goyas „Capricho 43" in Bildkunst, Literatur und Musik*. Schwabe: Basel 2006.

angelegt ist. *Kritik der reinen Vernunft*, so lautet der erste Buchtitel des großangelegten Projekts – und gemeint ist in absichtsvoller Doppeldeutigkeit, dass die Vernunft sich mit den ihr eigenen Mitteln selber kritisiert. Denn mit ihren Leistungen will Kant von Anfang an auch ihre Grenzen ermitteln, damit der Mensch sich in seinen auf die eigenen Kräfte gegründeten Ansprüchen auf eine humane Welt nicht selbst überhebt.

Als Mozart 1791 seine *Cosí fan tutte* herausbringt – dieses „schreckliche[] Experiment am offenen Herzen“,[9] das aber – wie wir nicht vergessen dürfen, als Stoff einer *opera buffa* ganz im distanzierenden Medium von Ironie und Humor vorgeführt wird und mit diesem ästhetischen Verfahren zugleich ein entscheidendes Mittel vernünftiger Selbstkritik zur Geltung bringt –, da liegt die Kantische Vernunftkritik in ihrem wesentlichen Umfang vor. Für Kant ist die Vernunft jenseits aller eingehenden analytischen Klärung zunächst das Vermögen, durch das sich der Mensch als endliches und bedürftiges Sinnenwesen in der Natur auszeichnet: „sich selbst eine Lebensweise auszuwählen“ und sich damit zu befreien von der Leitung des Instinktes, „diese[r] Stimme Gottes, der alle Thiere gehorchen“.[10] „Die Vernunft in einem Geschöpfe ist ein Vermögen, die Regeln und Absichten des Gebrauchs aller seiner Kräfte weit über den Naturinstinct zu erweitern, und kennt keine Grenzen ihrer Entwürfe.“[11] Weil die Vernunft gemäß dieser anthropologischen Bestimmung keine Grenzen ihrer Entwürfe kennt, ist es so wichtig, ihr sinnvolle Grenzen zu stecken – was aber wiederum nur durch Vernunft geschehen kann.

An diesen Bestimmungen wird vor allem deutlich, dass Kant die Vernunft gleichursprünglich mit der Freiheit denkt: Indem der Mensch sich unter der „Leitung der Vernunft“ vom „Gängelwagen des Instincts“ befreit, vollzieht er den Übergang „aus der Vormundschaft der Natur in den Stand der Freiheit“.[12] Vernunft ist damit der Inbegriff menschlicher Selbständigkeit. Um sicherzustellen, inwiefern wir uns auf diese Selbständigkeit verlassen können und wie weit sie uns führt, untersucht Kant sie in ihren wesentlichen Funktionen, um sich über ihre Leistungsfähigkeit ebenso einen Begriff zu verschaffen wie über ihre Grenzen.

---

9 Flimm, Jürgen: „Die Nachtseite der Vernunft“. In: *Nachtseite der Vernunft. Salzburger Festspiele 27. Juli–31. August* 2007. [Festspielmagazin der Salzburger Festspiele 2007]. Salzburger Festspiele: Salzburg 2007, S. 16.

10 Kant, Immanuel: „Muthmaßlicher Anfang der Menschengeschichte“. In: Königlich Preußische Akademie der Wissenschaften (Hrsg.): *Kant's Gesammelte Schriften 8 [AA Bd. VIII]*. De Gruyter: Berlin 1923 [Orig. 1786], S. 111f.

11 Kant, Immanuel: „Idee zu einer allgemeinen Geschichte in weltbürgerlicher Absicht“. In: Königlich Preußische Akademie der Wissenschaften (Hrsg.): *Kant's Gesammelte Schriften 8 [AA Bd. VIII]*. De Gruyter: Berlin 1923 [Orig. 1784], S. 18f.

12 Kant, „Muthmaßlicher Anfang“, S. 115.

Bereits 1781 in der *Kritik der reinen Vernunft* legt Kant die ganze Spannweite seines Unternehmens einer Vernunftkritik in der Formulierung von drei Fragen auseinander: „Was kann ich wissen? – Was soll ich tun? – Was darf ich hoffen?“ In der *Kritik der reinen Vernunft* widmet sich Kant dem Problem des Wissens, indem er die Grenzen der menschlichen Erkenntnis absteckt. Die Vernunft kommt hier in ihrer theoretischen Leistung als Verstand in den Blick. Neben einer genauen Grenzziehung für die Möglichkeiten wissenschaftlicher Erkenntnis ist der wichtigste Ertrag dieser theoretischen Arbeit die strikte Unterscheidung zwischen *Wissen und Glauben,* die für das Selbstverständnis des modernen Menschen maßgeblich werden sollte. Gottesbeweise, wie sie in der Philosophie und Theologie seit dem Mittelalter bis in Kants Tage florierten, sind daraufhin nicht mehr möglich – aber dem Glauben wird in der Anerkennung seines nicht auf Wissen und damit nicht auf empirische oder logische Beweisbarkeit gegründeten Eigensinns eine unverzichtbare Bedeutung zuerkannt. „Ich mußte also das *Wissen* aufheben, um zum *Glauben* Platz zu bekommen“, resümiert Kant sein Unternehmen einer Kritik der Vernunft[13] und lässt an dieser Formulierung erkennen, dass es nach seinem Verständnis für den vernünftigen Menschen mehr Dinge zwischen Himmel und Erde gibt, als sich seine Schulweisheit träumen lässt. Kant spricht hier geradezu von einem *Bedürfnis der Vernunft* nach Orientierung in der Welt. Dazu bedarf es nach seiner Einsicht der Ideen von Gott, unsterblicher Seele und Freiheit, die er als die Artikel eines „praktischen Vernunftglaubens“ bestimmt.

Es ist die *Kritik der praktischen Vernunft* 1788, in der Kant der zweiten Frage nachgeht: „Was soll ich tun?“ Es ist die Frage nach dem moralischen Handeln, für das die Vernunft in ihrer praktischen Funktion als Wille die Kriterien und Grundsätze entwickelt; diese Überlegungen sind es, die in der Formulierung eines kategorischen Imperativs münden, durch welche sich der Mensch dem moralischen Gesetz unterwirft, das er sich aus eigener Einsicht selber gibt.[14] Nachdem er bereits in diesem Zusammenhang dargelegt hat, wie wichtig dem moralisch Handelnden die Idee einer seine eigene Kompetenz übersteigenden, ausgleichenden göttlichen Gerechtigkeit ist, entwickelt er in der *Kritik der Urteilskraft* 1790 als ein weiteres Element der Antwort auf die Frage „Was darf ich hoffen?“ seine Lehre vom ästhetischen Urteil über das Schöne und Erhabene in Kunst und Natur und baut darauf seine Reflexion

---

13 Kant, Immanuel: „Kritik der reinen Vernunft“. In: Königlich Preußische Akademie der Wissenschaften (Hrsg.): *Kant's Gesammelte Schriften 3 [AA Bd. III].* Reimer: Berlin ^{2}1904/1911, [Orig. 1787], S. 19 (B XXX).

14 „Handle nur nach derjenigen Maxime, durch die du zugleich wollen kannst, daß sie ein allgemeines Gesetz werde.“ (Kant, Immanuel: „Grundlegung zur Metaphysik der Sitten“. In: Königlich Preußische Akademie der Wissenschaften (Hrsg.): *Kant's Gesammelte Schriften 4 [AA Bd. IV].* Reimer: Berlin 1911 [Orig. 1785], S. 421.

auf die Zweckmäßigkeit der Natur, durch die er zeigen will, wie der Mensch eine Welt, die ihm vernünftig eingerichtet erscheinen muss, als die passende Umgebung für sein Leben und seine Ansprüche empfindet.

Was ist demnach für Kant die Vernunft? Sie tritt ihm als *Verstand* in den Blick: da ist sie das Vermögen der Begriffe, ohne die wir keine Erkenntnisse, und der Ideen, ohne die wir keine Zusammenhänge haben könnten; als *Wille oder praktische Vernunft*: da ist sie das Vermögen, aus eigener Einsicht und nach verallgemeinerungsfähigen Grundsätzen zu handeln; als *reflektierende Urteilskraft*: da ist sie das Vermögen der kontextgerechten Abwägung, das sich ebenso in unseren ästhetischen Urteilen wie in unseren spekulativen Weltentwürfen artikuliert. Vernunft ist nach diesen Analysen kein monolithischer Block, sondern eine integrierte Vielfalt einsichtiger Leistungen.[15]

> Das gesamte achtzehnte Jahrhundert faßt die Vernunft in *diesem* Sinne. Es nimmt sie nicht sowohl als einen festen *Gehalt* von Erkenntnissen, von Prinzipien, von Wahrheiten als vielmehr als eine *Energie*; als eine Kraft, die nur in ihrer *Ausübung* und *Auswirkung* völlig begriffen werden kann. Was sie ist und was sie vermag, das läßt sich niemals vollständig an ihren Resultaten, sondern nur an ihrer *Funktion* ermessen. Und ihre wichtigste Funktion besteht in ihrer Kraft, zu binden und zu lösen. [...] Diese zweifache geistige *Bewegung* ist es, wodurch sich der Begriff der Vernunft erst vollständig bezeichnen läßt: als Begriff nicht von einem Sein, sondern von einem Tun.[16]

Wie weit der Begriff der Vernunft ist, den Kant im Zuge seiner konstruktiven Erkundungen am Leitfaden des humanen Selbstverständnisses entwickelt, lässt sich dabei wohl an zwei Einsichten seines kritischen Unternehmens besonders eindrucksvoll verdeutlichen: *erstens* am erwähnten Begriff des praktischen Vernunftglaubens, als dessen Gegenstände Kant die Orientierungsgedanken fasst, die er als *Ideen* bezeichnet: Freiheit, Fortschritt, Gott, unsterbliche Seele, und in denen er die vornehmste Aufgabe der Vernunft erkennt; *zweitens* an der Einsicht, dass das Gefühl ebenso zu den genuinen Leistungen der Vernunft gehört wie der spekulative Weltentwurf. Dies ist der epochemachende Befund der Analyse des ästhetischen Urteils über das Schöne und Erhabene, die Kant 1790 in seiner *dritten Kritik*, der *Kritik der Urteilskraft* gibt. Im ästhetischen Urteil artikuliert sich demnach ein „Lebensgefühl“, das aus einem Spiel des Verstandes mit den Vorstellungen der Einbildungskraft („freies Spiel der Erkenntniskräfte“) entspringt, und das wir deshalb als lustvoll erleben, weil es uns im Umgang mit

---

15 Cf. Recki, Birgit: *Die Vernunft, ihre Natur, ihr Gefühl und der Fortschritt. Aufsätze zu Immanuel Kant*. mentis Verlag: Paderborn 2006.

16 Cassirer, Ernst: „Die Philosophie der Aufklärung“. In: Recki, Birgit (Hrsg.): *Ernst Cassirer Gesammelte Werke*. (Hamburger Ausgabe. Text und Anmerkungen bearbeitet von Rosenkranz, Claus, 15). Meiner: Hamburg 2003 [Orig. 1932], S. 13.

den schönen Dingen zugleich mit einer Weise unserer Freiheit exemplarisch vor Augen führt,[17] dass die Welt auch ganz nach unseren Wünschen eingerichtet sein *kann.*[18] Das Spiel und das Gefühl als Funktionen der Vernunft: Wer hätte das gedacht!

Wenn wir nur sehen, wie differenziert und vielfältig sich damit der Kantischen Analyse die Leistungen der Vernunft bereits darstellen, wenn wir zudem berücksichtigen, dass für Kants große Spekulation auf die zweckmäßige Einrichtung der Natur – d.h.: auf die vernünftige Verfassung der Welt – der Organismus in seiner sinnvollen inneren Fügung das wichtigste Indiz ist, dann drängt sich schon die Frage auf, wieso Friedrich Nietzsche eigentlich denken konnte, erst er sei aufgerufen, gegen die herkömmlichen „rationalistischen" Vorstellungen den Begriff einer „großen Vernunft des Leibes" zu entwickeln.[19] Die Antwort ist wahrscheinlich niederschmetternd einfach, und wahrscheinlich macht sie auch schlagartig eine Bedingung des großen Ruhmes erkennbar, den Nietzsche bei den Dialektikern der Aufklärung genießt: Ihm war nicht präsent, was sich Kant und seine Zeitgenossen unter Vernunft bereits vorgestellt hatten. Deshalb musste er den Nordpol noch einmal entdecken.

Um von hier aus auf die Ausgangsfrage zurückzukommen: Was kann bei einem so vielfältigen und differenzierten Komplex als *Nachtseite der Vernunft* in Betracht kommen? Es bleibt nichts anderes übrig als die Bestätigung unserer ersten Vermutung: *Die Vernunft hat keine Nachtseite.* Ein Gutteil dessen, was wir im Zuge der wirkungsmächtigen Lehre von der *Dialektik der Aufklärung* so rubriziert finden, ist vielmehr das schlichte Gegenteil von Vernunft: Unvernunft. Nehmen wir zur Illustration der Einfachheit halber noch einmal ein Beispiel aus dem Festspielprogramm: „Kant hatte ihm [*dem aufgeklärten Menschen in seiner Absicht auf Befreiung, B.R.*] das Programm dazu in einer kleinen, unsterblichen Schrift in die Hand gedrückt: `Zum ewigen Frieden´. Und genau jetzt stank die Stadt Paris zum Himmel von zersetztem Menschenblut."[20] Die mit Zweideutigkeit operierende Logik dieser Satzverknüpfung verlangt nach einer Richtigstellung: Die Stadt Paris stank in den Wirren der *terreur* nicht deshalb von zersetztem Menschenblut zum Himmel, *weil* Kant dem aufgeklärten Menschen seine Schrift *Zum ewigen*

17 Cf. Recki, Birgit: „Entspannte Intensität und belebender Schock. Eine kleine Phänomenologie der Freiheit in der Kunst". In: Liessmann, Konrad Paul (Hrsg.): *Philosophicum Lech: Die Freiheit des Denkens.* Paul Zsolnay Verlag: Wien 2007, S. 219–244.

18 Cf. Recki, Birgit: *Ästhetik der Sitten. Die Affinität von ästhetischem Gefühl und praktischer Vernunft bei Kant.* Klostermann: Frankfurt a.M. 2001.

19 Cf. Gerhardt, Volker: „Die ‚grosse Vernunft' des Leibes. Ein Versuch über Zarathustras vierte Rede". In: Volker, Gerhardt (Hrsg.): *Friedrich Nietzsche: Also sprach Zarathustra.* (Klassiker auslegen 14). Akademie Verlag: Berlin 2000, S. 123–163.

20 Matt, S. 6.

Frieden „in die Hand gedrückt“ hatte – sondern Kant hatte dies für nötig gehalten, weil er als Zeitgenosse ebensolche Exzesse menschlicher Unvernunft bereits erfahren hatte: Die Schrift erschien 1795 nach dem Höhepunkt der jakobinischen Schreckensherrschaft und sollte einen Ausweg aus den Exzessen politischer Gewalt zeigen. An den Schrecken des Krieges und an der *terreur* zeigt sich die Unvernunft der Menschen, um deretwillen es so wichtig ist, die Vernunft zu stärken. Ist eine solche Einsicht wirklich zu simpel, so dass wir uns ihrer zu schämen und sie erst effektvoll zu verrätseln hätten? Nach meiner Beobachtung liegt – *quod erat demonstrandum* – keineswegs eine Trivialität in der ganz und gar simplen Erinnerung, dass schließlich nicht deshalb, weil die Vernunft ein genuin menschliches Vermögen ist, auch alles, was Menschen tun, als Ausdruck ihrer Vernunft zu nehmen wäre.

Natürlich lässt sich im Sinne der Intuition, die eingangs in Erwägung gezogen wurde, nun noch in der ungebärdigen Sinnlichkeit die *Nachtseite der Vernunft* vermuten. Tatsächlich spielt sie in Kants Vernunftkritik eine bemerkenswerte Rolle, da sie nicht allein in der Perspektive des erkennenden Verstandes den Widerpart der Wahrnehmung abgibt, an der der Begriff sich zu bewähren hat, sondern darüber hinaus in der Perspektive des vernünftigen Willens den Widerpart der Neigungen, mit denen wir umzugehen haben. Anders als es das klassisch gewordene Rezeptionsvorurteil will, vertritt aber Kant moralphilosophisch keineswegs die Unterdrückung der Sinnlichkeit, sondern den selbstbestimmten Umgang mit ihr nach vernünftigen Einsichten. Sinnlichkeit ist etwas Eigenes, das in seiner eigenen Stellung im Leben der Menschen und in seiner Eigendynamik wahrgenommen werden muss. Sie ist an sich weder vernünftig noch unvernünftig oder widervernünftig. Im Interesse an einem selbstbestimmten Leben haben wir den Anspruch, sie unter die Kontrolle der Vernunft zu bringen – was nicht gleichbedeutend ist mit ihrer Unterdrückung. Sinnlichkeit ist somit als sinnliche Wahrnehmung wie als sinnliches Begehren das Andere der Vernunft, das ihre auf Einsicht begründete Leitungsfunktion herausfordert; und auch daran, dass die unkontrollierte Sinnlichkeit ins Kraut schießt, wird nicht die *Nachtseite der Vernunft* offenbar, sondern nur ihre Schwäche. Dass nach Kants ausdrücklicher Einschätzung die Vernunft "einen nicht abzulehnenden Auftrag von Seiten der Sinnlichkeit“ habe, "sich um das Interesse derselben zu bekümmern und sich praktische Maximen, auch in Absicht auf die Glückseligkeit […] zu machen",[21] zeigt wie

21 Kant, Immanuel: „Kritik der praktischen Vernunft“. In: Königlich Preußische Akademie der Wissenschaften (Hrsg.): *Kant's Gesammelte Schriften 5 [AA Bd. V]*. Reimer: Berlin 1913 [Orig. 1788], S. 61.

eng und wie konstruktiv nach dieser Konzeption die *Berührung der Vernunft mit der Sinnlichkeit* ist.[22]

Was nach alledem allein noch zu erwägen bleibt, ist eine Vermutung, mit der wir den Kreis zu Goyas Metapher vom Schlaf der Vernunft schließen können. Die Vernunft hat als Instrument und als Instanz unserer humanen Ansprüche an uns selbst viel zu tun, und in der Einsicht, dass, wieso und wozu sie gebraucht wird, liegt auch schon das Eingeständnis, dass es keine Garantie für den Erfolg ihrer Bemühungen geben kann. Die Vernunft ist beständig konfrontiert mit der Gefahr des Scheiterns an der Unvernunft, an der sie sich abarbeitet. Es könnte also sein, dass sie gelegentlich mit Anwandlungen von Entmutigung, von Bitterkeit, von Resignation zu kämpfen hat. Ebenso wie die Vernunft manchmal – dem Bild von Goya zu folgen – in ihrer Übermüdung einschläft, so könnte sie ihre dunklen Stunden unter dem zeitweiligen Eindruck der Vergeblichkeit in Zuständen der Melancholie haben. Ja, eigentlich müssen wir sagen: Schon das Bewusstsein davon, was passiert, wenn sie in ihrem Bemühen auch nur nachlässt, ist dazu angetan, die Vernunft in Melancholie versinken zu lassen.[23] Allein, die Vernunft wäre nicht sie selbst, wenn sie vor solchen Zuständen dauerhaft kapitulierte; und wo, wenn nicht in der Vernunft, hätten wir die Mittel zu ihrer praktischen Überwindung? Verstand, Wille, Urteilskraft – Begriffe zur Erkenntnis, Ideen zur Orientierung, Grundsätze zum Handeln, Reflexion für alles, was dann noch zu hoffen übrig bleibt – daraus lässt sich bei allem Realismus, der zu den Stärken der Vernunft zählt, zumindest eine positive Arbeitshypothese gewinnen.

5. Leidenschaft und Vernunft: Ein Beispiel

Aus dem Versuch einer klärenden Beschreibung ist unterderhand ein Plädoyer geworden, für das ich in einer der Opern des diesjährigen Festspiels starke Bestätigung finde: In dem Umschlag von melancholischer Resignation in festliche Aufbruchsstimmung, den uns das Finale von *Le nozze di Figaro* erleben lässt. Was sich in dieser Oper abspielt, haben wir im Grunde schon in eine Formel gefasst: Unkontrollierte Leidenschaften sind es – also: Sinnliches

22 Cf. Recki, Birgit: „Kant über das Glück". In: Zunec, Ozren (Hrsg.): *Zblizavanja* [„Annäherungen"]. Festschrift für Damir Barbaric, und Petar Segedin. Matica Hrvatska: Zagreb 2012.

23 Cf. Kants Überlegung über die melancholische Disposition im Rahmen der Temperamentenlehre in seiner frühen ästhetisch-ethischen Schrift, in der die Affinität von Vernunft und Melancholie ganz deutlich wird: Kant, Immanuel: „Beobachtungen über das Gefühl des Schönen und Erhabenen (1764)". In: Königlich Preußische Akademie der Wissenschaften (Hrsg.): *Kant's Gesammelte Schriften 2 [AA Bd. II]*. Reimer: Berlin 1905, S. 221.

Begehren ist es, was die *dramatis personae* umtreibt. Sinnlichkeit ist aber nicht die Nachtseite, sondern das Andere der Vernunft. In all den Geheimniskrämereien, Betrügereien und Intrigen, von denen die Handlung von *Figaros Hochzeit* vorangetrieben wird, den Liebeshändeln wie der Rechtsintrige, ist übrigens ein nicht geringer Tribut an die Vernunft zu erkennen: Deren Anspruch wird immerhin soweit anerkannt, dass die handelnden Figuren nicht offen und unverstellt auf ihren Abwegen und Nebenwegen wandeln, sondern diese abschatten. Mit jeder Lüge, jeder Heuchelei bekräftigen wir aber indirekt den Geltungsanspruch der Vernunft, indem wir konzedieren, dass wir uns eigentlich an ihre Ansprüche halten wollen, jedenfalls nicht bei deren offener Missachtung von den anderen entdeckt werden wollen.[24]

Und wenn wir auf das Ende sehen: Wie stehen die Figuren da? Nach all dem, was sie einander geboten und zugemutet haben und im vollen Bewusstsein, dabei entdeckt und erkannt worden zu sein, völlig desillusioniert, aber auch schuldbewusst – und schließlich *guten Willens*, sich in den alten Konstellationen zu arrangieren und einen neuen Anfang zu machen: Vernünftig. Wirklich vernünftig ist das natürlich nur, wenn es wenigstens noch einen Funken Liebe zwischen den Protagonisten gibt, die sich da wieder zusammenraufen müssen – denn die Vernunft im Handeln setzt ausschließlich auf gute Gründe, und ein guter Grund ist stets das, was man vor sich selbst und vor anderen vollen Herzens als solchen gelten lassen kann: Sich zu arrangieren und zusammenzubleiben ohne alle Liebe wäre ja blanke Rechthaberei – die sich niemals auf gute Gründe stützen kann – und nicht Vernunft. Auch die Liebe, die vielstrapazierte, auf die sie sich dabei stützen können, kommt nicht in Frage als Kandidat für die *Nachtseite der Vernunft*. Wo sie nicht identifiziert wird mit der bloßen Begehrlichkeit, wo sie das Einheiten herstellende und bewahrende Element des Gefühls ist, ist die Liebe vielmehr – im Sinne von Kants Analyse des ästhetischen Gefühls – eines ihrer Elemente.

Schließlich gilt auch hier, was bereits für *Cosí fan tutte* in Erinnerung zu bringen war: All das wird vorgeführt als *opera buffa* – im Medium von Ironie und Humor, in einem ästhetischen Verfahren von bemerkenswerter Vernunftaffinität. Und noch etwas sei abschließend bemerkt und kann auf der

24 Die Vernunft hat somit eine ursprüngliche Affinität zur Öffentlichkeit: Was vernünftig ist, das muss – wie jede methodische Erkenntnis – allgemein zugänglich, allgemein einsichtig, allgemein prüfbar, und – wie jedes auf Grundsätze gebaute Handeln – allgemeiner Rechtfertigung fähig sein. Was sich (nicht) öffentlich vertreten lässt, ist (nicht) vernünftig. Es scheint mir keine gewagte These zu sein, dass das metaphorisch so häufig beanspruchte *Licht der Vernunft* stets das *Licht der Öffentlichkeit* ist. Siehe Gerhardt, Volker: *Öffentlichkeit. Die politische Funktion des Bewusstseins*. C.H. Beck Verlag: München 2012.

Grundlage des bisher Gesagten vielleicht einleuchten: Wir mussten ja nach Mozarts großen, moderat vernunftoptimistischen Opernschlüssen nicht erst, wie es Jürgen Flimm mit Blick auf Büchners Woyzeck nahelegt, 45 Jahre warten, bis einer auftreten und sagen konnte: „Der Mensch ist ein Abgrund, wenn man hineinschaut." Mozart und seine Librettisten hatten in diesen Abgrund selber längst und lange hineingeschaut – anders wären die Handlungsverläufe samt dem, was da als *happy ending* gelten gelassen wird, doch gar nicht verständlich. Dies gilt für den *Figaro* im selben Maße wie für *Cosí* – und es gilt auch schon für Kant, der in der Tugendlehre seiner *Metaphysik der Sitten* nicht von ungefähr von der „Höllenfahrt des Selbsterkenntnisses" spricht.

Leitend ist im Kantischen (und offenbar auch im Mozartschen) Programm der Vernunftaufklärung nicht, wie dagegen oft eingewendet worden ist, der naiv pathetische Idealismus: der Mensch bestünde in nichts anderem als in Vernunft und ihm könnte nichts anderes wichtig sein als Vernunft, sondern viel schlichter und realistischer das Zugeständnis, dass wir, wo immer es um unsere Ansprüche an uns selbst, an die anderen, an eine gemeinsame Welt geht, *nichts Besseres: nichts vergleichbar Belastbares* haben.

6. Beschluss

Soweit die Hinweise und Anregungen, die ich als berufsmäßiger Lobbyist der Vernunft geben kann. Und ich kann noch hinzufügen, ich habe mir meinen Beruf sehenden Auges und *mit guten Gründen* ausgesucht. Bitte erlauben Sie mir aber im Interesse an einer ausgewogenen Kritik, die ihrerseits Anspruch machen kann auf das Prädikat „vernünftig", auch noch eine Schlussadresse an den *genius loci*, eine Bemerkung in pragmatisch-ästhetischer Hinsicht, mit der ich vielleicht sogar ein letztes Beispiel dafür geben kann, was in der Vernunft so alles steckt und was wir von ihr zu erwarten haben. „Viele Menschen sind unglücklich, weil sie nicht abstrahiren können", sagt Kant in seiner *Anthropologie in pragmatischer Hinsicht* dort, wo er das menschliche Bewusstsein durch das Wechselspiel von Aufmerken auf Vorstellungen (Attention) und Absehen von ihnen (Abstraktion) qualifiziert:

> Viele Menschen sind unglücklich, weil sie nicht abstrahiren können. Der Freier könnte eine gute Heurath machen, wenn er nur über eine Warze im Gesicht oder eine Zahnlücke seiner Geliebten wegsehen könnte. Es ist aber eine besondere Unart unseres Attentionsvermögens gerade darauf, was fehlerhaft an anderen ist, auch unwillkürlich seine Aufmerksamkeit zu heften: seine Augen auf einen dem Gesichte gerade gegenüber am Rock fehlenden Knopf, oder die Zahnlücke [...] zu richten und den Anderen dadurch zu verwirren, sich selbst aber auch im Umgange das Spiel zu verderben. – Wenn das Hauptsächliche gut ist, so ist es nicht allein billig, sondern auch klüglich gehandelt, über das Üble an Anderen, ja selbst

> unseres eigenen Glückszustandes *wegzusehen*; aber dieses Vermögen zu abstrahiren ist eine Gemüthsstärke, welche nur durch Übung erworben werden kann.[25]

Natürlich, so darf hier ergänzt werden, ist auch diese durch Einsicht und Übung zu erwerbende Gemütsstärke nichts anderes als eine Leistung der Vernunft.

Ich nun preise mich glücklich, im Blick auf die phantastischen Aufführungen, die ich bei diesen Festspielen erleben durfte, wenigstens über diese Gemütsstärke schon im wünschenswerten Maße zu verfügen, denn ich konnte mich so, *ohne mir im Umgange das Spiel zu verderben*, *dem Hauptsächlichen* hingeben, den ästhetischen Eindrücken von Opern und Schauspiel – und dabei von dem Motto „Nachtseite der Vernunft" abstrahieren wie von einer Warze oder Zahnlücke oder einem *dem Gesichte gerade gegenüber am Rock fehlenden Knopf.*

Quellenverzeichnis

Blumenberg, Hans: *Paradigmen zu einer Metaphorologie.* Bouvier: Bonn 1960.

Cassirer, Ernst: „Die Philosophie der Aufklärung". In: Recki, Birgit (Hrsg.): *Ernst Cassirer Gesammelte Werke.* (Hamburger Ausgabe. Text und Anmerkungen bearbeitet von Rosenkranz, Claus, 15). Meiner: Hamburg 2003 [Orig. 1932].

Flimm, Jürgen: „Die Nachtseite der Vernunft". In: *Nachtseite der Vernunft.* Salzburger Festspiele 27. Juli–31. August 2007. [Festspielmagazin der Salzburger Festspiele 2007]. Salzburger Festspiele: Salzburg 2007, S. 16–19.

Gerhardt, Volker: *Öffentlichkeit. Die politische Funktion des Bewusstseins.* C.H. Beck: München 2012.

Gerhardt, Volker: „Die ‚grosse Vernunft' des Leibes. Ein Versuch über Zarathustras vierte Rede". In: Gerhard, Volker (Hrsg.): *Friedrich Nietzsche: Also sprach Zarathustra.* (Klassiker auslegen 14). Akademie Verlag: Berlin 2000, S. 123–163.

Horkheimer, Max / Adorno, Theodor W.: *Dialektik der Aufklärung. Philosophische Fragmente.* Fischer: Frankfurt a.M. 1969 [Orig. 1947].

Jacobs, Helmut C.: *Der Schlaf der Vernunft: Goyas „Capricho 43" in Bildkunst, Literatur und Musik.* Schwabe: Basel 2006.

Kant, Immanuel: „Beobachtungen über das Gefühl des Schönen und Erhabenen (1764)". In: Königlich Preußische Akademie der Wissenschaften

25 Kant, Immanuel: „Anthropologie in pragmatischer Hinsicht". In: Königlich Preußische Akademie der Wissenschaften (Hrsg.): *Kant's Gesammelte Schriften 7 [AA Bd. VII].* Reimer: Berlin 1907 [Orig. 1798], S. 131f.

(Hrsg.): *Kant's Gesammelte Schriften 2 [AA Bd. II]*. Reimer: Berlin 1905, S. 205–256.

Kant, Immanuel: „Kritik der reinen Vernunft". In: Königlich Preußische Akademie der Wissenschaften (Hrsg.): *Kant's Gesammelte Schriften 3 [AA Bd. III]*. Reimer: Berlin ²1904/1911, S. 1–552 [Orig. 1787].

Kant, Immanuel: „Grundlegung zur Metaphysik der Sitten". In: Königlich Preußische Akademie der Wissenschaften (Hrsg.): *Kant's Gesammelte Schriften 4 [AA Bd. IV]*. Reimer: Berlin 1911, S. 385–463 [Orig. 1785].

Kant, Immanuel: „Kritik der praktischen Vernunft". In: Königlich Preußische Akademie der Wissenschaften (Hrsg.): *Kant's Gesammelte Schriften 5 [AA Bd. V]*. Reimer: Berlin 1913, S. 1–163 [Orig. 1788].

Kant, Immanuel: „Anthropologie in pragmatischer Hinsicht". In: Königlich Preußische Akademie der Wissenschaften (Hrsg.): *Kant's Gesammelte Schriften 7 [AA Bd. VII]*. Reimer: Berlin 1907, S. 117–333 [Orig. 1798].

Kant, Immanuel: „Idee zu einer allgemeinen Geschichte in weltbürgerlicher Absicht". In: Königlich Preußische Akademie der Wissenschaften (Hrsg.): *Kant's Gesammelte Schriften 8 [AA Bd. VIII]*. De Gruyter: Berlin 1923, S. 15–31 [Orig. 1784].

Kant, Immanuel: „Muthmaßlicher Anfang der Menschengeschichte". In: Königlich Preußische Akademie der Wissenschaften (Hrsg.): *Kant's Gesammelte Schriften 8 [AA Bd. VIII]*. De Gruyter: Berlin 1923, S. 107–123 [Orig. 1786].

Matt, Peter von: „Die Wiederkehr der Dämonen". In: *Nachtseite der Vernunft*. Salzburger Festspiele 27. Juli bis 31. August 2007. [Festspielmagazin der Salzburger Festspiele 2007]. Salzburger Festspiele: Salzburg 2007, S. 3–7.

Recki, Birgit: „Kant über das Glück". In: Zunec, Ozren (Hrsg.): *Zblizavanja* [„Annäherungen"]. Festschrift für Damir Barbaric und Petar Segedin. Matica Hrvatska: Zagreb 2012.

Recki, Birgit: „Entspannte Intensität und belebender Schock. Eine kleine Phänomenologie der Freiheit in der Kunst". In: Liessmann, Konrad Paul (Hrsg.) *Philosophicum Lech: Die Freiheit des Denkens*. Paul Zsolnay: Wien 2007, S. 219–244.

Recki, Birgit: *Die Vernunft, ihre Natur, ihr Gefühl und der Fortschritt. Aufsätze zu Immanuel Kant*. mentis Verlag: Paderborn 2006.

Recki, Birgit: *Ästhetik der Sitten. Die Affinität von ästhetischem Gefühl und praktischer Vernunft bei Kant*. Klostermann: Frankfurt a.M. 2001.

Schuster, Peter-Klaus et al. (Hrsg.): *Goya – Prophet der Moderne*. DuMont: Köln 2005.

Walther Ch. Zimmerli

„...WEIL EIN GESPRÄCH WIR SIND...“

Der hermeneutische Dialog in der Zweiten Dialektik der Aufklärung

Um Dialog geht es – nicht nur hier, sondern immer in der Philosophie; aber Dialog ist etwas, was ebenso oft reklamiert wie missverstanden wird. Dialog hat nämlich nicht nur damit zu tun, dass zwei oder mehrere miteinander sprechen, sondern es setzt insbesondere voraus, dass die, die sprechen, einander zwischenzeitlich auch zuhören. Wenn es also im Folgenden um Dialog gehen soll, dann immer auch um das Verhältnis von Sprechen und Zuhören. Dieses Verhältnis will ich im Folgenden in drei Gedankengängen – schlaglichtartig – beleuchten: Zunächst soll vom Verhältnis von Dialog und Hermeneutik die Rede sein (I), sodann von einer speziellen Variante des Verhältnisses von Dialog und Dialektik, nämlich von dem, was ich die „weite Dialektik der Aufklärung“ nenne, um damit die Frage anzugehen, ob das Projekt der Aufklärung gescheitert sei (II). Damit wird der Grund dafür gelegt sein, in einem dritten Schritt, scheinbar kontraintuitiv, aber, wie sich zeigen wird, konsequent, dem Verhältnis von Hermeneutik und Technologie nachzufragen (III).

I Dialog und Hermeneutik

Was Dialog sei, haben wir in der abendländischen Philosophie seit der Antike – und hier noch genauer: seit Platon und dem Platonismus – stets mit dem Verhältnis von Lehrendem und Lernendem in Verbindung gebracht. Worauf es in diesem Zusammenhang allerdings ankommt, ist die Rollenverteilung zwischen Lehrer und Schüler hinsichtlich der Frage des Sprechens und Zuhörens. Normalerweise gehen wir davon aus, dass die Rollen so verteilt sind, dass der Lehrende spricht und der Lernende zuhört, aber mit diesem Normalzugang verfehlen wir gerade das Wesen des Dialogs. Derjenige, der im Dialog besonders gut zuhören (können) muss, ist nicht primär der Schüler, sondern der Lehrer. Und damit kommen wir zu einer wichtigen ersten begrifflichen Grundbestimmung: Hermeneutik, normalerweise als „Kunstlehre des Verstehens“ definiert, ist eigentlich zunächst einmal die Kunstlehre des Zuhörens. Wer aber zuhören kann, kann sich auch damit abfinden, dass andere sprechen, anders: Zuhörenkönnen und Sprechenlassen sind zwei Seiten ein- und derselben Medaille. Diese Symmetrie der Asymmetrie lässt sich in einer Formel, die der Altmeister der Hermeneutik, Hans-Georg Gadamer, von Hölderlin übernimmt, so formulieren, wie ich es im Titel meiner Überlegungen tue, wenn es auch bei

Hölderlin und Gadamer etwas anders formuliert ist: „Weil ein Gespräch wir sind" lautet der Titel meiner Überlegungen; bei Hölderlin (und von Gadamer richtig zitiert) steht nicht „weil", sondern „seit": „...seit ein Gespräch wir sind und hören voneinander" – nicht: „seit ein Gespräch wir führen", sondern „seit ein Gespräch wir sind". Hermeneutik, so lässt sich nun auch formulieren, ist die Lehre der Ontologisierung des Gesprächs, das heißt: wir sind Gespräch, wir können gar nicht anders, als Gespräch zu sein. Und dabei gilt es zu bedenken, dass ein Gespräch nicht nur eine pazifizierende oder pazifistische Seite hat, die in einen Konsens münden soll, sondern dass es sich durchaus auch antagonistisch entwickeln und im Dissens enden kann.

Die Formel, die ich von Hölderlin über Gadamer entlehnt und variiert habe, steht in dem Gedicht „Friedensfeier", und es lohnt sich, sich den näheren Kontext in Erinnerung zu rufen:

> „Viel hat von Morgen an,
> Seit ein Gespräch wir sind und hören voneinander,
> Erfahren der Mensch; bald sind wir aber Gesang".[1]

Im Ohr des mit der Antike Vertrauten klingt natürlich der Chor aus der sophokleischen Antigone an, der hier von dem Antike-Kenner Hölderlin aufgegriffen und abgewandelt wird: „Polla ta deina k'ouden anthropou deinoteron pelei", zu Deutsch: „Viel des Gewaltgen gibt es, aber nichts ist gewaltiger als der Mensch".[2] Hier jedoch, in Hölderlins „Friedensfeier", geht es nicht so sehr um die Gewaltigkeit des Menschen, sondern darum, dass der Mensch viel erfahren hat, „seit ein Gespräch wir sind"; und die Zeitbezeichnung „Morgen" wird als Tageszeitbezeichnung groß geschrieben. Gemeint ist das Morgen als Zukunft. Viel erfahren also hat der Mensch, „seit ein Gespräch wir sind", und zwar in der Zukunft. Wir sprechen hier darüber, dass sich erinnern heißt: in die Zukunft schauen. Kurz: Mensch sein als Gespräch, genauer: auf das Morgen gerichtetes Gespräch, bedeutet: zukünftig sein.

Aber die Zukunft ist weder etwas, was ohne unser Zutun auf uns zukäme, noch etwas, was überhaupt im Singular denkbar ist, sondern sie besteht aus jenen auf uns zukommenden Gegenwartsszenarien, die wir befürchten oder erhoffen[3]. Und hier färbt gleichsam die Anthropologie die Logik. Aussagen

---

1 Hölderlin, „Friedensfeier", In: Id.: *Sämtliche Werke,* Bd. 2. Hrsg. v. Friedrich Beißner. Kohlhammer: Stuttgart 1953, S. 429.

2 Sophokles: „Antigone". In: Hartmut, Wolf (Hrsg.): *Griechische Tragiker. Aischylos (Aeschylus) – Sophokles (Sophocles) – Euripides.* Winkler: München 1958, S. 323.

3 Cf. Zimmerli, Walther Ch.: „Zeit als Zukunft". In: Gimmler, Antje / Sandbothe, Mike / Zimmerli, Walther Ch. (Hrsg.): *Die Wiederentdeckung der Zeit. Reflexionen, Analysen, Konzepte.* Wissenschaftliche Buchgesellschaft: Darmstadt 1997, S. 126–147.

über die Zukunft sind nicht rein temporal, sondern es handelt sich dabei um modal gefärbte temporale Aussagen. Das wiederum bedeutet, dass Zuhörenkönnen als die Kunst der Hermeneutik, die die Kunst des Dialogs begründet, eine Form der anthropologischen Ausrichtung der Menschen auf seine möglichen Zukünfte ist.

So betrachtet gibt es nur eine Konsequenz, die auch von Gadamer selbst in unnachahmlich knapper Form immer wieder formuliert worden ist, wenn er etwa sagt, dass Hermeneutik heiße, damit zu rechnen, „dass der andere Recht haben könnte“[4]. Man kann auch in unserer Diktion sagen: Hermeneutik heiße, zuhören können, aber Gadamers Formulierung ist griffiger und zeigt deutlicher, worum es bei der Kunst des Dialogs eigentlich geht: eben um die im Zuhören sich äußernde leitende Vermutung, dass die Gesprächspartnerinnen und der Gesprächspartner nicht nur etwas zu sagen, sondern auch Recht haben könnten.

Im Gedächtnis behalten sollten wir allerdings dabei, dass es sich um eine „Kunst“ handelt, für die der Römer den Ausdruck „ars“ und der Grieche den Ausdruck „techne“ verwendet. Es geht also um die Technik des damit Rechnens, dass der andere Recht haben könnte.

II. Erste und Zweite Dialektik der Aufklärung

Rein etymologisch scheint der Schritt von „Dialog“ zu „Dialektik“ nicht groß zu sein, und in der Tat haben Dialog und Dialektik inhaltlich dann miteinander zu tun, wenn man auf den oben geäußerten Gedanken zurückgreift, dass Dialoge auch antagonistisch sein können (oder bis zu einem gewissen Grad sogar sein müssen). In der Antike gilt, dass die hohe Kunst des Dialogs, wie sie von den Sophisten (zu denen im übrigen, so betrachtet, auch Platons Lehrer Sokrates gehört) in Perfektion betrieben wurde, darin besteht, das „schwächere Argument zum stärkeren zu machen“[5]. Anders: der Dialog ist ein Kampf der Argumente, der nicht von vornherein in der einen oder anderen Richtung vorentschieden ist. Vielmehr ist die als „Dialektik“ bezeichnete Variante der Kunst des Dialogs nichts anderes als die Systematisierung eben dieser eristischen Argumentationsfigur des systematischen Umschlagens von

---

4 Gadamer, Hans-Georg, passim, aber an hervorgehobener Stelle im SPIEGEL-Gespräch anlässlich seines 100. Geburtstags: *Rituale sind wichtig. Hans-Georg Gadamer über Chancen und Grenzen der Philosophie* [Interview von Thomas Sturm]. In: *DER SPIEGEL,* 2000, Ausg. 8, S. 305.

5 Nach Aristoteles (Id.: *Rhetorik*. Reclam: Stuttgart 1999, B 24 1402a23) geht diese Zielsetzung auf den Sophisten Gorgias zurück; cf. auch Diels, Hermann / Kranz, Walther (Hrsg.): *Die Fragmente der Vorsokratiker,* Bd. 2. Weidmann: Dublin/ Zürich [12]1966, Fgt. 80 B 6b.

Bedeutungen in ihr Gegenteil. In diesem Sinne ist die Kunst des Dialogs Dialektik, und so hat sie ihr neuzeitlicher Großmeister Hegel auch verstanden.

Die Formel von der „Dialektik der Aufklärung“ weist also konsequenterweise auf den Umschlag der Aufklärung in ihr Gegenteil hin. Was aber ist mit der Rede von der „zweiten Dialektik der Aufklärung“ gemeint?[6]

Gehen wir dazu zunächst einmal an die Quelle: Bekanntlich haben Max Horkheimer und sein jüngerer Kollege Theodor W. Adorno unter dem Titel „Dialektik der Aufklärung“ 1944 ein epochemachendes Buch publiziert, das seine große Wirksamkeit aber erst in den sechziger Jahren des letzten Jahrhunderts entfaltete. Die Grundthese dieses Buches findet sich gleich im ersten Satz des ersten Kapitels über den „Begriff der Aufklärung“: „Seit je hat Aufklärung im umfassendsten Sinn fortschreitenden Denkens das Ziel verfolgt, von den Menschen die Furcht zu nehmen und sie als Herren einzusetzen. Aber die vollends aufgeklärte Erde strahlt im Zeichen triumphalen Unheils.“[7] Die von Adorno und Horkheimer thematisierte Dialektik der Aufklärung beschreibt und analysiert das Umschlagen von wissenschaftlich-technischer Aufklärung in Herrschaft und Mythos. Wenn nun ich die Formel von einer „zweiten Dialektik der Aufklärung“ verwende, behaupte ich damit zugleich, dass diese dialektische Bewegung nicht am Ende angelangt ist: der Umschlagsmechanismus der Aufklärung – und in dieser Hinsicht haben viele Recht, die (wie Michael Fischer[8]) von einem Scheitern des Projekts der Aufklärung sprechen – ist eben nicht abgeschlossen, sondern wendet sich erneut gegen sich selbst – und in diesem Sinne haben viele Recht, die (wie ich) die These vom Scheitern der Aufklärung bestreiten.

Und hier ist nun eine kleine etymologiekritische Anmerkung am Platze. Die Volksetymologie von „Dialektik“, die diesen Begriff auf seine Elemente „dyo“ (für „zwei“) und „legein“ (für „sprechen“) zurückführt, ist nämlich irreführend. In Wahrheit kommt dieser Begriff von „dialegesthai“ (für „sich unterhalten“), und das bedeutet, dass eine Beschränkung auf zwei Gesprächspartner

6 Cf. hierzu in szientismuskritischer Absicht auch Zimmerli, Walther Ch.: „Wissenschaft als Metaphysik. Zur ersten und zweiten ‚Dialektik der Aufklärung‘“. In: Westerkamp, Dirk / Lühe, Astrid von der (Hrsg.): *Metaphysik und Moderne. Ortsbestimmungen philosophischer Gegenwart*. Königshausen & Neumann: Würzburg 2007, S. 55–65.

7 Horkheimer, Max / Adorno, Theodor, W.: *Dialektik der Aufklärung. Philosophische Fragmente, 1944*. S. Fischer: Frankfurt a.M. et al. 1969, S. 9.

8 Fischer, Michael: *Die Aufklärung und ihr Gegenteil. Die Rolle der Geheimbünde in Wissenschaft und Politik*. Duncker & Humblot: Berlin 1982; später skeptischer e.g.: Id.: „Angst und Aufklärung. Anmerkungen zum (natur)wissenschaftlichen Fortschritt“. In: Fischer, Michael / Hengstschläger, Markus (Hrsg.): *Genetic Screening* (Ethik transdisziplinär 10). Peter Lang: Frankfurt a.M. et al. 2010, S. 251–263 et passim.

nicht im Blick ist (auch wenn es eine ganze Traditionslinie der Aristoteleskommentatoren gibt, die dieser falschen Etymologie folgen). Und das gilt auch für die Konsequenzen: Eine Sozialphilosophie, der es mit dem Begreifen von Gesellschaft ernst ist, darf nicht bei Zweien stehen bleiben; es bedarf immer des Dritten, oder, wie wir heute sagen würden, des Beobachters, damit der Dialog überhaupt stattfinden kann.[9]

Dialektik aber – so hatte ich bereits gesagt – ist nicht immer friedfertig. „Dialog“, das klingt gemütlich und nett; „seit“ oder „weil ein Dialog wir sind“ – da stellt man sich lauter gesittete, philosophisch interessierte Menschen vor, denen es um Konsens geht. Das mag man, wie e.g. Hermann Lübbe das gesprächsweise zuweilen getan hat, als „Seminarphilosophie“ bezeichnen, deren Gültigkeit häufig an den Türen des Seminarraums, wenn es in die Wirklichkeit hinausgeht, bereits endet. Dort draußen, in der rauen Luft der Realität aber erweist sich Dialektik besonders dort als wirksam, wo sie ihr eristisches Element zur Geltung bringt: Wer Dialektik als angewandte Logik beherrscht, beherrscht auch die Kunst des Streites. Platon wird oft als Ahnvater und Musterbeispiel für Dialektik herangezogen, weil er literarisch hochwertige Dialoge geschrieben hat. Bei Lichte besehen sind es zwar wunderbare philosophische Essays mit verteilten Rollen, aber eben gerade keine eristischen Dialoge. In den meisten der Sokratischen Dialoge Platons herrscht nämlich eine absolute Asymmetrie: es geht immer um Herrschaft, die ausgeübt wird. Platon macht sozusagen eine Expertokratie des Dialogs auf, bei der nahezu immer – außer in den Fällen, in denen Sokrates als junger Mensch auftritt – dieser am Ende Recht hat. Das aber ist – um es paradox zu formulieren – nicht sehr sokratisch. Das dialektische Element des Widerspruchs wird in den platonischen Dialogen auf zwei oder mehr Personen verteilt, und deswegen ist auch die Position Platons mit derjenigen seines Protagonisten Sokrates nicht identisch. Der Streit ist das dialektische Element des Dialogs, und das gehört zum europäischen Erbe, das wir von Griechenland importiert haben. Streiten aber kann man sich eben nur, wenn man verschiedener Meinung sein darf.

Und es bedarf noch eines weiteren Schrittes: Heute ist viel von „Pluralismus“ die Rede. Pluralismus heißt aber eben gerade nicht das postmoderne „anything goes“ und „nice to have“; Pluralismus kann es, zugespitzt formuliert, eben nur geben, wenn nicht alle Menschen Pluralisten sind. Wären nämlich alle Menschen Pluralisten, dann herrschte absoluter Monismus des Pluralismus und es gäbe einen Pluralismuszwang, wie wir ihn in liberalen

9 Die Bedeutung dieses Dritten kann schwerlich überschätzt werden; sein Fehlen kann – wie etwa bei Sartre – zu einer defizitären „Sozialphilosophie von Paaren“ (Ich und der Andere) führen; cf. Hartmann, Klaus: *Sartres Sozialphilosophie. Eine Untersuchung zur „Critique de la raison dialectique“*. De Gruyter: Berlin 1966, S. 31 et passim.

Gesellschaften zuweilen erleben können. Ein richtiger Pluralismus aber kann nur funktionieren, wenn die eigene Meinung gegenüber der Meinung anderer vertreten werden darf oder vielleicht sogar: vertreten werden soll.

Kehren wir zurück zur Frage nach der „Zweiten Dialektik der Aufklärung": Die erste Dialektik der Aufklärung implizierte die Verpflichtung, die Gegenwart zu analysieren, und es herrschte so etwas wie ein implizites Verbot, das mit positiver Konnotation in Bezug auf Technik zu tun. Nach dieser Auffassung ist wissenschaftlich-technische Aufklärung deswegen negativ, weil sie sich gegen sich selbst richtet und damit an ihrer Wende angekommen ist. Reflektiert man diese Position in einer „weiten Dialektik der Aufklärung", so ergibt sich daraus die Verpflichtung, die selbstverschuldet unmündige Meinung, man müsse gegen Technik sein, um kritisch und aufgeklärt wirken zu können, in kritischer Absicht ihrerseits ins Gegenteil zu verkehren.

An kanonischer Stelle in seiner „Rechtsphilosophie" hat Hegel die wirkmächtige These vertreten, Philosophie sei ihre Zeit in Gedanken erfasst[10]. Das bedeutet für die Gegenwart, dass es keine Möglichkeit gibt zu philosophieren, ohne über Technik zu reflektieren. Das ist nicht Technikphilosophie; Technikphilosophie in diesem Sinne gibt es gar nicht, sondern nur gute und schlechte Philosophie und Philosophie, die nicht mindestens auch über Technik und ihre Auswirkungen auf unsere Gesellschaft reflektiert, kann heute keine gute Philosophie sein. Das ist die Konsequenz der diagnostischen Feststellung einer „Zweiten Dialektik der Aufklärung". Es gilt, die normativen und deskriptiven sowie die analytischen Fragen, die mit der Rolle der Technik in unserer Gesellschaft verbunden sind, in der Philosophie zu stellen und sich nicht vor ihnen zu drücken. Die Zweite Dialektik der Aufklärung wird damit sozusagen zur sich in ihr Gegenteil verkehrenden Dialektik der Technikfeindschaft.[11]

Faktisch ist unsere gegenwärtige Kultur eine wissenschaftlich-technologisch geprägte Kultur, was von den meisten aber nicht oder jedenfalls nicht zureichend verstanden wird: „die dünne Verstehenskompetenz verunmöglicht einen kompetenten Dialog" – so Originalton Michael Fischer[12]. Genau das

---

10 Hegel, Georg Friedrich Wilhelm: „Grundlinien der Philosophie des Rechts oder Naturrecht und Staatswissenschaft im Grundrisse [mit Hegels eigenhändigen Notizen und den mündlichen Zusätzen]". In: Id.: *Werke* [in 20 Bänden], Bd. 7. Hrsg. v. Eva Moldenhauer. Suhrkamp: Frankfurt a.M. 1980, S. 25.

11 Cf. Sieferle, Rolf-Peter: *Fortschrittsfeinde? Opposition gegen Technik und Industrie von der Romantik bis zur Gegenwart*. Beck: München 1984.

12 Fischer, Michael / Hengstschläger, Markus: „Vorwort der Herausgeber". In: Fischer, Michael / Hengstschläger, Markus (Hrsg.): *Genetic Screening* (Ethik transdisziplinär 10). Peter Lang: Frankfurt a.M. et al. 2010, S. 9.

müssen wir jedoch verstehen (und ändern!), wenn wir wissen wollen, welche Bedeutung eine „Zweite Dialektik der Aufklärung“ hat.[13]

III. Hermeneutik der Technologie

Es ist – aus mehr oder weniger berufenem Munde – häufig zu hören, die Geisteswissenschaften hätten zurzeit eine schlechte Konjunktur. Dazu muss zum einen gesagt werden, dass die Geisteswissenschaftler daran zu einem guten Teil selber Schuld sind, weil sie einen vermeintlich vornehmen Ton der systematischen Abstinenz von Technik pflegen. Zum anderen aber ist die Diagnose einer schlechten Konjunktur der Geisteswissenschaften bei genauerer Betrachtung falsch. Wenn man sich nämlich genauer versucht zu vergegenwärtigen, welche Großparadigmen sich heute quer durch alle Technologien, Wissenschaften und Philosophien ziehen, dann lässt sich gar nicht übersehen, dass das Textparadigma eines der dominierenden wissenschafts- und kulturleitenden Modelle ist[14]. Wir Hermeneutiker haben gelernt, mit Texten umzugehen, und deswegen können wir auch die Texte besser verstehen, als die wir heute etwa die DNA-Struktur aufzufassen haben, die ein Text ist, der mit vier Buchstaben auskommt. Und wenn wir einen Blick in die Informatik werfen, stellen wir fest, dass diese sogar nur zwei Buchstaben benötigt. Da müssten doch eigentlich die Geisteswissenschaftler, die gelernt haben Texte mit sechsundzwanzig Buchstaben (oder mehr) systematisch zu verstehen, mit diesen Texten der Naturwissenschaften und Informatik ganz gut umgehen können. Und so verhielte es sich im Grundsatz auch – wenn wir Geisteswissenschaftler nur Hermeneutiker wären, das heißt: Ohren hätten um zuzuhören.

Das Textparadigma scheint in der Tat einer der Schritte zu sein, die zu einer pluralistisch verstandenen Einheit der Wissenschaft führen können. Und die Technikhermeneutik ihrerseits ist der Weg, auf dem diese Schritte gemacht werden. Wir müssen verstehen lernen, dass das Auslegen der Welt als Auslegen des Gesamtkontextes immer eine Veränderung der Welt bedeutet. Darin besteht das Grundmissverständnis der elften Feuerbachthese: „Die Philosophen habe die Welt nur verschieden interpretiert, es kömmt darauf an, sie zu verändern.“[15] Wer dies behauptet, versteht nicht, dass Welt interpretieren

---

13 Cf. Zimmerli, Walther Ch.: *Technologie als Kultur*. Olms-Weidmann: Hildesheim ^{2}2005.

14 Cf. Zimmerli, Walther Ch.: „Austreibung des Geistes aus den Wissenschaften? Noch einmal: Wozu Geisteswissenschaften?“. In: Hörisch, Jochen (Hrsg): *Geisteswissenschaften – wozu?* (Schriften der Freien Akademie der Künste 32). Hamburg 2005, S. 72–95.

15 Marx, Karl: „Thesen über Feuerbach“. In: Marx, Karl / Engels, Friedrich: *Werke* [MEW], Bd. 3. Hrsg. v. Institut für Marxismus-Leninismus beim ZK der SED. Karl Dietz: Berlin 1969, S. 5ff.

heißt: Welt verändern. Wie anders wollte man denn sonst die Welt verändern als dadurch, dass man sie anders interpretiert? Das ist die Quintessenz aus der hermeneutischen Wende in der Zweiten Dialektik der Aufklärung.

Nun gibt es in der Tat ein Problem, das uns gegenwärtig umtreibt: seit dem Zerfall des Sozialismus scheint es so zu sein, als hätten wir „kein Feindbild“[16] mehr. Bis 1989 war es ja relativ einfach, Philosophie im Namen des Pluralismus zu betreiben, weil man zu diesem Zwecke ja nur in der Geste des Pharisäers nach „drüben“ weisen musste und sich damit begnügen konnte festzuhalten: wir brauchen nicht zu begründen, was wir hier im Pluralismus tun, wir brauchen ja nur darauf hinzuweisen, dass, was „die da drüben“ tun, schlechter ist. Nun aber ist uns dieses Feindbild abhanden gekommen, und wir müssen sagen, warum wir das, was wir tun, für besser halten, als das, was die anderen (die wir jetzt zum Teil selbst sind) „da drüben“ gemacht haben.

Wie schwierig das ist, lässt sich bei einem wahrhaft kommunismus- und sozialismus-unverdächtigen Autor wie Carl Schmitt lernen. Dieser hat uns beigebracht, dass die Identitätsbildung von der, wie wir heute sagen würden, Auto- und Heterostereotypbildung, also vom Freund- und Feindbild, abhängt[17]. Und wieder kommen wir – wenn auch aus einer anderen Richtung – zu dem oben diskutierten Gedanken zurück: Wir müssen in einer pluralistischen Gesellschaft, wenn wir sie pluralistisch halten wollen, schon dazu stehen, wer oder was wir sind (wenn wir es denn überhaupt wissen…). Und das können wir nur, indem wir sagen, wer die sind, die *nicht* „wir“ sind, anders: wer die sind, gegen die wir sind, und warum sie trotzdem zu uns gehören…

Das ist wahrlich keine einfache Aufgabe. Gewiss, wir sind Europäer und müssen deswegen, um zu wissen, wer wir sind, „Europa neu denken“[18]. Aber letztlich heißt eben Europa neu denken auch, darüber nachzudenken, was diese europäische Gesellschaft in all ihrem „Pluralismus der Differenzen“[19] zusammenhält. Wenn denn die „Zweite Dialektik der Aufklärung“ nicht zuletzt darin besteht, des vornehmen Tons der Technikabstinenz in den Geisteswissenschaften und in der Philosophie zu entraten, dann gilt es eben auch,

---

16 Zimmerli, Walther Ch.: „Ohne Feindbild. Zur Kritik der politökonomischen Vernunft in einer technologischen Zivilisation“. In: Lübbe, Hermann ua. (Hrsg.): Politik und Kultur nach der Aufklärung. Schwabe Verlag: Basel 1992, S. 108–131.

17 Cf. Schmitt, Carl: *Der Begriff des Politischen. Text von 1932 mit einen Vorwort und drei Corollarien*. Duncker & Humblot: Berlin [3]1991.

18 Cf. Fischer, Michael / Hahn, Johannes (Hrsg.): *Europa neu denken I. Regionen als Ressource*. Pustet: Salzburg 2014; Fischer, Michael(†) / Hahn, Johannes (Hrsg.): *Europa neu denken II. Mentalitätsgeschichte der Adria – Neugierde und Konflikt als Betriebsgeheimnis*. Pustet: Salzburg 2014.

19 Cf. Zimmerli, Walther Ch.: „Europa – der Pluralismus der Differenzen“. In: *DAB – Deutsches Architektenblatt* 9, 1995, S. 1778–1802.

das „antiplatonische Experiment“[20] jenseits postmoderner Beliebigkeit in aller begrifflichen Schärfe neu zu denken: Während die Geschichte unserer europäischen Kultur als eine ungebrochene Kommentargeschichte zu Platon stets die Vielheit der Phänomene als Schein, die Einheit des Begriffs jedoch als Wahrheit verstand, besteht das nachmoderne Denken darauf, es auch einmal umgekehrt zu versuchen und in der bunten Vielheit der Phänomene die Wahrheit zu sehen, den platonischen Begriffmonismus hingegen als ideologischen Schein zu entlarven.

Bei genauerer Betrachtung zeigt sich indessen, dass die platonisierende Einheit nicht verschwunden, sondern sozusagen ausgewandert ist: Die vereinheitlichende ideale Kraft des Begriffs ist in der weltweit vereinheitlichenden Macht der Technologie real geworden – vielleicht am deutlichsten sichtbar im Realität gewordenen Begriff des Netzes. Die Einheit des World Wide Web ermöglicht von Europa über die beiden Amerikas, Asien, und Australien bis hinein nach Schwarz-Afrika erst die volle Wahrnehmung und Deutung der kulturellen Pluralität.[21]

Anders – und auf die Frage nach dem Verhältnis von Hermeneutik und Technologie bezogen[22] – formuliert: Wie bereits Martin Heidegger klar gesehen hatte, beruht das Verstehen unserer Welt auf der Einsicht in die Zweite Dialektik der Aufklärung, in Heideggers Sprache: in die Verwindung der Metaphysik, und diese wiederum auf der Einsicht, dass Technik das zu entbergende Wesen der Naturwissenschaft ist. Dass dabei so vieles in der „Zweiten Dialektik der Aufklärung“ neu gedacht werden muss, kann und darf niemanden überraschen. Zwar steht außer Frage, dass die weltweit alles vereinheitlichende Kraft die universale Technologie ist; gerade dadurch aber wird Raum geschaffen für Differenzen, die wir „nach der Aufklärung“ und zumal nach ihrer ersten Dialektik für überwunden hielten: Machtvoll erheben wieder Systeme des Glaubens (oder Aberglaubens) ihr Haupt, und die

20 Cf. Zimmerli, Walther Ch.: „Das antiplatonische Experiment. Bemerkungen zur technologischen Postmoderne“. In: Id. (Hrsg.): *Technologisches Zeitalter oder Postmoderne?* Fink: München ²1991, S. 15–35.

21 Cf. Zimmerli, Walther Ch.: „Die Menschen der Zukunft: Vom Denken und Handeln in Netzwerken“. In: Seubold, Günter (Hrsg.): *Die Zukunft des Menschen.* Bouvier: Bonn 1999, S. 145–167.

22 Cf. Leidl, Lars / Pinzner, David (Hrsg.): *Technikhermeneutik: Technik zwischen Verstehen und Gestalten.* Peter Lang: Frankfurt a.M. et al. 2010. Darin zu Heidegger: Irrgang, Bernhard: „Martin Heideggers Technikphilosophie. Vom Umgehen-Können zum Entbergen“, S. 45–60; und schon Seubold, Günter: *Heideggers Analyse der neuzeitlichen Technik.* Karl Alber: Freiburg/München 1986; Zimmerli, Walther Ch.: „Die Hermeneutik des technischen Wissens und die Zukunft der Bildung“. In: Kornwachs, Klaus (Hrsg.), *Technologisches Wissen. Entstehung, Methoden, Strukturen.* Springer: Berlin/Heidelberg 2010, S. 121–136.

technologisch geeinte Welt wird von neuen Kreuzzügen und Religionskriegen zerrissen. Die Bilder von den sich 9/11 in die Twintowers des World Trade Centers in New York bohrenden Passagierflugzeugen sind unauslöschlich in das kollektive Gedächtnis eingebrannt; sie symbolisieren die niemals endende Dialektik der technologischen Aufklärung, in der sich der religiöse Fanatismus hochentwickelter Technologie bedient, um diese zu Fall zu bringen. Echter – auch antagonistisch werdender, dialektischer – Dialog über und mit Hilfe von Technik ist mithin die gegenwärtige Aufgabe der Philosophie, nicht zuletzt auch über die Wiederauferstehung der Religion „nach der (ersten) Aufklärung“, und diesen Dialog wird nur führen können, wer damit rechnet, dass der Andere Recht haben könnte. – Warum? Eben „weil“ (und nicht erst: seit) „ein Gespräch wir sind“…

Quellenverzeichnis

Aristoteles: *Rhetorik*. Reclam: Stuttgart 1999.

Diels, Hermann / Kranz, Walther (Hrsg.): *Die Fragmente der Vorsokratiker*. Weidmann: Dublin/Zürich [12]1966.

Fischer, Michael: „Angst und Aufklärung. Anmerkungen zum (natur)wissenschaftlichen Fortschritt“. In: Fischer, Michael / Hengstschläger, Markus (Hrsg.): *Genetic Screening* (Ethik transdisziplinär 10). Peter Lang: Frankfurt a.M. et al. 2010, S. 251–263.

Fischer, Michael: *Die Aufklärung und ihr Gegenteil. Die Rolle der Geheimbünde in Wissenschaft und Politik*. Duncker & Humblot: Berlin 1982.

Fischer, Michael / Hahn, Johannes (Hrsg.): *Europa neu denken I. Regionen als Ressource*. Pustet: Salzburg 2014.

Fischer, Michael (†) / Hahn, Johannes (Hrsg.): *Europa neu denken II. Mentalitätsgeschichte der Adria – Neugierde und Konflikt als Betriebsgeheimnis*. Pustet: Salzburg 2014.

Fischer, Michael / Hengstschläger, Markus: „Vorwort der Herausgeber“, In: Id. (Hrsg.): *Genetic Screening* (Ethik transdisziplinär 10). Peter Lang: Frankfurt a.M. et al. 2010.

Gadamer, Hans-Georg: SPIEGEL-Gespräch anlässlich seines 100. Geburtstags: *Rituale sind wichtig. Hans-Georg Gadamer über Chancen und Grenzen der Philosophie* [Interview von Thomas Sturm]. In: *DER SPIEGEL*, 2000, Ausg. 8, S. 305.

Hartmann, Klaus: *Sartres Sozialphilosophie. Eine Untersuchung zur „Critique de la raison dialectique“*. De Gruyter: Berlin 1966.

Hegel, Georg Friedrich Wilhelm: „Grundlinien der Philosophie des Rechts oder Naturrecht und Staatswissenschaft im Grundrisse [mit Hegels eigenhändigen

Notizen und den mündlichen Zusätzen]“. In: Id.: *Werke* [in 20 Bänden], Bd. 7. Hrsg. v. Moldenhauer, Eva. Suhrkamp: Frankfurt a.M. 1980.

Hölderlin, Friedrich: *Sämtliche Werke*, Bd. 2. Hrsg. v. Friedrich Beißner. Kohlhammer: Stuttgart 1953.

Horkheimer, Max / Adorno, Theodor, W.: *Dialektik der Aufklärung. Philosophische Fragmente, 1944*. S. Fischer: Frankfurt a. M. 1969.

Irrgang, Bernhard: „Martin Heideggers Technikphilosophie. Vom Umgehen-Können zum Entbergen“. In: Leidl, Lars / Pinzner, David (Hrsg.): *Technikhermeneutik: Technik zwischen Verstehen und Gestalten*. Peter Lang: Frankfurt a.M. et al. 2010, S. 45–60.

Leidl, Lars / Pinzner, David (Hrsg.): *Technikhermeneutik: Technik zwischen Verstehen und Gestalten*. Peter Lang: Frankfurt a.M. et al. 2010.

Marx, Karl: „Thesen über Feuerbach“. In: Marx, Karl / Engels, Friedrich: *Werke* [MEW], Bd. 3. Hrsg. v. Institut für Marxismus-Leninismus beim ZK der SED. Karl Dietz: Berlin 1969.

Schmitt, Carl: *Der Begriff des Politischen. Text von 1932 mit einen Vorwort und drei Corollarien*. Duncker & Humblot: Berlin ^{3}1991.

Seubold, Günter: *Heideggers Analyse der neuzeitlichen Technik*. Karl Alber: Freiburg/München 1986.

Sieferle, Rolf-Peter: *Fortschrittsfeinde? Opposition gegen Technik und Industrie von der Romantik bis zur Gegenwart*. Beck: München 1984.

Sophokles: „Antigone“. In: Hartmut, Wolf (Hrsg.): *Griechische Tragiker. Aischylos (Aeschylus) – Sophokles (Sophocles) – Euripides*. Winkler: München 1958.

Zimmerli, Walther Ch.: „Austreibung des Geistes aus den Wissenschaften? Noch einmal: Wozu Geisteswissenschaften?“. In: Hörisch, Jochen (Hrsg): *Geisteswissenschaften – wozu?* (Schriften der Freien Akademie der Künste 32). Hamburg 2005, S. 72–95.

Zimmerli, Walther Ch.: „Das antiplatonische Experiment. Bemerkungen zur technologischen Postmoderne“. In: Id. (Hrsg.): *Technologisches Zeitalter oder Postmoderne?* Fink: München ^{2}1991, S. 15–35.

Zimmerli, Walther Ch.: „Die Hermeneutik des technischen Wissens und die Zukunft der Bildung“. In: Kornwachs, Klaus (Hrsg.): *Technologisches Wissen. Entstehung, Methoden, Strukturen*. Springer: Berlin/Heidelberg 2010, S. 121–136.

Zimmerli, Walther Ch.: „Die Menschen der Zukunft: Vom Denken und Handeln in Netzwerken“. In: Seubold, Günter (Hrsg.): *Die Zukunft des Menschen*. Bouvier: Bonn 1999, S. 145–167.

Zimmerli, Walther Ch.: „Europa – der Pluralismus der Differenzen“. In: *DAB – Deutsches Architektenblatt* 9, 1995, S. 1778–1802.

Zimmerli, Walther Ch.: „Ohne Feindbild. Zur Kritik der politökonomischen Vernunft in einer technologischen Zivilisation". In: Lübbe, Hermann ua. (Hrsg.): Politik und Kultur nach der Aufklärung. Schwabe Verlag: Basel 1992, S. 108–131.

Zimmerli, Walther Ch.: „Wissenschaft als Metaphysik. Zur ersten und zweiten ‚Dialektik der Aufklärung'", in: Westerkamp, Dirk / Lühe, Astrid von der (Hrsg.): *Metaphysik und Moderne. Ortsbestimmungen philosophischer Gegenwart*. Königshausen & Neumann: Würzburg 2007, S. 55–65.

Zimmerli, Walther Ch.: „Zeit als Zukunft". In: Gimmler, Antje / Sandbothe, Mike / Zimmerli, Walther Ch. (Hrsg.): *Die Wiederentdeckung der Zeit. Reflexionen, Analysen, Konzepte*. Wissenschaftliche Buchgesellschaft: Darmstadt 1997, S. 126–147.

Zimmerli, Walther Ch.: *Technologie als Kultur*. Olms-Weidmann: Hildesheim [2]2005.

Helmut Kohlenberger

Der Andere im Dialog

1.

Daß Sprechen sich nicht monologisch abschließt, sondern auf andere bezieht, ist „an sich“ selbstverständlich – daß Sprechen verpflichtet schon viel weniger. Sokrates stellte seine Mitbürger zu Rede und Antwort, um anstehenden Fragen auf den Grund zu gehen. Er wandte sich gegen die schon damals gängige Praxis sophistisch-rhetorischer Beeinflussung.[1] Im Entscheidenden ging es ihm um die allem Wissen überlegene „Sorge um die Seele“. Diese Forderung eines von äußeren Fragestellungen absehenden Umdenkens wird zum prägenden Moment in der Geschichte des Denkens seit der Antike. Zumal in geschichtlichen Wendezeiten zeigt sich die Notwendigkeit einer Prüfung des als selbstverständlich Geltenden, die zum Gespräch, auch zum Dialog als literarischer Gattung drängt. Boethius' ‚consolatio philosophiae‘ ist berührendes Zeugnis einer imaginären Gesprächssituation in äußerster Bedrängnis, die zum Schlußwort einer Epoche wird. Die Wissensvermittlung im Mittelalter führt zu Abhandlungen in Dialogform, in der der Meister die Schüler behutsam auf den Weg der Einsicht führen will. Gelungene literarische Darstellung wird bei Anselm von Canterbury zum Bild der Stimmigkeit des Gedankengangs. In Petrus Abaelards „Dialog eines Philosophen, eines Juden und eines Christen“ geht es um die rechte intentio, in der wahre Aussagen im Bezug von Tradition und Vernunft erörtert werden sollen. Mit der scholastischen Unterrichtsform wurde der Dialog indes zur formalisierten Leere – Lehre.[2] In Form einer „Unterredung“ über den freien Willen stellt sich Erasmus von Rotterdam gegen Luthers „theologische“ Absolutierungen und überläßt dem Leser das letzte Wort in einem zentralen Konflikt um das rechte Wort.

Mit der cartesianischen Selbstsetzung des cogito verblaßt der lebensweltlich verpflichtende Charakter des Denkens. Das Denken wird zum methodengeleiteten Selbstläufer im Duktus einer immer engmaschigeren technisch-ökonomischen

---

1 Sokrates ist bei Martin Buber (cf. *Das dialogische Prinzip*. Lambert Schneider: Heidelberg 1962, S. 68), später bei Emmanuel Lévinas (cf. Krewani, Wolfgang Nikolaus (Übers.): *Totalität und Unendlichkeit. Versuch über die Exteritorität*. Alber: Freiburg i.Br./München ²1993, S. 96 [Franz. Original: Id.: Totalité et infini: Essai sur l'extériorité. Nijhoff: La Haye 1980]) selbstverständlicher Hintergrund des dialogischen Denkens.

2 Die scholastischen „Dialoge“ des Mittelalters entsprechen der „Überforderung der Rationalisierung auf einer bestimmten historischen Stufe“ (Hermann Broch).

Selbstobjektivierung, die den Anderen „übersieht", weil sie ihn schon vom Denken her vereinnahmt hat. Im „deutschen Idealismus" wird dieses Denken zur (kruden Geschichts-) Legitimation des „Willens zur Macht" – quasi zur letzten Instanz überhaupt. Damit wurde das Revolutionsgeschehen seit 1789 bis 1917 und später (De-Kolonisierung und Globalisierung) vorausgreifend auf und damit zugleich um den (Hegel´schen) Begriff gebracht. Gegenläufig zu Kants rigider Kontextlosigkeit der ethischen Fragestellung in der verabsolutierten Gesetzlichkeit des Kategorischen Imperativs wurden ethische Fragen rhetorisch auf zumeist nicht näher bestimmte „Werte" verdrängt.

Erst im Weltkriegsgeschehen kam es zu der Einsicht, daß der Verfall der ethischen Forderung im Zusammenhang mit der technischen Transformation der Lebenswelt steht. Signifikanten Einspruch gegen den Kant`schen (Lebensbedingungen ausblendenden) Gesetzesrigorismus erhob im akademischen Bereich erst Max Scheler, dessen Werk allerdings durch Heidegger, der es im Schatten des „Gestells" und in kunstreligiöser „Kehre" ablehnte, eine Ethik zu schreiben, überspielt wurde. Das Denken war vom Rausch des technischen Erfolgs fasziniert, der im „Positivismus" zu dogmatischer Versteinerung führt – bis heute trotz Atomgefahr und Gödels grundsätzlichem Einspruch gegen die im utopischen Nirgendwo verschwebende Methodenverabsolutierung. Indes schrieb Albert Einstein in einem Brief aus Princeton an den Psychiater Otto Juliusburger am 11.4.1946: „Ich glaube, dass der erschreckende Verfall im ethischen Verhalten der Menschen in erster Linie mit der Mechanisierung und Entpersönlichung unseres Lebens zu tun hat – ein verhängnisvolles Nebenprodukt der Entwicklung des technisch-wissenschaftlichen Geistes. Nostra culpa! Ich sehe nicht den Weg, um diesem verhängnisvollen Mangel beizukommen. Der Mensch erkaltet schneller als der Planet, auf dem er sitzt."[3]

Schon Jahre vor dieser Einsicht in das Weltkriegsgeschehen hatte organisierte „Propaganda" die Stelle selbstverständlicher Verbindlichkeit besetzt und damit die Gesellschaft(en) einem zumindest tendenziell totalitären Zugriff ausgesetzt.[4]

---

3 Fölsing, Albrecht: *Albert Einstein. Eine Biographie.* Suhrkamp: Frankfurt a.M. [2]1993, S. 814. Seither ist immerhin eine Diskussion möglich geworden, die auf den Ausblendungscharakter der auf Wiederholbarkeit angelegten experimentellen Forschung und dessen desaströse Auswirkungen auf die moderne Lebenswelt eingeht. (cf. Müller, A.M. Klaus: *Wende der Wahrnehmung. Erwägungen zur Grundlagenkrise in Physik, Pädagogik und Theologie.* Kaiser: München 1978. Müller geht von wissenschaftshistorischen Problemstellungen aus, die im Zusammenhang mit dem mit C.F. von Weizsäcker diskutierten Paradigmenwechsel der Quantenphysik zur Komplementarität von Begriffshorizonten führt.).

4 Cf. bereits das rasch (unter anderem von J. Goebbels) breit rezipierte Buch des Freud-Neffen und führenden Tabaklobbyisten in New York Bernays, Edward: *Propaganda. Die Kunst der Public Relations.* Orange-press: Freiburg i.Br. [3]2011 [Engl. Erstauflage: Id.: Propaganda. Liveright: New York 1929].

Es ist zuweilen (unter anderem von Walter Benjamin) nicht unbemerkt geblieben, daß die Kunst der Gefährlichkeit der Zeit ent-sprach – wenn sie ihr nicht oft genug in existentieller Bedrohung widersprach. Nur wenige Denker der Zwischenkriegszeit haben die neue Gesamtsituation bedacht. Dazu gehören Edmund Husserls Rekurs auf „Lebenswelt“ und die „Wertezerfall“-Diagnose in Brochs literarischem und philosophischem Werk, in dem er vom Positivismus als peinlichem Zeitgeistphänomen spricht.

Derselben Epoche gehört die „Selbst“-Objektivierung in der Psychologie, zumal in der Psychoanalyse an, die „triebökonomische“ Prozesse aufzeigt, in der von Freiheit, Verantwortung nicht im mindesten die Rede ist – obschon „Freiheit“ die Forderung schlechthin ist. Die an die Stelle verbindlicher Orientierung getretene (öffentliche) „Kunstreligion“ konnte keineswegs zu einem praktisch wirksamen Grundkonsens beitragen – ist diese doch allzu oft „nichts anderes“ als ein narzißtisches (Pausenclown-)Unternehmen, das dem allgemeinen Wechsel von Ekstase und Panik in den „demokratisierten“ Massengesellschaften (Hermann Broch) auf der höheren Sozialebene (e.g. von Festspielabonnenten) entspricht. Das gesellschaftliche Vakuum des „Zwischenmenschlichen“ der „modernen“ Massengesellschaften bleibt ungebrochen – und damit die Gefahr totalitärer Tendenzen mit begleitendem Drogenkonsum.

Das Ausbleiben einer verbreiteten Einsicht in diese Situation verdankt sich offensichtlich der permanenten Betäubung, die vom Denken in Zusammenhängen ablenkt. Es ist bezeichnend, daß bereits im Direkt-Reflex auf das Revolutionsgeschehen Ende des 18. Jahrhunderts erste Einsichten zu den neuen Lebensbedingungen für das Verhältnis der Menschen zueinander formuliert wurden – unter anderem von Friedrich Heinrich Jacobi, Johann Georg Hamann, Wilhelm von Humboldt, die über das abstrakte „Ich denke“ auf Du und Wir hinausführen. Noch wird diese Einsicht im Duktus der Dialektik fachgerecht gedacht, etwa als „Kunst der Gesprächsführung“, in der es um Übereinkunft in strittigen Fragen geht (Friedrich Schleiermacher). Ludwig Feuerbach hat im Gegenzug zu Hegels dialektischer Identifikation konkret leibhaft eine dialogische Einheit von Ich und Du hervorgehoben, die er als „theologische“ Dimension versteht.[5] Die „existenztheologische“ Radikalisierung des Primates des Einzelnen in der Angst bei Kierkegaard hat dann – allerdings erst im Zusammenbruch öffentlich-moralischer Verbindlichkeit im Weltkriegsgeschehen – zu einem „Neuen Denken“ geführt, das aus der „idealistischen“ Engführung herausführt und den Anderen als solchen an-erkennt (...und damit auch den Satz des nomadisch Irrenden Arthur Rimbaud aus dem Jahre 1871 „Je est un autre“ - diese narzißtische Ich-Identifikation ins (vermeintlich) „Visionäre“

5 Cf. die knapp-prägnante Zusammenfassung Heinrichs, Johannes: „Dialog, dialogisch“, In: Ritter, Joachim (Hrsg.): *Historisches Wörterbuch der Philosophie* 2. Schwabe: Basel et al. 1972, Sp. 226–229.

zerdehnt – zum gängigen Zitat werden läßt).[6] Der Einzelne – dieser von der Revolution aus der Tradition in Freiheit, Gleichheit – Massensuggestion und Terror Vertriebene – wird zum Ausgangspunkt eines aus dem Randbereich der Gesellschaft zaghaft einsetzenden „neuen Denkens".

2.

Bekanntlich ist es (zuweilen bis heute) nicht leicht, von den idealistischen Wolkenbauten, aus denen Kasernenbauten (wie Manès Sperber bemerkte) folgten, loszukommen. Doch bereits mitten im Ersten Weltkrieg ging es im Briefwechsel Franz Rosenzweig-Eugen Rosenstock um die „Erlösung vom Selbst in diesem Hinwenden zum Gegenteil" in einer Vernunfttätigkeit, die den Aufgaben der Epoche entspricht.[7] In diesen Jahren sieht Ferdinand Ebner, Lehrer in einem österreichischen Provinzort, das „geschichtliche Ende des Abendlandes", damit auch des „Idealismus deutscher Universitätsprofessoren" gekommen. Ihm geht es im Gegenzug um „Einsicht in die geistigen Realitäten", die das in „Icheinsamkeit", in der Selbstreferenz objektivierenden Denkens verschlossene Individuum zum Du, zur Sprache bringt. Statt sich dem „Traum vom Geist" in Poesie, Kunst, Philosophie, Mystik hinzugeben erfährt er im „Urwort", dem Wehruf „Ich bin und leide" den Anruf Gottes, die „Situation des menschlichen Lebens in der Welt". Das in der „Lüge des Lebens" von der „ästhetischen Distanz zum Leiden" in der Tragik gefesselte „psychologisch bestimmte" und in die „Flucht ins Soziale" vertriebene Ich erfährt sich nunmehr in „der Abhängigkeit seiner Existenz vom Du". In der Öffnung zu Gott, dem „wahren Du des Ichs im Menschen" kann der Mensch die Ich-Projektion loslassen und „im andern das wahre Du seines Ichs" erleben.[8] Ebners „inchoative" (B. Casper) Vorgehensweise, sein „hörendes Schweigen" bezeugen eine aus der Weltkriegssituation formulierte Antwort, die von keiner

---

6 Rimbaud, Arthur / Ochwaldt, Curd (Übers.): *Briefe und Dokumente*. Lambert Schneider: Heidelberg 1961, S. 240; cf. Lévinas, Emmanuel / Wiemer, Thomas (Übers.): *Jenseits des Seins oder anders als Sein geschieht*. Alber: Freiburg i.Br./München 1992, S. 262 [Franz. Original: Id.: *Autrement qu'être ou au-delà de l'essence*. Nijhoff: La Haye 1978].

7 Rosenzweig, Franz: „Briefe und Tagebücher". In: Rosenzweig, Rachel / Rosenzweig-Scheinmann, Edith (Hrsg.): *Der Mensch und sein Werk. Gesammelte Schriften I*, 2 Bde. Nijhoff: Den Haag 1979, [2. Bd.] S. 314f.

8 Cf. Casper, Bernhard: *Das Dialogische Denken. Franz Rosenzweig, Ferdinand Ebner und Martin Buber*. Alber: Freiburg i.Br./München 2002, S. 194ff. und Casper, Bernhard: „Bedürfen des Anderen und Erfahrung Gottes. Zur religionsphilosophischen und theologischen Bedeutung des Werkes Ferdinand Ebners". In: Methlagl, Walter et al. (Hrsg.): *Gegen den Traum vom Geist – Ferdinand Ebner. Beiträge zum Symposion Gablitz 1981*. Otto Müller: Salzburg 1985, S. 128ff. bzw. S. 78ff.

vorgegebenen theoretischen (oder gar „theologischen") Position sondern von der erwachten Aufmerksamkeit in der Not der Zeit bestimmt ist. Daher war die (von Ebner durchaus als prekär gekennzeichnete) Bedeutung Kierkegaards für sein vom Einzelnen ausgehendes Denken ein zentrales Thema.[9]

Inzwischen hatte Franz Rosenzweig sein epochales im Krieg verfaßtes Werk „Der Stern der Erlösung" 1921 veröffentlicht. Daß es etwas anderes überhaupt („und nicht vielmehr nichts") gibt – dies begründet er mit Gottes Freiheit, dem schöpferischen Ja, dieser „ursprünglichen Verneinung des Nichts als das auf alles andre nur als auf andres Gerichtete".[10] Aus ihr folgt die für ihn zentrale Auffassung vom Leben als einem „Zwischen", einem Übergang „aus anderem in anderes", zu dem der Mensch mit seinem Namen wachgerufen wird. Von Gott her, diesem Wort, das als Wort bereits zugleich Name ist, werden Mensch und Welt zueinander in Beziehung gebracht, so daß der Mensch menschlich bleiben kann, nicht „verdinglicht, verorganisiert" wird und doch mit dem Weltlauf und den diesem entsprechenden Pflichten verbunden ist. Ein solcher Mensch ist nicht dem Monolog ausgeliefert, verfallen – vielmehr hat er Vertrauen, daß zur rechten Zeit Hilfe kommt.[11]

Das „Verhängnis" der herrschenden soziologisch-psychologischen Mentalität, die aus dem Ineinander der Selbstobjektivierung und der ihr entsprechenden technoökonomischen Denkweise hervorging,[12] kam mit der Aufdeckung des Zwischenmenschlichen im „Dialogischen Denken" zur Sprache: Der Andere wurde in seiner Nähe ebenso wie in seinem Abstand – aus dem spiegelhaften Reflex des Selbstseins des einzelnen, des Ichs befreit – allererst wahrgenommen. Martin Buber hat mit der Unterscheidung des Ich-Du-Verhältnisses zum Ich-Es die gängige Selbstverständlichkeit des Sprechens im Zeitalter der medialen

---

9 Gegen Ende der während des Krieges verfaßten und zuerst im „Brenner" veröffentlichten „Pneumatologischen Fragmente" spricht Ebner von der Schuld des abendländischen Menschen, der sich Christus verschließend „wie ein Sterbender, der an seinen Tod nicht glaubt", benimmt (cf. Ebner, Ferdinand: „Das Wort und die geistigen Realitäten. Pneumatologische Fragmente". In: Id.: *Schriften I. Fragmente, Aufsätze, Aphorismen. Zu einer Pneumatologie des Wortes*. Hrsg. v. Franz Seyr. Kösel: München 1963, S. 339f.).

10 *Der Stern der Erlösung*. Suhrkamp: Frankfurt a.M. [3]1990, S. 32 [Originalausg. 1921].

11 Rosenzweig, Franz: *Das Büchlein vom gesunden und kranken Menschenverstand*. Jüdischer Verlag Athenäum: Königstein/Ts 1984, S. 86ff., 100ff. [Originalausg. 1921].

12 „Verhängnis" (cf. Fösling) – diese moderne Disposition des „Abgefallenseins" des modernen Menschen, der „in all seiner Selbstherrlichkeit schier unauswirrbar ins Unwirkliche verstrickt ist" in „das schicksalhafte Eswerden alles geeinzelten Du" (Buber, S. 63, 99). Das Verhängnis wirkt aber nur, wenn „der Glaube an das Verhängnis... die Bewegung der Umkehr" niederhält (S. 60).

Massenorganisation offengelegt und gezeigt, daß und wie Verantwortung die grundlegende Dimension menschlicher Existenz sein kann und ist. Wie leicht ersichtlich handelt es sich dabei nicht um mystische Schwärmerei eines einzelnen, vielmehr um die prekäre Situation des Einzelnen in der medialisierten Masse, die zugleich Bedingung der Möglichkeit des Einzelnen wie seine Auslöschung in der Massensuggestion des mehr oder weniger (nicht zuletzt von P. Handke wahrgenommenen) „wunschlosen Unglücks" ist. Buber spricht vom Paradox des Lebens, das von Notwendigkeit und Freiheit zugleich bestimmt ist – „Ich bin anheimgegeben" und doch gilt: „Es kommt auf mich an."[13] Entscheidend ist in der Tat das biblische „Wo bist du?", von dem schon Rosenzweig ausging,[14] – das „ursprüngliche Begegnungsereignis", das den Einzelnen in die Gegenwart seines Personseins versetzt, in der er, aus „der pantechnischen Sucht oder Gewöhnung" gerissen, sich der „dialogischen Gewalt der Situation" gegenübergestellt sieht. Von hier aus wird sowohl im Ursprung einer Kultur wie des einzelnen als solchen Beziehung gestiftet, die rückhaltlose (das heißt un(selbst)zensierte) „zur Sprache gewordene Gegenseitigkeit" mit dem Anderen emöglicht. Der Andere ist dann eben nicht „das abgelöste Objekt meiner Betrachtung oder gar Beobachtung", vielmehr wird er „als vom Geist bestimmte Person" ernst genommen. Rückhaltlos wird „Anderheit von meinem Wesen angenommen".[15]

3.

Am Knoten-und Kreuzungspunkt von übergreifender Sozio-Psychologisierung und dialogischem Denken – in der Wahrnehmung des Anderen als NichtIch, also in der Sprengung des Spiegelspiels der „Veranderung"[16] – zeigt sich der

---

13 Cf. Buber, S. 97.

14 Cf. Kohlenberger, Helmut: „Wo bist Du? Der (Nicht-)Ort im Weltbürgerkrieg". In: Wiedebach, Hartwig (Hrsg.): *„Kreuz der Wirklichkeit" und „Stern der Erlösung". Die Glaubens-Metaphysik von Eugen Rosenstock-Huessy und Franz Rosenzweig.* (Rosenzweigiana 5). Alber: Freiburg i.Br./München 2010, S. 153–178.

15 Buber, S. 196, S. 165, S. 183.

16 Dieses Stichwort dominiert die großangelegte Übersicht in Michael Theunissens Buch *Der Andere.* (De Gruyter: Berlin ^{2}1977) – den Versuch einer Bestimmung des Verhältnisses des dialogischen Denkens zur „Transzendentalphilosophie" (seit Kant) im Kontext einer im weiteren Sinne phänomenologischen Sichtweise. Es überrascht nicht, daß Theunissen das dialogische Denken verkürzt als „negative Ontologie" versteht, die in einen von der Philosophie (allerdings grundsätzlich) nicht einholbaren Grenzbereich führt. Er spricht davon, daß eine existenzielle Praxis „verkündet" wird (S. 495) – wie schon von Kierkegaard oder in Jaspers „Flucht aus Theorie" (S. 497). Dieses Grenzproblem bleibt bei ihm – im gegebenen akademischen Kontext seiner Abhandlung – verständlicherweise unerörtert. Daß unsere transzendentalphilosophische Tradition quasi lautlos verschwindet hat

dem gesellschaftlichen Spiel immanente Nihilismus – die Nichtwahrnehmung des Abstandes des Anderen, der von mir getrennten Existenz zu mir. Erst von diesem Abstand her wird Zwischenmenschliches, Dialog allererst möglich.[17] Es braucht diese Dimension des vom und im Sprechen und Denken nicht Einholbaren, die in der Moderne permanent systematisch – gewaltsam überspielt wird. Denn das Heraustreten aus dem Zirkulären der Selbstsetzung des Cogito verunsichert. Das Denken verliert seine methodenimmanente Selbstsicherheit und kann diese dann nur mantra-artig in immer neuen Versionen von theoretischen, statistischen Versicherungen und permanenter Unterhaltungsindustrie zu erhalten suchen. In der Tat wird der einzelne aus der Utopie der Methode auf Situation, Ort zurückgerufen. Erst in diesem Rückruf wird erkannt, daß „die Sprache nicht im Menschen, sondern der Mensch(…) in der Sprache steht…". Von diesem „Standort" aus wird der Mensch „frei zur eigenen Verantwortung", in der es keine letzte Gewißheit, Sicherheit gibt. Er erfährt indes den „Atemraum", in und aus dem sich leben läßt.[18] Die zentrale Stellung von Verantwortung seit dem Ersten Weltkrieg[19] wird erst mit dieser Entdeckung des Anderen möglich – Begegnung, aus der Gegenseitigkeit entstehen kann. Wir stehen vor der Paradoxie, daß der Dialog erst dann möglich ist, wenn der Andere als ein Anderer – nicht als Anderer eines fiktiven spiegelbildlichen Anderen – angenommen worden ist. Damit ist das Denken (nicht nur mit Heidegger) hinter, unter das Cogito geworfen. Die Tradition von Descartes ist an ihre Grenze gekommen – ebenso wie die „klassische" Physik. Bei Buber wird dies z. B. in der Unterscheidung von schulmäßiger Dialektik und Dialog deutlich. „Daß alle *Kunst* von ihrem Ursprung her wesenhaft

---

Günter Figal kürzlich im Zusammenhang der gegenwärtigen Lage der Philosophie an deutschen Universitäten dargelegt.

17 Zur Beachtung des Abstandes als Voraussetzung von Austausch cf. Jullien, François: *De l'etre au Vivre: Lexique euro-chinois de pensée*. Gallimard: Paris 2015, im Sinne einer „Kultur der Übersetzung" cf. Nassehi, Armin: *Die letzte Stunde der Wahrheit*. Murmann: Hamburg 2015.

18 Cf. Buber, S. 41, S. 247f.

19 Max Webers Vortrag über „Politik als Beruf" (1919) gehört in diesen Zusammenhang ebenso wie die der Phänomenologie verpflichteten Abhandlungen zur Verantwortung von E. Husserl, K. Löwith, A. Schütz, R. Ingarden, H. Jonas. Dazu cf. Holl, Jann/Redaktion und Lenk, Hans / Maring, Matthias: „Verantwortung [zwei Teilartikel]". In: Ritter, Joachim / Gründer, Karlfried / Gabriel, Gottfried (Hrsg.): *Historisches Wörterbuch der Philosophie 11*. Schwabe: Basel 2001, Sp. 566–575 bzw. Sp. 575f. Seltsam heben sich von der Entdeckung der Verantwortung als Dimension des Ethischen ab – Heideggers Sprachlosigkeit und Sartres „condamné à etre responsable", in denen offensichtlich Nietzsches „Qual der Verantwortlichkeit gegen sich selber" weiterwirkt. Nur Jeanne Hersch hat als einsame Stimme die entscheidende Problemdimension – *Die Unfähigkeit Freiheit zu ertragen*. Benziger: Zürich/Köln 1974 – thematisiert.

dialogisch ist" – im Unterschied vom Monologischen der Gedankenführung und daß ein Dialog „gekonnt" wird – dies bedeutet für ihn auch, daß man ein echtes Gespräch „nicht vordisponieren" kann.[20]

Die Grenze der Denktradition seit Descartes zeigt sich selbstredend im Rekurs auf die verdrängte Gottesfrage – indes wie bereits seit Kierkegaard, Ebner in einer gänzlich gewandelten Auffassung. Es geht nicht darum, Gott in einem theologischen System zu „denken". Buber betont deutlich, daß eine institutionalisierte Religion ein von dem Eigentlichen ablenkendes dieses verstellendes Epiphänomen ist. Es geht um Umkehr aus der Verdrängung, dem „Verhängnis" des gesellschaftlichen Über-Spiels – in dem prägnanten Sinn, den wir in dieser Form in (logo-)-therapeutischem Kontext bei Viktor E. Frankl[21] – im Überschreiten des Willens zur Lust bzw. zur Macht im Willen zum Sinn – antreffen. Buber hat diese Dimension der Sinnrichtung von Natur, Welt zum Geist – damit zur Begegnung mit dem Andren als Gegenwart, Atemraum, „in der Sprache stehen", Teilnehmen entfaltet. Und damit über die Gesellschaft, die alle einzelnen (Massenindividuen) einer zirkulären tendenziell Dauerkonflikte generierenden Identifizierungssucht ausliefert, hinausgewiesen. Es geht um die Aufdeckung der Verdrängung der aller Rationalisierung vorausliegenden Grunddimension (in Heideggers „Geworfensein" angedeutet) – in der Berufung des Menschen aus dem Getrenntsein des Einzelnen in das Sprechen – und damit die Annahme des Anderen.

Da der Mensch nicht von Natur her bereits im Wir ist, muß er zur Verantwortung aufgerufen werden. In der Rationalisierung des cogito indes wurde die Dimension des Wir verdrängt, das Erfordernis des Miteinander führt im Zusammenhang der technoökonomischen Transformation – wie schon erwähnt – zu „Propaganda" im Weltkriegsgeschehen. Dieses Geschehen ist eine Zuspitzung des mit der Revolutionszeit einsetzenden und von Freud zur Sprache gebrachten Verdrängungsprozesses und des damit verbundenen Unbewußten. Verdienst von Jacques Lacan ist es, in dem Versuch einer „Struktur(al)isierung" der „(Un)Bewußtseinslage" von Freuds Schriften her auf die Dimension des Unbewußten im Verdrängungsprozeß als zur Diagnose erhobenem Symptom der gesellschaftlichen Technoökonomisierung, der Unterwerfung des Subjekts vom Sprechen her gestoßen (worden) zu sein. Das Unbewußte ist freigesetzt und kann daher nur um sich selbst kreisen.[22]

---

20 Buber, S. 176, S. 190, S. 296.

21 Cf. Frankl, Viktor E.: *Der unbewußte Gott*. Dtv: München ^{7}1992 [Originalausg. 1948] und Dworkin, Ronald / Engel, Eva (Übers.): *Religion ohne Gott*. Suhrkamp: Berlin 2014.

22 „Über die Sprechwirkung/par l'effet de parole realisiert sich das Subjekt stets mehr im Andern, obwohl es dabei nicht mehr als nur die Hälfte seiner selbst verfolgt". Deutlich wird darin, daß das Subjekt nur Subjekt ist als Hörigkeit, Unterwerfung

Er zeigt, daß die Psychoanalyse über die von der (der „Natur“ verpflichteten) Philosophie her vorausgesetzte „Einbindung ins Imaginäre“ der zirkulären Verhaltensweisen von Lebewesen hinausweist: Der Prozeß zwischen dem Subjekt und dem Anderen ist zirkulär, aber nicht reziprok –also dissymmetrisch. Es tut sich mit dem zum Anderen gerufenen Subjekt, mit dem „auf dem Feld des Anderen“ entspringenden Signifikanten eine Kluft auf, die er mit Ernest Jones Aphanisis nennt. Lacan verweist auch auf das (laut Lacan von Piaget fälschlich als „egozentrisch“ charakterisierte) Sprechen von Kindern, das nicht zu ihnen selbst, vielmehr „in die Kulissen“ gerichtet ist – somit auf das von Buber (und auch von Einstein) aufgezeigte „Verhängnis“ – das die Moderne kennzeichnende Verdrängen des Ethischen, das schlußendlich ins unabschließbare Überspiel (in Theater, Unterhaltung...the show must go on) ver-führt.[23] Für Buber war dies besonders deutlich bei Sartre, der „die Not des in sich eingesperrten Menschen (...) zum Lebensprinzip erhoben“ hat.[24] „Öffentlichkeit“ ist so gesehen der Versuch einer mehr oder weniger gut gelingenden Konsolidierung des freischwebenden „emanzipierten“ Unbewußten der Massen – im Duktus soziopsychologisch formalisierter Interessenkonfliktregulierungen, deren imaginärer Fixpunkt der in seinem Selbst gefangene, auf sich selbst gestellte einzelne (im Sinne Sartres) ist.

Emmanuel Lévinas geht aus von der Passivität des Einen, darin vergleichbar der Sartre`schen Verurteilung zur Freiheit – „Einzigkeit ohne Identität – jenseits des Bewußtseins, das seinerseits in sich ist und für sich, – Nicht-Identität, weil bereits Stellvertretung für den Anderen.[25] Damit hat er die Konstitution des Einzelnen zur Sprache gebracht – Verantwortung für den Anderen, Geiselhaft jeder Existenz – vor aller – in aller Bewußtwerdung. „Als Verantwortung

---

auf dem Felde des Andern“. Es muß sich daraus „herausholen“ und erfährt darin eben, „daß bezüglich der Begehrensbahnen der Andere vor derselben Schwierigkeit steht“. Diese Spiegelung zeigt aber gerade nicht ein Zueinander. Im Begehren bedrängt Fehlen, Fremdsein. Das Begehren läuft leer – ins tendenziell „Unendliche“, denn nicht das Repräsentat des Begehrens wird verdrängt sondern der Repräsentant (Das Seminar von Lacan, Jacques / Haas, Norbert (Übers.): *Die vier Grundbegriffe der Psychoanalyse*. Walter: Olten ^{2}1980, S. 197, S. 247, S. 228). Zum Zusammenhang von Technisierung und Unbewußtem bereits Kapp, Ernst: *Grundlinien einer Philosophie der Technik*. Meiner: Hamburg 2015 [Originalausg. 1877].

23 Lacan, S. 217ff. Da in Bubers Rede vom Verhängnis (nicht so sehr Natur als) die wissenschaftlich operationalisierte Gesellschaft verstanden ist, liegt in Lacans Einfall auch ein diskreter Hinweis auf den unverkennbaren Spielcharakter der Moderne überhaupt. Cf. ibid. S. 229ff. zum Zusammenhang von Verdrängung, Entfremdung, Aphanisis in der Subjektkonstitution. Selbstredend sind Lacans Ausführungen selbst als Signifikant, Zeugnis der Verdrängung, Symptom/Diagnose zu lesen.

24 Buber, S. 282.

25 Lévinas 1992, S. 136.

vor jeder Bindung aus freien Stücken wäre das Sich (...) die Verantwortung für die Freiheit des Anderen". Die Annahme des Anderen setzt Annahme des Getrenntseins von ihm voraus. Sie ist „Verantwortlichkeit, die früher ist als der Dialog, als der Austausch von Fragen und Antworten, als die Thematisierung des Gesagten, das sich über meine Infragestellung durch den in der Nähe befindlichen Anderen legt...".[26] Entscheidend ist die Unentrinnbarkeit, Unvertretbarkeit dieser Stellvertretung, in der der Einzelne vorgeladen wird und darin zu sich selbst kommt. In diesem „Einstehen für den Anderen" engt der Andere den, der für ihn einritt, nicht ein, es ereignet sich Offenheit, in der, der Atmung vergleichbar, Aktivität und Passivität ineinander übergehen. „Die Subjektivität gehört gerade dadurch, daß sie in passiver Weise die Last des Anderen erduldet – wodurch sie gerade zur Einzigkeit berufen wird –, nicht mehr zu der Ordnung, in der die Alternative von Aktivität und Passivität ihren Sinn behält."[27] Im Unterschied zur gewohnten Auffassung, in der Sprache den Erstzugang zum Andern zu sehen, geht Lévinas vom Anderen als Gegenüber – also vom Sehen aus. „Die Andersheit, die sich im Antlitz ausdrückt, liefert die einzig mögliche „Materie" für die totale Negation. Töten wollen kann ich nur rein absolut unabhängiges Seiendes..." Dieser Negation tritt das Unvorhersehbare der Reaktion des Anderen entgegen, darin die Unendlichkeit des über uns, die einzelnen, Hinausgehenden „in der vollständigen Blöße seiner Augen ohne Verteidigung... Die Epiphanie des Antlitzes weckt diese Möglichkeit, die Unendlichkeit der Versuchung des Mordes zu ermessen ... die rein ethische Unmöglichkeit dieser Versuchung und dieses Versuchs."[28]

Das paradigmatisch von Lacan analysierte Spiegelspiel des modernen zu sich selbst verurteilten Selbst wird in der ethischen Verantwortung „Du wirst keinen Mord begehen" aufgebrochen. „Das Antlitz öffnet die ursprüngliche Rede, deren erstes Wort Verpflichtung ist."[29] Diese Verpflichtung steht am Beginn des Sprechens – nicht das Denken in logischen Bahnen. Diese entscheidende phänomenologische Korrektur der Philosophietradition führt heraus aus der Reduktion des Einzelnen (und seinem Eigentum) im imaginären Nowhere und dem ihm folgenden Now here – in Flucht und Vertreibung.

---

26 Cf. op.cit., S. 243, S. 247.

27 Ibid., S. 254, S. 262.

28 Lévinas 1993, S. 285 f. Von hier aus wäre über die Suizidassistenz nachzudenken, in der die Verabsolutierung der Vereinzelung in eine schwindelerregende Dimension gerät, die neuerdings auch in der politischen Dimension deutlich formuliert wird (cf. Beiträge von Thomas Sören Hoffmann in *Frankfurter Allgemeine Zeitung* vom 4.11.2015 und Jürgen Kaube, ibid. 5.11.2015).

29 Lévinas 1993, S. 289.

Nicht im Sprechen liegt Letztgültigkeit, sondern in der konkreten Existenz des Anderen.[30]

„Was erwarten wir, wenn wir verzweifeln und doch noch zu einem Menschen gehen? Wohl eine Gegenwärtigkeit, durch die uns gesagt ist, daß es ihn dennoch gibt, den Sinn.“[31]

Quellenverzeichnis

Bernays, Edward: *Propaganda. Die Kunst der Public Relations.* Orange-Press: Freiburg i.Br. ³2011 [Engl. Erstauflage: Id: Propaganda. Liveright: New York 1929].

Buber, Martin: *Das dialogische Prinzip.* Lambert Schneider: Heidelberg 1962.

Casper, Bernhard: *Das Dialogische Denken. Franz Rosenzweig, Ferdinand Ebner und Martin Buber.* Alber: Freiburg i.Br./München 2002.

Casper, Bernhard: „Bedürfen des Anderen und Erfahrung Gottes. Zur religionsphilosophischen und theologischen Bedeutung des Werkes Ferdinand Ebners“. In: Methlagl, Walter et al. (Hrsg.): *Gegen den Traum vom Geist – Ferdinand Ebner. Beiträge zum Symposion Gablitz 1981.* Otto Müller: Salzburg 1985, S. 128–139.

Dworkin, Ronald / Engel, Eva (Übers.): *Religion ohne Gott.* Suhrkamp: Berlin 2014.

Ebner, Ferdinand: „Das Wort und die geistigen Realitäten. Pneumatologische Fragmente“. In: Id.: *Schriften I. Fragmente, Aufsätze, Aphorismen. Zu einer Pneumatologie des Wortes.* Hrsg. v. Franz Seyr. Kösel: München 1963, S. 75–342.

Fölsing, Albrecht: *Albert Einstein. Eine Biographie.* Suhrkamp: Frankfurt a.M. ²1993.

Frankl, Viktor E.: *Der unbewußte Gott.* Dtv: München ⁷1992 [Originalausg. 1948].

---

30 Am Ende der Aufklärung steht das Alibi von Großdialogen, Talkshows und Preisverleihungen. Cf. Navid Kermani, dessen Rede anläßlich der Verleihung des Friedenspreises des deutschen Buchhandels 2015, abgedruckt in *Frankfurter Allgemeine Zeitung* 20.10.2015, als Transformation des öffentlichen Alibi im Gedächtnis bleibt. Zur Reduktionsform Wellnessreligion der „Bedürfnisse“ cf. Wolf, Hubert: *Krypta. Unterdrückte Traditionen der Kirchengeschichte.* Beck: München 2015 in deutlichem Kontrast zur biblischen Umkehrforderung.

31 Buber, S. 158. Damit hat Buber gewissermaßen dem Ansatz von Viktor E. Frankl das logotherapeutische Ziel gegeben. Der im Spektrum von Nietzsches „Willen zur Macht“ inhärierenden Freudschen Orientierung auf Lust, der Adlerschen Orientierung auf Macht – setzt Frankl Orientierung am Sinn entgegen.

Heinrichs, Johannes: „Dialog, dialogisch“, In: Ritter, Joachim (Hrsg.): *Historisches Wörterbuch der Philosophie 2*. Schwabe: Basel et al. 1972, Sp. 226–229.

Hersch, Jeanne: *Die Unfähigkeit Freiheit zu ertragen*. Benziger: Zürich/Köln 1974.

Hoffmann, Thomas Sören: „Lasst die Finger davon“. In: *Frankfurter Allgemeine Zeitung*, 4.11.2015, retrieved 25.4.2016, from http://fazarchiv.faz.net/document/showSingleDoc/FAZ__FD1201511044708813?DT_from=&KO=&timeFilter=&timePeriod=timeFilter&dosearch=new&sext=0&crxdefs=&NN=&BC=&q=s%C3%B6ren+hoffmann&search_in=q&DT_to=&sorting=&CO=&submitSearch=Suchen&maxHits=&CN=&toggleFilter=&&annr=1799842&highlight=%5C%EAFz0rIqzk8tSs3TcXJ1D%2FJ0c9Nx0rLKyE9Ly03MQ4gBAOjIC8A%3D.

Holl, Jann/Redaktion und Lenk, Hans / Maring, Matthias: „Verantwortung [zwei Teilartikel]“. In: Ritter, Joachim / Gründer, Karlfried / Gabriel, Gottfried (Hrsg.): *Historisches Wörterbuch der Philosophie 11*. Schwabe: Basel 2001, Sp. 566–575.

Jullien, Francois: *De l'etre au Vivre: Lexique euro-chinois de pensée*. Gallimard: Paris 2015.

Kapp, Ernst: *Grundlinien einer Philosophie der Technik*. Meiner: Hamburg 2015 [Originalausg. 1877].

Kaube, Jürgen: „Kein Wille geschehe“. In: *Frankfurter Allgemeine Zeitung*, 5.11.2015, retrieved 25.4.2016, from http://www.faz.net/aktuell/feuilleton/debatten/sterbehilfe-kein-wille-geschehe-13894295.html.

Kermani, Navid: „Rede anlässlich der Verleihung des Friedenspreises des deutschen Buchhandels 2015“. In: *Frankfurter Allgemeine Zeitung*, 20.10.2015, retrieved 4.0.2016, from http://www.faz.net/aktuell/feuilleton/debatten/kermanis-friedenspreis-rede-jacques-mourad-und-die-liebe-in-syrien-13863150.html?printPagedArticle=true#pageIndex_2.

Kohlenberger, Helmut: „Wo bist Du? Der (Nicht-)Ort im Weltbürgerkrieg“. In: Wiedebach, Hartwig (Hrsg.): *„Kreuz der Wirklichkeit“ und „Stern der Erlösung“. Die Glaubens-Metaphysik von Eugen Rosenstock-Huessy und Franz Rosenzweig*. (Rosenzweigiana 5). Alber: Freiburg i.Br./München 2010, S. 153–178.

Lacan, Jacques / Haas, Norbert (Übers.): *Die vier Grundbegriffe der Psychoanalyse*. Walter: Olten ²1980.

Lévinas, Emmanuel / Krewani, Wolfgang Nikolaus (Übers.): *Totalität und Unendlichkeit. Versuch über die Exteriorität*. Alber: Freiburg i.Br./München ²1993. [Franz. Original: Derselbe: Totalité et infini: Essai sur l'extériorité. Nijhoff: La Haye 1980].

Lévinas, Emmanuel / Wiemer, Thomas (Übers.): *Jenseits des Seins oder anders als Sein geschieht*. Alber: Freiburg i. Br./München 1992, S. 262. [Franz. Original: Id.: Autrement qu'être ou au-delà de l'essence. Nijhoff: La Haye 1978].

Mieg, Harald A.: „Verantwortungsethik“. In: Ritter, Joachim / Gründer, Karlfried / Gabriel, Gottfried (Hrsg.): *Historisches Wörterbuch der Philosophie 11*. Schwabe: Basel 2001, Sp. 575–576.

Müller, A.M. Klaus: *Wende der Wahrnehmung. Erwägungen zur Grundlagenkrise in Physik, Pädagogik und Theologie*. Kaiser: München 1978.

Nassehi, Armin: *Die letzte Stunde der Wahrheit*. Murmann: Hamburg 2015.

Rimbaud, Arthur / Ochwaldt, Curd (Übers.): *Briefe und Dokumente*. Lambert Schneider: Heidelberg 1962.

Rosenzweig, Franz: *Der Stern der Erlösung*. Suhrkamp: Frankfurt a.M. ^{3}1990 [Originalausg. 1921].

Rosenzweig, Franz: *Das Büchlein vom gesunden und kranken Menschenverstand*. Jüdischer Verlag Athenäum: Königstein/Ts 1984 [Originalausg. 1921].

Rosenzweig, Franz: „Briefe und Tagebücher“. In: Rosenzweig, Rachel / Rosenzweig-Scheinmann, Edith (Hrsg.): *Der Mensch und sein Werk. Gesammelte Schriften I*. Nijhoff: Den Haag 1979 [2 Bde.].

Theunissen, Michael: *Der Andere*. De Gruyter: Berlin ^{2}1977.

Weber, Max: *Politik als Beruf*. Duncker & Humblot: Berlin et al. 1919.

Wolf, Hubert: *Krypta. Unterdrückte Traditionen der Kirchengeschichte*. Beck: München 2015.

Wucherer-Huldenfeld / Augustinus Karl: „Der Grundgedanke Ferdinand Ebners“. In: Methlagl, Walter (Hrsg.): *Gegen den Traum vom Geist – Ferdinand Ebner. Beiträge zum Symposion Gablitz 1981*. Otto Müller: Salzburg 1985, S. 78–87.

Peter Daniel Moser

Lieber mit Montaigne und Camus irren als mit Heidegger und Thomas von Aquin die Wahrheit behaupten

Ein Dialog zwischen Lebenden, Toten und Erfundenen[1]

Seine innere Neigung zu einem bestimmten Denken und zu einer Sensualität, die sich Petrarca, Montaigne und Camus näher fühlt als Thomas von Aquin und Heidegger
(Gerard Mortier über Michael Fischer)[2]

Personen
Die Freundin (F); verwandelt sich in der zweiten Szene in Luciana (L)
Gretchen aus dem *Faust* (G)
Thomas von Aquin (T)
Francesco Petrarca (P)
Michel de Montaigne (MM)
Matthias Claudius (MC)
Martin Heidegger (MH)
Albert Camus (AC)
Der Autor (A); verwandelt sich in der zweiten Szene in den Schüler aus dem *Faust* (S)

Erste Szene
A: ***Die Wahrheit*** ist: Ich weiß nicht, was ich im Gedenken an Michael Fischer schreiben soll.

F: Das weißt Du nicht? *Die Kunst des Dialogs* ist so eine breite Themenvorgabe. Ein weites Feld, würde Fontane sagen.

A: Ebendrum … Erst wollte ich über Platon schreiben, der nicht nur die Gattung erfunden, sondern im Grunde jedes geistige Tun als Dialog aufgefasst

1 U. a. inspiriert von den *Totengesprächen* des Lukian (2. Jh. n. u. Z.) und dessen Dialog *Hermotimos oder Lohnt es sich, Philosophie zu studieren?* Hrsg. u. übers. v. Peter von Möllendorff. WBG: Darmstadt 2000.

2 In: Fischer, Ilse / Schrems, Ingeborg (Hrsg.): *Der Intellektuelle – Rolle, Funktion und Paradoxie. Festschrift für Michael Fischer zum 65. Geburtstag*. Peter Lang: Frankfurt a.M. et al. 2010, S. 37.

hat: Gesetzgebung als *Unterhaltung über die Gesetze*[3] und Medizin (im Idealfall) als *Gespräch in fast philosophischem Ton*[4] zwischen Arzt und Patient. Weißt Du, dass er in einigen seiner Dialoge dessen Hauptmotiv gleich am Anfang anklingen lässt? In den *Gesetzen* ist „Gott" das allererste Wort, und *Der Staat* beginnt mit κατέβην (ich ging herab), was aufs Höhlengleichnis verweist.[5]

F: Toller Einfall vom alten Platon! Das musst Du auch machen, wenn Du mal einen Dialog schreibst.

A: Hab ich schon! ... Platon also definiert Denken als *Gespräch der Seele innerlich mit sich selbst.*[6] Für ihn ist Denken ein „Dialog, ohne zu reden" – während man heute das Gefühl hat, es wird oft von Dialog geredet, ohne sich dabei etwas zu denken.

F: Meinst Du?

A: Na, heute heißt doch so gut wie alles „Dialog"; es gibt *Bürger-*, *Klima-* und *Eltern-Dialoge*; in der Politik wollen alle mit dem Volk, die Kirchen mit den Gläubigen *in Dialog treten*; ins B-VG haben sie den *sozialpartnerschaftlichen Dialog* hineingeschrieben.[7] Wenn irgendwo ein Café eröffnet wird, nennen sie's *Café Dialog*; jede neue Eissorte, die zusammengemischt wird, soll ein *aufregender Dialog* zwischen Schokolade und Wasabi, Basilikum und Zitrone oder Gott weiß was sein; sogar die Keiler, die einem am Telefon oder in der Fuzo Verträge aufschwatzen, bezeichnen sich als *Experten für Direkt-Dialog.* Ich war bei einer Tagung, da wurde ein Gedicht von 1913 interpretiert, in dem das Wort „Hand" vorkommt, und 35 Jahre und zwei Weltkriege später verfasste ein Philosoph einen Text, in dem auch „Hand" vorkommt, und die Vortragende meinte, die beiden Autoren hätten einen *inneren Dialog* über die „Hand" geführt. Das ist Missbrauch des Begriffes „Dialog"!

F: Da hast Du natürlich recht. Aber Du musst zugeben: Wir leben in Zeiten, wo es gar nicht genug Dialog geben kann, vor allem interreligiösen und interkulturellen Dialog! Denn wie der Volksmund sagt: *Durchs Reden kommen die Leut' z'samm'.*

---

3 *Gesetze* IV 722cd. Zitiert nach Platon: *Sämtliche Dialoge.* Hrsg. u. übers. von Apelt, Otto. Felix Meiner: Hamburg 1988 (ND).

4 *Gesetze* IX 857d.

5 Cf. Mai, Helmut: *Platons Nachlass – Zur philosophischen Dimension der Nomoi.* Karl Alber: München/Freiburg 2014, S. 134.

6 *Sophistes* 263e (cf. Anm. 3).

7 Art 120a B-VG (BGBl I 2/2008). Normativierende Bestätigung des jahrzehntelang Faktischen!

A: Du meinst: „Der Dialog im Haus erspart den Huntington"; besser gesagt das, wovor Huntington in seinem zumeist missverstandenen Buch[8] gewarnt hat? Da hast natürlich Du recht. Prinzipiell. Aber mit Antisemiten, mit auf Töten und Zerstören gepolten Fanatikern, wie jetzt den IS-Leuten, kannst Du keinen Dialog führen.[9] Da ist elementare Solidarität mit den Opfern gefragt![10] „Dialog" ist ein „Sachertortenschlagobers"-Wort: köstlich bei dosiertem Genuss, unbekömmlich bei übermäßigem. Bloß erstaunlich, dass „Dialog" nicht mehr dieselbe Bedeutung wie in Komödien des Aristophanes hat.

F: Nämlich?

A: Sex.[11]

F (wechselt rasch das Thema): Aber dann war's Dir zu fad, schon wieder über Platon zu schreiben?

A: Genau. Und da hab ich mir überlegt, ich könnte zu Ehren von Michael Fischer einen fiktiven Festspiel-Dialog verfassen. Mit einem ganz besonderen Gast.

F: Wen meinst Du?

A: *Es war einmal ein Jünger der rhetorischen Musa,*
der wusste Bescheid, auch über die Gärten von Susa;
Reden hielt er: auf den Papagei wie auf die Mück',
und auf das Glück (gleich drei oder vier Stück) –
die Nachwelt nennt ihn: Dion Chrysostomos, Goldmund von Prusa!

F: Was war das denn?!

A: Ich wollte Dir nur meinen imaginären Festspiel-Dialog-Gast mit einem selbst gedichteten Limerick vorstellen.

F: Und was hat dieser Dion mit den Festspielen zu tun?

A: Laut seinen Reden, vor rund 1900 Jahren, erschienen ihm Gesang, Tanz, Schauspiel als extrem würdelos; *nur die heiligen Chöre*[12] wollte er ausnehmen.

---

8 Huntington, Samuel P.: *Der Kampf der Kulturen: die Neugestaltung der Weltpolitik im 21. Jahrhundert.* Europaverlag: München/Wien 1996.

9 Dieser Ansicht war auch Michael Fischer. cf. id.: *Vernunft und Norm: Gesellschaftskonstruktion und Lebenshorizont.* Peter Lang: Frankfurt a. M. 2005, S. 245.

10 Cf. Kuschel, Karl-Josef: *Martin Buber – seine Herausforderung an das Christentum.* Gütersloher Verlagshaus: Gütersloh 2015, S. 13.

11 Cf. *Plutos,* v. 1082sq.; *Ekklesiazusen,* v. 890. Sonst zum Wortgebrauch: Sichirollo, Livio: *ΔΙΑΛΕΓΕΣΘΑΙ– Dialektik. Von Homer bis Aristoteles.* Olms: Hildesheim 1966.

12 „Die Euboiische Rede oder Der Jäger", c. 119., cf. Dion Chrysostomos: *Sämtliche Reden.* Hrsg. v. Walter Rüegg, übers. v. Winfried Elliger. Artemis: Stuttgart/Zürich 1967, S. 140.

Ließe also Dion von den Festspielen bloß die *Ouverture spirituelle* übrig? Oder doch alles; im Hinblick darauf, dass „Fest“ vom lateinischen *festum* kommt, welches „das Religiöse, die Begegnung mit Gott zu einem festgesetzten Zeitpunkt“[13] hieß?

F: Ich finde langsam Geschmack an Deiner Dion-Idee.

A: Schade, dass Zeitreisen zwischen Antike und Gegenwart immer noch nicht möglich sind! Wenigstens ist eine von Dions Ideen in Salzburg realisiert worden. In einer seiner Reden regt er an, den Menschen stehend auf einer Kugel (als Symbol der Torheit) darzustellen.[14] Balkenhols *Sphaera* auf dem Kapitelplatz würde er lieben!

F: Und warum schreibst Du *nicht* über Dion?

A: Weil mir einfiel, wie scharf er die Reichen kritisierte. Warf ihnen Hartherzigkeit und Berechnung vor. Geißelte schon damals die Steuerflucht, für die es *keine Entschuldigung und keine Verzeihung*[15] gebe. Da habe ich Dion, diesen Jean Ziegler der Antike, wieder aus meinem Beitrag ausgeladen.

F (lacht): Verstehe.

A: Dann hab ich dran gedacht, über Schelling zu schreiben.

F: Den Finanzminister?

A: Nein, den Philosophen. Du erinnerst Dich, Michael Fischer hat sich mitunter als „letzten Hegelianer“ bezeichnet?

F: Ah, Hegel, Schelling, Hölderlin; die Tübinger Stiftskollegen. Bei Rüdiger Safranski[16] las ich, dass es einen Text gibt, von dem man gar nicht weiß, wer von ihnen ihn verfasst hat.

A: Das so genannte „älteste Systemprogramm des deutschen Idealismus“. Ich meine aber *Bruno*.

F (juxt): Den früheren Bundeskanzler?

A: Scherzkeks. Willst Du mich jetzt noch fragen, ob ich mit Michael Fischer einen Salzburger Bezirksrichter meine, oder unsern Prof., in dessen Seminar wir uns kennenlernten?! Nein, Giordano Bruno, auch ein Philosoph. In dem nach ihm benannten Dialog *Bruno oder über das göttliche und natürliche Princip der Dinge* entwickelt Schelling 1802 den Gedanken, dass die ganze

---

13 Hahn, Ulla: „Fest Spiele Publikum“ im letzten von Michael Fischer herausgegebenen Buch: id.: *Die Salzburger Festspiele – ihre Bedeutung für die europäische Festspielkultur und ihr Publikum.* Anton Pustet: Salzburg 2014, S. 161.

14 Dion, „Vom Glück (3)“, c. 12; op. cit., S. 700 (cf. Anm. 12).

15 Dion, „Von der Zurückgezogenheit“, c. 2; op. cit., S. 301 (cf. Anm. 12).

16 Safranski, Rüdiger: *Romantik – Eine deutsche Affäre.* Fischer Taschenbuch: Frankfurt a.M. 2009, S. 153.

erkennbare Welt ein Kunstwerk sei,[17] und nimmt damit auf gewisse Art das später so berühmte „Gesamtkunstwerk" vorweg.

F: Womit wir wieder bei den Festspielen wären, leuchtendem Mosaikstein im „europäischen *Gesamtkunstwerk*".[18]

A: Und noch eins. Schelling wandte sich der Kunst zu, „weil seine Philosophie im Blick auf Staat und Geschichte resigniert".[19] Ist das nicht eine Parallele zu heute? Empfinden wir nicht auch die Kunst zunehmend als Zuflucht – in einer Zeit der Angst vorm finalen *Clash*: durch den Klima-GAU, den totalen ökonomischen Kollaps oder den Dritten (und letzten!) Weltkrieg?

F: Schellingsche Zeiten!

A: Aber weißt Du, was ich am stärksten mit Michael Fischer verbinde? Was Gerard Mortier über ihn schrieb.[20] Für mich eine wunderbare Charakterisierung von Michaels Weltsicht. Außerdem geht's mir ebenso. Auch ich bin, salopp gesagt, ein „Fan" der Erstgenannten, während ich zu den andern beiden kaum Zugang finde. Wobei ich nicht weiß, woran das liegt. Ist das nur ein Bauchgefühl? Oder gibt es tatsächlich zwei Formen europäischer Intellektualität, von der die eine durch Thomas und Heidegger, die andere durch Petrarca, Montaigne und Camus repräsentiert wird? Und was wäre die *differentia specifica* zwischen beiden? Ich hätte mich wahnsinnig gern mit Michael Fischer und Gerard Mortier einmal darüber unterhalten.

F: Was jetzt leider nicht mehr geht. Du müsstest schon mit den Toten reden können.

A: Mit den Toten reden. Da fällt mir ein, ich wollte Dir noch von meinem Traum erzählen ...

Zweite Szene

A (erzählt): Ich ging durch eine fremde Stadt, als ein sehr fesches Mädchen meinen Weg kreuzte. In meinem notorischen Drang, mit meiner klassischen Bildung anzugeben, sprach ich es an:

Mein schönes Fräulein, darf ich wagen,
Meinen Arm und Geleit Ihr anzutragen?

G: *Bin weder Fräulein, weder schön,*
Kann ungeleitet nach Hause gehn.

---

17 Cf. Tilliette, Xavier: *Schelling, Biographie.* Klett-Cotta: Stuttgart 2004, S. 171.

18 von Dohnanyi, Klaus, „Europa bleibt ein Mosaik und will keinen Einheitsanstrich". In: Fischer, M.: op. cit. (Anm. 13), S. 94.

19 Marquard, Odo: *Transzendentaler Idealismus, Romantische Naturphilosophie, Psychoanalyse.* Dinter: Köln 1987, S. 142.

20 Cf. Anm. 2.

S (in den sich der Autor bei Gretchens Worten verwandelt hat): Hut ab! Nicht viele *Girls* kennen heute noch das Zitat.

G: Ich bin's doch selber: das Gretchen … Aber hast Du nicht auch in unserm Stück mitgespielt? Du bist doch der Schüler, der meinen Heinrich fragen wollte, was er studieren soll?

S: Ich bin's.

G: Und weißt Du's nun?

S: Hab mich für Philosophie entschieden. Weiß nur noch nicht, welche Richtung ich wählen soll.

G: Mach's doch wie ich. Ich bin berühmt durch meine Gretchenfrage. Sogar bei denen, die den *Faust* nicht kennen. Frage die Philosophen danach, was Dir in der Philosophie am wichtigsten ist.

S: *Philosophie ist die Suche nach Wahrheit. Oder (falls das nicht klappt): nach Konsistenz. Oder (falls das nicht klappt): nach Klarheit.* Hab ich aus dem Twitter-Wettbewerb des *Philosophy bites*-Podcast „Definieren Sie ‚Philosophie' in bis zu 140 Zeichen"[21] … Ich will die Philosophen fragen, wie sie's mit der Wahrheit halten. Aber wo find' ich die eigentlich, die Philosophen?

G: Das ist *easy*. Da drüben wohnen sie. (Sie wies auf die andere Straßenseite auf ein großes, parkartiges Anwesen.) Ich muss aber heim. Der doofe Goethe hat noch einen zweiten Teil gedichtet, in dem mein Faust in den Krieg zieht. Davon hat er einen Knacks und ist jetzt ein Pflegefall.

S (erzählt): Und weg war sie. Ich aber fand zu meinem Staunen im Tor des Anwesens einen gläsernen Schlüssel und durchquerte den Park, bis ich vor einer riesigen Villa stand, die einer Altersresidenz für Mega-Reiche glich. Von der Terrasse kam mir eine mit einem schicken roten Hosenanzug und weißer Bluse elegant bekleidete Frau entgegen, die Dir, liebe Freundin, zum Verwechseln ähnlich sah.

L: Hi, ich bin Luciana, die Objektmanagerin. Herzlich willkommen im *Garten der toten Philosophen*! Besucher sind immer eine große Freude für unsere Insa-, ich meine natürlich unsere Gäste.

S (erzählt): Überall im Park sah ich Leute, doch fast nur Männer, die an Gartentischen saßen oder herumspazierten. Alle mit Namensschildern an ihrer Kleidung, wie auf einem Kongress. Höflichkeitshalber wandte ich mich zuerst an den mutmaßlich Ältesten, der den Dominikanerhabit trug und in einem Gebetbuch las.

---

21 Tweet von Mark A. Hooper. Zit. nach: Edmonds, David / Warburton, Nigel: *Auf den Schultern von Riesen*. Übers. v. Holger Hanowell. Reclam: Stuttgart 2015, S. 316.

Lieber Bruder Thomas: Gibt es Wahrheit und wodurch erlangt man sie?

T (verärgert): Wie wagt Er es, mich anzureden?! Korrekt heißt das: Eure Heiligkeit! Aber um Seine Frage zu beantworten: *Wahrheit ist die Übereinstimmung der Sache mit der Erkenntnis. Die Wahrheit jedoch, die von den Dingen im Vergleich zum göttlichen Verstand ausgesagt wird, wohnt ihnen unabtrennbar inne, denn sie können nicht anders bestehen als durch den göttlichen Verstand, der sie ins Dasein fördert. Es ist daher für den Menschen notwendig, Glauben zu besitzen.*[22]

S: So möchte ich ab jetzt, wenn ich in Salzburg mit dem Obus fahre, den Glauben besitzen, dass mir der göttliche Verstand ein Ticket ins Dasein fördert, damit ich's nicht berappen muss.

T: Was faselt Er da? Woher kommt Er? Aus Salzburg, wie dieser Jüngling, der mich in einem Gedicht mit dem ungläubigen Apostel verwechselte?[23] Womöglich ist Er auch Protestant?!

L: Du verwirrst ihn. Bedenke, zu seiner Zeit hat es noch keinen Obus gegeben. Der erste Philosoph, der an Öffis interessiert war, war Pascal im 17. Jahrhundert. Aber der ist gerade verreist, studiert Wahrheit und Irrtum diesseits und jenseits der Pyrenäen.

S (erzählt): Während ich dachte, da hatte er noch Glück (heutige „Jünglinge" würden Thomas Gottschalk für *Sankt Thomas* halten), und Du (mit Lukrez zu sprechen) vielleicht schweigend fragst,[24] wieso der Heilige Salzburgs Obus nicht kannte, wo er doch über die Protestanten im Allgemeinen und Georg Trakl im Besonderen Bescheid wusste, kamen gerade Petrarca und Montaigne vorüber. Beide mit einer Katze auf dem Arm; die Tiere fauchten sich an, ihre Besitzer dito. Ich rief Petrarca an:

Ihr könnt mir gewiss helfen, Ihr habt ja sogar einen Dialog mit der Wahrheit geführt?

P: Ich wollte. Aber sie hatte kaum etwas zu sagen![25]... Wohne übrigens nicht hier, sondern drei Gassen weiter, *Villa der toten Dichter*. Kam nur vorbei, um Montaigne meine Katze zu zeigen. Sie ist doch viel schöner als seine!? Doch *sorge nicht, weil bald die Wahrheit / In allverstandner Klarheit / Kund*

---

22 Sämtliche Aussagen aus *Quaestiones disputatae de veritate* (1,1; 1,4; 14,10), cf. Stein, Edith: *Übersetzung: Des Hl. Thomas von Aquino Untersuchungen über die Wahrheit – Quaestiones disputatae de veritate* (Edith Stein Gesamtausgabe 23). Herder: Freiburg/Basel/Wien 2008, S. 9, 18, 414sq.

23 Trakl, Georg: „Menschheit". In: id.: *Werke – Entwürfe – Briefe*. Hrsg. v. Hans-Georg Kemper u. Frank-Rainer Max. Reclam: Stuttgart 2012, S. 27.

24 *De rerum natura,* V 1091.

25 In Petrarcas Dialog *Secretum meum (Mein Geheimnis)* ergreift die Allegorie der *Veritas* nur im Proömium das Wort und schweigt fortan.

werden wird von einem andern Boten.[26] Und nun enteil' ich, will mit meiner Laura eine Bergtour machen; wie neulich, als ich diesen windigen Gipfel in der Provence erklomm. Übrigens ganz ohne Doping, wie ich betonen möchte – nicht wie dieser arme Brite, den sie darum, wie mir Freund Dante erzählte, in der Sportler-Abteilung des *Inferno* immer noch grillen![27]

S (erzählt): Offenbar galten hier andere Zeitbegriffe, denn Petrarcas „neulich" erfolgte Besteigung des Mont Ventoux hatte er ja selbst auf 1336 datiert. Ich wandte mich Montaigne zu:

MM: Ich enthalte mich.

S: Wie??

MM: ΕΠΕΧΩ. Epécho, ich enthalte mich. Mein Wahlspruch. Seht, es steht auch auf meiner Medaille! Ist die Anzahl der Sandkörner in der Wüste gerade oder ungerade? Ist es erlaubt, jemanden anzulügen, damit es ihm besser geht? Macht Liebe den Menschen glücklich? Gibt es den gerechten Krieg?[28] All diese Fragen können wir nicht entscheiden, darum enthalte ich mich eines Urteils. Nur nicht, was meine Katze betrifft. Petrarcas Mieze sieht aus wie 'ne Mumie![29] Ihr findet meine *Minette* doch auch viel schöner?!

S: Aber widersprecht Ihr Euch nicht, wenn Ihr Euch da nicht enthaltet?

MM: *Mag mir zuweilen widersprechen, aber der Wahrheit widerspreche ich nie. Das Wort „Wahrheit" bedeutet etwas Großes; aber dieses Etwas sehen wir nicht noch begreifen wir es. Heute nennt man „Wahrheit" nicht das, was ist, sondern was man einzureden vermag; ähnlich wie wir als „Geld" nicht nur das gültige, sondern auch das umlaufende falsche bezeichnen.*[30]

---

26 Canz. 1,119; cf. Petrarca, Francesco: *Canzoniere – Triumphe – Verstreute Gedichte.* Hrsg. von Grote, Hans. Übers. v. Förster, Karl. Wissenschaftliche Buchgesellschaft: Darmstadt 2002, S. 195.

27 Zum Kontext zwischen Petrarca und Tom Simpson, der 1967 bei der Ventoux-Etappe der Tour de France ums Leben kam, cf. Göritz, Matthias: „Besteigung und Berufung", *Neue Rundschau* 115(2), 2004, S. 109–124.

28 Beispiele nach Bakewell, Sarah: *Wie soll ich leben? oder Das Leben Montaignes in einer Frage und zwanzig Antworten.* C. H. Beck: München 2012, S. 142sq. Bakewells Buch ist exzellent, aber wenn sie denkt, Montaigne hätte sich auch bei der Frage „Ist meine Katze hübscher als deine?" enthalten, kennt sie Katzenmenschen schlecht.

29 Ob Petrarca wirklich eine Katze hatte, weiß man nicht. Die in seinem Haus ausgestellte Katzenmumie ist eine Fälschung. Cf. Aurnhammer, Achim: *Petrarcas Katze. Die Geschichte des kätzischen Petrarkismus.* Manutius: Heidelberg 2005.

30 Cf. Essais III/2; II/12; II/18; Montaigne, Michel de: Essais. Erste moderne Gesamtübersetzung. Übers. v. Stilett, Hans. Goldmann: München 2000 (Taschenbuchausgabe), III, S. 33sq.; II, S. 257 u. 507. Montaignes Katze ist übrigens ebenfalls in II/12 (op. cit., S. 187) belegt!

S (erzählt): Wie treffend für *unsere* Zeit mir seine Worte schienen – und ich dachte: Wenn so viele Wahrheiten im Umlauf sind, wie es heute Geld ist, wie viele mögen davon falsch sein?! Nebenan hatten derweil zwei Denker des 20. Jahrhunderts Platz genommen. Während Heidegger in sein Heft schrieb, las Camus, links von ihm, in einem Fußballmagazin. Ich fragte Heidegger nach der Wahrheit:

MH (nach einer Pause): Wahrheit ist *Alétheia*, Unverborgenheit. Indes: *Die Verborgenheit versagt der* ἀλήθεια *das Entbergen und lässt sie noch nicht als* στέρησις *(Beraubung) zu, sondern bewahrt ihr das Eigenste als Eigentum. Die Verborgenheit ist dann, von der Wahrheit als Entborgenheit her gedacht, die Un-entborgenheit und somit die dem Wahrheitswesen eigenste und eigentliche Un-wahrheit.*[31] Ihr denkt doch auch so? (Bei diesen Worten drehte er sich nach rechts um.)

S (flüsternd zu Luciana): Mit wem redet er da? Da ist doch niemand. Er sieht aus wie James Stewart in *Mein Freund Harvey*, wenn er mit dem unsichtbaren Riesenhasen palavert.

(Aber da erklärte Heidegger selbst:)

MH: *Wenn ich nachdenke, ist es manchmal so, als ob Heraklit danebensteht.*[32]

S: Das wollte ich schon die ganze Zeit fragen: Wo sind eigentlich die antiken Philosophen?

L: Da immer wieder Philosophen sterben und unsere Inkompetenzkompensations-, ich meine natürlich unsere Aufnahmekompetenz, begrenzt ist, haben wir die alten Leutchen in unserem Orchideen-Garten ausgela-, ich meine natürlich untergebracht.

AC: Es gibt keine Wahrheit, aber es gibt Grenzen.

MH: Camus, Ihr leidet wohl noch unter dem Unfall, der Euch hierher brachte, und zitiert Euch daher falsch. Ihr habt geschrieben: *Es gibt keine* Gerechtigkeit, *aber es gibt Grenzen.*[33]

AC: *Mais non*! Das ist ja das Übel mit Euch, Heidegger, dass Ihr nicht kapiert habt, dass man „Wahrheit" nicht denken kann, ohne „Gerechtigkeit" mitzudenken. Schon bei Euerm geliebten Heraklit versucht Ihr alles aus der *Alétheia* zu erklären, obwohl das Wort bei dem gar nicht vorkommt. (Wie ein gewisser Peter Daniel Moser in seiner bei Michael Fischer verfassten Dissertation

---

31 Heidegger, Martin: *Vom Wesen der Wahrheit.* Klostermann: Frankfurt a.M. [5]1967, S. 21.

32 Schulz, Walter: „‚als ob Heraklit danebensteht.'" In: Neske, Günther (Hrsg.): *Erinnerung an Martin Heidegger.* Neske: Pfullingen 1977, S. 228.

33 „Der Belagerungszustand". In: Camus, Albert: *Dramen.* Übers. v. Meister, Guido G. Rowohlt: Reinbek 1959, S. 186.

nachgewiesen hat!)[34] Bei den alten Griechen war das noch verzeihlich, aber dass Ihr Euch auch sonst nie für Ethik, Politik und Ökonomie interessiert habt, war schuld, dass Ihr den Nazis auf den Leim gekrochen seid![35]

S (erzählt): Ein Wirkungstreffer! Obwohl es inzwischen dunkel geworden war, sah man, wie sich Heideggers Züge verdüsterten – als ob das Schwarz seines Heftes auf ihn abfärbte! Erst dachte ich, das plötzliche Licht käme von der Aureole des heiligen Thomas, der herzugetreten war, um seinem Freund beizuspringen, aber dann hörte man einen Neuankömmling:

MC: *Seht ihr den Mond dort stehen? –*
Er ist nur halb zu sehen,
Und ist doch rund und schön!
So sind wohl manche Sachen,
Die wir getrost belachen,
Weil unsre Augen sie nicht sehn.[36]

Alle Philosophen: Was will denn der Matthias Claudius hier? Der hält doch Philosophie für *die Lehr, daß Hinz nicht Kunz, und Kunz nicht Hinze sei.*[37]

Der Autor (aus dem Schüler wieder zurückverwandelt): Nein, Ihr Philosophen irrt! Ihr habt in 2500 Jahren die Wahrheit nur verschieden interpretiert. Es kömmt aber drauf an zu begreifen: Es gibt die Wahrheits-**Verbissenen** und die Wahrheits-**Gelassenen**. Die, die an die Erkennbarkeit der absoluten Wahrheit glauben, und die, die das nicht tun. Es sind aber immer jene, die die Wahrheit gepachtet zu haben meinen, die den Dialog verweigern und beanspruchen, andere foltern, vergewaltigen, massakrieren und Kriege anzetteln zu dürfen, in denen die Wahrheit bekanntlich als erstes stirbt. Die aber, die wissen, dass man *nur vor der Tür der Wahrheit fegen* kann, die hassen den Krieg und

---

34 Moser, Peter Daniel: *Heraklits Kampf ums Recht: ein antiker Beitrag zur Rechtsphilosophie.* Peter Lang: Frankfurt a.M. et al. 1993, S. 72–76. – Wer sich wundert, dass Camus meine Doktorarbeit kennt, lese Christian Dietrich Grabbes 1822 entstandenes Lustspiel *Scherz, Satire, Ironie und tiefere Bedeutung* (2. Akt/2. Szene)!

35 Zur These, dass Heideggers Desinteresse an praktischer Philosophie seine Affinität zum Nationalsozialismus begünstigte, zuletzt: Demmerling, Christoph: „Hermeneutik der Alltäglichkeit und In-der-Welt-sein (§§ 25–38)". In: Rentsch, Thomas (Hrsg.): *Martin Heidegger: Sein und Zeit.* (Reihe „Klassiker Auslegen"). De Gruyter: Berlin et al. 2015, S. 83–108.

36 „Abendlied", 3. Strophe. In: Claudius, Matthias: *Ausgewählte Werke.* Hg. v. Münz, Walter. Reclam: Stuttgart 2006, S. 137.

37 „Hinz und Kunz"; ibid., S. 85.

begehren, *[n]icht schuld daran zu sein*, und schließen in ihr Gebet *unsern kranken Nachbar[n]* ein.[38]

Oder in den Worten von Michael Fischer:

> *Eine Gesellschaft [...], in der verschiedene Traditionen, verschiedene Denk- und Wissenssysteme Seite an Seite leben, hebt nicht bloß die Qualität der Traditionen, sie ermöglicht auch die persönliche Reife der Bürger. Relativismus und Toleranz sind insofern zentrale Instrumente zur Beförderung des Humanitätsideals, sie sind, historisch betrachtet, der einzige Schutz vor Totalitarismus und Wahrheitsfanatismus.*[39]

Quellenverzeichnis

Aurnhammer, Achim: *Petrarcas Katze. Die Geschichte des kätzischen Petrarkismus.* Manutius: Heidelberg 2005.

Bakewell, Sarah: *Wie soll ich leben? oder Das Leben Montaignes in einer Frage und zwanzig Antworten.* Beck: München 2012.

Camus, Albert: „Der Belagerungszustand“. In: id., Dramen. Übers. v. Meister, Guido G. Rowohlt: Reinbek 1959, S. 117–186.

Claudius, Matthias: *Ausgewählte Werke.* Hrsg. v. Münz, Walter. Reclam: Stuttgart 2006.

Demmerling, Christoph: „Hermeneutik der Alltäglichkeit und In-der-Welt-sein (§§ 25–38)“. In: Rentsch, Thomas (Hrsg.): *Martin Heidegger: Sein und Zeit.* (Reihe „Klassiker Auslegen“). De Gruyter: Berlin et al. 2015, S. 83–108.

Dion Chrysostomos: *Sämtliche Reden.* Hrsg. v. Rüegg, Walter, übersetzt v. Ellinger, Winfried. Artemis: Stuttgart/Zürich 1967.

Dohnanyi, Klaus von: „Europa bleibt ein Mosaik und will keinen Einheitsanstrich“. In: Fischer, Michael (Hrsg.): *Die Salzburger Festspiele – ihre Bedeutung für die europäische Festspielkultur und ihr Publikum.* Anton Pustet: Salzburg 2014, S. 94–96.

Edmonds, David/Warburton, Nigel: *Auf den Schultern von Riesen.* Übers. v. Holger Hanowell. Reclam: Stuttgart 2015.

Fischer, Ilse / Schrems, Ingeborg (Hrsg.): *Der Intellektuelle – Rolle, Funktion und Paradoxie. Festschrift für Michael Fischer zum 65. Geburtstag.* Peter Lang: Frankfurt a.M. et al. 2010.

Fischer, Michael: *Vernunft und Norm: Gesellschaftskonstruktion und Lebenshorizont.* Peter Lang: Frankfurt a.M. et al. 2005.

---

38 „Über die Unsterblichkeit der Seele“, „Kriegslied“, „Abendlied“; ibid., S. 167, 150 und 138.

39 Op. cit. (cf. Anm. 9), S. 245sq.

Göritz, Matthias: „Besteigung und Berufung“, *Neue Rundschau* 115(2), 2004, S. 109–124.

Hahn, Ulla: „Fest Spiele Publikum“. In: Fischer, Michael: *Die Salzburger Festspiele – ihre Bedeutung für die europäische Festspielkultur und ihr Publikum*. Anton Pustet: Salzburg 2014, S. 161–165.

Heidegger, Martin: *Vom Wesen der Wahrheit*. Klostermann: Frankfurt a.M. [5]1967.

Huntington, Samuel P.: *Der Kampf der Kulturen: die Neugestaltung der Weltpolitik im 21. Jahrhundert*. Europaverlag: München/Wien 1996.

Kuschel, Karl-Josef: *Martin Buber – seine Herausforderung an das Christentum*. Gütersloher Verlagshaus: Gütersloh 2015.

Lukian: Hermotimos oder Lohnt es sich, Philosophie zu studieren? Hrsg. u. übers. v. Peter von Möllendorf. WBG: Darmstadt 2000.

Mai, Helmut: *Platons Nachlass – Zur philosophischen Dimension der Nomoi*. Karl Alber: München/Freiburg 2014.

Marquard, Odo: *Transzendentaler Idealismus, Romantische Naturphilosophie, Psychoanalyse*. Dinter: Köln 1987.

Montaigne, Michel de: *Essais. Erste moderne Gesamtübersetzung*. Übers. v. Stilett, Hans. Goldmann: München 2000.

Moser, Peter Daniel: *Heraklits Kampf ums Recht: ein antiker Beitrag zur Rechtsphilosophie*. Peter Lang: Frankfurt a.M. et al. 1993.

Petrarca, Francesco: *Canzoniere – Triumphe – Verstreute Gedichte*. Hrsg. von Grote, Hans. Übers. v. Förster, Karl. Wissenschaftliche Buchgesellschaft: Darmstadt 2002.

Platon: *Sämtliche Dialoge*. Hrsg. und übers. von Apelt, Otto. Felix Meiner: Hamburg 1988.

Safranski, Rüdiger: *Romantik – Eine deutsche Affäre*. Fischer Taschenbuch: Frankfurt a.M. 2009.

Schulz, Walter: „‚als ob Heraklit danebensteht.‘“ In: Neske, Günther (Hrsg.): *Erinnerung an Martin Heidegger*. Neske: Pfullingen 1977, S. 223–228.

Sichirollo, Livio: *ΔΙΑΛΕΓΕΣΘΑΙ – Dialektik. Von Homer bis Aristoteles*. Olms: Hildesheim 1966.

Stein, Edith: *Übersetzung: Des Hl. Thomas von Aquino Untersuchungen über die Wahrheit – Quaestiones disputatae de veritate* (Edith Stein Gesamtausgabe 23). Herder: Freiburg/Basel/Wien 2008.

Tilliette, Xavier: *Schelling, Biographie*. Klett-Cotta: Stuttgart 2004.

Trakl, Georg: *Werke – Entwürfe – Briefe*. Hrsg. v. Kemper, Hans-Georg u. Max, Frank-Rainer. Reclam: Stuttgart 2012.

Reinhold Knoll

Humanität als Floskel?

Zur Erinnerung an ein Anliegen von Michael Fischer

Es kann als Erfolg einer selten verwendeten Methode des Paradoxen gelten, hinter der schrittweise größeren Beachtung von Gesellschaft in deren Entwicklung, Fortschritt und errungenen Freiheiten, zugleich eine entweder bewusst unterschlagene oder aber unbemerkte Tendenz zur Individualisierung ans Tageslicht gebracht zu haben. Das heißt, dass von Anfang an während der Prozesse der Vergesellschaftung, die im Mittelpunkt der Sozialwissenschaften stehen, in gleichem Maß das von diesen Entwicklungen geprägte Individuum immer stärker hervortritt. Schon im Dialog von Diderot in „Rameaus Neffe" fällt die Exzentrizität beim Neffen des Komponisten auf, da im Café die Diskrepanz zwischen Individualisierung und Öffentlichkeit bewusst ausgespielt wird. In dieser Tradition stehen hierauf entweder „Robinson Crusoe" als Exempel des „economical man" nach Adam Smith, oder aber der Revolutionär in den Wirrnissen der französischen Revolution. Die Antwort darauf bot Marquis de Sade in der Reform zur sexuellen Revolution an. Von diesem führt eine direkte Linie zu den Schriften zur exzentrischenüber eine exzentrische Individualisierung, wie diese Slavoj Žižek im Buch „Liebe deinen Nächsten? Nein danke!"[1] darstellte.

Davon noch unberührt waren die neuen sozialphilosophischen Schriften der Frühsozialisten unmittelbar nach der Aufklärung. Deren romantische Absicht war, die vorerst gescheiterten Ziele der französischen Revolution in das Konzept eines politischen Partizipationsmodells zu verwandeln. Da wollte man wirklich eine dauerhaftere Konstitution der Republik zu erreichen. Gegen diese Intention einer politischen Reziprozität zwischen Gesellschaft und Staat war gerade in der Philosophie oft polemisiert worden. Sie hatte es aber verabsäumt, die Perversion dieser Reziprozität zu beachten, nachdem Napoleon mit der allgemeinen Wehrpflicht den wirksamsten Schritt in die Richtung einer Pseudo-Demokratisierung unternommen hatte. Freilich verdeckte diese blutige Vorstellung von Gleichheit die Tatsache, dass ab nun zwei Modelle in Konkurrenz gerieten. Das eine war der Entwurf zum Modell des Marktes, das sich zum Glaubensbekenntnis des Liberalismus mauserte. Dagegen stand das

1 Cf. Žižek, Slavoj / Schneider, Nikolaus: *Liebe deinen Nächsten? Nein danke! Die Sackgasse des Sozialen in der Postmoderne.* G. Volk & Welt: Berlin 1999.

Modell der Revolution, in dessen Perversionen der linke oder rechte Terror im 20. Jahrhundert sich legitimiert sehen wollte.

Der bekannteste Spötter über jede Art von Demokratie oder Demokratisierung war Friedrich Nietzsche. Im Vorwurf, der Weg zum gesellschaftlichen Ausgleich der sozialen Klassen verdeutliche nur ein Merkmal kultureller Schwäche., hatte er eine Vorleistung für eine Serie von Missverständnissen erbracht, denen ein blutiges Ende beschieden war. Für Nietzsche hat sich diese strukturelle Schwächung bereits in der Reformation durch Luther abgezeichnet. Immerhin blieb es die Grundlage pessimistischer Prognosen, um daraus ein generelles Misstrauen gegenüber Republik und Demokratie zu begründen. Es schien sogar die Wende zum totalitären Staat im 20. Jahrhundert zu begünstigen. Von Max Scheler bis Arnold Gehlen war es der übliche Einwand gegen Demokratie und Rechtsstaat geblieben.

Tendenziell überwog die Behauptung sowohl in Teilen der Sozialphilosophie wie auch bei Vertretern deutscher Rechtswissenschaft in der ersten Hälfte des 20. Jahrhunderts, dass die Beziehungsformen des Menschen zu Gesellschaft und Kultur einer falschen Vorstellung von Humanität unterliegen. Jedenfalls zählte es zum Tagesgespräch nach 1918, dass es entweder eines Übermenschen bedarf, um den „Zeiterscheinungen" Paroli zu bieten, oder aber ein starker, autoritärer Staat müsse den Verfallserscheinungen des Abendlandes entgegenwirken. In ziemlich modern erscheinenden Konzepten einer Kulturanthropologie war in soziologischer Manier mehrfach erklärt worden, dass sich der Mensch gerade im „Industriezeitalter" an stabilen gesellschaftlichen Formen oder Institutionen orientieren muss., ja diese allein würden dem haltlosen Individuum Orientierung bieten. Nur innerhalb solcher sozialen Institutionen könne er seine Existenz sichern. Mit der Kritik am alten politischen Liberalismus wurde betont, innerhalb dieser Reziprozitäten zwischen „Gesellschaft" und „Gemeinschaft" könne sich eine „gesunde" Individualität behaupten und wird jenen Egoismus ablösen, der im Sinne des individual man nach Adam Smith fast als nötige Eigenschaft für die ökonomische Zukunft verlangt wurde. In dieser Reform würde die drohende Katastrophe des Kapitalismus beseitigt. Deutlich war in diesen Spaltungen zu erkennen, dass hier die sehr differenten Folgen von politischer Romantik und falsch verstandenem Historismus als Baustein nationaler Selbstbestimmungen in Konflikt geraten waren. Ausgerechnet nach dem Ersten Weltkrieg war damit jeder politische Konsens unmöglich geworden.

Man war überzeugt gewesen, zwischen dem animal social und dem ökonomisierten Egoismus könne ein kreativer Aspekt als Gegensatz gewonnen werden, um die drohende Dekadenz oder moralische Schwäche in der Moderne zu kompensieren. Allerdings war dieses animal social nicht mehr jenes der frühen Sozialphilosophie oder das Zoon politikon nach Aristoteles, sondern war nahe der politischen Skepsis bei Thomas Hobbes angesiedelt. Also unterlegte man diesem neuen Individualismus gern rassisch-biologische Motive, die recht gut zum verschärften Chauvinismus passten. Dieser Aspekt zeigt sich während der philosophischen Dechiffrierung des logisch-sprachlichen und erkenntnistheoretischen wie soziologischen Sprachgebrauchs bei Proklamationen des Egoismus.

Diese Formen einer nahezu pathologischen Selbstbehauptung, in der ja die einzigartige Subjektivität des Künstlers als Originalität entdeckt worden war, entstammten nicht allein einem Ressentiment gegen die verunglückende Moderne zwischen Ver sacrum und Weltkrieg. Mit der Gründung der Republiken nach 1918 war der politische Dialog, der die Grundlage der Repräsentativorgane des modernen Staates hätte werden sollen, überraschend schnell aufs Gespräch der Gesinnungsgenossen eingeengt gewesen. Somit war der politische Konsens außerordentlich fragil geblieben.

Zu gleicher Zeit war es in der Philosophie üblich geworden, Fragen ans Erkenntnisinteresse zu verbieten, so dass sie ins Fahrwasser der Ideologie geriet. Einer der ersten, der eine Frage nach dem Zweck seiner „Philosophie positive" kurzer Hand verboten hatte, war Auguste Comte selbst, so man noch kein Eleve seiner Lehre geworden war.

Im Gegenzug hatte um 1920 Martin Buber seine Dialogphilosophie in den Mittelpunkt gestellt, die allerdings unter der Ich-Du-Beziehung keine Ausgrenzung verstanden hatte, nicht die Exklusivität eines Dialogs unter Freunden, sondern er hatte damit ein Grundwort gebildet, das eine Innen- wie Außendistanz enthält. Der Dialog nach innen ist bekanntlich über Rollenspiele vermittelt. Darin machen Besitz, Arbeitsteiligkeit und Tauschformen ihren Einfluss geltend und definieren die Position im Dialog. Freilich ist die Eröffnung eines Dialogs im Unterschied zu Feuerbach, Ferdinand Ebner und Martin Buber nicht unabhängig von diesen Rollen zu denken, die gleichsam wie eine Prädisposition das Gespräch nach Sympathiestruktur fördern oder unterbinden. So der Dialog den Sinn besitzt, das Ego auf ein Du hin zu orientieren, bedarf es eines in der Kommunikation, Formulierungskunst und im Altruismus liegenden mitmenschlichen Gedankens. Also muss die Reduplikation der Intimität ausgeschaltet sein. Der Schutz des Dialogs nach außen war ebenso zu gewährleisten, allerdings unter einem anderen Gesichtspunkt. Dabei war nicht ein Ich als Hemmnis zu überwinden oder die allfälligen Ich-Relationen, sondern, wie Buber sah, waren die Spuren des Anderen. Wie bereits erwähnt – in sich selbst zu entdecken oder man begann, bei sich selbst, den Anderen zu entdecken. Aus dieser kommunikativen Dichte konstituiert sich das Wir, die nächste Form sozialer Grammatik, wie es Eugen Rosenstock-Huessy formulierte. Die qualitative Bedeutung sozialer Grammatik liegt in der bereitwilligen Zuordnung eines Ich zum Wir, wie er in alten Sprachen als Dual noch in Erinnerung war und sich zum Altruismus steigert. In der Rollentheorie hat man später dieses prozessuale Geschehen abgebildet. Der generalisierte Andere erhält seine „Eigentlichkeit" und wird sogar zur Person. Die Distanz nach außen hat freilich mehr zum Schutz des Wir beizutragen als eine bloße Manifestation des Vertrauensverhältnisses. Ein Wir muss mehr repräsentieren als eine pragmatische Erweiterung des Ich-Du-Verhältnisses. Es tritt vor allem in der gelungenen Reduktion der Komplexität in Erscheinung, das als Vertrauen bezeichnet wird. Dabei wird ein Ungleichgewicht des Autoritären zu verhindern sein, wie es in den Beispielen Hegels und Samuel Becketts im Verhältnis von Herr und Knecht der unerfreuliche Gegenstand war.

Diese vorerst zu freundliche Wendung erhält ihre Einschränkung dort, wo an die grundsätzlich vorhandene Position eines Dritten zu denken ist. Dieser ist ja zumindest aus unseren Erfahrungen nicht wegzudenken. Wie der Dritte gleichsam in Gedanken stets präsent bleibt, so war er für die Wirklichkeit im Dialogischen bei Martin Buber nicht ausreichend berücksichtigt worden. Gleichsam zur Rettung der Intimität soll die Ich-Du-Konstellation unberührt bleiben. Es wird die generell vorhandene „Durchgängigkeit" der Beziehungsformen der Menschen außer Acht gelassen. Diese sind ja nicht nur mit der Erfahrung des Dritten gegenwärtig, sondern sie bilden die Grundlage für eine Erweiterung des „Zwischenmenschlichen", über die eine neue Form politischer Öffentlichkeit gestiftet wird. Wenn in der sozialen Grammatik die Steigerung zum Wir als Funktion im Dialog gesehen wird, so wird der Plural des Ihr zur Überwindung der dialogischen Intimität. Konsequent stellt sich die Öffentlichkeit als Begriff und Wirklichkeit ein. Die Qualität der Öffentlichkeit unterscheidet sich grundsätzlich vom Sie, der dritten Person Mehrzahl, die der Inbegriff der Masse, des Anonymen wird. Darin ist die politische Qualifikation für die Öffentlichkeit nicht im gleichen Maß gegeben wie im Ihr, der zweiten Person Plural.

In den Reflexionen zur Anthropologie beschrieb Immanuel Kant recht anschaulich eine derartige Version von Veränderung. Er bemerkte, wie sich aus einer individuellen Perspektive eine der öffentlichen ergibt und nicht mehr übereinstimmt.

> Jeder will vornehm seyn, aber das publicum verlangt ungleichheit der Stände. Jeder will großen Talenten, das publicum bedarf gringe. Zwar wünscht das publicum keine böse Neigungen, aber durch dieser ihr Daseyn wird allererst ein publicum möglich. So wird das besondere übel ein Gut im Ganzen. Wollte man seinen Wunsch so steigern, dass wir ganz andere Zeugungsgesetze, ganz andere Neigungen und Geisteskräfte dem Menschen zuertheilen wollen, so würde dieser Wunsch, weil er seine eigene Person aufhebt und an deren Statt eine andere setzt, ungereimt seyn.[2]

2 Kant, Immanuel: *Anthropologie.* In: Königlich Preußische Akademie der Wissenschaften (Hrsg.): Kant's Gesammelte Schriften 15 [AA Bd. XV]. De Gruyter: Berlin et al. 1923, S. 611 [Refl. 1401].

Mit dieser zum Widerspruch drängenden Form des Plurals bedarf es einer Gesellschaftsethik. Das „einfache“ Wir der Ich-Du-Beziehung findet ihr Auslangen bei einer provisorischen Moral. Bei näherer Untersuchung ist festzustellen, dass eine Unterscheidung der Plural-Formen zunehmend verwischt wird. Ein Wir wird allzu oft als eine erweiterte Vorstellung eines allgemeiner gefassten Ich angegeben. Wegen dieser gelungenen Selbsttäuschung wird das Formulieren des Wir durch eine einfache Beziehungsethik legitimiert. Paolo Prodi demonstrierte eindrucksvoll, wie häufig aus dieser formalen Steigerung zum Wir Menschenrechte begründet erscheinen und damit gleichzeitig ihre Verbindlichkeit verlieren. Sie befinden sich sofort in einer Legitimationskrise, die sie mit der Umformulierung der Humanität kompensieren. Es ist die Ursache dafür, dass es nunmehr chinesische oder islamische Menschenrechte gibt.

Diese reziproke Ethik in einer vorgetäuschten Beziehung vom Ich zum Wir scheint eben durchgängig üblich. Wie wir am Beispiel der auf Kultur oder Religion gründenden Menschenrechte erkennen, werden diese an den empirischen Formen verschiedenster Vergesellschaftungen nicht mehr wirklich wirksam sein, wie Norberto Bobbio beschrieb. Schon in der historischen Entwicklung einer Familie zum Clan – und dessen Erweiterung zur Elitenverwandtschaft, die Gemeinschaftsbildungen etwa, die sich bis zur Staatlichkeit verfolgen lassen, sind nicht bloß additiv oder linear zu verstehen, um einmal falschen Schlussfolgerungen eines Pseudo-Empirismus zu entgehen. Selbst die scheinbar teilweise Überwindung sozialer Ungleichheit wird nicht mehr aussagen können als dass ein Bruch in der Intimität des Ego stattgefunden hat. Er ist die Voraussetzung einer Integration in die politische Öffentlichkeit. Selbst die Religionsgemeinschaften lassen in ihrer Konstitution auf ein anderes Ich schließen, als wir es bisher angenommen haben. Recht schnell ist in den diversen theoretischen Überlegungen nachzulesen, dass Integrationen etwa in ihrer Orientierung am Besitz technisch fixierte soziale Formen von Klassen oder Schichten erzeugen. Daraus hatte Emile Durkheim sein Konzept mechanischer und organischer Solidarität abgeleitet. Abstrakte Formen der Arbeitsteilung lassen schließlich eigene Institutionen entstehen, die sich sogar der bisherigen historischen Welt entziehen können, was man aber etwas schönfärberisch Emanzipation nennt. In den Analysen von Karl Mannheim oder Arnold Gehlen werden aus den Tauschrelationen soziale Werte und können sogar zu einer gewissen soziokulturellen Stabilität führen. Unter der Voraussetzung der Revolution kann dies nach Marx die klassenlose Gesellschaft erreichen, was Max Weber bei durchaus ähnlicher Methodik als Illusion bezeichnete.

Die allgemeine Vergesellschaftung, die sogar eine Ich-Du-Beziehung in der Form der Freundschaft oder Ehe destabilisieren kann – wie etwa Scheidungsziffern belegen und was bei Schiller offenbar noch stabil erschienen war –, zeigt die Individuen mehr denn je an ihre gesellschaftlichen Verhältnisse gebunden. Gleichzeitig wird die Idee geboren, in diesen dichteren sozialen

Beziehungsweisen wird die Aufhebung der Ungleichheit denkbar. Es tritt erst jetzt das Prinzip des Dialogs in seiner ursprünglichen Form ans Tageslicht. Wegen seiner Unmittelbarkeit und strikten Vertraulichkeit war das offene Gespräch bislang vergänglich, weil auch wegen einer entgegen gesetzten politischen Verfassung gefährdet. Es war daher in seiner besonderen Bedeutung eingegrenzt. In der Aufhebung der Ungleichheit ist ja nicht nur die Ebenbürtigkeit der Personen gewährleistet, sondern das Dialogische gewinnt darin ihre Transformation zum öffentlich geäußerten Wort. Dieser Strukturwandel der Öffentlichkeit war ein erfolgreiches Unternehmen der Aufklärung geworden, wie Jürgen Habermas vor Jahrzehnten beschrieben hat.

Gewiss scheint es ein utopisches Anliegen zu sein, in einer komplexen Welt der neuen Abhängigkeiten ein offenes Wort zu erwarten. Es scheint sich ja die Beobachtung Kants aus Königsberg zu bestätigen, wenn er meinte, dass mit dem Erscheinen einer Zeitung „nichts mehr aufkommt“, also als das Gespräch am Marktplatz unterbunden erscheint. Dennoch lässt eine aus dem Paradoxen gewonnene Einsicht die Kontur erkennen, die die Bedeutung des dialogischen Prinzips unterstreicht, und welche wechselseitigen Erfüllungen erreicht werden können. Wenn die Entzifferung der Täuschungen und Enttäuschungen gelingt, so wird sehr rasch die Einsicht an Bedeutung gewinnen, dass der Dialog die Macht besitzt, eine existentiale Kategorie zu repräsentieren. Mit dem Dialog sind einmal der Schutz der freien und die Berechtigung auf die eigene Rede eindeutig zu begründen. Darin lässt sich auch die Anerkennung der sich im Anderen manifestierenden „Selbstheit“ finden. Es verdeutlicht den Kontrast, der dem Anderen einen Platz zuerkennt, was freilich einer Konstitution bedarf, und zugleich die Intention besitzt, darin das Transzendentale der Einen Welt zu erfüllen.

Diese Vorstellung vom Dialog, die inzwischen als Parole des Repressionsfreien vor bald fünfzig Jahren missbraucht wurde, soll eben die Möglichkeit zu mehr als nur einer Vorstellung reifen lassen, in ihm eine gesellschaftsbildende Form zu sehen. Die Anerkennung, dem Anderen einen Platz einzuräumen, ist zugleich dessen zugesagter Freiheitsraum und zeigt den politischen Horizont der Welt in anderer Beschaffenheit als in jener der Ironie oder des Ressentiments. Aus dieser Voraussetzung zeigt sich der Spott über die beschriebenen Annahmen des Dialogs auch als der Versuch, der eigenen bitteren Ironie Rechnung zu tragen. Bei Nietzsche, Max Scheler und Arnold Gehlen ist es die allseits geteilte Meinung gewesen, dass Ethik und Logik der Humanität, also ein philosophischer Altruismus, das Produkt einer falsch verstandenen Egozentrik des Edelmuts ist. Bestenfalls ist diese Fehlannahme als Phantasmagorie kulturschöpferischer Entfaltungen zu beschreiben. Es war sogar behauptet worden, Humanität sei eine misslungene Form der Selbstverwirklichung, die sich in Formen der Hingabe und des Martyrium individualistisch wie hysterisch zu steigern vermag. Niemand anderer als Hegel hat in seiner

Phänomenologie als Voraussetzung bürgerlicher Gesellschaft keineswegs das edle Selbst anerkannt, sondern weit eindeutiger das niederträchtige Selbst. Die Eigenschaft der Niedertracht gewährleistet die Existenz im Ränkespiel bürgerlicher Gesellschaft. Als müsse der Wahnsinn von Thomas Hobbes auch für die Moderne herangezogen werden, dass nämlich der Mensch dem anderen ein reißender Wolf ist, so muss nunmehr die skeptische Vernunft belehren, dass weder Gutes zu erwarten ist, noch die allgemeine Anerkennung von Menschlichkeit das allgemeine Motiv der Politik sein wird.

Plato hat in den Dialogen den Versuch unternommen, aus dem Dialogischen einen durchgebildeten Staat zu entwerfen. Darin war sein Wunsch begründet, der Philosoph soll Politiker sein – oder umgekehrt? Hegel nahm schließlich doch Abstand gegenüber dem Pessimismus in der Phänomenologie und hoffte, in der Geschichte möge ein roter Faden uneinsichtigen Sublimierens der allgemein erwünschten Macht zu verfolgen sein. Im Entwurf der baden-württembergischen Verfassung hätten die traditionalen Repräsentativstände die politische Gewalt zu zähmen, was Hegel dann später im Blick auf eine preußische Verfassung minderte. Nun war in der Kritik am Humanitarismus, in diese Ecke war die vormalige Menschlichkeit inzwischen verwiesen worden, ganz deutlich zu lesen, dass von Hobbes ausgehend bis zu Nietzsche jede Art des Altruismus eine Attitüde der Schwäche ist. Selbst in der pragmatisch angelegten Anthropologie Gehlens werden die möglichen Kriterien der sozialen Grammatik umformuliert, da generell im Altruismus, sei er nun primär oder sekundär, die Lebensform der Tüchtigkeit an kulturbildender Kraft einbüßt. Humanität sei letztlich auch nicht fähig, robuste und krisenresistente Institutionen zu schaffen und kann daher auch nur ein Surrogat „substantieller" Sittlichkeit sein. Humanität als Altruismus verstanden vermag auch nicht die Übergänge der sozialen Entitäten, von der Familie bis zu den Staatsgesellschaften, zu durchdringen, schon gar nicht das Konzept einer Weltgesellschaft zu strukturieren, dessen Instrument in den Vereinten Nationen erheblich versagte. In dieser Überlegung stand die Auffassung von Thomas Hobbes weiterhin Pate, dass eine Unverträglichkeit zwischen individueller Selbstverwirklichung und politischer Allgemeinheit stets erhalten bleibt. Zwischen diesen Mühlsteinen wird zwar eine zutreffende Individualität zur Eignung in der bürgerlichen Gesellschaft gemahlen, aber auf Kosten einer verbindlichen Humanität.

Die Spur, die von unserer allgemeinen Annahme über Humanität abzweigt, liegt wohl im Skandal, den die „Bienenfabel" Mandevilles 1722 eigentlich hätte verursachen müssen: In ihr wird behauptet, die Untugenden sind für die Gesellschaft ebenso konstitutiv wie Tugenden. Und nochmals stützte sich Adam Smith auf die Kraft von Selbstverwirklichungen in ökonomischen Prozessen als Ursprung allen Wohlstands der Völker.

Ab nun gibt es die Erfolgsgeschichte der Sozialwissenschaften als Naturgeschichte, deren Fassung durch de Sade auch auf die Sexualität ausgedehnt werden kann. Das Dialogische gerät dann in die Unterbestimmung, wenn „Gesellschaftsethik" nicht mehr als eine Bedingung, Sicherung und Erweiterung des Humanen wahrgenommen wird, sondern gleichsam wie ein Mehrwert im Wohlstand sich den Charakter großzügigen Mäzenatentums aneignet.

Dem Anliegen der Humanität kann man sich erfolgreich entziehen, da es ja neuerdings eine Wissenschaftsbegründung ohne Verwissenschaftlichung gibt, wie auch religiöse Erfahrungen in unserer Kultur keine Religiosität mehr benötigen. Obendrein wird das Unakademische akademisch in den Bildungsinstitutionen. „Alles" wird scheinbar rationalen Daseinsvollzügen im Sinn einer Berufswelt untergeordnet, weshalb über Vernunft nach Kriterien der Nützlichkeit entschieden wird. Es sind Stimmungen, die hin und wieder an Humanität erinnern können – je nach Lage, in denen wir unser Sein in der Welt vornehmlich zu fühlen beginnen, was natürlich auch den Zugang zu allen Arten des Irrationalismus eröffnet und für legitim gehalten wird. Somit stehen die Zeichen für eine philosophisch begründete Humanität schlecht. Das Dialogische könnte sie zwar zu einem soziokulturellen Bekenntnis zwingen, in der der Monolog der Politik und die Ideologie der Kommunikationstechnologien unter das Diktat einer gesellschaftsethischen Erweiterung fallen müssten, aber ungewiss ist, ob es in einer verfremdeten Öffentlichkeit möglich ist, die inzwischen die eigentümliche Mitwelt geworden ist.

Quellenverzeichnis

Kant, Immanuel: *Anthropologie*. In: Königlich Preußische Akademie der Wissenschaften (Hrsg.): Kant's Gesammelte Schriften 15 [AA Bd. XV]. De Gruyter: Berlin et al. 1923, S. 611 [Refl. 1401].

Žižek, Slavoj / Schneider, Nikolaus: *Liebe deinen Nächsten? Nein danke! Die Sackgasse des Sozialen in der Postmoderne*. G. Volk & Welt: Berlin 1999.

Norbert Paulo

Ist ein fruchtbarer Dialog zwischen empirischer und normativer Ethik möglich? Eine Untersuchung am Beispiel der Debatte zwischen Greene und Berker

In einem Western hieße es „Hier ist nur Platz für einen von uns“ – Cambridge, MA, genauer: die Harvard University wäre ein guter Ort für einen solchen Satz. Greene oder Berker, Berker oder Greene. Joshua Greene, ein Harvard-Psychologe, hat 2001 in *Science* Ergebnisse einer empirischen Studie veröffentlicht, die den Grundstein dafür legte, dass er über die Jahre zu einem der bekanntesten Vertreter der empirischen Ethik wurde. Immer wieder hat er für normative Implikationen der empirischen Neurowissenschaft argumentiert. Ihm gegenüber steht Selim Berker, ein Harvard-Philosoph, der den empirischen Teil der Forschung von Greene, vor allem aber die daraus von Greene und anderen gezogenen normativen Schlussfolgerungen detailliert untersucht und im Ergebnis scharf kritisiert hat. Ein geeigneter Untersuchungsgegenstand wird aus dieser Situation besonders dadurch, dass Greene selbst wiederum auf Berkers Kritik umfassend reagiert und nicht minder scharf geantwortet hat. Eine kritische Analyse dieses Schlagabtauschs soll aufzeigen, ob Greenes empirische Forschung normative Implikationen hat, und zu ein paar Vorschlägen führen, wie die tiefen mentalen Gräben zwischen den Vertretern beider Lager überwunden werden können.

Greenes Erklärung der Trolley-Fälle

Woran also hat Greene geforscht? Es ging um die Trolley-Fälle, also die moralischen Gedankenexperimente, die seit Jahrzehnten als Prüfstein moralischer Intuitionen genutzt werden.[1] Verschiedene Verfeinerungen dieser Trolley-Fälle zeigen, dass bestimmte verbreitet vertretene Moraltheorien nicht alle reflektierten und gefestigten moralischen Intuitionen angemessen repräsentieren können. Hier der Ausgangsfall (*Bystander-Fall*): Stellen Sie sich vor, eine Lok, deren Bremsen defekt sind, rast auf eine Weiche zu. Sie stehen neben den Gleisen. Wenn Sie nichts tun, fährt die Lok auf ein Gleis, auf dem gerade fünf Männer arbeiten. Wenn die Weiche umgestellt wird, trifft die Lok auf einen Arbeiter. Sie sind der einzige, der die Weiche umstellen kann. Es gibt keine weiteren Alternativen. Die Arbeiter werden sicher umkommen, wenn die Lok

1 Foot, Philippa: *Moral Dilemmas*. Clarendon Press: Oxford et al. 2003.

auf deren jeweiliges Gleis rast. Ist es richtig, die Weiche umzustellen? In einer anderen Variante, dem sog. *Footbridge-Fall*, stehen Sie auf einer Brücke, unter der die Lok hindurchfährt, bevor sie auf die fünf Gleisarbeiter trifft. Die einzige Möglichkeit, die Männer zu retten, ist, einen sehr großen und schweren Fremden, der zufällig neben Ihnen auf der Brücke steht, auf die Gleise zu werfen, um so die Lok zum Stillstand zu bringen. Viele haben die Intuition, dass es im Bystander-Fall richtig wäre, die Lok auf das Gleis mit dem einen Arbeiter zu lenken. Im Footbridge-Fall hingegen meinen die meisten, man dürfe den Fremden nicht auf die Gleise werfen. Und dies, obwohl es in allen Fällen darum geht, das Leben von fünf Menschen zu retten und dabei einen Menschen sterben zu lassen bzw. zu töten.

Greene nun hat diese und ähnliche Fälle und die diesbezüglichen Intuitionen empirisch, u.a. mit der funktionellen Magnetresonanztomographie (fMRT), untersucht.[2] Seine Arbeitshypothese bestand aus drei Teilen. Erstens wäre die Intuition im Footbridge-Fall leichter mittels der deontologischen Tradition innerhalb der Ethik zu erklären, während im Bystander-Fall konsequentialistische Theorien eine größere Erklärungskraft hätten. Die Intuitionen im Footbridge-Fall sind also eher deontologisch, jene in dem anderen Fall eher konsequentialistisch. Zweitens wären im Footbridge-Fall vor allem die Hirnregionen aktiv, die man mit Emotionen in Verbindung bringt; bei dem eher konsequentialistischen Fall sollten hingegen eher die mit Rationalität verbundenen Hirnareale aktiv sein (sogenannte „dual-process"-Hypothese). Drittens würden die eher konsequentialistischen Urteile längere Zeit in Anspruch nehmen als die eher deontologischen.

Greene ist der Meinung, dass seine Experimente die zweite und dritte Hypothese bestätigt haben.[3] Die Erklärung dafür zieht er aus einer wichtigen Unterscheidung: Deontologische Urteile fielen in solchen Situationen, die er „up close and personal" nennt, was wiederum evolutorisch begründet sei. Unsere Vorfahren waren demnach vor allem in solchen Situationen in Gefahr, die mit direkten persönlichen Beziehungen im Nahbereich zu tun hatten. Greene bezeichnet dies auch bildhaft als „me hurt you", weil es um eine direkte, gewollte Handlung einer Person geht, die auf ein identifizierbares Individuum

2 Greene, Joshua D. et al.: „An fMRI Investigation of Emotional Engagement in Moral Judgment". *Science* 293(5537), 2001, S. 2105–2108; Greene Joshua D.; „The Secret Joke of Kant's Soul". In: Sinnott-Armstrong, W. (Hrsg.): *Moral Psychology*. (The Neuroscience of Morality: Emotion, Brain Disorders, and Development 3). MIT Press: Cambridge, MA 2008, S. 35–80; „Beyond Point-and-Shoot Morality: Why Cognitive (Neuro)Science Matters for Ethics". *Ethics* 124(4), 2014, S. 695–726.

3 Haidt, Jonathan: „The New Synthesis in Moral Psychology". *Science* 316 (5827), 2007, S. 998–1002; kritisch Berker, Selim: „The Normative Insignificance of Neuroscience". *Philosophy & Public Affairs* 37(4), 2009, S. 293–329.

trifft und dieses körperlich verletzt. Es habe in der Menschheitsgeschichte hingegen lange Zeit keine unpersönlichen, indirekten oder vermittelten Gefahren gegeben. Deswegen hätten sich die deontologischen Urteile als quasi automatische und damit schnelle emotionale Reaktionen in den Menschen ausgebildet. Dass die konsequentialistischen Urteile mehr Zeit in Anspruch nehmen, liege daran, dass dort die erste emotionale Reaktion – also die deontologische – rational überwunden werden müsse.

Berkers Kritik

Soweit klingt Greenes Erklärung der Trolley-Fälle wenig dramatisch, ja sogar aufschlussreich. Dennoch attackiert Berker die Arbeit Greenes auf mehreren Ebenen scharf. Die Ebene der Durchführung und Auswertung der empirischen Studien blende ich hier aus.[4] Der für mein Anliegen interessantere Teil von Berkers Untersuchung widmet sich den normativen Folgerungen Greenes, die ich bisher nur angedeutet habe. Greene meint, „[t]here are good reasons to think that our distinctively deontological moral intuitions [...] reflect the influence of morally irrelevant factors and are therefore unlikely to track the moral truth".[5] Greene bezieht also aufgrund seiner empirischen Forschung Stellung in der klassischen Auseinandersetzung zwischen Deontologen und Konsequentialisten. Er vergleicht seinen Ansatz in dieser Auseinandersetzung mit Photokameras, die einen automatischen wie einen manuellen Modus haben.[6] Der automatische Modus nutzt vorgegebene Einstellungen für verschiedene typische Situationen wie das Photographieren von Landschaften oder Portraits von Menschen. Er zoomt und beleuchtet etwa automatisch. Im manuellen Modus hingegen muss man selbst zoomen und die Beleuchtung einstellen. Der automatische Modus funktioniert einfach und schnell und er führt in gewöhnlichen Situationen meist zu guten Bildern. Der manuelle Modus benötigt mehr Aufwand und Zeit, kann aber auch in ungewöhnlichen Situationen zu besseren Ergebnissen führen als der automatische Modus. Greenes Analogie ist klar: Deontologie sei eine Art automatischer Modus, der für typische Situationen gute Ergebnisse generiere, in untypischen Situationen – also in moralischen Problemfällen – aber versage, während der Konsequentialismus als aufwändigere Methode in untypischen Situationen bessere Ergebnisse generieren könne. Er sieht Deontologie und Konsequentialismus also in einem Ergänzungsverhältnis. In alltäglichen Situationen könne man sich auf seine evolutorisch begründeten deontologischen Intuitionen verlassen und mit diesem automatischen Modus arbeiten; in schwierigen Fällen

4 Cf. aber Dean, Richard: „Does Neuroscience Undermine Deontological Theory?". *Neuroethics* 3(1), 2009, S. 43–60; Greene 2010.

5 Greene 2008, S. 69f.

6 Greene 2010, S. 20f.

solle man aber nicht an seinen Intuitionen hängen, sondern konsequentialistisch vorgehen, also den manuellen Modus nutzen.

Berker greift Greene von mehreren Seiten an. Im Zentrum der Kritik steht die Frage nach der Rolle der empirischen Befunde in Greenes Argument gegen die Deontologie und für den Konsequentialismus. Hier Berkers Formulierung von Greenes Argument gegen deontologische Intuitionen:

> The Argument from Morally Irrelevant Factors:
> P1. The emotional processing that gives rise to deontological intuitions responds to factors that make a dilemma personal rather than impersonal.
> P2. The factors that make a dilemma personal rather than impersonal are morally irrelevant.
> C1. So, the emotional processing that gives rise to deontological intuitions responds to factors that are morally irrelevant.
> C2. So, deontological intuitions, unlike consequentialist intuitions, do not have any genuine normative force.[7]

Hierbei ist *P 2* natürlich eine normative Prämisse, deren Richtigkeit vom vertretenen Moralkonzept abhängt. Aber selbst wenn man *P 2* akzeptiert, folgt *C 2* offensichtlich nicht zwingend. Es besteht noch immer die Möglichkeit, dass deontologische Intuitionen ihre normative Kraft auf andere Weise erhalten. Es ist nicht gesagt, dass die Faktoren, die ein Dilemma eher persönlich denn unpersönlich machen, die einzig relevanten Faktoren sind, wenn es um die normative Kraft von Intuitionen geht. Außerdem ist ein Argument *gegen* die Deontologie noch kein Argument *für* den Konsequentialismus. Das sieht natürlich auch Greene, der insistiert, dass Berkers Formulierung von *C 2* nicht ganz korrekt sei: „I would rather say that the results cast doubt on the reliability of deontological judgments without doing the same for consequentialist judgments. But, overall, I think this [Berker's] is a fair formulation of the argument."[8]

Dennoch, Berkers Hauptpunkt bleibt von dieser Abschwächung unberührt:

> This problem leads to my most pressing worry: the neuroscientific results seem to be doing no work in this argument. The epistemic efficacy of consequentialist versus deontological intuitions now appears to be purely a function of *what sorts of features out there in the world they are each responding to.* We have three distinctions on the table:
>
> (1) dilemmas that engage emotion processing versus dilemmas that engage "cognitive" processing;

7 Berker, S. 321, seine Hervorhebung.
8 Greene 2010, S. 12.

(2) dilemmas that elicit deontological judgments versus dilemmas that elicit consequentialist judgments;
(3) personal moral dilemmas versus impersonal moral dilemmas.[9]

Berker argumentiert, dass Greenes These zunächst war, die erste Unterscheidung entspreche der zweiten. Um das experimentell überprüfen zu können, habe er die zweite mit der dritten Unterscheidung gleichgesetzt, um sodann empirisch zu testen, ob die erste mit der dritten Unterscheidung zusammenfalle. Das „Argument from Morally Irrelevant Factors" hänge aber nur an der Übereinstimmung der zweiten mit der dritten Unterscheidung.[10] Wenn das stimmt, dann spielten die neurowissenschaftlichen Resultate in dem Argument, so Berker, keine Rolle. Die relevanten Teile des Arguments sind also, so Berkers Ergebnis, nicht empirisch gewonnen, sondern im Lehnstuhl ersonnen.[11]

Greenes Reaktion

Greene zeigt sich zunächst etwas verwundert, dass Berker gerade auf die neurowissenschaftliche Forschung und deren Rolle im Gesamtargument fokussiert: „One imagines a benighted neuroscientist, clad in white coat, triumphantly waiving a pixilated picture of a human brain: ‚Eureka! Kant was wrong! It's all here in this brain scan!'"[12] In der Sache reagiert er dann auf Berkers Vorwürfe bezüglich des normativen Arguments aber erstaunlich gelassen und versucht, die Rolle der neurowissenschaftlichen Forschung klarzustellen:

> Berker's "most pressing" worry is that neuroscience plays no role in the argument. This shouldn't be Berker's most pressing worry. The neuroscientific elements of my research may have been essential for getting my name in the newspaper, but they are not essential to my normative argument. [... The] dual-process theory of moral judgment *is* essential to my argument. The neuroscientific data are "significant" because they support the dual-process theory, but they are not essential because the dual-process theory can be supported, and is supported, in other ways.[13]

Was genau meint er damit? Oben habe ich die „dual-process"-Theorie als Greenes zweite Arbeitshypothese vorgestellt. Demnach laufen in eher deontologisch erklärbaren Fällen (Footbridge-Fall) vor allem Prozesse im Gehirn ab, die man mit Emotionen verbindet, während bei den eher konsequentialistischen Fällen (Bystander-Fall) vor allem die mit Rationalität verbundenen Hirnareale aktiv seien.

---

9 Berker, S. 325, seine Hervorhebung.
10 Ibid., S. 325.
11 Ibid., S. 326.
12 Greene 2010, S. 6.
13 Ibid., S. 13, seine Hervorhebung.

Wahr sei, so Greene, dass die Einteilung in eher deontologisch und eher konsequentialistisch erklärbare Urteile stipulativ definiert wurde. Allerdings sei durch geschicktes Design der Experimente auch empirisch gestützt, dass persönliche Nähe ein relevanter Faktor für die entsprechenden Urteile in den verschiedenen Trolley-Fällen sei. So halten etwa (statistisch signifikant) mehr Testpersonen es für legitim, den unbeteiligten Fremden durch eine Falltür von der Brücke auf die Gleise zu befördern, anstatt ihn selbst auf die Gleise zu werfen. Noch mehr Testpersonen halten dies für legitim, wenn die Falltür aus großer Entfernung betätigt wird. Je weiter weg man ist und je weniger man selbst körperlich tun muss (Knopfdruck statt Schubsen), desto leichter erklären Menschen Tötungshandlungen für zulässig. Greene bietet ein Beispielargument, um seinen Punkt zu verdeutlichen:

> D3. People's judgments in response to trolley problems are strongly influenced by the presence/absence of personal force. [...]
>
> NP3. The presence/absence of personal force is morally irrelevant to the moral acceptability of actions such as these. [...]
>
> NC3. People's judgments in response to trolley problems are strongly influenced by at least one morally irrelevant factor, personal force, and are therefore at least somewhat unreliable.[14]

Hierbei ist *D 3* offenbar eine deskriptive Prämisse und grundsätzlich experimentell falsifizierbar. Für den Schluss hinzukommen muss aber noch die normative Prämisse *NP 3*. Diese ist – wie plausibel sie auch immer sein mag – im Lehnstuhl ersonnen. Hieraus erst lässt sich *NC 3* ableiten. Greene meint nun, hiermit Berkers Kritik zurückzuweisen. Schließlich sei *NP 3* fast allgemein geteilt. Außerdem spiele mit *D 3* eine deskriptive Prämisse eine wichtige Rolle in dem Argument. Hervorzuheben ist nochmal, dass Greene in *D 3* nur noch von „strongly influenced", bzw. in *NC 3* von „at least one morally irrelevant factor" und „at least somewhat unreliable" spricht. Angenommen, *D 3* (bzw. *P 1* im obigen Argument) ist empirisch hinreichend gestützt, heißt das natürlich nicht, dass es keine anderen relevanten Faktoren geben kann. Auch ist *D 3* deskriptiv und unabhängig von seiner normativen Einordnung (*NP 3* oder *P 2* oben). Wie verhält es sich aber mit Berkers Hauptpunkt, dass nämlich die Neurowissenschaft in dem Argument gar keine Rolle spiele? Schließlich kommt die empirische Stützung der Annahme, dass persönliche Nähe ein relevanter Faktor für die Beurteilung ist, ganz ohne fMRT und Neurowissenschaft aus. Wo bleibt also die Relevanz der „dual-process"-Theorie? Greene meint, neurowissenschaftliche Forschung unterstütze die „dual-process"-Theorie:

---

14 Ibid., S. 16ff.

> In short, characteristically consequentialist judgments are not intuitive in the psychological sense, but characteristically deontological judgments are. [...] More generally, our mysteriously variable moral intuitions are a nuisance for consequentialists, but they are [...] the lifeblood of deontological theorizing. For these reasons, evidence that our intuitions are unreliable is a point in favor of consequentialism and a point against deontology. [...] Does neuroscience do any work in the above argument? Yes. Neuroscientific data support the dual-process theory, and the dual-process theory explains the asymmetry between consequentialist and deontological judgment. As noted above, the dual-process theory does not *require* evidence from neuroscience, and so it's true that there is nothing *essentially* neuroscientific about the argument.[15]

Die Experimente, welche die „dual-process"-Theorie unterstützen, nutzen ganz verschiedene Ansätze, insofern ist die Neurowissenschaft nicht essentiell. So wurde gezeigt, dass Testpersonen, die mit mathematischen Problemen beschäftigt werden, bevor sie Situationen moralisch beurteilen sollen, konsequentialistischer urteilen, als ohne vorherige mathematische Beschäftigung. Weiter sei Testpersonen immer kognitiv zugänglich, warum sie wie urteilen, wenn sie eher konsequentialistisch urteilen; nicht hingegen, wenn sie eher deontologisch urteilen. Außerdem sei in vielen Fällen beobachtbar, dass Personen mit Läsionen in den mit Emotionen verbundenen Teilen des Gehirns konsequentialistischer urteilen. Zuletzt zeigten aber eben auch neurowissenschaftliche Untersuchungen, dass in eher deontlogisch erklärbaren Fällen (Footbridge-Fall) vor allem Prozesse im Gehirn ablaufen, die man mit Emotionen verbindet, während bei den eher konsequentialistischen Fällen (Bystander-Fall) vor allem die mit Rationalität verbundenen Hirnareale aktiv seien.[16]

Nehmen wir also an, die „dual-process"-Theorie sei auf verschiedenen Wegen empirisch gestützt. Inwiefern ist sie aber essentiell für das Argument gegen die Deontologie? Wenn man meint, dass eher deontologische Urteile Ergebnis emotionaler Prozesse sind und nur diese emotionalen Prozesse anfällig sind für moralisch irrelevante Faktoren wie persönliche Nähe, dann ist die Rolle der „dual-process"-Theorie deutlich. Genau diese Beeinflussbarkeit sei, so Greene, für eher konsequentialisische Urteile mit der „dual-process"-Theorie nicht gegeben. Man könne das Argument nicht einfach gegen konsequentialistische Urteile wenden, weil diese gerade nicht durch derartig „anfällige" emotionale Prozesse generiert würden.[17]

---

15 Ibid., S. 19, seine Hervorhebungen.
16 Ibid., S. 18f.; Greene 2014 mit weiteren Nachweisen.
17 Greene 2010, S. 14.

Einordnungsversuche

Vieles scheint für die Deontologie also an der „dual-process"-Theorie zu hängen. Die folgenden drei Punkte aber ziehen die Abhängigkeit der Deontologie von der „dual-process"-Theorie in Zweifel:

Zunächst hat diese Theorie einen recht simplen Kern. Sie spiegelt nämlich lediglich wider, dass der in Bezug genommene einfache Handlungskonsequentialismus eben einzig und allein die Konsequenzen einer Handlung (oder Unterlassung) für relevant hält, während die Deontologie (nach der vagen Bestimmung Greenes) auch andere Faktoren (etwa Intentionen oder auch persönliche Nähe) mit einbeziehen kann. Es ist kein Zufall, dass – soweit ich sehe – kein Philosoph mehr eine solch krude Form von Handlungskonsequentialismus vertritt; sie hat zwar auf den ersten Blick den Vorteil der Einfachheit und schließt die unbewusste Berücksichtigung „irrelevanter Faktoren" aus; sie hat aber auch den Nachteil, zu einfach zu sein und zu viele Faktoren auszuschließen, die sehr verbreitet für relevant erachtet werden. Ebenso versucht – soweit ich sehe – kein Deontologe ernsthaft, seine Moraltheorie so zu formulieren, dass sie genau die empirisch ermittelten Urteile der Testpersonen widerspiegelt und erklären kann.

Letzteres führt zum zweiten Punkt: Greene behauptet, es spreche gegen deontologische Intuitionen, dass sie „anfällig" sind für Faktoren wie persönliche Nähe. Die „Anfälligkeit" stellt er fest, indem er zeigt, dass die Testpersonen weniger und weniger deontologisch erklärbar urteilen, je geringer die persönliche Nähe wird. Die Urteile werden dann mehr und mehr konsequentialistisch erklärbar. Warum stellt dieses Umschlagen in den Konsequentialismus aber eine Schwäche deontologischer Intuitionen dar? Einschlägig scheint eine Erklärung zu sein, die die Verlässlichkeit deontologischer Intuitionen schwächen soll: Die Testpersonen haben eher deontologische Intuitionen *ausschließlich* in Situationen großer persönlicher Nähe. Man könne also voraussagen, wann die Testpersonen eher deontologisch urteilen: nämlich immer in Situationen großer persönlicher Nähe. Verbunden mit der Annahme, dass die persönliche Nähe ein moralisch irrelevanter Faktor ist, hängen deontologische Urteile also ausschließlich von einem moralisch irrelevanten Faktor ab. So darf man das Argument wohl verstehen.

Das klingt prima facie schlüssig, hat aber doch einen Haken. Hier also der dritte Punkt, der mit dem zweiten eng verwandt ist: Wenn Greenes Argument schlussendlich lautet, dass deontologische Intuitionen ausschließlich in Situationen großer persönlicher Nähe bestehen, wie kann es die Verlässlichkeit dieser Intuitionen schwächen, dass sie nicht auch in anderen Situationen bestehen? Sollten dann nicht die eher konsequentialistischen Urteile in Zweifel gezogen sein? Man könnte schließlich – ganz naturalistisch – argumentieren, dass sich die Entwicklung deontologischer Intuitionen in Situationen persönlicher Nähe evolutorisch bewährt hat. Darauf aufbauend läge es nahe, zu argumentieren, diese Intuitionen müssten auch auf Situationen mit geringerer persönlicher Nähe ausgedehnt werden. Und tatsächlich greift Greene auch die von Peter Singer angeregte Diskussion um Hilfspflichten der Bürger wohlhabender Staaten für Not leidende Menschen weit entfernter Staaten auf[18], um zu veranschaulichen, dass deontologische Intuitionen dort versagten (weil keine persönliche Nähesituation gegeben ist), während der Konsequentialismus zeige, dass tatsächlich kein relevanter Unterschied zu Hilfspflichten im persönlichen Nahbereich bestehe.[19] Aber warum spricht das *gegen* die eher deontologische Intuition, dass ich einem Kind, das vor meinen Augen zu ertrinken droht, helfen muss?

Ergebnis

Es hat sich herausgestellt, dass Berkers Kritik weitgehend berechtigt war. Für Greenes Argument gegen deontologische Intuitionen spielen seine neurowissenschaftlichen Forschungen tatsächlich keine essentielle Rolle. Das Argument wäre ohne diese Forschung das gleiche. Allerdings trägt die neurowissenschaftliche Forschung zur empirischen Stützung eines Bausteins des Arguments, der „dual-process"-Theorie, bei. Diese Theorie ist tatsächlich gut empirisch gestützt und auch philosophisch interessant. Allerdings, und das ist Berker entgangen, ist Greenes Argument auch mit dieser Theorie nicht schlüssig. Dies hat – wie die argumentativen Kreisel der letzten Abschnitte gezeigt haben – viele Gründe.

Das Schlüsselproblem ist Greenes Gleichschaltung der – empirisch gestützten – Abhängigkeit eher deontologischer Intuitionen von persönlichen Nähebeziehungen und der Annahme, persönliche Nähe sei ein moralisch irrelevanter Faktor. Die Beziehung zwischen der Abhängigkeit und der möglichen moralischen Irrelevanz ist deutlich komplizierter, als Greene annimmt. Am Ende scheint Greenes wirkliches Argument nicht viel mehr zu sein, als das von Berker zu recht als „bad argument" bezeichnete, dass nämlich Urteile, die emotional zu Stande kommen, unverlässlich und schlecht sind, während die rational zu Stande gekommenen Urteile verlässlich und gut sind.[20]

---

18 Singer, Peter: „Famine, Affluence, and Morality". *Philosophy & Public Affairs* 1(3), 1972, S. 229–243.

19 Greene 2008, S. 46.

20 Siehe Berker, S. 316f. In dem Bemühen, Greenes Argument für die Implikationen der Neurowissenschaft herauszuarbeiten, verwirft Berker drei „bad arguments", bevor er zum oben diskutierten „Argument from Morally Irrelevant Factors" kommt.

Vorschläge für eine fruchtbare Zusammenarbeit

Die kritische Rekonstruktion von Greenes Argument für normative Implikationen aus seiner empirischen Forschung führte zu einem negativen Ergebnis. Betont sei daher nochmals, dass ich seine empirische Arbeit für philosophisch interessant halte; nur nicht in dem Ausmaß wie Greene selbst.

Wie kann es aber in Zukunft gelingen, die Gemüter in beiden Lagern – Philosophie und Neurowissenschaft – zu beruhigen und die jeweilige Expertise fruchtbar zusammenzuführen? Der wichtigste Vorschlag dafür ist eine angemessene Zurückhaltung auf beiden Seiten. Natürlich muss man nicht alles kritiklos hinnehmen. Aber Arbeitsteilung ist grundsätzlich sinnvoll. Philosophen sollten sich weniger um die Durchführung und statistische Auswertung der Experimente kümmern, als um die philosophische Relevanz der Ergebnisse. Neurowissenschaftler hingegen sollten den Philosophen eine gewisse Kompetenz in Bezug auf ethische Theorien zugestehen. Mit Äußerungen wie der folgenden von Greene macht man sich unter Philosophen jedenfalls keine Freunde:

> I believe that consequentialist and deontological views of philosophy are not so much philosophical inventions as they are philosophical manifestations of two dissociable psychological patterns, two different ways of moral thinking [...] If that is correct, then philosophers may not really know what they're dealing with when they trade in consequentialist and deontological moral theories, and we may have to do some science to find out.[21]

Dieses Zitat verdeutlicht das Kommunikationsproblem zwischen den Fächern. Vom mangelnden Respekt den Philosophen gegenüber abgesehen wäre es auch wissenschaftlich redlich, etwas zurückhaltender zu formulieren. Gerade nachdem wir in den letzten Abschnitten gesehen haben, wie verwoben empirische Forschung und genuin konzeptionell philosophische Arbeit sind, ist es schlicht irreführend, nahezulegen, dass man nur „some science“ betreiben müsse, um herauszufinden, was deontologische und konsequentlialistische Theorien wirklich sind. Außerdem stellt sich bei solch reduktionistischen empirischen Ansätzen in der Ethik auch die Frage, was eigentlich der Untersuchungsgegenstand ist. Schließlich wird dieser bei der empirischen Moralforschung erst durch die Philosophie konzeptionalisiert, wenn nicht teilweise sogar generiert. Und ohne hiermit Kritik an der notwendig auf simple Fragen beschränkten empirischen Forschung zu üben, kann man auch fragen, ob eigentlich wirklich herausgefunden werden kann, was Deontologie und Konsequentialismus sind, wenn man Vorstellungen davon voraussetzt, die in der Philosophie so gar nicht vertreten werden. Bestenfalls entwickelt man dann ein Verständnis von verwandten Phänomenen, nicht aber von den klassischen ethischen Theorien.

---

21 Greene 2008, S. 37f.

> Deontology [...] is a kind of moral confabulation. We have strong feelings that tell us in clear and uncertain terms that some things *simply cannot be done* and that other things *simply must be done*. But it is not obvious how to make sense of these feelings, and so we, with the help of some especially creative philosophers, make up a rationally appealing story: There are these things called "rights" which people have, and when someone has a right you can't do anything that would take it away.[22]

Auch dieses Zitat verdeutlicht, wie eine zu starke Wortwahl mitunter die empirischen Punkte, die tatsächlich philosophisch von Interesse sind, verdeckt. Vielleicht führt Greenes Untersuchungsansatz nicht zu einer Abwertung der Deontologie im Vergleich zum Konsequentialismus. Ansatzpunkte für eine Betrachtung eingefahrener Grundlagendebatten aus einem neuen Blickwinkel bietet sie aber allemal. So könnte die eher als Ausdruck von Emotionen verstandene Deontologie neue Wege in der interkulturellen Philosophie aufzeigen. Weiter scheint mir Greenes Forschung eher Relevanz im Bereich des *practical reasoning* zu haben, als in Bezug auf ethische Theoriebildung.[23] In vielerlei Hinsicht sind empirische Forschungen – über die Neurowissenschaft hinaus – aber auch für die ethische Theoriebildung zentral und können die Debatten dort unterstützen.[24]

Bleibt also zu hoffen, dass in Zukunft Philosophen und empirische Forscher einander mit mehr Zurückhaltung begegnen und genauer argumentieren, als es momentan oft der Fall ist, und so gemeinsam zu einem besseren Verständnis von Ethik beitragen. Dass es dabei Reibungen geben wird, ist absehbar. Aber man sollte wenigstens wissen, woran genau man sich reibt. Nur dann kann aus der Reibung auch positive Energie entstehen. Radikal neue Ansätze führen oft zu wichtigen wissenschaftlichen Fortschritten. Aber diese Fortschritte lassen sich vermutlich leichter erreichen, wenn alle Beteiligten den Wilden Westen verlassen und zusammenarbeiten.

Quellenverzeichnis

Berker, Selim: „The Normative Insignificance of Neuroscience". *Philosophy & Public Affairs* 37(4), 2009, S. 293–329.

---

22 Ibid., S. 63, seine Hervorhebungen.

23 Hiermit meine ich den Unterschied zwischen dem, wie wir tatsächlich moralische Entscheidungen treffen und dem, wie wir diese Entscheidung hinterher rationalisieren, testen oder anderen präsentieren. Deontologie, Konsequentialismus, Kasuistik usw. scheinen die beiden Bereiche unterschiedlich stark zu betreffen. Neurowissenschaft könnte hier Aufklärungsarbeit leisten.

24 Siehe nur Kahane, Guy: „The Armchair and the Trolley: An Argument for Experimental Ethics". *Philosophical Studies* 162(2), 2013, S. 421–445.

Dean, Richard: „Does Neuroscience Undermine Deontological Theory?“. *Neuroethics* 3(1), 2009, S. 43–60.

Foot, Philippa: *Moral Dilemmas*. Clarendon Press: Oxford et al. 2003.

Greene, Joshua D.: „Beyond Point-and-Shoot Morality: Why Cognitive (Neuro)Science Matters for Ethics“. *Ethics* 124(4), 2014, S. 695–726.

Greene, Joshua D.: „Notes on ‘The Normative Insignificance of Neuroscience’ by Selim Berker“, 2010, retrieved 26.4.2016, from https://static1.squarespace.com/static/54763f79e4b0c4e55ffb000c/t/54cb945ae4b001aedee69e81/1422627930781/notes-on-berker.pdf.

Greene, Joshua D.: „The Secret Joke of Kant’s Soul“. In: Sinnott-Armstrong, W. (Hrsg.): *Moral Psychology*. (The Neuroscience of Morality: Emotion, Brain Disorders, and Development 3). MIT Press: Cambridge, MA 2008, S. 35–80.

Greene, Joshua D. et al.: „An fMRI Investigation of Emotional Engagement in Moral Judgment“. *Science* 293(5537), 2001, S. 2105–2108.

Haidt, Jonathan: „The New Synthesis in Moral Psychology“. *Science* 316(5827), 2007, S. 998–1002.

Kahane, Guy: „The Armchair and the Trolley: An Argument for Experimental Ethics“. *Philosophical Studies* 162(2), 2013, S. 421–445.

Singer, Peter: „Famine, Affluence, and Morality“. *Philosophy & Public Affairs* 1(3), 1972, S. 229–243.

Hendrik Jan Ankersmit / Helmut Hofbauer

Hegemon und Wissenschaft

In diesem Aufsatz vertreten wir die These, dass Grundlagenforschung in Österreich gut gefördert wird, es jedoch eine traurige Realität ist, dass die Verwertung von *Intellectual property* (IP), das an Universitäten generiert wird, in Österreich zum Scheitern verurteilt ist.

Die österreichische Öffentlichkeit bekommt in politischen Statements oft zu hören, dass Wissenschaft für unsere Gesellschaft eine große Rolle spielt. Innovation sei für die Nation die Zukunft im globalen Wettbewerb. Das Mantra des *Innovation Leaders* wird von RektorInnen und MinisterInnen oft bemüht und mit diesem Argument ein beträchtlicher Teil des Volksvermögens in die Grundlagen- und angewandte Forschung investiert. Verschiedene Indizes zur Erhebung wissenschaftlicher Leistungen weisen auf den Erfolg des eingeschlagenen Wegs hin. Eine gesteigerte wissenschaftliche Publikationsleistung sowie die bemerkenswerte Anzahl von Universitäts- und Fachhochschulneugründungen sind ein Beleg für diese Entwicklung. Die Akademisierung des Landes schreitet voran. Der tertiäre Bildungssektor ist in Österreich optimal versorgt. Ein erstaunliches Beispiel dafür ist, dass in Österreich (acht Mio. Einwohner) neun (!) MBA-Kurse für Gesundheitsmanagement angeboten werden, in Deutschland (80 Mio. Einwohner) sind es gerade einmal vier Kurse pro Jahr.

Im Gegensatz dazu sind jedoch Beispiele von erfolgreichen Unternehmensgründungen aus der „Wissensfabrik" Universität mehr als rar. Der Grund für diesen Umstand ist nach unserer Einschätzung, dass die Förderpolitik im akademischen Rahmen bislang nicht zu Ende gedacht wird. Die Notwendigkeit dazu scheint gegenwärtig noch außerhalb des verfügbaren Denkrahmens und -willens zu liegen oder ist der Politik noch nicht in ihrer vollen Tragweite kommuniziert worden. In diesem Sinne, nämlich als ein Versuch einer Schaffung öffentlichen Bewusstseins für ein Problem, wollen wir in diesem Text aufzuzeigen versuchen, dass ein inhärenter Widerspruch zwischen dem Selbstverständnis der Wissenschaft, ihrer gesellschaftlichen Relevanz und ihrer Beziehung zu verwertbaren Resultaten besteht.

„Wissenschaft als Karawane"

Wissenschaft ist eine gesellschaftlich institutionalisierte und organisierte Form von Erkenntnis. Sie ist ein Projekt kollektiver, gemeinschaftlicher Erkenntnis.[1]

---

1 „Wissenschaft (W.) ist der gesellschaftlich-politisch institutionalisierte und nur kollektiv realisierbare mehrstufig-selbstreflexive Versuch, systematisch und methodisch

Aufgrund dieser Eigenschaft ist sie mit einer Karawane vergleichbar. Als einzelner Wissenschaftler muss man sich, sobald man eine Erkenntnis gewonnen hat, an die wissenschaftliche Gemeinschaft wenden, um diese von der Wahrheit und Richtigkeit der eigenen Einsicht zu überzeugen. Man nennt das: Man muss sein Wissen „legitimieren".

Eine Karawane geht geschlossen ihren Weg. Daher müssen immer wieder Entscheidungen darüber getroffen werden, in welche Richtung sie ihren Weg fortsetzt. Die Vorstellung von WissenschaftlerInnen, die frei ihren Interessen folgend forschen, ist zwar aus der Geschichte der Wissenschaft heraus verständlich, doch de facto ist Wissenschaft ein gemeinschaftliches Projekt. Als Gruppe oder Karawane, wie wir sie hier nennen, benötigt die Wissenschaft Karawanenführer. Im alten Griechenland wurde der Führer als „Hegemon" bezeichnet. Wer ist in der österreichischen Wissenschaft der Hegemon?

Das Mittel der Steuerung: der Peer-Review-Prozess

Das Instrument, das dazu dient, diese Steuerung innerhalb der wissenschaftlichen Gemeinschaft vorzunehmen, ist das sogenannte Peer-Review. An und für sich ist das Peer-Review ein Verfahren, bei dem Gutachten (Reviews) von Gleichrangigen (Peers) erstellt werden, und es dient der Qualitätssicherung von wissenschaftlichen Publikationen. Gewöhnlich werden renommierte, arrivierte WissenschaftlerInnen gebeten, als Peer-ReviewerInnen zu fungieren. In diesem Rahmen erhalten einzelne WissenschaftlerInnen die Gelegenheit, darüber mitzuentscheiden, ob die Forschungen ihrer KollegInnen durchgeführt werden oder nicht. Peer-Reviews entscheiden also auch darüber, ob und welche Fragen gegenwärtig in der Wissenschaft gestellt werden dürfen.

Ein kaum diskutiertes Problem, das sich daraus ergibt, ist, dass Peer-Review eventuell mitunter neues Wissen verhindert, da ihm die Tendenz innewohnt, den wissenschaftlichen „Mainstream" zu bevorzugen. Zudem ist die Tatsache erwähnenswert, dass es eine psychische „kognitive Dissonanz" zwischen GrundlagenforscherInnen und angewandten ForscherInnen gibt. Diese äußert sich u.a. darin, dass grundlagenwissenschaftlich orientierte ForscherInnen Transdisziplinarität und fächerüberschreitender Diskussion häufig mit ablehnender Haltung gegenüberstehen. Es erscheint plausibel, dass diese Aversion mit der Struktur des sozialen Baus der Wissenschaft zusammenhängt: Zuständigkeitsbereiche und Hierarchien wechselseitiger Anerkennung innerhalb der Wissenschaft basieren auf gründlicher Expertise in einem (beschränkten) Wissensgebiet, nicht aber auf Querdenken.

---

zu erkunden (erforschen), was alles Wichtiges in der Welt der Fall ist und warum es der Fall ist." (Tetens, Holm: „Wissenschaft". In: Sandkühler, Hans Jörg (Hrsg.): *Enzyklopädie Philosophie,* Bd. 3. Felix Meiner: Hamburg 2010, S. 3018.

Die Finanzierung bestimmt, woran überhaupt geforscht wird

Für die Finanzierung von Wissenschaft aus öffentlichen Mitteln wurden in Österreich verschiedene Institutionen eingerichtet, z.B. der Wissenschaftsfonds FWF, die Österreichische Forschungsförderungsgesellschaft (FFG), der Jubiläumsfonds der Österreichischen Nationalbank und der Bürgermeisterfonds der Stadt Wien. Die Finanzierung von Wissenschaft wird innerhalb der Wissenschaft gewöhnlich nicht thematisiert. In der Praxis entscheidet die Finanzierung von Wissenschaft jedoch über die Durchführung oder Nichtdurchführung von wissenschaftlichen Projekten.

Wer entscheidet über die Finanzierung?

Wer entscheidet nun über das Überleben oder Sterben von wissenschaftlichen Forschungsprojekten? Es ist zumeist nicht der Geldgeber selbst, sondern dieser überlässt die Entscheidung (weil diese mehr von der Sache verstehen) den WissenschaftlerInnen, welche über die Potenziale einer Idee befinden. Aus systemtheoretischer Sicht wird mit dem Verfahren des Peer-Reviews in der Forschungsförderung der „Bock zum Gärtner gemacht“: Gute Ideen von WissenschaftlerInnen, die eine Finanzierung ihres Projekts suchen, werden ihren KollegInnen mitgeteilt, die im selben Feld als Konkurrenten aktiv sind. Die Widersprüchlichkeit der verschiedenen Rollen des Wissenschaftlers bzw. der Wissenschaftlerin in seiner/ihrer Funktion als Peer-ReviewerInnen kann dazu führen, dass er/sie Forschungsthemen ablehnt, die nicht geeignet sind, das öffentliche Interesse an demjenigen Forschungsfeld zu fördern, in welchem er/sie selbst tätig ist. Im schlimmsten Fall ist mit „dissoziativer Amnesie“ unter FachkollegInnen zu rechnen: dieser Begriff aus der Psychiatrie meint hier die unbewusste Übernahme fremder, bei der Beurteilung der Forschungsanträge anderer WissenschaftlerInnen gelesener, Ideen in eigene Förderanträge.

Das Verfahren des Peer-Reviews zur Entscheidung über Forschungsanträge steht zudem im Widerspruch zu einem anderen gesellschaftlich etablierten Verfahren für den Umgang mit Wissen: dem Patentwesen. Mit Patenten ist die Notwendigkeit zur Geheimhaltung von Wissen verbunden, bis es patentiert ist und somit die mit dem Wissen verbundenen Eigentumsrechte geschützt sind. Es ist daher im Grunde widersinnig, Wissen, das man patentieren möchte, zuvor im (semi-)öffentlichen Raum des Peer-Reviews zu diskutieren.

Effekte des Peer-Reviews

Die Repräsentation der Wissenschaft durch einige ihrer herausragenden VertreterInnen führt bisweilen zu einem verzerrten Bild bestimmter Sachverhalte in der Öffentlichkeit. Beispielsweise wird aufgrund der Hoffnungen, die man auf die Krebstherapie-Forschung setzt, viel mehr über Krebskranke gesprochen als über Personen mit kardiovaskulären Erkrankungen. In der Folge erscheint es in der Öffentlichkeit so, als ob es viel mehr Krebskranke als PatientInnen mit kardiovaskulären Erkrankungen gäbe, während das Verhältnis in Wirklichkeit genau umgekehrt ist. Oft ist es aus wissenschaftlicher Sicht aufregender, eine interessante, aber sehr selten auftretende Krankheit zu heilen als eine Krankheit, an der sehr viele Menschen leiden. Man kann annehmen, dass von einer solchen „Stimmung“ in der Öffentlichkeit auch die Forschungsförderung nicht unbeeinflusst bleibt. Eine weitere Folge des Peer-Reviews ist die Verstärkung „wissenschaftlicher Moden“. Das hängt damit zusammen, dass arrivierte WissenschaftlerInnen als Peer-ReviewerInnen einen konservativen Einfluss auf die Wissenschaft ausüben. So kann es vorkommen, dass bisweilen das Interesse an Forschungsgegenständen noch anhält, wenn der Lauf der Zeit und der Wissenschaft eigentlich schon über sie hinweggegangen sind.

Umgekehrt haben es neue Einsichten oft schwer, sich gegen bestehende wissenschaftliche Dogmen durchzusetzen. Ein Beispiel für eine wissenschaftliche Revolution gegen die vormalige Lehrmeinung in der Medizin ist die Einführung der Betablockertherapie bei Herzinsuffizienz in den 1990er Jahren. Ein weiteres ist die Erkenntnis, dass Gastritis durch Infektion mit dem Bakterium *Helicobacter pylorii* verursacht wird und nicht, wie man zuvor der Meinung gewesen war, durch Stress. Die beiden australischen Pathologen John Robin Warren und Barry Marshall, die für ihre Entdeckung 2005 den Nobelpreis erhielten, hatten 20 Jahre gebraucht, um gegen das medizinische Dogma anzukämpfen, wonach Bakterien in der sauren Umgebung des Magens nicht überleben könnten.

Dass auch die Begeisterung der Peers die Wissenschaft nicht vor Fehlschlägen bei wissenschaftlichen Projekten bewahrt, in welche hohe (und mit großen finanziellen Investitionen verbundene) Erwartungen gesetzt wurden, zeigen folgende zwei Beispiele aus der biomedizinischen Forschung: Viel versprach man sich vom Einsatz von CD40L-Antikörpern zur Verhinderung von Transplantatabstoßung; erst klinische Studien erwiesen, dass diese Therapie im Menschen Schlaganfälle verursachen kann. Mit großem Aufwand wurde auch die Idee verfolgt, dass Stammzellen (Stichwort: „Stammzelltherapie“) erfolgreich in der Behandlung von Herzinfarkt sind; genauere Auswertungen der klinischen Studien wiesen jedoch nach, dass Infarktpatienten von der Infusion von Stammzellen nicht profitiert hatten.

Wissenschaft und Wirtschaft

Bei der Antragstellung auf eine Forschungsförderung genügt es normalerweise nicht, den wissenschaftlichen Wert eines Forschungsprogramms darzustellen. Die Forschungsinstitutionen möchten üblicherweise auch etwas über die „gesellschaftliche Relevanz“ und den volkswirtschaftlichen Wert des Projekts erfahren. Das Motto der Christian-Doppler-Forschungsgesellschaft lautet „Wissen schafft Wert“; die Österreichische Forschungsförderungsgesellschaft FFG sieht sich als „nationale Förderstelle für wirtschaftsnahe Forschung in Österreich“ und die Ludwig-Boltzmann-Gesellschaft betont auf ihrer Website: „Spitzenforschung muss der Gesellschaft dienen und Innovationen hervorbringen.“

Eine ähnliche Botschaft vernehmen wir von Seiten der Politik. Folgendes Zitat stammt aus dem Vorwort der *FTI-Strategie des Bundes* aus dem Jahr 2010. Es ist unterzeichnet vom Bundeskanzler, vom Vizekanzler und von vier weiteren MinisterInnen der Republik Österreich. Das Zitat zeigt, in welchem Kontext Wissenschaft von den ressortverantwortlichen PolitikerInnen gesehen wird: Wissenschaft erscheint hier nicht als ein Unternehmen, das nur der Erkenntnisgewinnung allein dient, sondern als eines, das auch seinen Beitrag zur Schaffung von Arbeitsplätzen, zur Sicherung des Wohlstands für nachkommende Generationen und zur Verbesserung der wirtschaftlichen Wettbewerbsfähigkeit leisten soll.

> Unsere Zeit ist geprägt von […] zunehmendem globalen Wettbewerb […] Österreich steht damit vor der Frage, auf welche Weise es seine Zukunftsfähigkeit sichern und seinen Wohlstand auch für nachkommende Generationen weiter ausbauen kann. Wir sind überzeugt, dass eine entscheidende Antwort darauf lauten muss: Stärkung von Forschung, technologischer Entwicklung und Innovation. Dadurch schaffen wir hochqualitative Arbeitsplätze und unterstützen ein nachhaltiges Wirtschafts- und Beschäftigungswachstum.
>
> Ziel ist es daher, dass Österreich von der Gruppe der Innovation Follower in die Gruppe der Innovation Leader, also der innovativsten Länder der EU, vorstößt. […] Dazu bedarf es eines wechselseitigen Dialogs zwischen Wissenschaft, Wirtschaft und Gesellschaft […].Entscheidend ist, wo diese Mittel konkret zum Einsatz kommen und wie ein effizienter Einsatz dieser Mittel sichergestellt wird.[2]

Es ist verständlich, dass ein/e ForscherIn, der/die so zahlreiche und eindeutige Signale aus der gesellschaftlichen Umwelt erhält, sein/ihr Handeln an ihnen orientiert. Er/Sie wird auf die Unterstützung seines/ihres Forschungsprojekts hoffen, wenn es Nutzen für die Gesellschaft bringt. Im folgenden Abschnitt zeigen wir an einem konkreten Beispiel, was tatsächlich passiert, wenn man sich von einer solchen (irrigen) Erwartungshaltung leiten lässt.

---

2 Bundeskanzleramt et al. (Hrsg.): *Potenziale ausschöpfen, Dynamik steigern, Zukunft schaffen: Der Weg zum Innovation Leader: Strategie der Bundesregierung für Forschung, Technologie und Innovation.* Wien März 2011, retrieved 18.8.2015, from http://www.bmvit.gv.at/innovation/publikationen/forschungspolitik/downloads/fti_strategie.pdf.

Das APOSEC-Projekt

In den Jahren 2005–2015 entwickelte das Team um den Erstautor dieses Beitrags, Hendrik Jan Ankersmit, an der Medizinischen Universität Wien ein Medikament namens APOSEC, das den bei Herzinfarkt, Herzmuskelentzündung, Rückenmarksverletzungen und Schlaganfall auftretenden Gewebeschaden verhindert. APOSEC ist ein biologisches Produkt, das aus weißen Blutkörperchen gewonnen wird, die bei Blutspenden als Abfallprodukt anfallen. Für diese Erfindung verfasste Ankersmit 2008 zwei Patente, überzeugte Angel-InvestorInnen und gründete mit ihnen gemeinsam ein Startup-Unternehmen, um die wissenschaftliche Entwicklung von APOSEC zu finanzieren. Im Jahr 2009 genehmigte die Christian-Doppler-Forschungsgesellschaft (CDG) ein Christian-Doppler-Forschungslabor und kofinanzierte die Forschung an APOSEC substanziell. In den Jahren 2009–2015 flossen insgesamt 2,5 Mio. Euro in dieses Projekt. Die Infrastruktur (Laborräumlichkeiten in den Forschungslaboratorien der Universitätsklinik für Chirurgie) wurde von der Medizinischen Universität Wien zur Verfügung gestellt. Im Fall, dass die APOSEC-Entwicklung einmal Profit abwirft, würde die Medizinische Universität 6% des Gewinns erhalten. Die Resultate der präklinischen Studien wurden in Topjournalen mit Peer-Review publiziert. Es gelang dem Forscherteam sogar, in Zusammenarbeit mit der Blutspendezentrale Linz des Roten Kreuzes Oberösterreich, eine Produktionsanlage für APOSEC aufzubauen, die industriellen Qualitätsrichtlinien (GMP) entspricht. Diese wurde von der Österreichischen Gesundheitsbehörde AGES für die Herstellung von APOSEC zur Austestung in klinischen Studien genehmigt. Schließlich wurde sogar eine klinische Studie der Phase I mit autologem (personalisiertem) GMP-APOSEC nach Arzneimittelgesetz erfolgreich durchgeführt.

Doch an diesem Punkt endet diese Erfolgsgeschichte. Die Grundlagenforschung wurde abgeschlossen, allein das Projekt ist noch nicht reif für die Weiterentwicklung gemeinsam mit einem Partner aus der Pharmaindustrie. Das ist das oft zitierte „valley of death“ aus der Innovationsliteratur, in welchem Angel-Investoren die Finanzierung nicht mehr weitertragen können, weil die erforderlichen Summen für individuelle Investoren zu groß geworden sind, und der Staat in der letzten Phase vor der „Wertsteigerung“ des Projekts als Sponsor aussteigt.

Die von den Förderstellen oft gestellte Frage, ob sich denn nicht ein großes Pharmaunternehmen für eine „Invention“ dieser Größenordnung interessieren würde, ist eine Verkennung der Industrierealität. Interesse für ein neues Medikament von Seiten der Industrie ist erst dann vorhanden, wenn das Wissenschaftlerteam den sogenannten „Proof of concept“ erbracht hat – das ist der positive Nachweis der Wirksamkeit des Medikaments in kranken Menschen (PatientInnen) in klinischen Phase II-Studien. Für die klinische Weiterentwicklung von APOSEC bis zum *Proof of concept* wäre noch eine Finanzierung von ca. acht Mio. Euro notwendig. Die darin enthaltenen Studien dienen dem Zweck, behördliche Vorschriften für die Produktentwicklung von pharmazeutischen Produkten zu erfüllen und gehören als solche nicht mehr zur „reinen“ Wissenschaft. Es sind das: a) Toxikologiestudien, Produktstabilitäts- und Bioaktivitätsstudien mit dem finalen *drug product*; b) die Durchführung von klinischen Studien der Phasen I und II in einer Krankheitsindikation.

„Wertvernichtung“

Wird die Forschungsfinanzierung vor der wirtschaftlichen Selbstständigkeit der geförderten Projekte beendet, so bleiben in den meisten Fällen nur folgende zwei, gleichermaßen unerfreuliche, Optionen: entweder kann das Projekt aufgrund fehlender Finanzierung überhaupt nicht weitergeführt werden oder es muss an ausländische Kapitalgeber verkauft werden. Im ersten Fall ist die österreichische Finanzierung der Grundlagenforschung dieses Projekts als verlorenes Geld („sunk money“) anzusehen. Im zweiten Fall könnte es sein, dass man von Österreich aus zuschauen muss, wie andere mit dem Projekt erfolgreich sind und dessen Erlöse keine Arbeitsplätze in Österreich schaffen. Welches ökonomische Potenzial das APOSEC-Projekt hat, zeigt das Beispiel von Mesoblast Limited, eines australischen Unternehmens, das mit vergleichbaren, jedoch zellbasierten Produkten und Daten aus mehreren klinischen Phase 2b-Studien in den USA an die Börse gegangen ist. Der Börsenwert von Mesoblast beträgt gegenwärtig 1,13 Mrd. Dollar, obwohl das Unternehmen kein einziges zugelassenes Produkt auf dem Markt hat.

Will der Wissenschaftler/die Wissenschaftlerin an diesem Punkt der Entwicklung nicht zusehen, wie sein Projekt stirbt, so ist er/sie gezwungen, hochpreisige Eintrittskarten zu internationalen Pharmamessen zu erwerben, um dort in kleinen Kabinen, die Umkleidekabinen in Kaufhäusern ähnlich sehen, individuelle Gespräche mit interessierten Investoren zu führen. Manche von ihnen werden ihm sogar raten, nach einem reichen „sick old man“ zu suchen, der an eben der Krankheit leidet, welche der Wissenschaftler/die Wissenschaftlerin mit seinem Projekt behandeln kann. Diese Tätigkeit ist nicht mit dem Selbstverständnis eines Wissenschaftlers/einer Wissenschaftlerin in Einklang zu bringen; daher ist er/sie peinlich überrascht, sich am Ende einer erfolgreichen wissenschaftlichen Projektarbeit in diese Rolle gedrängt zu sehen.

Hier beginnt nach unserer Auffassung viel zu früh das Schisma zwischen Grundlagenwissenschaft, anwendungsorientierter Wissenschaft und deren wirtschaftlicher Verwertung. Beide Optionen können als „Wertvernichtung“ für die österreichische Gesellschaft angesehen werden. Dabei handelt es sich freilich nicht um eine Vernichtung wissenschaftlicher Werte, denn aus wissenschaftlicher Sicht wurde das Ziel durch die erfolgreiche Publikation der

Forschungsergebnisse erreicht. Wir möchten jedoch die Frage stellen, ob das Ziel der Wissenschaft abtrennbar ist vom Ziel der Gesellschaft, die diese Forschungen finanziert, oder auch vom Ziel der PatientInnen, die ein Recht auf eine neue Therapieoption für ihre Krankheit haben, wenn diese aus wissenschaftlicher Sicht wirksam und in der Anwendung sicher und verträglich ist? Im hier dargestellten Szenario kommt die wissenschaftliche Leistung am Ende nicht bei den PatientInnen an. Der wissenschaftliche Output erscheint in ihm als bloßer Ersatz für die so oft geforderte „translationale Forschung", auf die man seit einiger Zeit schon mehr Gewicht legen wollte, es dabei aber vielleicht doch nicht wirklich ernst meinte.

Zusammenhänge herstellen

Es ist an dieser Stelle die Frage zu stellen, warum das so ist. Warum wird in Österreich die Grundlagenforschung exzellent gefördert und danach lässt man die halbfertigen Projekte fallen?

In einer Buchpublikation im Auftrag der Österreichischen Akademie der Wissenschaften[3] berichtet Robert Musil davon, dass in Wien das meiste Geld für Grundlagen- und Sozialforschung ausgegeben wird, diese Förderungen aber nachweislich nicht zu Patenten führen. Die meisten Patente werden hingegen in Oberösterreich oder Vorarlberg eingereicht. Warum treten solche Phänomene auf? Auf einer grundlegenden Ebene könnte die Antwort auf die von uns gestellte Frage so lauten: Der eigentliche Grund dafür, warum in Österreich Forschungsprojekte nicht bis zu dem Punkt gefördert werden, wo sie ökonomischen Ertrag abwerfen und gesellschaftlichen Nutzen stiften, liegt darin, dass die Zusammenhänge zwischen Wissenschaft, Wirtschaft, Gesellschaft und Politik entgegen allem Anschein in der sozialen Realität eben doch nicht hergestellt und von den handelnden Personen nicht realisiert werden. Damit ist gemeint, dass diese Zusammenhänge, die im Zitat aus der *FTI-Strategie des Bundes* unverkennbar sichtbar sind, gleichzeitig von vielen Menschen, die im Umfeld der Forschungsförderung wichtige Rollen spielen, entweder nicht gesehen oder als inakzeptabel beurteilt werden.

Wissenschaft – wissenschaftstheoretisch betrachtet

Mit dem Fehlen der Zusammenhänge meinen wir Folgendes: Wissenschaft wird heute nach wie vor als ein Unternehmen mit dem ausschließlichen Zweck der Erkenntnisgewinnung betrachtet. Bis heute wird Wissenschaft eigentlich

3 Musil, Robert / Eder, Jakob: *Local Buzz in der Wiener Forschung. Wissensintensive Cluster zwischen lokaler Einbettung und internationaler Orientierung.* VÖAW: Wien 2015.

nicht als gesellschaftliche Institution gesehen, die mit anderen gesellschaftlichen Bereichen – Wirtschaft, Politik, Bildung, Gesundheitswesen etc. – in wechselseitigem Austausch steht und diesen gegenüber auch Verpflichtungen hat. In der Wissenschaft hingegen sieht man bis heute ein auf Erkenntnisgewinnung spezialisiertes „Unternehmen", das nur seinem eigenen Auftrag, der Generierung wahrer Erkenntnisse, gegenüber verpflichtet ist.

Der von Andreas Bartels und Manfred Stöckler herausgegebene Sammelband zur Wissenschaftstheorie[4] stellt ein gutes Beispiel für dieses Bild der Wissenschaft dar: In 14 Kapiteln stellen verschiedene WissenschaftsphilosophInnen die philosophische Disziplin der „Wissenschaftstheorie" vor. Die darin behandelten Themenfelder tragen Namen wie „wissenschaftliche Erklärung", „Kausalität", „Induktion und Bestätigung", „Naturgesetze" und „das Experiment". Aber es gibt darin kein Kapitel über Wissenschaftsfinanzierung oder Forschungsförderung. In solchen Darstellungen werden Bilder von Wissenschaft entworfen und kommuniziert. Das Mittel der Kommunikation ist dabei: dasjenige, worüber man spricht und dasjenige, worüber geschwiegen wird. Indem Wissenschaftsfinanzierung nicht thematisiert wird, wird der Eindruck erweckt, als ob sie nicht zur Wissenschaft gehörte. Da allerdings die Förderung von Forschungsprojekten bestimmt, was beforscht wird – und also im Sinne des Titels dieses Aufsatzes: welche Fragen gestellt werden – müsste man in dem Fall auch zugeben, dass Wissenschaft sich nicht ihre eigenen Themen wählt, sondern letzten Endes Auftragsforschung ist. Allerdings ist in dem Zusammenhang keine Auftragsforschung unmittelbar aus der Wirtschaft oder Politik gemeint, sondern diejenigen WissenschaftlerInnen, die als Peer-ReviewerInnen ihre Hegemonfunktion ausüben, erteilen Aufträge, Forschungsprojekte durchzuführen, an deren Inhalt sie selbst interessiert sind – und die dafür nötigen finanziellen Mittel kommen von den Förderinstitutionen. AnhängerInnen der These, wonach die Wissenschaft frei ist, könnten in dieser Praxis einen Widerspruch sehen.

Leben in einer wissensbasierten Gesellschaft

Investitionen in Forschung und Entwicklung sind heute unter anderem deshalb so wichtig, weil wir in einer wissensbasierten Ökonomie leben. Es ist heute immer weniger die menschliche Arbeitskraft, die wirtschaftlichen Produkten und Dienstleistungen ihren Wert verleiht, sondern das in ihnen steckende Wissen.

Dieser Umstand wird durch das Patentwesen zum Ausdruck gebracht: Ein/e Erfinder/in hat die Möglichkeit, ein Patent einzureichen und ist dadurch, sofern es genehmigt wird, für 20 Jahre vor Nachahmerprodukten geschützt. Hat man

---

4 Cf. Bartels, Andreas / Stöckler, Manfred: *Wissenschaftstheorie. Ein Studienbuch.* Mentis: Paderborn 2007.

bereits ein genehmigtes Patent, so kann man Patentanwaltskanzleien beauftragen, eine sogenannte *Freedom to operate* (FTO)-Untersuchung durchzuführen. Durch diese wird bestätigt, dass das eigene Patent das weltweit erste seiner Art ist und die Ansprüche anderer Patente nicht verletzt. Auch für APOSEC wurde mittels FTO nachgewiesen, dass seine Patentansprüche weltweit Priorität genießen. Große Unternehmen haben oft tausende Patente, und sie fassen den durch sie abgedeckten Bereich als so etwas wie einen Handlungsspielraum auf. Das zeigt, dass Wissenschaft und Wirtschaft heute zusammenhängen: Das sind die Spielregeln, nach denen wir spielen. Die nicht klar durchgedachten Finanzierungsmodelle für Wissenschaft im akademischen Raum lassen vermuten, dass wir uns offenbar noch nicht dazu entschlossen haben, auf eine erfolgversprechende Weise an diesem Spiel teilzunehmen. Warum ist das so?

Im Fall des APOSEC-Projekts wurde die Grundlagenforschung vom österreichischen Staat und von österreichischen Angel–Investoren finanziert. Nun wäre nur noch eine beschränkte weitere Summe nötig, um festzustellen, ob das Medikament seine in Tierversuchen festgestellte therapeutische Wirksamkeit auch beim Menschen zeigt. Das Forschungsrisiko, dass das Medikament die in es gesetzten Erwartungen nicht erfüllt, besteht natürlich trotzdem. Wäre es dennoch nicht einfach nur vernünftig – aus ökonomischen, aber auch aus ethischen und wissenschaftlichen Gründen – diese geringe Wegstrecke noch zu gehen um herauszufinden, ob die APOSEC-Therapie im Menschen funktioniert oder nicht?

Veraltete Bilder von Wissenschaft wirken nach

> Solange Erkenntnis noch ein vergleichsweise billiges Produkt war, weil sie kaum mehr als einige (wenige) Personen, einige einfache Geräte und etwas Papier benötigte, war ihre Finanzierung keine zentrale Frage – genauso wie der Einfluss qua Nachfrage eher gering war. Heute ist der Anteil an Forschern (und an akademisch ausgebildeten Berufstätigen) um ein Vielfaches höher, zudem wird Forschung immer aufwendiger. [...] Forschung und Lehre sind teuer geworden, was (auch hier) dazu führt, dass die Mittel knapp werden und dorthin fließen, wo Entscheidungsträger sie richtig untergebracht sehen. Damit löst die ökonomische Kontrolle die politische Kontrolle ab bzw. politische Kontrolle nimmt ökonomische Form an.[5]

Dieses Zitat von Schülein und Reitze veranschaulicht, wie veraltete Vorstellungen bis heute unser Bild der Wissenschaft bestimmen: Forschungsförderung erscheint in diesem Bild als ökonomische oder politische Kontrolle von außen. Die Alternative dazu, eine wissenschaftlich informierte ökonomische oder politische Einflussname auf die Wissenschaft, wird nicht angedacht.

---

5 Schülein, Johann August / Reitze, Simon: *Wissenschaftstheorie für Einsteiger*. Facultas: Wien ^{3}2012, S. 247.

Conclusio: Angst vor der Generierung ökonomischen Werts

Wenn Wissenschaft, wie es dem traditionellen Selbstbild der Wissenschaft entspricht, nicht mehr als ein reines Unternehmen zur Erkenntnisgewinnung ist, dann kann Wissenschaftsförderung letzten Endes eigentlich immer nur Grundlagenwissenschaftsförderung sein. Förderungen translationaler oder angewandter Wissenschaft – auch wenn sie immer wieder zu beantragen versucht werden – sind in dem Fall zum Scheitern verurteilt, weil sie in diesem Bild von Wissenschaft bereits als Förderungen der Wirtschaft (und damit von privaten Interessen) erscheinen und nicht mehr als solche der (dem allgemeinen Wohl dienenden) Wissenschaft. Die Vorstellung, welche in erster Linie an der Freiheit und Unabhängigkeit von Wissenschaft orientiert ist, erzeugt eine Denkweise, welche der Intention von angewandter Forschungsförderung entgegenwirkt. Sie lässt sich zusammenfassen in der Formel, dass man richtiggehend Angst davor hat, ökonomischen Wert zu schaffen.

Man hat deshalb Angst vor der Schaffung ökonomischen Werts, weil dieser in der Folge hauptsächlich einem privatwirtschaftlichen Unternehmen zugute kommen würde, man aber keine privaten Interessen fördern will, sondern nur öffentliche. Eine Ursache dieser Angst ist sicherlich, dass in der öffentlichen Diskussion in Österreich der öffentliche Nutzen privater ökonomischer Erfolgsgeschichten wenig thematisiert wird. Es ist nicht im Bewusstsein der Öffentlichkeit verankert, dass ein florierendes Unternehmen auch Mehrwert für die gesamte Volkswirtschaft schafft. Hingegen hat man Angst davor, einzelne Privatpersonen durch Förderungen reich zu machen. Eine weitere Ursache scheint aber auch darin zu liegen, dass über dieses Problem keine offene und ehrliche Diskussion geführt wird: Ein kurzer Rückblick auf das Zitat aus der *FTI-Strategie des Bundes* genügt um festzustellen, dass wir heute in einer gesellschaftlichen Realität leben, in der Wissenschaft und Wirtschaft sowie private und öffentliche Interessen miteinander verbunden sind. Warum entwickelt man also keine Verfahren, um mit dieser Situation umzugehen? Wir haben den Eindruck, dass die Politik, indem sie Begriffe wie „Forschungsförderung“, „Aufwertung des Forschungsstandorts Österreich“ oder „Forschung-Technologie-Innovation“ anstelle von „Wissenschaftsförderung“ verwendet, versucht, der Auseinandersetzung mit der Wissenschaft auszuweichen.

Eine Lösung für das APOSEC-Projekt – aber auch für andere wissenschaftliche Projekte, die sich gegenwärtig im „valley of death“ befinden – könnte beispielsweise ein Technologiefonds sein, welcher Kredite/Ausfallshaftungen an österreichische Unternehmen vergibt, die akademische Forschung unterstützen. Bei erfolgreicher Auslizensierung würde dieses „geborgte Geld“ mit einem für Venture Capital üblichen Multiples an den Fonds zurückgezahlt werden. Akademische translationale Wissenschaft ist gegenwärtig ein „dead end“, eine Sackgasse. Gesellschaftliche Key Opinion Leaders sollten sich überlegen, ob der österreichische Staat es sich leisten kann, Forschung zu finanzieren, um dann einer vorzeitigen Beendigung von wissenschaftlichen Projekten oder ihrem Ausverkauf zuzustimmen. Gegenwärtig können wir es keinem österreichischen Nachwuchswissenschaftler bzw. Nachwuchswissenschaftlerin empfehlen, sich an der Weiterentwicklung einer Innovation (oder Invention) zu versuchen.

Quellenverzeichnis

Bartels, Andreas / Stöckler, Manfred: *Wissenschaftstheorie. Ein Studienbuch.* Mentis: Paderborn 2007.

Bundeskanzleramt et al. (Hrsg.): *Potenziale ausschöpfen, Dynamik steigern, Zukunft schaffen. Der Weg zum Innovation Leader. Strategie der Bundesregierung für Forschung, Technologie und Innovation.* Wien März 2011, retrieved 18.8.2015, from http://www.bmvit.gv.at/innovation/publikationen/forschungspolitik/downloads/fti_strategie.pdf.

Musil, Robert / Eder, Jakob: *Local Buzz in der Wiener Forschung. Wissensintensive Cluster zwischen lokaler Einbettung und internationaler Orientierung*. VÖAW: Wien 2015.

Schülein, Johann August / Reitze, Simon: *Wissenschaftstheorie für Einsteiger.* Facultas: Wien ³2012.

Tetens, Holm: „Wissenschaft“. In: Sandkühler, Hans Jörg (Hrsg.): *Enzyklopädie Philosophie*, Bd. 3. Felix Meiner: Hamburg 2010, S. 3018–3028.

Silvia Traunwieser

Die Analyse eines Dialogs – Fortpflanzungsmedizin in Österreich

Michael Fischers umfassendes und vielfältiges Wirken mit einem Aufsatz gerecht zu werden, scheint ein Ding der Unmöglichkeit zu sein. Nichts desto trotz soll der Versuch unternommen werden, einen seiner vielen Dialoge fragmentarisch aufzuzeigen. Als Mitglied der Bioethikkommission gestaltete er in Stellungnahmen und Empfehlungen medizinische, rechtliche und ethische Aspekte mit, die nicht nur als Grundlage für Gesetze dienten,[1] sondern stärkte auch den Kommunikationsprozess zwischen Bioethikkommission, verschiedenen Institutionen und der breiten Öffentlichkeit[2]. Mehrere dieser Stellungnahmen[3] bezogen sich auf die Reformbedürftigkeit des Fortpflanzungsmedizingesetzes, bedingt durch geänderte gesellschaftspolitische Gegebenheiten (Rolle der Frau, neue Lebens-/Partnerschaftsformen, Patchworkfamilien) wie auch zweier gerichtlicher Erkenntnisse[4], die die österreichische Rechtslage unmittelbar betrafen. Die 2012 diesbezüglich veröffentlichte Stellungnahme zur „Reform des Fortpflanzungsmedizinrechts" liefert neben naturwissenschaftlich-medizinischen Grundlagen die rechtlichen und ethischen Aspekte medizinisch unterstützter Fortpflanzung, die zusammengefasst in mehreren Empfehlungen resultieren.[5] Die Einarbeitung dieser Empfehlungen erfolgte

1 Bioethikkommission: *Reform des Fortpflanzungsmedizinrechts, Stellungnahme der Bioethikkommission beim Bundeskanzleramt*, retrieved 11.5.2016, from https://www.bka.gv.at/DocView.axd?CobId=48791.

2 Als ein Beispiel von vielen: *Wiener Krankenanstaltenverbund*, retrieved 11.5.2016, from http://www.wienkav.at/kav/khr/ZeigeText.asp?ID=37024.

3 Bioethikkommission: *Stellungnahme der Bioethikkommission an den VfGH vom 16. April 2012, Beschränkung des Anwendungsbereiches des Fortpflanzungsmedizingesetzes auf verschiedengeschlechtliche* Paare, retrieved 11.5.2016, from https://www.bka.gv.at/DocView.axd?CobId=47392; Bioethikkommission: *Reform des Fortpflanzungsmedizinrechts, Stellungnahme der Bioethikkommission beim Bundeskanzleramt*; Bioethikkommission*: Stellungnahme der Bioethikkommission beim Bundeskanzleramt zum Entwurf eines Bundesgesetzes, mit dem das Fortpflanzungsmedizingesetz, das Allgemeine bürgerliche Gesetzbuch und das Gentechnikgesetz geändert werden (Fortpflanzungsmedizinrechts-Änderungsgesetz 2015 – FMedRÄG 2015)*, retrieved 11.5.2016, from https://www.bka.gv.at/DocView.axd?CobId=57878.

4 VfGH 10.12.2013, G 16/2013 et. al.; EGMR 3.11.2011, 57813/00.

5 Bioethikkommission: *Reform des Fortpflanzungsmedizinrechts, Stellungnahme der Bioethikkommission beim Bundeskanzleramt* 2012, S. 9ff.

zum großen Teil im novellierten Fortpflanzungsmedizingesetz BGBl. 275/1992 i.d.F. BGBl. I 35/2015. Dieser Beitrag soll dazu dienen, die Umsetzung der Empfehlungen der Bioethikkommission in der Gesetzesnovelle des FMedG einerseits aufzuzeigen, und andererseits auf nach wie vor bestehende ethische Problembereiche (Ausschluss bestimmter Personengruppen von medizinischen Fortpflanzungsmöglichkeiten, Ausklammerung bzw. Negierung bestimmter Aspekte wie Leihmutterschaft, „social egg freezing" oder „egg sharing") und damit zusammenhängende rechtliche Lücken aufmerksam zu machen.

1. Rechtliche Perspektive

Ausschlaggebend für eine Reform des Fortpflanzungsmedizingesetzes war unter anderem ein Verfahren gegen Österreich vor dem EGMR,[6] in dem es um das absolute Verbot der Eizellspende wie auch das Verbot von Invitrofertilisation mit von Fremden gespendetem Samen ging. Die Große Kammer des EGMR stellte keine Verletzung des Rechts auf Privat- und Familienleben fest, ergänzte jedoch, dass sich die Beurteilung im konkreten Anlassfall auf das Jahr 1999 beziehe und der österreichische Gesetzgeber es verabsäumt habe, die gesellschaftspolitischen Abänderungen im Rahmen der Fortpflanzungsmöglichkeiten zu evaluieren. Weiters stellte er fest, dass eine Überprüfung im Jahr 2011 im Sinne einer Liberalisierung der erwähnten Aspekte anders hätte ausfallen können.[7]

Die Empfehlungen der Bioethikkommission im Jahr 2012, die teilweise auch in die Erkenntnis des VfGH eingeflossen sind,[8] beinhalten die Zulassung der *Samenspende* auch für In-Vitro-Behandlungen. Weiters befürwortet die Kommission eine *Eizellspende* für Frauen mit ovarieller Insuffizienz innerhalb der biologisch-reproduktiven Phase. *Medizinisch unterstützte Fortpflanzung* soll auch außerhalb von Ehe bzw. eheähnlichen Lebensgemeinschaften für alleinstehende Frauen wie auch für lesbische Paare geöffnet werden. Männlich homosexuellen Paaren soll die Möglichkeit einer *Adoption* ermöglicht werden. *Präimplantationsdiagnostik* soll als ultima ratio bei genetischer Disposition der Eltern/eines Elternteils oder nach mehreren erfolglosen IVF/ICSI-Andwendungen/genetisch bedingter Fehl- oder Totgeburten zum Einsatz kommen. *Embryonenspende* im Rahmen überzähliger, kryokonservierter Embryonen von Paaren mit bereits erfülltem Kinderwunsch soll vom Gesetzgeber analysiert bzw. als solche kritisch untersucht werden.[9]

---

6 EGMR 3.11.2011, 57813/00.

7 EGMR 3.11.2011, 57813/00.

8 Bioethikkommission: *Stellungnahme der Bioethikkommission an den VfGH vom 16. April 2012, Beschränkung des Anwendungsbereiches des Fortpflanzungsmedizingesetzes auf verschiedengeschlechtliche Paare.*

9 Bioethikkommission: *Reform des Fortpflanzungsmedizinrechts, Stellungnahme der Bioethikkommission beim Bundeskanzleramt*, S. 45f.

Mit Erkenntnis des Verfassungsgerichtshofs G 16/2013 wurden die Möglichkeiten medizinisch unterstützter Fortpflanzung auch für in eingetragener Partnerschaft oder Lebensgemeinschaft lebender Frauen eröffnet.

Wesentliche Abänderungen des FortpflanzungsmedizinG wurden mit der Novelle im Jahr 2015 BGBl. I 35/2015 vorgenommen. Erstens galt es, das VfGH Erkenntnis umzusetzen, insofern *medizinisch unterstützte Fortpflanzung* nicht nur in einer Ehe oder verschiedengeschlechtlicher Lebensgemeinschaft, sondern auch für Frauen gem. § 2 Abs. 2 Z 3 FMedG möglich ist, die in einer *eingetragenen Partnerschaft* oder *Lebensgemeinschaft* leben.

Die Beschränkung der Verwendung des Samens Dritter auf lediglich den Prozess der Insemination wurde insofern gem. § 3 FMedG korrigiert, als die *Samenspende* auf In-vitro-Behandlungen ausgedehnt wurde, wenn der Samen des Ehegatten oder Lebensgefährten nicht fortpflanzungsfähig ist oder bei zwei in Lebensgemeinschaft oder eingetragener Partnerschaft lebenden Frauen eine Schwangerschaft herbeigeführt werden soll. Die Zulassung der *Eizellspende* ist in § 3 Abs. 3 FMedG geregelt und dann zulässig, wenn die Eizellen der Frau nicht fortpflanzungsfähig sind bzw. die Frau, bei der die Schwangerschaft herbeigeführt werden soll, zum Behandlungsbeginn das 45. Lebensjahr noch nicht vollendet hat.[10]

Neu geregelt ist gem. § 2a FMedG die *Präimplantationsdiagnostik*, die sehr restriktiv gehandhabt (Untersuchung der Lebensfähigkeit des Embryos oder zur Feststellung einer Erbkrankheit) und bei Vorliegen genau geregelter Voraussetzungen (drei gescheiterte Versuche einer medizinisch unterstützten Fortpflanzung, drei Fehl-/Totgeburten oder bei einer entsprechenden genetischen Disposition der Eltern eines Elternteils) möglich ist.[11]

Folgende Fortpflanzungsmöglichkeiten stehen für die unterschiedlichen Lebensformen zur Verfügung:

Person	*Natürliche Fortpflanzung*	*IVF/ ICSI*	*Eizellspende*	*Samenspende*	*Leihmutterschaft*	*Adoptivkind*	*Pflegekind*
Single	(j)ein	nein	nein	nein	nein	ja	ja
♂+♀	ja	ja	ja	ja	nein	ja	ja
♀+♀	nein	ja	ja	ja	nein	ja	ja
♂+♂	nein	nein	nein	nein	nein	ja	ja

Die meisten Anliegen und fakultativen Vorgaben der Bioethikkommission sind im Zuge der Gesetzesnovelle zum FMedG rechtlich umgesetzt worden. Nicht eingebracht wurde der von der Bioethikkommission geforderte Zugang

10 Fortpflanzungsmedizingesetz FMedG BGBl. 275/1992 i.d.F. BGBl. I 35/2015.
11 ErlRV 445, BlgNR XXV. GP, S. 5.

zur Fortpflanzungsmedizin für alleinstehende Frauen.[12] In den Erläuterungen der Regierungsvorlage wird eher lapidar von einer Öffnung medizinisch unterstützter Fortpflanzung für alleinstehende Frauen abgesehen, weil vermieden werden solle, Kindern von Vornherein nur einen Elternteil zur Verfügung zu stellen.[13] Jedoch bewusst von der Bioethikkommission verworfen wurde die Möglichkeit, homosexuell männliche Paare an medizinisch unterstützter Fortpflanzung teilhaben zu lassen. Eine dafür notwendige Leihmutter sei mit sozialen, psychischen und rechtlichen Problemen versehen, sodass es als nicht wünschenswert erachtet wurde. In den Erläuterungen zur Regierungsvorlage findet sich dazu leider nichts. Als Ausgleich für diese Lücke wurde die Fremdkind-Adoption durch Homosexuelle ermöglicht.[14]

2. Problembereiche der Fortpflanzungsmedizin – ethische Aspekte

Die Novellierung des österreichischen Fortpflanzungsmedizingesetzes stellte eine längst fällig und notwendig gewordene Maßnahme dar. Nichts desto trotz manifestieren sich meiner Ansicht nach folgende demonstrativ aufgelistete Problembereiche:

- o Ausschluss alleinstehender Frauen/Männer von medizinisch unterstützten Fortpflanzungsmöglichkeiten
- o Ausschluss männlich-homosexueller Paare
- o Verbot der Leihmutterschaft
- o Negation des sog. „social egg freezing“ bzw. „egg sharing“
- o Restriktive Handhabung der PID

Im Folgenden werden einzelne Aspekte näher beleuchtet:

Eine Familie gründen und ein Kind haben zu wollen, scheint ein natürliches, jedoch nicht immer einfaches Bestreben zu sein. Ungewollte Kinderlosigkeit als stressauslösendes Ereignis manifestiert sich darin, dass eine erwünschte Lebensveränderung nicht eintritt.[15] Kinderlosigkeit kann Leiden verursachen, psychischen Druck potenzieren und zu einer gewaltigen Belastung führen. Das Versagen des Körpers als Planungswidrigkeit kann mit einem erschütterten Selbstwertgefühl, Depressionen, sozialer Isolation, Versagensangst

12 Bioethikkommission: *Reform des Fortpflanzungsmedizinrechts, Stellungnahme der Bioethikkommission beim Bundeskanzleramt*, S. 45.

13 ErlRV 445, BlgNR XXV. GP, S. 1.

14 VfGH 11.12.2014, G 119/2014; Schoditsch, Thomas: „5 Jahre EPG – Ein Grund zum Feiern?“. *Zeitschrift für Ehe- und Familienrecht* 150(6), 2015, S. 256.

15 Hölzle, Christina / Wiesing, Urban: *In-vitro-Fertilisation – ein umstrittenes Experiment*. Springer: Berlin/Heidelberg 1991, S. 28ff.

und Frustration verbunden sein.[16] Medizinische Faktoren wie etwa das Alter der Frau oder des Mannes, Endometriose, PCO Syndrom, Tubenfaktor oder mangelnde Spermienqualität können ursächlich für Kinderlosigkeit sein.[17] Meiner Ansicht nach existieren auch faktische Gründe für Kinderlosigkeit bei Lebenskonstellationen von alleinstehenden Personen oder homosexuell männlichen Paaren, wo das andere Geschlecht für eine Fortpflanzung fehlt. Lesbischen Paare hingegen ist nun mit der Umsetzung des VfGH Erkenntnisses G 16/2013 die Möglichkeit eingeräumt worden, sich den Kinderwunsch durch künstliche Insemination oder Invitrofertilisation zu erfüllen.[18] Das Recht auf Fortpflanzung im Sinne eines negativen Freiheitsrechts umfasst jedoch nicht das Recht auf ein (gesundes) Kind und ist insofern zu verstehen, als niemand an der Fortpflanzung entsprechend der medizinisch-technischen Möglichkeiten behindert werden darf.[19] Wie *Kopetzki* in seiner Glosse treffend anführt, geht es ausschließlich um die Frage, ob der Staat die Inanspruchnahme der de facto möglichen und medizinisch verfügbaren Methoden verbieten darf. Grundrechtlich betrachtet handelt es sich um keinen Leistungsanspruch, sondern um einen Abwehranspruch gegenüber einer staatlichen Zugangsbarriere.[20] Doch genau dieser Aspekt ist trotz medizinisch-technischer Möglichkeiten teilweise bei der Umsetzung durch den Gesetzgeber ausgeklammert worden, indem vor allem – wie von der Bioethikkommission initiiert – alleinstehende Frauen, aber auch alleinstehende Männer bzw. homosexuelle Paare völlig ausgeschlossen wurden. Der Wunsch nach einem Kind ist meiner Ansicht nach nicht automatisch an eine bestimmte Lebenskonstellation (Ehepartner, Lebenspartner) gebunden, auch alleinstehende Frauen und Männer bzw. gleichgeschlechtliche Paare können ein derartiges Bedürfnis verspüren.[21] Nicht nachvollziehbar erscheint das Argument des Gesetzgebers,[22] dass alleinstehende Frauen von

---

16 Ibid., S. 29ff.

17 Kern, Reinhard: *IVF-Register Jahresbericht 2014*, retrieved 11.10.2005, from http://www.bmgf.gv.at/cms/home/attachments/3/5/5/CH1094/CMS1340806672582/ivf-fond_jahresbericht_2014.pdf, S. 8.

18 Bernat, Erwin: „Das österreichische Fortpflanzungsmedizingesetz wurde liberalisiert. Eckpunkte des Fortpflanzungsmedizinrechts-Änderungsgesetzes 2015". *Der Gynäkologe* 48(9), 2015, S. 687.

19 Krones, Tanja et al: „Kinderwunsch und Wunschkinder. Möglichkeiten und Grenzen der In-vitro-Fertilisations-Behandlung". *Ethik in der Medizin* 18(1), 2006, S. 55f.

20 Kopetzki, Christian: „Verbot der Samenspende in gleichgeschlechtlichen Lebensgemeinschaften von Frauen verfassungswidrig". *Recht der Medizin* 77(2), 2014, S. 70.

21 Müller-Götzmann, Christian: *Artifizielle Reproduktion und gleichgeschlechtliche Elternschaft.* Springer: Heidelberg 2009, S. 11.

22 ErlRV 445, BlgNR XXV. GP, S. 1.

Methoden der künstlichen Befruchtung ausgeschlossen werden, weil Kindern nicht von Vornherein nur ein Elternteil zur Verfügung stehen soll. Was bei einem Adoptivkind (Annahme an Kindesstatt durch eine Person), Pflegekind (Pflegemutter oder Pflegevater) oder auf natürliche Art gezeugtem Kind (ungewollte Schwangerschaft, ohne den Vater zu kennen; der Vater verlässt während der Schwangerschaft die Mutter) möglich ist, soll bei einem alleinstehenden Elternteil mit medizinischer Fortpflanzung gezeugtem Kind nicht möglich sein. Auch die Bioethikkommission hält es für fragwürdig, würde das Kindeswohl an eine spezifische Familienkonstellation gebunden werden. Aus diversen Studien ergibt sich, dass sich Kinder aus gleichgeschlechtlichen Paaren nicht von Kindern verschiedengeschlechtlicher Paare unterscheiden.[23] Fragen der Gerechtigkeit und Diskriminierung stehen dabei im Vordergrund. Technisch-biologische Aspekte/Unterschiede rechtfertigen keine Diskriminierung, solange keine Gefahren entstehen. Da das Kindeswohl weder durch „ungewöhnliche" Beziehungen gefährdet ist, der genetische Vater erfragt werden darf und alleinstehende Frauen nicht mehr oder weniger einer Missbrauchsgefahr einer Leihmutter ausgesetzt wären,[24] stellt der Ausschluss einer bestimmten Personengruppe – hier alleinstehender Frauen – eine ungerechtfertigte Diskriminierung dar.

Diffiziler gestaltet sich die Angelegenheit bei alleinstehenden Männern oder männlich homosexuellen Paaren, da neben einer Eizellspende auch eine Leihmutter erforderlich ist. Die Bioethikkommission unterstreicht das Verbot der Leihmutterschaft, abgeleitet aus § 3 Abs. 2 und Abs. 3 FMedG i.V.m. § 2 Abs. 2 FMedG, § 1 Abs. 1 FMedG,[25] und argumentiert, dass weder das Kind Gegenstand einer Herausgabeverpflichtung, noch die Frau Objekt der Ausbeutung der Gebärfähigkeit werden soll. Im Erkenntnis des VfGH vom 10.12.2013, G 16/2013ua wird die Unmöglichkeit einer medizinisch unterstützten Fortpflanzung bei Partnerschaften von Männern als eine biologisch bedingte Diskriminierung bezeichnet. Wegen der notwendigen Einbeziehung einer Frau als Leihmutter, deren Privat- und Familienleben ebenfalls schutzwürdig ist, liegt im Verhältnis zu gleichgeschlechtlichen weiblichen Partnerschaften mit erforderlicher Samenspende ein unterschiedlicher Sachverhalt vor, der auch rechtlich unterschiedlich geregelt werden könne. Da es verfassungsrechtlich nach wie vor als zulässig erachtet wird, einer Frau, die kein Kind austragen kann, durch Verbot der Leihmutterschaft die Erfüllung ihres Kinderwunsches zu verwehren,

23 Bioethikkommission: *Reform des Fortpflanzungsmedizinrechts, Stellungnahme der Bioethikkommission beim Bundeskanzleramt*, S. 29ff., S. 39.

24 Ibid., S. 29ff.

25 Merckens, Stephanie: „FMedRÄG 2015: Zur Reform des Fortpflanzungsmedizingesetzes". *Recht der Medizin* 43(2), cf. FN 3.

kann diese Argumentation laut VfGH auch für den Kinderwunsch zweier in Partnerschaft lebender Männer übertragen werden.[26]

Drei wesentliche Vorgänge im Rahmen der Leihmutterschaft lassen sich differenzieren, das Zustandekommen der Schwangerschaft durch Insemination oder künstliche Befruchtung mit eigenen oder fremden Eizellen als ersten, die Schwangerschaft und das Austragen des Kindes als zweiten und die Weggabe des Kindes nach der Geburt als dritten Vorgang. Es lassen sich unter anderem folgende Problembereiche festmachen:[27] die Menschenwürde des Kindes, das Kindeswohl, das Recht des Kindes auf Kenntnis der eigenen Abstammung, die Menschenwürde der Leihmutter, die körperliche Integrität der Leihmutter und Ausbeutung.

Heun argumentiert, dass Leihmütter insofern nicht zu reinen Gebärmaschinen degradiert bzw. dann nicht instrumentalisiert würden, wenn Frauen sich freiwillig zur Verfügung stellen, die Entscheidung Ausdruck von Selbstbestimmung ist und dementsprechend könne auch keine Menschenwürdeverletzung vorliegen.[28] Die Gesundheitsgefahren einer Leihmutter unterscheiden sich in keiner Weise von Frauen, die sich einer künstlichen Befruchtung unterziehen und erfolgreich schwanger werden. Da auch diese Eingriffe in die körperliche Integrität nur mit Zustimmung der jeweiligen Leihmutter nach getätigter Aufklärung erfolgen dürfen, Ausdruck der Selbstbestimmung sind, könnte auch dieses Argument entkräftet werden. Gestaltet man den Akt der Weggabe ähnlich wie bei der Adoption, kann man der Leihmutterschaft etwas an Schrecken nehmen,[29] wohlwissend, dass viele noch offene Fragen zurück bleiben.

Bleisch negiert ebenfalls eine Instrumentalisierung, insofern „Leihmutterschaftsverhältnisse als persönliche triadische Beziehungen zwischen Bestelleltern, austragender Mutter und Kind verstanden werden".[30] Dass für das Austragen des Kindes Geld im Sinne einer Remuneration geleistet wird, ist noch nicht ausreichend, müsste sonst nahezu jede Erwerbsarbeit als moralisch fragwürdig eingestuft werden.[31] Ist die körperliche Integrität einer Arbeitskraft wie etwa bei Organspendern, Prostituierten oder Leihmüttern tangiert,

26 VfGH 10. 12. 2013, G 16/2013 VfSlg 19.824/2013.

27 Heun, Werner: „Restriktionen assistierter Reproduktion aus verfassungsrechtlicher Sicht". In: Bockenheimer-Lucius, Gisela / Thorn, Petra / Wendehorst, Christiane (Hrsg.): *Umwege zum eigenen Kind. Ethische und rechtliche Herausforderungen an die Reproduktionsmedizin 30 Jahre nach Louise Brown*. Universitätsverlag: Göttingen 2008, S. 49–61.

28 Ibid., S. 56.

29 Ibid., S. 54, S. 58.

30 Bleisch, Barbara: „Leihmutterschaft als persönliche Beziehung". In: Honnefelder, Ludger / Sturma, Dieter (Hrsg.): *Jahrbuch Wissenschaft und Ethik 17*. De Gruyter: Berlin / Boston 2013, S. 5, S. 17.

31 Ibid., S. 10.

entsteht der Verdacht einer Verdinglichung bzw. Menschenwürdeverletzung.[32] Die moralische Erlaubtheit von Leihmutterschaften hängt davon ab, wie die Leihmutter vom Bestellpaar gesehen wird. Wird das Austragen des Kindes nicht als Mittel zum Zweck gesehen („Reproduktionstank"), sondern als aktiver Prozess eingestuft, in den sich die Tragemutter aktiv und autonom einbringen kann, ist eine Instrumentalisierung zu verneinen. Das Leihmutterschaftsverhältnis soll dabei nicht als Vertrags- oder Arbeitsverhältnis verstanden werden, das nach der Geburt einfach endet. Vielmehr soll die Leihmutter als Ersatzmutter und austragende Mutter respektiert und eingebunden werden.[33] Dass auch diese Konstruktion nicht unproblematisch ist, zeigt die Realität betreffend Mehrlingsschwangerschaften oder Behinderung des Ungeborenen, insofern die Interessen der Leihmutter mit denen der Bestelleltern konträr ausgerichtet sein können. Dennoch: verschließt man sich gänzlich dem Thema Leihmutterschaft, weichen Wunscheltern (ob männlich-homosexuelle Paare, Alleinstehende oder andere Lebensformen) ins Ausland ab.[34]

Mehr als fraglich ist auch das gesetzliche Verbot der Kryokonservierung von Eizellen (social egg freezing) bzw. Samenzellen ohne medizinische Indikation, ob eine gerechtfertigte Bevormundung des Einzelnen durch den Staat stattfindet, bleibt zu hinterfragen. Eine Eizellspende für unfruchtbare Dritte ist bis zum 30. Lebensjahr erlaubt, eine vorsorgliche Aufbewahrung für sich selber jedoch gesetzlich verwehrt. Diese paternalistische Vorgehensweise, die sachlich nicht gerechtfertigt scheint,[35] bedarf meiner Ansicht nach ebenfalls einer gesetzlichen Korrektur.

Ebenso ambivalent wie schwierig ist die Thematik der Präimplantationsdiagnostik (PID), die nur noch kurz angesprochen werden kann. Einerseits soll mit dieser Methode unnötiges Leiden auf Seiten der Frau vermieden bzw. reduziert werden (Fehl-/Totgeburten), Invitrofertilisationen erfolgreicher ausgestaltet werden, andererseits möchte man verhindern, sogenannte Designerbabies zu kreieren. Wie die Bioethikkommission richtigerweise ausführt, wird Frauen bis zur Einpflanzung das uneingeschränkte Entscheidungsrecht über die Implantation der befruchteten Eizelle, allerdings im diagnostischen Blindflug,

---

32 Ibid., S. 15.

33 Ibid., S. 17ff.

34 Suhr, Katharina: „Ausländische Leihmutterschaft: Eintragung homosexueller Lebenspartner als rechtliche Eltern in das Geburtenregister". *Der Gynäkologe* 48(6), 2015, S. 473–476; Knoll, Eva-Maria: „So weit gehen für ein Kind: Reproduktionstourismus als grenzüberschreitender Umweg". In: Bockenheimer-Lucius, Gisela / Thorn, Petra / Wendehorst, Christiane (Hrsg.): *Umwege zum eigenen Kind. Ethische und rechtliche Herausforderungen an die Reproduktionsmedizin 30 Jahre nach Louise Brown.* Universitätsverlag: Göttingen 2008, S. 65ff.

35 Kopetzki, Christian: „Social Egg Freezing". *Recht der Medizin* 204(6), 2014, S. 309; Bernat, S. 689.

gewährleistet. Frauen müsste ein Zugang zu den für die Entscheidung relevanten Gesundheitsinformationen für oder gegen ein Kind im Sinne ihres Rechts auf Privatleben gem. Art 8 EMRK ermöglicht werden. Eine Abänderung der sehr restriktiv gehandhabten PID scheint auch hier erforderlich zu werden.[36]

Zusammenfassend lässt sich festhalten, dass die Novellierung des Fortpflanzungsmedizingesetzes als begrüßenswert erachtet wird. Angesichts diverser Lücken und Problembereiche sollte jedoch der Dialog fortgesetzt bzw. von der Bioethikkommission unterstützt werden, indem diese wiederum eine Vorreiter- und Vermittlerrolle einnimmt. Ein schwieriges Unterfangen, gleichzeitig auch eine Herausforderung, eine Balance zwischen schutzwürdigen Interessen und teilweise miteinander konfligierenden rechtlich-ethischen Ansprüchen zu finden.

Quellenverzeichnis

Bernat, Erwin: „Das österreichische Fortpflanzungsmedizingesetz wurde liberalisiert. Eckpunkte des Fortpflanzungsmedizinrechts-Änderungsgesetzes 2015“. *Der Gynäkologe* 48(9), 2015, S. 686–691.

Bioethikkommission: *Reform des Fortpflanzungsmedizinrechts, Stellungnahme der Bioethikkommission beim Bundeskanzleramt*, retrieved 11.5.2016, from https://www.bka.gv.at/DocView.axd?CobId=48791.

Bioethikkommission: *Stellungnahme der Bioethikkommission an den VfGH vom 16. April* 2012, *Beschränkung des Anwendungsbereiches des Fortpflanzungsmedizingesetzes auf verschiedengeschlechtliche Paare*, retrieved 11.5.2016, from https://www.bka.gv.at/DocView.axd?CobId=47392.

Bioethikkommission: *Stellungnahme der Bioethikkommission beim Bundeskanzleramt zum Entwurf eines Bundesgesetzes, mit dem das Fortpflanzungsmedizingesetz, das Allgemeine bürgerliche Gesetzbuch und das Gentechnikgesetz geändert werden (Fortpflanzungsmedizinrechts-Änderungsgesetz 2015 – FMedRÄG 2015)*, retrieved 11.5.2016, from https://www.bka.gv.at/DocView.axd?CobId=57878.

Bleisch, Barbara: „Leihmutterschaft als persönliche Beziehung“. In: Honnefelder, Ludger / Sturma, Dieter (Hrsg.): *Jahrbuch Wissenschaft und Ethik 17*. De Gruyter: Berlin/Boston 2013, S. 5–27.

Eder-Rieder, Maria: „Medizinisch unterstützte Fortpflanzung nach dem FMedRÄG 2015. Neuerungen und Erweiterungen“. *Zeitschrift für Ehe- und Familienrecht* 58(3), 2016, S. 27–135.

36 Bioethikkommission: *Reform des Fortpflanzungsmedizinrechts, Stellungnahme der Bioethikkommission beim Bundeskanzleramt*, S. 35; Eder-Rieder, Maria: „Medizinisch unterstützte Fortpflanzung nach dem FMedRÄG 2015. Neuerungen und Erweiterungen“. *Zeitschrift für Ehe- und Familienrecht* 58(3), 2016, S. 131ff., S. 134.

Heun, Werner: „Restriktionen assistierter Reproduktion aus verfassungsrechtlicher Sicht". In: Bockenheimer-Lucius, Gisela / Thorn, Petra / Wendehorst, Christiane (Hrsg.): *Umwege zum eigenen Kind. Ethische und rechtliche Herausforderungen an die Reproduktionsmedizin 30 Jahre nach Louise Brown.* Universitätsverlag: Göttingen 2008, S. 49–61.

Hölzle, Christina / Wiesing, Urban: *In-vitro-Fertilisation – ein umstrittenes Experiment.* Springer: Berlin/Heidelberg 1991.

Kern, Reinhard: *IVF-Register Jahresbericht 2014*, retrieved 11.10.2005, from http://www.bmgf.gv.at/cms/home/attachments/3/5/5/CH1094/CMS 1340806672582/ivf-fond_jahresbericht_2014.pdf.

Knoll, Eva-Maria: „So weit gehen für ein Kind: Reproduktionstourismus als grenzüberschreitender Umweg". In: Bockenheimer-Lucius, Gisela / Thorn, Petra / Wendehorst, Christiane (Hrsg.): *Umwege zum eigenen Kind. Ethische und rechtliche Herausforderungen an die Reproduktionsmedizin 30 Jahre nach Louise Brown.* Universitätsverlag: Göttingen 2008, S. 63–79.

Kopetzki, Christian: „Social Egg Freezing". *Recht der Medizin* 204(6), 2014, S. 309.

Kopetzki, Christian: „Verbot der Samenspende in gleichgeschlechtlichen Lebensgemeinschaften von Frauen verfassungswidrig". *Recht der Medizin* 77(2), 2014, S. 65–71.

Krones, Tanja et al.: „Kinderwunsch und Wunschkinder. Möglichkeiten und Grenzen der In-vitro-Fertilisations-Behandlung". *Ethik in der Medizin* 18(1), 2006, S. 51–62.

Merckens, Stephanie: „FMedRÄG 2015: Zur Reform des Fortpflanzungsmedizingesetzes". *Recht der Medizin* 43(2), 2016, S. 54–63.

Müller-Götzmann, Christian: *Artifizielle Reproduktion und gleichgeschlechtliche Elternschaft.* Springer: Heidelberg 2009.

Schoditsch, Thomas: „5 Jahre EPG – Ein Grund zum Feiern?". *Zeitschrift für Ehe- und Familienrecht* 150(6), 2015, S. 254–258.

Suhr, Katharina: „Ausländische Leihmutterschaft: Eintragung homosexueller Lebenspartner als rechtliche Eltern in das Geburtenregister". *Der Gynäkologe* 48(6), 2015, S. 473–476.

Rechtsprechungsverzeichnis

EGMR 3.11.2011, 57813/00.

VfGH 11.12.2014, G 119/2014.

VfGH 10.12.2013, G 16/2013.

Normenverzeichnis

ErlRV 445, BlgNR XXV. GP.

Fortpflanzungsmedizingesetz FMedG BGBl. 275/1992 i.d.F. BGBl. I 35/2015.

Jürgen Wallner

Die Organisation, der blinde Fleck der Ethik

Organisationsethische Methodik am Beispiel eines Krankenhauses[1]

1. Die Organisation in den Fokus der Ethik rücken

Die traditionelle Ethik – sowohl im Bereich der Biomedizin als auch im Bereich der Ökonomie – konzentriert sich in ihrer Arbeit entweder auf das Individuum oder die Gesellschaft. Sie arbeitet sich insbesondere an moralphilosophischen Fragen ab, die sich auf der individuellen oder der gesellschaftlichen Ebene stellen. So werden zum Beispiel in der biomedizinischen Ethik Themen wie die Entscheidungsfindung im Kontext pränataler Diagnostik vornehmlich aus einer individualethischen und in zweiter Linie aus einer sozialethischen Perspektive beleuchtet. Die klinische Ethik – als praktisches Anwendungsfeld der größeren Bioethik – fokussiert üblicherweise erst recht auf individualethische Problemstellungen.

Eine solche Herangehensweise an ethische Fragen in der Praxis hat ihre Berechtigung und kann nicht ersetzt werden. Individual- und Sozialethik bilden die personale Basis und den gesellschaftlichen Rahmen der praktischen Ethik. Ich plädiere jedoch dafür, dass diese Perspektiven um eine organisationale Dimension ergänzt werden müssen. Die Organisation ist, so meine These, der marginalisierte blinde Fleck der Ethik, und das erschwert die Bewältigung vieler praktischer ethischer Problemstellungen.

Im Folgenden möchte ich Ihnen eine ethische Sichtweise präsentieren, welche die Organisation in den Blick nimmt. Ich werde dies am Beispiel der Organisation „Krankenhaus“ illustrieren, da dies der Organisationstyp ist, in dem ich selbst arbeite. Zu Beginn ist es dabei hilfreich, eine Arbeitsdefinition des Begriffs „Organisation“ zur Verfügung zu stellen. Dieser lautet wie folgt:

Eine Organisation ist ein soziales System, das dauerhaft ein Ziel verfolgt, eine Struktur aufweist und durch Entscheidungen lebt.[2]

---

1 Die folgenden Ausführungen geben die persönliche Analyse des Autors wieder und stellen keine offizielle Stellungnahme der Barmherzigen Brüder Österreich oder des Krankenhauses der Barmherzigen Brüder Wien dar.

2 Wallner, Jürgen: „Organisationsethik“. In: Marckmann, Georg (Hrsg): *Praxisbuch Ethik in der Medizin*. Medizinisch Wissenschaftliche Verlagsgesellschaft: Berlin 2015, 233–243.

Welche ethische Bedeutung dies hat, werde ich nun in drei Schritten entfalten: Zunächst möchte ich den methodischen Rahmen einer integrativen Ethik vorstellen. Danach werde ich anhand von Beispielen aus der Organisation „Krankenhaus“ verdeutlichen, welche Aspekte dieser integrative Ethikansatz adressiert. Und schließlich werde ich versuchen, die „Kunst des Dialogs“, die den Rahmen der Tagung darstellt, organisationsethisch zu konkretisieren.

2. Der methodische Rahmen einer integrativen Ethik

Um eine Organisation ethisch in den Blick zu nehmen, ist es zunächst notwendig, den methodischen Rahmen zu definieren, in dem dies geschehen soll. Ich schlage hierfür den Ansatz einer integrativen Ethik vor, der drei grundlegende ethische Fragestellungen auf jeweils drei Ebenen vereint.

2.1 Drei Fragen, drei Ebenen: die Matrix einer integrativen Ethik

Tabelle 1: Die Ethik-Matrix

	Moralphilosophie: Was soll ich tun?	Eudämonische Ethik: Wonach strebe ich?	Tugendethik: Wer bin ich?
Individualethik	Maximen, Prinzipien, Normen; Gewissen	Werte, Lebensziele, Lebensqualität	Haltungen, Tugenden/Laster, Persönlichkeit
Organisationsethik	Aufbau- und Ablaufregelwerke, Leitlinien, Codes of Conduct	Leitbild, Vision, Strategie	Organisationskultur, Arbeitsklima, Corporate Identity
Sozialethik	Rechtsordnung, Wirtschaftssystem, Sozialstaat	„Overlapping consensus“ (J. Rawls) in einer pluralistischen Gesellschaft	Regionale Kulturen in einer pluralistischen Gesellschaft, nationale/transnationale Identitäten

2.1.1 Die drei grundlegenden Fragen der Ethik

Die drei grundlegenden Fragen der Ethik, welche die Spalten der Ethik-Matrix bilden, möchte ich folgendermaßen zuspitzen:

- „Was soll ich tun?“ adressiert die moralphilosophische Ausrichtung der Ethik. Gemeint sind damit Problemstellungen der Normenbegründung und Normenkritik in der Differenz von richtig und falsch.
- „Wonach strebe ich?“ nimmt die eudämonische Ausrichtung der Ethik in den Blick. Hierunter verstehe ich die Fragestellungen nach einem gelungenen, geglückten Leben – oder, kurz gesagt, nach dem Guten.
- „Wer bin ich?“ fasst die tugendethische Ausrichtung der Ethik zusammen. Damit sind einerseits anthropologische Vorannahmen ethischer Reflexion

gemeint, andererseits Fragestellungen, die heute zumeist in der Psychologie oder Pädagogik thematisiert werden.

2.1.2 *Die drei Ebenen der Ethik*

Die drei Ebenen der Ethik wurden bereits weiter oben erwähnt:

- Auf der Mikroebene kümmern wir uns um ethisch relevante Fragen in der Interaktion zwischen Individuen.
- Auf der Makroebene werden ethisch relevante Problemstellungen gesellschaftlicher Interaktion thematisiert.
- Worauf ich mich konzentriere, ist die Mesoebene – die organisationsethischen Themen.

2.2 Charakterisierung der organisationsethischen Themen

Diese organisationsethischen Themen können entlang der drei grundlegenden Fragen der Ethik wie folgt charakterisiert werden:

2.2.1 *Was soll ich tun?*

Eine Organisation prozessiert die Frage „Was soll ich tun?" mittels ihrer Aufbau- und Ablaufregelwerke (d. h. mittels Strukturen und Prozesse). Peter French sprach in diesem Zusammenhang in seiner Abhandlung über „The Corporation as a Moral Person" bereits 1979 davon, dass die Organisation ihre Moralität durch die „Corporation's Internal Decision Structure" zum Ausdruck bringt.[3]

Die Aufbau- und Ablaufregelwerke werden in einem Krankenhaus beispielsweise in der Anstaltsordnung, im Organigramm, in Geschäftsordnungen, in Leitlinien oder in Codes of Conduct institutionalisiert. Die Entscheidungs-Institutionen besitzen ethische Relevanz, da durch sie individuelle Handlungen geregelt und beeinflusst werden. Sie institutionalisieren damit Verantwortung. Dies kommt im Recht seit einigen Jahren nicht zuletzt dadurch zum Ausdruck, dass es neben der individuellen Verantwortung einzelner Akteure auch das Organisationsverschulden in den Blick nimmt.[4]

---

3 French, Peter: „The Corporation as a Moral Person". *American Philosophical Quarterly* 16(3), 1979, S. 212.

4 Cf. Pilz, Hannelore: „Zur strafrechtlichen Verantwortung von Krankenanstalten nach dem neuen Unternehmensstrafrecht". *Recht der Medizin* 13(4), 2006, S. 102–106; Steiner, Johannes Wolfgang: „Krankenhausmanagement und Verbandsverantwortlichkeit". *Recht der Medizin* 14(6), 2007, S. 180–184; Sautner, Lyane-Maria: „Grundlagen und Herausforderungen der strafrechtlichen Verantwortlichkeit juristischer Personen in Österreich". *Österreichische Juristen-Zeitung* 67(12), 2012, S. 546–552.

2.2.2 Wonach strebe ich?

Die zweite grundlegende Frage der Ethik – „Wonach strebe ich?" – ist für eine Organisation genauso relevant wie für Individuen. Eine Organisation muss sich damit beschäftigen, worin ihr Sinn und Zweck besteht, welche Werte für sie maßgeblich sein sollen, was sie unter „Erfolg" versteht und wie sie den Weg dorthin gestalten möchte. Ausdruck der Auseinandersetzung mit der eudämonischen Frage sind das Leitbild, die Vision oder die Strategie einer Organisation. Sie sind ethisch relevant, weil die Organisation durch sie Zielsetzungen und Werte verfolgt, die auf die Vorstellungen von einem gelungenen, geglückten Leben der Stakeholder der Organisation Auswirkungen haben.

Ein Krankenhaus, das zum Beispiel in seiner Unternehmenssteuerung einen einseitigen Fokus auf Finanzwerte legt, wird Gefahr laufen, andere Zielsetzungen, etwa solche der Verantwortung für marginalisierte Patientinnengruppen, hintanzustellen und damit die Stakeholder einer öffentlichen Gesundheitsversorgung negativ zu beeinflussen. Betriebswirtschaftlich lassen sich die Vorstellungen von einem gelungenen, geglückten Organisationsleben in den Key Performance Indicators (KPI) ablesen, das heißt an jenen Kennzahlen, die eine Organisation als maßgeblich für ihren Erfolg ansieht.

2.2.3 Wer bin ich?

Eine Organisation kommt schließlich auch um die dritte grundlegende Frage der Ethik nicht herum – jene der Tugendethik. Eine systemische Sichtweise von Organisation geht unter anderem davon aus, dass Organisationen ein Eigenleben führen, welches sich nicht auf die handelnden Personen und ihre Persönlichkeiten reduzieren lässt.[5] Dieses Eigenleben drückt sich in der Kultur einer Organisation aus. Die Organisationskultur (sozusagen der „Charakter" einer Organisation) lässt sich zunächst an den „Artefakten"[6] der Organisation erahnen: Architektur, Sprache, Design etc. Ihr Bedeutungsgehalt ist jedoch ambivalent und muss mit Hilfe deklarierter Werte aus Leitbildern, Strategien, Patientinnenbroschüren usw. interpretiert werden. Das Verständnis dieser Werte hängt wiederum von Basisannahmen zum Welt- und Menschenbild ab, die sich von Person zu Person, von Berufsgruppe zu Berufsgruppe, von Fachrichtung zu Fachrichtung und von Organisation zu Organisation unterscheiden können. Ein Krankenhaus besitzt deshalb, selbst wenn es klein ist, keine monolithische Kultur, sondern einen bunten Strauß unterschiedlicher Kulturen. So wird etwa zuweilen – wohl nicht ganz ohne Grund – darüber

---

5 Cf. Königswieser Roswitha / Hillebrand, Martin: *Einführung in die systemische Organisationsberatung*. Carl-Auer Verlag: Heidelberg [6]2011, S. 35.

6 Schein, Edgar: *Organizational Culture and Leadership*. Jossey-Bass: San Francisco [3]2004, S. 25f.

gewitzelt, dass sich die Menschenbilder von Chirurgie und konservativer Medizin deutlich unterscheidet.

Die Organisationskulturen, die in einem Krankenhaus herrschen, beeinflussen die ethisch relevanten Entscheidungen in analoger Weise, wie es die Persönlichkeitsmerkmale Einzelner tun. Deshalb ist der Versuch, die jeweilige Organisationskultur bewusst zu gestalten, von ethischer Bedeutung. Organisationsethisch relevante Probleme entstehen insbesondere dort, wo Artefakte (Was ist zu sehen? Was wird getan?), deklarierte Werte (Wie sollte es sein? Wofür wollen wir stehen?) und Basisannahmen (Vor welchem Hintergrund beurteilen wir das?) nicht zusammenpassen bzw. in Spannung oder gar Widerspruch zueinander stehen. Je nach konkretem Spannungsfeld kann man dann zum Beispiel von einem Problem der Konfliktkultur, der Kommunikations- und Entscheidungskultur, der Fehlerkultur oder der Ethikkultur sprechen.[7]

2.2.4 Organisationale Macht – Schlussfolgerungen

Die vorangegangenen Ausführungen sollten verdeutlichen, was es bedeutet, wenn von „Organisationsethik" die Rede ist. Es handelt sich zusammengefasst um die ethische Auseinandersetzung mit Fragen des Rechten, des Guten und des Charakters einer Organisation – zumeist in einer der Individualethik analogen Sprech- und Denkweise.

Die Beschäftigung mit organisationsethischen Problemstellungen ist nicht zuletzt deshalb von so hoher Bedeutung, weil Organisationen Macht über Menschen verkörpern. Sie tun dies zum Teil viel länger als so mancher Staat. Organisationen als Machtfaktoren – sowohl gegenüber dem Individuum, zunehmend aber auch gegenüber Staaten – sind ein zentraler Aspekt, warum die Ethik auf dem organisationalen Auge nicht blind sein darf. Natürlich erfordert die organisationsethische Arbeit in Analogie zur sozialethischen Arbeit ein Sach- und Methodenwissen, welches nicht genuiner Bestandteil der klassischen philosophischen Ethik ist. Die Entwicklung der praktischen Ethik, wie sie zum Beispiel in Form der klinischen Ethik auftritt, zeigt jedoch, dass die interdisziplinäre Beschäftigung mit organisationalen Fragestellungen ein reflexiver Gewinn für alle Beteiligten ist.

3. Organisationsethik am Beispiel des Krankenhauses

Wenn von Ethik im Krankenhaus die Rede ist, so denken wir meistens an ethische Fragestellungen, die sich im Zusammenhang mit konkreten Therapieentscheidungen ergeben. Hierfür hat sich in den letzten Jahren der Bereich

---

7 Cf. Wallner 2015.

der klinischen Ethik etabliert, der eine institutionalisierte Ethikpraxis in medizinischen, pflegerischen und therapeutischen Entscheidungen prozessiert.

3.1 Die Risiken des organisationsethisch blinden Flecks im Krankenhaus für die Ethik

Viele Krankenhäuser, die bereits über Erfahrung im Bereich der klinischen Ethik verfügen, kommen zunehmend zu der Erkenntnis, dass etliche ethisch relevante Problemstellungen, die sich im Zusammenhang mit individuellen Therapieentscheidungen ergeben, eine organisationale Dimension besitzen.[8] Diese organisationalen Entscheidungszusammenhänge werden in der klinischen Ethik üblicherweise als gegebene Randbedingung der Entscheidungsfindung akzeptiert. Wo organisationsethische Probleme aber nicht mit genuin organisationsethischen Methoden prozessiert werden, dort läuft Ethik Gefahr, als bloße Akutintervention „Feuerwehreinsätze" zu bewerkstelligen, ohne die „Brandursache" – sinnbildlich gesprochen leicht brennbares Material oder fehlende Brandschutzkompetenz der Handelnden – zu adressieren.

Bleiben die organisationalen Entscheidungszusammenhänge im Krankenhaus ein blinder Fleck der Ethik, so wird sie von den Beteiligten zudem eher als „Add-on" oder aber (kritischer) als „Feigenblatt" wahrgenommen werden. Die *wirklichen* Entscheidungen werden in dieser Wahrnehmung an anderer Stelle und anhand anderer Kriterien getroffen. Systemisch gesprochen besteht für die Ethik damit die Gefahr, im Krankenhaus zum organisationalen „Hintergrundrauschen" zu werden – das heißt, letztlich ohne Wirksamkeit zu bleiben.

3.2 Organisationsethik im systemischen Dreieck des Krankenhauses

Organisationsethik im Krankenhaus würde demgegenüber eine Verankerung ethischer Reflexion und Entscheidungsfindung in dreierlei Hinsicht bedeuten:

3.2.1 Ethik im normativen und strategischen Management

Die Auseinandersetzung mit ethisch relevanten Fragen hat ihren ersten organisationsethischen Ort im normativen und strategischen Management des Krankenhauses. Hier werden das Leitbild, die Strategie und die Programme der Organisation prozessiert. Sie geben das vor, was dem Krankenhaus wichtig ist, was in seiner Wahrnehmung zählt und welche „Währung" in den organisationalen Interaktionen anerkannt wird.

---

8 Cf. Fox, Ellen et al.: „IntegratedEthics: An Innovative Program to Improve Ethics Quality in Health Care". *Innovation Journal* 15(2), 2010, article 8.

Am Beispiel eines Themas, welches alle Krankenhäuser in Europa zunehmend beschäftigt, soll die organisationsethische Bedeutung des normativen und strategischen Managements illustriert werden: am Beispiel der Demenz. Die Anzahl von Menschen mit Demenz im Krankenhaus nimmt zu. Mehrheitlich handelt es sich dabei um Patientinnen, die nicht wegen, sondern mit ihrer Demenz im Krankenhaus aufgenommen werden. Dabei entstehen zahlreiche ethisch relevante Problemstellungen im Umgang zwischen den Patientinnen, dem Behandlungsteam und Angehörigen der Patientinnen, zum Beispiel Fragen der Verhältnismäßigkeit von Freiheitsbeschränkungen. Solange das Thema „Demenz im Krankenhaus" nicht auf der Agenda des normativen und strategischen Managements aufscheint und dort adäquat reflektiert wird, ist das Risiko hoch, dass die ethischen Fragen und Probleme auf individueller klinischer Ebene ohne organisationale Unterstützung immer wiederkehren. Mit anderen Worten: Ein „demenzfreundliches Krankenhaus" ist ohne Verankerung der damit verbundenen ethischen Wertentscheidungen im normativen und strategischen Management (z. B. hinsichtlich baulicher Maßnahmen oder der Personalausstattung) nicht machbar. Demenzsensible Mitarbeiterinnen würden individualethisch überfordert werden, wenn sie keine entsprechende organisationsethische Resonanz erfahren.

3.2.2 Ethik im operativen Management

Der zweite Ort der organisationsethischen Auseinandersetzung im Krankenhaus ist in der Gestaltung und Durchführung der Aufbau- und Ablauforganisation zu sehen, das heißt im operativen Management. In der Praxis kommt es letztlich darauf an, inwieweit ethische Aspekte in die alltäglichen Strukturen und Prozesse des Krankenhauses integriert werden können. Für die Mitarbeiterinnen besteht nämlich Ethik nicht primär darin, über ethische Fragen auf einer Metaebene nachzudenken, sondern im routinemäßigen Vollzug ihrer Arbeit, der durch die Corporation's Internal Decision Structure geformt wird.

Um an das Beispiel des demenzfreundlichen Krankenhauses anzuschließen: Die organisationsethischen Implikationen im operativen Management würden in diesem Fall unter anderem erfordern, dass Prozesse wie etwa jener der Aufnahme im Krankenhaus daraufhin geprüft werden, inwieweit dabei eine Werteanamnese[9] zu den Lebensumständen der Patientin mit Demenz vorgesehen ist. Die organisationsethische Arbeit besteht in diesem Fall darin, den entsprechenden Krankenhaus-Ablauf unter dem Blickwinkel des Respekts vor der Autonomie einer Patientin mit Demenz zu gestalten und – je nach

---

9 Cf. Deutsche Alzheimer Gesellschaft e.V.: *Informationsbogen Patient mit einer Demenz bei Aufnahme im Krankenhaus* retrieved 9.6.2015 from https://www.deutsche-alzheimer.de/fileadmin/alz/broschueren/infobogen_krankenhaus.pdf.

Aufgabenradius der Organisationsethik – mit den handelnden Mitarbeiterinnen den so gestalteten Ablauf zu implementieren. Der institutionalisierte Ablauf der Aufnahme von Patientinnen mit Demenz im Krankenhaus ist dann Ausdruck organisationsethischer Werte und Normen.

3.2.3 Ethik im Personalmanagement

Der dritte Ort organisationsethischer Arbeit im Krankenhaus nimmt die handelnden Personen in den Blick. Auch Organisationen handeln durch Menschen, insofern sind diese ebenso im Blickfeld der Ethik wie die Institutionen. Aber die Menschen sind auf dieser Ebene der Ethik nicht auf individualethische Weise im Blickfeld, sondern auf organisationsethische Weise. Dies bedeutet zum einen, dass Differenzen zwischen natürlicher Person und organisationaler Rolle beachtet werden muss. Durch Berufs- und Rollenbilder bzw. Stellen in einem Krankenhaus wird Macht und Verantwortung zugeordnet. Dieser Vorgang ist aus ethischer Perspektive nicht neutral. Dementsprechend hat er organisationsethische Relevanz. Die organisationsethische Bedeutung des Personalmanagements zeigt sich sodann im institutionellen Umgang mit den handelnden Personen: Kriterien für ihre Ausbildung, Fortbildung und Karriere, für Lob und Anerkennung sowie für Sanktionierungen fallen in diesen Bereich.

Das Beispiel des demenzfreundlichen Krankenhauses erfordert beispielsweise, dass die handelnden Mitarbeiterinnen mit genügend Kompetenz ausgestattet werden, um die an sie gestellten Anforderungen im Umgang mit demenzerkrankten Patientinnen zu erfüllen. Zum einen ist damit die fachliche Kompetenz gemeint, deren Förderung eine entsprechende Allokation in den Aus- und Fortbildungsbudgets erfordert. Zum anderen adressiert der Begriff „Kompetenz“ auch die Handlungsbefugnis, mit der die Betroffenen ausgestattet werden und die sie ethisch reflektiert ausüben sollen. So muss zum Beispiel die Kompetenz, ein Delir bei einer demenzerkrankten Patientin zu vermeiden, einerseits mit dem fachlichen Wissen und Können im Zusammenhang mit der Medikation verbunden sein, zum anderen auch mit der Befugnis, Delir-fördernde Medikamente abzusetzen.

3.2.4 Organisationsethik im Krankenhaus ist so komplex wie die Organisation selbst

Nur insoweit es gelingt, organisationsethische Themen im normativen bzw. strategischen Management, im operativen Management und im Personalmanagement präsent zu halten, hat die Entwicklung einer dadurch geformten Organisationskultur – beispielsweise einer „demenzfreundlichen Krankenhauskultur“ – eine Chance. Wo hingegen Ethik einseitig auf die individualethische Gewissensbildung der Einzelnen abzielt, dort wird sie nicht nachhaltig sein.

Zusammenfassend wird mit den vorangegangenen Ausführungen zu teilweise sehr „technisch“ anmutenden Management- und Organisationsfragen wohl deutlich, dass Organisationsethik eine im systemischen Sinn sehr komplexe Aufgabe zu bewältigen hat. Diese Aufgabe ist ebenso komplex, wie die Organisation, in der sie sich stellt. Und nachdem Krankenhäuser gemeinhin zu den komplexesten Organisationen zählen, ist es keine leichte Aufgabe.

4 Organisationsethik und die Kunst des Dialogs

Abschließend möchte ich das Leitmotiv der Tagung – die Kunst des Dialogs – aufgreifen und seine Beziehung zur Organisationsethik im Krankenhaus veranschaulichen.

Zu den systemischen Grundannahmen über Organisationen zählt unter anderen folgender Aspekt: Organisationen befinden sich in permanenter Veränderung. Diese Veränderung wird über Kommunikation vermittelt.[10] Die organisationale Kommunikation drückt sich dabei nicht nur in formalen Struktur- und Prozessanweisungen aus, sondern zum Beispiel auch in erinnerten Geschichten über die Zielsetzung der Organisation, über ihre Höhen und Tiefen in der Entwicklung, über Mythen von Erfolg und Misserfolg.

Um zu leben, muss eine Organisation diese Kommunikation nach innen und nach außen aufrechterhalten. Dadurch bildet sich eine Identität aus, die maßgeblich von der Kommunikationskultur in der Organisation geprägt wird. Eine Organisation, welche die Kunst des Dialogs gegenüber ihren Mitarbeiterinnen, Klientinnen (z.B. Patientinnen und Angehörigen des Krankenhauses), Lieferanten und anderen Stakeholdern nicht pflegt, wird als – auch ethisch betrachtet – schlechte Organisation wahrgenommen werden. Die Kunst des organisationalen Dialogs hat viele Analogien zur Kunst des personalen Dialogs. Auch sie braucht förderliche Wertentscheidungen, Grundhaltungen und Rahmenbedingungen. In einer komplexen Organisation wie der eines Krankenhauses ist das keine triviale Aufgabe, weil Dialog ab einer bestimmten Organisationsgröße institutionell vermittelt werden muss und nicht mehr auf eine Face-to-face-Kommunikation beschränkt bleiben kann. Hierbei steht die Ethik, die traditionell noch sehr stark auf der personalen Ebene kommuniziert, vor einer großen Herausforderung. Doch die Organisationsethik kann vielleicht eine Sigmund Freud zugeschriebene Aussage weiterentwickeln. Dieser hatte gemeint, „Derjenige, der zum ersten Mal an Stelle eines Speeres ein Schimpfwort benutzte, war der Begründer der Zivilisation.“ Dem wäre hinzuzufügen: Und derjenige, der zum ersten Mal an Stelle eines Schimpfwortes eine Geschäftsordnung benutzte, war der Begründer organisationaler Zivilisation.

10 Cf. Königswieser / Hillebrand 2011, S. 35.

Quellenverzeichnis

Deutsche Alzheimer Gesellschaft e.V.: *Informationsbogen Patient mit einer Demenz bei Aufnahme im Krankenhaus.* retrieved 9.6.2015 from https://www.deutsche-alzheimer.de/fileadmin/alz/broschueren/infobogen_krankenhaus.pdf.

Fox, Ellen et al.: „IntegratedEthics: An Innovative Program to Improve Ethics Quality in Health Care". *Innovation Journal* 15(2), 2010, article 8.

French, Peter: „The Corporation as a Moral Person". *American Philosophical Quarterly* 16 (3), 1979, S. 207–215.

Königswieser, Roswitha / Hillebrand, Martin: *Einführung in die systemische Organisationsberatung.* Carl-Auer Verlag: Heidelberg [6]2011.

Pilz, Hannelore: „Zur strafrechtlichen Verantwortung von Krankenanstalten nach dem neuen Unternehmensstrafrecht". *Recht der Medizin* 13(4), 2006, S. 102–106.

Sautner, Lyane-Maria: „Grundlagen und Herausforderungen der strafrechtlichen Verantwortlichkeit juristischer Personen in Österreich". *Österreichische Juristen-Zeitung* 67(12), 2012, S. 546–552.

Schein, Edgar: *Organizational Culture and Leadership.* Jossey-Bass: San Francisco [3]2004.

Steiner, Johannes Wolfgang: „Krankenhausmanagement und Verbandsverantwortlichkeit". *Recht der Medizin* 14(6), 2007, S. 180–184.

Wallner, Jürgen: „Organisationsethik". In: Marckmann, Georg (Hrsg.): *Praxisbuch Ethik in der Medizin.* Medizinisch Wissenschaftliche Verlagsgesellschaft: Berlin 2015, S. 233–243.

Manfred Gabriel

Anerkennung und Autonomie in Wissenschaft und Kunst

1. Begrifflich-theoretischer Rahmen

Anerkennung kann formal beschrieben werden mit: x anerkennt y als z. x und y können Individuen oder Gruppen sein, z ist ein evaluativer Aspekt. Aus der Anerkennung von y durch x ergeben sich Konsequenzen für den Status von y, als auch für das Handeln von x. Y anzuerkennen, heißt für x, sich zu verpflichten y einem bestimmten Status gemäß zu behandeln.[1]

Anerkennen heißt vor allem Ansprüche zu akzeptieren und zu respektieren.

Aus anthropologischer Sicht kann Anerkennung als fundamentales Bedürfnis des Menschen definiert werden. Menschen sind in fundamentaler Weise von der Haltung anderer Personen ihnen gegenüber abhängig. Wer anerkannt wird, wird auch positiv bestätigt. Das bedeutet aber nicht, dass es sich bei Anerkennung um ein ausschließlich psychologisches Phänomen handelt. Anerkennung ist eine explizite Spiegelung[2], bei der der normative Status des Anderen bestätigt wird.

Anerkennungsverhältnisse sind normativ, das bedeutet, sie sind historisch und gesellschaftlich geprägt. Grundlage jeder Anerkennung ist eine institutionell verfasste Ordnung, die die Positionen von x als auch y festlegt, als auch das Repertoire von Wertungen für die Anerkennung bereithält.[3] Das bedeutet aber auch, dass Anerkennung nicht nur eine positive emanzipatorische Dimension besitzt, Anerkennung kann auch zu Anpassung führen. Der Wunsch nach Anpassung kann auch ein Streben nach Konformität bedeuten. Während das emanzipatorische Konzept von Anerkennung auf eine deutsche Tradition (Hegel und Fichte) zurückzuführen ist, geht diese Sichtweise auf Rousseau und seinen „Discours sur l'origine et les fondements de l'inégalité parmi les

---

1 Siep, Ludwig: *Anerkennung als Prinzip der praktischen Philosophie. Untersuchungen zu Hegels Jenaer Philosophie des Geistes*. Meiner: Hamburg 2014, S. 21–35. Halbig, Christoph: „Anerkennung". In: Düwell, Marcus / Hübenthal, Christoph / Werner, Micha H.(Hrsg.): *Handbuch Ethik*. J.B. Metzler: Stuttgart/Weimar ²2006, S. 303–307. Iser, Matthias: „Anerkennung". In: Bohlken, Eike / Thies, Christian (Hrsg.): *Handbuch Anthropologie*. J.B. Metzler: Stuttgart/Weimar 2009, S. 291–296.

2 Prinz, Wolfgang: *Selbst im Spiegel*. Suhrkamp: Berlin 2013.

3 Cf. Gabriel, Manfred: „Subjektivität, Spiegelung, Sozialstruktur. Eine Skizze frei nach Hans Gerth, C. Wright Mills und Wolfgang Prinz". In: Gabriel, Manfred / Frass, Monika / Klopf, Johannes (Hrsg.): *Schmerz-Sehnsucht-Seligkeit*. Paracelsus: Salzburg 2015, S. 11–28.

hommes“ (Diskurs über die Ungleichheit) zurück: Der Einzelne wird unfrei, weil er anderen gefallen will.[4]

Auch Würde kann als eine Wertung, ein normatives Prädikat angesehen werden. Würde – in der europäischen Tradition von Kant – wird zwar allgemein als unverletzlich und unveräußerlich aufgefasst und ist so auch in zahlreichen Erklärungen und Dokumenten verankert,[5] tatsächlich ist sie aber kontingent. Aus der Mitgiftwürde, die jedem Menschen gegeben ist, wird schnell eine Leistungswürde, die man sich immer wieder erarbeiten muss. Vor allem Helmuth Plessner[6] hat darauf hingewiesen, dass die Würde ein Ideal ist. Würde entspringt der Aufgabe des Menschen, sein Leben zu führen. Würde ist eine darstellerische Leistung des Menschen. Der Mensch ist nur dann ganz Mensch, wenn er spielt. Würde ist keine Gabe, sondern eine Aufgabe im Rahmen der conditio humana. Würde kommt daher allen Menschen zu, aber eben nicht gleichermaßen, weil nicht jeder diese Aufgabe im selben Maße bewältigt. Würde ist eine Chance, biographisch, historisch, politisch, die ergriffen, aber auch verspielt werden kann. Bloßstellung beraubt den Menschen seiner Darstellungsmedien: „Wer sein Kleid verliert, verliert [...] seine Würde.“[7]

Ein wesentlicher Aspekt von Würde ist die Selbständigkeit, die Autonomie. Das heißt zunächst einmal ganz simpel, sein Leben selbst zu bestimmen, nicht vom Willen anderer abhängig zu sein. Empirisch lässt sich aber leicht konstatieren, dass jeder Mensch, irgendwann einmal in seinem Leben, auf andere Menschen angewiesen ist. Dies ist eine Interdependenz, wie sie für moderne Gesellschaften typisch ist.

Die Würde gerät aber erst in Gefahr, wenn man von der Situation der Interdependenz in eine Situation der Unselbstständigkeit, eine Ohnmacht der Abhängigkeit gerät. Wichtig ist der Unterschied zwischen Handlungsfreiheit

---

4 Rousseau, Jean-Jacques: *Diskurs über die Ungleichheit.* Discours sur l'inégalité. Kritische Ausgabe des integralen Textes. Mit sämtlichen Fragmenten und ergänzenden Materialien nach den Originalausgaben und den Handschriften neu ediert, übers. u. komm. v. Heinrich Meier. Zweisprachig franz./deutsch. (UTB 725). Schöningh: Paderborn/Wien 1993, S. 189, 207, 269. Cf. dazu Neuhouser, Frederick: *Pathologien der Selbstliebe. Freiheit und Anerkennung bei Rousseau.* Suhrkamp: Berlin 2012.

5 Baranzke, Heike: „Menschenwürde“. In: Bohlken, Eike / Thies, Christian (Hrsg.): *Handbuch Anthropologie.* J.B. Metzler: Stuttgart/Weimar 2009, S. 379–382. Roughley, Neil: „Würde“. In: Mittelstraß, Jürgen (Hrsg.): *Enzyklopädie Philosophie und Wissenschaftstheorie.* J.B. Metzler: Stuttgart/Weimar 2012, S. 784–787.

6 Plessner, Helmuth: *Die Grenzen der Gemeinschaft.* (Plessner, Helmuth: Gesammelte Schriften in 10 Bänden, Bd. V). Suhrkamp: Frankfurt a.M. 2003.

7 Plessner, Helmuth: *Zur Anthropologie des Schauspielers.* (Plessner, Helmuth: Gesammelte Schriften in 10 Bänden, Bd. VII). Suhrkamp: Frankfurt a.M. 2003, S. 413.

und Willensfreiheit. Willensfreiheit, d.h. den Zweck seiner Handlungen selbst zu bestimmen, ist ein erstes wichtiges Kriterium für Autonomie. Handlungsfreiheit heißt, die Handlung, für die ich mich entschieden habe, auch durchführen zu können.

Autonomie ist natürlich nie abstrakt, und jeder Mensch ist verschiedenen Grenzen seines Handelns ausgesetzt. Man kann nicht alle Handlungen verwirklichen, weil man körperliche Grenzen hat, weil man durch das soziale Umfeld beschränkt wird oder weil die materiellen Ressourcen nicht ausreichend sind. Ein autonomer Akteur wird diese Faktoren möglicherweise beklagen, sie aber nichtsdestotrotz in seine rationale Handlungsplanung integrieren.

Ein wesentlicher Faktor bei der Abwesenheit von Autonomie ist die Anwesenheit von Ohnmacht. Ohnmacht ist eine demütigende Erfahrung, die die Würde raubt. Ohnmacht bedeutet, sich keinen Wunsch erfüllen zu können, der für das eigene Leben entscheidend ist. Es gibt eine Ohnmacht der Armut und Arbeitslosigkeit, eine Ohnmacht der Bewegungsunfähigkeit und eine Ohnmacht der Identitätsaufgabe. Letzteres bedeutet, Dinge tun zu müssen, die gegen das eigene Selbstverständnis gerichtet sind.[8]

Betrachtet man nun Kunst und Wissenschaft, stellt man wenig überraschend fest, dass beide sozialen Felder und ihre Akteure zumeist nur eingeschränkt autonom waren.

2. Kunst und Autonomie

Gerhardt Kapner hat den Zusammenhang zwischen der Dominanz einzelner Kunstgruppen und der Gestaltung des Kunstwerks herausgearbeitet.[9] Es gibt einen Zusammenhang zwischen Strukturmerkmalen von Kunstwerken: Material (Laute, Töne, Farben etc.), Form, die das Material zusammensetzt, Inhalt, der die Form bestimmt, und Wert, den das Kunstwerk vermitteln soll.

Diese stehen in einer sozialhistorischen Relation zu bestimmten Typen von Kunstgruppen: Patronage, Künstler, Vermittler und Publikum.

Patronage in der Kunst bedeutet zuallererst einmal, dass es innerhalb einer Gesellschaft ein Zentrum mit hoher Machtkonzentration gibt. Es gibt Organe zur Verwaltung der ästhetischen Produktion. Die Beziehung zwischen Patron und Produzierenden ist starke soziale Kontrolle. Je nach historischer

---

8 Bieri, Peter: *Eine Art zu leben. Über die Vielfalt menschlicher Würde*. Fischer: Frankfurt a.M. 2015, S. 19–94.

9 Kapner, Gerhardt: *Die Kunst in Geschichte und Gesellschaft*. Böhlau: Köln/Wien 1991; Gabriel, Manfred: „Gerhardt Kapner (1927). Der Kulturbeamte als Kultursoziologe". In: Steuerwald, Christian (Hrsg.): *Klassiker der Soziologie der Künste. Prominente und bedeutende Ansätze*. Springer: Wiesbaden 2016, S. 617–632.

Entwicklungsstufe sind die Kontrollierten Sklaven, vertraglich gebundene Handwerker oder auch beamtete Künstler. Die Ausbildung zum Produzenten von Kunstwerken ist stark kanonisiert. Die Varianten der Patronage reichen von streng fordernd bis hin zu wohlwollend fördernd.

Die Dominanz der Patronage stellt Inhalt und Wert als Strukturelement in den Vordergrund. Die Patrone haben ein starkes Interesse daran, dass durch das Kunstwerk bestimmte Botschaften an die Mit- und Nachwelt kundgetan werden. Die Musik etwa dient der Beschwörung, das Wort hat im Vordergrund zu stehen. Der Patron diktiert dem Künstler das Werk quasi in die Feder oder den Meißel. Die Form ist noch Nebensache bzw. stark konventionalisiert, wird mitunter sogar per Dekret erlassen und unterliegt einer Kanonisierung, die z.T. Jahrhunderte andauert.

Das bedeutet für die Rezeption, dass es keinen Spielraum für Interpretation gibt. Werke werden dechiffriert, nicht interpretiert. Ein Publikum im modernen Sinn gibt es noch nicht. Der Patron beauftragt die Künstler, bestimmte Botschaften zu formulieren, die die Hörenden oder Betrachtenden zu beachten haben. Kunst wird zum Signal der Herrschenden an die Beherrschten. Megalomanie ist daher ein häufig zu beobachtendes Phänomen der Patronage und durchaus noch gegenwärtig. Man denke nur an Skulpturen oder Baukunst in mehr oder weniger totalitären Regimen.

Patrone, deren Herrschaft stabil legitimiert ist, können aber auch andere Formen der Rezeption zulassen. Dann tritt an Stelle einer starken sozialen Kontrolle Gönnerschaft und Mäzenatentum. Dies führt dazu, dass die Gestaltung der Form verspielter (artifizieller) werden darf oder auch die Auswahl des Materials in den Vordergrund tritt. Rokoko oder Klassizismus wären dafür gute Beispiele.

Patronage ist zwar in bestimmten historischen Phasen stärker präsent, als Kunstgruppe ist sie jedoch auch überzeitlich zu beobachten. Das Bürgertum in florierenden Kommunen, etwa in Italien und Flandern, aber auch in vielen deutschen Kommunen, die bereits erwähnten Diktaturen, aber auch Vermittler, die Kunst in Auftrag geben, können Patrone sein.

Der Übergang von der Dominanz der Patronage zur Dominanz des Künstlertums dauert lange. Im Grunde genommen ist es auch ein Übergang vom Absolutismus hin zur bürgerlichen Demokratie. Ein Wechsel der Herrschaft vom Adel hin zum Bürgertum.

Notwendige Rahmenbedingungen gibt es mehrere: (a.) Es muss ein allgemein verständliches Zeichensystem geben, vor allem eine ausgeprägte Schriftkultur. (b.) Des Weiteren eine Emanzipation der Individuen, (c.) eine entwickelte Geldwirtschaft und eine (d.) Stadtkultur.

Es entwickelt sich Konkurrenzdenken bürgerlicher Individuen auf allen Gebieten, auch auf dem Gebiet der Kunst. Ein neuer Kunstmarkt entsteht. Eine neue wohlhabende Schicht des emanzipierten Bürgertums erhöht die

Nachfrage nach Kunstwerken. Es gibt eine Schicht, die bereit ist, Eintrittsgelder zu bezahlen und ein Urheberrecht zu akzeptieren und zu institutionalisieren. Dieser Prozess ist keineswegs linear und beginnt in der Dichtung früher als in der Musik und dauert am längsten in der Bildenden Kunst. Am Ende dieser Entwicklung produzieren Künstler nicht mehr nur auf Auftrag, sie produzieren auch auf Vorrat.

Damit entsteht als neues Phänomen: die Autonomie der künstlerischen Akteure im sozialen Feld Kunst. Die Marktsituation führt dazu, dass die Kunstproduktion von Kundenproduktion auf Warenproduktion umgestellt wird. Das verlangt vom Künstler einerseits ständig etwas Neues und zweitens auf Vorrat zu produzieren. Damit werden die Intentionen des Künstlers wichtig. Der Künstler wird zum Schaffenden, der seiner Eingebung folgt. Diese Eingebung wird zum Alleinstellungsmerkmal des Künstlers, die nur ihn auszeichnet und daher mitunter auch als divinatorische Inspiration verklärt. Der Künstler wird vom Handwerker zum Genie, das über seherische und priesterliche Qualitäten verfügt. Die Kunst liefert neue Formen der Sinnfindung und Sinnstiftung, das Kunstwerk wird zur Offenbarung. Die Sinnproduktion führt von der Säkularisierung zur Sakralisierung (von Kunst). Während die Religion von einer Welt kündet, die bereits erschaffen wurde, schafft sich die Kunst selbst eine Welt. Luhmann[10] hat dies als Herstellung von Weltkontingenz bezeichnet.

Die Strukturelemente des Kunstwerks verändern sich unter der Dominanz des Künstlertums hin zu einer Emanzipation der Inhalte und zur Dominanz der Form.

Die Autonomie der Kunst findet über die Autonomie der Form statt. Die vom Kunstmarkt geforderte persönliche Handschrift des Künstlers wird über Formales hergestellt. Über Veränderungen der Form kann sich der Künstler auf dem Markt profilieren.

Die Form verändert auch den Inhalt der Werke. Man nimmt alltägliche Sujets und unterzieht sie einer neuen Perspektive. Der gewohnte Anblick wird außer Kraft gesetzt. Man betrachtet e.g. Gegenstände unter neuen Aspekten. Die Kunst leistet damit Ähnliches wie die Religion. Man lernt, Dinge neu zu sehen.

In der Malerei heißt das, man beschäftigt sich zuerst mit der Landschaft, dann entwirft man Phantasielandschaften, um schließlich komplett gegenstandslos zu malen. Die Abstraktion ist schließlich die komplette Destruktion des Inhalts und die komplette Dominanz der Form.

Die Autonomie des Künstlers ist mehrdimensional. Der, der Kunst betreibt, löst sich aus den verschiedenen Formen der Abhängigkeit. Das bedeutet aber auch Distanzierung vom gesellschaftlichen Auftrag bis hin zur Desintegration.

10 Luhmann, Niklas: „Das Kunstwerk und die Selbstreproduktion der Kunst". In: Id.: *Schriften zur Kunst und Literatur*. Hrsg. v. Niels Weber. Suhrkamp: Frankfurt a.M. 2008, S. 139–189.

Die Kehrseite dieser Medaille ist die wirtschaftlich prekäre Existenz des Künstlers. Die soziale Autonomie geht einher mit einer psychischen Autonomie, die als Fluchtversuch einerseits und als Protestform andererseits anzusehen ist. Diese Form von Autonomie findet in ihrer stärksten Ausprägung in der Romantik statt. Die psychische Autonomie wird im Kunstwerk wiedergefunden. Daraus resultieren auch die Vorstellungen vom neurotischen Künstler. Letztlich geht es aber auch um ästhetische Autonomie, die im l'art pour l'art-Prinzip gipfelt. Das Schöne, Wahre, Gute wird zum Selbstzweck.

Dieser Prozess verläuft natürlich auch keineswegs linear und verläuft in der Malerei sicher anders als in der Musik, wo der Schaffende immer in soziale Zusammenhänge eingebettet ist.

Die Autonomie der Kunst erfährt aber auch immer viel Gegenbewegung. Es gibt Tendenzen, die Sakralisierung von Kunst aufzuheben (Dadaismus, Surrealismus), der Kunst ihren gesellschaftlichen Auftrag wieder zu geben (Bauhaus), sie in den Alltag zu integrieren (Popkunst, Design) oder aber sie politisch zu instrumentalisieren (Diktaturen).

3. Wissenschaft und Autonomie

Die Autonomie in der Wissenschaft ist auf zwei Ebenen zu betrachten. Einmal als Frage nach der Autonomie eines sozialen Feldes oder Funktionssystems innerhalb einer Gesamtgesellschaft (Makroebene) und andererseits als Frage nach der Autonomie der wissenschaftlich Tätigen (Mikroebene).

Bei der Betrachtung der Makroebene kann man sich mit groben historischen Skizzen behelfen. Plessner[11] unterteilt die Entwicklung der Wissenschaft in eine Phase der hierarchisch-feudalen Welt des Mittelalters, in eine naturrechtlich-absolutistische und die evolutionistisch-demokratische Phase. In den ersten beiden Phasen dient die Forschung der Verdeutlichung der Offenbarung oder der Wesensgesetze. Das, was wir heute unter Wissenschaft verstehen, kam erst durch die Neubewertung der Vernunft infolge religiöser Erneuerungsbewegungen zustande. Im Vordergrund stand nun die Beherrschung der Natur. Dazu brauchte es Rechenhaftigkeit zur Berechnung der größten Chance und des kleinsten Risikos, Gesetzesmäßigkeit, um die Ergebnisse abzusichern, das Experiment, um diese Gesetzesmäßigkeit überhaupt feststellen zu können, und die mathematische Form der Erkenntnisse, um den beobachtenden Menschen bzw. dessen Subjektivität auszuschließen.

11 Plessner, Helmuth: *Zur Soziologie der modernen Forschung und ihrer Organisation in der deutschen Universität.* (Plessner, Helmuth: Gesammelte Schriften in 10 Bänden, Bd. X). Suhrkamp: Frankfurt a.M. 2003, S. 7–30.

Mit Merton[12] kann man nun zeigen, dass die neuzeitliche Wissenschaft immer schon Nutzengesichtspunkten unterliegt. Neuzeitliche Wissenschaft konnte nur entstehen, weil sie nützlich war. Autonomie war daher niemals gegeben. Nach Mertons Untersuchungen unterliegt sie religiösen Nutzenvorstellungen, weil sie die Weisheit Gottes anschaulich machen soll. Sie unterliegt ökonomischen und technischen Nutzenvorstellungen, so soll sie die Möglichkeiten des Bergbaus und der Seefahrt verbessern. Sie soll militärischen Nutzen bringen, indem sie wirksamere und billigere Methoden, den Feind zu töten, erfindet. Dadurch, dass sie die geistige Disziplin fördert, lässt sich aus der Wissenschaft auch persönlicher Nutzen gewinnen. Außerdem führt sie zur kollektiven Selbstachtung der Engländer, womit auch ihr nationaler Nutzen gegeben ist.

Das soziale Feld Wissenschaft ist also nie wirklich autonom. Diese fehlende Autonomie gestaltet sich aber nochmals anders, ab dem Moment, wo Universitäten als Unternehmen begriffen werden, die auf dem Markt um Marktanteile konkurrieren müssen. Das akquirierte symbolische Kapital wie Reputation muss in materielles Kapital umgewandelt werden. Symbolisches Kapital wird aber nicht mehr in einem qualitativen Prozess mittels Sprache in einem Diskurs unter Experten generiert. Stattdessen orientiert man sich an marktwirtschaftlichen Koordinationsmechanismen wie dem Preis und führt quantitativ formulierbare Rankings ein. Interessant, dass man diese marktwirtschaftliche Positionierung von Universitäten als Autonomie von Universitäten bezeichnet.

Diese Autonomie der Universitäten hat Auswirkungen auf die Autonomie wissenschaftlicher Akteure innerhalb des sozialen Feldes Wissenschaft. Wie, lässt sich gut an einer Betrachtung von C. Wright Mills Werk: The sociological imagination nachzeichnen.[13] Mills übt darin heftige Kritik an der Soziologie seiner Zeit.

So wendet er sich gegen den „abstracted empirism". Dieser ist gekennzeichnet durch Technisierung und Bürokratisierung der Sozialwissenschaft. Wissenschaftler werden zu Forschungstechnikern. Überträgt man Mills Analyse auf die Gegenwart von Geistes-, Kultur-, Sozial- und Wirtschaftswissenschaften, findet man schnell Ähnlichkeiten: Wo Empirie betrieben wird, ist es schon

---

12 Merton, Robert K.: „Der soziale und kulturelle Kontext von Wissenschaft". In: Id.: *Entwicklung und Wandel von Forschungsinteressen. Aufsätze zur Wissenschaftssoziologie.* Mit einer Einleitung v. Nico Stehr. Suhrkamp: Frankfurt a.M. 1984, S. 33–58. Merton, Robert K.: „Puritanismus und Wissenschaft". In: Ibid., S. 59–85.

13 Mills, C. Wright: *The sociological imagination.* Oxford University Press: New York 1959. Deutsch als Mills, C. Wright: *Kritik der soziologischen Denkweise.* Luchterhand: Neuwied am Rhein/Berlin-Spandau 1963.

längst Usus, die Forschungsfragen an leicht zugängliche Daten oder schon aufbereitete Datensätze anzupassen. Die individuell motivierte Forschungsfrage rückt in den Hintergrund, wichtig sind fortgeschrittene Methoden und exotische Theorien.

Es kommt zu wissenschaftlichen Arbeiten, die methodisch absolut auf der Höhe der Zeit sind, aber kaum interessante Fragestellungen beantworten können. Die Trivialität der Ergebnisse ist oft nicht weit.

Mills hat eine Ursache für diese Entwicklung ausgemacht. Die Professionalisierung der (Sozial-)Wissenschaft, die Arbeiten nur deswegen entstehen lässt, weil etwas geschrieben werden muss. Mills verurteilt Sozialwissenschaftler, die erst dann den Drang zu schreiben verspüren, wenn etwas vorgelegt werden muss. Publizieren war immer schon wichtiger Bestandteil universitärer Wissenschaft, die Produktion schriftlicher Arbeiten und damit die Produktion von Wissen wird aber zunehmend bürokratisiert. Richard Münch hat in seinem Buch: Akademischer Kapitalismus[14] zahlreiches Material zusammengetragen, mit dem er die Transformation akademischer Qualitätssicherung zu managerialem Controlling belegt. Vertrauen in das wissenschaftliche Ethos der einzelnen Akteure wird durch das Misstrauen eines produzierenden Unternehmens in seine Angestellten ersetzt.

Das peer-review System ist dabei zur wichtigsten Ordnung stiftenden Instanz geworden. Man kann es als Disziplinierungsmittel für Nachwuchswissenschaftler begreifen.

Diesen Umstand verdankt es wohl der Möglichkeit, qualitative Bewertungen zu quantifizieren und in Rankings zu erfassen. Es ist für die Beurteilung von wissenschaftlicher Leistung schlicht und einfach bequem.

Evaluationsverfahren haben aber Auswirkungen auf jene, die evaluiert werden: Der Ökonom Bruno Frey[15] hat die Verzerrungen, die sich durch die Anwendung von Evaluationsverfahren ergeben, analysiert.

1. Was nicht gemessen wird, zählt nicht mehr, das heißt, die Multidimensionalität wird verfehlt
2. Intrinsische Motivation wird geschwächt und durch extrinsische ersetzt. Dies geht zu Lasten der Kreativität
3. Leistungen werden im Hinblick auf Kennziffern bis hin zum Betrug manipuliert

Das führt zu bekannten Strategien: Salamitaktik, Zitationskartelle usw.

---

14 Münch, Richard: *Akademischer Kapitalismus. Über die politische Ökonomie der Hochschulreform*. Suhrkamp: Berlin 2011.

15 Frey, Bruno: „Evaluitis – eine neue Krankheit". In: Matthies, Hildegard / Simon, Dagmar (Hrsg.): *Wissenschaft unter Beobachtung. Effekte und Defekte von Evaluationen*. Sonderheft Leviathan. VS Verlag: Wiesbaden 2007, S. 103–124.

Das heißt, was vordergründig als Qualitätssicherung durch Standardisierung daherkommt, hat für die Entwicklung des Wissens einer Disziplin verheerende Folgen. Ist die standardisierte Seite der Wissensproduktion stark ausgeprägt, stagniert das Wissen. Überraschendes und Sperriges wird aussortiert, das, was als Mainstream anerkannt wird, gewinnt die Oberhand.

Wissenschaftliche Akteure müssen vor allem sich selbst vermarkten. Das aber heißt sich an den Kriterien der Evaluation orientieren. Hat sich also das Schreiben von peer-review-Artikeln als erfolgversprechende Karrierestrategie einmal durchgesetzt, wird die Produktion anderer Textsorten zweitrangig, Bücherschreiben wird überflüssig. Lexikonartikel, Lehrbücher, Beiträge in Sammelbänden bleiben unbelohnt. Das hat aber Auswirkungen auf die Wissensproduktion, deren einzige Funktion nunmehr nur die Förderung wissenschaftlicher Karrieren ist. Wissen, das innerhalb der professionalisierten scientific community produziert wird, dient somit nur mehr dem Selbstmanagement.[16]

4. Autonomie hat ihren Preis

Autonomie ist ein wesentlicher Aspekt der Anerkennung in Wissenschaft und Kunst. Paradoxerweise erschweren die Handlungsregeln in beiden sozialen Feldern diese – Würde generierende – Selbständigkeit.[17]

Künstler können sich ihre Autonomie zu einem hohen Preis erkaufen: Prekariat und soziale Desintegration. Diese Ingredienzien gehören zu einer idealtypischen Künstlerbiographie. Wirtschaftlich erfolgreichen Künstlern kann die Anerkennung auch versagt werden.

In der Wissenschaft legen starre institutionelle Ordnungen die Mechanismen der Anerkennung fest. Autonomie ist nur für einen kleinen Teil der scientific community möglich. Der große Rest bekommt so wie die Künstler das Prekariat und die soziale Desintegration, gelangt aber nicht einmal in die Nähe von Autonomie.

---

16 Auch die Begutachtung von eingereichten Artikeln für peer-review-journals Artikeln ist eigentlich eine Fleißaufgabe. Die Aufrechterhaltung dieses Systems erfordert doppelte Ausbeutung der Wissenschaft. Die einzigen Gewinner sind wissenschaftliche Verlage, die auf die freiwillige Arbeit der scientific community (Herausgeber, Autoren, Gutachter) setzen können und die Ergebnisse dieser Arbeit gewinnbringend an die scientific community (Bibliotheken, Forscher) verkaufen.

17 Für die Wissenschaft, stellvertretend für viel neuere Studien: Nowak, Peter: *Wissenschaft als prekärer Beruf*, retrieved 4.7.2016, from http://www.heise.de/tp/news/Wissenschaftler-als-prekaerer-Beruf-3152849.html; für die Kunst: Manske, Alexandra: *Kapitalistische Geister in der Kultur- und Kreativwirtschaft*. Transcript: Bielefeld 2015.

Quellenverzeichnis

Baranzke, Heike: „Menschenwürde". In: Bohlken, Eike / Thies, Christian (Hrsg.): *Handbuch Anthropologie.* J.B. Metzler: Stuttgart/Weimar 2009, S. 379–382.

Bieri, Peter: *Eine Art zu leben. Über die Vielfalt menschlicher Würde*. Fischer: Frankfurt a.M. 2015.

Frey, Bruno: „Evaluitis – eine neue Krankheit". In: Matthies, Hildegard / Simon, Dagmar (Hrsg.): *Wissenschaft unter Beobachtung. Effekte und Defekte von Evaluationen.* Sonderheft Leviathan. VS Verlag: Wiesbaden 2007, S. 103–124.

Gabriel, Manfred: „Gerhardt Kapner (1927). Der Kulturbeamte als Kultursoziologe". In: Steuerwald, Christian (Hrsg.): *Klassiker der Soziologie der Künste. Prominente und bedeutende Ansätze.* Springer: Wiesbaden 2016, S. 617–632.

Gabriel, Manfred: „Subjektivität, Spiegelung, Sozialstruktur. Eine Skizze frei nach Hans Gerth, C. Wright Mills und Wolfgang Prinz". In: Gabriel, Manfred / Frass, Monika / Klopf, Johannes (Hrsg.): *Schmerz-Sehnsucht-Seligkeit.* Paracelsus: Salzburg 2015, S. 11–28.

Halbig, Christoph: „Anerkennung". In: Düwell, Marcus / Hübenthal, Christoph / Werner, Micha H.(Hrsg.): *Handbuch Ethik.* J.B. Metzler: Stuttgart/Weimar [2]2006, S. 303–307.

Iser, Matthias: „Anerkennung". In: Bohlken, Eike / Thies, Christian (Hrsg.): *Handbuch Anthropologie.* J.B. Metzler: Stuttgart/Weimar 2009, S. 291–296.

Kapner, Gerhardt: *Die Kunst in Geschichte und Gesellschaft.* Böhlau: Köln/Wien 1991.

Kiss, Gabor: *Einführung in die soziologischen Theorien I.* Westdeutscher Verlag: Opladen 1972.

Luhmann, Niklas: „Das Kunstwerk und die Selbstreproduktion der Kunst". In: Id: *Schriften zur Kunst und Literatur.* Hrsg. v. Niels Weber. Suhrkamp: Frankfurt a.M. 2008, S. 139–189.

Manske, Alexandra: *Kapitalistische Geister in der Kultur- und Kreativwirtschaft.* Transcript: Bielefeld 2015.

Merton, Robert K.: „Der soziale und kulturelle Kontext von Wissenschaft". In: Id.: *Entwicklung und Wandel von Forschungsinteressen. Aufsätze zur Wissenschaftssoziologie.* Mit einer Einleitung v. Nico Stehr. Suhrkamp: Frankfurt a.M. 1984, S. 33–58.

Merton, Robert K.: „Puritanismus und Wissenschaft". In: Id.: *Entwicklung und Wandel von Forschungsinteressen. Aufsätze zur Wissenschaftssoziologie.* Mit einer Einleitung v. Nico Stehr. Suhrkamp: Frankfurt a.M. 1984, S. 59–85.

Mills, C. Wright: *Kritik der soziologischen Denkweise*. Luchterhand: Neuwied am Rhein/Berlin-Spandau 1963.

Mills, C. Wright: *The sociological imagination*. Oxford University Press: New York 1959.

Münch, Richard: *Akademischer Kapitalismus. Über die politische Ökonomie der Hochschulreform*. Suhrkamp: Berlin 2011.

Neuhouser, Frederick: *Pathologien der Selbstliebe. Freiheit und Anerkennung bei Rousseau*. Suhrkamp: Berlin 2012.

Nowak, Peter: *Wissenschaft als prekärer Beruf*, retrieved 4.7.2016, from http://www.heise.de/tp/news/Wissenschaftler-als-prekaerer-Beruf-3152849.html.

Plessner, Helmuth: *Die Grenzen der Gemeinschaft*. (Plessner, Helmuth: Gesammelte Schriften in 10 Bänden, Bd. V). Suhrkamp: Frankfurt a.M. 2003.

Plessner, Helmuth: *Zur Anthropologie des Schauspielers*. (Plessner, Helmuth: Gesammelte Schriften in 10 Bänden, Bd. VII). Suhrkamp: Frankfurt a.M. 2003.

Plessner, Helmuth: *Zur Soziologie der modernen Forschung und ihrer Organisation in der deutschen Universität*. (Plessner, Helmuth: Gesammelte Schriften in 10 Bänden, Bd. X). Suhrkamp: Frankfurt a.M. 2003.

Prinz, Wolfgang: *Selbst im Spiegel*. Suhrkamp: Berlin 2013.

Roughley, Neil: „Würde". In: Mittelstraß, Jürgen (Hrsg.): *Enzyklopädie Philosophie und Wissenschaftstheorie*. J.B. Metzler: Stuttgart/ Weimar 2012, S. 784–787.

Rousseau, Jean Jacques: *Diskurs über die Ungleichheit. Discours sur l'inegalite*. Kritische Ausgabe des integralen Textes. Mit sämtlichen Fragmenten und ergänzenden Materialien nach den Originalausgaben und den Handschriften neu ediert, übers. u. komm. v. Heinrich Meier. Zweisprachig franz./deutsch. (UTB 725). Schöningh: Paderborn/Wien 1993.

Siep, Ludwig: *Anerkennung als Prinzip der praktischen Philosophie. Untersuchungen zu Hegels Jenaer Philosophie des Geistes*. Meiner: Hamburg 2014.

Recht, Politik und Wirtschaft

Kurt Seelmann

Die Kunst des Dialogs im Recht

In den folgenden Überlegungen wird versucht, zwei Fragen zu behandeln: Was haben, so soll zum einen gefragt werden, das Recht und seine Philosophie mit der Kunst des Dialogs zu tun? (1.) Und zum anderen geht es um die zweite und für den Anlass eines Gedenkens an Michael Fischer eigentlich zentrale Frage: Wie hat Michael Fischer, dem diese Gedanken gewidmet sind, als Rechtsphilosoph die Kunst des Dialogs gepflegt? (2.).

1. Das Recht als Dialog

Zur ersten Frage: Die Rechtsphilosophie stösst überall auf Fragen des Dialogs, weil das Recht in mehrerlei Hinsicht vom Dialog geprägt ist, in seiner Begründung (a) wie in seiner Realisierung (b).

a) Die dialogische Begründung des Rechts

Recht ist bereits in seiner Begründung dialogisch. Anders als Moral und Konvention, die wir aus traditioneller Sicht auf göttliche Gebote, die Vernunft oder das Gewissen im Fall der Moral bzw. auf Gewohnheit und Erwartungen Anderer im Fall der Konvention zurückführen, ist Recht etwas von Menschen intentional gemeinsam Gemachtes, seit man ab dem 13. Jahrhundert weniger von einem Auffinden des Rechts und mehr von „Gesetze geben", „leges ponere" spricht.[1] Schon früh, noch vor den Gesellschaftsvertragstheorien, finden wir die Herleitung von lex aus contractus, von Gesetz aus Vertrag, man stellt sich das Gesetz als Ergebnis eines Abstimmungsprozesses unter den Bürgern vor – die Gesamtheit der Bürger ist, etwa bei Marsilius von Padua in seinem Defensor Pacis von 1342, der Gesetzgeber.[2] Vollends seit der Frühaufklärung kommt, vorbereitet schon in der Spätscholastik, der Gedanke auf, die ganze Gesellschaft könnte ihr Legitimität herleiten aus dem Gedanken, dass man sich vertraglich untereinander auf ihre Struktur verständigt habe oder hätte verständigen können.[3] Wenn dann im deutschen Idealismus das Recht aus

1 Zur Terminologie des „leges ponere" siehe Gagnér, Sten: *Studien zur Ideengeschichte der Gesetzgebung*. Almqvist & Wiksel: Stockholm 1960, S. 207ff.

2 Padua, Marsilius von: „Defensor Pacis". In: Seelmann, Kurt (Hrsg.): *Texte zur Rechtsphilosophie I – von der Antike bis ins 19. Jahrhundert*. Helbing & Lichtenhahn: Basel et al. 2000, S. 57ff. und 70ff.

3 Zur Konsensorientierung bei Francisco Suarez (De lege ac Deo legislator) cf. die Hinweise bei Seelmann, Kurt: „Zur historischen Wandelbarkeit des Naturrechts".

einem Anerkennungsverhältnis begründet wird[4], rückt dieses Recht noch ein Stück näher in den menschlichen Dialog hinein. Denn nicht nur, was auf andere Weise zu Personen gewordene Menschen vereinbaren, ist, wie im Vertragsmodell, gemeinsam geschaffen, sondern selbst das Person-Werden ist in den Anerkennungslehren verstanden als ein seinerseits durch wechselseitiges Respektieren ermöglichter Prozess – das Dilemma des Vertragsgedankens, der das pacta sunt servanda nicht begründen kann, ist überwunden.

Und dennoch ist schon bei der Rechtsbegründung nicht alles so einfach, wie es zunächst scheint. Das klassische Naturrecht scheint „cordibus insitum" und somit unverrückbar und nicht Resultat eines Dialogs, in seinen Grundlagen wäre Recht dann einfach vorgefunden und damit von der Moral nur in seinem institutionell-äusseren Wirken unterschieden. Jedoch zeigt schon die traditionelle Naturrechtsdebatte, dass man ein solches im Herzen aufbewahrtes Naturrecht bereits in frühester Zeit durch eine konsensabhängige Variante, meist „ius gentium" genannt, ergänzte.[5] Und umgekehrt, in der modernen Ethik – wird dort nicht sogar die Moral zu dem, was man sonst nur für das Recht reklamiert, nämlich zum Resultat eines Dialogs, etwa in der Diskursethik oder den in den letzten Jahrzehnten wieder aufgeflammten modernen Vertragstheorien?

Recht und Moral sind also beide immer wieder mit dem Dialog in Verbindung gebracht worden. Ein Dialogproblem und zugleich ein Dialogfundament wird ihnen beiden, Recht und Moral, und zwar schon bei ihrer Begründung, zugeschrieben.

b) Die dialogische Realisierung des Rechts

Diese Nähe des Rechts zum Dialog intensiviert sich noch, wenn es als „law in action" auftritt, wenn es im Alltag seine Realisierung findet. Und dies sogar in zweierlei Weise: Recht muss auch im Einzelfall in einem Verfahren, einem Prozess, hergestellt werden, in rollenverteilter menschlicher Interaktion (aa). Und es verlässt sich dabei in der Regel auf autoritative Texte, die der Interpretation bedürfen – was einen weiteren ganz eigenartigen Dialog zwischen einem abwesenden, im Fall von Lykurg und Solon sogar absichtlich auf Reisen

In: Bach, Oliver / Brieskorn, Norbert / Stiening, Gideon (Hrsg.) *Das Naturrechtsdenken des Francisco Suárez.* (Politische Philosophie und Rechtstheorie des Mittelalters und der Neuzeit. Abteilung II: Untersuchungen). frommann-holzboog: Stuttgart-Bad Cannstatt 2016 [i.E.].

4 Cf. etwa Schild, Wolfgang (Hrsg.): *Anerkennung. Interdisziplinäre Dimensionen eines Begriffs*. Königshausen & Neumann: Würzburg 2000.

5 Ausführlich dazu Seelmann 2016 [i.E.], (FN 3).

gegangenen[6], Verfasser des Textes, dem Gesetzgeber, und einen anwesenden Interpreten (bb) voraussetzt.

aa) Das Verfahren als Dialog

Recht, in welchen Rechtsgebieten auch immer, wird durch Gerichte auf den Einzelfall angewendet. Dieses gerichtliche Verfahren ist im modernen Recht in aller Regel ein Dialog, eine Interaktion zwischen dem Gericht und den Parteien des Verfahrens oder unter diesen Parteien. In diesen Verfahren mit Parteien, aber auch dort, wo es nicht Parteien im engeren Sinn gibt, im Strafverfahren mit seinem Antagonismus von Beschuldigtem und Staatsanwaltschaft, geht man allgemein davon aus, dass aus dem Vorbringen der Argumente aller involvierten Seiten sich die Wahrheit am besten ermitteln lasse. Aus allen Aussagen in ihrer Gesamtheit ergebe sich dann die Wahrheit, teilweise im Sinne einer wechselseitigen Ergänzung, teilweise auch im Sinne eines gegenseitigen Aufeinander-Einwirkens. So ist in den Grundlagen der Prozessrechtswissenschaft nicht selten von einem „dialektischen" Charakter des Strafverfahrens die Rede, weil der Dialog mit seinem Beleuchten der zu lösenden Frage aus den verschiedensten Blickwinkeln die Wahrheit in ihrer Vielschichtigkeit erst ergründen lässt.[7]

bb) Die Interpretation als Dialog

Aber nicht nur dieser Dialog im Forum, vor dem Gericht, bestimmt den Dialogcharakter des Rechts – schon die Arbeit des Juristen am Schreibtisch ist eine dialogische. Der Jurist setzt sich mit dem Gesetz als etwas ihm Vorliegenden auseinander, muss es lesen und auf seine vielfältigen Interpretationsmöglichkeiten befragen. Und sein Gegenüber ist der, der das Gesetzt formuliert hat, den er in der Regel aber persönlich gar nicht kennt. Ihm gegenüber sind alle die, die dem Gesetz zugestimmt, ihm zu einer Mehrheit verholfen haben und die vielleicht, wenn es ein älteres Gesetz ist, alle gar nicht mehr leben. Der Sinn ihres Textes ist gleichwohl immer noch zu verstehen und die Geltung wird diesem „freistehenden Imperativ"[8] immer noch zugesprochen. Ja, der Text lebt noch insofern, als er sich immer noch ändert, immer noch als Text

---

6 Dazu Vismann, Cornelia: *Das Schöne am Recht – Erweitert um die Trauerreden von Friedrich Kittler und von Werner Hamacher*. Merve: Berlin 2011, S. 17ff.

7 Dazu Demko, Daniela: *„Menschenrecht auf Verteidigung" und Fairness des Strafverfahrens auf nationaler, europäischer und internationaler Ebene – Dargestellt anhand eines Strafrechtsvergleichs zum Konfrontationsrecht des angeklagten gegenüber Belastungszeugen und unter Zugrundelegung von Erkenntnissen aus Philosophie und Psychologie*. Duncker & Humblot: Berlin 2014, S. 77ff.

8 Zu dieser Problematik vom „independent imperative" cf. Olivecrona, Karl S.: *Law as Fact*. Steven & Sons: London ^{2}1971, S. 130ff.

davon abhängig ist, wer ihn wo und wann und unter welchen Umständen interpretiert. Der hermeneutische Prozess ist ein Prozess ständiger Weiterentwicklung, bei dem nicht nur der Gegenstand der Interpretation, der Gesetzestext, etwas vorgibt, sondern auch sein Gegenüber, der Interpret, etwas von sich und seinem Vorverständnis einfliessen lässt. Der Interpret nähert seinen Horizont dem des Textes an, aber der Text nähert auch seinen Horizont dem des Interpreten an. So entsteht auch hier ein Dialog, der Dialog der Interpretation, und doch ein ganz anderer als der Dialog der Parteien vor Gericht.

Das Zwischenfazit: Was der Jurist auch tut, ob er das Recht begründet oder anwendet, ob er beim Anwenden ausdrücklich mit anderen verhandelt oder aber in seiner Schreibstube sich auf den offenen Dialog vorbereitet – auch allein mit dem für ihn geltenden Text ist er nicht allein, immer ist er als Jurist in einem Dialog befangen.

2. Michael Fischer im Dialog

Wie hat nun aber – und alles Bisherige war nur eine Vorüberlegung dazu – Michael Fischer diesen Dialog gepflegt? Zunächst einmal: er war auch unter anderem Jurist und, wenn das Gesagte stimmt, dem Dialog des Rechts schon deshalb unausweichlich ausgeliefert.

a) Der sokratische Dialog

Aber etwas anderes noch ist hier gleich hinzuzufügen. Michael Fischer war ja ein Rechtslehrer, einer, der anderen das Recht nahebringt, sie das Recht verstehen lässt, in ihnen Begeisterung entfacht für das Verstehen des Rechts in all seinen sozialen und wirtschaftlichen und kulturellen Zusammenhängen – und er hat dies, man durfte es immer wieder erleben, nicht im Monolog erledigt, er hat auch die ganz am Anfang des Denkweges Stehenden mit einbezogen, hat sie neugierig und nachfragend gemacht. Er war ein Geburtshelfer des Nachdenkens, des freien Gedankens, dem fragenden Sokrates immer nahe.[9]

b) Der Hegelsche Dialog

Und doch ist dieser Hinweis auf den didaktischen Dialog nur die Oberfläche, wenn wir nach der Kunst des Dialogs in Michael Fischers Rechtsphilosophie fragen. Gestatten Sie mir an dieser Stelle etwas Anekdotisches: Es gibt im Hause Fischer einen kleinen Raum mit einer grossen Zahl von Stichen bedeutender Philosophen und Rechtsphilosophen. Da sieht man sie alle, die grossen Griechen und die Geistes-Heroen des Mittelalters und Hobbes und

9 Zu dieser Figur des fragenden Sokrates cf. Pestalozzi, Carl (Hrsg.): *Der fragende Sokrates*. (Colloquium Rauricum 6). Teubner: Stuttgart/Leipzig 1999.

Locke und Rousseau und Kant, um nur einige wenige zu nennen. Lässt man sich aber eine halbe Minute Zeit, so entdeckt man: Einer, nur einer, ist mit zwei Abbildungen vertreten: Hegel.

Selbst wer Michael Fischers Schriften nicht kennt, müsste hier ahnen, wem die Neigung des Hausherrn ganz besonders gilt. Dass es Hegel ist, beruht nicht auf Zufall. Der Philosoph, der den Geist zu sich kommen lässt dadurch, dass dieser sich an sich selbst abarbeitet, dass dieser in einer Art reflexivem Gleichgewicht avant la lettre Intuitionen und Prinzipien, so würde man es heute vielleicht nennen, in ständigem Bezug aufeinander einander kontrollieren und zu komplexeren Einsichten gelangen lässt, das ist der Philosoph des Dialogs, und auch darin liegt Hegels Grösse. Für Hegel ist Dialog, ist auch Dialektik nicht das Aufeinanderprallen zweier Thesen, wie man das manchmal gern trivialisiert, sondern die Weiter-Entwicklung eines Gedankens aus ihm selbst heraus.

Nehmen wir ein Beispiel aus der Rechtsphilosophie, aus dem Moralitätsteil von Hegels Grundlinien der Philosophie des Rechts[10]: Der Mensch hat in der Philosophie der Neuzeit ein Recht darauf, dass ihm nur Taten zugerechnet werden, die von seinem Willen erfasst sind und nicht auch zufällige, etwa familiär bedingte Verhängnisse wie noch in den Tragödien der Alten. Und dennoch lassen wir auch im modernen Recht nicht immer die Ausrede gelten, man habe von bestimmten Fakten oder vom Unrecht der eigenen Handlung nichts gewusst. Bestimmte typischerweise aus einer Handlung resultierende Folgen oder die Existenz bestimmter zentraler Verhaltens-Normen muss man einfach kennen und „will“ man deshalb auch, wenn man eine Handlung begeht. Hegel versucht dieses altbekannte Dilemma zu lösen, indem er vom „Recht des Willens“ ausgehend in genauerer Interpretation des Willensbegriffs zum Zwischenresultat kommt, dass Zurechnung zu einem vernünftigen Menschen dessen Vernunft und deshalb auch dessen „Wissen-Können“ berücksichtigen muss, insofern gebe es auch ein „Recht der Objektivität“. Da wird aber nicht ein Aspekt, das „Recht des Willens“ dem anderen, dem „Recht der Objektivität“, gegenübergestellt, sondern der andere aus dem einen entwickelt. Der Dialog ist sozusagen ein sich selbst tragender und muss nicht immer nach einem Gegenargument von aussen schauen, um voranzukommen. Das hat auch Michael Fischer immer wieder in den Bann gezogen.

Denn gerade an der Bestimmung dessen, was Recht überhaupt ist, zeigt sich bei Hegel wieder dieser Grundgedanke des Dialogs. Hegel reduziert Recht nicht, wie dies oft geschieht, auf eine systematische Ordnung von Normen

---

10 Zum Folgenden cf. Hegel, Georg Wilhelm Friedrich: „Grundlinien der Philosophie des Rechts oder Naturrecht und Staatswissenschaft im Grundrisse“. In: Id.: *Werke* [in 20 Bänden mit Registerband]. Bd. 7. Hrsg. v. Eva Moldenhauer u. Karl Markus Michel. Suhrkamp: Frankfurt a.M. 2004, §§ 115ff. und 119ff.

eines Normgebers, er beschränkt es aber auch nicht auf eine institutionelle Ordnung. Recht ist für Hegel eine ganz bestimmte Art der Interaktion zwischen Menschen, ein wechselseitiges Sich-Anerkennen, Sich-Respektieren von Menschen im Hinblick auf ihre Freiheit und ihre Gleichheit, also im Hinblick auf ihr Personsein, was wieder unvermeidlich eine gemeinsame Anerkennung zentraler Normen und funktionierender Institutionen erfordert.

c) Die Dialektiken der Aufklärung

Aber Michael Fischer wäre nicht der, als den wir ihn alle so sehr geschätzt haben, wenn man seine Rechtsphilosophie einfach als eine Hegelianische einordnen, in der Schweiz würde man sagen „schubladisieren", könnte.

Hegels Philosophie, so ließe sich sagen, ist die Vollendung der Aufklärung, jedenfalls in der Hinsicht, dass dieser Philosoph die Welt als Ganzes und in allen ihren Teilen für in sich vernünftig und deshalb für rekonstruierbar und verstehbar durch die menschliche Vernunft hält. Nun war auch Michael Fischer ein grosser Aufklärer, ein Freund von guter Ausleuchtung des Erfahrbaren und Verstehbaren, des dialogischen Näherkommens an die Wahrheit. Aber er wäre nicht durch die Frankfurter Schule gegangen, die er wie kaum ein anderer kannte, wäre nicht auch die Dialektik der Aufklärung in ihren beiden Stufen, als Kritik der instrumentellen Vernunft wie als Kritik der Technikkritik, sein Thema geworden.[11]

End- und Zielpunkt seines Systems, hätte er denn als Mensch der Gegenwart noch eines denken wollen, wäre im „Absoluten Geist" wohl nicht wie bei Hegel die Philosophie geworden, sondern doch eher die Kunst – und damit hängt auch schon wieder zusammen, dass es ein Hegelsches System bei ihm so wenig wie bei Horkheimer und Adorno mehr geben konnte. Kunst, anders als die Hegelsche Philosophie, bildet keines. Kunst ging bei Michael Fischer nicht im System auf, bekam nicht primär ihren Ort von der Philosophie zugewiesen – Kunst war das, was dort begann, wo Recht und Philosophie an ihre Grenzen stießen, also ohne die Kunst jenseits der Grenze waren Recht und Philosophie selbst nicht zu bestimmen.

Auch darin stand Michael Fischer in der grossen europäischen Tradition, die er verkörperte. Ius est ars boni et aequi, wissen wir seit der Antike, eine Kunstfertigkeit, die das Zusammenleben ermöglicht, ist das Recht, in Sparta gar nach der musikalischen Harmonielehre komponiert. Wenn man mit Gadamer die juristische Hermeneutik als das Muster der Hermeneutik überhaupt

---

11 Zu den beiden Dialektiken der Aufklärung cf. Zimmerli, Walter Chr.: „Wissenschaft als Metaphysik – Zur ersten und zweiten 'Dialektik der Aufklärung'". In: Westerkamp, Dirk / Lühe, Astrid von der (Hrsg.): *Metaphysik und Moderne – Ortsbestimmungen philosophischer Gegenwart*: Festschrift für Claus-Artur Scheier. Königshausen & Neumann: Würzburg 2007, S. 55ff.

sieht, kann das auch gar nicht anders sein. Sinn ergründen aus Texten folgt keinem objektivierbaren System, sondern ist eine je neu ins Leben gerufene Horizontangleichung, ebenso wie das dialogische Anstreben der Wahrheit im rechtlichen Verfahren. Beide praktischen juristischen Fähigkeiten sind immer etwas, das, je nach Kunstfertigkeit, gelingen oder misslingen kann.

Mit der Kunst sind wir nun wirklich im Zentrum dessen angekommen, was für Michael Fischer den Dialog ausmacht, und von dort gewinnt auch seine Rechtsphilosophie ihr Leben. Denken wir an Antigone ganz zu Beginn von Michael Fischers Vernunft-Buch: Das menschliche Recht der Polis steht gegen das göttliche Recht der Familienbande, ein unauflöslicher Konflikt. Als den Sinn dieses tragischen Diskurses sieht es Michael Fischer, „die Widersprüche, Ambivalenzen und Inkonsistenzen des sich entfaltenden Rechtsdenkens ins Bewusstsein zu bringen“[12]. Und er lobt diesen tragischen Diskurs dafür, dass er nicht zur „rechtstheoretischen Debatte“ mit „These“ gegen „These“ austrocknet, sondern dass durch ihn „die Paradoxie der Vernunft eingekreist“ wird, eine poetische „Ab-setzung“ von allzu positiver „Setzung“. Die Tragödie unterzieht „mit der Zweifelsfreiheit des menschlichen Rechts die Ratio selbst einer Subversion“[13], sie relativiert damit Rechthaberei.

Vielleicht ist es deshalb kein Wunder, dass eine der letzten grossen Tagungen, die Michael Fischer geplant und durchgeführt hat, und zwar in Madrid am Teatro Real, dem Zusammenhang von Kunst, Kulturalität und Toleranz galt. Ein zentrales rechtsphilosophisches Problem, das der Toleranz, war dort mit Kunst und Kulturalität verkoppelt.[14] Das Tolerieren von Positionen, gar kulturellen Positionen, die nicht die eigenen sind, kann offenbar auch so manches von der Kunst lernen. Werken der Kunst gegenüber ist man gewöhnlich bereit, die Vorlieben der Anderen selbstverständlich zu tolerieren – ohne die eigenen aufzugeben. Dort kann ganz fraglos etwas für mich das Beste sein, was der andere als höchst zweifelhaft empfindet.

c) Le merveilleux quotidien

Das führt uns zuletzt zu einer Form des Dialogs, deren Lob wir am Ende von Michael Fischers „Vernunft als Norm“ finden und die uns beim ersten Lesen als Ende und Summe eines rechtsphilosophischen Werks vielleicht

---

12 Fischer, Michael: *Vernunft als Norm – Gesellschaftskonstruktion und Lebenshorizont*. Peter Lang: Frankfurt a.M. et al. 2005, S. 4.

13 Ibid., S. 5.

14 Cf. dazu: *Toledo-Vision. Kunst, Kulturalität und Toleranz als Einheit, Symposion mit Forschungsseminar, 19.–21. Juni 2012, Teatro Real […]*, retrieved 3.7.2016, from https://www.goethe.de/resources/files/pdf19/pk9370069.pdf; die Beiträge wurden veröffentlicht in: Fischer, Michael (Hrsg.): *Kunst als Marke europäischer Identität*. Peter Lang: Frankfurt a.M. et al. 2013.

noch ungewöhnlich erscheinen mag, beim zweiten Lesen dann aber tiefstes Verständnis erntet. Es geht um den Ort des Dialogs, und da schlägt Michael Fischer nicht die Podiumsdiskussion vor, nicht das Seminar und nicht das Infotainment der Talkshow – nein, er schlägt die Küche vor[15]. Wo die grossen Gewissheiten des Lebens und die Vorsehungspläne uns abhanden kommen, wird das grosse Besondere wichtig, das individuelle Leben und „le merveilleux quotidien“, das wunderbare Alltägliche, die „Synthese aus Kopf und Bauch“. Der Dialog braucht einen alltäglichen Ort, und den findet er beim gemeinsamen Essen und Trinken.

Quellenverzeichnis

Demko, Daniela: *„Menschenrecht auf Verteidigung“ und Fairness des Strafverfahrens auf nationaler, europäischer und internationaler Ebene – Dargestellt anhand eines Strafrechtsvergleichs zum Konfrontationsrecht des angeklagten gegenüber Belastungszeugen und unter Zugrundelegung von Erkenntnissen aus Philosophie und Psychologie.* Duncker & Humblot: Berlin 2014.

Fischer, Michael (Hrsg.): *Kunst als Marke europäischer Identität.* Peter Lang: Frankfurt a.M. et al. 2013.

Fischer, Michael: *Vernunft als Norm – Gesellschaftskonstruktion und Lebenshorizont.* Peter Lang: Frankfurt a.M. et al. 2005.

Gagnér, Sten: *Studien zur Ideengeschichte der Gesetzgebung.* Almqvist & Wiksel: Stockholm 1960.

Hegel, Georg Wilhelm Friedrich: „Grundlinien der Philosophie des Rechts oder Naturrecht und Staatswissenschaft im Grundrisse“. In: Id.: *Werke* [in 20 Bänden mit Registerband]. Bd. 7. Hrsg. v. Eva Moldenhauer u. Karl Markus Michel. Suhrkamp: Frankfurt a.M. 2004.

Olivecrona, Karl S.: *Law as Fact.* Steven & Sons: London ²1971.

Padua, Marsilius von: „Defensor Pacis“. In: Seelmann, Kurt (Hrsg.): *Texte zur Rechtsphilosophie I – von der Antike bis ins 19. Jahrhundert.* Helbing & Lichtenhahn: Basel et al. 2000, S. 57–76.

Pestalozzi, Carl (Hrsg.): *Der fragende Sokrates.* (Colloquium Rauricum 6). Teubner: Stuttgart/Leipzig 1999.

Schild, Wolfgang (Hrsg.): *Anerkennung. Interdisziplinäre Dimensionen eines Begriffs.* Königshausen & Neumann: Würzburg 2000.

Seelmann, Kurt: „Zur historischen Wandelbarkeit des Naturrechts“ In: Bach, Oliver / Brieskorn, Norbert / Stiening, Gideon (Hrsg.): *Das Naturrechtsdenken des Francisco Suárez.* (Politische Philosophie und Rechtstheorie des

15 Fischer 2005, S. 291.

Mittelalters und der Neuzeit. Abteilung II: Untersuchungen). frommann-holzboog: Stuttgart-Bad Cannstatt 2016 [i.E.].

Toledo-Vision. Kunst, Kulturalität und Toleranz als Einheit, Symposion mit Forschungsseminar, 19.–21. Juni 2012, Teatro Real […], retrieved 3.7.2016, from https://www.goethe.de/resources/files/pdf19/pk9370069.pdf.

Vismann, Cornelia: *Das Schöne am Recht – Erweitert um die Trauerreden von Friedrich Kittler und von Werner Hamacher*. Merve: Berlin 2011.

Zimmerli, Walter Chr.: „Wissenschaft als Metaphysik – Zur ersten und zweiten ‚Dialektik der Aufklärung'". In: Westerkamp, Dirk / Lühe, Astrid von der (Hrsg.): *Metaphysik und Moderne – Ortsbestimmungen philosophischer Gegenwart: Festschrift für Claus-Artur Scheier*. Königshausen & Neumann: Würzburg 2007, S. 55–65.

Stephan Kirste

Recht als Kultur

Hat Recht etwas mit Kunst, Sprache, Tradition und vielleicht auch Religion gemeinsam? Ist die Suche nach derlei Gemeinsamkeiten eine sinnvolle und fruchtbare rechtstheoretische Perspektive? Diese Fragen werden von einigen kulturwissenschaftlich ausgerichteten Rechtstheorien dezidiert positiv beantwortet, von anderen aber als überflüssig, ja problematisch abgelehnt. Nach der Auseinandersetzung mit diesen Positionen soll hier die These vertreten werden, daß das Recht in der Tat von kulturellen Strukturen durchzogen ist, kulturelle Einflüsse aufnimmt, aber auch einen wesentlichen Beitrag zur Kultur leistet. Kulturelle Strukturen des Rechts, Einflüsse von Kultur auf das Recht und des Rechts auf sonstige Kultur können aber nur angemessen beurteilt werden, wenn die spezifischen Leistungen des Rechts in diesem Zusammenhang analysiert werden. Sie bestehen in der Formalisierung, Rationalisierung und Stabilisierung der normativen Wertorientierung einer Gesellschaft.

I. Argumente für das Verständnis des Rechts als Kultur

Recht als kulturelles Phänomen zu begreifen, ist keineswegs eine modische Erscheinung eines Cultural Turn in verschiedenen Wissenschaften. Schon Kulturentstehungsmythen wie derjenige des Protagoras, der Gerechtigkeit als Eigenschaft menschlichen Zusammenlebens schildert, die an die freie Stelle der Naturordnung der Dinge und Tiere beim Menschen tritt, stellt einen Zusammenhang zwischen Recht und Kultur her.[1] Das republikanische Denken in Antike und Renaissance (hier übrigens höchst pluralistisch)[2] maß dem Recht, dem rhetorischen Kampf um das Recht und dem Leben in ihm nicht nur einen instrumentellen Wert für den Schutz von Interessen zu, sondern verstand Recht als eine Lebensform.[3] Samuel Pufendorf stellt den Kulturzustand, in dem die

---

1 Sattler, Martin: „Der Mythos des Protagoras". In: Kirste, Stephan / Waecher, Kay / Walther, Manfred (Hrsg.): *Die Sophistik – Entstehung, Gestalt und Folgeprobleme des Gegensatzes von Naturrecht und positivem Recht*. Franz Steiner Verlag: Stuttgart 2002, S. 32ff.

2 Kirste, Stephan: „Rechtswissenschaft als Kulturwissenschaft". In: Kirste, Stephan / Brockmöller, Annette / Neumann, Ulfrid (Hrsg.): *Wert und Wahrheit in der Rechtswissenschaft*. (Archiv für Rechts- und Sozialphilosophie – Beiheft 145). Franz Steiner Verlag: Stuttgart 2015, S. 105f.

3 Kirste, Stephan: „Menschenwürde und Freiheitsrechte des Status Activus. Renaissancehumanismus und gegenwärtige Verfassungsdiskussion". In: Gröschner Rolf / Kirste, Stephan / Lembcke, Oliver W. (Hrsg.): *Des Menschen Würde:*

Menschen als freiheitsfähige Wesen angesprochen werden, dem glücklosen und a-sozialen Naturzustand entgegen.[4] Immanuel Kant mißt dem Recht eine Bedeutung für die Kultivierung und Zivilisierung der Menschheit durch die Rationalisierung seiner sozialen Verhältnisse bei.[5] Wie so viele Kantischen Denkfiguren wird auch diese von Fichte radikalisiert: Kultur ist die vollständige Umgestaltung des Selbst durch das Selbst, die Selbstsetzung des Ich.[6] Hegel versteht das Recht bekanntlich als Bauprinzip einer symbolischen Ordnung, die er „objektiven Geist" nennt und der sich durch die autonome Aneignung, Umwandlung und Weiterentwicklung natürlicher und naturhafter sozialer Beziehungen auszeichnet.[7] Zwar spricht er in diesem Zusammenhang nicht von „Kultur"; er stellt aber den durch Freiheit gekennzeichneten objektiven Geist den durch „Schwere" bestimmten natürlichen Körpern entgegen und meint damit einen wesentlichen Aspekt von Kultur.[8] Der Ursprungsbedeutung

---

(wieder)entdeckt oder erfunden im Humanismus der italienischen Renaissance? (Politika 1). Mohr Verlag: Tübingen 2008, S. IX und 195. Recht erscheint in der Renaissance als Mittel der Welterschließung des Sozialen.

4 Perpeet, Wilhelm: „Kulturphilosophie". *Archiv für Begriffsgeschichte 20* (1976), S. 43.

5 Der Mensch ist dazu angelegt, sich vom „Gängelband der Natur" zu befreien und sich zu zivilisieren und zu kultivieren: „Der Mensch ist durch seine Vernunft bestimmt, in einer Gesellschaft mit Menschen zu sein, und in ihr sich durch Kunst und Wissenschaft zu kultivieren, zu zivilisieren und zu moralisieren; wie groß auch sein tierischer Hang sein mag, sich den Anreizen der Gemächlichkeit und des Wohllebens, die er Glückseligkeit nennt, passiv zu überlassen, sondern vielmehr tätig, im Kampf mit den Hindernissen, die ihm von der Rohigkeit seiner Natur anhängen, sich der Menschheit würdig zu machen", Kant, Immanuel: „Mutmaßlicher Anfang der Menschengeschichte". In: Weischedel, Wilhelm (Hrsg.): *Schriften zur Anthropologie, Geschichtsphilosophie, Politik und Pädagogik 1.* (Immanuel Kant Werkausgabe XI). Suhrkamp Verlag: Frankfurt a.M. 1977, Vorrede. „Das äußerste Ziel der Kultur ist eine vollkommene bürgerliche Verfassung", die die Menschenrechte berücksichtigt, Kant, Immanuel: „Anthropologie in pragmatischer Absicht". In: Weischedel, Wilhelm (Hrsg.): *Schriften zur Anthropologie, Geschichtsphilosophie, Politik und Pädagogik 2.* (Immanuel Kant Werkausgabe XII) Suhrkamp Verlag: Frankfurt a.M. 1977, S. 94.

6 Fichte, Johann Gottlieb: *Beitrag zur Berichtigung der Urteile des Publikums über die französische Revolution.* Beigefügt die Rezension von Friedrich Genz. Felix Meiner: Hamburg 1973, S. 51f.: „Kultur heißt Übung aller Kräfte auf den Zweck der völligen Freiheit, der völligen Unabhängigkeit von allem, was nicht Wir selbst, unser reines Selbst ist."

7 Lege, Joachim: „Recht als Kulturgut". *Archiv für Rechts- und Sozialphilosophie* 93 (2007), S. 27: „Kultur ist, *was aus Autonomie folgt,* was aus Autonomie entsteht; also in etwa das, was Hegel ‚objektiver Geist' nennt."

8 Hegel, Georg Wilhelm Friedrich: *Grundlinien der Philosophie des Rechts oder Naturrecht und Staatswissenschaften im Grundrisse.* Suhrkamp Verlag: Frankfurt

des Wortes aus der „Agricultur“[9] entsprechend wird Kultur als Bearbeitung natürlicher Vorgänge mit dem Recht als einer „zweiten Natur“ und damit wahren Lebensform des Menschen verbunden. Auch romantische Theorien[10] und der Historismus Friedrich Carl von Savignys betonen, wo nicht das Wort, so doch die Sache der Kultur als hermeneutischen Hintergrund des Rechts. Sie heben dessen Prägung durch geschichtlich sich entfaltende kollektive Ausdrucksformen und Wertvorstellungen hervor.[11] Die Historische Rechtsschule wendet sich vom konstruktiven und poietischen Einfluß des Rechts auf die Kultur ab und betont die Abhängigkeit dieser gesellschaftlichen Form von nicht voll rationalisierbaren historischen Mächten, sowie die identitätsstiftende, integrierende Wirkung von Kultur.[12]

Gegenüber dieser heteronomen, einseitig den Einfluß der Kultur auf das Recht beleuchtenden Perspektive nimmt der Neukantianismus eine stärker konstruktive und autonome Sichtweise ein.[13] Insbesondere der Südwestdeutsche, werttheoretische Neukantianismus von Heinrich Rickert, Emil Lask, Max Weber[14], Herrmann Ulrich Kantorowicz[15] und später Gustav

---

a.M 1989, § 4 Z, S. 54; zum Zusammenhang von Kultur auch § 56 A, S. 188, wo Hegel über die Formierung der Natur durch den Geist als „Kultur“ spricht.

9 Dnistrjanskyj, Stanislaw: „Kultur, Zivilisation und Recht“. *Archiv für Rechts- und Wirtschaftsphilosophie* XXI (1927), S. 12f.; Lege 2007, S. 26f.

10 Zu romantischen Ansätzen der Abhängigkeit des Rechts von der Kultur cf. auch Kirste: „Rechtswissenschaft als Kulturwissenschaft“, op. cit., S. 96f.

11 Hofmann, Hasso: „‚In Europa kann's keine Salomons geben.‘ – Zur Geschichte des Begriffspaars Recht und Kultur“. *JuristenZeitung* 2009, S. 1.

12 Zu denken ist etwa an Smend, Rudolf: *Verfassung und Verfassungsrecht.* (Staatsrechtliche Abhandlungen). Duncker & Humblot: Berlin ³1994, S. 119–276.

13 Näher zur neukantianisch-kulturwissenschaftlichen Perspektive auf das Recht cf. Kirste: „Rechtswissenschaft als Kulturwissenschaft, op. cit., S. 103ff.; Sprenger, Gerhard: „Recht als Kulturerscheinung“. In: Id. (Hrsg.): *Von der Wahrheit zum Wert. Gedanken zu Recht und Gerechtigkeit.* Franz Steiner Verlag: Stuttgart 2010, S. 78f.

14 Weber, Max: „Die 'Objektivität' sozialwissenschaftlicher und sozialpolitischer Erkenntnis“. In: Winckelmann, Johannes (Hrsg.): *Max Weber: Gesammelte Aufsätze zur Wissenschaftslehre. Johannes Winckelmann.* Mohr Siebeck: Tübingen ⁶1985, S. 175: „Der Begriff der Kultur ist ein Wertbegriff. Die empirische Wirklichkeit ist für uns ‚Kultur‘, weil und sofern wir sie mit Wertideen in Beziehung setzen, sie umfaßt diejenigen Bestandteile der Wirklichkeit, welche durch jene Beziehung für uns *bedeutsam* werden, und *nur* diese.“

15 Kantorowicz, Hermann Ulrich: *Rechtswissenschaft und Soziologie.* J.C.B. Mohr: Tübingen 1911, S. 20f.: „Der Kulturwert nun, an dem die ganze Jurisprudenz in allen ihren Teilen (Rechtsdogmatik und Rechtssoziologie, Rechtshistorie und Rechtspolitik) orientiert ist, ist, wie aus dem vorangegangenen deutlich, die Gesamtheit der von einer bestimmten Rechtsordnung verfolgten Zwecke. An diesem

Radbruch,[16] betont, daß die Bedingung der Möglichkeit der Erkenntnis einer tatsächlichen Anordnung als Recht die Wertbezogenheit ist.[17] Recht erscheint als eine wertbezogene Wirklichkeit.[18] In diesem Wertbezug erkennen sie den Unterschied von Natur- und Kulturphänomenen.[19] Beim Versuch der Rechtfertigung der Wissenschaftlichkeit der Geisteswissenschaften neben den Naturwissenschaften erhält die Wertperspektive also eine zentrale erkenntnisleitende und wissenschaftsbegründende Funktion.[20] Von anderen Kulturphänomenen unterscheidet sich Recht durch den inhaltlichen Wert, auf den es sich bezieht – die Gerechtigkeit –, nicht die Form. Daß Radbruch den Rechtswert als Gerechtigkeit bestimmt, bedeutet dabei noch nicht notwendig eine Materialisierung der Rechtsbegründung. Vielmehr wird die Gerechtigkeit auf dieser Stufe als Rechtsidee und damit als regulative Idee im Kantischen Sinn verstanden, die erst den Rechtsbegriffen ihre transzendentale Begründung vermittelt. Erst die von ihm angenommenen Gehalte dieser Rechtsidee – die spannungsreichen Werte von Gleichheit, Zweckmäßigkeit und Rechtssicherheit – reichern diese Struktur inhaltlich an. Zugleich schlagen

Kulturwert muß sich daher auch die Rechtssoziologie orientieren." Wie Radbruch versteht auch Kantorowicz „Kultur" als Gesamtheit von Werten.

16 Näher Sprenger, S. 163f.

17 Rickert, Heinrich: *Kulturwissenschaft und Naturwissenschaft*. J.C.B. Mohr: Tübingen ^{6}1926, S. 22: „Die Religion, die Kirche, das Recht, der Staat, die Sitten, die Wissenschaft, die Sprache, die Literatur, die Kunst, die Wirtschaft und auch die zu ihrem Betrieb notwendigen technischen Mittel sind, jedenfalls auf einer gewissen Stufe ihrer Entwicklung, Kulturobjekte oder Güter genau in dem Sinne, daß der an ihnen haftende Wert entweder von allen Gliedern einer Gemeinschaft als gültig anerkannt, oder seine Anerkennung ihnen zugemutet wird."

18 Radbruch, Gustav: *Rechtsphilosophie*. (Gustav Radbruch Gesamtausgabe 2). C.F. Müller: Heidelberg 1993, S. 34: „Der Begriff des Rechts ist ein Kulturbegriff, d.h. ein Begriff von einer wertbezogenen Wirklichkeit, einer Wirklichkeit, die den Sinn hat, einem Werte zu dienen. Recht ist die Wirklichkeit, die den Sinn hat, dem Rechtswerte, der Rechtsidee zu dienen. Der Rechtsbegriff ist also ausgerichtet an der Rechtsidee."

19 Rickert 1926, S. 18: „Hiernach ist Natur der Inbegriff des von selbst Entstandenen, ‚Geborenen' und seinem eigenen ‚Wachstum' Überlassenen. Ihr steht die Kultur als das von einem nach gewerteten Zwecken handelnden Menschen entweder direkt Hervorgebrachte oder, wenn es schon vorhanden ist, so doch wenigstens um der daran haftenden Werte willen absichtlich Gepflegte gegenüber."

20 Ibid.: „Mögen wir nun diesen Gegensatz so weit ausdehnen, wie wir nur wollen, immer hangt damit notwendig zusammen, daß in allen Kulturvorgängen irgendein vom Menschen anerkannter Wert verkörpert ist, um dessentwillen sie entweder hervorgebracht oder, wenn sie schon, entstanden sind, gepflegt werden, daß dagegen alles von selbst Entstandene und Gewachsene ohne Rucksicht auf Werte betrachtet werden kann und, falls es wirklich nichts anderes als Natur in dem angegebenen Sinne sein soll, auch betrachtet werden muß."

sie die Brücke zur Lehre von individuellen, kollektiven und transpersonalen kulturellen Werten. Jedenfalls vermittelt die Rechtsidee dem Recht bis in alle seine Poren den Kulturbezug, ohne den es folglich nicht gedacht werden kann.

Kulturwissenschaftliche Ansätze neu-hegelianischer Prägung wie derjenige von Josef Kohler blieben dagegen eher im Bereich der Rechtsvergleichung lebendig.[21] Hinzu trat aber ein soziologischer Ansatz der Untersuchung von Recht als einem kulturellen Phänomen, der besonders in der Rechtsanthropologie etwa bei Hermann Post fruchtbar gemacht wurde. Auch in den USA wurde der Begriff der Kultur Ansatzpunkt für eine interdisziplinäre Untersuchung des Rechts wie sie etwa an der Harvard Law School betrieben wurde. Diese Perspektive bewährte sich besonders bei der Analyse des Common Law, das ohnehin viel stärker als ein gesellschaftlich getragenes, von geschichtlichen Kräften weiterentwickeltes Phänomen verstanden wurde. Gegenüber einem das Recht von sozialen Problemzonen abschottenden Legal Realism, griffen die Critical Legal Studies den kulturellen Ansatz auf und entwickelten sich zu Cultural Legal Studies weiter, die den Kulturbegriff nun weniger in deskriptiver als vielmehr in normativer Perspektive verwendeten.[22] So wurde das Recht als durch die Kultur der weißen protestantischen, männlichen Oberschicht geprägt kritisiert und auf die Diskriminierung kultureller Minderheiten (schwarze, indigene Bevölkerung) und auch von sexuellen Subkulturen verwiesen. Vom Kulturbegriff ist hier insbesondere die Lebensform übriggeblieben.

Mit sehr unterschiedlichen Ansätzen wird gegenwärtig das Thema Recht und Kultur in postmoderner Perspektive erörtert. Einerseits spielt hier ein letztlich rituell, emotional, religiös und traditional vermittelter mythischer Grund, der dem Recht zugrunde liegen soll, eine maßgebliche Rolle.[23] Andererseits aber wird angenommen, daß sich die Medien einer Kommunikation nicht neutral zu den über sie vermittelten Bedeutungen verhalten und entsprechend auch die Bedeutung von Sprache, Schrift, Literatur, Film,[24] Internet für die rechtliche Kommunikation geforscht. Kulturalität spielt schließlich auch in der immer wieder aufkeimenden nicht nur anthropologischen und völkerrechtlichen Diskussion über Phänomene des Rechtspluralismus eine wichtige Rolle.

---

21 Hierzu Kirste: „Rechtswissenschaft als Kulturwissenschaft“, op. cit., S. 101f.

22 Näher ibid., S. 98f.

23 Gephart, Werner: *Recht als Kultur. Zur kultursoziologischen Analyse des Rechts.* Vittorio Klostermann: Frankfurt a.M 2006, S. 289f. Recht ist eine „symbolisch und rituell vermittelte normative Ordnung der Rechtsgemeinschaft“.

24 Cf. aus der Vielzahl der Arbeiten nur den exemplarischen Titel von Miller, William Ian: „Clint Eastwood and Equity: Popular Culture’s Theory of Revenge“. In: Sarat, Austin / Kearns, Thomas R. (Hrsg.): *Law in the Domains of Culture.* The University of Michigan Press: Ann Arbor 2003, S. 161ff.

Nimmt man diese Verständnisse von Recht und Kultur zusammen, so kann hier eine Vielzahl von Kulturbegriffen ermittelt werden: Kultur als zweite Natur, Kultur als schöpferische Bearbeitung von Natur, Kultur als Lebensform(en), Kultur als Kommunikationsmedium. Die schöpferische Bearbeitung der Kultur erfolgt als freie Wertsetzung[25] bzw. als Befreiung des Menschen durch symbolische Formung. In diesem Sinne spricht Ernst Cassirer von „Kultur als ... Prozeß der fortschreitenden Selbstbefreiung des Menschen".[26]

II. Zur Kritik der kulturwissenschaftlichen Perspektive des Rechts

Gerade diese Bedeutungsvielfalt des Kulturbegriffs im Verständnis des Rechts – und hier wurde nur ein Ausschnitt wiedergegeben – hat zur Kritik an einer kulturwissenschaftlichen Untersuchung des Rechts geführt. Luhmann nennt Kultur einen „der schlimmsten Begriffe, die je gebildet worden sind".[27] Von ihm könne man bestenfalls sagen, daß er angesichts seiner stabilen Einbürgerung in die gesellschaftliche Kommunikation zwar unvermeidlich, in seiner Verdoppelung des sowieso Geschehenden aber überflüssig ist.[28] Der Begriff sei vage

25 Rickert, Heinrich: *Die Grenzen naturwissenschaftlicher Begriffsbildung. Eine logische Einleitung in die historischen Wissenschaften*. Erste Hälfte. Bd. 2. Freiburg/Leipzig 1896, S. 581: „Unter Kultur dagegen versteht Jeder sofort etwas allgemein Gepflegtes und daher auch allgemein Gewerthetes, im Gegensatz zu der sich selbst und ihrem Wachsthum überlassenen Natur."

26 Cassirer, Ernst: *Versuch über den Menschen. Einführung in eine Philosophie der Kultur*. Felix Meiner: Hamburg 1996, S. 345: „Im ganzen genommen könnte man die Kultur als den Prozeß der fortschreitenden Selbstbefreiung des Menschen beschreiben. Sprache, Kunst, Religion und Wissenschaft bilden unterschiedliche Phasen in diesem Prozeß. In ihnen allen entdeckt und erweist der Mensch eine neue Kraft – die Kraft, sich eine eigene, eine ‚ideale' Welt zu errichten. Die Philosophie kann die Suche nach einer grundlegenden Einheit dieser idealen Welt nicht aufgeben."

27 Luhmann, Niklas: *Die Kunst der Gesellschaft*. Suhrkamp Verlag: Frankfurt a.M. 1995, S. 398.

28 Luhmann, Niklas: „Kultur als historischer Begriff". In: Id. (Hrsg.): *Gesellschaftsstruktur und Semantik*. (Studien zur Wissenssoziologie der modernen Gesellschaft 4). Suhrkamp Verlag: Frankfurt a.M. 1999, S. 42; „Der Begriff (der Kultur) bleibt (...) undefiniert oder kontrovers definiert. Er lebt nur davon, dass ein Vorschlag, auf ihn zu verzichten, wenig Erfolg hätte, solange keine Nachfolgebegrifflichkeit mitangeboten wird", Luhmann, Niklas: *Die Gesellschaft der Gesellschaft*. Suhrkamp Verlag: Frankfurt a.M. 1998, S. 881.

und mehrdeutig[29] und daher als ein analytisches Mittel im Recht ungeeignet.[30] Folgerungen aus ihm blieben zu abstrakt.[31] Der Versuch, Recht als Teil der Kultur zu verstehen, wird als „trivial" bezeichnet.[32] Was einigen Kulturalisten das Delektieren an allen möglichen irrationalen Urgründen und Abhängigkeiten des Rechts von seiner kulturellen Einbettung,[33] ist den Kritikern eine geradezu xenophobe Angst vor einem Verlust der Eigenständigkeit des Rechts[34] – Recht als ausdifferenziertes soziales System würde durch den Bezug auf ethische Werte, ein Ethos, kollektive Identitäten einer diffusen Orientierung unterworfen, die seine Eigenrationalität gefährde. Sie laufe auf einen „kulturalistischen Fehlschluß" hinaus.[35] – Befürchtungen, die allerdings für einige Ansätze von Recht und Literatur nicht von der Hand zu weisen sind.[36]

Den argumentativen Aufschlag zu diesem Spiel hatte ausgerechnet ein Neukantianer, Hans Kelsen, gegeben. Sein Dualismus zwischen Sein und Sollen

---

29 Auch einzelne Autoren, die einem kulturalistischen Ansatz offen gegenüberstehen, wollen ihn doch für Zwecke der Analyse lieber auf seine Elemente herunterbrechen. Cotterell, Roger: „Law in Culture". *Ratio Juris* 17 (2004), S. 9.

30 Gutmann, Thomas: *Recht als Kultur? Über die Grenzen des Kulturbegriffs als normatives Argument.* Nomos: Baden-Baden 2015, S. 34: „In der Tat ist kein Beitrag erkennbar, dem es gelänge, die Prägung eines Rechtsystems durch die Kultur zu operationalisieren." Und S. 37: „Die Vorstellung, dass Rechtsordnungen wie Knödel in einer trüben Kultursuppe schwimmen und sich langsam voll saugen, vermag nichts zu erklären." – In der Tat! Das bedeutet jedoch keinen grundlegenden Einwand gegenüber einem differenzierten Verständnis des Verhältnisses beider.

31 Etwa Pieroth, Bodo: „Kultur als juristisches Spiel ohne Grenzen". *Der Staat* 22 (1983), S. 394, S. 402.

32 Mohr, Georg: „Rechtskultur". *Information Philosophie* 1 (2001), S. 40, der sich dann aber um eine sehr differenzierte Verhältnisbestimmung bemüht.

33 So soll gerade das Unvorhergesehene den Zusammenhang von Recht und einer irrational verstandenen Religion begründen: „Für einen grundlegenden Zusammenhang von Recht und Religion spricht bereits die Einsicht in den ‚riskanten' Charakter menschlichen Handelns schlechthin; nicht nur, weil wir die Folgen unseres Handelns nicht abschätzen können, sondern auch, weil immer wieder Unerwartetes und Unerhörtes passiert", Gephart, Werner: „Für eine geisteswissenschaftliche Erforschung von Recht im Globalisierungsprozess: Das Projekt". In: Id. (Hrsg.): *Rechtsanalyse als Kulturforschung.* Vittorio Klostermann: Frankfurt a.M. 2012, S. 27.

34 Gutmann, S. 32: „Ein unkontrolliertes Überschwappen der Kultursuppe in den Bereich des Rechts und seiner Begründung gefährdet beides. Gerade weil Rechtswissenschaft sich auch auf soziale Normen und Bewertungen in der Gesellschaft bezieht und so aktuelle kulturelle Deutungsmuster immer wieder in das Recht inkorporiert werden, muss dies methodisch kontrolliert geschehen."

35 Ibid., S. 47.

36 Binder, Guyora / Weisberg, Robert: *Literary Criticisms of Law.* Princeton University Press: Princeton (NJ) 2000, S. 204: „The Law as Narrative trope is a particularly antiprofessional or antitheoretical version of the Law as Literature trope."

vertrug sich weder mit dem Trialismus Gustav Radbruchs[37] noch mit Heinrich Rickerts Versuch der Begründung der durch die Wertperspektive von den Naturwissenschaften unabhängigen Kulturwissenschaften.[38] Hartnäckig sortiert er kulturtheoretische Ansätze als seinswissenschaftlich ein.[39] Insofern konsequent kritisiert er zahlreiche kulturwissenschaftliche Theorieelemente als widersprüchlich – zumeist als empirisch und normativ zugleich.

Dem Begriff wird ein Kollektivismus unterstellt.[40] Schließlich werden falsche Heilserwartungen durch die Behauptung einer vermeintlichen Abhängigkeit des Rechts von seinem kulturellen Ambience hervorgehoben. Die Homogenität einer wertmäßig integrierten Kultur bestehe in den wenigsten modernen Gesellschaften. Sie zu fordern, gefährde Recht wie Kultur: Kultur, weil Abweichung und damit Fortentwicklung durch die rechtliche Durchsetzung von Einheitlichkeit unterdrückt würde; das Recht, weil es gebunden an die faktische Pluralität von Überzeugungen und Kulturen selbst seine notwendig einheitliche Wirkung verlöre. In historischer Hinsicht wird bezweifelt, ob

37 Radbruch 1993, S. 251: „Der Rechtsbegriff kann nur bestimmt werden als die Wirklichkeit, die zur Rechtsidee hinstrebt. Hinter dieser Auffassung des Rechtsbegriffs steht aber die Grundanschauung, daß im Gegensatz zu Stammlers Lehre mit der bloßen Antithese von Sein und Sollen, von Wirklichkeit und Wert nicht auszukommen ist, daß vielmehr zwischen Wirklichkeitsurteil und Wertbeurteilung der Wertbeziehung, zwischen Natur und Ideal der Kultur ihr Platz gewahrt werden muß: die Rechtsidee ist Wert, das Recht aber wertbezogene Wirklichkeit, Kulturerscheinung. So wird der Übergang vollzogen von einem Dualismus zu einem Trialismus der Betrachtungsweisen (wenn man hier von der vierten, der religiösen Betrachtungsweise, einmal absieht). Dieser Trialismus macht die Rechtsphilosophie zu einer Kulturphilosophie des Rechts."

38 Zu Radbruch: „Der Rechtsbegriff Radbruchs zeigt wie unter einem Vergrößerungsglas die inneren Widersprüche, an denen der Kulturbegriff leidet. Es ist darum gar nicht zu verwundern, daß sich bei Radbruch nicht nur die einander widersprechenden Behauptungen finden, das Recht sei zwar ein Seinsgebilde aber doch keine Naturtatsache, sondern daß auch der These gegenüber, das Recht sei kein Wertgebilde, gelegentlich von einem ‚juristischen Wert' die Rede ist, der selbst Gegenstand ethischer Bewertung sein könne; wobei hier als Substrat der Bewertung – nicht eine Wirklichkeit, sondern wiederum ein Wert erscheint", Kelsen, Hans: „Die Rechtswissenschaft als Norm- oder als Kulturwissenschaft. Eine methodenkritische Untersuchung". In: *Schmollers Jahrbuch für Gesetzgebung, Verwaltung und Volkswirtschaft im Deutschen Reiche* 40 (1916), S. 144.

39 Ibid., S. 99: „Da die Kulturwissenschaften empirische Seinsdisziplinen sind, kann ‚Kultur' nur ein Stück Realität, eine irgendwie qualifizierte Wirklichkeit sein."

40 Noch recht vorsichtig meint Cotterell Kultur „is usually taken to indicate collective beliefs, values, traditions, attachments, or outlooks", S. 1 und sieht das durchaus kritisch; von einer „Gesamthaftigkeit" der Kultur gerade auch in Bezug auf das Recht spricht affirmativ Van der Ven, J.J.M.: „Kultur und Recht. Eine rechtssoziologische Vorlesung". *Archiv für Rechts- und Sozialphilosophie* 40 (1952/53), S. 39.

der die kulturelle Perspektive zu Beginn des 20. Jahrhunderts tragende Begriff des Wertes gegenwärtig noch in seiner Einheitlichkeit zugrunde gelegt werden könne, mithin der Einwand der Historizität der kulturwissenschaftlichen Perspektive erhoben.[41]

III. Recht und Kultur

Wer Verteidiger und Kritiker unbefangen liest, kann beiden wichtige Aspekte der Erkenntnis des Rechts abgewinnen – und steht vor der Frage, wie diese Positionen vermittelt werden können. Es ist zunächst faktisch kaum zu bestreiten, daß das Recht in sprachlichen Medien ausgedrückt, von regional, national, minoritären Interessen, Werten und Kulturen beeinflußt wird. Seine Interpretation hängt von kulturell vermittelten Verständnishorizonten ab. Es wird sprachlich ausgedrückt und ist durch Eigenheiten der Sprache geprägt. Es schützt nicht nur Literatur, sondern kann auch selbst als eine Literaturgattung verstanden werden und trägt auch inhaltlich zur Literatur bei. Soll die Durchsetzung des Rechts nicht nur Erzwingung, sondern durch freiwillige Befolgung effektiv sein, muß es sich in entsprechenden kulturellen Milieus durchsetzen. In seiner normativen Dimension berührt es sich mit den normativen Ansprüchen der Gesellschaft. Tenbruck hat darauf hingewiesen, daß die Vagheit des Kulturbegriffs kein Fehler ist, „weder auf unglücklichen Zufällen der Sprache noch auf grundsätzlichen Unschärfen der Sache" beruhe. „Vielmehr ergibt sie sich zwangsläufig daraus, daß, außer den reinen Naturgegebenheiten, alles kulturell konstituiert ist. Deshalb tritt der Kulturbegriff des näheren in die verschiedenen Bedeutungen auseinander, die sich aus der Vielheit der Aufgaben und Möglichkeiten ergeben, vor die der Mensch als Kulturwesen gestellt ist."[42] Diese ganzheitliche Perspektive ginge verloren, wenn man den Begriff aufgäbe.

Auf der anderen Seite stellt sich die Frage, ob das Recht diesen Strukturen und Einflüssen lediglich hilflos ausgeliefert ist und nicht seine besondere Steuerungsfunktion nur kraft seiner Autonomie gegenüber diesen Faktoren erbringen kann. Haben sich die Kulturwissenschaften nicht so weit ausdifferenziert, daß längst präzisere analytische Mittel zur Verfügung stehen, um diese Phänomene zu untersuchen? Oder müssen nicht die überkommenen kulturwissenschaftlichen

---

41 Seelmann, Kurt: „Rechtswissenschaft als Kulturwissenschaft – ein neukantianischer Gedanke und sein Fortleben". In: Senn. Marcel / Puskas, Daniel (Hrsg.): *Rechtswissenschaft als Kulturwissenschaft? Kongress der Schweizerischen Vereinigung für Rechts- und Sozialphilosophie, 15. und 16. Juni 2007, Universität Zürich.* (Archiv für Rechts- und Sozialphilosophie – Beiheft 115). Franz Steiner Verlag: Stuttgart 2007, S. 129.

42 Tenbruck, Friedrich H.: *Die kulturellen Grundlagen der Gesellschaft. Der Fall der Moderne.* Westdeutscher Verlag: Opladen 1989, S. 16.

Kategorien durch sozialwissenschaftliche ersetzt werden, die quantifizierbare Interessen identifizieren und das Recht aus ihnen rekonstruieren?

Es fehlt nicht an theoretischen Ansätzen, die die Kultur selbst als etwas verstehen, in das der Mensch gewissermaßen naiv eingebettet ist, sondern das gerade auch von seiner Mitgestaltung lebt.[43] Entsprechend meint auch der Rechtssoziologe Roger Cotterell, daß das Recht nicht nur in Kultur eingebunden ist, sondern diese auch mit gestaltet.[44] So wird von einem „Wechsel-"[45] oder „dialektischen Verhältnis"[46] zwischen Recht und Kultur gesprochen. Ulrich Haltern etwa nimmt an: „Politische Identität wird zumindest auch durch Recht konstruiert; zugleich speichert Recht umgekehrt diejenigen Ideen, Mythen und Narrationen, die durch politische Identität freigesetzt werden."[47] Andere verweisen darauf, daß die Sprache zeige, daß das Recht einerseits auf diese kulturelle Ressource angewiesen ist, sie andererseits aber auch sprachschöpferisch und sprachnormierend auftrete.[48] In Abgrenzung hierzu werden auch Entwicklungsmodelle vertreten, die von einer zunehmenden Unabhängigkeit des Rechts von Kultur ausgehen.[49] Doch was vermittelt diese gegensätzlichen Wirkungsweisen? Im Folgenden sollen als Medium dieser Vermittlung gewisse gemeinsame Strukturen des Rechts und anderer kultureller Phänomene herausgestellt werden. So dann werden die wechselseitigen

43 Nach Tenbruck (S. 16) „zeigt die Kultur ihr Janusgesicht, in der der Mensch ihr Schöpfer, aber zugleich auch ihr Geschöpf ist".

44 Cotterell, S. 9: „All law exists in culture but, because it shapes relations of community, law shapes culture."

45 Marschelke, Jan-Chr.: „Recht und Kultur – Skizze disziplinärer Zugänge der Rechtswissenschaften zu Kultur und Interkulturalität". *Intercultural Journal* 2012, S. 73.

46 Senn, Marcel: „Recht und Kultur – ein dialektisches Verhältnis". In: Senn / Puskas (Hrsg.), S. 13.

47 Haltern, Ulrich: „Recht und Soziale Imagination". In: Gephart 2012, S. 261 – nur daß das Recht diese kulturellen Muster nicht einfach speichert, was es angesichts ihrer Pluralität auf eine Zerreißprobe stellen würde, sondern in eine Einheit transformiert.

48 Van der Ven, S. 42.

49 Falk, Richard A.: „The Relations of Law to Culture, Power, and Justice". *Ethics* 72 (1961), S. 13: „In a primary sense, law operates as a passive reflection of a culture, embodying its power structures and expressing its value preferences. In a secondary sense, law operates as interactive with a culture, influenced by, but in turn, influencing the distributions of power and the patterns of values. And in a tertiary and somewhat variable sense, law operates autonomously in relation to a culture, developing according to its own internal logic and proceeding along lines that may, on occasion, diverge rather sharply from a culture by disappointing value expectations and by disrupting power structures."

Einflußnahmen als „Recht in der Kultur“ einerseits und „Kultur im Recht“ andererseits herausgearbeitet.

1. Die Kultur des Rechts

Recht und Kultur zielen auf die Förderung eines Gutes oder Wertes.[50] Recht teilt in der Tat mit anderen Kulturphänomenen strukturelle Gemeinsamkeiten, ist deren Einflüssen ausgesetzt und wirkt auf sie zurück. Kultur ist also eine Eigenschaft des Rechts, aber Recht auch Aspekt von Kultur. Auch Kultur kann nicht nur als das traditionale, irrationale Vorgegebene verstanden werden, sondern als Konstruktion, so daß etwa „Kunst zur Ersatzreligion werden kann“.[51] Vor allem aber besteht die Gemeinsamkeit in der symbolischen Form. Nach Ernst Cassirer soll unter symbolischen Formen „jede Energie des Geistes verstanden werden, durch welche ein geistiger Bedeutungsgehalt an ein konkretes sinnliches Zeichen geknüpft und diesem Zeichen innerlich zugeeignet wird.“[52] Befreiung von der Natur in der theoretischen Philosophie und Versinnlichung in Freiheitsgestalten in der praktischen sind die beiden Dimensionen der symbolischen Formen. Durch die Fähigkeit zur Symbolisierung schafft sich der Mensch eine ideale Welt. Die symbolischen Formen sind Ausdruck seiner Selbstbefreiung, der Distanzschaffung und der Sinnsetzung.[53] Läßt sich – was Cassirer nicht selbst ausgeführt hat – Recht als symbolische Form und in diesem Sinn als Kultur interpretieren?

Versteht man Recht als Norm, so kann doch nicht angenommen werden, daß es gewissermaßen reine Normativität ist. Vielmehr unterscheidet es sich von anderen normativen Ordnungen wie etwa der Moral oder der Religion. Worin liegt dieser Unterschied? Abgesehen von inhaltlichen Fragen, ist ein wesentlicher formaler Unterschied die Entstehung und Durchsetzung rechtlicher Normen. Um Recht zu sein, reicht es nicht, daß seine Normen aus einem wie

---

50 Ehrenzweig, Anton: *Psychoanalytic Jurisprudence*. Dobbs Ferry: Leiden 1971, S. 169: „For millennia art was comparable to Law in common magic origins and in common strivings for eternity. It remained comparable to Law when, like Law, it was a means of creating the good. And when Law was an instrument which was to produce justice, art was a skill which was to produce beauty [...] Both art and Law then served traditions of beauty and justice.”

51 Fischer, Michael: „Kunst und Kultur als europäischer Integrationsfaktor“. In: Badura, Heinrich (Hrsg.): *Völkerverständigung und Erweiterung*. (Wissenschaftliche Schriftenreihe der europäischen Akademie für Lebensforschung, Integration und Zivilgesellschaft 1): Waidhofen an der Thaya 2005, S. 75: „Kunst hat zunehmend den Charakter einer Ersatzreligion (André Malraux). Kunst wird zu einem spirituellen Erlebnisvermittler, der frei von repressiven Dogmen ist.“

52 Cassirer, Ernst: *Sprache*. (Philosophie der symbolischen Formen 1). Wissenschaftliche Buchgesellschaft: Darmstadt 1994, S. 175.

53 Cassirer 1996, S. 345.

immer gearteten Befehl hervorgegangen sind und zwangsmäßig durchgesetzt werden. So sind e.g. (demokratische oder privatautonome) Diskurse, die es hervorbringen, nach Vorstellungen von Verfahrensgerechtigkeit normiert und der Durchsetzung des Rechts sind menschenrechtliche und rechtsstaatliche Grenzen gesetzt. Das Recht unterscheidet sich typischerweise von anderen normativen Ordnungen dadurch, daß es das faktische Verhalten, das es hervorbringt und durchsetzt, selbst noch einmal Normen unterwirft. Seine Normen sind also normierte Normen. Gleiches läßt sich weder für Moral noch etwa für die Zehn Gebote sagen. Im Recht sind also alle Normen sowie deren Setzung und Durchsetzung noch einmal einer normativen Reflexionsebene unterworfen. Dadurch unterscheidet es sich von anderen kulturellen Formen.[54] In dieser rationalisierenden Reflexion – die Normierung der Normen im Recht tritt gewissermaßen an das Denken des Denkens in der Philosophie – und nicht in einer diffusen „gesellschaftlichen Imagination“[55] liegt die kulturelle Leistung des Rechts.

Die Wirkung dieser reflexiven Normenordnung liegt in der Freiheit: Nicht nur setzen Normen – anders als Naturgesetze – Freiheit voraus, denn sie sagen ja nicht „Du mußt“, sondern „Du sollst“. Die behauptete Verbindlichkeit muß sich immer auch in normierten Verfahren rechtfertigen. Die Interpretation dieser Normen verläuft in Verfahren, die bestimmten Regeln unterworfen sind; und die Durchsetzung ist normativen Beschränkungen unterworfen, so daß etwa Folter menschenrechtlich verboten ist. Recht verschließt sich so nicht gesellschaftlichen Einflüssen, filtert sie aber und ermöglicht gerade auch ganz neue soziale Entwürfe, wie Verfassungen seit der Französischen Revolution zeigen. Um einen Vertrag schließen zu können, müssen sich die Vertragspartner als freiheitsfähige Wesen anerkennen. Die demokratische öffentliche Gewalt stützt sich nicht auf ererbte Machtansprüche oder Usurpation, sondern auf die verfahrensrechtlich geordnete Zustimmung ihrer Bürger. Sie tritt mit ihnen als Rechtsstaat nicht in Macht-, sondern in rechtliche Verhältnisse. Konkurrierende Geltungsbehauptungen von Normen werden in normierte Verfahren überführt, die jedenfalls insofern Sicherheit vermitteln, als außerhalb ihrer keine Norm einen allgemeinverbindlichen Geltungsanspruch erlangen kann. Damit anerkennt sie die Bürger als Rechtspersonen, die rechtlicher Freiheit fähig sind. Inhaltlich schützt das Recht Menschenwürde, Freiheit,

---

54 Auf das Zwangsmoment als Unterschied hebt Senn (S. 13) ab.

55 Haltern, S. 93: „Recht ist keineswegs ein Normenkörper, der von außen auf den Gesellschaftskörper einwirkt. Recht ist vielmehr eine bestimmte Art, die Welt zu beobachten und zu verstehen. Recht ist kein Ding, sondern eine Perspektive. Wer durch die Brille des Rechts schaut, blickt auf das Politische, und zwar aus einem ganz bestimmten Blickwinkel … Bevor es dem Politischen eine Form gibt, gibt es unserer Imagination des Politischen eine Form. Damit ist Recht eine Imaginationsform.“

Gleichheit in einem Mindestmaß – auch wenn dies nicht durch Grundrechte geschieht – einfach durch seine Struktur, die nicht funktionieren würde ohne diese Voraussetzung von Freiheit. Aber diese Voraussetzungen werden ausgebaut, wenn das Recht explizit subjektive Rechte schützt. Als kulturelles Phänomen vermittelt das Recht keine mechanische Statik, sondern dynamische Stabilität, die Sicherheit hinsichtlich eines geordneten Änderungsverfahrens von Normen vermittelt, die andere kulturelle Entwicklungen nicht besitzen. Der empirische Stoff von Befehl, Diskurs, Zwang usw. erhält durch die Normierung eine symbolische Bedeutung. Das Recht versucht die Rationalität und Freiheitlichkeit dieser symbolischen Prägung durch normierte Verfahren zu ihrer Begründung sicherzustellen.

Wer diese Struktur nun wieder dualistisch auseinander dividieren will in eine faktische und eine normative Seite, wird dem Phänomen des Rechts nicht gerecht. Wirkliches Recht ist nicht einerseits der subjektive Willensakt, dessen behaupteter Sinn eine Norm sein kann, wenn sich die Bedeutung dieser Norm in einen normativen Erzeugungszusammenhang einordnen läßt, wie dies Hans Kelsen meint. Dieser Erzeugungszusammenhang einer Norm aus einer „Grundnorm" vermittelt vielmehr der ganzen durch sie logisch begründeten Rechtsordnung als normativer Erzeugungsordnung ihren hypothetischen oder fiktiven Charakter. Durch die Brille der hypothetischen oder fiktiven Grundnorm wird alles ihr zugeordnete Recht nur als hypothetische Norm betrachtet, weil der Wirklichkeitsaspekt von ihm künstlich abgespalten wird. Recht ist aber nicht nur Norm plus Faktizität, also etwa Macht. In der gerade geschilderten Weise ist das Recht vielmehr normativ geformte Macht oder normativ geformtes Interesse. Der normative Erzeugungszusammenhang ist die Formung der Faktizität; die Zeugung ist keine vegetative, sondern eine generative von Ungleichem.

Gerade hierin liegt der Kern der kulturellen Leistung des Rechts, in der Transformation all dessen, was in seine normativen Prozeduren eingespeist wird, in normativ geformte Ordnung.[56] Mit anderen symbolischen Formen teilt das Recht, daß es seine Bedeutung im empirischen Material von Willen,

---

56 Kirste, Stephan: „Recht als Transformation". In: Brugger, Winfried / Neumann, Ulfrid / Kirste, Stephan (Hrsg.): *Rechtsphilosophie im 21. Jahrhundert.* Suhrkamp Verlag: Frankfurt a.M. 2008, S. 134–156, S. 134 ff. – Zum Begriff der Ordnung als wesentliches Kulturelement cf. Dnistrjanski, S. 14: „Die Kultur führte überall Ordnung ein, Ordnung in der Wirtschaft, Ordnung im physischen Leben wie in der Gedankenwelt, in den Gefühlen, in der Sittlichkeit, Wissenschaft, Kunst, Technik usf. … die Kultur ist Erzeugung, Ordnung und Entwicklung sozialer Kräfte der Gesellschaft. Hierin liegt das Wesen jener ‚Pflege', die wir schon am Anfang jeder Kultur festgestellt haben."

Zwang, Interessen, Macht ausdrückt.[57] Das Besondere ist aber, daß diese Bedeutung eine normative Bedeutung ist und daß der Ausdruck normiert wird. So wie Kunst sich in den verschiedensten Medien ausdrückt, ist künstlerisches Material des Rechts die Norm, die in Freiheit normiert wird.

Gerade durch seine reflexive Struktur erlangt das Recht herausragende Bedeutung für eine Gesellschaft: In den durch Normen wohl geordneten Verfahren verständigt sich eine Gesellschaft oder einigen sich Partner eines Vertrages verbindlich über ihre normativen und axiologischen Grundüberzeugungen und setzen Standards ihrer Konfliktbewältigung, wie Georg Mohr gezeigt hat.[58] Die notwendigen Abstimmungsprozesse führen zu einer Einheitlichkeit, die sich sonst in „multi-kulturellen" Gesellschaften mit den verschiedensten, Sinngehalte produzierenden Kulturformen nicht findet.

Die erwähnten Kulturbegriffe können damit aufgegriffen werden: Recht ist Kultur im ursprünglichen Sinn der Agricultura, der Bearbeitung des sinnlichen Materials der Interessen, der Macht usw. Wie steht es aber mit den anderen Bedeutungsgehalten von Kultur: Wie sehr ist das Recht strukturgleich mit anderen kulturellen Phänomenen?

2. Kulturelle Strukturen des Rechts: Recht als Kultur

Wenn das „Recht als Kultur" angesprochen wird, geht es nicht um das Verhältnis zu einer bestimmten personell und durch weitere Kriterien von anderen abgegrenzten Kultur und eine bestimmte Rechtsordnung.[59] Vielmehr geht es um das Abstraktum „Kultur"[60] und die allgemeine Form des Rechts. Das Recht teilt schon über seine sprachliche Verfaßtheit eine wesentliche Struktur mit anderen kulturellen Phänomenen. Linguistische Analysen haben daher ihre Bedeutung

---

57 Schon Rickert 1926, S. 28, der unter Kultur „die Gesamtheit der realen Objekte, an denen allgemein anerkannte W e r t e oder durch sie konstituierte Sinngebilde haften, und die mit Rücksicht auf diese Werte g e p f l e g t werden" versteht.

58 Mohr 2001, S. 41: „Im Recht erkennt eine Kultur ihre normativen Standards nicht nur hinsichtlich bestimmter Norminhalte (der in ihr dominierenden Konzeption des Guten), sondern auch und vor allem hinsichtlich der in ihr anerkannten Verfahren der Setzung sowie der Maßstäbe ihrer Kritik von Normen. In ihrer Rechtskultur artikuliert eine Kultur ihre Selbstreflexivität und dies sowohl als Selbstdeutung wie auch als Selbstkritik: es entsteht ein reflexives System der Legitimierung von Verbindlichkeitsansprüchen."

59 Anders Gephart, Werner: „Einführung. Das ‚Recht als Kultur'-Paradigma". In: Gephart, Werner / Suntrup, Jan Christoph (Hrsg.): *Rechtsanalyse als Kulturforschung II*. Vittorio Klostermann: Frankfurt a.M. 2015, S. 7ff., der im Grunde von konkreten Kulturen und ihrem Einfluß auf das Recht spricht.

60 Wenn der Ausdruck nicht häufig gerade für die Differenz von Kulturen verwendet würde, könnte man von „Kulturalität" vom Adjektiv „kulturell" her sprechen.

für das Recht. In Recht wie Literatur geht es um die Bedeutung von Texten.[61] Ino Augsberg schreibt zu Recht: „Alles, was Richter und andere juristische Entscheider tun können, ist lesen, hören, sprechen, schreiben, unterschreiben: immer sprachliche und schriftliche Handlungen; immer Text, Text und Text".[62] Im Recht werden Geschichten erzählt und das Recht selbst kann als Erzählung gedeutet werden und deutet sich etwa in den Präambeln von Verfassungen selbst so. Fiktionalität und kontrafaktische Annahmen teilt das Recht mit der Literatur. Die „Law and Literature"-Bewegung weist zu Recht auf diese strukturellen Ähnlichkeiten hin. Ja, vielleicht kann man sogar von einem „Sound of Law" und anderen ästhetischen Strukturen des Rechts sprechen.[63]

In einem großen Forschungsprojekt zeigt Thomas Vesting, daß das Recht mit anderen auch die kulturellen Medien teilt.[64] Sie nehmen keineswegs nur passiv die Bedeutungen des Rechts auf, sondern formen sie mit. Netzwerke – insbesondere das Internet – Film – nicht nur in der Gerichtsberichterstattung – und viele andere mehr haben auch das Recht selbst geprägt. Rituale, Kleidungsformen, Rhetorik gehören zum Recht mehr oder weniger ausgeprägt dazu.

Vor allem aber hat die obige Analyse der Struktur des Rechts gezeigt, daß das Recht mit anderen kulturellen Phänomenen die Freiheit der Form teilt.

61 Häberle, Peter: „Verfassung als Kultur". *Jahrbuch des öffentlichen Rechts der Gegenwart* 49 (2001), S. 141: „Der Erkenntnisgewinn des Paradigmas ‚Verfassung als Kultur' sei stichwortartig angedeutet: Die Verfassungsrechtslehre wird in den Kreis der anderen Kulturwissenschaften, etwa der Literatur- und Musikwissenschaften (zurück-)geführt. Wie diese arbeitet sie einerseits an und mit Texten (Verfassungslehre als ‚juristische Text- und Kulturwissenschaft'), es besteht durchaus eine Nähe zwischen geschriebenen Verfassungen und den drei Weltreligionen als ‚Buchreligionen'. So kommt sogar die Theologie ins Blickfeld, soweit sie hermeneutisch arbeitet (seit *Schleiermacher);* doch ist der Text oft nur ein Hinweis auf den kulturellen *Kontext.* Wie nahe sich Verfassungstext und Literatur bzw. Musik sind, läßt sich am besten an den Präambeln studieren. Sie sollen die Bürger in feiertäglicher Hochsprache auf das nachstehende Werk buchstäblich ‚einstimmen': Prologen, Ouvertüren oder Präludien vergleichbar."

62 Müller, Friedrich: *Demokratie in der Defensive.* Duncker & Humblot: Berlin 2001, S. 26.

63 Tetzlaff, Thilo: „Der Sound des Rechts. Rechtsästhetik und Rechtsakustik". In: Kreuzbauer, Günther / Augeneder, Silvia (Hrsg.): *Der Juristische Streit. Recht zwischen Rhetorik, Argumentation und Dogmatik.* (Archiv für Rechts- und Sozialphilosophie – Beiheft 99). Franz Steiner Verlag: Stuttgart 2004, S. 86ff.; Lege, Joachim: *Pragmatismus und Jurisprudenz. Über die Philosophie des Charles Sanders Peirce und über das Verhältnis von Logik, Wertung und Kreativität im Recht.* Mohr Siebeck: Tübingen 1999, S. 305ff. u. 563ff.; zurückhaltend Gephart 2015, S. 11.

64 Cf. nur Vesting, Thomas: *Die Medien des Rechts: Sprache.* Velbrück Wissenschaft: Weilerswist 2011 u. Vesting, Thomas: *Medien des Rechts: Computernetzwerke.* Velbrück Wissenschaft: Weilerswist 2015.

3. Einflüsse kultureller Phänomene auf das Recht: Recht in Kulturen

Von den Fragen der kulturellen Strukturen des Rechts sind diejenigen des Einflusses von Kulturen auf das Recht zu unterscheiden. Max Ernst Mayer etwa schrieb schon 1903: „Die Rechtfertigung des Rechts und in Sonderheit die Verbindlichkeit der Gesetze beruht darauf, daß die Rechtsnormen übereinstimmen mit den Kulturnormen deren Verbindlichkeit das Individuum kennt und anerkennt."[65] Hier geht es nicht mehr um das Abstraktum Kultur, sondern um bestimmte Kulturen und kulturelle Gemeinschaften. Unter dem Stichwort „Recht in Kulturen" wird dieser kulturelle Kontext des Rechts beleuchtet.

Dabei wird häufig von Kultur im Singular gesprochen, als ob es um das Abstraktum „Kultur" ginge. Es wird damit suggeriert, daß eine bestimmte Rechtsordnung von einer einzigen Kultur mit einer spezifischen Identität „umgeben" und von ihr geprägt würde oder geprägt sein solle. Tatsächlich bedeutet „Kultur" im Singular aber nur eine Struktur oder eben den Begriff, mit dem alle kulturellen Phänomene als solche verstanden werden können. In der sozialen Wirklichkeit jedoch gibt es die vielfältigsten kulturell strukturierten Phänomene und ihre Einheit ist eine Frage der Faktoren, die diese herstellen. Das gilt auch dann, wenn Kultur als Gesamtbegriff für Einheiten von Werten verstanden wird.[66] Radbruch meinte, daß Kultur die Einheit von Werten durch ein bestimmtes Substrat sei.[67] Entsprechend läge der kulturelle Pluralismus dann nicht in der Kultur selbst, sondern an der Pluralität dieser persönlichen oder sachlichen Substrate. Es gibt viele dieser Einheiten, wie etwa in lokalen, nationalen und internationalen Kulturen, Sub- und Hochkulturen usw. zu denen sich das Recht verhält. Kulturen treten dem Recht gerade nicht als Einheit, sondern als Vielheit und in diesem Sinne „multi-kulturell" entgegen.[68] Die feste Burg der Kultur, die dem Recht Halt und Schutz bieten

65 Mayer, Max Ernst: „Rechtsnormen und Kulturnormen". *Strafrechtliche Abhandlungen* 50 (1903), S. 16f.

66 Kantorowicz, S. 20f.; Radbruch, Gustav: „Der Begriff der Kultur". *Logos* 2 (1911/12), S. 201f.

67 Radbruch 1911/12, S. 201: „Eine Mehrheit von Wertverwirklichungen wird unter dem Namen der Kultur im historischen Sinne nur dann zusammengefaßt, wenn sie sich an demselben Substrat vollzieht, sei dies nun ein persönliches: der Kulturmensch, oder ein unpersönliches: ein nach der Nationalität oder dem Zeitalter seiner Produzenten abgegrenzter Komplex von Kulturwerken, die Kulturleistung eines bestimmten Volkes oder einer bestimmten Zeit oder, wie man statt dessen ungenau zu sagen pflegt: die Kulturnation oder das Kulturzeitalter selbst."

68 Cotterell, S. 8: „While culture is usually assumed to be a unity of some kind, it actually refers to a fragmented diversity of influences, experiences, understandings, environments, expectations, and constraints. In this situation it may be most helpful to see culture – as regards its relation to legal regulation – as a matter of various contrasting criteria that define social relations of community."

soll, erweist sich vor diesem Hintergrund als Sandburg, die sich beim ersten ernsthaften Zugriff in ihre Bestandteile zerlegt. Selbst diejenigen, die eine Vorstellung von „Leitkultur“ verwenden, anerkennen mit dieser Redeweise die Pluralität von Kulturen, bei der einer ein Vorrang vor anderen zukommen soll – auch wenn sie ihn tatsächlich nicht besitzt. Entsprechend wird auch seine Fortentwicklung nicht durch eine kollektive Identität namens Volksgeist oder „Kultur“ vorangetrieben.[69] Wenn der Begriff der Kultur aber normativ als anzustrebende Einheit verschiedener Kulturen oder Wertüberzeugungen verstanden werden soll, dann muß eine solche Vereinheitlichung legitimiert und kann nicht einfach vorausgesetzt werden.

Gerade diese vermeintliche Einheit und „Identität“ einer Kultur wird von den Kulturtheoretikern des Rechts betont, wenn davon gesprochen wird, Verfassungen seien „Ausdruck“ von Kultur,[70] durch sie – heteronom – geprägt. Mythisches, Religiöses, ja Heiliges, präge auch das scheinbar aufgeklärte Recht der Gegenwart in einer nie ganz rationalisierbaren Weise. Hier erhofft man sich einen „Jungbrunnen“[71] für die angeblich „versiegenden Kräfte der Legitimation“.[72] Das Recht wird auch als ein „Glaubenssystem“ bezeichnet.[73] In Recht und Sprache werde man geboren und in seinem Selbstverständnis davon bestimmt, ohne daß eine Distanzierung möglich wäre.[74] Geschichtsprozesse

69 Wie etwa auch Friedman in der Diktion von Savigny meint: „Modern law is not a pathology; it is the outcome of a strong, silent evolutionary process. Legal culture links the community with its working legal arrangements”, Friedman, Lawrence M.: „Total Justice: Law, Culture, and Society“. *Bulletin of the American Academy of Arts and Sciences* 24 (1986), S. 38f.

70 Häberle 2001, S. 140: „Verfassung ist nicht nur juristischer Text oder normatives Regel-Werk, sondern auch Ausdruck eines kulturellen Entwicklungszustandes, Mittel der kulturellen Selbstdarstellung eines Volkes, Spiegel seines kulturellen Erbes und Fundament neuer Hoffnungen. Lebende Verfassungen sind ein Werk aller Verfassungsinterpreten der offenen Gesellschaft, sind der Form und der Sache nach weit mehr Ausdruck und Vermittlung von Kultur, Rahmen für kulturelle (Re-)Produktion und Rezeption und Speicher von überkommenen »kulturellen« Informationen, Erfahrungen, Erlebnissen, ja auch Weisheiten.“

71 Kohler, Josef: *Lehrbuch der Rechtsphilosophie*. Rotschild: Berlin / Leipzig 1909, S. 13.

72 Gephart 2015, S. 9.

73 Haltern, S. 100.

74 Ibid., S. 94: „Man gibt sich selbst keine Sprache, sondern wird in sie hineingeboren; man gehört seiner Sprache mehr, als diese einem selbst gehört. Gleiches gilt für das Recht… Recht beeinflusst uns nicht von außen, sondern ist Teil unseres Selbstverständnisses. Wir beginnen uns zu sehen, wie das Recht uns sieht, indem wir an der Konstruktion von Bedeutungen teilnehmen, die das Recht vornimmt. Wir internalisieren die Repräsentationen, die das Recht von uns formt, und können unsere Ziele und Einsichten nicht länger von ihnen trennen.“

brächten jedenfalls seine grundlegenden Paradigmen hervor, ohne daß diese prozedural gesteuert würden. Eher konservative historistische Ansätze, die das Recht lieber derartigen still wirkenden kulturellen Prozessen anvertrauen wollen, treffen sich hier mit sozial-kritischen Theorien der Cultural Legal Studies, die das Recht als Ausdruck kultureller Dominanz von Geschlechtern oder ethnischen Gruppen interpretieren.[75] „Die Welt der Kultur wird nicht mehr als eine Welt der freien Tat gesehen; sie wird als ein Schicksal erlebt“[76], wie bereits Ernst Cassirer kritisch zu derlei Theorien angemerkt hat. Auch wenn das Recht in einen freien Austausch mit seiner kulturellen Umwelt tritt, greift es jedoch vielfältige Einflüsse auf.

Recht ist zum Verständnis seiner Normen auf gesellschaftliche Erzählungen bezogen. Diese ergeben erst die Deutungsmuster zur Konstruktion seines Sinns.[77] Dieses kulturelle Verständnis der Normen prägt dann auch das Verständnis von Rechtsvergleichung und Rechtsübertragung. Unter kulturellen Vorzeichen wird in der Rechtsvergleichung inzwischen der zu rechtstechnisch verengte Begriff der „Rezeption“ abgelehnt. Vielmehr wird von Transfer, von Übersetzung, von De- und Rekontextualisierung des Rechts gesprochen, um deutlich zu machen, daß der Vorgang der Rechtsübertragung und auch der -vereinheitlichung von kulturellen Faktoren abhängig ist.[78] „Rechtliche Transplantationen“ sind wegen der Unterschiede der Rechte nicht möglich und seine Interpretation von kulturellen Vorverständnissen abhängig, die eine sinnerschließende Hermeneutik erst freisetzen könnten, wie etwa Legrand im Anschluß an Gadamer[79] annimmt.[80] Recht trägt hier gemeinsame typische

---

75 Cf. etwa den Sammelband mit Einleitung von Leonard, Jerry D.: „Introduction: (Post)Modern Legal Studies as (Critical) Cultural Studies“. In: Id. (Hrsg.): *Legal Studies as Cultural Studies: A Reader in (Post)Modern Critical Theory.* State University of New York Press: New York 1995, S. 1ff.

76 Cassirer, Ernst: „Naturalistische und humanistische Begründung der Kulturphilosophie“. In: Rosenkranz, Claus (Hrsg.): *Aufsätze und kleine Schriften 1936–1940.* (Ernst Cassirer Werke 22). Felix Meiner: Hamburg 2006, S. 143.

77 Seelmann, S. 132.

78 Foljanty, Lena: „Rechtstransfer als kulturelle Übersetzung“. *Die Kritische Vierteljahresschrift für Gesetzgebung und Rechtswissenschaft* 98 (2015), S. 93ff.: Rechtstransfer als Übersetzung.

79 Gadamer, Hans Georg: *Wahrheit und Methode.* Mohr: Tübingen 1960, S. 193f. „Schleiermacher folgt Friedrich Ast und der gesamten hermeneutisch-rhetorischen Tradition, wenn er als einen wesentlichen Grundzug des Verstehens anerkennt, daß der Sinn des einzelnen sich immer nur aus dem Zusammenhang, mithin letztlich dem Ganzen ergibt.“

80 Legrand, Pierre: „The Impossibility of Legal Transplant“. *Maastricht Journal of European and Comparative Law* 4 (1997), S. 116: „A rule is necessarily an incorporative cultural form. As an accretion of cultural elements, it is supported by impressive historical and ideological formations. A rule does not have any

Merkmale, die eine Kultur von anderen unterscheidet, weil es der Ausdruck einer bestimmten Kultur ist. Unterschiedliche Rechtskulturen gehen mit unterschiedlichen Lebensformen einher. Der Grund dafür mag darin liegen, daß eine Rechtsordnung auch eine normative „Selbstinterpretation der Kultur, in der es steht“ ist, wie Mohr annimmt.[81] Allerdings ist diese Selbstinterpretation keineswegs ein bloßes Abbild, sondern eine in normierten Verfahren vermittelte Transformation der kulturellen Pluralität derartiger Interpretationen.

Nicht weniger wichtig ist Kultur, insbesondere Literatur, als Ressource von alternativen Ordnungsentwürfen und Gerechtigkeitskonzeptionen. „Die Gerichtsbarkeit der Bühne fängt an, wo das Gebiet der weltlichen Gesetze sich endigt… So gewiß sichtbare Darstellung mächtiger wirkt als toter Buchstab und kalte Erzählung, so gewiß wirkt die Schaubühne tiefer und dauernder als Moral und Gesetze“[82], schrieb schon Friedrich Schiller. Robin West bezeichnet es als einen „commonplace that lawyers and legal theorists have much to learn from literature“.[83] Und Martha Nussbaum fragt, ob der Dichter nicht der bessere Richter sei, weil er die psychischen und sozialen Bedingungen von Persönlichkeiten und Handlungen besser und umfassender rezipieren könne.[84] Schließlich meint Richard Rorty durchaus selbstironisch, daß "ironist philosophy has not done, and will not do much for freedom and equality. But … 'literature' … as well as ethnography and journalism, is doing a lot". Literatur könne das wechselseitige Verständnis und die daraus entspringende Solidarität weit besser befördern.[85] Offenbar können vergleichbare Probleme oder auch Gerechtigkeitsvorstellungen sowohl in der Formensprache von Literatur als auch derjenigen des Rechts ausgedrückt werden. Daß in diesen unterschiedlichen Formensprachen unterschiedliche Aussagen getroffen werden, weil bildnerische Darstellung anderes ermöglicht als in streng normierten Verfahren aufgestellte Normen schließt nicht aus, daß etwa in Picassos

empirical existence that can be significantly detached from the world of meanings that characterizes a legal culture; the part is an expression and a synthesis of the whole: it resonates."

81 Mohr 2001, S. 41.

82 „Die Schaubühne als moralische Anstalt betrachtet“: In: Hellen, Eduard von der (Hrsg.): *Schillers Sämtliche Werke. Bd. ll* (Säkular-Ausgabe in 16 Bänden). J.G. Cotta'sche Buchhandlung Nachfolger: Stuttgart/Berlin 1904ff., S. 91, S. 93f.

83 West, Robin: „Jurisprudence as Narrative: An Aesthetic Analysis of Modern Legal Theory“. *New York University Law Review* 60 (1985), S. 145.

84 Nussbaum, Martha C.: *Poetic Justice. The Literary Imagination and Public Life.* Penguin: Boston 1995, S. 118: "I think that the literary judge has a better grasp of the totality of the facts than the nonliterary judge" – eine Kompetenz, die allerdings nur ergänzend zur Justiz treten und diese nicht komplett ersetzen soll.

85 Rorty, Richard: *Contingency, Irony and Solidarity.* Cambridge University Press: Cambridge 1989, S. 94.

Guernica ähnliche Ideale zum Ausdruck gebracht werden wie in der Charta der Vereinten Nationen. Beide bilden die „Realität“ nicht nur ab; sie bilden sie auch fort, problematisieren sie[86] und entwerfen alternative Realitäten – die Literatur in Utopien; das Recht in Finalprogrammen und anderen normativen Vorausverfügungen in die Zukunft.[87] In literaturwissenschaftlicher Perspektive wird Recht zum Teil der sprachlichen und auch rhetorisch konstruierten sozialen Wirklichkeit und kann von dieser her verstanden werden. Recht als Literatur zu begreifen, erinnert dann laufend an den künstlichen Charakter der kulturellen Realität.[88]

Vor dem Hintergrund der zuvor entwickelten, spezifisch reflexiven Struktur des Rechts braucht nicht bestritten zu werden, daß das Recht von kulturellen Ressourcen zehrt. Insbesondere Verfassungspräambeln bringen dies zum Ausdruck und lassen – in selektierter Form konsentierter Geschichtserzählungen – kulturelle Einflüsse zu.[89] Daß diese aber bestimmenden Einfluß auf es ausübten, kann nicht nachvollzogen werden. In ähnlicher Weise wie Cassirer Hägerströms Vorwurf des Mystizismus des Rechts zurückweist, weil dieser Strukturen, die für einen historischen Zustand nachweisbar sind, auf das gegenwärtige Recht projiziere, wird die Redeweise von den kulturellen Determinanten, die früheren Rechtszuständen entsprochen haben mag, dem gegenwärtigen Recht nicht gerecht. Die reflexive Struktur des Rechts verschafft ihm gerade eine Autonomie gegenüber diesen Einflüssen, schließt sie nicht aus, aber läßt sie auch nicht ungefiltert ins Recht durchdringen, sondern unterwirft sie auf den verschiedenen Ebenen der Rechtsbildung normativ geordneten Prozeduren.

4. Die Prägung kultureller Phänomene durch das Recht: Kultur im Recht

Der Einfluß des Rechts wird überschätzt, wenn René Marcic meint, „Alle Kultur ist von Grund auf rechtlich durchtränkt“.[90] Recht erbringt jedoch

86 So ausdrücklich etwa Döblins „Fallgeschichten“.

87 Schirnding, Albert von: *Recht und Richter im Spiegel der Literatur*. Boorberg: München 1990, S. 27: Die Literatur nehme „durch die Kraft ihrer Imagination Entwicklungen vorweg, die nicht mit zwanghafter Notwendigkeit eintreten müssen. Sie schaut Gefahren ins Auge, die wir vielleicht dadurch, daß wir ihnen ins Auge schauen, bannen können. Sie entwirft auch ... im Rückgriff auf Vergangenes oder Vergehendes die Utopie einer Wirklichkeit, in der Realität und Humanität miteinander versöhnt werden.“

88 White, James Boyd: *The Legal Imagination*. The University of Chicago Press: Chicago and London 1985, S. 240f.

89 Häberle 2001, S. 141.

90 Marcic, René: *Vom Gesetzesstaat zum Richterstaat: Recht als Maß der Macht; Gedanken über den demokratischen Rechts- und Sozialstaat*. Springer: Wien 1957, S. 43.

spezifische Leistungen für die Kultur. Kultur kann in normativer Hinsicht als kritische Reflexionsebene der Gesellschaft verstanden werden.[91] Die entwickelte reflexive Struktur des Rechts, in der kulturelle Praktiken in normativ geordneten Verfahren diskutiert, ein ausgezeichneter Bereich normativ verbindlich festgestellt, andere Praktiken ausgeschlossen und wieder andere zwar nicht konsentiert, aber doch geschützt werden, macht das Recht zu einem wesentlichen kulturellen Faktor. Gemeinsame Werte werden als grundlegend festgehalten (cf. etwa Art. 6 EUV) und besonderen Verfahren zu ihrer Weiterentwicklung anvertraut (Art. 14 III AEUV). So kann das Recht „kulturelle“[92] oder auch „poetische“ Gerechtigkeit[93] bringen. Grundrechtskataloge formen ein „Wert- oder Güter-, ein Kultursystem“.[94] Das schließt die plurale gesellschaftliche Diskussion über die verfassungsrechtlichen Werte nicht aus, hebt aber einige von ihnen als Konsens besonders hervor. Gerade diese Akzentsetzung, die bis hin zu einer rechtlichen Kanonisierung reichen kann, ist ein besonderer kultureller Beitrag des Rechts. Mittels des Rechts werden also kulturelle Phänomene vereinheitlicht und andere in ihrer Vielfalt gezielt geschützt. Hierin liegen Chance und Gefahr des Rechts für Kultur. Art. 3 III UAbs. 4 EUV trifft diese Dialektik, wenn es heißt: Die Union „wahrt den Reichtum ihrer kulturellen und sprachlichen Vielfalt und sorgt für den Schutz und die Entwicklung des kulturellen Erbes Europas“ und berücksichtigt auch ansonsten die „kulturellen Traditionen und das regionale Erbe“ (Art. 13 AEUV). Im Bereich der Bildungsförderung unterstützt und ergänzt sie ggf. die

---

91 Fischer, Michael: „Kultur zwischen Funktion und Mythos. Zum rhetorischen Gebrauch des Kultur-Paradigmas im Prozeß der europäischen Einigung“. In: Fischer, Michael / Hoyningen-Huene, Paul (Hrsg.): *Paradigmen. Facetten einer Begriffskarriere.* (Schriften zur Rechts- und Sozialphilosophie 17). Peter Lang: Frankfurt a.M. et al. 1997, S. 61.

92 In der Achtung einer Vielfalt von unterschiedlichen Kulturen einer Rechtsordnung, Ross, Andrew: „Components of Cultural Justice“. In: Sarat, Austin / Kearns, Thomas R. (Hrsg.): *Law in the Domains of Culture.* The University of Michigan Press: Ann Arbor 2003, S. 203ff.

93 Nussbaum, die darunter allerdings eher Gerechtigkeit durch Literatur versteht.

94 Smend, S. 264: Der Grundrechtskatalog „will eine sachliche Reihe von einer gewissen Geschlossenheit, d.h. ein Wert- oder Güter-, ein Kultursystem normieren, und er normiert es als nationales, als das System gerade der Deutschen, das allgemeinere Werte national positiviert, eben dadurch aber den Angehörigen dieser Staatsnation etwas gibt, einen materialen Status, durch den sie sachlich ein Volk, untereinander und im Gegensatz gegen andere, sein sollen. Dieser Doppelsinn des Kultursystems und der Volksintegration ist die positive Orientierung der Grundrechte auf der ihre rechtstechnisch vielfach so unerfreuliche Nichtorientierung auf das technische Spezialrecht beruht.“ – Man wird diese integrierende Wirkung erweitern und etwa auch auf eine europäische Identität übertragen können, wie sie in den Präambeln, dem Art. 6 und in der Europäischen Grundrechtecharta angeregt wird.

Vielfalt der Kulturen und Sprachen der Mitgliedstaaten und der Kenntnisse darüber (Art. 165, Art. 167 AEUV).

Dieser Einfluß des Rechts auf Kulturen ist nicht an sich positiv. Wählt das Recht unangemessene Anknüpfungspunkte, kann es etwa Minderheitenkulturen unterdrücken. Im Fall Mashpee Tribe v Town of Mashpee[95] versagte ein Gericht den Mashpee people von Massachusetts die Anerkennung als Volk. Dabei legte es Kriterien an, die nicht dem Selbstverständnis der Mashpee entstammten. Der Rechtssoziologe Cotterell nennt dies ein Kulturdiktat des Rechts.[96] Das wirft zugleich das Grundsatzproblem auf, wer bei Minderheiten- und anderen Gruppenrechten die relevanten Gruppen bestimmt und ob es nicht zu diesen Minderheitenrechten gehört, daß sich die Gruppen selbst bestimmen können.[97] Das Recht muß hier die kulturelle Selbstbestimmung und auch das kulturelle Erbe schützen. Dies kann allerdings nicht grenzenlos geschehen. Wo kulturelle Praktiken zentralen Prinzipien einer Rechtsordnung widersprechen – wie etwa bei Eifersuchtsmorden[98] oder Züchtigungsrechten[99] – muß es diesen Praktiken auch Grenzen setzen.

Auf diese Weise steht das Recht nicht nur in einer Erinnerungsgemeinschaft, an die es etwa in Verfassungspräambeln erinnert, sondern leistet selbst einen Beitrag zum kulturellen Gedächtnis. Die Gedächtnisleistung des Rechts besteht darin, in einer normativ verbindlichen Weise über die Verarbeitung von Vergangenheit und ihre Bedeutung für die Zukunft zu entscheiden. In der Präambel der Südafrikanischen Verfassung heißt es dazu eindringlich:

> We, the people of South Africa, recognise the injustices of our past; Honour those who suffered for justice and freedom in our land; Respect those who have worked to build and develop our country; and believe that South Africa belongs to all who live in it, united in our diversity. We therefore, through our freely elected representatives, adopt this Constitution as the supreme law of the

---

95 447 F. Supp. 940 [D. Mass. 1978], affd., 592 F. 2d 575 [1st Cir.], cert denied, 444 U.S. 866 [1979].

96 Cotterell, S. 3: „defined their collective identity with dramatic consequences. The definition 'incorporated specific perceptions regarding race, leadership, community, and territory that were entirely alien to Mashpee culture' (Torres and Milun 1995, 130). Law, applied in this way, dictates culture, demanding (for specific definitional purposes here related to property claims) that cultural expectations should be adjusted to conform to law's definitions and prescriptions."

97 Cf. Kirste, Stephan: „Gruppenrechte als Menschenrechte". In: Demko, Daniela / Brudermüller, Gerd / Seelmann, Kurt (Hrsg.): *Menschenrechte: Begründung – Bedeutung – Durchsetzung*. Königshausen & Neumann: Würzburg 2015, S. 45–69.

98 Cotterell, S. 10; er setzt aber gleich hinzu: „Law cannot, however, allow defences, exceptions, or justifications under some blanket category of 'culture'."

99 Marschelke, Jan-Christoph: „Recht, Kultur, Nation". In: Wolting, Stepahn (Hrsg.): *Kultur und Kollektiv. Festschrift für Klaus P. Hansen*. wvb: Berlin 2014, S. 132f.

> Republic so as to Heal the divisions of the past and establish a society based on democratic values, social justice and fundamental human rights...

Dies geschieht insbesondere dadurch, daß es in straf-, zivil- und beamtenrechtlichen Prozessen einen Beitrag zur Aufarbeitung der Vergangenheit leistet. Hier wird vergangenes Unrecht ausgeglichen. Andere Modelle zur Aufarbeitung sehen eher in die Zukunft, setzen zwar „Wahrheitskommissionen" zur Bewußtwerdung vergangenen Unrechts ein, verzichten aber um eines friedlichen Zusammenlebens in Zukunft willen auf den Ausgleich. Abgesehen von solchen großen, eine ganze Gesellschaft betreffenden Formen der Auseinandersetzung mit der Vergangenheit, trägt auch sonst gerade das Prozeßrecht zu einem spezifischen Umgang mit ihr bei. Die Erzählung, die einer rechtlichen Beurteilung zugrunde liegt, wird durch die Regeln über das rechtliche Gehör, das jedem Betroffenen gewährt, seine Version zu berichten, die Regeln über die Beweiserhebung und -würdigung und zahlreiche weitere Vorschriften konstruiert und im Urteil verbindlich festgestellt. Binder/Weisberg versuchen zu zeigen, "that legal disputes can be read as social texts that reflect the role of legal norms in the art of composing identities".[100] Prozesse haben also sowohl eine rechtsinterne Funktion der Legitimation von Entscheidungen als auch eine externe, die Selbstverständnisse prozedural formen kann. Hier werden im Gerichtssaal kulturelle und Identitätskonflikte ausgefochten, wie etwa im Prozeß gegen den „Schlächter von Lyon", Klaus Barbie, in Frankreich.[101] Umgekehrt kann auch ein Recht auf Vergessen gefordert werden.

Auch ansonsten zeigt gerade das Thema „Recht und Zeit" den Beitrag des Rechts zur „kulturellen Konstruktion der Zeit"[102]: Sei es über die Vorausverfügung über die Zukunft formal durch die Aufstellung von verbindlichen Normen oder material durch Verfassungsprinzipien, die seit der Französischen Revolution nicht mehr vergangenheits- sondern zukunftsorientiert sind; sei es über die Stabilisierung einer ausgedehnten Gegenwart geltender Normen, die sich nicht verändern, wenn nicht von Änderungsregeln Gebrauch gemacht wurde; sei es schließlich durch Rückwirkungsverbote, die sicherstellen, daß in die Vergangenheit nicht eingegriffen wird. Über Amts- und Parlamentsperioden sichert etwa Demokratie einen politischen Rhythmus. Recht, das zu spät gewährt wird, ist kein gerechtes Recht. Insofern bedeutet etwa die Rechtsweggarantie auch Zeitgerechtigkeit. Die Beispiele ließen sich vermehren. Sie

---

100 Binder / Weisberg, S. 507.

101 Ibid., S. 483ff.

102 „Von allen Sinnformationen und Sinnkonstitutionen, über deren Entstehung, Entfaltung und Verwerfung eine Sinngeschichte Rechenschaft zu geben hat, ist die kulturelle Konstruktion der Zeit die grundlegende und umfassende", Assmann, Jan: *Ägypten. Eine Sinngeschichte.* München: Hanser 1996, S. 25f.

zeigen, daß auch die Frage einer Herkunfts- und Zukunftskultur[103] ein Thema des Rechts ist. Kern dieser verbindlichen rechtlichen Bewertung gesellschaftlicher Zeit ist auch hier die reflexive Struktur des positiven Rechts: Jede Norm greift in die Zukunft aus und verlangt als Sollenssatz, daß Handeln sich an ihr ausrichtet; aber erst die Normierung des Verfahrens zu ihrer Setzung, Interpretation und Durchsetzung sichert, daß sie auch stabil gilt und man sich an ihr orientieren kann oder muß.

Natürliche und soziale Zeiten werden als solche nicht durch derartige rechtliche Regelungen verändert; sie gewinnen aber nur diejenige Bedeutung in rechtlicher Kommunikation, die ihnen das Recht selbst zumißt. Im Recht gilt eine bestimmte Vergangenheit, eine gegenwärtige Entscheidung und eine zukünftige Entwicklung nur insoweit, als es das Recht selbst zuläßt. Hierin liegt gerade die kultivierende Wirkung des Rechts. Besonders kritische soziale Prozesse werden seiner Bewertung unterzogen und gelten jedenfalls relativ zum Recht nur nach diesen Kriterien. Deshalb kann auch der Dualismus von Norm und Wirklichkeit der kulturellen Leistung des Rechts nicht gerecht werden. Das Recht läßt sie nicht unverbunden nebeneinander stehen, sondern verändert soziale und auch natürliche Wirklichkeiten, indem sie ihnen für das Recht selbst eine spezifische Bedeutung verleiht. Die kulturelle Leistung besteht insofern in der normativ geordneten Kultivierung.

IV. Zusammenfassung

Recht teilt mit anderen kulturellen Phänomenen gemeinsame Strukturen wie etwa Sprache. Es wird von konkreten Kulturen beeinflußt, die etwa auch Rezeptionsvorgänge von Rechtsinstituten aus einer in eine andere Rechtsordnung so modifizieren, daß nicht von ihrer „Transplantation" gesprochen werden kann, sondern von einer „Transformation". Durch seine normativ geordneten Verfahren zur Setzung, Interpretation und Durchsetzung seiner Normen trägt das Recht aber vor allem selbst zur Kultur bei, indem eine Gesellschaft in seinen Verfahren bestimmte Normen und Werte als besonders bedeutsam auszeichnen, mit denen gesellschaftliche Prozesse geklärt, verfeinert, erweitert[104] und geordnet und kulturelle Leistungen und Lebensformen geschützt werden. Das Recht ist daher Kultur im Sinne des Verständnisses des Begriffs als symbolischer Prägung von naturhaft gegebenen Dingen. Es

103 Fischer 1997, S. 68f.

104 Madison in Federalist Papers No. 10, S. 46: Der Effekt der republikanischen Repräsentation sei „to refine and enlarge the public views, by passing them through the medium of a chosen body of citizens, whose wisdom may best discern the true interest of their country, and whose patriotism and love of justice, will be least likely to sacrifice it to temporary or partial considerations."

trägt zur Kultur als „zweiter Natur", als Lebensform oder Identität bei. Ernst Cassirer faßt diese Funktion treffend zusammen:

> Der Mensch „lebt nicht mehr in einem bloß physikalischen, sondern in einem symbolischen Universum. Sprache, Mythos, Kunst und Religion sind Bestandteile dieses Universums. Sie sind die vielgestaltigen Fäden, aus denen das Symbolnetz, das Gespinst menschlicher Erfahrung gewebt ist. Aller Fortschritt im Denken und in der Erfahrung verfeinert und festigt dieses Netz… Die physische Realität scheint in dem Maße zurückzutreten, wie die Symboltätigkeit des Menschen an Raum gewinnt. Statt mit den Dingen hat es der Mensch nun gleichsam ständig mit sich selbst zu tun. So sehr hat er sich mit sprachlichen Formen, künstlerischen Bildern, mythischen Symbolen oder religiösen Riten umgeben, daß er nichts sehen oder erkennen kann, ohne daß sich dieses artifizielle Medium zwischen ihn und die Wirklichkeit schöbe",[105]

dann gehört zu diesen „Medien" auch das Recht. Dieses Medium ist aus Normen gebildet und durch Normierung geformt. Im Zentrum stehen dabei die Freiheitsgewinne, die das Recht bewirkt, indem es gesellschaftliche Reflexionsprozesse über ihre Praktiken ermöglicht, mit der Unmittelbarkeit natürlicher und sozialer Interessen bricht und eine an selbst aufgestellten Werten orientierte Ordnung einer Gesellschaft statuiert. Freiheit steht damit im Zentrum des für das Recht relevanten Kulturbegriffs. Weil die Leistung des Rechts in der normativ wertenden Transformation natürlicher und konflikthafter sozialer Prozesse in eine reflektierte, verbindliche Ordnung aus Freiheit und zum Schutz von Freiheit besteht, ist die Rechtswissenschaft Kulturwissenschaft. Das schließt nach dem zuvor Ausgeführten nicht aus, daß sie Normwissenschaft ist. Denn gerade in der Normierung der Aufstellung, Interpretation und Durchsetzung von Normen liegt seine kulturelle Leistung.

Michael Fischer hat drei „Kulturfacetten" herausgestellt:

1. Kultur als Heimat und Repräsentation (Identität)
2. Kultur als Aufklärung (Kritik und Demokratie) [normativer Begriff]
3. Kultur als Kunst (Schaffung von dauerhaften Werten)

Die vorstehenden Ausführungen versuchten zu zeigen, daß es sich lohnt, daran anzuknüpfen. Weit von kulturalistischen Isolationen entfernt, trägt die Kultur des Rechts einen vereinigenden Charakter:

> „Der Zusammenhang zwischen dem Wesen Europas und dem prometheisch-faustischen Geist ist kein konjunkturbedingter! Das Verlangen, alle (göttlichen) Geheimnisse, alle Kräfte der Natur zu zähmen und die Kraft, das Errungene zu

105 Cassirer 1996, S. 50.

überwinden, zu verbessern, um immer weiter voranzuschreiten, ist die eigentliche Essenz Europas."[106]

Literaturverzeichnis

Assmann, Jan: *Ägypten. Eine Sinngeschichte.* München: Hanser 1996.

Binder, Guyora / Weisberg, Robert: *Literary Criticisms of Law.* Princeton University Press: Princeton (NJ) 2000.

Cassirer, Ernst: „Naturalistische und humanistische Begründung der Kulturphilosophie". In: Rosenkranz, Claus (Hrsg.): *Aufsätze und kleine Schriften 1936–1940.* (Ernst Cassirer Werke 22). Felix Meiner: Hamburg 2006, S. 140ff.

Cassirer, Ernst: *Versuch über den Menschen. Einführung in eine Philosophie der Kultur.* Felix Meiner: Hamburg 1996.

Cassirer, Ernst: *Sprache.* (Philosophie der symbolischen Formen 1). Wissenschaftliche Buchgesellschaft: Darmstadt 1994.

Cotterell, Roger: „Law in Culture". *Ratio Juris* 17 (2004), S. 1–14.

Deniz Coskun: *Law as Symbolic Form. Ernst Cassirer and the Anthropocentric View of Law.* (Law and Philosophy Library 82). Springer: Dordrecht 2007.

Dnistrjanskyj, Stanislaw: „Kultur, Zivilisation und Recht". *Archiv für Rechts- und Wirtschaftsphilosophie* XXI, 1927, S. 1–17.

Ehrenzweig, Anton: *Psychoanalytic Jurisprudence.* Dobbs Ferry: Leiden 1971.

Falk, Richard A.: „The Relations of Law to Culture, Power, and Justice". *Ethics* 72 (1961), S. 12–27.

Fehr, Hans: Von den germanischen Wurzeln der europäischen Rechtskultur. *Archiv für Rechts- und Sozialphilosophie* 39 (1950/51), S. 164–180.

Fichte, Johann Gottlieb: *Beitrag zur Berichtigung der Urteile des Publikums über die französische Revolution.* Beigefügt die Rezension von Friedrich Genz. Felix Meiner: Hamburg 1973.

Fischer, Michael: „Kulturbeginn". In: Fischer, Michael (Hrsg.): *Die Kulturabhängigkeit von Begriffen.* (Subjekt und Kulturalität 1). Peter Lang: Frankfurt a.M. et al. 2010, S. 107–115.

Fischer, Michael: „Kunst und Kultur als europäischer Integrationsfaktor". In: Badura, Heinrich (Hrsg.): *Völkerverständigung und Erweiterung.* (Wissenschaftliche Schriftenreihe der europäischen Akademie für Lebensforschung, Integration und Zivilgesellschaft 1): Waidhofen an der Thaya 2005, S. 73–76.

106 Fischer, Michael: „Kulturbeginn". In: Fischer, Michael (Hrsg.): *Die Kulturabhängigkeit von Begriffen.* (Subjekt und Kulturalität 1). Peter Lang: Frankfurt a.M. et al. 2010, S. 114.

Fischer, Michael: „Kultur zwischen Funktion und Mythos. Zum rhetorischen Gebrauch des Kultur-Paradigmas im Prozeß der europäischen Einigung". In: Fischer, Michael / Hoyningen-Huene, Paul (Hrsg.): *Paradigmen. Facetten einer Begriffskarriere.* (Schriften zur Rechts- und Sozialphilosophie 17). Peter Lang: Frankfurt a.M. et al. 1997, S. 60–79.

Foljanty, Lena: „Rechtstransfer als kulturelle Übersetzung". *Die Kritische Vierteljahresschrift für Gesetzgebung und Rechtswissenschaft* 98 (2015), S. 89–107.

Friedman, Lawrence M.: „Total Justice: Law, Culture, and Society". *Bulletin of the American Academy of Arts and Sciences* 24 (1986), S. 38f.

Friedman, Lawrence M.: „Legal Culture and Social Development". *Law and Society Review* 29 (1969–70), S. 29–44.

Gadamer, Hans Georg: *Wahrheit und Methode.* Mohr: Tübingen 1960.

Gephart, Werner: „Einführung. Das ‚Recht als Kultur'-Paradigma". In: Gephart, Werner / Suntrup, Jan Christoph (Hrsg.): *Rechtsanalyse als Kulturforschung II.* Vittorio Klostermann: Frankfurt a.M. 2015, S. 7–16.

Gephart, Werner: „Für eine geisteswissenschaftliche Erforschung von Recht im Globalisierungsprozess: Das Projekt". In: Gephart, Werner (Hrsg.): *Rechtsanalyse als Kulturforschung.* Vittorio Klostermann: Frankfurt a.M. 2012, S. 19–53.

Gephart, Werner: *Recht als Kultur. Zur kultursoziologischen Analyse des Rechts.* Vittorio Klostermann: Frankfurt a.M. 2006.

Gutmann, Thomas: *Recht als Kultur? Über die Grenzen des Kulturbegriffs als normatives Argument.* Nomos: Baden-Baden 2015.

Häberle, Peter: „Verfassung als Kultur". *Jahrbuch des öffentlichen Rechts der Gegenwart* 49 (2001), S. 125–143.

Häberle, Peter: *Verfassungslehre als Kulturwissenschaft.* Duncker & Humblot: Berlin ^{2}1998.

Haltern, Ulrich: „Recht und Soziale Imagination". In: Gephart, Werner (Hrsg.): *Rechtsanalyse als Kulturforschung.* Vittorio Klostermann: Frankfurt a.M. 2012, S. 89ff.

Hamilton, Alexander / Jay, John / Madison, James: *The Federalist.* Liberty Fund: Indianapolis 2000.

Hegel, Georg Wilhelm Friedrich: *Grundlinien der Philosophie des Rechts oder Naturrecht und Staatswissenschaften im Grundrisse.* Suhrkamp Verlag: Frankfurt a.M. 1989.

Hellen, Eduard von der (Hrsg.): *Schillers Sämtliche Werke. Bd. ll* (Säkular-Ausgabe in 16 Bänden). J.G. Cotta'sche Buchhandlung Nachfolger: Stuttgart/Berlin 1904ff.

Hofmann, Hasso: „‚In Europa kann's keine Salomons geben.' – Zur Geschichte des Begriffspaars Recht und Kultur". *JuristenZeitung* 2009, S. 1–10.

Kant, Immanuel: „Anthropologie in pragmatischer Absicht". In: Weischedel, Wilhelm (Hrsg.): *Schriften zur Anthropologie, Geschichtsphilosophie, Politik und Pädagogik 2.* (Immanuel Kant Werkausgabe XII) Suhrkamp Verlag: Frankfurt a.M. 1977.

Kant, Immanuel: „Mutmaßlicher Anfang der Menschengeschichte". In: Weischedel, Wilhelm (Hrsg.): *Schriften zur Anthropologie, Geschichtsphilosophie, Politik und Pädagogik 1.* (Immanuel Kant Werkausgabe XI). Suhrkamp Verlag: Frankfurt a.M. 1977, S. 83–102.

Kantorowicz, Hermann Ulrich: *Rechtswissenschaft und Soziologie.* J.C.B. Mohr: Tübingen 1911.

Kelsen, Hans: „Die Rechtswissenschaft als Norm- oder als Kulturwissenschaft. Eine methodenkritische Untersuchung". In: *Schmollers Jahrbuch für Gesetzgebung, Verwaltung und Volkswirtschaft im Deutschen Reiche* 40 (1916), S. 95ff.

Kirste, Stephan: „Gruppenrechte als Menschenrechte". In: Demko, Daniela / Brudermüller, Gerd / Seelmann, Kurt (Hrsg.): *Menschenrechte: Begründung – Bedeutung – Durchsetzung.* Königshausen & Neumann: Würzburg 2015, S. 45–69.

Kirste, Stephan: „Rechtswissenschaft als Kulturwissenschaft". In: Kirste, Stephan / Brockmöller, Annette / Neumann, Ulfrid (Hrsg.): *Wert und Wahrheit in der Rechtswissenschaft.* (Archiv für Rechts- und Sozialphilosophie – Beiheft 145). Franz Steiner Verlag: Stuttgart 2015, S. 95–113.

Kirste, Stephan: „Menschenwürde und Freiheitsrechte des Status Activus. Renaissancehumanismus und gegenwärtige Verfassungsdiskussion". In: Gröschner Rolf / Kirste, Stephan / Lembcke, Oliver W. (Hrsg.): *Des Menschen Würde: (wieder)entdeckt oder erfunden im Humanismus der italienischen Renaissance?.* (Politika 1). Mohr Verlag: Tübingen 2008, S. 187ff.

Kirste, Stephan: „Recht als Transformation". In: Brugger, Winfried / Neumann, Ulfrid / Kirste, Stephan (Hrsg.): *Rechtsphilosophie im 21. Jahrhundert.* Suhrkamp Verlag: Frankfurt a.M. 2008, S. 134–156.

Kohler, Josef: *Lehrbuch der Rechtsphilosophie.* Rotschild: Berlin/Leipzig 1909.

Kußbach, Erich: „Recht und Kultur. Der Rechtsbegriff bei Huizinga". *Archiv für Rechts- und Sozialphilosophie* 54 (1968), S. 179–216.

Lege, Joachim: „Recht als Kulturgut". *Archiv für Rechts- und Sozialphilosophie* 93 (2007), S. 21–38.

Lege, Joachim: *Pragmatismus und Jurisprudenz. Über die Philosophie des Charles Sanders Peirce und über das Verhältnis von Logik, Wertung und Kreativität im Recht.* Mohr Siebeck: Tübingen 1999.

Legrand, Pierre: „The Impossibility of Legal Transplant". *Maastricht Journal of European and Comparative Law* 4 (1997), S. 111–124.

Leonard, Jerry D.: „Introduction: (Post)Modern Legal Studies as (Critical) Cultural Studies". In: Id. (Hrsg.): *Legal Studies as Cultural Studies: A Reader in (Post)Modern Critical Theory*. State University of New York Press: New York 1995, S. 1–20.

Luhmann, Niklas: „Kultur als historischer Begriff". In: Id. (Hrsg.): *Gesellschaftsstruktur und Semantik*. (Studien zur Wissenssoziologie der modernen Gesellschaft 4). Suhrkamp Verlag: Frankfurt a.M. 1999, S. 31–54.

Luhmann, Niklas: *Die Gesellschaft der Gesellschaft*. Suhrkamp Verlag: Frankfurt a.M. 1998.

Luhmann, Niklas: *Die Kunst der Gesellschaft*. Suhrkamp Verlag: Frankfurt a.M. 1995.

Marcic, René: *Vom Gesetzesstaat zum Richterstaat: Recht als Maß der Macht; Gedanken über den demokratischen Rechts- und Sozialstaat*. Springer: Wien 1957.

MacIver, Robert Morrison: *The Web of Government*. Macmillan: New York 1947.

Marschelke, Jan-Christoph: „Recht, Kultur, Nation". In: Wolting, Stepahn (Hrsg.): *Kultur und Kollektiv. Festschrift für Klaus P. Hansen*. wvb: Berlin 2014, S. 129–150.

Marschelke, Jan-Chr.: „Recht und Kultur – Skizze disziplinärer Zugänge der Rechtswissenschaften zu Kultur und Interkulturalität".*Intercultural Journal* 2012, S. 63–93.

Mayer, Max Ernst: „Rechtsnormen und Kulturnormen". *Strafrechtliche Abhandlungen* 50 (1903), S. 16f.

Miller, William Ian: „Clint Eastwood and Equity: Popular Culture's Theory of Revenge". In: Sarat, Austin / Kearns, Thomas R. (Hrsg.): *Law in the Domains of Culture*. The University of Michigan Press: Ann Arbor 2003, S. 161–203.

Mohr, Georg: „Rechtskultur". In: *Information Philosophie* 1, 2001, S. 40 ff.

Mohr, Georg: „Der Begriff der Rechtskultur als Grundbegriff einer pluralistischen Rechtsphilosophie". *Dialektik* 1997, S. 135–140.

Müller, Friedrich: *Demokratie in der Defensive*. Duncker & Humblot: Berlin 2001.

Nussbaum, Martha C.: *Poetic Justice. The Literary Imagination and Public Life*. Penguin: Boston 1995.

Perpeet, Wilhelm: „Kulturphilosophie". *Archiv für Begriffsgeschichte* 20 (1976), S. 42–99.

Pieroth, Bodo: „Kultur als juristisches Spiel ohne Grenzen“. *Der Staat* 22 (1983), S. 394–405.

Radbruch, Gustav: *Rechtsphilosophie.* (Gustav Radbruch Gesamtausgabe 2). C.F. Müller: Heidelberg 1993.

Radbruch, Gustav: „Der Begriff der Kultur“. *Logos* 2 (1911/12), S. 200–207.

Rickert, Heinrich: *Kulturwissenschaft und Naturwissenschaft.* J.C.B. Mohr: Tübingen [6]1926.

Rickert, Heinrich: *Die Grenzen naturwissenschaftlicher Begriffsbildung. Eine logische Einleitung in die historischen Wissenschaften.* Erste Hälfte. Bd. 2. Freiburg/Leipzig 1896.

Rorty, Richard: *Contingency, Irony and Solidarity.* Cambridge University Press: Cambridge 1989.

Ross, Andrew: „Components of Cultural Justice“. In: Sarat, Austin / Kearns, Thomas R. (Hrsg.): *Law in the Domains of Culture.* The University of Michigan Press: Ann Arbor 2003, S. 203–228.

Sattler, Martin: „Der Mythos des Protagoras“. In: Kirste, Stephan / Waecher, Kay / Walther, Manfred (Hrsg.): *Die Sophistik – Entstehung, Gestalt und Folgeprobleme des Gegensatzes von Naturrecht und positivem Recht.* Franz Steiner Verlag: Stuttgart 2002, S. 32ff.

Schirnding, Albert von: *Recht und Richter im Spiegel der Literatur.* Boorberg: München 1990.

Seelmann, Kurt: „Rechtswissenschaft als Kulturwissenschaft – ein neukantianischer Gedanke und sein Fortleben“. In: Senn, Marcel / Puskas, Daniel (Hrsg.): *Rechtswissenschaft als Kulturwissenschaft? Kongress der Schweizerischen Vereinigung für Rechts- und Sozialphilosophie, 15. und 16. Juni 2007, Universität Zürich.* (Archiv für Rechts- und Sozialphilosophie – Beiheft 115). Franz Steiner Verlag: Stuttgart 2007, S. 121ff.

Senn, Marcel: „Recht und Kultur – ein dialektisches Verhältnis“. In: Senn, Marcel / Puskas, Daniel (Hrsg.): *Rechtswissenschaft als Kulturwissenschaft? Kongress der Schweizerischen Vereinigung für Rechts- und Sozialphilosophie, 15. und 16. Juni 2007, Universität Zürich.* (Archiv für Rechts- und Sozialphilosophie – Beiheft 115). Franz Steiner Verlag: Stuttgart 2007, S. 13–21.

Smend, Rudolf: *Verfassung und Verfassungsrecht.* (Staatsrechtliche Abhandlungen). Duncker & Humblot: Berlin [3]1994, S. 119–276.

Soeffner, Hans-Georg: „Das Recht als Kultur. Recht als symbolische Formung kultureller Ordnungen“. In: Gephart, Werner (Hrsg.): *Rechtsanalyse als Kulturforschung.* Vittorio Klostermann: Frankfurt a.M. 2012, S. 55–68.

Sprenger, Gerhard: „Recht als Kulturerscheinung“. In: Sprenger, Gerhard (Hrsg.): *Von der Wahrheit zum Wert. Gedanken zu Recht und Gerechtigkeit*. Franz Steiner Verlag: Stuttgart 2010, S. 75ff.

Sunderland, Edson R.: „Law as Culture Study“. *Michigan Law Review* 4 (1906), S. 179–188.

Tenbruck, Friedrich H.: *Die kulturellen Grundlagen der Gesellschaft. Der Fall der Moderne*. Westdeutscher Verlag: Opladen 1989.

Tetzlaff, Thilo: „Der Sound des Rechts. Rechtsästhetik und Rechtsakustik“. In: Kreuzbauer, Günther / Augeneder, Silvia (Hrsg.): *Der Juristische Streit. Recht zwischen Rhetorik, Argumentation und Dogmatik*. (Archiv für Rechts- und Sozialphilosophie – Beiheft 99). Franz Steiner Verlag: Stuttgart 2004, S. 86–110.

Van der Ven, J.J.M.: „Kultur und Recht. Eine rechtssoziologische Vorlesung“. *Archiv für Rechts- und Sozialphilosophie* 40 (1952/53), S. 38–54.

Vesting, Thomas: *Medien des Rechts: Computernetzwerke*. Velbrück Wissenschaft: Weilerswist 2015.

Vesting, Thomas: *Die Medien des Rechts: Sprache*. Velbrück Wissenschaft: Weilerswist 2011.

Weber, Max: „Die ‚Objektivität‘ sozialwissenschaftlicher und sozialpolitischer Erkenntnis“. In: Winckelmann, Johannes (Hrsg.): *Max Weber: Gesammelte Aufsätze zur Wissenschaftslehre*. Johannes Winckelmann. Mohr Siebeck: Tübingen [6]1985, S. 146ff.

West, Robin: „Jurisprudence as Narrative: An Aesthetic Analysis of Modern Legal Theory“. *New York University Law Review* 60 (1985), S. 145ff.

White, James Boyd: *The Legal Imagination*. The University of Chicago Press: Chicago and London 1985.

Michaela Strasser

Legitimationsmuster terroristischer Gewalt

1. Einleitung

Viele Facetten des Schaffens und Wirkens von Michael Fischer werden in den zahlreichen Beiträgen dieses Bandes entfaltet. Eine zentrale Facette ist mit Gewissheit in der Rechtsphilosophie zu verorten, und hierbei war Michael Fischer von seinen intensiven Studien zum Hegelschen Denken maßgeblich geprägt. Seine Auseinandersetzung mit der Philosophie Hegels, aber auch mit deren politisch-theoretischer Verortung kennzeichnete wesentliche Stationen seines eigenen Werdegangs. Eine essentielle Prägung erfuhr er dabei durch seine Studienaufenthalte am Philosophischen Seminar in Zürich und in der intellektuellen Auseinandersetzung mit Hermann Lübbe.

Das Denken Hegels erlebt derzeit eine Renaissance. Klaus Vieweg spricht in den „Vorbemerkungen" zu seiner Studie „Das Denken der Freiheit" (erschienen 2012), in deren Zentrum Hegels „Grundlinien der Philosophie des Rechts" stehen, sogar von einem „hegelian turn" und einem „Comeback Hegels".[1] Und genau das hätte auch der Intention Michael Fischers entsprochen.

So gilt dieser Beitrag zum einem dem Bemühen, Fischers profunde Auseinandersetzung mit der Hegelschen Philosophie, insbesondere der Rechtsphilosophie, zur Geltung zu bringen. Hegel dabei nicht nur als Rechts- und Sozialphilosoph zu begreifen, sondern auch als politischen Denker, der auch und gerade für unsere Zeit Aktualität besitzt, ist dabei das Kernanliegen. Dies lässt sich an der gewählten Problematik des Terrors aufzeigen, bei deren Analyse Fischer zunächst bei Hegel anknüpft. Zum anderen sind Fischers Analysen zu Terror und Terrorismus Beleg für die Aktualität seines eigenen Denkens als politischer Philosoph. Von seinen zahlreichen Publikationen stütze ich mich dabei vor allem auf die 1982 erschienenen „Verheißungen des Glücks", deren Kapitel 9 mit „Historische Wurzeln des zeitgenössischen Terrorismus" betitelt ist und den Beginn seiner Terroranalysen darstellt. Die Thematik wird dann wieder aufgenommen in der „Politik als Dämonologie" (1991, vor allem Kapitel 6), in dem Band „Entartete Ideale" (1992) und schließlich in der 2005 erschienenen Studie „Vernunft als Norm".

1 Vieweg, Klaus: *Das Denken der Freiheit. Hegels Grundlinien der Philosophie des Rechts*. Wilhelm Fink: München 2012, S. 19f.

Der Beitrag gliedert sich daher erstens in Michael Fischers Analyse des Terrors, die in der Formulierung des „terroristischen Gesetzes" kulminiert.[2] Dieser Punkt wird breiteren Raum einnehmen, um einerseits dem analytischen Ansatz Michael Fischers gerecht zu werden, und andererseits die Legitimationsmuster terroristischer Gewalt herauszuarbeiten. Die Bewährung sozusagen erfolgt dann im zweiten Abschnitt, wo es um die für uns maßgebliche zeitgenössische Erscheinungsform des Terrors in Gestalt des fundamentalistischen Islamismus geht. Dieser Punkt ist zugleich der Versuch einer Synopse mit dem Ziel der Anwendung des terroristisches Gesetzes und seiner Kernelemente auf den gegenwärtigen dschihadistischen Terrorismus.

2. Das terroristische Gesetz

Was den zeitlichen Hintergrund bildet, wenn sich Fischer 1982 mit den „Historischen Wurzeln des zeitgenössischen Terrorismus"[3] auseinandersetzt, dann sind dies der Terror in Irland, in Haifa, die Bombenanschläge von Bologna und München 1980. Über die von Fischer angeführten Beispiele hinaus ließe sich die Liste des Terrors der 70er und 80er Jahre noch vielfältig ergänzen. Worum es aber geht, ist, dass es sich um Terror handelt, dessen „Wurzel die Intensität politischer Gesinnung ist"[4].

Was ist Terror?

„Es gibt den Terror von unten und den Terror von oben: Es gibt den Terroristen, der zur Macht strebt, und den, der die Macht mit allen Mitteln behaupten will. Es gibt den blindwütig in die Menge schießenden und den kaltblütig Völkermord verübenden Terroristen. Für beide gilt: Terror ist die *Manifestation äußerster Gewalt* – sei es durch Ausübung oder durch Androhung von Gewalt oder – was regelmäßig der Fall ist – durch beides: Durch Anwendung und Androhung körperlicher wie seelischer Gewalt."[5]

2 Von der breit angelegten und in die Tiefe gehenden Analyse als Hintergrund zum „terroristischen Gesetz" kann hier allerdings nur ein Konzentrat der Argumentationslinien wiedergegeben werden.

3 Fischer, Michael: *Verheißungen des Glücks. Studien zur Rechts- und Sozialphilosophie des Fortschritts.* (Salzburger Schriften zur Rechts-, Staats- und Sozialphilosophie 3). Peter Lang et al: Frankfurt a.M. 1982, Kap. 6 „Historische Wurzeln des zeitgenössischen Terrorismus", S. 152–164.

4 Ibid., S. 152.

5 Ibid.

Was sind für Fischer die „historischen Wurzeln des zeitgenössischen Terrorismus“?

Drei Kontexte werden aufgezeigt: Die erste Wurzel ist die Hegelsche Analyse des Terrors der Jakobinerherrschaft während der Französischen Revolution. Denn „das Thema des Terrors hat Hegel Zeit seines Lebens intensiv beschäftigt. ‚Die absolute Freiheit und der Schrecken‘ lautet die Überschrift eines berühmten Kapitels in seiner *Phänomenologie des Geistes* zur Französischen Revolution und näherhin zur Herrschaft der Jakobiner. In diesem Abschnitt lehrt uns Hegel, den Terror als ein moralisches Phänomen zu verstehen – als *eine Praxis der Tugend*“.[6]

In den „Vorlesungen zur Philosophie der Geschichte führt Hegel zur Charakteristik des politischen Zustandes in Frankreich aus:

> Es herrschen nun die abstrakten Prinzipien – der Freiheit und wie sie im subjektiven Willen ist – der Tugend. Diese Tugend hat jetzt zu regieren gegen die vielen, welche mit ihrer Verdorbenheit und mit ihren alten Interessen [...] der Tugend untreu sind. Die Tugend ist hier ein einfaches Prinzip und unterscheidet nur solche, die in der Gesinnung sind, und solche, die es nicht sind. Die Gesinnung aber kann nur von der Gesinnung erkannt und beurteilt werden. Es herrscht somit der Verdacht; die Tugend aber, sobald sie verdächtig wird, ist schon verurteilt [...] Von Robespierre wurde das Prinzip der Tugend als das höchste aufgestellt und man kann sagen, es sei diesem Menschen mit der Tugend Ernst gewesen. Es herrschen jetzt die Tugend und der Schrecken; denn die subjektive Tugend, die bloß von der Gesinnung aus regiert, bringt die fürchterlichste Tyrannei mit sich. Sie übt ihre Macht ohne gerichtliche Formen und ihre Strafe ist ebenso nur einfach – der Tod.[7]

Hegel – so die Interpretation Fischers – zeigt mit dieser Analyse der Französischen Revolution, dass in den Konsequenzen eben dieser Revolution die Freiheit selber tyrannisch werden konnte. So sehr sich auch der Terror unserer Gegenwart technisch perfektionieren konnte, ohne Rekurs auf die legitimierende Kraft der politisierten Tugend, wie sie Hegel beschrieb, kann er nicht verstanden werden. Was er verdeutlicht, ist, dass es sich beim Terror der Jakobiner um einen Zusammenschluss der *Subjektivität des guten Gewissens* mit der *Objektivität des absoluten Zwecks der Freiheit* handelt.[8] Damit ist der Mechanismus offen gelegt, und dieser besteht darin: Man braucht große Ziele einerseits und ein fanatisch gutes Gewissen andererseits, das am Recht seiner Sache nicht zweifelt. Dann und nur dann ist man, von pathologischen

6 Ibid., S. 154.

7 Hegel, Georg Wilhelm Friedrich: „Vorlesungen über die Philosophie der Geschichte“. In: Id.: *Werke in 20 Bden*, Bd. 12. Suhrkamp: Frankfurt a.M. 1970, S. 532 (Vierter Teil, Drittes Kapitel „Die Aufklärung und die Revolution“).

8 Fischer 1982, S. 154.

Fällen abgesehen, in der Lage, in Rom, Tel Aviv und anderswo mit Maschinenpistolen in die Menge zu feuern. Der klassische Terrorist ist insofern ein ‚*Idealist*'.[9] Der Schluss daraus ist – mit den Worten Hegels aus der *Phänomenologie des Geistes*: „Das einzige Werk und Tat der allgemeinen Freiheit ist daher der *Tod*, und zwar ein *Tod*, der keinen inneren Umfang und Erfüllung hat [...] er ist also der kälteste, platteste Tod, ohne mehr Bedeutung als das Durchhauen eines Kohlhaupts oder ein Schluck Wassers."[10]

Die zweite historische Wurzel ist „die Rechtfertigungsideologie des fanatisch guten Gewissens, der Gesinnungsethik, wie sie sich im Gefolge des deutschen Idealismus entwickelt hat".[11] Den historischen Kontext hierzu bildet eine Tat, die nicht nur Preußen erschütterte und auf die in ganz Europa hinauf die Restauration einsetzte. Der Theologiestudent Karl Ludwig Sand hatte am 23. März 1819 den Schriftsteller August von Kotzebue, den er für einen Hauptvertreter der Reaktion hielt, erdolcht, aus – wie es in den Journalen hieß – „schwärmerischer Freiheitsliebe".[12]

Jena war damals das Zentrum der radikalen Burschenschaften, die sich die *Schwarzen Brüder* oder die *Unbedingten* nannten. Der radikalste Flügel der Burschenschaften unter deren Führer Karl Follen „vertrat eine *Theorie individuellen Terrors*, indem der politische Mord als Krieg einzelner gegen einzelne gutgeheißen wurde". Sie beriefen sich dabei auf den Philosophen (und Kant-Schüler) Jakob Friedrich *Fries* und den protestantischen Theologen *de Wette*. Es galt der Frieseanische Grundsatz, dass, „wo eine durch den freien Willen und eigene Erkenntnis gewonnene Überzeugung vorliegt, dem davon Überzeugten *alle Mittel* gestattet sind, auch wenn sie dem allgemeinen Sittenkodex widersprechen".[13] de Wette soll in einer Studentenversammlung geäußert haben: „Wenn Sand einen unwiderstehlichen Trieb zu der Tat gefühlt habe, so habe er recht getan, sich als Werkzeug Gottes zu betrachten und als Märtyrer Gottes für eine gute Sache zu sterben."[14] – Hier ist man spontan versucht zu kommentieren, denn trotz des historischen Kontextes einerseits kann man sich vom aktuellen Klang dieser Rechtfertigung andererseits nicht ganz freihalten. Die Polemik Hegels gegen Fries und Konsorten, wie sie sich auch in der Einleitung zur Rechtsphilosophie findet, ist ja sattsam bekannt, wenn er – Hegel – sich gegen den „Heerführer dieser Seichtigkeit, die sich Philosophieren nennt" wendet. „Ohnehin hat die sich so nennende Philosophie

---

9 Ibid., S. 155.

10 Hegel, Georg Wilhelm Friedrich: „Phänomenologie des Geistes". In: Id.: *Werke in 20 Bden*, Bd. 3. Suhrkamp: Frankfurt a.M. 1970, S. 436.

11 Fischer 1982, S. 153.

12 Cf. Ibid., S. 157.

13 Ibid., S. 158.

14 Zitat mit entsprechenden Belegen dazu cf. ibid.

es ausdrücklich ausgesprochen, dass *das Wahre selbst nicht erkannt werden* könne, sondern dass dies das Wahre sei, was jeder über die sittlichen Gegenstände, vornehmlich über Staat, Regierung und Verfassung, sich *aus seinem Herzen, Gemüt und Begeisterung aufsteigen*" und „in den Brei des ‚Herzens, der Freundschaft und Begeisterung' zusammenfließen lasse."[15]

Die dritte der „historischen Wurzeln" liegt in den „handlungslegitimierenden Theorien des Fortschritts, welche behaupten, man habe die Einsicht in den notwendigen Gang der Geschichte. Es gilt zu zeigen, dass gerade diesen ‚aufgeklärten', über ein ‚richtiges Bewusstsein Verfügenden' die gnadenlose Aggressivität der guten Sache eignet".[16] Nach dem Blick auf das „Woher" fasst Fischer diese drei Perspektiven zum terroristischen Imperativ zusammen: Terror ist erstens „eine politische Praxis, die ihre Legitimität unmittelbar aus den höchsten Zwecken bezieht", „subjektive Bedingung der Möglichkeit des Terrors" ist, zweitens, „das gute Gewissen", und drittens ist „Terror eine revolutionäre Praxis". Und so ist auch „der Ursprung totalitärer Herrschaft aus der Befolgung dieser drei genannten Gesichtspunkte kein Zufall, sondern theoriekonsequent".[17]

In seiner späteren Schrift „Vernunft als Norm", die 2005 erschienen ist, gibt Fischer diesem Imperativ die Fassung des „terroristischen Gesetzes":

> Das Gesetz des Terrors bezieht seine ‚Rationalität' und ‚Legitimität' unmittelbar aus höchsten Zwecken. Zumeist geht es um den universal legitimierenden Endzweck der Freiheit. Ein eiskalt-abstrakter Humanitarismus gibt vor, bloß für diesen Endzweck und aus keinem anderen Grund seine blutigen Aktionen zu realisieren. In dieser Universalität höchster Zwecke verschwinden das Einzelindividuum und seine subjektiven Rechte [...]. Im terroristischen Gesetz sind Legalität und Legitimität verschmolzen. Unter Ausschluss aller diskursiven oder sonstigen verfahrensmäßigen Vermittlungen hat das terroristische Gesetz einen Rationalitätstyp hervorgebracht, dessen Wirkungsgeschichte uns gerade die jüngste Vergangenheit so drastisch vor Augen geführt hat.[18]

Terrorismus ist also auch die Verweigerung des Gesprächs und er ist die Verunmöglichung der Hermeneutik, da es per se keinen Wert hat, wenn der andere etwas zu sagen hat. Unter dem terroristischen Gesetz „bezieht die politische Praxis der Vernichtung Andersdenkender ihre Legitimität aus dem

15 Hegel, Georg Wilhelm Friedrich: „Grundlinien der Philosophie des Rechts oder Naturrecht und Staatswissenschaft im Grundrisse". In: Id.: *Werke in 20 Bden*, Bd. 7). Suhrkamp: Frankfurt a.M. 1970, Vorrede, S. 19.

16 Fischer 1982, S. 153.

17 Ibid., S. 164.

18 Fischer, Michael: *Vernunft als Norm. Gesellschaftskonstruktion und Lebenshorizont.* (Rechts-, Sozial- und Wirtschaftsphilosophie 20). Peter Lang: Frankfurt a.M. et al. 2005, S. 68f.

sozialen Wert eines lebensentscheidenden Heils. [...] Die subjektive Bedingung der möglichen Exekution solcher Taten ist das Gewissen. Denn nur in der ‚Reinheit' der Gesinnung erträgt man, was im Vollzug menschenverachtender Vernichtung nackte, grausame Faktizität ist. Die Instanzen solchen Terrors haben kein Gewissen, sie sind es".[19]

Und dieses Gesetz eignet allen totalitären Denkformen, unabhängig davon, woraus sie ihre Legitimation beziehen, ob sie nun religiös-politisch oder ideologisch-weltanschaulich begründet und ob sie im linken oder rechten ideologischen Spektrum angesiedelt sind. Sie haben in sich das Tötungspotential heilsabsoluter Gewissheit, denn in einem solchen Denken gibt es auch keinen Zweifel. Daraus erklärt sich die starke Anziehungskraft totalitärer Sinnofferten, die an Stelle von Selbstzweifel, Unsicherheit und Ungewissheit absolute Gewissheit und Handlungsorientierung bieten. Totalitäres Denken teilt die Welt nach Licht und Finsternis, nach Freund und Feind, dem Guten und dem Bösen. Es ist eine radikal duale Sicht auf die Welt.

3. Der Terror der Gegenwart

Die gegenwärtige Terrorszene wird beherrscht vom islamistischen Terror, der allerdings nicht über Nacht und quasi aus dem Nichts zu uns gekommen ist.[20] Auch dieser Terror hat seine historischen Wurzeln und ideologischen Wegbereiter. Auch er folgt dem terroristischen Imperativ und verschafft dem terroristischen Gesetz Geltung.

In den 80er Jahren des vorigen Jahrhunderts kippte der zunächst politisch motivierte Terror der 70er Jahre in einen religiös motivierten Terror um. Der entscheidende Wandel – so nach der Studie von Abbas Amanat – „vollzog sich allerdings nicht innerhalb der arabischen Welt, sondern durch die Revolution

---

19 Ibid., S. 252.

20 Es soll mit diesem Beitrag allerdings nicht der Anspruch erhoben werden, einen allumfassenden und alles erklärenden Ansatz vorzulegen. So kann auch nicht die Entwicklung des Dschihadismus umfassend dargestellt werden, zu verästelt sind die Entwicklungslinien, die schließlich zur Ausrufung des „Islamischen Staates" (IS) und des Kalifats unter Abu Bakr al-Baghdadi im Juni 2014 geführt haben. An weiterführender Literatur cf. dazu vor allem Buchta, Wilfried: *Terror vor Europas Toren. Der Islamische Staat, Iraks Zerfall und Amerikas Ohnmacht*. Campus Verlag: Frankfurt a.M./New York 2015 sowie Neumann, Peter R.: *Die Neuen Dschihadisten. IS, Europa und die nächste Welle des Terrorismus*. Econ: Berlin 2015. Als detaillierte und umfangreiche Analyse der Vorgängerorganisation „Islamischer Staat Irak" (ISI) cf. Günther, Christoph: *Ein zweiter Staat im Zweistromland? Genese und Ideologie des ‚Islamischen Staates Irak'*. Ergon-Verlag: Würzburg 2014. Zu den „Mutationsformen" des IS cf. Reuter, Christoph: *Die Schwarze Macht. Der „Islamische Staat" und die Strategen des Terrors*. Deutsche Verlags-Anstalt: München ^{3}2015, S. 15 u. passim.

im Iran von 1979 [...] Der Krieg zwischen dem Irak und dem Iran von 1980 bis 1988 verstärkte die Anziehungskraft des Märtyrertums [...] Der Konflikt wurde als apokalyptischer Dschihad zwischen den Kräften der Wahrheit und der Unwahrheit dargestellt".[21] Die Verherrlichung des Märtyrertums fand ein breites Echo, bei der libanesischen Hisbollah und später bei den jungen Palästinensern, die sich begeistert der Hamas und dem islamischen Dschihad als Selbstmordattentäter zur Verfügung stellten. Die Welle der islamischen Radikalisierung in den frühen achtziger Jahren prägte die Weltsicht einer Generation, aus der auch Osama bin Laden hervorging.[22] Die weltanschaulichen Wurzeln lagen „in einer Tradition des religiösen Radikalismus, die auf die Vereinigung der Muslimbrüder in den zwanziger und dreißiger Jahren und davor auf die im späten achtzehnten Jahrhundert gegründete Wahhabitenbewegung zurückgeht".[23] Ziel war eine moralische und politische Regeneration, in die vor allem die Lehren von Sayyid Qutb, einem Führer der Muslimbrüder, einflossen.[24] „Der Dschihadismus – genauer gesagt: der dschihadistische Salafismus – ist, so gesehen eine Kombination aus Qutbs gewaltbereiter Revolutionstheorie und wahhabistischer Religionsdoktrin."[25]

Hier können nur Versatzstücke der Lehre von Qutb präsentiert werden – eine der Quellen dafür ist Paul Berman und seine Kenntnis der Schriften Qutbs, darunter deren wirkmächtigste, nämlich des vielbändigen Kommentars zu den Suren des Koran mit dem Titel „Im Schatten des Koran", der in den 50er Jahren verfasst wurde. Paul Berman befasste sich in seiner Untersuchung „Terror und Liberalismus" – verfasst 2002 und auf Deutsch erschienen 2004, also kurz nach 9/11 – mit dem Islamismus.[26] Und Berman ist einer, der die direkte Parallele zwischen Nationalsozialismus (aber auch Stalinismus) als totalitäre Denksysteme und dem Islamismus und Selbstmordattentätern zieht.

Kernelemente der Lehren von Qutb sind: Die Vorstellung vom Islam als Totalität, die Reinheit der Lehre, die zentrale Rolle einer Avantgarde als Vorhut

21 Amanat, Abbas: „Macht durch Gewalt: Die Neuerfindung des islamischen Extremismus". In: Talbott, Strobe / Chanda, Nayan (Hrsg.): *Das Zeitalter des Terrors. Amerika und die Welt nach dem 11. September*. Propyläen: München/Berlin 2002, S. 36–61, 44, 45.

22 Cf. ibid., 45f.

23 Ibid., S. 46.

24 Cf. ibid., S. 47.

25 Neumann, S. 53.

26 Berman, Paul: *Terror und Liberalismus*. Aus d. Amerikan. v. Hans-Joachim Maass. Europäische Verlagsanstalt: Hamburg 2004. Paul Berman gilt als einer der profiliertesten politischen Essayisten der USA.

und Wegbereiter, das Märtyrertum und der Todeskult.[27] In einer anderen Quelle[28] wird die Lehre Saiyid Qutbs wie folgt charakterisiert:

> Der Weg der Schaffung einer wahren muslimischen Gesellschaft [...] begann mit der Überzeugung des einzelnen, verwandelte sich im Herzen zu einem lebendigen Bild und manifestierte sich in einem Programm der Tat. Alle, die das Programm billigten, waren eine Vorhut verschworener Kämpfer. Sie sollte alle Mittel einsetzen, auch den *dschihad*, aber erst dann, wenn die Kämpfer innere Reinheit gewonnen hatten; aber dann sollte der *dschihad* nicht nur zur Verteidigung geführt werden, sondern nötigenfalls auch, um die Verehrung der falschen Götter zu beenden und alle Hindernisse zu beseitigen, die die Menschen davon abhielten, den Islam anzunehmen.[29]

Ziel des Kampfes ist eine „universale Muslimgesellschaft", herbeigeführt von einem „harten Kern treuer Kämpfer", die zu „Gewalt und Martyrium" bereit waren[30]. Paul Berman geht sowohl auf die historischen und ideologischen Wurzeln des Islamismus, aber auch auf dessen Entwicklung und Durchsetzung als Terrorbewegung ein. Es geht ihm vor allem um den Nachweis, dass der Islamismus mitnichten ein „Armuts- oder Unterdrückungsphänomen", sondern dass der Islamismus als totale Weltanschauung zu begreifen ist.[31]

Nicht unwesentlich sind die Spuren, die der Faschismus in der Herausbildung von Panarabismus und Islamismus hinterlassen hat. Sowohl Kenntnis als auch Bewunderung der philosophischen Wegbereiter und der nationalsozialistischen Ideologie finden sich bei den Gründern der panarabischen Bewegung, des Baath-Sozialismus und der (sunnitischen) Muslimbrüderschaft. Die Wurzeln reichen in die 30er- und 40er-Jahre des vorigen Jahrhunderts zurück.[32] Die Verbreitung der Lehren der Muslimbrüder erfolgte über Saudi-Arabien, das viele der führenden Mitglieder der Muslimbruderschaft, die in den 50er Jahren aus Ägypten flohen, aufnahm und Lehrstühle an saudischen Universitäten übertrug. Und der oben erwähnte Sayyid Qutb sollte zum führenden Denker der Bewegung, zum „ersten wichtigen Theoretiker der islamistischen Sache in der arabischen Welt"[33] werden.

Erst durch den Afghanistankonflikt in den 1980er Jahren wurde der Dschihadismus schließlich zu einer globalen Bewegung. Hierin sollte Abdullah

---

27 Cf. ibid., S. 97.

28 Hourani, Albert: *Die Geschichte der arabischen Völker*. Weitererzählt bis zum Arabischen Frühling von Malise Ruthven. Aus d. Engl. v. Manfred Ohl et al. S. Fischer: Frankfurt a.M. 2014.

29 Ibid., S. 545.

30 Ibid.

31 Berman, Buchinnenseite.

32 Cf. dazu auch Buchta, S. 82.

33 Berman, S. 89.

Azzam eine zentrale Rolle übernehmen. Selbst Muslimbruder gilt er „als Erfinder des ‚Märtyrerkults', der zum Markenzeichen der dschihadistischen Bewegung wurde"[34]. Er wurde zum „Ziehvater" Bin Ladens.[35] An Osama Bin Ladens Seite stand aber auch Ayman al-Zawahiri, der in den 1990er Jahren zu dessen Stellvertreter als Chef von Al-Quaida wurde. „Al-Zawahiris Ziel war eine Islamische Revolution im Sinne Qutbs: ein gewaltsamer Aufstand gegen säkulare Herrscher und der Kampf gegen die ungläubige, ‚ignorante' Gesellschaft – wenn notwendig auch mit Terror gegen Zivilisten."[36] Bin Laden sollte jedoch eine mächtige Konkurrenz erwachsen in der Person Abu Musad al-Zarqawis, denn „was sich heute Islamischer Staat nennt, ist das politische, militärische und persönliche Vermächtnis des Dschihadisten Abu Musad al-Zarqawis"[37].

Auch wenn die komplexen Entwicklungen im Zeitraum von 2001 bis 2014/2015 im Irak und dann in Syrien hier nur gestreift werden können, sollen einige markante Punkte kurz angeschnitten werden.

Dazu zählt im Irak vor allem der sunnitisch-arabische Widerstand gegen die Regierung und die US-Besatzung. Der Widerstand war zunehmend von einer propagandistischen Rhetorik und Ideologie aus religiösen Motiven geprägt. „Das verlieh dem Kampf mit den Schiiten manichäische Züge eines kosmologischen Kampfes zwischen dem absolut Guten und dem absolut Bösen."[38]

Dazu zählen aber auch und vor allem dschihadistische Machtkämpfe, die Schwächung von Al-Quaida, die nach 2001 an Schlagkraft verlor, die Bildung der AQI (Al-Quaida im Irak) und deren Weiterentwicklung zu ISIS, die zur ISI[39] und schließlich zum IS sich wandelte.[40] Ideologische Quelle von AQI über ISIS bis zum IS sind die Lehren Abu Musab al-Zarqawis, der als Gründervater und Chefideologe dieser Organisationen gilt.[41] Auch sein Denken ist geprägt von einem systematischen Freund-Feind-Schema, das einen „binär strukturierten Deutungsrahmen" und ein radikal „manichäisches Weltbild" bildet:

> Mit dieser extremen Positionierung erklärte Zarqawi die AQI zur stählernen Speerspitze in einem Kampf gegen alle und jeden, der nicht für sie war. In diesem Kampf diente Gewalt nicht mehr nur der Machterhaltung und Disziplinierung,

34 Neumann, S. 58.
35 Ibid., S. 59.
36 Ibid., S. 61.
37 Ibid., S. 76.
38 Buchta, S. 240f.
39 Als Detailstudie zu ISI (Islamischer Staat Irak) für den Zeitraum 2003 bis 2010 cf. Günther.
40 Reuter spricht hier von den „Mutationsformen" des IS, der sich zu einem „totalitären, expansiven und hegemonialen Projekt" entwickelt hatte. Reuter, S. 15, 17.
41 Cf. Buchta, S. 289ff.

sondern als Werkzeug zur physischen Auslöschung aller Gruppen, die nicht auf ihrer Seite standen.[42]

Aus diesen Machtkämpfen sollte der IS mit der Verkündung des Kalifats im Juni 2014 vorerst einmal siegreich hervorgehen. Eines der Ziele des „Islamischen Staates“ ist die „harte und kompromisslose“ Durchsetzung eines „religiösen Tugendregimes“, dem das gesamte gesellschaftliche Leben unterworfen wird. Der IS greift in das Bildungswesen ein, in das Rechtwesen und er diktiert neue Sprachregelungen.[43] Dieser – Islamische – Staat trägt die Züge eines totalitären Systems, er ist „Zentrum einer neuen totalitären Bewegung“[44].

Mittel zur Erreichung des Zieles ist der Dschihad, der – wie wir es schon bei Qutb gesehen haben - einer eigenen Deutung folgt. Die Deutung, die der ‚Islamische Staat‘ seinem Dschihad unterlegt, ist die eines Gottesdienstes, der es seinen Kämpfern erlaubt, alle moralischen Standards außer Kraft zu setzen. Folglich maßen sie sich das Recht an, auch die abscheulichsten Verbrechen und Greueltaten zu begehen, sei es die Versklavung und der Verkauf von Mädchen, die Ermordung wehrloser Kriegsgefangener oder schutzloser Frauen, Kinder und Greise.[45]

Als „Besitzer einer einzig wahren Moral“ beansprucht der IS die moralische Überlegenheit und fordert von daher Gefolgschaft und Gehorsam. „Wer dieser Organisation beitritt, ist fortan kein freies Individuum mehr, er muss tun, was ihm befohlen wird.“[46] Darin gründet zugleich die Attraktivität dieser Bewegung für alle jene, die in einer zunehmend unübersichtlichen Welt nach Sicherheit in einer festgefügten Ordnung suchen.

Abschließend lasse ich zwei Personen sprechen, und ich gestehe, dass die Auswahl auch von der Kraft der Worte und Bilder gelenkt ist, die diese beiden repräsentieren, und darin auch Kernelemente erkennen lassen, die das „terroristische Gesetz“ ausmachen. Diese Aussagen stammen aus dem jüngst erschienenen Bericht von Jürgen Todenhöfer „Inside IS – 10 Tage im Islamischen Staat‘“.[47] Im Verlauf der Vorbereitungen seiner Reise in das Gebiet des

42 Ibid., S. 296f. Zu Zarqawi cf. auch Günther, S. 62ff., S. 130ff.

43 Cf. hiezu Buchta, S. 26ff.

44 Neumann, S. 13.

45 Buchta, S. 72.

46 *„Allmacht durch Zerstörung“*. Was treibt den IS an, Kulturgüter zu vernichten? Ein Gespräch mit dem Konfliktforscher Wilhelm Heitmeyer. Die Fragen stellte Lydia Klöckner. *DIE ZEIT* (36) 3.9.2015, S. 28.

47 Todenhöfer, Jürgen: *Inside IS – 10 Tage im ‚Islamischen Staat‘*. C. Bertelsmann: München [2]2015. Auch wenn Jürgen Todenhöfer – ehemaliger Politiker (Bundestagsabgeordneter, CDU/CSU), Medienmanager und Publizist – durchaus umstritten ist, kommt man um seinen authentischen Bericht nicht herum. Kritisch dazu – „Todenhöfer hatte sich instrumentalisieren lassen“ – Neumann, S. 90.

IS führte Todenhöfer mittels Internet-Chat zwei Gespräche mit Dschihadisten, die zur Gruppe der Auslandskämpfer gehören.[48]

Das erste Gespräch fand am 29. Juni 2014 mit Salim statt, den Todenhöfer so beschreibt: Er „ist ein einfacher, fast gutmütig wirkender 30-jähriger Jihadist aus Frankfurt"[49]. (Salim, so sein Kämpfername, war zunächst Kämpfer bei Jabhat Al Nusra und IS, hat sich aber vom IS abgewendet und der Jihadisten-Gruppe Jund Al Aqsa angeschlossen.) Salim scheint es gewagt zu haben, innerhalb des IS auch Kritik zu üben. Auf die Frage Todenhöfers: „Und was haben die vom IS dazu gesagt?" lautet die Antwort Salims: „Die sind blind, die sehen gar nichts. Die sehen nur Shariah, Shariah, Shariah. Die haben immer recht, und jeder, der nicht mit ihnen ist und mit Baghdadi, hat unrecht. Denken sie."[50]

Die andere Stimme gehört dem Dschihadisten Abu Qatadah. Todenhöfer beschreibt ihn so: „Er ist der intellektuell und ideologisch versierteste unserer Gesprächspartner. Seine geschichtlichen Kenntnisse sind umfassend. Seine Antworten gnadenlos und schneidend. Er hat in der Medienabteilung des IS offenbar eine offizielle Funktion, die er jedoch nicht näher definiert. Er war früher protestantischer Christ, ein ‚Urdeutscher' mit deutschen Eltern und Großeltern."[51] Eine Passage im Gespräch verlief so:

Todenhöfer fragt: „Was ist Ihre Meinung zu Schiiten?"

Antwort: „Die islamische Meinung ist, dass die Schiiten Abtrünnige sind. Ihre Abtrünnigkeit vom Islam bedeutet ihr Todesurteil."

Todenhöfer: „Was heißt das konkret?"

Abu Quatadah: „Die Schiiten haben zwei Möglichkeiten: Entweder sie bereuen und kehren freiwillig zum wahren Islam zurück, oder sie werden getötet."

Todenhöfer: „Das heißt, wenn 80 Millionen iranische, irakische, syrische Schiiten nicht bereuen und nicht freiwillig zum Sunnitentum übertreten, dann werden sie alle getötet?"

Antwort: „Richtig, definitiv ja."

Todenhöfer: „80 Millionen?"

Antwort: „Wenn's sein muss."[52]

48 Zur Rolle der Auslandskämpfer cf. ibid., S. 107ff.
49 Ibid., S. 47.
50 Ibid., S. 53.
51 Ibid., S. 72f.
52 Ibid., S. 95f.

Resümierend lässt sich festhalten:

Es ist die dem Terror immanente Logik und Denkweise, die analoge Strukturen und Mechanismen erkennen lässt, in welcher Gestalt auch immer der Terror auftritt und eine Politik der Angst, der Furcht und des Schreckens verbreitet. Terror ist eine Praxis der Tugend und sichert seine Herrschaft durch ein Regime des Tugendterrors. Die aus den höchsten Zwecken hergeleiteten absoluten Geltungsansprüche rechtfertigen kollektives wie individuelles Handeln im Dienste der eigenen absolut gesetzten Moral. Das Bild der Welt ist binär strukturiert. Eine duale Weltsicht scheidet Freund von Feind – wer nicht für uns ist, ist gegen uns – eine simple Formel, die alles und jeden liquidiert, der sich dem notwendigen Gang der Geschichte entgegenstellt. Die Tötungspotentiale heilsabsoluter Gewissheiten werden frei gesetzt. Eine Avantgarde ist im Besitz der Wahrheit, ist Vorhut im Kampf um das universale Endziel. Die Analyse von Fischer in den „Entarteten Idealen" lautet:

> Die Grundregeln der Moral versteht nur die Elite, nicht aber die Masse. ... Denn es handelt sich um einen ‚*Kreuzzug*" gegen die satanischen Mächte und ihr dämonologisches Blendwerk, um einen ‚heiligen Krieg'. Jede Kreuzzugsidee rechtfertigt das Töten als gute Tat, macht aus dem Töten einen Glaubensinhalt. Mit der Ermordung der ‚Ungläubigen', der ‚Satansbrut' setzt der Mensch ‚Gottes Werk in dieser Welt' fort.[53]

Der Einzelne geht auf im Kollektiv, leistet Gefolgschaft und Gehorsam. Das gute Gewissen, dem universalen Endziel zu dienen, löscht jeden Zweifel. Es ist die subjektive Bedingung für die im Terror entfesselte gnadenlose Aggressivität.[54]

4. Ausklang

In meinen Schlussworten möchte ich nochmals zu Fischer zurückkehren. Grundzug des Denkens von Michael Fischer war und ist ein Denken in prozessualen Kategorien. Das Dasein – die Fülle der Gegenwart – zu begreifen, der Wirklichkeit und den von ihr umschlossenen Möglichkeiten nachzuspüren – und das auch mithilfe der Trendforschung –, das jeweils Gegebene mit empirischen Methoden zu erfassen und aus einem kritischen Bewusstsein erklärend zu verstehen. Stets die Frage nach dem Woher zu stellen, um so das Wohin: die Zukunft in den Blick nehmen zu können. Dies sind für mich die Kennzeichen

53 Fischer, Michael / Weinberger Ota: *Entartete Ideale*. Leykam: Graz 1992, S. 91.

54 Cf. Fischer, Michael / Weinberger Ota (Hrsg.): *Politik als Dämonologie. Fanatismus in Denksystemen*. Redaktionelle Bearbeitung der Beiträge Michaela Strasser. (Salzburger Schriften zur Rechts-, Staats- und Sozialphilosophie 13). Peter Lang: Frankfurt a.M. 1991, S. 137.

eines dynamischen Denkens, das sich nicht in bloßer Reflexionskultur einrichten wollte, das vielmehr das Streitgespräch und den fortlaufenden Dialog suchte, um so die Erkenntnis in der Sache voranzutreiben.

Es war ein Denken im dialektischen Modus, in den Größen von Position und Negation und dem essentiellen Entwicklungsschritt der Vermittlung. Auch sein eigenes Denken war ein Fortschreiten im Bewusstsein der Freiheit, das er dialogisch vorangetrieben hat.

Quellenverzeichnis

„Allmacht durch Zerstörung". Was treibt den IS an, Kulturgüter zu vernichten? Ein Gespräch mit dem Konfliktforscher Wilhelm Heitmeyer. Die Fragen stellt Lydia Klöckner. *DIE ZEIT* (36) 3.9.2015, S. 28.

Amanat, Abbas: „Macht durch Gewalt: Die Neuerfindung des islamischen Extremismus". In: Talbott, Strobe / Chanda, Nayan (Hrsg.): *Das Zeitalter des Terrors. Amerika und die Welt nach dem 11. September*. Propyläen: München/Berlin 2002, S. 36–61.

Berman, Paul: *Terror und Liberalismus*. Aus d. Amerikan. v. Hans-Joachim Maass. Europäische Verlagsanstalt: Hamburg 2004.

Buchta, Wilfried: *Terror vor Europas Toren. Der Islamische Staat, Iraks Zerfall und Amerikas Ohnmacht*. Campus: Frankfurt a.M./New York 2015.

Fischer, Michael: *Vernunft als Norm. Gesellschaftskonstruktion und Lebenshorizont*. (Rechts-, Sozial- und Wirtschaftsphilosophie 20). Peter Lang: Frankfurt a.M. et al. 2005.

Fischer, Michael: *Verheißungen des Glücks. Studien zur Rechts- und Sozialphilosophie des Fortschritts*. (Salzburger Schriften zur Rechts-, Staats- und Sozialphilosophie 3). Peter Lang: Frankfurt a.M. et al. 1982.

Fischer, Michael / Weinberger Ota: *Entartete Ideale*. Leykam: Graz 1992.

Fischer, Michael / Weinberger Ota (Hrsg.): *Politik als Dämonologie. Fanatismus in Denksystemen*. Redaktionelle Bearbeitung der Beiträge Michaela Strasser. (Salzburger Schriften zur Rechts-, Staats- und Sozialphilosophie 13). Peter Lang: Frankfurt a.M. et al. 1991.

Günther, Christoph: *Ein zweiter Staat im Zweistromland? Genese und Ideologie des „Islamischen Staates Irak"*. (Kultur, Recht und Politik in muslimischen Gesellschaften 28). Ergon Verlag: Würzburg 2014.

Hegel, Georg Wilhelm Friedrich: „Phänomenologie des Geistes". (In: Id: *Werke in 20 Bden*, Bd. 3. Suhrkamp: Frankfurt a.M. 1970.

Hegel, Georg Wilhelm Friedrich: „Grundlinien der Philosophie des Rechts oder Naturrecht und Staatswissenschaft im Grundrisse". In: Id: *Werke in 20 Bden*, Bd. 7. Suhrkamp: Frankfurt a.M. 1970.

Hegel, Georg Wilhelm Friedrich: „Vorlesungen über die Philosophie der Geschichte". In: Id: *Werke in 20 Bden*, Bd. 12. Suhrkamp: Frankfurt a.M. 1970.

Hourani, Albert: *Die Geschichte der arabischen Völker*. Weitererzählt bis zum Arabischen Frühling von Malise Ruthven. Aus d. Engl. v. Manfred Ohl et al. S. Fischer: Frankfurt a.M. 2014.

Neumann, Peter R.: *Die Neuen Dschihadisten. IS, Europa und die nächste Welle des Terrorismus*. Econ: Berlin 2015.

Reuter, Christph: *Die Schwarze Macht. Der „Islamische Staat" und die Strategien des Terrors*. Deutsche Verlags-Anstalt: München [3]2015.

Talbott, Strobe / Chanda, Nayan (Hrsg.): *Das Zeitalter des Terrors. Amerika und die Welt nach dem 11. September*. Propyläen: München/Berlin 2002.

Todenhöfer, Jürgen: *Inside IS – 10 Tage im ‚Islamischen Staat'*.C. Bertelsmann: München [2]2015.

Vieweg, Klaus: *Das Denken der Freiheit. Hegels Grundlinien der Philosophie des Rechts*. Wilhelm Fink: München 2012.

Michael Geistlinger

Die EU und Russland – Die Kunst des Dialogs

1. Einleitende Bemerkungen

Betrachtet man die Herangehensweise der Europäischen Kommission an Russland seit dem Ende der Sowjetunion, so fühlt man sich mitten in Michael Fischers Analyse von „Vernunft als Norm" versetzt. In einem Kapitel ziemlich am Anfang seiner Studie schildert Fischer die aufklärerische Vernunft und zeigt den Beitrag auf, den Moses Mendelssohn und Immanuel Kant für einen transzendentalen Begründungszusammenhang von Aufklärung und Fortschritt leisteten: „Dass die Welt im Ganzen immer zum Besseren fortschreitet, dies anzunehmen berechtigt uns keine Theorie, wohl aber die reine praktische Vernunft."[1] Ab Kant gab es mithin nicht mehr mehrere Geschichten, mehrere Revolutionen, mehrere Freiheiten, mehrere Fortschritte, sondern nur mehr einen, „den Fortschritt". Fortschritt wurde zum theoretischen Legitimationstitel für politisches Handeln, ein universalistisches Monopol war geschaffen.[2]

Das Ende der Sowjetunion verstand die Europäische Union (EU) im Gleichschritt mit der Nordatlantikpakt-Organisation (NATO) und den Vereinigten Staaten von Amerika (USA) als Auftrag, ihr gesellschaftspolitisches Modell und ihr Verständnis von Fortschritt in den Hegemonialbereich der Sowjetunion zu exportieren. Die politische, wirtschaftliche und militärische Schwäche der Russischen Föderation (Russlands) und ihre anfänglichen Probleme, selbst das Ende der Sowjetunion zu überleben, kamen EU/NATO/USA sehr entgegen. Die EU und NATO-Osterweiterung, in der sich NATO und EU bei den Mitteln, die zum Einsatz kamen, nicht wirklich zimperlich zeigten und, wie das Beispiel Jugoslawien zeigt, auch der Einsatz militärischer Gewalt zum Tragen kam, erfolgte in rasantem Tempo und ohne großen Widerstand. Die EU verstand sich und versteht sich noch heute im aufklärerischen Sinn als die alleinigliche Verkörperung von Fortschritt, als die letztlich ja auch mit dem Friedens-Nobelpreis ausgestattete Heilsbringerin und Segensspenderin der Gegenwart. Parallel dazu unternahmen es die USA, teils mit Unterstützung der NATO, teils ohne, die Regime militärisch zu vernichten, die im Dunstkreis der ehemaligen Sowjetunion einen US-feindlichen oder jedenfalls

1 Fischer, Michael: *Vernunft als Norm. Gesellschaftskonstruktion und Lebenshorizont*. Peter Lang: Frankfurt a.M. et al. 2005, S. 35–36.

2 Fischer, Michael W. / Weinberger, Ota (Hrsg.): *Politik als Dämonologie*. Peter Lang: Frankfurt a.M. et al. 1991, S. 224.

für US-Interessen unzugänglichen politischen Kurs gefahren waren (Somalia, Irak, Libyen, Syrien, in gewissem Ausmaß auch Afghanistan).

2. Die Geschichte der Beziehungen zwischen EU und Russland als Geschichte fortschreitender Entfremdung

Der Versuch Georgiens unter Präsident Sakaashvili, sich im Jahr 2008 nach kroatischem Vorbild Süd-Ossetien unter Bruch der Waffenstillstandsvereinbarungen militärisch einzuverleiben, und die entschiedene militärische Antwort Russlands darauf, die dieses Unterfangen vereitelte, können als Zeitpunkt gesehen werden, ab dem Russland nicht mehr stillschweigend hinnahm, was USA/EU/NATO guthießen oder gewähren ließen. Seitdem steht Russland aber auch im aufklärerischen Sinn gebrandmarkt als Gegner von Fortschritt, als Synonym für Restauration von Überkommenem und für Beharren auf Vergangenem.

Es sei einer anderen Arbeit überlassen, zu diskutieren, ob und woraus die EU den Anspruch ableiten kann, ihr Verständnis von Fortschritt messianistisch in die Welt und insbesondere in jene Gebiete zu tragen, die Russland als Fortsetzerstaat der früheren Sowjetunion als seinen Hegemonialbereich für sich in Anspruch nimmt. Russland hat es da leichter. Immerhin leben in diesem Raum annähernd 40 Millionen Ko-Nationale (russisch-sprachige Personen) bei ca. 145 Millionen Russen insgesamt. Russland wird man nach Völkerrecht nicht das Recht aberkennen können, als Schutzmacht dieser Personengruppe auftreten zu können, auch wenn im Einzelnen strittig sein mag, wie weit die Rechte einer Schutzmacht für ihre Ko-Nationalen im Ausland reichen.[3] Sicher ist auch, dass die EU über keinen damit korrelierenden Anspruch verfügt und ihr auch die Exilpolen in der Ukraine nicht zu einem solchen Anspruch verhelfen.

Sieht man von den drei baltischen Staaten ab, deren Weg hinein zur Mitgliedschaft in der EU ganz anders verlaufen sollte als der der übrigen Staaten auf dem Territorium der früheren Sowjetunion, so zeigte die EU bzw. zeigten die Europäischen Gemeinschaften (EG) davor von Anfang an, dass sie Russland keinen besonderen politischen Rang gegenüber den übrigen Staaten der ehemaligen Sowjetunion zugestehen wollten. Russland war nicht der erste dieser verbliebenen 12 Staaten, mit dem die damaligen EG (später EU) ein Partnerschafts- und Kooperationsabkommen unterzeichneten.[4] Der weitgehend

3 Dazu ausführlich im gegebenen Zusammenhang Geistlinger, Michael: „Der Schutz ihrer Landsleute im Ausland durch die Russländische Föderation unter besonderer Berücksichtigung der Ukraine". *Die Friedens-Warte* 89 (1–2), 2014, S. 187 und S. 196–201.

4 24. Juni 1994, ratifiziert gemeinsam mit dem Zusatzprotokoll vom 21. Mai 1997 und in Kraft getreten am 1. Dezember 1997. Siehe dazu Beschluss des Rates und der Kommission der EU vom 30. Oktober 1997 (97/800/EGKS, EG, Euratom). In: (EU) ABl. L 327/1 vom 28. November 1997. Davor (am 14. Juni 1994) war schon

parallele Verhandlungsverlauf zeigt, dass die EG mit einer Art Mustervertrag in die Verhandlungen mit Armenien, Aserbaidschan, Georgien, Moldavien (Moldau), Russland und der Ukraine gingen, der nicht im Vorhinein mit Russland abgestimmt worden war. Russland wurde wie die anderen Staaten als Bittsteller behandelt, dessen Spielraum in den bilateralen Verhandlungen Änderungen des Vertrages zu erreichen, naturgemäß eng begrenzt war. Die für wirtschaftliche Abkommen untypische Anreicherung dieser Verträge mit von der EG-Seite vorformulierten wirtschafts- und gesellschaftspolitischen Zielvorstellungen unterstrichen zum Einen das Bemühen der EG (EU), die Verträge als völkerrechtlich verbindliche Instrumente zum Export des eigenen wirtschafts- und gesellschaftspolitischen Modells zu nützen, zum Anderen spiegelten sie die Ungleichheit der Verhandlungspartner wider. Die EG (EU) verstanden sich als übergeordnet, die Verträge hatten den Charakter von Verhandlungsoktroys.

Von Anfang an ignorierten die EG (EU), dass das eigentliche Gegenüber keiner dieser Staaten für sich allein, sondern die Gemeinschaft Unabhängiger Staaten (GUS) an ihrer Stelle gewesen wäre, die als – auch wirtschaftlicher Zusammenschluss – zum damaligen Zeitpunkt aller Staaten auf dem Gebiet der früheren Sowjetunion mit Ausnahme der baltischen Staaten der logische Widerpart zur EG (EU) gewesen wäre.[5] Mit der Verabschiedung der Europäischen Nachbarschaftspolitik im Jahr 2003[6] ging die EU gerade den entgegengesetzten Weg, indem sie für die nächste Generation von Partnerschafts- und Kooperationsabkommen mit den nämlichen Staaten die bilateralen Beziehungen zu vertiefen ankündigte und gleichzeitig mit den kleineren Staaten zu ersten Verhandlungserfolgen – wieder auf dem Boden eines Mustervertrages – zu kommen trachtete, um dann die größeren Staaten – zuletzt Russland – in das vorgefertigte Korsett zu zwingen. Russland bewertete dies als Versuch der EU, Russland als „Juniorpartner", also als untergeordneten Vertragspartner und somit nicht auf Augenhöhe, zu verstehen, und ging den Weg nicht mit. Auf dem St. Petersburger Gipfel EU – Russland im Mai 2003 vereinbarten beide Parteien den Aufbau vier gemeinsamer Räume (Gemeinsamer Wirtschaftsraum, Gemeinsamer Raum der Freiheit, der Sicherheit und des

---

das Abkommen mit der Ukraine unterzeichnet worden. Siehe Beschluss des Rates und der Kommission der EU vom 26. Januar 1998 (98/149/EG, EGKS, Euratom). In: EU ABl. L 49/1 vom 19. Februar 1998.

5 Näher dazu Geistlinger, Michael: „Die Osterweiterung der EU und Russland, die GUS und die nichtassoziierten Staaten auf dem Balkan". In: Heusel, Wolfgang (Hrsg.): *Die Osterweiterung der Europäischen Union.* (Schriftenreihe der Europäischen Rechtsakademie Trier 34). Bundesanzeiger Verlagsges.mbH: Köln 2002, S. 164–167.

6 Mitteilung der Kommission an den Rat und das Europäische Parlament vom 11. März 2003. *Größeres Europa – Nachbarschaft. Ein neuer Rahmen für die Beziehungen der EU zu ihren östlichen und südlichen Nachbarn.* KOM(2003) 104 endg.

Rechts, Gemeinsamer Raum für die Zusammenarbeit im Bereich der äußeren Sicherheit und Gemeinsamer Raum für Forschung, Bildung und Kultur).[7]

Ungeachtet der vermeintlichen Gleichordnung der Partner EU und Russland, die man aus dem Wort „gemeinsam" erschließen könnte, lässt die Festlegung der EU-Sicht dieser Einigung im Länderstrategiepapier 2007–2013 Russische Föderation keinen Zweifel daran, dass die EU ihren Kurs beibehielt, zu versuchen, Russland ihre Sicht der Dinge aufzuzwingen. Zum Europäischen Nachbarschafts- und Partnerschaftsinstrument liest man in Kapitel 6.3 des Strategiepapieres beispielsweise Folgendes:

> Das Europäische Nachbarschafts- und Partnerschaftsinstrument (ENPI) ist das wichtigste Finanzierungsinstrument für die Umsetzung der strategischen Partnerschaft mit Russland. Es umfasst neben einer nationalen Mittelzuweisung für Russland auch regionale und grenzübergreifende Komponenten. Zudem sind Mittel aus dem Instrument für nukleare Sicherheit, dem Instrument für Demokratie und Menschenrechte sowie aus einer Reihe thematischer Programme für die finanzielle Zusammenarbeit mit Russland verfügbar.
>
> Damit dieses Instrumentarium auch auf Russland angewandt werden kann, muss die Föderation die allgemeinen Bedingungen für die finanzielle Zusammenarbeit mit der Kommission akzeptieren, und ein allgemeines Rahmenabkommen über diese Zusammenarbeit unterzeichnen.[8]

Nun kann man sich freilich auf den Standpunkt stellen „Wer zahlt, bestimmt die Regeln". Doch ist keinesfalls ausgemacht, dass es sich bei der Zusammenarbeit zwischen der EU und Russland, so sie zustande gekommen wäre, um eine Einbahnstraße gehandelt hätte. Vorteile und Lasten wären auf beiden Seiten zu liegen gekommen. Es ist auch nicht auszuschließen, dass eine Gesamtbewertung der angestrebten Partnerschaft als insgesamt mehr vorteilhaft für die EU als für Russland ausgefallen wäre. Ungeachtet all dessen erhielten auch die vier so genannten „gemeinsamen Räume" in der Diktion der EU Kommission somit das Couleur „EU-diktierter Räume".

Vor diesem Hintergrund kam es wenig überraschend, dass sich die Beziehungen zwischen der EU und Russland fortschreitend mehr verschlechterten, denn verbesserten. Schon 2009, rund um den Prager Gipfel zur östlichen Partnerschaft,[9] war erkennbar, dass die Russische Föderation die von der EU angestrebte Weiterentwicklung der europäischen Nachbarschaftspolitik

---

7 Siehe EU Kommission (Hrsg.), *Länderstrategiepapier 2007–2013 Russische Föderation*, retrieved 15.10.2015, from http://www.eeas.europa.eu/russia/docs/2007-20013_de, S. 3.

8 Siehe Länderstrategiepapier (FN. 7), S. 28.

9 Die Joint Declaration of the Prague Eastern Partnership Summit vom 7. Mai 2009, (8435/09 (Presse 78), retrieved 12.10.2015, from http://www.consilium.europa.eu/uedocs/cms_data/docs/pressdata/en/er/107589.pdf, verbindet nur die EU, ihre

mit Argwohn beobachtete und eigene Schlüsse aus der Politik der EU zu den Staaten des Kaukasus, zu Moldavien (Moldau), der Ukraine und zu Belarus' in den Jahren 2003 (Gründung der europäischen Nachbarschaftspolitik) bis 2009 zog.[10] Zwar stieß der russische Außenminister Lavrov damals die Tür Russlands noch nicht definitiv zu und der damalige russische Präsident Medvedev zeigte sich reserviert abwartend und beobachtend.[11] Russland hatte aber schon länger missfallen, dass die Europäische Kommission nach dem Grundsatz „divide et impera" mit Staaten, die als Nachfolgestaaten der früheren Sowjetunion für den russischen Hegemonialbereich in Anspruch genommen werden, getrennt, Staat nach Staat und meist beginnend mit den kleineren, auf der Grundlage eines von der Europäischen Kommission dekretierten Mustervertrages verhandelte, ohne Russland in irgendeiner Weise einzubeziehen oder zumindest zu konsultieren. Die fortschreitende innenpolitische Konsolidierung und wirtschaftliche Erholung Russlands erlaubte es diesem, selbstbewusster und stärker auf den eigenen Interessenstandpunkt bedacht aufzutreten. Die so genannte „östliche Partnerschaft" der EU wurde im Folgenden denn ohne Russland weiterentwickelt, ohne dass die Europäische Kommission bedachte, damit auf einer fremden Wiese und bei Staaten zu grasen, die vertraglich in die GUS und deren vielschichtiges und kompliziertes

Mitgliedstaaten auf der einen Seite und Armenien, Aserbaidschan, Belarus', Georgien, Moldavien (Moldau) und die Ukraine auf der anderen Seite.

10 Russland wurde nicht nur ausgespart. Die EU bezog und stärkte in allen Konflikten, die diese Staaten betreffen (Transnistrien, Abchasien, Südossetien, Berg-Karabach), im Einvernehmen mit NATO und den USA den entgegengesetzten Standpunkt zu Russland und rief hinsichtlich der Ukraine den Krim- und Ostukraine-Konflikt hervor. Siehe dazu ausführlich Geistlinger, Michael: „The European Union Acting in the Southern Caucasus – Legal Perspective". In: Geistlinger, Michael et al. (Hrsg.): *Security Identity and the Southern Caucasus. The Role of the EU, the US and Russia*. NWV: Wien/Graz 2008, S. 149–167.

11 Lavrov, Sergei: „Russia could join EU Eastern Partnership". *Agence France-Press* 11/25/09, 12.00 am, retrieved 12.10.2015, from http://www.hurriyetdailynews.com/default.aspx?pageid=438&n=lavrov-russia-could-join-eu-eastern-partnership-2009-11-25.

Vertragssystem eingebunden waren. Die Krim[12] und die Ostukraine[13] hatten ein politisches Vorspiel und die nächste Zuspitzung um Transnistrien folgt wie das Amen auf das Gebet.

3. Die EU Sanktionen gegen Russland als Tiefpunkt der Beziehungen EU – Russland

Beginnend mit seinen Beschlüssen vom 3. März 2014 nahm der Rat der EU drei Typen so genannter Sanktionen gegen die Russische Föderation an und begründete diese mit „der klaren Verletzung der Ukrainischen Souveränität und territorialen Integrität durch Akte der Aggression, die von russischen Streitkräften begangen worden sind, und der Ermächtigung des Föderationsrates Russlands vom 1. März, Streitkräfte auf dem Territorium der Ukraine einsetzen zu dürfen".[14] Die von der EU ergriffenen Maßnahmen umfassten diplomatische Maßnahmen, wie die Absage eines EU-Russland-Gipfels, das Aussetzen bilateraler Gespräche und Verhandlungen oder den Auftrag an die Europäische Investitionsbank, keine neuen Finanzierungen in Russland mehr zu zeichnen.[15] Hinzu kommen das Einfrieren von Vermögen ausgewählter Personen Russlands und die Verhängung von Einreise- und Durchreiseverboten für bestimmte Staatsbürger Russlands.

In der Fassung der Durchführungsverordnung des Rates der EU vom 9. Februar 2015 zur Durchführung der Verordnung (EU) 2014/269 fielen 151

---

12 Siehe dazu Geistlinger, Michael: „Der Beitritt der Republik Krim zur Russländischen Föderation aus der Warte des Selbstbestimmungsrechts der Völker". *Archiv des Völkerrechts* 52 (2), 2014, S. 175–204 gegen Luchterhandt, Otto: „Der Anschluss der Krim an Russland aus völkerrechtlicher Sicht". Ibid., S. 137–174 sowie die Beiträge des Symposiums "The Incorporation of Crimea by the Russian Federation in the Light of International Law" (cf. Marxens, Christian / Peters, Anne / Hartwig, Matthias (Hrsg.): "Symposium: 'The Incorporation of Crimea by the Russian Federation in the Light of International Law'. Max Planck Institute for Comparative Public Law and International Law, Heidelberg, September 2–3, 2014". *ZaöRV* 75, 2015, S. 3–231).

13 Zur Dezentralisierung oder Föderalisierung der Ukraine als möglicher Lösung siehe Geistlinger, Michael: "Some Thoughts on the De-Centralization of Power or Federalization of the Ukraine". *Europa Ethnica* 72 (1/2), 2015, S. 38–48.

14 Cf. Council of the EU (Hrsg.): Council conclusions on Ukraine (3 March 2014), retrieved 17.10.2015, from http://www.consilium.europa.eu/uedocs/cms_data/docs/pressdata/EN/foraff/141291.pdf.

15 Eine prägnante Zusammenstellung dieser und der anderen beiden Typen von Maßnahmen findet sich bei Pichler, Stefan Andreas: *Die völkerrechtliche Zulässigkeit von Sanktionen der Europäischen Union gegen die Russische Föderation.* (Diplomarbeit). Salzburg 2015, S. 7–24.

natürliche und 37 juristische Personen unter die so genannten „asset freezes".[16] Gegenwärtig sind 149 natürliche Personen betroffen. Sämtliche Gelder im Verständnis von finanziellen Vermögenswerten und Vorteilen jeder Art und andere wirtschaftliche Ressourcen der in der Liste enthaltenen Personen, Einrichtungen und Organisationen werden einem absoluten Nutzungsverbot unterworfen.[17]

Die Einreise- und Durchreiseverbote stützen sich letztlich auf den Beschluss 2014/145/GASP des Rates vom 17. März 2014 über restriktive Maßnahmen angesichts von Handlungen, die die territoriale Unversehrtheit, Souveränität und Unabhängigkeit der Ukraine untergraben oder bedrohen.[18]

Zusätzlich zu diesen personenbezogenen Maßnahmen wurden mit Beschluss 2014/512/GASP des Rates vom 31. Juli 2014 über restriktive Maßnahmen angesichts der Handlungen Russlands, die die Lage in der Ukraine destabilisieren[19], und Verordnung (EU) 833/2014 des Rates vom 31. Juli 2014 über restriktive Maßnahmen angesichts der Handlungen Russlands, die die Lage in der Ukraine destabilisieren[20], Maßnahmen zur Unterbindung der Zusammenarbeit und des Austausches in bestimmten Wirtschaftssektoren angenommen. Diese Maßnahmen können mit Fug und Recht als Wirtschaftssanktionen bezeichnet werden. Sie umfassen zum einen ein Waffenembargo und das Verbot technischer und finanzieller Hilfe, von Vermittlungsdiensten oder anderen Diensten in Zusammenhang mit militärischen Aktivitäten und der Bereitstellung, Herstellung, Instandhaltung und Nutzung von Rüstungsgütern unmittelbar oder

---

16 Durchführungsverordnung (EU) 2015/240 des Rates vom 9. Februar 2015 zur Durchführung der Verordnung (EU) Nr. 269/2014 über restriktive Maßnahmen angesichts von Handlungen, die die territoriale Unversehrtheit, Souveränität und Unabhängigkeit der Ukraine untergraben oder bedrohen, ABl. L 40/7 vom 16. Februar 2015. Mit Durchführungsverordnung (EU) 2015/1514 des Rates vom 14. September 2015 zur Durchführung der Verordnung (EU) Nr. 269/2014 über restriktive Maßnahmen angesichts von Handlungen, die die territoriale Unversehrtheit, Souveränität und Unabhängigkeit der Ukraine untergraben oder bedrohen, ABl. L 239/30 vom 15. September 2015, kam es zur Streichung einer natürlichen Person und gleichzeitiger Aufnahme einer anderen.

17 Die Bedingungen und Ausnahmen sind in der Verordnung (EU) 269/2014 des Rates vom 17. März 2014 über restriktive Maßnahmen angesichts von Handlungen, die die territoriale Unversehrtheit, Souveränität und Unabhängigkeit der Ukraine untergraben oder bedrohen, ABl. L 78/6 vom 17. März 2014, in der Fassung der Durchführungsverordnung vom 14. September 2015 (FN 16) geregelt.

18 ABl. L 78/16 vom 17. März 2014, ausgedehnt durch Beschluss (GASP) 2015/241 des Rates vom 9. Februar 2015, ABl. L 40/14 vom 16. Februar 2015 und in ihrer zeitlichen Geltung am 14. September 2015 bis 15. März 2016 verlängert. Eine Liste aller derzeit geltenden Maßnahmen und Fristen findet sich unter, retrieved 18.10.2015, from http://www.consilium.europa.eu/en/policies/sanctions/ukraine-crisis/

19 ABl. L 229/13 vom 31. Juli 2014.

20 ABl. 229/1 vom 31. Juli 2014.

mittelbar für eine Person, Organisation oder Einrichtung in Russland oder zur Verwendung in Russland. Hinzu kommen Handlungsbeschränkungen für dual-use-Güter und Barrieren für den Zugang russischer Banken zur Refinanzierung auf dem Kapitalmarkt der EU. Schließlich wurden die Erbringung von Dienstleistungen und der Handel mit bestimmten Ausrüstungsgegenständen, soweit beides für die Förderung von Erdöl und Erdgas notwendig sind, Beschränkungen unterworfen. Für die Republik Krim und die Stadt Sewastopol wurden zusätzliche Embargomaßnahmen beschlossen.[21]

Stefan Andreas Pichler hat die Sanktionen der EU einer völkerrechtlichen Bewertung in Bezug auf beide Argumentationsstränge unterzogen, die kumulativ oder getrennt als Rechtfertigung ihres Handelns von Seiten der EU vorgetragen wurden und sich dementsprechend in den Erwägungsgründen der jeweiligen Rechtsakte finden: die behauptete völkerrechtswidrige Annexion der Krim durch Russland und die durch Russland verschuldete Destabilisierung der Lage in der Ostukraine.[22] Pichler beschränkte sich auf eine Beurteilung im Lichte der ILC-Draft articles on the responsibility of international organizations aus dem Jahr 2011[23], des Art. 21 EUV[24] und des Art. 53 der Satzung der Vereinten Nationen (UN-Satzung).[25] Eine weitere Untersuchung wäre notwendig, um die EU-Sanktionen auf ihre Vereinbarkeit mit dem Recht der World Trade Organization (WTO) zu beurteilen. Außer Frage steht, dass die EU-Sanktionen das WTO-Recht in weitem Umfang unterlaufen.

Spätestens seit der so-genannten Agenda für den Frieden, einem Bericht des damaligen UN-Generalsekretärs Boutros Boutros-Ghali gemäß der am

---

21 Verordnung (EU) 692/2014 des Rates vom 23. Juni 2014 über restriktive Maßnahmen als Reaktion auf die rechtswidrige Eingliederung der Krim und Sewastopols durch Annexion, ABl. 183/9 vom 24. Juni 2014.

22 Pichler (FN 15), S. 38–62.

23 International Law Commission: Report to the General Assembly 2011, Supplement No. 10 (A/66/10), S. 52–172, retrieved 19.10.2015, from http://legal.un.org/docs/?path=../ilc/reports/2011/english/chp5pdf&lang=EFSRAC.

24 Vertrag über die Europäische Union, BGBl. III 1999/85 idF. 2013/171.

25 Art. 53 UN-Satzung (Charta of the United Nations) lautet:
„(1) Der Sicherheitsrat nimmt gegebenenfalls diese regionalen Abmachungen oder Einrichtungen zur Durchführung von Zwangsmaßnahmen unter seiner Autorität in Anspruch. Ohne Ermächtigung des Sicherheitsrats dürfen Zwangsmaßnahmen auf Grund regionaler Abmachungen oder seitens regionaler Einrichtungen nicht ergriffen werden; ausgenommen sind Maßnahmen gegen einen Feindstaat im Sinne des Absatzes 2, soweit sie in Artikel 107 oder in regionalen, gegen die Wiederaufnahme der Angriffspolitik eines solchen Staates gerichteten Abmachungen vorgesehen sind; die Ausnahme gilt, bis der Organisation auf Ersuchen der beteiligten Regierungen die Aufgabe zugewiesen wird, neue Angriffe eines solchen Staates zu verhüten.
(2) Der Ausdruck ‚Feindstaat' in Absatz 1 bezeichnet jeden Staat, der während des Zweiten Weltkriegs Feind eines Unterzeichners dieser Charta war."

31. Januar 1992 von dem Gipfeltreffen des UN-Sicherheitsrats verabschiedeten Erklärung steht außer Zweifel, dass es sich bei den damaligen EG und konsequenterweise daher auch der EU heute, völkerrechtlich um eine Internationale Organisation (damals internationale Organisationen) handelt, die eine regionale Abmachung (damals regionale Abmachungen) im Sinne des VIII. Kapitels und speziell des Art. 53 UN-Satzung darstellt.[26] Setzt sie wirtschaftliche Zwangsmaßnahmen gegen Nichtmitglieder, bedarf sie einer Ermächtigung des UN-Sicherheitsrats, die nicht vorliegt und die gegen Russland angesichts seines dann drohenden Vetos im UN-Sicherheitsrat auch nicht zu erreichen wäre. Pichler ist auch zuzustimmen, dass damit auch eine Berufung auf Art. 21 EUV und die völkergewohnheitsrechtliche Inanspruchnahme des genannten ILC Entwurfes betreffend die Verantwortlichkeit internationaler Organisationen ausscheidet, insoweit Art. 67 dieses Entwurfs eine Vereinbarkeit sämtlicher nach diesen völkergewohnheitsrechtlichen Normen ergriffenen Maßnahmen mit der UN-Satzung voraussetzt.[27] Die EU hat sich mit diesen Sanktionen jedenfalls außer und gegen das Völkerrecht gestellt und damit allfällig begründeten eigenen Vorhaltungen gegen Völkerrechtsverstößen anderer, insbesondere Russlands, den Boden entzogen.

Russland reagierte für die EU etwas ungewohnt und wohl auch unerwartet mit Gegenmaßnahmen in Form von Lebensmittelimportverboten und Einreisesperren. Den Reigen eröffnete der Erlass des Präsidenten der RF vom 6. August 2014, N. 560 „Über die Anwendung einzelner spezieller wirtschaftlicher Maßnahmen mit dem Ziel der Gewährleistung der Sicherheit der Russischen Föderation."[28] Die Regierung der RF kam dem darin enthaltenen Auftrag, die vom Präsidenten genannten Maßnahmen näher zu spezifizieren, mittels Verordnung vom 7. August 2014, N. 778, „Über Maßnahmen zur Realisierung des Erlasses des Präsidenten der Russischen Föderation vom 6. August 2014, N. 560 „Über die Anwendung einzelner spezieller wirtschaftlicher Maßnahmen mit dem Ziel der Gewährleistung der Sicherheit der Russischen Föderation"" nach.[29] Spätere Änderungen dieser Rechtsakte führten zu Verschärfungen und

26 Siehe Z. 61 der deutschen Übersetzung des Textes der Agenda für den Frieden, retrieved 19.10.2015, from http://www.ag-friedensforschung.de/themen/UNO/agenda.html#VII.

27 Pichler (FN 15), S. 54.

28 „O primenenii otdel'nych special'nych ėkonomičeskich mer v celjach obespečenija bezopasnosti Rossijskoj Federacii". Sobranie zakonodatel'stva Rossijskoj Federacii (SZRF) 2014/32/4470.

29 „„O merjach po realizacii Ukaza Prezidenta Rossijskoj Federacii ot 6 avgusta 2014g. N. 550 „O primenenii otdel'nych special'nych ėkonomičeskich mer v celjach obespečenija bezopasnosti Rossijskoj Federacii". SZRF 2014/32/4543.

Ausdehnung der Geltung dieser Maßnahmen bis 5. August 2016.[30] Dabei fällt, vor allem vor dem Hintergrund des WTO-Rechts, eine sehr viel vorsichtigere und überlegtere Vorgangsweise der russischen Seite auf.

Im Ergebnis ist man mitten in einem Wirtschaftskrieg USA/EU/NATO gegen Russland gelandet, der von einer massiven wechselseitigen Aufrüstung und offenen militärischer Drohgebärden aller Seiten begleitet wird. Man belauert sich gegenseitig und wartet, wessen Zwangsmaßnahmen dem anderen einen größeren und letzten Endes so großen Schaden zufügen, dass dieser vor der Gegenseite kapituliert. Die erhoffte Kapitulation der Gegenseite soll im Nachhinein den Schaden rechtfertigen, der durch die Vorgangsweise der eigenen Wirtschaft und Bevölkerung entstanden ist. Von Dialog miteinander kann nicht mehr die Rede sein.

Was die EU anbelangt, so hat die von ihr gewählte Vorgangsweise allerdings noch zu einem anderen Schaden geführt, der im so genannten Minsker Prozess zur Regelung der Auseinandersetzungen um die Ost- und Südostukraine deutlich geworden ist.[31] Die EU wurde von russischer Seite nicht mehr als Verhandlungspartner akzeptiert. Die russische Seite ist auf die zwischenstaatliche Ebene zurückgekehrt und hat damit den Bemühungen der Mitgliedstaaten der EU, eine gemeinsame Außen- und Sicherheitspolitik anstelle einer Vielzahl mitgliedstaatlicher Außenpolitiken aufzubauen, einen herben Rückschlag erteilt. Das so-genannte normannische Format, bestehend aus Deutschland, Frankreich, Russland und der Ukraine, das den Minsker Prozess unter Einbeziehung der OSZE, aber eben ohne EU, moderiert, kann auch als Dialogverweigerung gegenüber der EU verstanden werden. Als ständiges Mitglied des UN-Sicherheitsrats und als Vetomacht hat Russland es in der Hand, Bemühungen der EU als außenpolitischer Akteur ernst zu nehmen oder in der Familie der Vereinten Nationen und ihrer Tochterorganisationen und damit auf universeller Ebene scheitern zu lassen, zumindest aber erheblich zu beeinträchtigen. Es gibt also Gründe genug, sich um Wiederaufnahme eines Dialogs zu bemühen.

4. Ansatzpunkte für die Wiederaufnahme eines Dialogs

Worte sind bekanntlich geduldig und, soweit von Juristen in den Mund genommen, auch immer für mehrere Auslegungsvarianten zugänglich. Der

30 Präsidentenerlass vom 24. Juni 2015, N. 320, SZRF 2015/26/3878; Regierungsverordnungen vom 20. August 2014, N. 830, SZRF 2014/34/4685; vom 25. Juni 2015, N. 625, SZRF 2015/26/3913; vom 13. August 2015, N. 842, SZRF 2015/33/4856 und vom 16. September 2015, N. 981, retrieved 23.9.2015 from http://www.pravo.gov.ru.

31 Siehe dazu Geistlinger (FN. 13), S. 39–40.

Begriff „Integrität und territoriale Unversehrtheit der Ukraine“, wie er in mehreren Rechtsakten der EU zu lesen ist, kann gut und gerne auch „ohne Krim“ verstanden werden. Das wäre die Auslegungsweise, die dem Selbstbestimmungsrecht des Volkes der Republik Krim gerecht würde. Sich hinsichtlich der Zugehörigkeit der Ost-Ukraine zur Ukraine und einer mittelfristigen De-Zentralisierung oder Föderalisierung der Ukraine insgesamt verständigen zu können, scheint kein Ding der Unmöglichkeit. Sich Russland wieder anzunähern, indem man die Eurasische Wirtschaftsunion ernst zu nehmen beginnt und anstatt bilateraler Verträge ein multilaterales Abkommen mit der Eurasischen Wirtschaftsunion in Angriff nimmt, lässt alle Seiten das Gesicht bewahren. Anzuerkennen, dass Kaukasien, die Ukraine und Moldavien (Moldau) immer maximal in der Mitte zwischen der EU und Russland liegen werden, spricht für Neutralität und gegen NATO- und EU-Mitgliedschaft. Warum aber nicht die Eurasische Union nutzen, um diese Staaten nach und nach an den Lebensstandard der EU heranzuführen?[32] Die östliche Partnerschaft, konzipiert als Instrument zur Gewährleistung einer friedlichen Koexistenz anstelle von Expansionismus, könnte so letztlich tatsächlich in vier gemeinsame Räume mit Russland gipfeln. Die Alternative ist nicht der Untergang Russlands oder seine Kapitulation, sondern Russlands Erstarken im nichteuropäischen Raum.

Quellenverzeichnis

Rechtsquellen

Agenda für den Frieden, retrieved 19.10.2015, from http://www.ag-friedensforschung.de/themen/UNO/agenda.html#VII.

Beschluss (GASP) 2015/241 des Rates vom 9. Februar 2015, ABl. L 40/14 vom 16. Februar 2015 und in ihrer zeitlichen Geltung am 14. September 2015 bis 15. März 2016.

Beschluss 2014/145/GASP des Rates vom 17. März 2014 über restriktive Maßnahmen angesichts von Handlungen, die die territoriale Unversehrtheit, Souveränität und Unabhängigkeit der Ukraine untergraben oder bedrohen (ABl. L 78/16 vom 17. März 2014).

Beschluss 2014/512/GASP des Rates vom 31. Juli 2014 über restriktive Maßnahmen angesichts der Handlungen Russlands, die die Lage in der Ukraine destabilisieren (ABl. L 229/13 vom 31. Juli 2014).

Beschluss des Rates und der Kommission der EU vom 26. Januar 1998 (98/149/EG, EGKS, Euratom). In: EU ABl. L 49/1 vom 19. Februar 1998.

32 Siehe ausführlicher Geistlinger, Michael: „Wege aus der EU-Russland Krise“. *Kieler Ostrechts-Notizen* 18/19, 2/2014–1/2015, S. 15–21.

Beschluss des Rates und der Kommission der EU vom 30. Oktober 1997 (97/800/EGKS, EG, Euratom). In: (EU) ABl. L 327/1 vom 28. November 1997.

Charta of the United Nations, retrieved 19.04.2016, from http://www.un.org/en/charter-united-nations/index.html.

Council of the EU: Council conclusions on Ukraine (3 March 2014), retrieved 17.10.2015, from http://www.consilium.europa.eu/uedocs/cms_data/docs/pressdata/EN/foraff/141291.pdf.

Durchführungsverordnung (EU) 2015/1514 des Rates vom 14. September 2015 zur Durchführung der Verordnung (EU) Nr. 269/2014 über restriktive Maßnahmen angesichts von Handlungen, die die territoriale Unversehrtheit, Souveränität und Unabhängigkeit der Ukraine untergraben oder bedrohen, ABl. L 239/30 vom 15. September 2015.

Durchführungsverordnung (EU) 2015/240 des Rates vom 9. Februar 2015 zur Durchführung der Verordnung (EU) Nr. 269/2014 über restriktive Maßnahmen angesichts von Handlungen, die die territoriale Unversehrtheit, Souveränität und Unabhängigkeit der Ukraine untergraben oder bedrohen, ABl. L 40/7 vom 16. Februar 2015.

EU Kommission: *Länderstrategiepapier 2007–2013 Russische Föderation*, retrieved 15.10.2015, from http://www.consilium.europa.eu/en/uedocs/cms_data/docs/pressdata/en/er/107589.pd.

EU restrictive measures in response to the crisis in Ukraine, retrieved 18.10.2015, from http://www.consilium.europa.eu/en/policies/sanctions/ukraine-crisis/.

International Law Commission: Report to the General Assembly 2011, Supplement No. 10 (A/66/10), S. 52–172, retrieved 19.10.2015, from http://legal.un.org/docs/?path=../ilc/reports/2011/english/chp5pdf&lang=EFSRAC.

Joint Declaration of the Prague Eastern Partnership Summit vom 7. Mai 2009, (8435/09 (Presse 78), retrieved 12.10.2015, from http://www.consilium.europa.eu/en/uedocs/cms_data/docs/pressdata/en/er/107589.pdf.

Mitteilung der Kommission an den Rat und das Europäische Parlament vom 11. März 2003. *Größeres Europa – Nachbarschaft. Ein neuer Rahmen für die Beziehungen der EU zu ihren östlichen und südlichen Nachbarn*, KOM(2003) 104 endg.

Präsidentenerlass [Russland] vom 24. Juni 2015, N. 320, SZRF 2015/26/3878.

Regierungsverordnungen vom 20. August 2014, N. 830, SZRF 2014/34/4685; vom 25. Juni 2015, N. 625, SZRF 2015/26/3913; vom 13. August 2015, N. 842, SZRF 2015/33/4856 und vom 16. September 2015, N. 981, retrieved 23.9.2015, from http://www.pravo.gov.ru.

Sobranie zakonodatel'stva Rossijskoj Federacii (SZRF) 2014/32/4470.

Sobranie zakonodatel'stva Rossijskoj Federacii (SZRF) 2014/32/4543.

Verordnung (EU) 269/2014 des Rates vom 17. März 2014 über restriktive Maßnahmen angesichts von Handlungen, die die territoriale Unversehrtheit, Souveränität und Unabhängigkeit der Ukraine untergraben oder bedrohen, ABl. L 78/6 vom 17. März 2014, in der Fassung der Durchführungsverordnung vom 14. September 2015.

Verordnung (EU) 692/2014 des Rates vom 23. Juni 2014 über restriktive Maßnahmen als Reaktion auf die rechtswidrige Eingliederung der Krim und Sewastopols durch Annexion, ABl. 183/9 vom 24. Juni 2014.

Verordnung (EU) 833/2014 des Rates vom 31. Juli 2014 über restriktive Maßnahmen angesichts der Handlungen Russlands, die die Lage in der Ukraine destabilisieren (ABl. 229/1 vom 31. Juli 2014).

Vertrag über die Europäische Union, BGBl. III 1999/85 idF. 2013/171.

Literatur

Fischer, Michael: *Vernunft als Norm. Gesellschaftskonstruktion und Lebenshorizont*. Peter Lang: Frankfurt a.M. et al. 2005.

Fischer, W. Michael / Weinberger, Ota (Hrsg.): *Politik als Dämonologie*. Peter Lang: Frankfurt a.M. et al. 1991.

Geistlinger, Michael: "Some Thoughts on the De-Centralization of Power or Federalization of the Ukraine". *Europa Ethnica* 72(1/2), 2015, S. 38–48.

Geistlinger, Michael: „Wege aus der EU-Russland Krise". *Kieler Ostrechts-Notizen* 18/19, 2/2014–1/2015, S. 15–21.

Geistlinger, Michael: „Der Beitritt der Republik Krim zur Russländischen Föderation aus der Warte des Selbstbestimmungsrechts der Völker". *Archiv des Völkerrechts* 52(2), 2014, S. 175–204.

Geistlinger, Michael: „Der Schutz ihrer Landsleute im Ausland durch die Russländische Föderation unter besonderer Berücksichtigung der Ukraine." *Die Friedens-Warte* 89(1–2), 2014, S. 181–210.

Geistlinger, Michael: "The European Union Acting in the Southern Caucasus – Legal Perspective". In: Geistlinger, Michael et al. (Hrsg.): *Security Identity and the Southern Caucasus. The Role of the EU, the US and Russia*. NWV: Wien, Graz 2008, S. 149–167.

Geistlinger, Michael: „Die Osterweiterung der EU und Russland, die GUS und die nichtassoziierten Staaten auf dem Balkan". In: Heusel Wolfgang (Hrsg.): *Die Osterweiterung der Europäischen Union*. (Schriftenreihe der Europäischen Rechtsakademie Trier 34). Bundesanzeiger Verlagsges.mbH: Köln 2002, S. 149–167.

Lavrov, Sergej W.: "Russia could join EU Eastern Partnership". *Agence France-Press* 11/25/09, 12.00 am, retrieved 12.10.2015, from http://www.

hurriyetdailynews.com/default.aspx?pageid=438&n=lavrov-russia-could-join-eu-eastern-partnership-2009-11-25.

Luchterhandt, Otto: „Der Anschluss der Krim an Russland aus völkerrechtlicher Sicht“. *Archiv des Völkerrechts* 52(2), 2014, S. 137–174.

Marxens, Christian / Peters, Anne / Hartwig, Matthias (Hrsg.): “Symposium: The Incorporation of Crimea by the Russian Federation in the Light of International Law. Max Planck Institute for Comparative Public Law and International Law, Heidelberg, September 2–3, 2014”. *ZaöRV* 75, 2015.

Pichler, Stefan Andreas: *Die völkerrechtliche Zulässigkeit von Sanktionen der Europäischen Union gegen die Russische Föderation.* [Diplomarbeit]. Salzburg 2015, S. 7–24.

Nikolaus Dimmel

Post-demokratische Politiksimulation – Politische Quasi-Diskurse und non-evidence based Policy

1. Der Geist aus der Flasche

Die repräsentative Demokratie und mit ihr die politische Dienstklasse befinden sich in einer fundamentalen Krise (Kleinert 2012). Von „Dienstklasse" und eben nicht mehr von „politischer Klasse" (Beyme 1993) ist hier die Rede, weil sog. „politische Eliten" der systemrelevanten Parteien der repräsentativen Demokratie nicht mehr die Interessen des Souveräns substantiell vertreten, sondern diesen Souverän als Elektorat im Auftrag einer Plutokratie manipulieren. Thummes (2012) nennt dies formschön „Täuschung in der strategischen Kommunikation". Freeland (2013, 78ff) zeigt, dass sich die (Super)Reichen (institutionelle und individuelle Investoren wie Hegdefonds, Risikokapitalunternehmen oder Beteiligungsgesellschaften, funktionelle KapitalistInnen, Spitzenmanagement [CEOs] und SymbolagentInnen etwa an neuralgischen Stellen wie Ratingagenturen) als globalisierte Geldelite aus dem Zugriffsbereich einzelstaatlicher Politik verabschiedet haben. Ihre Parallelgesellschaft ist nur noch über Interessen, nicht mehr über Geografie definiert. Die nationalen und transnationalen ökonomischen Interessen dieser Geldelite werden durch eine Vermögensverteidigungsindustrie zusammengesetzt aus Politikern, Think Tanks, RechtsanwältInnen, SteuerberaterInnen und LobbyistInnen uam. durchgesetzt und gesichert (Winters 2011, 12). Eben diese Vermögensverteidigungsindustrie treibt die politische Liberalisierung der Märkte, insbesondere die rechtlich abgesicherte Deregulierung der Finanzmärkte, aber auch die kapitalistische Landnahme der öffentlichen Daseinsvorsorge voran (Freeland 2013, 143).

Die Plutokratie hat als Herrschaft des Geldes und der Shareholder die politische Dienstklasse korrumpiert und gekauft (Roth 2007), wie unzählige BeraterInnenkarrieren von PolitikerInnen nach Ende ihrer aktiven Dienstzeit zeigen (Roth 2014). Dieser Berufswechsel zwischen Politik und Wirtschaft lässt sich als *Revolving Door Effect* darstellen (Klein/Höntzsch 2007), in dem sich politische Eliten gegenüber RepräsentantInnen ökonomischer Machtblöcke (und deren Lobbies) submissiv, eilfertig oder opportunistisch verhalten, wenn und so weit sie davon ausgehen (können), dass dieses Verhalten ökonomisch etwa durch BeraterInnen-, Aufsichtsrats- oder Vorstandsposten, Vorträge, Consulting-Aufträge usw. remuneriert wird (Blanes/Draca/Fons-Rosen 2012). Weiss (2015, 146) hält zur sozialen Lage dieser politischen Dienstklasse fest:

„Die meisten von ihnen haben über ihre Seilschaften und Netzwerke in der Politik eine Karriere gemacht, die sie weit über ihre normalen Qualifikationen und Fähigkeiten hinausgetragen hat." Die Datenbank des „Corporate Europe Observatory" zeigt anhand unzähliger Beispiele, dass „lobbyists can influence the political agenda in Brussels. When senior European decision-makers – Commissioners, MEPs, officials – leave office and go straight into lobby jobs, or when lobbyists join the EU institutions, the risk of significant conflicts of interest is great, undermining democratic, public-interest decision-making".[1] Lobby-Control[2] zeigt dies penibel für Deutschland.[3] Die Willfährigkeit reicht weit: so ist etwa die Einflussnahme politischer Eliten auf Strafverfolgungsbehörden in Wirtschaftsstrafverfahren gegen RepräsentantInnen der Kapitalmacht hinreichend belegt (Bannenberg 2002). Zugleich ist ihr Unrechtsbewusstsein kaum ausgeprägt: politische Eliten halten etwa Provisionen als Gegenleistung für Entscheidungen für einen legitimen Teil ihres Einkommens (Piess/Sass/Meyer-Schwabedissen 2005). Ministerien und Parlamente winken von Konzernvertretern geschriebene Gesetze durch (Adamek 2009). In der EU kommen Rechtsakte auf legale Weise („delegierte Rechtsakte" auf Grundlage des Vertrags von Lissabon 2009) durch technische Weisungen zustande, zu denen das EU-Parlament ‚ja' oder ‚nein' sagen darf. Die EU-Komitologie – Ausschüsse zusammengesetzt aus ExpertInnen der Mitgliedsländer, der Kommission und des Parlaments arbeiten Verordnungen/Richtlinien aus – führt dazu, dass eine steigende Zahl neuralgischer Bestimmungen/Rechtsakte zur Privatisierung des Wassers, zum ESM und zum EU-Fiskalpakt im Parlament der Gemeinschaft überhaupt nicht mehr diskutiert wird.[4] Während Lobbyingagenturen und Wahlkampfspenden die Demokratie aushöhlen (Nichols 2014) bereichern (Rechts)Politiken der Privatisierung die Plutokratie (Rügemer 2008). Otto (2010) rekonstruiert dies als „Drehtür-Lobbykratie".

In diesem Spannungsverhältnis zwischen plutokratischer Macht und formal-repräsentativen Strukturen, in dem Instrumente „legaler Korruption" (Kaufmann 2009; Freeland 2013, 256) entwickelt wurden, haben sich autoritäre Verhältnisse etabliert (Cohan 2011),[5] die Kevin Phillips als antidemokratische

---

1 http://corporateeurope.org/power-lobbies/revolving-doors (retrieved 14.8.2015).

2 https://www.lobbycontrol.de/2015/07/fragwuerdig-ehemalige-eu-parlamentarier-wechseln-in-ttip-lobbyjobs/ (retrieved 14.8.2015).

3 Siehe hierzu die instruktive Seite: https://de.wikipedia.org/wiki/Wechsel_zwischen_Politik_und_Wirtschaft (retrieved 14.8.2015).

4 http://deutsche-wirtschafts-nachrichten.de/2013/03/04/lobbyist-packt-aus-eu-vereinbart-gesetze-im-hinterzimmer-komplett-undemokratisch/ (retrieved 14.8.2015).

5 http://www.nytimes.com/2014/10/24/opinion/paul-krugman-plutocrats-against-democracy.html?_r=0 (retrieved 14.8.2015).

„Vereinigung von Geld und Regierung“[6] beschreibt. Krugman[7] spricht von einem ‚class warfare‘, in dem die politische Dienstklasse mittels Steuerexemtionen, Finanzderegulierungen und Bankenrettungen eine Gesellschaft zweier Welten etabliert, nämlich einen je verballhornten Sozialismus für die „undeserving rich“ (Vergesellschaftung ihrer Risiken) und Kapitalismus (Privatisierung ihrer Risiken) für jene, die nichts anderes als ihre Lohnarbeitskraft zu verkaufen haben.

2. Politik als Marktpromotor und Markt

Innerhalb dieses Kontextes trat an die Stelle einer akzeptanzfähigen Vorstellung von Politik als Dienst am ‚bonum commune‘ ein zunehmend unverstelltes, allseitig geteiltes Politikverständnis von Politik als Instrument der Vermarktlichung, Deregulierung und Entstaatlichung (Mair 2013; Streeck 2014). Die „Elitendemokratie“ wird als Markt verstanden, auf dem politische UnternehmerInnen um die Stimmen der WählerInnen (KonsumentInnen) werben und als Tausch politische Produkte anbieten (Downs 1957). Damit wurde alle Politik formal der Ökonomie subsumiert. Ein ‚Marker‘ dieser Entwicklung ist Supiot (2012) zufolge der Prozess der Europäischen Integration, vor allem ausgedrückt in der Dominanz der vier Grundfreiheiten der EU über die sozialstaatliche Verfasstheit der Mitgliedstaaten (Fisahn 2009). Hui (2006) spricht vom Advent einer „depolitisierten Politik“, die sich Sachzwängen ausgeliefert sieht und die Exekution dieser (vorgeblichen) Sachzwänge zu ihrem Kerngeschäft erhebt. Frazer (2012, 120) wiederum zeigt in Absetzung gegenüber Polanyis “Great Transformation” der 1930er Jahre, dass die sozialen Kämpfe des 21. Jhdts keine Konfrontation mehr zwischen “political forces and commercial interests that favoured deregulating markets and extending commodification” einerseits und “a broad-based, cross-class front, including urban workers and rural landowners, socialists and conservatives, that sought to ‚protect society‘ from the ravages of the market” andererseits ausgelöst haben. Vielmehr sind heute alle politische Eliten “explicitly or implicitly neoliberal (…). Committed first and foremost to protecting investors, virtually all of them—including self-professed social democrats—demand ‚austerity‘ and ‚deficit reduction‘, despite the threats such policies pose to economy, society and nature”.

Deren homogenisierte Welterklärung versteht alle Politik nur durch die Form des Marktes hindurch. Politische Botschaften verwandeln sich kongenial in Werbebotschaften auf Märkten, PolitikerInnen in SchaustellerInnen auf

6 http://www.pbs.org/now/transcript/transcript_phillips.html (retrieved 14.8.2015).
7 http://www.nytimes.com/2014/01/20/opinion/krugman-the-undeserving-rich.html?_r=1.

Märkten. Der politische Konflikt findet also in den Formaten des Marketings statt und wird „Kommunikation“ genannt. Ein „Antagonismus“ kommt hier nicht mehr vor. Folgerichtig ersetzt die auf Dauer gestellte Meinungsumfrage jeden politischen Diskurs. In den Politikwissenschaften verwandeln endlose Alterationen des ‚rational choice‘-Konzeptes Wahlentscheidungen in ökonomisch rationale Kaufvorgänge (Brennan/Lomasky 1993). Ideologisch-programmatische (Welt)Anschauung wird durch instrumentelle Kalküle der Interessenabwägung verdrängt. Zugleich wandelt sich Politik vom Beruf zum Geschäft (Borchert/Leitner/Stolz 2000).

Derlei Vermarktlichung der Politik spiegelt jene der Gesellschaft. Mitte der 1970er Jahre war der marktradikale Liberalismus auf Europäischem Boden noch ein politisches Machtspiel auf dem ideologischen Reißbrett marktradikaler Apologetiker (Conert 2002). Nur an der kapitalistischen Peripherie (Chile, Argentinien) wurde das marktradikale Reformkonzept der Chicago Boys („Schockbehandlung“) bereits gewalttätig umgesetzt (Hertwig 1983; Herrera 1988). Ende der 1970er führten die inneren Widersprüche des Keynesianismus zu einem erfolgreichen Aufstand der Aktionäre, institutionellen Anleger und Finanzkapitalisten gegen Regulierung und hohe Steuerlasten im angloamerikanischen Kapitalismustyp (Albert 1992). Bedingt durch die Globalisierung der Wettbewerbsbedingungen geriet auch der Rheinische Kapitalismus in eine Strukturkrise (Windolf 2003). Im weiteren wurden ökonomische Schocks in Verbindung mit militärischen Niederlagen und Naturkatastrophen dazu genutzt, Privatisierungsmaßnahmen, Deregulierungsstrategien und vor allem den Abbau sozialstaatlicher Mechanismen durchzusetzen (Klein 2007). Die Utopie grenzenloser Ausbeutung wurde Realität (Bourdieu 1998).

Anfang der 1980er Jahre hatte sich die Politik der Liberalisierung und Deregulierung von einem madrasen-haft vorgetragenen ideologischen Geplänkel der Vordenker der Mont-Pelerin-Society (Cockett 1995) in ein medienmarktgängiges, ideologisches und mit akademischen Weihen versehenes Dispositiv verwandelt (Mirowski/Plehwe 2009). Eine Akkumulationsdynamik und Regulationsweise wurde in Gang gesetzt, deren Pfadabhängigkeit sich die politischen Systeme nicht mehr entziehen konnten. Die Politik der Deregulierung hatte vor allem im Finanzsektor eine Dynamik entfesselt, die im Gefüge politischer Machtverteilung nicht mehr zu bändigen war (Chesney 2014). In dem Ausmaß, in dem neoliberale Dogmen doktrinär elaboriert und verankert wurden, verschwand auch die Vorstellung einer konsistenten, sozial-inklusiven Strategie kapitalistischer Regulation (Hirsch/Roth 1986). Die Neoklassik schwang sich zu einer ökonomischen „Weltreligion“ (Krätke 1999) auf. Gleichwohl spiegelt die Genealogie des Neoliberalismus als Verknüpfung aus marktradikaler Liberalisierung, antietatistischer Deregulierung, postfordistischer Flexibilisierung und einer reponsibilistischen Erosion des Sozial- und Wohlfahrtsstaates keinen wie immer geartet ausweglosen ökonomischen Sachzwang wieder (Plehwe et al. 2006), sondern vielmehr eine arbiträre Entscheidung der politischen Eliten, die relativ hohe Steuerlast der Vermögenden zu Lasten der abhängig Beschäftigten zu senken und neue Investitionsmöglichkeiten (Kapitalverwertungschancen) für das überakkumulierte Kapital zu schaffen. Der neoliberale Elitenkonsens (Schmidt 2007) war also weder Sachzwang noch Selbstläufer, sondern Resultat einer Machtverschiebung (Deppe 1997).

Die Treiber der neoliberalen Konterrevolution und „marktradikalen Propaganda“ (Ötsch 2009) waren komplex (Altvater 1981). Einer davon waren die in Think Tanks (Desai 1994) organisierten „Evangelisten des Marktes“ (Dixon 2000), deren Funktion darin bestand, die politische Dienstklasse zu lobbyieren und handlungswirksame, in den medialen „Blödmaschinen“ schier endlos variierte Konfigurationen postfordistischer Individualisierungs- und Wettbewerbsideologien (Harvey 2007) zu propagieren. Trotz sinkenden Wirtschaftswachstums, steigender Arbeitslosigkeit und steigender Staatsverschuldung konnten die hegemonialen Projekte der Austeritätspolitik (Blyth 2014), der Hochzinspolitik, der Politik der Liberalisierung, Deregulierung, Flexibilisierung und Entstaatlichung (George 2001; Schmee 2008) durchgesetzt werden. Die Kapitalseite konnte den fordistischen Klassenkompromiss ohne Friktionen und substantielle Risiken für die gesellschaftliche Stabilität aufkündigen (Röttger 2008). So zerstörte Maggie Thatcher die Gewerkschaften der Bergbau-Kumpel, Ronald Reagan jene der Fluglotsen, Helmut Kohl mit Nato-Doppelbeschluss die DDR (Baron 2003). Die gesellschaftliche Akzeptanz dieser Aufkündigung des Klassenkompromisses wurde durch sozialdisziplinierende Strategien und die repressive Individualisierung von Arbeitslosigkeit, Armut und sozialer Ausgrenzung legitimiert (Uerlings 2013). Arbeitskräfte wurden in selbstorganisierte, permanent-verfügbare Arbeitskraftunternehmer (Voß/Pongratz 1998) einer 24/7-Ökonomie (Gerlach 2000; Crary 2014) verwandelt. Arbeitsmarkt- und Sozialpolitik wurden dem Paradigma der Individualisierung (der Lebensführung) und Verwettbewerblichung unterworfen. Diese Umwandlung in eine ‚Contest-Society‘ setzt(e) eine spezifische Gouvernementalität (Lemke 1997) sowie die Herausbildung der mentalen Epidemie eines kollektiven Mittelschichtzugehörigkeitswahns voraus, der keine Klassen mehr kennt. So trat an die Stelle staatlicher Rationalität die gottgleiche Rationalität der Markttransaktion (Chomsky 2000), während der Staat selbst bloß noch den freien Wettbewerb zu organisieren hatte (Hirsch 1995): An die Stelle kollektiver Sicherungssysteme trat die individuelle Vorsorge, an die Stelle des mit dem Generalverdacht ökonomischer Inkompetenz ausgestatteten Staates trat der Markt, an die Stelle des öffentlichen Raums der private. Der sozietale Anspruch, den Kapitalismus auf sozial ebenso sozial-integrative wie sozial-inklusive Weise zu regieren, wurde im Ergebnis in einer anschwellenden Woge des marktfundamentalistischen Furors (Stiglitz 2004,106) zersetzt. Die utopischen Energien der fordistischen Moderne waren erschöpft und mit ihnen das Vertrauen in die Fortsetzung der scheinbar immerwährenden Prosperität der Nachkriegszeit erodiert (Lutz 1984; Walpen 2000).

Die entstehende plutokratische Gesellschaftsordnung (Krysmanski 2012) verwandelt alles in Märkte, auch das politische System, das von (superreichen) Geldeliten, institutionellen Anlegern, funktionellen Kapitalisten und deren Funktionären ‚gekapert' wurde (Freeland 2013). Die politischen Chancen, Einfluss auf die Formulierung, Gestaltung und Durchsetzung von gesellschaftlichen (Öffentlichkeit, Gemeinwesen) Zielsetzungen zu nehmen (Fuchs/Roller 2009), sind seither zunehmend ungleich verteilt. Willensbildung und Entscheidungsfindung sind nicht deliberativ, also durch öffentliche Diskurse, sondern monolinear in einem „Sender-Empfänger"-Modell oder über Medienmonopole organisiert. Praktiken demokratischer Subpolitik, die vom Shitstorm in Social Media bis hin zu zivilgesellschaftlichem Ungehorsam reichen, sind zugleich sozial-kontrolliert und medial weitgehend ausgeblendet. Politics, also die Prozesse (Kommunikationen) der Politik, bleiben von den Formaten und Formationen politischer Kommunikation beherrscht, während Policies, also die Inhalte politischer Entscheidungen, weder vom Souverän noch von einer wachsenden Anzahl politischer Entscheidungsträger überhaupt noch verstanden werden (Talos/Kittel 2001).

3. Entkopplung von Politik und Gesellschaft

Der Politik kommt so die Gesellschaft abhanden (Lefort/Gauchet 1990) und die Demokratie an ihr Ende (Guehenno 1996). Dies spiegelt sich in steigender, wenngleich schicht- und milieuspezifisch je unterschiedlich ausgeprägter Politikverdrossenheit (Gaiser et al. 2002) und in einer Desintegration demokratischer Legitimitätsvorstellungen (Priddat 2013). Der Eurobarometer-Umfrage 2013 zufolge ist das Vertrauen der EU-Bürger in die Politik seit dem Ausbruch der Finanz- und Schuldenkrise deutlich gesunken. Vertrauten 2007 noch bei 57% den Institutionen der EU, so waren es 2013 31%. 2013 vertrauten nur mehr 25% der EU-Bürger ihrer Regierung – 2007 waren es noch 43% gewesen – und 26% dem eigenen Parlament.

Lucke (2010) spricht von einer „Demokratie ohne Volk" als Resultat des Auseinandertretens von Legalität und Legitimität; Guggenberger (2012) von einer „Verflüssigung der Politik". Die damit verknüpfte negative Einstellung der Bürger, ihr Desinteresse gegenüber und ihre Ablehnung von Politik, ihren Institutionen und Prozessen spiegelt sich in steigender Wahlenthaltung und sinkenden Parteimitgliedschaftszahlen, aber auch einer steigenden Irrationalität des Wahlverhaltens (Denkzettelwahlen). Kramar-Schmid/Linsinger (2014) zufolge hat das Ausmaß an Respektlosigkeit und (Vorschuss)Misstrauen gegenüber Politikern als wahrgenommenen Dilettanten, Abzockern und Parteisoldaten demokratiegefährdende Dimensionen erreicht. Das Image von

Bankern (auch nach der Subprime-Krise), Immobilienmaklern und Prostituierten liegt folgerichtig deutlich vor jenem der politischen Eliten. Da die Anforderungen an das ‚policy-making' beinahe ausschließlich medial bestimmt (Meyer 2001) sind, wobei auch die vierte Gewalt selbst von den Eigendynamiken der Beschleunigung des Nachrichtenwesens unter Druck gesetzt wird (Bissinger et al. 2014), verstehen sich politische Eliten beinahe ausschließlich als „Politikdarsteller" (Kramar-Schmid/Linsinger 2014): es geht um manipulative Rhetorik (NLP), unverfängliche oder druckreife Formulierung, gute Figur und das Image, kompetent zu sein.

4. Die post-demokratische Konstellation

Frustration, Ohnmacht und Unbehagen gegenüber dem politischen System und seinen Eliten, gegenüber der diffusen aber ubiquitären Macht von Wirtschaftslobbys generieren eine „schweigende Mehrheit" (Baudrillard 1982), die als Gruppe von NichtwählerInnen, Denkzettel- und ProtestwählerInnen und instrumentellen WechselwählerInnen hervortritt. Deren Attitüden sind ein Kern der post-demokratischen Konstellation, ein Begriff, der nicht auf Colin Crouch (2008), sondern auf Ranciere (1997; 2002) zurückgeht, der ihn 1992 gemeinsam mit Alain Badiou verwendete (Ranciére 2010).

4.1. Zur Kategorie der Politik in der „Postdemokratie"

In der postdemokratischen Konstellation kommt demokratischen Verfahren nur mehr instrumentelle Bedeutung zu. *Interessenkonflikte* werden nicht mehr politisch, sondern administrativ mittels der Implementation von Marktmechanismen gelöst, die als „Sachzwänge" codiert sind. Zugleich verlagern die gewählten *Repräsentanten* ihre Kompetenzen (und damit die *Verantwortung*) auf Experten, Kommissionen und Wirtschaftsunternehmen. Was Politik ist, sagen letztlich Meinungsforschungsinstitute und Unternehmensberatungsoligopole. Erstere inszenieren sinnentleerte Zustimmungswettbewerbe, letztere vertreiben die Kategorie des Gesellschaftlichen aus der Politik. Folgerichtig wird der Bürger nicht als Souverän betrachtet, in dessen Auftrag entschieden werden muss. Vielmehr soll das Elektorat „befähigt", aktiviert und konditioniert werden, aus eigenem Antrieb den vorgegebenen Anforderungen des Allgemeinwohls der institutionellen Anleger und Banken, verstanden als die Bedingungen des *globalen Marktes*, gerecht zu werden.

4.2. Non-Evidence-Based-Policy

Politik in der post-demokratischen Konstellation ist empirie-aversiv. Beispiele hierfür sind das Paradigma der Austerität, demnach allseitiges Sparen (Staat, Unternehmen, Private) aus Rezession und Schuldenkrise führt, die repressive

Responsibilisierung der Armen, die angeblich durch ein Übermaß an Sozialleistungen faul in Hängematten liegen („welfarization") oder das „trickle down"-Theorem, demnach zunehmender privater Reichtum zu einer Aufwärtsbewegung des gesellschaftlichen Wohlfahrtsliftes führt. Nichts davon trifft zu. 35 Jahre nach der neoliberalen Konterrevolution haben die Ideologie der Deregulierung sowie die Politiken der Liberalisierung und Deregulierung im Finanzsektor ökonomisch und sozial destruktive Folgen nach sich gezogen (Flassbeck 2009): Europäische Gesellschaften stehen angesichts vertiefter sozialer Ungleichheiten vor einer Zerreissprobe (Bönke/Schröder 2015), die Austeritätspolitik würgt jede auf realwirtschaftlichen Prozessen basierende Konjunktur ab (Blyth 2014; Baldi et al. 2014), die Ungleichheit der Einkommen verhindert jedes auf Nachfrage basierendes Wachstum und treibt die Überakkumulation von Kapital voran, das spekulativ verausgabt wird (Arbeitsgruppe Alternative Wirtschaftspolitik 2015). Dessen ungeachtet ist weiterhin ein politischer Elitenkonsens dominant, der diese Politik fortführt.

Je frappanter die Befunde zu Reichtumsverteilung, Armutsbelastung, Arbeitslosigkeit, Working Poor, Prekarisierungsdynamiken, ökologischer Devastierung, Ausgrenzung und Marginalisierung, desto unverstellter müssen sie im politisch-medialen Diskurs dethematisiert, relativiert und naturalisiert, auf individuelle Einzelfälle ohne gesellschaftlichen Zusammenhang heruntergebrochen werden. Die Reichen gelten in diesem Diskurs als reich, weil sie mit individuellem Genius schier Übermenschliches leisten, die Armen hingegen als blöde und faul, auch wenn alle Empirie das exakte Gegenteil belegt. Und wenn der Prozess der Vermarktlichung zu ökonomisch und ökologisch desaströsen Folgen wie beim Handel mit Emissionszertifikaten führt, liegt dies nicht am Markt, sondern immer bloß daran, dass noch zuwenig vermarktlicht wurde. Die Pathologie einer hermetisch in sich geschlossenen Wahnidee liegt eben darin, dass jede gegenläufige Evidenz kontrafaktisch in einen Beweis der Richtigkeit der Idee umgedeutet wird. Der vereinzelte Wahnsinnige wird enttäuschungsresistent, der politische Diskurs "non-evidence-based", ein politisches System totalitär (Georgi/Kannankulam 2012).

Die „idée fixe", das Leitmotiv des herrschenden Blocks und seiner politischen Eliten an der Macht besteht aus einem Portfolio unterschiedlicher Spielarten der Implementation ein und derselben Austeritäts-, Liberalisierungs-, Vermarktlichungs- und Deregulierungspolitik. Opposition ist in diesem Zuschnitt dieser „tumb-neoliberalen Machtmaschine"[8] nur innerhalb dieses Leitmotivs denkbar. Politischer Dissens ist zulässig, so lange er bestehende Macht-, Aneignungs- und Verteilungsverhältnisse zugunsten der institutionellen Anleger und Banken nicht gefährdet/attackiert. Wiesendahl (2004) deutet dies als totalitären Sachzwang, worin sich Parteien als Getriebene dem kritischen

8 http://lostineu.eu/der-neue-gefaehrliche-konsens/ (retrieved 14.8.2015).

Wandel ökonomischer Verhältnisse nicht entziehen können, in dem Politikmodelle sozialer Gleichheit, paritätischer Kostenteilung und sozialer Inklusion an ökonomische und fiskalische Grenzen stoßen, sich dem „Reformdruck" der Share-Holder nicht verweigern können. Kernbotschaft der politischen Elite und ihres submissiven Politikwissenschafts-Annexes ist: der Kapitalismus bleibt alternativlos (Hirsch 1996). Im Ergebnis etikettieren alle politischen Eliten der (transnationalen) universellen Einheitspartei in unterschiedlicher Terminologie, aber gleichem Inhalt jede Opposition gegenüber dem Paradigma der Austerität als inkompatiblen Kulturbruch. Paul Krugman hat demgegenüber gezeigt, dass eine auf Austerität angelegte Wirtschaftspolitik, die durch Steuererhöhungen und Ausgabensenkungen die Verschuldung des Staates begrenzen soll, letztlich "non-evidence-based policy" ist. Jedenfalls die Eurostat-Daten 2010–2013 zeigen, dass höhere Staatsausgaben im Vergleich die Wirtschaftssituation verbessern[9] und dass Austeritätsmaßnahmen bestehende Rezessionsdynamiken vertiefen[10]: Bei einbrechender Nachfrage sinken Investitionen, steigt die Arbeitslosigkeit, sinken die Einkommen, sinkt die Nachfrage.[11] In der Tat beruht das Wachstum in Europa nach 2009 ausschließlich auf dem Wachstum des Finanzmarktes, also buchstäblich auf „Luftgeschäften", nämlich elektronischen Buchungszeilen. Daneben absorbiert die Liberalisierung des Finanzmarktes aufgrund exorbitanter Renditeversprechen das überakkumulierte Kapital. Austerität realisiert also eine pro-zyklische Finanzpolitik (Sparen während des Abschwungs) und folgt bloß der Logik der (aus öffentlichen Mitteln geretteten) institutionellen Investoren als Kreditgeber (Streeck/Beckert 2012). Trotzdem wird das Paradigma beibehalten, auch wenn die Lasten der Austerität nicht nur die Lebensführung der Subalternen /Armutsgefährdeten (Offe 2013), sondern auch die Funktionsfähigkeit der Demokratie als bürgerlicher Herrschaftsform beschädigen.

5. Politik als Simulation

Das marktfundamentalistische Leitmotiv als fixe Idee macht in grundlegender Weise deutlich, dass es im modernen politischen Prozess (Luhmann 2000) nicht um politischen Diskurs sondern um Manipulation, Ressourcenaneignung und die Vortäuschung von analytischer Kapazität und Handlungsfähigkeit geht.

---

9 http://krugman.blogs.nytimes.com/2015/01/06/the-record-of-austerity/ (retrieved 14.8.2015).

10 http://economistsview.typepad.com/economistsview/2012/04/paul-krugman-death-of-a-fairy-tale.html; http://www.nytimes.com/2010/05/31/opinion/31krugman.html?hp&_r=0 (retrieved 14.8.2015).

11 http://www.flassbeck-economics.de/thomas-mayer-uber-austeritat-in-einer-welt-ohne-gewinne/ (retrieved 14.8.2015).

5.1. Politik als Schaukampf

Unter der Ägide strategischer Depolitisierung und der von kommerziellen Interessen angetriebenen „vierten Gewalt“ (Meyer 2014) verwandelt sich politische Kommunikation in eine Einwegkommunikation, in der Demokratie nicht mehr Argument und Debatte, sondern nur noch „like“ oder „not-like“ zulässt. Die Passivierung eines Souveräns, der nur noch auf vorgefertigte (den politischen Gegenstand regelhaft unkenntlich machende) Antwortschablonen in Meinungsumfragen antwortet, setzt die flächige Zerstörung aller Ressourcen und Haltungen voraus, sich in den gesellschaftlichen Diskurs einzubringen. Politische Kommunikation verwandelt sich damit in einen Schaukampf im Format medialer Dauererregung. An die Stelle der bürgerlichen Öffentlichkeit tritt das postbürgerliche (refeudalisierte) Politainment (Dörner 2001). An die Stelle inhaltlicher Auseinandersetzung tritt der medial inszenierte Wettbewerb um die attraktivste PolitikerInnen-Person sowie um die marktgängigste, ideologisch passfähigste („catchy phrasing“) und zugleich indifferenteste Botschaft im Wettbewerb zwischen den Fraktionen der „pluralen Fassung einer Einheitspartei“ (Agnoli 1967, 53). In Anlehnung an Crouch (2008) kann man den politischen Prozess der post-demokratischen Konstellation als permanentes Plebiszit, als unentwegte Meinungsumfrage, als Dauer-‚Poll‘ verstehen, in dem mediale Schaukämpfe durchgeführt werden, in denen PR-Experten aus dem ‚backoffice‘ Themen, Regeln und Sprechpositionen der kurzweiligen Politspektakel (Debord 1996) festlegen.

5.2. Meinen statt Wissen

In diesem politischen Prozess geht es nicht um Diskurs, sondern um Kommunikation als interpassivem Abtausch vorproduzierter Meinungen, beim Souverän hingegen um das Fürwahrhalten jenseits von Wissen. Der Souverän stimmt qua Meinung nicht über das ‚Ob‘ von Markt, Konkurrenz, Wettbewerb, Privateigentum, Börse, Ratingagenturen, Privatbanken usw. usf. ab, sondern nur über das ‚Wie‘. Eben das ist die Kernfunktion von Politik in der „Postdemokratie“ (Jörke 2005). Politik dient hier folglich nicht dazu, durch gesellschaftliches Räsonieren zu klären, wie Lohnniveaus, Arbeitnehmerrechte oder Umweltstandards beschaffen sein sollen, sondern unter Hinweis auf die Drohkulisse der Beweglichkeit von Investoren Anpassungsleistungen in Steuer- und Arbeitsmarktsystemen zu erbringen. Sie generiert bloß Zustimmung, Affirmation und Submission.

5.3. Politik als Simulation

So ist der politische Prozess substantiell nur noch Simulation von Politik. Er wird auf die Vortäuschung der Führungskompetenz (oder eines Symptoms) einer Dienstklasse reduziert (Ritzi/Schaal 2010), die finanzielle Remunerationen als Gegenleistung für die Realisierung von Kapitalverwertungsinteressen erhält (Peters 1984). Politik als Simulation verkörpert dabei nicht bloß ein mediales Theater (Meyer 1998) in Form einer Dauergroteske oder einer Dissimulation durch Fabulieren und Lügen (Bolz 1994). Sie verändert vielmehr den inneren Code des gesellschaftlichen Realitätsprinzips (Baudrillard 1978). Eine hegemonial gewordene Anti-Politik schwingt sich damit zu einer Instanz auf, die anstelle eines demokratischer Kontrolle zugänglichen Wissenschaftssystems manipulativ bestimmt, was gesellschaftlich als wahr gelten kann. Zugleich unterwirft sich die Politik einer fundamentalistischen Markt- und Subjektauffassung, welche die Grenzen von Gesellschaft und Natur auf sozialbiologistische Weise zieht. Alle Natur ist Kampf, Wettbewerb, Selektion. Kurzgeschlossen gilt dies nunmehr auch gesellschaftlich. Die Kraftquelle der Pluralität von konfligierenden Interessen (und Menschen) wird zum Erliegen gebracht, die Offenheit der Verfassung geschlossen. Politik besteht fürderhin in Anpassung, nicht in sozietaler Gestaltung. Freilich, eine grundlegende Paradoxie liegt nach wie vor darin, dass deliberative Politik trotzdem die einzige Möglichkeit bleibt, auf zivilisierte Weise die Welt zu verändern (Arendt 2006).

Quellenverzeichnis

Adamek, Sascha: *Der gekaufte Staat. Wie Konzernvertreter in deutschen Ministerien sich ihre Gesetze selbst schreiben.* Kiwi: Frankfurt 2009.

Agnoli, Johannes: *Die Transformation der Demokratie.* Ca Ira: Berlin 1967.

Albert, Michel: *Kapitalismus contra Kapitalismus.* Campus: Frankfurt 1992.

Altvater, Elmar: „Der gar nicht diskrete Charme der neoliberalen Konterrevolution". In: *PROKLA. Zeitschrift für kritische Sozialwissenschaft* 44, 1981, S. 5–23.

Arbeitsgruppe Alternative Wirtschaftspolitik: *Memorandum 2015: 40 Jahre für eine soziale und wirksame Wirtschaftspolitik gegen Massenarbeitslosigkeit.* PapyRossa: Köln 2015.

Arendt, Hannah: *Wahrheit und Politik.* Wagenbach: Berlin 2006.

Baldi, Guido et al.: „Schwache Investitionen dämpfen Wachstum in Europa". In: *DIW Wochenbericht* 27, 2014, S. 637–651.

Bannenberg, Britta: *Korruption in Deutschland und ihre strafrechtliche Kontrolle.* Luchterhand: Neuwied 2002.

Baron, Udo: Kalter *Krieg und heißer Frieden.* LIT: Münster 2003.

Baudrillard, Jean: *Kool Killer oder der Aufstand der Zeichen.* Merve: Berlin 1978.

Baudrillard, Jean: *Der symbolische Tausch und der Tod.* Matthes & Seitz: München 1982.

Beyme, Klaus: *Die politische Klasse im Parteienstaat*. Suhrkamp: Frankfurt a.M. 1993.

Bissinger, Manfred: *Die vierte Gewalt. Vom Verschwinden des investigativen Journalismus*. Herder: Freiburg 2014.

Blanes i Vidal, Jordi / Draca, Mirko / Fons-Rosen, Christian: „Revolving Door Lobbyists". *American Economic Review* 7, 2012, S. 3731–3748.

Blyth, Mark: *Wie sich Europa kaputtspart*. Dietz: Bonn 2014.

Bönke, Timm / Schröder, Carsten: „European-wide inequality in times of the financial crisis". *Deutsches Institut für Wirtschaftsforschung – Discussion paper* 1482. Berlin 2015.

Bolz, Norbert: „Politik als ob oder die Lizenz zu lügen". In: Kemper, Peter (Hrsg.): *Opfer der Macht. Müssen Politiker ehrlich sein?* Insel: Frankfurt 1994, S. 58–71.

Borchert, Jens / Leitner, Siegrid / Stolz, Klaus (Hrsg.): *Politische Korruption*. (Jahrbuch für Europa- und Nordamerika-Studien 3). Springer Fachmedien: Wiesbaden 2000.

Brennan, Geoffrey / Lomasky, Loren: *Democracy and Decision. The Pure Theory of Electoral Preference*. Cambridge University Press: Cambridge 1993.

Bourdieu, Pierre: „Der Neoliberalismus. Eine Utopie grenzenloser Ausbeutung wird Realität". In: Id.: *Gegenfeuer*. UVK: Konstanz 1998, S. 109–123.

Chesney, Marc: *Vom Großen Krieg zur permanenten Krise*. Versus: Zürich 2014.

Chomsky, Noam: *Profit over People. Neoliberalismus und globale Weltordnung*. Europa Verlag: Hamburg 2000.

Cockett, Richard: *Thinking the Unthinkable. Think-Tanks and the Economic Counter-Revolution* 1931–1983. Fontana: London 1995.

Cohan, William: *Money and Power*. Random House: New York 2011.

Conert, Hansgeorg: *Vom Handelskapital zur Globalisierung. Entwicklung und Kritik der kapitalistischen Ökonomie*. Westfälisches Dampfboot: Münster 2002.

Crary, Jonathan: 24/7. *Schlaflos im Spätkapitalismus*. Wagenbach: Berlin 2014.

Crouch, Colin: *Postdemokratie*. Suhrkamp: Frankfurt a.M. 2008.

Debord, Guy: *Die Gesellschaft des Spektakels*. edition TIAMAT: Berlin 1996.

Deppe, Frank: „Der Elitenkonsens wird aufgekündigt". In: *arranca 36 – G8 – 1997 [Die Deutung der Welt]*, retrieved 14.8.2015, from http://arranca.org/ausgabe/36/der-elitenkonsens-ist-aufgekuendigt.

Desai, Radhika: „Second-Hand Dealers in Ideas: Think-Tanks and Thatcherite Hegemony". *New Left Review* 203, 1994, S. 27–64.

Dixon, Keith: *Die Evangelisten des Marktes*. UVK: Konstanz 2000.

Dörner, Andreas: *Politainment. Politik in der medialen Erlebnisgesellschaft*. Suhrkamp: Frankfurt a.M. 2001.

Downs, Anthony: *An Economic Theory of Democracy*. Addison Wesley: New York 1957.

Fisahn, Andreas: *Demokratisches Defizit und die Legitimationskrise der EU*. Düsseldorf 2009, retrieved 14.8.2015, from http://www.rosalux.de/fileadmin/rls_uploads/dokumentationen/090321_NRW-EU-Konferenz/Fisahn-LegitimationskriseEU.pdf.

Flassbeck, Heiner: *Gescheitert. Warum die Politik vor der Wirtschaft kapituliert*. Westend: Frankfurt a.M. 2009.

Frazer, Nancy: „A Triple Movement". *New Left Review* 81, 2012, S. 119–132.

Freeland, Chrystia: *Die Superreichen. Aufstieg und Herrschaft einer neuen Geldelite*. Westend: Frankfurt a.M. 2013.

Fuchs, Dieter / Roller, Edeltraud: „Politik". In: Dies. (Hrsg.): *Lexikon Politik. Hundert Grundbegriffe*. Reclam: Stuttgart 2009, S. 205–209.

Gaiser, Wolfgang et al.: „Politikverdrossenheit in Ost und West? Einstellungen von Jugendlichen und jungen Erwachsenen". *Aus Politik und Zeitgeschichte* 2002, 19–20, retrieved 14.8.2015, from http://www.bpb.de/Aus Politik und Zeitgeschichte/25610/politikverdrossenheit-in-ost-und-west?p=all.

George, Susan: *Der Lugano-Report*. Rowohlt: Reinbek 2001.

Georgi, Fabian / John Kannankulam: *Das Staatsprojekt Europa in der Krise*. Berlin 2012, retrieved 14.8.2015, from http://rosalux-europa.info/userfiles/file/Staatsprojekt-Europa-Okt-2012.pdf.

Gerlach, Thomas: „Die Herstellung des allseits verfügbaren Menschen: Zur psychologischen Formierung der Subjekte im neoliberalen Kapitalismus". *UTOPIE kreativ* 121/122, 2000, S. 1052–1065.

Guéhenno, Jean-Marie: *Das Ende der Demokratie*. Dtv: München 1996.

Guggenberger, Bernd: „Verflüssigung der Politik – was dann?". *Aus Politik und Zeitgeschichte* 38–39, 2012, S. 9–17.

Harvey, David: *Kleine Geschichte des Neoliberalismus*. Rotpunktverlag: Zürich 2007.

Herrera, Gennaro: Pinochet: *The Politics of Power*. Harper Collins: London 1988.

Hertwig, Helmut: „Zehn Jahre Diktatur in Chile – Die Resultate eines monetaristischen Modellversuchs". *Blätter für deutsche und internationale Politik* 8, 1983, S. 1124–1138.

Hirsch, Joachim: *Der nationale Wettbewerbsstaat. Staat, Demokratie und Politik im globalen Kapitalismus*. Id-Verlag: Berlin 1995.

Hirsch, Joachim: *Kapitalismus ohne Alternative*. VSA: Hamburg 1996.

Hirsch, Joachim / Roth, Roland: *Das neue Gesicht des Kapitalismus. Vom Fordismus zum Postfordismus*. VSA: Hamburg 1986.

Hui, Wang: „Depoliticed Politics: From East to West". *New Left Review* 41, 2006, S. 29ff.

Jörke, Dirk: *Auf den Weg in die Postdemokratie*. 2005, retrieved 14.8.2015, from http://www.s-gs.de/texte/VR08Postdemokratie.pdf.

Kaufmann, Daniel: Corruption and the Global Financial Crisis. Forbes, 27. Januar 2009, retrieved 14.8.2015, from http://www.forbes.com/2009/01/27/corruption-financial-crisis-business-corruption09_0127corruption.html.

Klein, Naomi: *Schock-Strategie*. Fischer: Frankfurt a.M. 2007.

Klein, Heidi / Höntzsch, Tilman: „Fliegende Wechsel – die Drehtür kreist". *Lobby-Control-Stud*ie, Köln 2007, retrieved 14.8.2015, from https://www.lobbycontrol.de/download/drehtuer-studie.pdf.

Kleinert, Hubert: „Krise der repräsentativen Demokratie". Aus *Politik und Zeitgeschichte* 38–39, 2012, S. 18–24.

Krätke, Michael: *Neoklassik als Weltreligion*, 1999, retrieved 14.8.2015, from http://www.rote-ruhr-uni.com/cms/IMG/pdf/Kratke_Neoklassik-Kritik.pdf.

Kramar-Schmid, Ulla / Linsinger, Eva: „Politikverdrossenheit: Unbegründetes Misstrauen gefährdet die Demokratie". In: *Profil* vom 27.8.2014, retrieved 14.8.2015, from http://www.profil.at/oesterreich/politikverdrossenheit-unbegruendetes-misstrauen-demokratie-377577.

Krysmanski, Hans-Jürgen: *0,1 %: Das Imperium der Milliardäre*. Westend: Frankfurt a.M. 2012.

Lefort, Claude / Gauchet, Marcel: „Über die Demokratie: Das Politische und die Instituierung des Gesellschaftlichen". In: Rödel, Ulrich / Lefort, Claude / Castoriadis, Cornelius / Gauchet, Marcel (Hrsg.): *Autonome Gesellschaft und libertäre Demokratie*. Suhrkap: Frankfurt a.M. 1990, S. 89–122.

Lemke, Thomas: *Eine Kritik der politischen Vernunft. Foucaults Analyse der modernen Gouvernmentalität*. Argument Verlag & Ariadne: Berlin 1997.

Lucke, Albrecht: „Demokratie ohne Volk". *Blätter für Deutsche und Internationale Politik* 7, 2010, S. 5–9.

Luhmann, Niklas: *Die Politik der Gesellschaft*. Suhrkamp: Frankfurt a.M. 2000.

Lutz, Burkhard: *Der kurze Traum immerwährender Prosperität*. Campus: Frankfurt a.M. 1984.

Mair, Peter: *Ruling the Void. The Hollowing of Western Democracy*. Verso: London 2013.

Meyer, Thomas: *Politik als Theater. Die neue Macht der Darstellungskunst.* Aufbau: Berlin 1998.

Meyer, Thomas: Mediokratie. Die Kolonisierung der Politik durch die *Medien.* Suhrkamp: Frankfurt a.M. 2001.

Meyer, Thomas: *Die Unbelangbaren: Wie politische Journalisten mitregieren.* Suhrkamp: Frankfurt a.M. 2014.

Mirowski, Paul / Plehwe, Dieter: *The Road From Mont Pelerin.* Harvard University Press: Cambridge 2009.

Nichols, John: „Von Roosevelt zu Obama: Die Aushöhlung der Amerikanischen Demokratie". *Blätter für deutsche und internationale Politik* 10, 2014, S. 65–70.

Ötsch, Walter: *Mythos Markt. Marktradikale Propaganda und ökonomische Theorie.* Metropolis: Marburg 2009.

Offe, Claus: „Europa in der Falle". *Blätter für Deutsche und Internationale Politik* 1, 2013, S. 67–80.

Otto, Kim: „Drehtür-Lobbykratie". *Blätter für Deutsche und Internationale Politik* 3, 2010, S. 13–17.

Peters, Uwe: *Wörterbuch der Psychiatrie und medizinischen Psychologie.* Urban & Schwarzenberg: München [3]1984.

Piess, Ingo / Sass, Peter / Meyer zu Schwabedissen, Henry: *Prävention von Wirtschaftskriminalität.* (Wirtschaftsethik-Studie Nr. 2005–2), retrieved 14.8.2015, from www.wcms.uzi.uni-halle.de.

Plehwe, Dieter / Walpen, Bernhard / Neunhoffer, Gisela: Neoliberal *Hegemony: A Global Critique.* London 2006.

Priddat, Birger: *Die unmögliche Demokratie.* Campus: Frankfurt a.M. 2013.

Rancière, Jacques: „Demokratie und Postdemokratie". In: Badiou, Alain / Rancière, Jacques (Hrsg.): *Politik der Wahrheit.* Turia & Kant: Wien 1997, S. 94–122.

Rancière, Jacques: *Das Unvernehmen.* Suhrkamp: Frankfurt a.M. 2002.

Rancière, Jacques: *Zehn Thesen zur Politik.* Diaphanes: Berlin 2008.

Rancière, Jacques / Badiou, Alain: *Politik der Wahrheit.* Turia & Kant: Wien 2010.

Ritzi, C. / G. Schaal: „Politische Führung in der „Postdemokratie"". *Aus Politik und Zeitgeschichte* 2–3, 2010, S. 9–15.

Röttger, Bernd: „Die Neoliberalisierung des Rheinischen Kapitalismus. Zur politischen Ökonomie der kapitalistischen Penetration". In: Butterwegge, Christoph / Lösch, Bettina / Ptak, Ralf (Hrsg.): *Neoliberalismus. Analysen und Alternativen.* VS Verlag für Sozialwissenschaften: Wiesbaden 2008, S. 90–107.

Roth, Jürgen: *Der Deutschland Clan*. Heyne: München 2007.

Roth, Jürgen: *Der stille Putsch: Wie eine geheime Elite aus Wirtschaft und Politik sich Europa und unser Land unter den Nagel reißt*. Heyne: München 2014.

Roth, Jürgen: *Spinnennetz der Macht*. Heyne: München 2013.

Rügemer, Werner: *Privatisierung in Deutschland*. Westfälisches Dampfboot: Münster 2008.

Schmee, Josef: „Entstaatlichung/Privatisierung in Österreich als postfordistischen Paradigma und ideologische Keule zur Durchsetzung des Neoliberalismus". In: Dimmel, Nikoaus / Schmee, Josef (Hrsg.): *Die Gewalt des neoliberalen Staates*. Facultas: Wien 2008, S. 115–141.

Schmidt, Ingo: Europa: „Legitimationsdefizite, transatlantische Beziehungen und die Herausforderung des pazifischen Kapitalismus". *Ak – Analyse und Kritik* 515, 2007, retrieved 14.8.2015, from: http://www.akweb.de.

Stiglitz, Joseph: *Die Schatten der Globalisierung*. Siedler: München ^{4}2004.

Streeck, Wolfgang: „The Politics of Exit". *New Left Review* 88, July-August, 2014, retrieved 14.8.2015, from https://newleftreview.org/II/88/wolfgang-streeck-the-politics-of-exit.

Streeck, Wolfgang / Beckert, Jens: „Die Fiskalkrise und die Einheit Europas". *Aus Politik und Zeitgeschichte* 4, 2012, retrieved 14.8.2015, from http://www.bpb.de/Aus Politik und Zeitgeschichte/59759/die-fiskalkrise-und-die-einheit-europas.

Supiot, Alain: „Under Eastern Eyes". *New Left Review* 73, 2012, S. 29ff.

Talos, Emmerich / Kittel, Bernhard: *Gesetzgebung in Österreich: Netzwerke, Akteure und Interaktionen in politischen Entscheidungsprozessen*. Facultas: Wien 2001.

Thummes, Kerstin: *Täuschung in der strategischen Kommunikation*. Springer Fachmedien: Wiesbaden 2012.

Uerlings, Stefanie: „Soziale Arbeit als Erziehung zur Postdemokratie". In: Katholische Hochschule Nordrhein-Westfalen / Spetsmann-Kunkel, Martin (Hrsg.): *Soziale Arbeit und Neoliberalismus*. Aachen 2013, S. 8–28.

Voß, Günther / Pongratz, Hans: „Der Arbeitskraftunternehmer. Eine neue Grundform der Ware Arbeitskraft?" *Kölner Zeitschrift für Soziologie und Sozialpsychologie* 1, 1998, S. 131–158.

Walpen, Bernhard: „Von Igeln und Hasen oder: Ein Blick auf den Neoliberalismus". *UTOPIE kreativ* 121/122, 2000, S. 1066–1079.

Weis, Bernd: *Placebo-Politik. Warum Politiker alles tun, nur nicht das Nötige*. Heyne: München 2015.

Wiesendahl, Elmar: „Parteien und die Politik der Zumutungen“. *Aus Politik und Zeitgeschichte* B 40, 2004, S. 19–24.

Windolf, Paul: „Die Zukunft des rheinischen Kapitalismus“. In: *Kölner Zeitschrift für Soziologie und Sozialpsychologie*, Sonderheft 42, 2003, S. 414–442.

Winters, Jeffrey: *Oligarchy*. Cambridge University Press: Cambridge 2011.

Wilhelm Donner

Dialogproblem Sozialstaat. Seine ideelle Genese und das Organisationsproblem Gesundheit

Vorbemerkung

Sozialpolitik, wie sie sich in Mitteleuropa nach dem Ende des Zweiten Weltkrieges herausgebildet hat, ist *der* Kontinuitätsfaktor der Gegenwart schlechthin! Sie birgt und verwaltet im positiven Sinne jenes Element des gesellschaftlichen Dialoges und des Zusammenhaltes, das wir soziale Sicherheit nennen. Darüber hinaus stellt sie die Möglichkeit dafür her, um in der gegenwärtigen Krise eine Kultur des Überdauerns installieren zu können, ja damit höhere Kultur überhaupt erst zu gewährleisten.

Die Kriterien sozialer Bedürftigkeit werden zudem vor dem Hintergrund der aktuellen Flüchtlingskrise neu justiert: Einerseits tritt uns auf Straßen und im öffentlichen Raum generell zunehmend mehr Armut, ja Verelendung, entgegen, andererseits vernehmen wir mit fast unablässiger Regelmäßigkeit über die Medien, dass unser Land zu den reichsten Staaten weltweit gehöre.

Tatsächlich liegt Österreich im europäischen Vergleich, was Sparguthaben privater Haushalte und Steueraufkommen aus Lohn- und Einkommensteuer betrifft, im Spitzenfeld. Gleichzeitig verzeichnen wir einen hohen Mittelzufluss zur Tragung von Institutionen der staatlichen und sozialen Verwaltung, der föderalen sowie der demokratisch parlamentarischen Einrichtungen und der Parteienkultur.

Das verleiht Österreich, aber auch den benachbarten Staaten Deutschland und der Schweiz, ein sehr spezifisches Gesicht in der Außenwahrnehmung, das europäische Medien oft und gerne mit einer Mischung aus Respekt und dem Vorwurf, eine etwas verbürokratisierte Schildbürgerkultur zu sein, charakterisieren.

Tatsächlich herrscht in diesen Ländern weitgehend sozialer Friede, eine Altenpflege mit überwiegend menschlichem Antlitz, ein in Grenzen gehaltener Lobbyismus und erfolgreiche Unterbindung von Bandenbindungen, die Einbindung von Migranten ins Gesundheitssystem sowie ihre mehr oder weniger erfolgreiche Steuerung. Nicht zuletzt deshalb, weil das Prinzip der sozialen Gerechtigkeit in der islamischen Welt auf familialer und primärer Ebene oftmals besser verwirklicht ist als in der westlichen Welt mit ihren spezifischen Wohnstrukturen der aggregierten Kleinfamilien.

Hegel und Knigge

Trotzdem bleiben Integration und kulturelle Anpassung die in unseren Gesellschaften gegenwärtig größte Aufgabe und Herausforderung. Spätestens seit den 60er-Jahren des 20. Jahrhunderts sind die guten Sitten in Verruf geraten und zwar in dem Maße, als man gleichzeitig mit dieser Desavouierung seither an der Verrechtlichung aller Lebensbereiche sowie Strukturen der Gesellschaft arbeitet und dies auch auf der Ebene der Gesellschaftsanalytik ganz offen gefordert bzw. diagnostiziert wird. Jene Bereiche, die vormals mit gewachsenen Usancen geregelt wurden, werden heute in Frage gestellt und auf die Rechtsebene überführt. Mit Begründungen aus der Charta der Menschenrechte von 1948 bzw. aus staatlichen Grundrechtskatalogen werden kulturelle Übereinkünfte, die bei interkulturellen Interessenskonflikten mitunter auch sehr brauchbare und praktische Lösungsstrategien bereit hielten, systematisch außer Kraft gesetzt und mit dem Verweis auf die notwendig herzustellende Universalität über Bord geworfen. Der Königsberger Philosoph Immanuel Kant (1724–1804) und der Aufklärungsschriftsteller Adolph Freiherr von Knigge (1752–1796) haben sich also geirrt in ihren lebenslangen Bemühungen, diese Gesellschaft in ihrer noch weiter zu entwickelnden Sittlichkeit entweder zu begründen[1] oder zu verbessern.[2]

Sophrosyne im modernen Sozialstaat

Seit der Antike ist die Tugend der Mäßigung bekannt. Platon lehrte sie als eine der vier Kardinaltugenden, als *sophrosyne*, die man bei gebildeten Griechen als die Fähigkeit, den rechten Mittelweg zu finden, bezeichnete und wörtlich als Gesundheit des Zwerchfells, also die der Seele, übersetzte.

Die Fundamente europäischer Sozialethik wurden bei Aristoteles und Thomas von Aquin gelegt. Beide stehen für das Wissen und die Einsicht, dass dies kein bipolares Spannungsfeld ist, sondern das eine das andere vielmehr bedingt. Beide „Prinzipien" können sich nur im auf das Gemeinwohl ausgerichtete bonum commune entfalten, die von der Leittugend Gerechtigkeit getragen sein muss, wie sie in der Antike über allen definiert wurde.

Die Solidarität ist dabei der Ausdruck der anthropologischen Bestimmung des zoon politikon als ein Sozialwesen, aus der sich das Postulat gerechter Verteilung ergibt. Eigenverantwortung ist prinzipienhaft als Subsidiarität zu verstehen und daher das sozialethische Organisationsprinzip des Gemeinwohls,

---

1 Cf. Kant, Immanuel: *Grundlegung zur Metaphysik der Sitten*. Felix Meiner: Hamburg 1999 [Orig. 1785].

2 Cf. Knigge, Adolph Freiherr von: *Über den Umgang mit Menschen*. Suhrkamp/Insel: Frankfurt a.M. et al. 2001 [Orig. 1788].

wie der emeritierte Mainzer Sozialethiker Arno Anzenbacher lehrte.[3] Die erfolgreiche Aufrechterhaltung des Sozialstaates wird auch nur gelingen, wenn erkannt und glaubwürdig vermittelt wird, dass Lösungen nur im Ausgleich sowie in der Balance von Eigenverantwortung und Solidarität gefunden werden.

Soziale Marktwirtschaft – Deutschland und Österreich

Die soziale Marktwirtschaft als konzeptuelle Reaktion auf die Auswüchse der liberalen Marktwirtschaft ist europäischen Ursprungs, ja vielmehr eine deutsch-österreichische Erfindung. Auf sie trifft in ähnlicher Weise zu, was der österreichische Sprach- und Kulturkritiker Karl Kraus über die deutsche Sprache vermerkte: Deutsche und Österreicher trenne die gemeinsame Sprache mehr als diese sie verbinde.

Ähnliches zeigte sich in den historischen Versuchen, einen dritten Weg zwischen den menschenverschlingenden Systemen des Kapitalismus und des Kommunismus zu finden. Davon zeugt die Parteiengeschichte der Sozialdemokratie ebenso wie jene der Christdemokraten. Während sich die Sozialdemokratie im letzten Drittel des 19. Jahrhunderts im Spannungsfeld zwischen austromarxistischer Radikalrhetorik mit internationalistischer Ausrichtung eines Viktor Adler (1852–1918) und Otto Bauer (1881–1938) einerseits und der sog. „revisionistischen“ Ausrichtung hin auf eine Wahldemokratie eines Karl Kautsky (1854–1938) und Eduard Bernstein (1850–1932) andererseits bewegte, vollzog sich bei den Christdemokraten die theoretische und politische Weggabelung erst im 20. Jahrhundert.

Und diese Weggabelung hatte bei den „Konservativen“ in Deutschland und in Österreich auch weniger mit einer unterschiedlichen Strategie zur demokratischen Selbstermächtigung zu tun, als vielmehr mit der Gestaltung dessen, was es zu vertreten, steuern, gestalten und zu zähmen galt: die Marktwirtschaft.

In Deutschland sind hier vor allen der ehemalige Staatssekretär für Europäische Angelegenheiten, Alfred Müller-Armack (1958–1963), der deutsche Bundeskanzler Ludwig Erhard (1963–1966), dem ehrerbietig der Beiname „Vater des deutschen Wirtschaftswunders“ zugeschrieben wird, und schließlich Walter Eucken (1891–1950) zu nennen. Letzterer war im Unterschied zu den beiden anderen nie aktiv in der Politik tätig, sondern Professor für Wirtschaftswissenschaften an der Universität Freiburg, auch wenn er nach

---

3 Cf. Anzenbacher, Arno: *Christliche Sozialethik. Einführung und Prinzipien.* Schöningh-UTB: Paderborn 1997, S. 212 und Id.: „Solidarität und Subsidiarität. Ethische Grundlagen der Sozialen Marktwirtschaft“. In: *Die politische Meinung* 326, 1997, S. 21–30.

1945 als Berater der Alliierten und danach der ersten Regierung der Bundesrepublik am politischen Geschehen mitwirkte.

Euckens Thesen gingen als Theorie des Ordoliberalismus der „Freiburger Schule“ in die Ökonomiegeschichte ein. Demnach ist – wie sein Hauptwerk „Die Grundlagen der Nationalökonomie“[4] demonstriert – zwischen der Festlegung einer Marktordnung und der Lenkung von Wirtschaftsprozessen strikt zu unterscheiden. Gestaltungskriterium für eine gute Rahmenordnung sei dabei die Zweckdienlichkeit der Marktwirtschaft für außerökonomische Kriterien, die durch den gesetzten Rahmen gegeben werden soll.

Wesentlich für eine funktionierende Marktwirtschaft ist dabei nicht das Quantum der staatlichen Eingriffe, sondern wie die wirtschaftliche Macht tatsächlich verteilt ist bzw. wie sehr der Staat die Balance durch seine Marktordnungspolitik aufrecht zu erhalten vermag und einen möglichst vollständigen Wettbewerb gewährleistet. Dies und nicht die ungeregelte Marktwirtschaft sei als Gegenpol zur Zentralwirtschaft – wie sie unter Diktaturen üblich ist – zu verstehen.

Es war die „Kölner Schule“ um Alfred Müller-Armack, die die außerwirtschaftlichen Zwecke des Wirtschaftens, wie z.B. das Wohl des Individuums oder die Kultur, im Besonderen betonte. Die Gefahr des ungezügelten Marktes besteht in der Tendenz zur Selbstauflösung. Kartellbildung und Preisabsprachen können mit der Zeit den Markt insoweit diktieren, dass Leistung und das Angebots-/Nachfrageprinzip außer Kraft gesetzt werden.

Daher weist der sog. Ordoliberalismus dem Staat die Bildung von Kartellgesetzen als Aufgabe zu, um eine Rahmenordnung zu entwickeln und ein gewisses Preisniveau zu stabilisieren. Das Soziale wie das Leistungsprinzip sind dabei ebenso in Balance zu halten wie die Aufrechterhaltung eines zentralen Ordnungsprinzips und dezentrale Verantwortungszuweisung. Nicht Deregulierung ist das Ziel, sondern die Vermeidung von Monopolbildung, wie sie gemäß Euckens „Interdependenz der Ordnungen“[5] nur der freiheitliche Rechtsstaat garantieren könne.

Daher sei von Marktversagen dort zu sprechen, wo für verbrauchende Nutzung von Gemeingütern – wie z.B. der Umwelt – eine Entgelt-Festsetzung unterlassen wird oder bei Kartellbildung unzureichend dagegen vorgegangen wird. Auch wenn die Dynamik des Marktes und vor allem Innovationen das Marktgleichgewicht mitunter verzerren, geht es um die Aufrechterhaltung eines funktionsfähigen – wenn auch nicht in jeder Hinsicht freien – Wettbewerbes.

---

4 Cf. Eucken, Walter: *Die Grundlagen der Nationalökonomie*. Springer: Heidelberg 1989 [Orig. Jena, 1939].

5 Cf. Eucken-Erdsiek, Edith / Hensel, Karl Paul (Hrsg.): *Grundsätze der Wirtschaftspolitik*. Rowohlt: Reinbek et al. 1965 [Orig. 1952].

Innovative Unternehmen sichern sich temporär – das liegt in der Natur und vor allem in der Psychologie des Marktes – erhebliche Vorteile, die als Marktungleichgewichte zunächst in Kauf genommen werden, und zwar um der Innovation willen und damit um den Fortbestand des Marktes an sich zu gewährleisten. Die so entstandenen Ungleichgewichte und ordnungspolitischen Fehler können in der Folge erst durch Regulierungsbehörden und weiteren Wettbewerb wieder abgebaut werden.

In Österreich entstanden ebenso Gegenkonzepte zum Früh- und Hochkapitalismus, der als sog. Manchesterliberalismus seine ökonomietheoretische und legitimierende Grundlegung erfuhr, und wie es bei David Hume (1711–1776), Adam Smith (1723–1790) im 18. Jahrhundert und John Stuart Mill (1806–1873) im 19. Jahrhundert fundiert ist.

Diese drei Briten als die Ahnherren der weltweiten Freihandelsbewegung nahmen in gewisser Weise die Realität vorweg, wie sie in Großbritannien des 19. Jahrhunderts, vor allem in der Stadt Manchester, dem damaligen Zentrum der textilverarbeitenden Industrie, ihren Anfang nahm.

Die anfänglich als sozialpolitische Bewegung wahrgenommene Strömung gerann zu einer praktizierten Form des Wirtschaftsliberalismus, bei der sich der Staat jeglicher Einflussnahme auf das Wirtschaftsgeschehen enthält. „*Wenn Waren nicht die Grenze passieren dürfen, dann werden es Soldaten tun*", postulierte noch im 19. Jahrhundert der französische Ökonom und Politiker Frédéric Bastiat (1801–1850).

Und Adam Smith hatte noch im 18. Jahrhundert eindringlich davor gewarnt, dass die Beschränkungen in der Grundgütereinfuhr wie z.B. das Getreide bei den ärmeren Bürgern zu Unterernährung führen werde. Und tatsächlich führte die Hochzollpolitik der britischen Regierung, wodurch der Getreidepreis künstlich hochgehalten wurde, zu einer Hungersnot auf der Insel, wobei im Winter des Jahres 1847 rund 250.000 Hungertote gezählt wurden.

Die anfänglich antikolonialistische und kosmopolitsche Bewegung für den freien Handel erlebte nach dem Zweiten Weltkrieg eine Wiedergeburt, indem sie an alte Freihandelstraditionen wieder anknüpfte, allerdings nunmehr unter dem Begriff des Neoliberalismus. Die Denkschulen von Milton Friedman und Friedrich August von Hayek prägten diese Ära und über ihre Verdienste liegt aus historischer Sicht noch kein endgültiges Urteil vor.

Ökonomische Strömungen in Österreich

Der in Wien geborene, später in Chicago und Freiburg sowie zuletzt auch in Salzburg lehrende Friedrich August von Hayek (1899–1992), der nicht erst in jüngster Zeit in den verschiedenen Darstellungen zur Nationalökonomie den Ahnherrn der Sozialen Marktwirtschaft zugeordnet wird, dürfte einer solchen Rubrizierung nicht wirklich ganz gerecht werden. Er gilt vielmehr und – gewiss nicht zu Unrecht – neben Ludwig von Mises (1881–1973), seinem Lehrer, als der wichtigste Vertreter der österreichischen Schule der Nationalökonomie und des Liberalismus im 20. Jahrhundert.

Dennoch muss konzediert werden, dass sich Hayek weder in seinen Schriften noch in seinen Aussagen gegen eine Rahmenordnung des Wirtschaftens wendete, er akzeptierte abstrakte, allgemeingültige Regeln und den Minimalstaat. Er unterstützte auch die – bei der von ihm im Jahre 1947 mitgegründeten Mont-Pelerin-Gesellschaft – dort erstmals von Ludwig Erhard, Walter Eucken und Wilhelm Röpke vorgestellte Konzeption der „Sozialen Marktwirtschaft", wie sie für Westdeutschland vorgesehen war. Erst ab Mitte der 1960er Jahre wendet er sich gegen deren weitere Entwicklung und warnt vor interventionistischen und sozialistischen Tendenzen in der deutschen Wirtschaftspolitik.

In seiner Freiburger Zeit geht er im Besonderen der Frage nach dem Zusammenspiel von Rechts- und Handlungsordnung nach. Hier zeigt sich Hayek der Philosophie David Humes verpflichtet, wonach erstmals klar der Zusammenhang bewusst wird, der zwischen den Regeln, denen die Menschen gehorchen, und der Ordnung, die sich als Ergebnis bildet, besteht. Die spontane Ordnung („kosmos") aber sei durch die Errichtung von Großbetrieben und der Zulassung von Bürokratien verschwunden und damit auch die traditionellen moralischen Grundlagen des Marktes verloren gegangen. Beschleunigt wurde dieser Verfall durch den scheinrationalen Imperativ: „*Ihr dürft nichts glauben, was Ihr nicht rational begründen könnt!*"

Dieser Beitrag soll keineswegs die ökonomischen Strömungen, die von Österreich ausgingen, gewichten und daher wird dem Neoliberalismus auch nicht der ihm gebührende Umfang zugemessen, den eine solche Darstellung zwingend zur Folge hätte. Vielmehr wird der österreichischen Ausprägung der katholischen Soziallehre und dem Konzept der ökosozialen Marktwirtschaft im Folgenden die Aufmerksamkeit gewidmet.

Die katholische Soziallehre in Österreich

Die christlich-soziale Bewegung entstand auch in Österreich im 19. Jahrhundert. Ihr Ahnherr, der Publizist und Sozialreformer Karl Freiherr von Vogelsang (1818–1890) legte seine Hoffnungen in die dauerhafte Erhaltung des Mittelstandes unter Betonung berufsständischer Gesichtspunkte. Seine im Jahr 1878 gegründete „Monatsschrift für christliche Sozialreform" löste eine breite Volksbewegung aus, die schließlich in einer Reihe von unter der Regierung des Sozialreformers und Ministerpräsidenten Eduard Graf Taaffe (1833–1895) beschlossenen Sozialgesetzen ihren politischen Ausdruck fand, zumal sie gegen den Widerstand der liberalen Partei durchgingen.

Dies waren Sonntagsruhe, allgemeine Arbeitszeitbegrenzung sowie Kranken- und Unfallversicherung. Die 1893 gegründete Christlich-Soziale Partei darf als Ergebnis dieser sozialreformatorischen Bewegung gesehen werden. Unter dem Druck des heraufziehenden Antisemitismus wurde Vogelsang, obgleich selbst kein Antisemit, vielfach missdeutet und fehlinterpretiert, wie die Berufungen des späteren Wiener Bürgermeisters Karl Lueger (1897–1910) bezeugen. Andererseits regte er durch seinen Einfluss auch zur Enzyklika „Rerum novarum" durch Papst Leo XIII. an.

Im 20. Jahrhundert ist die katholische Sozialtheorie vom Antisemitismus gereinigt, behält jedoch die Idee der berufsständischen Gliederung weiterhin bei. Drei Namen stehen für diese Richtung: Johannes Messner (1891–1984), Ernst Karl Winter (1895–1959) und August Maria Knoll (1900–1963). Obwohl alle der drei Genannten trotz ihres mitunter bewegten Lebens die Zweite Republik nicht nur erleben, sondern in ihr auch noch publizistisch bzw. lehrend wirken konnten, beschränkte sich ihr Einfluss und ihre eigentliche Wirkung auf die Politik der Ersten Republik und den dann darauf folgenden Ständestaat.

Johannes Messners „Die Berufständische Ordnung" (1936) erlangte Bedeutung für die ständestaatliche Verfassung, obgleich sein konzeptioneller Sozialrealismus diese mit Nachdruck für deren demokratische Entwicklung offen hielt. Sein nach dem Krieg erschienenes „Das Naturrecht" (1949) wird hingegen zum Standardwerk einer nach der Sittlichkeit fragenden humanen Existenzanalyse.

Anders akzentuiert war das Wirken des zeitweiligen Wiener Vizebürgermeisters Ernst Karl Winter, dessen überwiegend zum Einsatz gebrachtes Engagement in den 20er und 30er-Jahren des 20. Jahrhunderts darin bestand, die Versöhnung zwischen den Christlich-Sozialen und Sozialdemokraten herzustellen. Als überzeugter Legitimist und an die völkerverbindende Mission Österreichs Glaubender wirkte er zwischen den Fronten und vor allem aber auch gegen die Tendenz zur Selbstausschaltung der parlamentarischen Demokratie.

Zu nennen ist in dieser Reihe auch der nach 1945 als Religionssoziologe tätige August Maria Knoll, welcher bis 1938 als sehr aktiver und vielseitiger Privatdozent, Chefredakteur (Arbeiter-Sonntag) und Gründer von Einrichtungen (z.B. Karl Kummer-Institut) für die katholische Soziallehre als Katalysator und Verbindungsmann wirkte.

Die drei Prinzipien der katholischen Soziallehre, das Gemeinwohl, die Solidarität und die Subsidiarität werden vervollständigt durch die der Personalität und Gerechtigkeit. Personalität verstanden als Entscheidungs- und Handlungsfreiheit des Einzelnen, aber auch als Pflicht zur Verantwortungsübernahme.

Ältere Lehren berufen sich mitunter auch auf die Kategorie der Autorität, die als Korrektiv zur Gefahr des von Charles Darwin (1809–1898) abgeleiteten Rechtes des Stärkeren als auch der Anarchiegefahr – als nicht unbedeutende Strömung des solidarischen Anarchismus im 19. Jahrhundert, die vor allem durch Pierre-Joseph Proudhon (1809–1865) ihren radikalen Vertreter hatte – gesehen wurde. Die neueren Entwürfe zur Soziallehre betonen kategorial die Nachhaltigkeit, wofür im politischen Raum primär die heutige Ökologiebewegung als Platzhalter steht.

Die öko-soziale Marktwirtschaft

In Österreich wurde jedoch in den 1980er-Jahren – gleichsam als „Supplement" zum rheinischen Konzept der „Sozialen Marktwirtschaft" – die öko-soziale Marktwirtschaft entwickelt, bei der sich die Forderungen in Absetzung von klassenkampforientierten Grünbewegungen etwas verschoben.

„Partnerschaft statt Klassenkampf" und „Synthese von Kapital und Arbeit" sowie „strikter, fairer Wettbewerb mit strengem Kartellrecht" lauteten drei Kernaussagen dieses Anspruches an den Markt, die hier vor dem Hintergrund der aktuellen Wirtschaftskrise ganz anders deutlich werden und zum Teil die Erinnerung an die Schule Walter Euckens wachrufen.

Die ursprünglich aus einem Manifest für eine ökosoziale Agrarpolitik hervorgehende Konzeption schien aber dann in der Folge in manchem auch eine Wirkung auf die Wirtschaftspolitik des vormaligen französischen Staatspräsidenten Nikolas Sarkozy ausgeübt zu haben, wenn man von dessen protektionistischen Ansagen z.B. in Bezug auf die Automobilindustrie absieht.

Die Forderung nach einem gesetzlichen Ordnungsrahmen auf internationaler Ebene im Arbeits- und Sozialrecht sowie bei Bildung und Gesundheit findet sich darin ebenso wie die Stärkung regional verankerter mittelständischer Unternehmen. Auch die europaweite Verbreiterung der Bemessungsgrundlage unter Einbeziehung der Miet- und Pachteinnahmen zur Finanzierung der Sozial- und Gesundheitssysteme stehen im Wunschkatalog.

Das „Magische Dreieck" der öko-sozialen Marktwirtschaft – das sind die Wirtschaft, das Soziale und die Ökologie – müssen in Balance gehalten und als unterschiedliche Kulturen respektiert werden. Forschung und Entwicklung fördern demnach fairen Wettbewerb. Der Abbau von Leistungsbarrieren und Ausbau von Leistungsanreizen sei auszugestalten sowie zur Neubelebung der sozialen Sphäre seien solidarische Netze ebenso gefordert wie die Förderung familiärer, privater und kommunaler Betreuungsdienste.

In der Ökologie wollen die Marktkräfte für Nachhaltigkeitsziele mobilisiert und ein striktes Verursacherprinzip mit umweltorientierter Preis-/Kostengestaltung eingeführt werden. Dem soll eine ökosoziale Steuerreform folgen sowie die Einführung einer strikten Produktdeklaration im Sinne einer transparenten Produktwahrheit.

Der „Global Marshall Plan“

Dazu kommt die Vernetzung mit dem seit 2003 bestehenden „Global Marshall Plan“, der als Ziel einen fairen Weltvertrag in einem neu zu schaffenden Ordnungsrahmen vor Augen hat und der Realisation der Millenium-Entwicklungsziele dienen soll sowie als „Win-win“-Strategie für die Nord- und Südhemisphäre gesehen wird.

Supranationale Finanzierungsquellen wie die bereits breit diskutierte Einführung einer Finanztransaktionssteuer zur Abkühlung von „überhitzten Blasen“ an den Börsen und Finanzmärkten wären Bausteine eines solchen Ordnungsrahmens wie auch die Einführung einer sog. Terra-Abgabe, einer Mehrwertsteuer auf alle jene Welthandelsprodukte, die nationalen Steuerregelungen ausweichen, erwogen wird.

Der österreichische Nationalrat sowie sämtliche der neun Bundesländer unterstützten diese Initiative, die ein pragmatischer Masterplan, aber kein utopisches Konzept sein wollte. Zunächst bekannte sich auch der Vertrag von Lissabon von 2007 in seiner Präambel zum Ziel einer sozialen Marktwirtschaft mit hohen Umweltstandards. Das seit dem Jahr 1988 entwickelte Modell der Co-Finanzierung von Umweltstandards galt in dem Zusammenhang als Leitmodell für einen sozial-ökologisch gestaltbaren Globalisierungsprozess. Neue Beitrittsländer akzeptierten den europäischen Acquis communautaire, diese erhielten im Gegenzug von den etablierten EU-Mitgliedstaaten Finanzierungsmittel zum Aufbau ihrer Wirtschaft und Infrastruktur.

Die öko-soziale Marktwirtschaft wählt gemäß ihrem Selbstverständnis die Christliche Soziallehre und deren Prinzipien expressis verbis als ihren möglichen Kompass. Die ethische Komponente wird dabei um die Dimension der Lebensqualität und jener des „Wohlstandes für alle“ – wie es Ludwig Erhard trefflich auf die politische Erfolgsformel gebracht hat – ergänzt.

Die soziale Marktwirtschaft – eine genuin europäische Erfindung – befindet sich als Modell weniger denn je in der Krise. Sie bedarf allerdings einer Nachjustierung für Anforderungen des Globalisierungs- und des Umweltzerstörungsprozesses, der noch unvermindert fortdauert. Denn ansonsten ist weit und breit keine Alternative für Europa zu erspähen. Erst recht nicht im Jahr 2016!

Soziale Marktwirtschaft im Gesundheitswesen

Die Frage, inwieweit der Markt die gerechte Verteilung von Gesundheitsressourcen garantieren kann, scheidet schon lange die Geister. Zu bedenken wäre, dass es sich beim Gesundheitsmarkt um einen angebotsinduzierten Markt handelt, ein Umstand, der vor dem Hintergrund der aktuellen Finanzkrise geradezu als Idealzustand für gedeihliche Marktverhältnisse erscheinen müsste, würde das Gesundheitswesen nicht ganz besonderen Anforderungen unterliegen.

Die Marktwirtschaft funktioniert, wenn unter freien Wettbewerbsbedingungen Güter effizient produziert und nach Zahlungsbereitschaft der Konsumenten verteilt werden. Nicht nur klassische Wirtschaftslehren belegen dies, auch Negativbeispiele der politischen Realität – wie die Gesundheitsversorgung in Ländern wie Tschechien, Rumänien oder Bulgarien – mahnen zur Vorsicht gegenüber Überregulierung in diesem Bereich. Jegliches Marktelement auszuschalten hieße, der Willkür und der oft herbeizitierten Zwei-Klassen-Medizin auf kurzem Weg die Türen zu öffnen.

Dennoch muss die Besonderheit von Marktelementen im Gesundheitswesen betont werden, bei der es nicht nur auf das Maß und die Balance von „Markt" und „sozial" ankommt. Wir haben es hier mit eingeschränkter Patientensouveränität zu tun und daran scheitert der reine Markt. Patienten befinden sich gewöhnlich in existenzieller Notlage, sie sind weniger mündig als vielmehr krank. Angebotsvergleiche entfallen und Konsumenthaltung als Steuerungsmaßnahme zu üben, kommt nicht in Frage. Der Gesundheitsmarkt erweist sich daher im eigentlichen Wortsinn als notwendig, er wendet hereinbrechende Nöte ab und entwickelte sich zum angebotsinduzierten Markt, wodurch ihm in gewisser Weise ein soziales Element von selbst inhärent ist bzw. injiziert wurde. D.h. gerade im Bereich der Zuteilung sind für ein optimales Funktionieren Regulierungsschritte im Sinne des sozialen Marktes notwendig.

Die soziale Krankenversicherung kann die Stürme des Marktes zwischen Konsument und Leistungsanbieter etwas abschwächen, ihr Handlungsradius ist jedoch durch den Gesetzgeber und die politischen Rahmenbedingungen weitgehend vorgegeben.

Medizin für Menschen

In den modernen Gesellschaften herrscht eine gewisse Hilflosigkeit gegenüber den Kranken ebenso wie gegenüber Schwerkranken. Sie werden allzu oft in Institutionen abgeschoben und in ihrem Leiden auf mitunter fast inhumane Art alleine gelassen. In gewisser Weise, wenn auch nicht intendiert, hat der medizinische Fortschritt zu dieser Problematik beigetragen, da mit der Verlängerung der Lebenserwartung eine Art Multimorbidität der Alten und Schwachen einhergegangen ist. Die Würde des Menschen aber besteht gerade darin, dass er um seiner selbst willen existiert. Sie hängt nicht im Geringsten davon ab, ob er gesund oder krank ist.

Nicht nur aus Sicht der Wirtschaftsethik ist die Gesundheit ein Wert, von dessen Obsorge niemand ausgeschlossen werden darf. Es gibt zwar kein allgemeines Recht auf Gesundheit, aber es gibt ein Recht auf medizinische Betreuung ohne Rücksicht auf den sozialökonomischen Status des Patienten. Das soziale Gebot, die für das Gesundheitswesen verfügbaren Mittel gerecht zu verteilen, bedeutet, dass der Mitteleinsatz und ihre Verteilung reguliert werden müssen.

Brauchen wir ein neues Menschenbild in der Medizin?

Der Fortschritt der Medizin fungiert dabei als zusätzlicher Katalysator, die Vorstellung von Gesundheit eng an den Körper zu binden. Wir können heute ein Spannungsfeld dergestalt beobachten, dass die seit Antike und Mittelalter bekannte Vorstellung vom Menschen als Leib-Seele-Einheit umkämpft wird. Kräfte, die diese Einheit aufzulösen versuchen, sind ebenso wahrzunehmen wie die entgegengesetzten, die um eine Rückführung und Wiederherstellung dieser Ganzheit bemüht sind.

Der Volksmund hält diese Erinnerung wach, wenn er da lautet: „*Wem freilich die Gesundheit fehlt, dem fehlt alles.*" Oder um es mit einer alten indischen Weisheit auszudrücken: „*Der Gesunde hat viele Wünsche, der Kranke nur einen.*"

Die Konsumgesellschaft hat mitunter einen pathogenen Körperkult hervorgebracht und dieser hat sich im sogenannten „philosophischen Überbau" mit einem zumeist überzogenen Autonomiebegriff verschränkt. Der Mensch verwirklicht sich demnach nur mehr dort, wo er sich als autonomes Subjekt seinen Körper untertan macht. Doch es gab auch gerade im 20. Jahrhundert große und durchaus sehr erfolgreiche Bemühungen im philosophischen Denken, der Idee einer totalen „Körper-Maschine" entgegenzuwirken und den ganzen Menschen mit seinem Leib zu sehen und diesen als Aufgabe zu begreifen.

Seit dem Wirken Friedrich Nietzsches (1844–1900) wurde es immer wiederkehrend versucht: Die notorische Leibvergessenheit im philosophischen Denken wieder etwas rückgängig zu machen und der leiblichen Erfahrung mehr Geltung zu verschaffen. Die Arbeiten von Max Scheler (1874–1928), Jean-Paul Sartre (1905–1980), Martin Heidegger (1889–1976), Hans-Georg Gadamer (1900–2002), Romano Guardini (1885–1968) und insbesondere jene von Maurice Merleau-Ponty (1908–1961) zeugen eindrücklich davon. So hinterließ z.B. der deutsche Philosoph Hans-Georg Gadamer der Nachwelt die nur hermeneutisch zu erfassende Metapher von der Verborgenheit der Gesundheit, die erst im Dunkel des Verlustes erfahrbar wird.

Ökonomie und Ethik

Wir haben es aber auch mit einem anderen Grundsatzproblem zu tun und dieses berührt ebenso die philosophische Sphäre, näher hin die moralphilosophische. Es geht um die Auflösung der Spannung von Ökonomie und Ethik, worüber Karl Kraus bekanntlich das recht sarkastische Urteil fällte, dass man sich für eines davon zu entscheiden habe. Sie wissen vermutlich aus Ihrem Alltag am allerbesten, warum gerade dieses Urteil ein Fehlurteil ist.

Die Frage einer ethisch wohlbegründeten Entscheidung[6] unter ökonomischen Knappheitsbedingungen stellt sich für jeden von uns fast täglich, sowohl in der Alltagspraxis der Ärzte, in der öffentlichen Verwaltung und der Sozialversicherung wie eben auch bei politischen Entscheidungsträgern. Dies umso mehr, als man in der fiktiven Überflussgegebenheit vor dem geradezu „faustisch" anmutenden Problem steht, wie weit technisch-naturwissenschaftliche Möglichkeiten unkontrollierbare Folgen im Wechselspiel zwischen Apparat und menschlicher Natur hervorrufen.

Das Leben zu schützen heißt ja, dass jede verfügbare lebenserhaltende Maßnahme prinzipiell verhältnismäßig ist. In der Praxis ist daher die Situation oft nicht eindeutig: Die Indikation ist es vielleicht nicht, der von einer in Betracht kommenden Therapie zu erwartende Nutzen womöglich auch nicht. Zudem ist davon auszugehen, dass die Ressourcen nicht ausreichen, um auf jeden noch so aussichtslosen Therapieversuch einzugehen. Man bewegt sich allzu oft in einer Grauzone, die es notwendig macht, die Verhältnismäßigkeit einer Maßnahme abzuwägen.

Heute wird im Unterschied zu noch vor etwa zwanzig Jahren die Tatsache einer Mittelknappheit auch im Kontext ethischer Fragestellungen als gegeben anerkannt oder zumindest hingenommen, ohne dass es als tabuisiertes Argument außerhalb einer jeden ethischen Dignität verteufelt wird. Denn die Ressourcenknappheit zwingt die immer aufwendiger werdende Medizin zur begrenzten Mittelallokation.[7]

Die Prinzipien der Solidarität und Gerechtigkeit ziehen nämlich an demselben Strang, wenn auch zuweilen in entgegengesetzte Richtungen. Ärzte sind oft über die Maßen gefordert, ihnen fehlt in einsamen Entscheidungssituationen dann jeglicher Beistand im Sinne einer Rückkoppelungsinstanz, was bei manchen zu einer Delegierung der Verantwortung an die Angehörigen oder an die Patienten führen kann.

Ökonomie versus Ethik, dieser „Kampf" spielt sich aber nicht nur im Inneren, auf der Ebene des Gewissens von Ärzten ab. Auch die Politik und metaindividuelle Ebenen sind davon gekennzeichnet. Dem fiktiven Überfluss an Möglichkeiten stehen ganz real knapper werdende Ressourcen gegenüber. Und dies bedeutet für die gesamte Gesellschaft mehr und vor allem härtere Verteilungskämpfe. Auf dem Gebiet der Bildung und Ausbildung erleben wir

---

6 Cf. dazu unter anderem auch Bettina Schöne-Seifert (Professorin für Ethik in der Medizin an der Univ. Münster): Id.: *Grundlagen der Medizinethik*. Alfred Kröner: Stuttgart 2007.

7 Cf. dazu und zur sog. „Priorisierungsdebatte" sowie zum „Konsequentialismus" in der utilitaristischen Tradition unter anderem die jüngste Arbeit von Weyma Lübbe (Prof. für praktische Philosophie an der Univ. Regensburg): Id: *Nonaggregationismus: Grundlagen der Allokationsethik*. (Reihe ethica 29). Mentis: Münster 2015).

es derzeit unverhohlen manifest, auf jenem der Gesundheit und ihrer Güter können wir derzeit den hoffnungsvollen Beginn einer Konsolidierungsphase verzeichnen, wozu sich die verschiedenen Interessengruppen, aber auch Partner im Gesundheitswesen zuvor am Verhandlungstisch mit maßvollen Forderungen eingefunden haben. Daher kann ich am Ende meiner Anmerkungen vor allzu großem Pessimismus nur warnen und in Abwandlung eines bekannten Aperçus von Sir Karl Popper, einem neben dem sarkastischen Karl Kraus anderen großen Österreicher, nur deklamieren: „*Wir verfügen selbstverständlich nicht über die beste Medizin in ihrem Fortschritt, aber über den bestmöglichen Fortschritt darin.*“

Quellenverzeichnis

Anzenbacher, Arno: *Christliche Sozialethik. Einführung und Prinzipien.* Schöningh: Paderborn 1997.

Anzenbacher, Arno: „Solidarität und Subsidiarität. Ethische Grundlagen der Sozialen Marktwirtschaft“. *Die politische Meinung* 326, 1997, S. 21–30.

Eucken, Walter: *Die Grundlagen der Nationalökonomie.* Springer: Heidelberg 1989 [Orig. Jena 1939].

Eucken-Erdsiek, Edith / Hensel, Karl Paul (Hrsg.): *Grundsätze der Wirtschaftspolitik.* Rowohlt: Reinbek et al. 1965 [Orig. 1952].

Kant, Immanuel: *Grundlegung zur Metaphysik der Sitten.* Felix Meiner: Hamburg 1999 [Orig. 1785].

Knigge, Adolph Freiherr von: *Über den Umgang mit Menschen.* Suhrkamp/ Insel: Frankfurt a.M. et al. 2001 [Orig. 1788].

Lübbe, Weyma: *Nonaggregationismus. Grundlagen der Allokationsethik.* (Reihe ethica 29). Mentis: Münster 2015.

Schöne-Seifert, Bettina: *Grundlagen der Medizinethik.* Alfred Kröner Verlag: Stuttgart 2007.

Rudolf Mosler

Die Kunst des Dialogs: Arbeitsverfassung und Sozialpartnerschaft

1. Zum Thema

Das Arbeitsrecht verbindet man nicht sofort mit Dialog, schon gar nicht mit einer „Kunst des Dialogs". Der Begriff „Dialog" steht zunächst einmal im Gegensatz zu „Monolog". In seiner überwiegenden Verwendung setzt er aber auch Zuhören, ein gewisses gemeinsames Verständnis, Respektieren des Gegenübers, ja sogar Vertrauen voraus. Soll der Dialog eine Kunst sein, sind damit wohl nicht bloß ausgefeilte Techniken und Methoden des Gesprächs gemeint, sondern auch die Absicht, ein Ziel bzw. meist einen Kompromiss gemeinsam durch Gespräche zu erreichen.

Der Dialog im Arbeitsrecht geht allenfalls dem Vertragsabschluss voraus und spielt im Vollzug des Arbeitsverhältnisses eine Rolle, weil dieses ohne Dialogbereitschaft von Arbeitgeber und Arbeitnehmer auf Dauer nur schwer funktionieren kann. Aber sogar das muss man relativieren. Arbeitsverträge werden in der Praxis eher selten nach einem mehr oder weniger intensiven Dialog schriftlich vereinbart. Meist ist das Aushandeln schon deshalb nicht erforderlich, weil es ohnehin normative Vorgaben gibt (insb. Gesetze, Kollektivverträge, Betriebsvereinbarungen), die den wesentlichen Vertragsinhalt festlegen. Oft wird ein – i.d.R. vom Arbeitgeber bzw. seiner Interessenvertretung stammendes – Vertragsmuster verwendet, das allenfalls ergänzt und in einzelnen Punkten verändert wird. Dialog findet im Arbeitsverhältnis selbst auch unterschiedlich intensiv statt. Das hängt nicht nur von persönlichen Eigenschaften, sondern auch von der Art der Tätigkeit, der Funktion, der Stellung in der Hierarchie des Betriebs und der Größe des Betriebs bzw. der jeweiligen Organisationseinheit ab.

Die Kunst des Dialogs ist aber auch nicht automatisch mit dem kollektiven Arbeitsrecht, der Arbeitsverfassung, verbunden. Freilich werden Kollektivverträge und Betriebsvereinbarungen verhandelt, was jedenfalls Rede und Gegenrede voraussetzt. Das kollektive Arbeitsrecht ist aber nicht durch Dialog, sondern durch Kampf und Konflikt entstanden. Der Kapitalismus ist durch einen fundamentalen Interessengegensatz zwischen Kapital und Arbeit geprägt, genauer zwischen den Eigentümern der Produktionsmittel und denjenigen, die ihre Arbeitskraft zur Bestreitung ihres Lebensunterhalts auf dem Arbeitsmarkt verkaufen (müssen). Das bestehende Machtungleichgewicht hat jedenfalls solange zur Ausbeutung und Verelendung der Arbeiterschaft geführt, bis diese sich zusammengeschlossen und – letztlich erfolgreich – um bessere Arbeitsbedingungen sowie soziale Absicherung gekämpft hat. Erst viel später ist der Dialog in der Arbeitsverfassung in den Vordergrund getreten. Nach 1945 ist in Österreich die Sozialpartnerschaft entstanden, die den Kampf in Form von Streiks und Demonstrationen zurückgedrängt und ihn durch vielfältige Formen des Dialogs ersetzt hat. Noch später hat der „soziale Dialog" in das europäische Recht Einkehr gehalten. Im Folgenden soll eine kurze Entwicklungsgeschichte der Kunst des Dialogs in Arbeitsverfassung und Sozialpartnerschaft und anschließend eine Perspektivenabschätzung versucht werden.

2. Die Entstehung der Arbeitsverfassung in Österreich

Die Entstehung einer Arbeitsverfassung ist eine Folge der fundamentalen Änderung der Produktionsverhältnisse, die an der Wende vom 18. zum 19. Jahrhundert in einem großen Teil Europas eingetreten ist.[1] Die feudal geprägte Ökonomie wurde von einer arbeitsteiligen, industriell organisierten und weit effizienteren Produktionsweise abgelöst. Dadurch konnten neue Märkte erschlossen werden, was zu einem hohen Bedarf an Arbeitskräften geführt hat. Aus der Sicht der vorher Großteils in der Landwirtschaft Beschäftigten war dies zunächst eine Befreiung von der tatsächlichen oder Beinahe-Leibeigenschaft im Verhältnis zu den bäuerlichen Grundherren. Durch die nun gegebene Möglichkeit, Verträge abzuschließen konnte die eigene Arbeitskraft als Ware am Arbeitsmarkt verkauft werden. Die Funktionsweise des Kapitalismus führte aber sehr bald zu neuen Formen der Ausbeutung. Ein die Nachfrage übersteigendes Angebot an Arbeitskräften ließ verschärfte Konkurrenzverhältnisse zwischen diesen entstehen, was – der Logik des Marktes entsprechend – sinkende Löhne zur Folge hatte. Die Idee des Vertrages als Institution, die eine Einigung zwischen gleichberechtigten Individuen ermöglicht, hat sich schnell als Illusion erwiesen. Die drastische wirtschaftliche Überlegenheit der Eigentümer der Produktionsmittel gegenüber den Eigentümern (bloß) der eigenen Arbeitskraft hat einen fairen vertraglichen Interessenausgleich verhindert. Mangels sozialstaatlicher Absicherung war die massenhafte Verelendung der Arbeiterschaft die zwingende Konsequenz.

Die einzige Möglichkeit, diese ungleichgewichtige Situation zu überwinden, war der Zusammenschluss der Arbeitnehmer zu Gewerkschaften. Erst dadurch konnte eine entsprechende Gegenmacht gebildet werden, die bessere Arbeits- und Entgeltbedingungen durch kollektive Arbeitsniederlegungen, Boykott und Demonstrationen erzwingen konnte. Lange Zeit waren allerdings die Bildung von Koalitionen und die Durchführung von Arbeitskämpfen

1 Cf. den aktuellen historischen Abriss bei Felten, Elias: *Koalitionsfreiheit und Arbeitsverfassungsgesetz*. Manz: Wien 2015, S. 15–41 mit weiteren Nachweisen.

verboten. Erst durch das Koalitionsgesetz 1870 wurden die strafrechtlichen Sanktionen endgültig aufgehoben. Kurz davor, nämlich im Staatsgrundgesetz über die allgemeinen Rechte der Staatsbürger 1867 (Art. 12), waren durch die Vereins- und Versammlungsfreiheit auch die Grundlagen für die legale Bildung von Koalitionen im Arbeitsleben geschaffen worden.[2] Auch wenn danach Gewerkschaften weiter noch lange Zeit politisch bekämpft wurden und eine Klassenjustiz versucht hat, das Koalitionsgesetz als Waffe gegen streikende Arbeiter einzusetzen,[3] ist durch die Koalitionsfreiheit der Grundstein für den Abschluss kollektiver Vereinbarungen zwischen Gewerkschaften und Arbeitgebern bzw. Arbeitgebervereinigungen gelegt worden. Schon Ende des 19. Jahrhunderts hatten Kollektivverträge, die Mindestentgelt- und Arbeitsbedingungen sowie gewisse Mitwirkungsrechte der Arbeitnehmer bei der Gestaltung der Arbeitsbedingungen festlegen, in der Praxis eine erhebliche Bedeutung erlangt.[4] Da es außer der Vertragsfreiheit keine rechtlichen Grundlagen für den Abschluss von Kollektivverträgen gab, waren diese nur zwischen den Abschlussparteien verbindlich, nicht aber von den einzelnen Arbeitnehmern einklagbar. Die Einhaltung konnte letztlich nur durch Arbeitskämpfe erzwungen werden, was eine entsprechende politische Stärke und den Kampfeswillen der Arbeitnehmer vorausgesetzt hat. Als Normenvertrag mit rechtsverbindlicher Wirkung wurde der Kollektivvertrag erst durch das Gesetz über die Errichtung von Einigungsämtern und über kollektive Arbeitsverträge 1919 anerkannt. Im gleichen Jahr wurde das Betriebsrätegesetz 1919 erlassen, das eine von der Belegschaft gewählte betriebliche Interessenvertretung vorgesehen hat, die bei der Regelung der Arbeitsbedingungen auf betrieblicher Ebene mitbestimmen konnte. Damit wurde auch die Trennung zwischen der Mitwirkung der Arbeitnehmer auf der betrieblichen und der überbetrieblichen Ebene, die bis heute besteht, begründet. Der sozialpolitische Fortschritt durch vielfältige gesetzgeberische Aktivitäten kurz nach dem Ersten Weltkrieg wurde bald durch die krisenhafte Wirtschaftsentwicklung faktisch zunichte und schließlich auch gesetzlich zuerst zum Teil und dann vollständig rückgängig gemacht. Das Antiterrorgesetz 1930 schwächte durch seine Maßnahmen gegen den verbreiteten Organisationszwang (Gewerkschaftsmitgliedschaft als Anstellungsvoraussetzung) den Einfluss der Gewerkschaften, konnte sich aber immerhin noch auf den Schutz der Arbeits- und Versammlungsfreiheit der einzelnen Arbeitnehmer berufen.

---

2 Strasser und Jabornegg (cf. Strasser, Rudolf / Jabornegg, Peter: „Arbeitsrecht 2. Kollektives Arbeitsrecht (Arbeitsverfassungsrecht)“. In: Floretta, Hans / Spielbüchler, Karl / Strasser, Rudolf: *Arbeitsrecht*, Bd. 2. Manz: Wien 2001, S. 8) sehen darin den Beginn der Entwicklung eines modernen österreichischen Arbeitsverfassungsrechts.

3 Cf. anschaulich Ingwer, J.: *Das Koalitionsrecht der Arbeiter*. Österreichischer Metallarbeiterverband: Wien 1909.

4 Felten, S. 17.

1933/34 wurde im Austrofaschismus durch die Errichtung einer „gelben" Gewerkschaft mit hoheitlichen Befugnissen und die Auflösung der freien Gewerkschaften das kollektive Arbeitsrecht praktisch beseitigt. Das Gesetz zur Ordnung der nationalen Arbeit 1938 hat dann im nationalsozialistischen Geist auch das Aushandeln der Arbeitsbedingungen durch einseitige Verordnung ersetzt und in den Betrieben das Führerprinzip eingeführt.

Mit dem Kollektivvertragsgesetz 1947 und dem Betriebsrätegesetz 1947 wurden die überbetriebliche und die betriebliche Mitbestimmung wieder eingeführt und in wichtigen Fragen ausgebaut. Eine wesentliche Änderung war, dass nicht nur die freiwilligen Berufsvereinigungen sondern auch die gesetzlichen Interessenvertretungen (insb. die Arbeiterkammern und Wirtschaftskammern) nun Kollektivverträge abschließen durften. Das ganze gesetzliche System der kollektiven Arbeitsbeziehungen wurde auf die reale Situation zugeschnitten. Insb. wurde die faktische Monopolstellung des ÖGB als freiwillige Berufsvereinigung auf Arbeitnehmerseite verfestigt.[5] Im 1973 beschlossenen Arbeitsverfassungsgesetz gelang schließlich die Kodifizierung des kollektiven Arbeitsrechts in einem Gesetz, allerdings unter Beibehaltung der Trennung in überbetriebliche und betriebliche Mitbestimmung. Seither wurde das Arbeitsverfassungsgesetz über 50 Mal geändert, wobei allerdings die Grundstruktur erhalten blieb. Die Umsetzung der Vorgaben des europäischen Betriebsverfassungsrechts hat zwar eine erhebliche quantitative Erweiterung des Gesetzes mit sich gebracht, wegen der Beschränkung auf Informations- und Anhörungsrechte aber inhaltlich wenig verändert.[6]

3. Sozialpartnerschaft: Gelebte Kunst des Dialogs?

Das Arbeitsverfassungsgesetz ist ein typisches „Sozialpartnergesetz". Es wurde zwar in einem aufwändigen „vorparlamentarischen" Verfahren in einer durch parlamentarische Entschließung eingerichteten Kodifikationskommission vorbereitet. Als der auf dieser Basis erstellte Ministerialentwurf vor allem von Arbeitgeberseite massiv bekämpft wurde, wurde eine Einigung der Sozialpartner abgewartet, obwohl sich die Regierung Kreisky auf eine absolute Mehrheit im Parlament stützen konnte.[7] Letztlich wurden die Ergebnisse der Sozialpartnerverhandlungen weitgehend unverändert im Nationalrat einstimmig beschlossen. Auch die meisten der späteren Novellen und

---

5 Cf. ausführlich ibid., S. 40–41.

6 Zur Entwicklung des Arbeitsverfassungsgesetzes bis 2014 ausführlich Cerny, Josef: „40 Jahre Arbeitsverfassungsgesetz". *DRdA* 2014, S. 478–487.

7 Cf. ibid., S. 479–480; ausführlich Filla, Wilhelm: *Zwischen Integration und Klassenkampf. Sozialgeschichte der betrieblichen Mitbestimmung in Österreich.* Europaverlag: Wien 1981, S. 286–295.

Änderungen sind zunächst auf Sozialpartnerebene vorbereitet oder jedenfalls mit den Sozialpartnern im Vorfeld akkordiert worden. Gleiches gilt für viele andere Gesetze im Bereich der Sozial- und Wirtschaftspolitik, zum Teil sogar darüber hinaus. Was ist nun das Besondere an der viel gerühmten aber auch viel kritisierten österreichischen Sozialpartnerschaft?

Dass Arbeitnehmer- und Arbeitgeberorganisationen miteinander verhandeln und Vereinbarungen treffen, ist noch keine Besonderheit, sondern weltweit in allen halbwegs demokratischen Staaten üblich. Dabei findet auch fast immer ein gewisser Interessenausgleich statt (wenn die Vertretungen einigermaßen frei agieren können). Die österreichische Interessenpolitik ist aber vor allem dadurch gekennzeichnet, dass sie zentralistisch erfolgt und nur wenige maßgebliche Akteure vorhanden sind, eine starke Vernetzung und Verwobenheit mit den demokratischen Institutionen besteht (den großen Parteien, dadurch meist auch Einfluss in den Parlamenten und Regierungen), die Auswirkungen von Vereinbarungen auf Staat und Volkswirtschaft bedacht werden, informelle Beziehungen eine große Rolle spielen, generell die Beziehungen äußerst stabil, wenig krisenanfällig, aber auch relativ intransparent sind und der Einfluss weit über das Arbeitsleben hinausgeht und viele Politikbereiche durchdringt (e.g. Bildung, Wissenschaft). Man spricht auch von der österreichischen Version des Neo-Korporatismus, einer der im internationalen Vergleich hervorragendsten und ausdauerndsten Beispiele einer Konsensdemokratie.[8]

Das, was heute unter Sozialpartnerschaft verstanden wird, hat sich nach 1945 entwickelt. Man kann also nicht davon sprechen, dass ein auf Kooperation und Dialog aufbauendes System der Arbeitsbeziehungen und politischen Gestaltung durch Austrofaschismus und Nationalsozialismus bloß unterbrochen wurde. In der Ersten Republik gab es bestenfalls Ansätze für eine ständige Interaktion zwischen den sozialen Gegenspielern einerseits und Einfluss auf staatliche Entscheidungen andererseits. So kam die Sozialgesetzgebung in den Jahren ab 1918 zum Teil in einer großen Koalition zwischen Sozialdemokraten und Christlichsozialen mit Unterstützung von Gewerkschaften und Wirtschaftsverbänden zustande. Es wurden auch gewisse Voraussetzungen geschaffen, die später das Entstehen der Sozialpartnerschaft begünstigt haben. Hier ist vor allem auf die Einrichtung der Kammern zu verweisen, die als öffentlich-rechtliche Institutionen der Interessenvertretung mit Pflichtmitgliedschaft ein Austriacum darstellen. Pläne zur Ausweitung des Einflusses der Interessenvertretungen auf die Politikgestaltung gab es zwar, sie setzten sich

8 Wineroither, David M.: „Die Sozialpartnerschaft als Eckpfeiler der österreichischen Konsensdemokratie". In: Pellar, Brigitte (Konzept und Redaktion): *Wissenschaft über Gewerkschaft*. ÖGB Verlag: Wien 2013, S. 39.

aber nicht durch.[9] Es fehlte einerseits am Grundkonsens über zentrale Fragen der Wirtschafts- und Sozialpolitik, andererseits an großen und repräsentativen Organisationen auf Gewerkschafts- wie Unternehmerseite.[10]

Das änderte sich in der Zweiten Republik fundamental. Der Wiederaufbau und die erforderliche Konsolidierung der Wirtschaft waren gesamtwirtschaftliche Ziele, die eine Zusammenarbeit aller wesentlichen Kräfte erforderlich machten. Dies zeigte sich vor allem in den Lohn-Preis-Abkommen, in denen die entsprechenden staatlichen Instrumentarien der Preis- und Lohnkontrolle unterstützt wurden. Löhne und Preise sollten in ein Gleichgewicht gebracht werden, vor allem um die Inflation zu bekämpfen. Der ÖGB lehnte dabei Lohnerhöhungen zu Gunsten einer Stabilisierung der Wirtschaft und Eindämmung der Geldentwertung ausdrücklich ab.[11] Die Kollektivverträge enthielten nicht nur Mindest- sondern auch Höchstlöhne.[12] Auch wenn diese Politik innerhalb des ÖGB nicht unumstritten war, wie die Streiks 1950 gezeigt haben,[13] war sie doch die Basis für den immer mehr steigenden Einfluss auf die staatliche Wirtschafts- und Sozialpolitik.

Weitere wesentliche Faktoren waren, dass es seit 1945 auf Arbeitnehmerseite einen einheitlichen, überfraktionell organisierten Gewerkschaftsbund (ÖGB) gab, der in seinen Teilgewerkschaften alle Branchen umfasste, und bald auch die Arbeiterkammern wieder eingerichtet wurden. Dem standen die Wirtschafts- und Landwirtschaftskammern gegenüber, später mit wachsendem Einfluss die Industriellenvereinigung als freiwillige Berufsvereinigung. Im Unterschied zur Ersten Republik bestanden große, repräsentative und straff organisierte Interessenvertretungen, deren Bestand nicht gefährdet war und die auch in der Lage waren, gesamtwirtschaftlich zu agieren. Darüber hinaus dürfte wohl auch die persönliche geschichtliche Erfahrung eine wichtige Rolle gespielt haben, auch wenn sich zum Teil nicht überprüfbare Mythen daran knüpfen. Unbestritten ist aber, dass viele der maßgeblichen Funktionäre und Politiker, die sich im autoritären Ständestaat als Feinde gegenübergestanden waren, gemeinsam in den Konzentrationslagern und Gefängnissen der Nationalsozialisten interniert

9 Cf. Talos, Emmerich: *Sozialpartnerschaft. Ein zentraler politischer Gestaltungsfaktor in der Zweiten Republik*. Studienverlag: Innsbruck 2008, S. 16.

10 Cf. ibid., S. 9. Erst in den Diktaturen ab 1933/34 wurde die Fragmentierung durch Schaffung einheitlicher Organisationen beseitigt.

11 Nachweise ibid., S. 20–21.

12 § 3 ArbVG erlaubt auch heute noch die Vereinbarung von Höchstentgelt- und Arbeitsbedingungen.

13 Dass es sich dabei um einen kommunistischen Putschversuch gehandelt hat, dürfte mittlerweile historisch widerlegt sein, cf. Talos, 2008, S. 21; detailreich Prader, Hans: *Die Angst der Gewerkschaft vorm Klassenkampf. Der ÖGB und die Weichenstellung 1945–1950*. Arbeitsgemeinschaft für Sozialwissenschaftliche Publizistik: Wien 1975, S. 67–70.

oder im Widerstand waren. Das hat offenkundig zu einem historischen Konsens geführt, der eine wesentliche produktive Kraft im Wiederaufbau war.[14]

Ihren Höhepunkt erreichte die Sozialpartnerschaft zweifellos in den 60iger und 70iger Jahren des 20. Jahrhunderts. Das hat va auch mit günstigen wirtschaftlichen und politischen Rahmenbedingungen zu tun.[15] Symbolisiert durch die legendären Persönlichkeiten Anton Benya und Rudolf Sallinger wurde die Sozialpartnerschaft selbst zur Legende. Benya war ÖGB-Präsident und Nationalratspräsident, Sallinger Wirtschaftskammerpräsident und Nationalratsabgeordneter. Ihr Einfluss auf die Politik war nicht nur durch die Funktionen gegeben, beide waren auch in ihren Parteien äußerst mächtig und einflussreich. Die schon 1957 gegründete Paritätische Kommission für Preis- und Lohnfragen, der Vertreter der Regierung, der Kammern und des ÖGB angehörten, wurde durch weitere wirtschaftspolitische Gremien, der auch Experten angehörten, ergänzt. Besondere Bedeutung erlangte die Präsidentenvorbesprechung im Rahmen der Paritätischen Kommission. Viele sozial- und wirtschaftspolitische Entscheidungen wurden dort getroffen, Meinungsverschiedenheiten und Konflikte bereinigt. Daher war es auch keineswegs eine Besonderheit, dass die massiven und durchaus auch öffentlich ausgetragenen Streitigkeiten zwischen den Sozialpartnern sowie den Parteien SPÖ und ÖVP vor dem Beschluss des Arbeitsverfassungsgesetzes letztlich in einem „Präsidentengipfel" beigelegt wurden.[16] Man war stolz darauf, auch gravierende unterschiedliche Auffassungen ausdiskutieren zu können, „Handschlagqualität" galt als Selbstverständlichkeit. Wenn man sich nicht einigen konnte, griff man manchmal auch auf „diplomatische Terminologie" zurück. Um den langjährigen Partner nicht zu verärgern, wurden etwa Kritik an Unternehmen oder Forderungen nach mehr Flexibilität nicht offen und deutlich formuliert ausgesprochen, sondern vorsichtig umschrieben.[17]

Das hat sich auch in der Praxis der Arbeitsbeziehungen niedergeschlagen: im Unterschied zu vielen anderen Staaten Europas waren Streiks in Österreich die seltene Ausnahme.[18] Der Arbeitskampf war nur noch Drohpotenzial und

14 So Matzner, Egon: „Funktionen der Sozialpartnerschaft". In: Fischer, Heinz (Hrsg.): *Das politische System Österreichs*. Europaverlag: Wien 1982, S. 434; auf die Mythenbildung im Zusammenhang mit dem „antifaschistischen Grundkonsens", der – wie oft gesagt wurde – dem „Geist der Lagerstraße" entsprungen sei, weist Wineroither, S. 46–47, hin.

15 Cf. e.g. Talos, Emmerich: „Mitbestimmung unter geänderten sozialen und politischen Rahmenbedingungen". In: Grillberger, Konrad (Hrsg.): *30 Jahre ArbVG*. ÖGB Verlag: Wien 2005, S. 37–41.

16 Cf. Cerny, S. 479.

17 Von Matzner, S. 434, unter der Überschrift „Paradoxa Austriaca" beschrieben.

18 Zwischen 1966 und 1985 wurde nur in zwei Jahren mehr als zehn Minuten pro Arbeitnehmer gestreikt, in zehn einzelnen Jahren wurde eine Minute oder weniger pro Arbeitnehmer und Jahr gestreikt, cf. Talos, 2008, S. 49–50. In Deutschland,

allerletztes, fast nie zum Einsatz gebrachtes Mittel der Interessendurchsetzung. Gerne sprach man in diesem Zusammenhang davon, dass der Klassenkampf von der Straße auf den grünen Tisch verlagert wurde.[19] Auch Bruno Kreisky sprach von der Sublimierung des Klassenkampfes durch die Sozialpartnerschaft.[20] Das alles geschah während der Zeit der Alleinregierungen von ÖVP (1966–1970) und SPÖ (1971–1983), was den Einfluss der Sozialpartnerschaft belegt. Obwohl die jeweilige Partei einen Beschluss auch gegen den Willen der anderen Seite im Parlament durchsetzen hätte können, wurde die jeweilige Sozialpartnerentscheidung übernommen und in den meisten Fragen ein gemeinsamer Gesetzesbeschluss gefasst. Erleichtert wurde dies auch dadurch, dass Funktionäre der Sozialpartnerschaft in hohem Ausmaß in Regierung und Parlament vertreten waren.

Dass die Macht der Sozialpartnerschaft nicht unbegrenzt war, hat sich spätestens in der Auseinandersetzung um das Kraftwerk Hainburg 1984 gezeigt. Trotz des großen Engagements beider Sozialpartner wurde der Konflikt gegen Teile der Zivilgesellschaft und die Politik letztlich verloren.

Die Sozialpartnerschaft hat auch Krisen durchlebt. Die FPÖ-ÖVP-Koalition ab 2000 hatte es sich ausdrücklich zum Ziel gesetzt, deren Macht einzuschränken.[21] Das hing einerseits damit zusammen, dass die FPÖ der Sozialpartnerschaft schon deshalb kritisch gegenüberstand, weil sie dort keinerlei Einfluss hatte und sie die politischen Machtverhältnisse ändern wollte. Dies traf sich mit dem Wunsch wirtschaftsliberal orientierter Kräfte in der ÖVP, den Einfluss der Arbeitnehmerverbände zurückzudrängen und den mittlerweile ungeliebten früheren Partner SPÖ zu entmachten. Der Versuch, die Sozialpartnerschaft zu schwächen, ist freilich relativ bald gescheitert.[22] Das lag einerseits wohl an der Überforderung (vor allem) des freiheitlichen Teils des Regierungs- und Parlamentsteams, was sich etwa in Gesetzesbeschlüssen mit fast schon dilettantischen

Italien und Großbritannien wurde der Vergleichswert meist in Stunden pro Arbeitnehmer und Jahr ausgedrückt.

19 Ibid., S. 48.

20 Zitiert nach Matzner, S. 435.

21 Cf. dazu Karlhofer, Ferdinand: „Work in Progress? Anmerkungen zum Umbau der Sozialpartnerschaft". In: Khol, Andreas / Ofner, Günther / Burkert-Dottolo, Günther / Karner, Stefan (Hrsg.): *Österreichisches Jahrbuch für Politik 2001.* Verlag für Geschichte und Politik: Wien 2002, S. 321–333.

22 Insofern hat sich die Einschätzung e.g. von Karlhofer (S. 332) am Beginn der FPÖ-ÖVP-Koalition, die Sozialpartnerschaft gehe zurück in Richtung eines bloßen sozialen Dialogs, wenigstens bis heute nicht bestätigt. Mittel- bis langfristig könnte das aber durchaus zutreffen.

Fehlern geäußert hat.[23] Es blieb aber vor allem auch die Gesprächsbasis zwischen den Sozialpartnern aufrecht, obwohl die Wirtschaftsseite ja in der Regierung „vertreten" war. Das zeigte sich etwa in der Reform des Abfertigungsrechts 2001, die letztlich weitgehend auf einer Sozialpartnereinigung basierte. Andere gemeinsame Vorschläge wurden hingegen von der Regierung abgelehnt.[24] Bemerkenswert war auch, dass im sog. BAWAG-Skandal, der den ÖGB an den Rand einer Insolvenz brachte,[25] die Sozialpartnerschaft weiterfunktionierte. Trotz eines extrem geschwächten Gegenübers hatte man – zumindest in der öffentlichen Wahrnehmung – nicht den Eindruck, dass die Wirtschaftskammer diese Situation besonders ausnützte. Deren Präsident lobte sogar das Krisenmanagement des ÖGB und die Wiederherstellung seiner Handlungsfähigkeit durch einen gelungenen Verkauf der Bank.

Der Versuch der Schwächung der Sozialpartnerschaft durch die FPÖ-ÖVP-Regierung hatte im Übrigen eine zunächst paradox erscheinende, situativ aber verständliche Folge. Die lange Zeit rechtlich nicht besonders verankerte Sozialpartnerschaft wurde in der Bundesverfassung besonders erwähnt. Nach Art 120a Abs. 2 B-VG anerkennt die Republik die Rolle der Sozialpartner. Sie achtet deren Autonomie und fördert den sozialpolitischen Dialog durch die Einrichtung von Selbstverwaltungskörpern. Wenn auch im Einzelnen umstritten ist, was diese Anerkennung letztlich bedeutet, ist damit jedenfalls eine gewisse institutionelle Absicherung verbunden.[26] Solange die Sozialpartnerschaft stark und politisch fast unangreifbar war, hat ihr die „Legitimation durch

---

23 So wurde etwa ein zentrales Vorhaben wie die Reform des Hauptverbandes der Sozialversicherungsträger, die den ÖGB in diesem Bereich entmachten sollte („Umfärbung"), zum Großteil vom Verfassungsgerichtshof aufgehoben.

24 Cf. dazu Talos, 2008, S. 104–107.

25 Durch Spekulationsverluste der gewerkschaftseigenen Bank war ein Schaden von über zwei Milliarden Euro entstanden, der schon wegen des Wegfalls des Streikfonds den ÖGB in seiner Existenz gefährdete.

26 Dazu Schrammel, Walter: „Die Sozialpartner als Normsetzer". In: Ennöckl, Daniel / Raschauer, Nicolas / Schulev-Steindl, Eva / Wessely, Wolfgang (Hrsg.): *FS Raschauer*. Jan Sramek Verlag: Wien 2013, S. 511–525; Mosler, Rudolf: „Entwicklungstendenzen im Kollektivvertragsrecht". *DRdA* 2012, S. 283; ausführlich zur Entstehungsgeschichte Talos, Emmerich: „Sozialpartnerschaft: ein rechtlich nicht verankerter Mitgestaltungsfaktor österreichischen Rechts". In: Ehs, Tamara / Gschiegl, Stefan / Ucakar, Karl / Welan, Manfried (Hrsg.): *Politik und Recht. Spannungsfelder der Gesellschaft*. facultas.wuv: Wien 2012, S. 195–215. Über die These von Talos, dass die Sozialpartnerschaft verfassungsrechtlich nicht verankert wurde (S. 212), kann man trefflich streiten. Tatsächlich wurde nicht das „sozialpartnerschaftliche Muster" i.S.d. Art und Weise des Umgangs miteinander verankert (das wäre in einer Verfassung auch schwer möglich). Es lässt sich daraus auch kein Rechtsanspruch auf Beteiligung an politischen Entscheidungen ableiten. Durch Art 120a B-VG gibt es jetzt aber Grenzen für den Gesetzgeber, wenn er die

Duldung" gereicht.[27] Die rechtliche Anerkennung ist wohl auch Ausdruck dessen, dass sich die politischen Verhältnisse mittlerweile schnell ändern können.

4. Perspektiven

Die Sozialpartnerschaft war in der Vergangenheit lange Zeit sehr erfolgreich. Alle wesentlichen Wirtschafts- und Sozialdaten belegen, dass in der Zweiten Republik aus dem kriegsgebeutelten und verarmten Österreich einer der reichsten Staaten der Welt mit relativ hoher Verteilungsgerechtigkeit geworden ist. Gerade die Konfliktminimierung durch den sozialpartnerschaftlichen Dialog wird von vielen Wirtschafts- und Politikexperten als wesentlich für Produktionssteigerung und Wohlstandsentwicklung angesehen.[28] Auch wenn es immer wieder Kritik von links wie von rechts gegeben hat, sind – wie Meinungsumfragen belegen – die Institutionen der Sozialpartnerschaft (insb. die Kammern) in der Bevölkerung hoch angesehen. Wahrscheinlich gibt es dafür auch sozialpsychologische Ursachen: Die „österreichische Seele"[29] liebt offenbar den Kompromiss, den Dialog. Kampf, Konflikt und öffentliches Austragen und Ausstreiten von Meinungsverschiedenheiten kommen weniger gut an. Schon die Studentenproteste 1968 waren in Österreich im internationalen Vergleich eher lau. Oder ein Beispiel aus dem Arbeitsrecht: Ansprüche gegen den Arbeitgeber werden i.d.R. nicht gerichtlich durchgesetzt, sondern in den allermeisten Fällen mit einem Vergleich bereinigt. Strenge Gesetze werden nicht eingehalten, weil die Kontrolle nur unzureichend erfolgt (e.g. Arbeitszeit im Gastgewerbe).

Freilich ist die fast schon zwanghafte Suche nach dem Kompromiss nicht immer positiv. Vereinbarungen, ja sogar Gesetze bleiben oft unbestimmt, Kritik und Mängelanalyse finden nicht oder zu wenig statt. Die Veränderungswilligkeit hält sich in Grenzen, die Kampfbereitschaft der Gewerkschaften schwindet. Wenn sich jahrelang immer die selben Partner gegenübersitzen, leidet oft die Bereitschaft zur Erneuerung. Auch bei den Wirtschaftsdaten ist Österreich in den letzten paar Jahren zurückgefallen. Die Lohneinkommen sind vor allem seit der Krise 2008 zurückgegangen, Vermögen und Einkommen aus Vermögen sind deutlich gestiegen. Womit das tatsächlich zusammenhängt, ist zwar schwer herauszufinden, insb. erlauben die Aussagen der Wirtschaftsforscher keine eindeutige Analyse. Es scheint aber doch so, dass

---

Rolle der Sozialpartner und ihre rechtlichen Gestaltungsmöglichkeiten (e.g. das Recht Kollektivverträge abzuschließen) einschränken möchte.

27 So der treffende Begriff von Matzner, S. 444.

28 Cf. ibid., S. 437.

29 Nach wie vor unübertroffen das Buch von Ringel, Erwin: *Die österreichische Seele*. Böhlau Verlag: Wien 1984.

auch die Problemlösungskapazität von Politik und Sozialpartnern schon höher ausgeprägt war. Initiativen werden eher gegenseitig blockiert als eine gemeinsame Lösung anzustreben.

Dazu kommt, dass zentrale Entscheidungen der Wirtschaftspolitik nicht mehr in Österreich getroffen werden. Vieles wird auf europäischer Ebene entschieden, in Österreich erfolgt nur noch die Umsetzung. Der Entscheidungsmechanismus in der EU ist aber mehr vom Wirtschaftslobbyismus geprägt, die Arbeitnehmerorganisationen haben wenig Einfluss. Der „soziale Dialog" ist zwar mittlerweile im Unionsrecht verankert und hat zu einigen Vereinbarungen geführt, die dann als Richtlinie vom Rat beschlossen wurden (am bekanntesten ist die Teilzeitarbeits-Richtlinie). Von einer Sozialpartnerschaft im österreichischen Sinne ist der soziale Dialog aber weit entfernt. Erstens beschränkt er sich auf die Sozialpolitik, zweitens fehlen ihm die Institutionalisierung und die selbstverständliche Einbindung in die Entscheidungsabläufe. Ein Mehr an sozialem Dialog würde der europäischen Politik nicht schaden, die derzeitigen Machtverhältnisse, die Schwäche der Gewerkschaften und die unterschiedliche politische Kultur von 28 Mitgliedstaaten stimmen aber skeptisch in der Einschätzung, ob dies eine realistische Option darstellt.

Dass die österreichische Sozialpartnerschaft wieder eine Stärke und Macht wie (ca.) zwischen 1960 und 1985 erreicht, ist aufgrund der geschilderten politischen Entwicklungen äußerst unwahrscheinlich. Genauso unwahrscheinlich ist das völlige Verschwinden sozialpartnerschaftlicher Elemente. Am meisten spricht wohl dafür, dass allgemein politische Macht, der Einfluss auf die demokratischen Institutionen zurückgeht, der Beratungs- und Expertenstatus aber erhalten bleibt. Damit einher dürfte die Einschränkung der Gestaltungsmöglichkeiten auf die Sozialpolitik gehen, während der Einfluss auf die Wirtschaftspolitik, die in den maßgeblichen Fragen ohnehin kaum mehr in Österreich selbst gemacht wird, vielleicht aber auch in der Gesellschaftspolitik zurückgeht.[30] Chancen könnten sich durch neue Formen der Politikgestaltung wie Bürgerbegehren, Lobbying mittels elektronischer Unterschriftenaktionen und ähnlichem ergeben. Wenn man sieht wie erfolgreich NGOs wie Greenpeace oder ATTAC mit diesen Instrumentarien umgehen, könnten sich hier neue Handlungsmöglichkeiten ergeben. Bündnisse mit zivilgesellschaftlichen Initiativen wären ein Hoffnungsfeld für Gewerkschaften, wodurch sich neue Formen der „Sozialpartnerschaft" ergeben könnten. Denkt man etwa daran, wie viel öffentliche Aufmerksamkeit der Kampf der deutschen Gewerkschaft ver:di gegen die Arbeitsbedingungen bei Amazon Deutschland erlangt hat, wäre der nächste Schritt eine Kooperation mit Konsumentenorganisationen,

30 Cf. auch die Einschätzung von Talos, 2008, S. 125–126.

um gemeinsam eine Verbesserung zu erreichen. Auch der Kampf gegen die Privatisierung von Einrichtungen der sozialen Daseinsvorsorge (e.g. Wasser, sozialer Wohnbau) könnte mit ähnlichen Bündnissen erfolgreich sein. Ob sich daraus dauerhafte Kooperationen entwickeln, ist eher zweifelhaft. Trotzdem wäre die politische Veränderungskraft nicht zu unterschätzen. Außerdem entsteht daraus vielleicht eine neue Form der „Kunst des Dialogs".

Quellenverzeichnis

Cerny, Josef: „40 Jahre Arbeitsverfassungsgesetz". *DRdA* 2014, S. 478–487.

Felten, Elias: *Koalitionsfreiheit und Arbeitsverfassungsgesetz.* Manz: Wien 2015.

Filla, Wilhelm: *Zwischen Integration und Klassenkampf. Sozialgeschichte der betrieblichen Mitbestimmung in Österreich.* Europaverlag: Wien 1981.

Ingwer, J.: *Das Koalitionsrecht der Arbeiter.* Österreichischer Metallarbeiterverband: Wien 1909.

Karlhofer, Ferdinand: „Work in Progress? Anmerkungen zum Umbau der Sozialpartnerschaft". In: Khol, Andreas / Ofner, Günther / Burkert-Dottolo, Günther / Karner, Stefan (Hrsg.): *Österreichisches Jahrbuch für Politik 2001.* Verlag für Geschichte und Politik: Wien 2002, S. 321–333.

Matzner, Egon: „Funktionen der Sozialpartnerschaft". In: Fischer, Heinz (Hrsg.): *Das politische System Österreichs.* Europaverlag: Wien 1982, S. 429–451.

Mosler, Rudolf: „Entwicklungstendenzen im Kollektivvertragsrecht". *DRdA* 2012, S. 283–294.

Prader, Hans: *Die Angst der Gewerkschaft vorm Klassenkampf. Der ÖGB und die Weichenstellung 1945–1950.* Arbeitsgemeinschaft für Sozialwissenschaftliche Publizistik: Wien 1975.

Ringel, Erwin: *Die österreichische Seele.* Böhlau Verlag: Wien 1984.

Schrammel, Walter: „Die Sozialpartner als Normsetzer". In: Ennöckl, Daniel / Raschauer, Nicolas / Schulev-Steindl, Eva / Wessely, Wolfgang (Hrsg.): *FS Raschauer.* Jan Sramek Verlag: Wien 2013, S. 511–525.

Strasser, Rudolf / Jabornegg, Peter: „Arbeitsrecht 2. Kollektives Arbeitsrecht (Arbeitsverfassungsrecht)". In: Floretta, Hans / Spielbüchler, Karl / Strasser, Rudolf: *Arbeitsrecht,* Bd. 2. Manz: Wien 2001.

Talos, Emmerich: „Sozialpartnerschaft: ein rechtlich nicht verankerter Mitgestaltungsfaktor österreichischen Rechts". In: Ehs, Tamara / Gschiegl, Stefan / Ucakar, Karl / Welan, Manfried (Hrsg.): *Politik und Recht. Spannungsfelder der Gesellschaft.* facultas.wuv: Wien 2012, S. 195–215.

Talos, Emmerich: *Sozialpartnerschaft. Ein zentraler politischer Gestaltungsfaktor in der Zweiten Republik.* Studienverlag: Innsbruck 2008.

Talos, Emmerich: „Mitbestimmung unter geänderten sozialen und politischen Rahmenbedingungen“. In: Grillberger, Konrad (Hrsg.): *30 Jahre ArbVG*. ÖGB Verlag: Wien 2005, S. 37–41.

Wineroither, David M.: „Die Sozialpartnerschaft als Eckpfeiler der österreichischen Konsensdemokratie“. In: Pellar, Brigitte (Konzept und Redaktion): *Wissenschaft über Gewerkschaft*. ÖGB Verlag: Wien 2013.

Johannes Hofstätter / Walter Scherrer / Hannes Winner

Der Wunsch nach Wachstum: Empirische Evidenz und wirtschaftspolitische Perspektiven

1. Einleitung

In einem jüngst erschienenen Buch vertritt der chilenisch-amerikanische Physiker César Hidalgo die These, dass – bedingt durch die relative Position der Erde im Sonnensystem – alle Vorgänge auf Erden letztlich auf Zufall basieren. Im Verlauf der Geschichte konnten Natur und Mensch durch Sammeln von Information den Umgang mit derartig zufälligen Ereignissen ständig verbessern. Dies hat nach Ansicht des Autors zwangsläufig Wachstum ausgelöst und inhärent alle biologischen, gesellschaftlichen und ökonomischen Prozesse beeinflusst (cf. Hidalgo 2015). Unabhängig von einem möglichen anthropologischen Automatismus existiert in modernen Gesellschaften häufig auch ein Wunsch nach Wachstum. Wirtschaftswachstum wird als Triebfeder des Wohlstands verstanden, welche es rechtfertigt, nahezu alle wirtschaftlichen Handlungen danach auszurichten. Gegenstimmen verweisen hingegen auf die natürlichen Grenzen des Wachstums und führen dabei sozial und ökologisch bedenkliche Begleiterscheinungen eines „ungezügelten“ Wachstums ins Treffen.[1]

Für die meisten Ökonomen ist Wirtschaftswachstum machbar und als „... *notwendiges Vehikel zur Verbesserung der allgemeinen Lebensumstände ...*“ (Falkinger 1986, S. 189) ebenso wünschenswert. Dieses Bild hat sich spätestens seit der Neoklassik etabliert, welche heute den Mainstream der Ökonomik prägt. Im Zentrum der Betrachtung stehen nutzenmaximierende Haushalte und gewinnmaximierende Unternehmen, die bei gegebenen Produktionsmöglichkeiten stets nach einem optimalen Einsatz von Produktionsmitteln (v.a. Arbeit und Kapital) streben. Wirtschaftswachstum, gemessen als Steigerung der Produktionsmenge oder – gesamtwirtschaftlich – als Anstieg des (realen) Bruttoinlandsprodukts (BIP), entsteht in dieser Denkwelt durch einen effizienteren Einsatz von Produktionsmitteln und/oder technologischen Fortschritt.[2]

---

1 Bekannt wurden in diesem Zusammenhang vor allem die wachstumskritischen Prognosen des *Club of Rome* (cf. Meadows et al. 1972, 2004). Cf. auch Steurer (2010).

2 Letzteres weist darauf hin, dass Wachstum nicht nur quantitativ, sondern auch qualitativ erfolgen kann (konstanter Output bei verbesserter Qualität). Dieser Aspekt dürfte künftig insbesondere für reiche Industrieländer der westlichen Welt bedeutsam werden. Cf. Badinger 2013, S. 396.

Der vorliegende Beitrag beschäftigt sich mit zwei Aspekten der Wachstumsdiskussion. Erstens wird der Frage nachgegangen, ob auf einer einzelwirtschaftlichen Ebene, insbesondere jener der Unternehmen, tatsächlich ein ausgeprägter Wachstumswunsch zu beobachten ist.[3] Dazu wird eine Untersuchung vorgestellt (Abschnitt 2), bei der Führungspersönlichkeiten von Unternehmen zweier Regionen (Salzburg und Südtirol) zu ihren Wachstumsvorstellungen befragt wurden. Basierend auf dieser Evidenz werden, zweitens, ausgewählte gesamtwirtschaftliche Implikationen eines fehlenden Wachstumswunsches diskutiert (Abschnitt 3). Betrachtet wird dabei eine entwickelte Ökonomie, welche die eingangs erwähnten Sättigungseffekte des Wachstums am ehesten aufweisen dürfte.[4] Abschließend werden wirtschaftspolitische Schlussfolgerungen gezogen und ein Ausblick auf künftigen Forschungsbedarf gegeben (Abschnitt 4).

2. Wollen (alle) Unternehmen wachsen? Empirische Evidenz

2.1. Literaturüberblick

In der ökonomischen Literatur wird das Wachstum von Unternehmen meist im Zusammenhang mit „Entrepreneurship", „Unternehmensgründung" und „Innovationstätigkeit" analysiert. Dabei werden Motive von Unternehmensgründungen, die zur Verfügung stehenden Ressourcen, das aus Innovationen entstehende wirtschaftliche Potenzial oder jene wirtschaftspolitischen und regulatorischen Rahmenbedingungen beleuchtet, welche Gründungen begünstigen bzw. erschweren. Untersucht wird unter anderem, ob Beschäftigungswachstum eher durch Start-up- oder etablierte Firmen zustande kommt, welche Rolle die Entwicklung von Gewinn, Produktivität und Innovationskraft spielt, oder ob kleine Unternehmen rascher wachsen als große (cf. Coad und Hölzl 2010, Oberhofer 2012). Im Regelfall wird dabei das Vorhandensein

---

3 Dem ökonomischen Menschenbild zufolge streben Menschen allgemein nach einer Verbesserung ihrer Lebensumstände. Diese manifestieren sich in Einkommen und Freizeit und lassen sich durch einen erhöhten Ressourceneinsatz und/oder durch eine Steigerung der Arbeitsproduktivität erreichen. Unternehmen repräsentieren das Vehikel der Einkommenserzielung und stehen damit im Zentrum der wirtschaftspolitischen Wachstumsbestrebungen. Der vorliegende Beitrag folgt dieser Sichtweise und stellt die Wachstumswünsche von Unternehmen ins Zentrum der Betrachtung.

4 Für Entwicklungsländer ist die Bedeutung des Wirtschaftswachstums (e.g. auf Armut oder Beschäftigung) wenig umstritten. Dies gilt selbst für eine krisengeschüttelte Volkswirtschaft wie Griechenland, in der zwar die Sinnhaftigkeit der Austeritätspolitik, nicht aber die Tatsache umstritten ist, dass das Land schon kurzfristig Wirtschaftswachstum braucht, um die Staatsverschuldung stabilisieren oder die Arbeitslosigkeit reduzieren zu können.

eines Wachstumswunsches unterstellt, welcher sich unter dem Einfluss verschiedener Faktoren in mehr oder weniger realisiertem Unternehmens- bzw. Beschäftigungswachstum niederschlägt.

Verglichen mit dem großen Umfang von Beiträgen zum (realisierten) Unternehmenswachstum (und deren Determinanten) ist die Literatur, welche den Wachstumswunsch von Unternehmen explizit (als abhängige Variable) thematisiert, eher überschaubar. Die meisten – auf Befragungen basierenden – Arbeiten finden, dass ein Wachstumswunsch zwar vereinzelt fehlen mag, aber doch bei einem Großteil der untersuchten Unternehmen vorliegt. Dies wird anhand von unterschiedlichen Faktoren zu erklären versucht. Einige Autoren betonen etwa die Bedeutsamkeit von vergangenen Wachstumserfahrungen (cf. Ajzen 1991 oder Delmar und Wiklund 2008), andere finden unterschiedliche Einflüsse von sozio-ökonomischen Merkmalen der Befragten.[5] Häufig wird der Wachstumswunsch von Unternehmen im Rahmen von Entrepeneur-Entscheidungen diskutiert. Demnach liegen Wachstumsambitionen vor, wenn die Befragten in ihren Unternehmungen mit hohen Entscheidungs- und Leitungskompetenzen ausgestattet sind und damit über eine höhere Leistungs- und Erfolgsmotivation verfügen (cf. Kolvereid 1992, Stam und Wennberg 2009 oder Heuer und Kolvereid 2014; Davidsson 1989 kommt zu gegenteiligen Ergebnissen). Ferner scheinen die Branchenzugehörigkeit und die Innovationstätigkeit der Unternehmen mögliche Wachstumsbestrebungen signifikant zu beeinflussen (cf. Kolvereid 1992, Stam und Wennberg 2009), während sich die Wachstumsambitionen von Eigentümer-Unternehmern und (angestellten) Managern nicht wesentlich voneinander zu unterscheiden scheinen (Levie und Lerner 2008).

Alles in allem weist die bisherige Evidenz darauf hin, dass der Wachstumswunsch von Unternehmen ausgeprägt ist. Die Literatur liefert dazu zwar einige Erklärungen, lässt aber wesentliche Faktoren ausgeklammert bzw. unterbelichtet. Um einen fehlenden Wachstumswunsch diagnostizieren und analysieren zu können, wäre etwa aus ökonomischer Sicht relevant, ob in den jeweiligen Unternehmen Ziele in Bezug auf eine effiziente Betriebsgröße existieren und diese auch erreicht wurden. Außerdem wäre vorstellbar, dass die (subjektiv wahrgenommene) Konkurrenzsituation und Einschätzungen über die Markt- und Nachfragepotenziale etwaige Marktambitionen maßgeblich beeinflussen. Im Folgenden wird eine Befragung vorgestellt, die den Wachstumswunsch von Führungskräften erhebt und dabei versucht, derartigen Aspekten stärker Rechnung zu tragen als es in der bisherigen Literatur der Fall war.

5 Entsprechende Evidenz findet sich etwa in Bezug auf das Alter (cf. Delmar 1997, Wiklund und Shepherd 2003, Berthold 2007, Delmar und Wiklund 2008, Stam und Wennberg 2008) oder den Bildungsabschluss (cf. Kolvereid 1992, Heuer und Kolvereid 2014).

2.2. Eine Befragung von Führungskräften in zwei Regionen

Im Zeitraum zwischen 2010 und 2013 wurden die Teilnehmer von Universitätslehrgängen der Salzburg Management Business School (SMBS) in den Regionen Salzburg und Südtirol zu ihren Wachstumswünschen und -motiven befragt. Die Mehrheit der Befragten hatte in den jeweiligen Unternehmen Führungsverantwortung bzw. weitreichende Entscheidungsbefugnisse. Der Fragebogen enthielt neben persönlichen Charakteristika (wie Alter, Geschlecht oder höchster Bildungsabschluss) unternehmensbezogene Informationen (z.B. Rechtsform, Umsatz oder Mitarbeiterstand) und Fragen nach dem Marktumfeld der Unternehmen (etwa Branchenzugehörigkeit oder Wettbewerbssituation).

Für die empirische Analyse waren insgesamt 161 Fragebögen verwendbar (davon 66 aus dem Großraum Salzburg, 56 aus Südtirol und 39 aus anderen, meist benachbarten Regionen). Ein Großteil der Befragten war in der Handels- bzw. Herstellungsbranche beschäftigt (insgesamt waren Unternehmen aus 16 Branchen in der Befragung vertreten). Fast ein Viertel aller Befragten waren Eigentümer eines Unternehmens, etwa ein weiteres Viertel einem Familienunternehmen zugehörig. Als Rechtsform dominierten Kapitalgesellschaften (ca. 20% AG und etwa 50% GmbH). Die durchschnittliche Mitarbeiterzahl betrug 47, wobei Südtiroler Firmen wesentlich kleiner (durchschnittlich 19 Mitarbeiter) als Salzburger Unternehmen (185) waren. Fast 40% der Befragten gab an, in hoch kompetitiven bzw. oligopolistischen Märkten tätig zu sein, lediglich 7% waren bei (regionalen) Monopolisten beschäftigt.

Um den Wachstumswunsch abzubilden, wurde die Frage gestellt, ob das Unternehmen, in dem die befragte Führungskraft tätig ist, weiter wachsen soll. Die Firmengröße wurde durch die Mitarbeiterzahl operationalisiert.[6] Darüber hinaus war anzugeben, ob das Unternehmen in der Vergangenheit gewachsen ist und nach Einschätzung der Befragten bereits eine effiziente Betriebsgröße erreicht hat. Beide Größen könnten einen systematischen Einfluss auf den subjektiven Wachstumswunsch ausüben. So könnten Führungskräfte von Unternehmen, die zuletzt stark gewachsen sind, diese Erfahrung in Erwartungen bzw. Wünsche an die künftige Unternehmensentwicklung übertragen. Sollten Unternehmen aber schon eine effiziente Betriebsgröße erreicht haben, könnte dies wiederum den Wachstumswunsch reduzieren. Neben dem vergangenen Wachstum und der Einschätzung der Effizienz der Betriebsgröße enthält der Datensatz weitere Variablen, welche es erlauben, die Frage nach dem Wachstumswunsch deskriptiv und auch im Rahmen von Regressionsanalysen

6 Alternativ wird häufig der Umsatz als Maß der Firmengröße verwendet. Dieser könnte jedoch nicht nur ein Ergebnis eines gesteigerten Absatzes, sondern auch durch eine Erhöhung von Preisen oder einer Zunahme der (Arbeits-)Produktivität erreicht werden und damit das Ergebnis der Befragung verfälschen.

zu untersuchen. Im Folgenden werden die zentralen Ergebnisse der Befragung präsentiert, weitere Details finden sich in Hofstätter (2015).[7]

Knapp 72% aller Führungskräfte beantworteten die Frage, ob das Unternehmen gemessen an der Mitarbeiterzahl weiter wachsen soll, mit „Ja". Immerhin 28% antworteten hingegen mit „Nein". Eine eingehendere Analyse zeigt, dass die Antwort auf einen etwaigen Wachstumswunsch wesentlich davon abhängt, ob ein Unternehmen nach Ansicht der Befragten bereits eine effiziente Betriebsgröße erreicht hat und in der Vergangenheit gewachsen ist. Beides traf für einen Großteil der Unternehmen zu (durchschnittlich sind die Unternehmen in den drei der Befragung vorangegangenen Jahren um 19% gewachsen). Erwartungsgemäß war in Unternehmen, die noch keine effiziente Betriebsgröße aufwiesen, eher ein Wachstumswunsch vorhanden. Ähnliches galt in Unternehmen, die in der Vergangenheit stärker gewachsen sind. Interessant ist allerdings, dass der überwiegende Teil der Befragten selbst dann Wachstumsambitionen hegt, wenn die Betriebsgröße bereits als effizient wahrgenommen wird.[8] Dies könnte etwa mit Expansionsstrategien auf neue Märkte und/oder Regionen erklärt werden.

Abgesehen von der Betriebsgröße und vergangenen Wachstumserfahrungen war der Wachstumswunsch generell bei jenen stärker, die für die Zukunft eine positive Nachfrageentwicklung prognostizierten.[9] Ebenso scheint die Eigentümerstruktur von erheblicher Bedeutung: Unternehmen, deren Befragte selbst Eigentümer oder Mitarbeiter von Familienunternehmen wie auch international agierender (multinationaler) Firmen sind, weisen in der Vergangenheit überdurchschnittliche Wachstumsraten auf. Diese sind umso höher, je stärker der Wachstumswunsch der jeweiligen Befragten ist.

Anhand einer multiplen Regressionsanalyse lässt sich die relative Bedeutung von personen-, unternehmens- und marktspezifischen Faktoren der subjektiven Wachstumsbestrebungen analysieren. Die entsprechenden Ergebnisse lassen sich wie folgt zusammenfassen: Der Wachstumswunsch scheint mit dem Alter signifikant abzunehmen und ist bei Männern intensiver als bei Frauen. Er ist am stärksten bei Personen mit tertiärem Bildungsabschluss sowie bei Eigentümern und Mitarbeitern von Familienunternehmen ausgeprägt. Ferner

---

7 Die Ausführungen beziehen sich auf das gesamte Sample. Zwischen den Regionen Südtirol und Salzburg bestehen einige interessante – u.U. mit den verschiedenen Betriebsgrößen zusammenhängende – Unterschiede, auf die aus Platzgründen an dieser Stelle nur verwiesen sei. Hofstätter (2015) geht darauf ausführlich ein.

8 Etwa 5% der Befragten hegten keinen Wachstumswunsch, obwohl die Betriebsgröße noch nicht als effizient angesehen wurde.

9 Ein geringerer Teil der Befragten (etwa 18%) hatte trotz guter Nachfrageeinschätzungen keine Wachstumsambitionen. Dies könnte möglicherweise darin begründet liegen, dass in diesen Unternehmen dem erwarteten Absatzanstieg nicht über eine Ausweitung der Belegschaft, sondern generell über Effizienzsteigerungen begegnet wird.

ist der Wachstumswunsch signifikant positiv vom vergangenen Wachstum und einem erwarteten Nachfrageanstieg beeinflusst. Schließlich scheinen die Wachstumsbestrebungen stärker, wenn in der jeweiligen Branche Größenvorteile vorzuliegen scheinen und homogene Güter gehandelt werden. Da beide Variablen als Grad der Wettbewerbsintensität interpretierbar sind, lässt sich schließen, dass Wachstumswünsche insbesondere dann vorliegen, wenn in der Branche der Konkurrenzdruck stark spürbar ist.

Signifikant negative Effekte gehen vom Internationalisierungsgrad der Unternehmen, der Berufspraxis der Befragten und deren Einschätzung über die Erreichung einer effizienten Betriebsgröße aus.[10] Letzteres steht im Einklang mit der oben beschriebenen deskriptiven Evidenz. Weniger eindeutig und teilweise insignifikant sind die Ergebnisse für die (absolute) Unternehmensgröße, öffentliche Unternehmen und eine Variable, die angibt, ob das betreffende Unternehmen Subventionen von öffentlichen Stellen erhalten hat. Signifikant gedämpft wird hingegen der Wachstumswunsch, wenn ein Unternehmen den öffentlichen Sektor als (Haupt-)Kunden beliefert. Dieses Ergebnis erscheint plausibel, weil in diesen Firmen offensichtlich eine stabile Nachfrage und damit ein geringerer Konkurrenzdruck erwartet werden könnte.

Zusammenfassend zeigt die Befragung von Führungskräften, dass ein Großteil der Unternehmen einen Wachstumswunsch aufweist, dem auch ein höheres vergangenes Wachstum zugrunde liegt. Bei einem geringen Teil der Befragten liegen entsprechende Ambitionen nicht vor, sogar dann, wenn ihr Unternehmen die effiziente Betriebsstruktur noch nicht erreicht hat. Eine mögliche Erklärung liefert die Regressionsanalyse, die auf systematische Einflüsse der persönlichen Eigenschaften, der Unternehmenscharakteristika und der Marktsituation hinweist. Ein mangelnder Wachstumswunsch könnte beispielsweise von älteren, weiblichen Befragten geäußert werden, deren Unternehmen schon die effiziente Betriebsstruktur erreicht haben und auf Märkten mit geringem Konkurrenzdruck agieren. Ein derart selektiertes Sample ist indessen wenig wahrscheinlich, sodass es sich bei dem genannten Beispiel bestenfalls um Einzelfälle handeln dürfte.[11] Eine ökonomisch naheliegende Erklärung könnte

10 Die Berufspraxis der Befragten bzw. der Internationalisierungsgrad der Unternehmen ist jedoch nicht scharf vom Alter bzw. der Firmengröße abgrenzbar (Berufspraxis und Alter sind hoch korreliert, multinationale Unternehmen sind typischerweise groß), sodass die entsprechenden Effekte im Rahmen einer multiplen Regression unpräzise zu schätzen und in weiterer Folge auch schwer zu interpretieren sind (cf. Hofstätter 2015, S. 35ff.).

11 Eine zweite, grundsätzlichere Möglichkeit einer Sampleselektion besteht darin, dass die Teilnehmer eines mit erheblichen Kosten verbundenen und zeitaufwändigen Managementlehrganges grundsätzlich motivierter sein könnten als eine typische Führungskraft, was sich auch auf ihre Wachstumsambitionen übertragen könnte. In diesem Fall wären die geäußerten Wachstumswünsche nach oben

ferner darin bestehen, dass Mitarbeiter andere Ziele als Eigentümer verfolgen (Prinzipal-Agenten-Problematik) und daher ein gewisser Anteil von Personen mit wenig ausgeprägten Wachstumswünschen natürlich ist. In diese Richtung scheinen die Ergebnisse für die Eigentümerstruktur zu deuten, wobei allerdings in der Gruppe der Eigentümer fehlende Wachstumswünsche auffallen (ca. 25% der befragten Eigentümer). Fehlende Wachstumswünsche dürften also auch bestehen, wenn das Sample nicht selektiert ist und keine Prinzipal-Agenten-Probleme vorliegen. Dies wiederum wirft die Frage nach der gesamtwirtschaftlichen Bewertung eines fehlenden Wachstumswunsches auf.

3. Gesamtwirtschaftliche Aspekte

Die empirischen Ergebnisse der in Abschnitt 2 beschriebenen Befragungsstudie legen nahe, dass ein fehlender Wachstumswunsch nur bei einer Minderheit der Unternehmen vorliegt. Dies bestätigt zunächst, dass die meisten Unternehmen – wie in der (mikro-)ökonomischen Unternehmenstheorie *angenommen* – nach der Maximierung ihrer Gewinne streben.[12] Ferner scheinen auf den ersten Blick nur wenige Unternehmen vom Gewinnmaximierungsziel abzuweichen. Eine genauere Betrachtung der Daten relativiert diese Schlussfolgerung allerdings, weil die Wachstumsambitionen meist dann gering sind, wenn die Betriebsgröße als effizient angesehen, der Konkurrenzdruck als gering wahrgenommen und für die Märkte nur eingeschränkte Nachfragepotenziale prognostiziert wurden. Unternehmen mit fehlendem Wachstumswunsch könnten also einen Punkt der Sättigung erreicht haben, dabei aber trotzdem versuchen, ihre Gewinne zu maximieren. Die vorhandenen Befragungsdaten lassen es jedoch nicht zu, diese Möglichkeit empirisch zu überprüfen.

Es bleibt die Frage, wie fehlende Wachstumswünsche von Unternehmen aus einer gesamtwirtschaftlichen Perspektive zu beurteilen sind. Eingangs wurde erwähnt, dass gesamtwirtschaftliches Wachstum vordringlich aus Unternehmenswachstum entsteht (cf. Fn. 3). Somit ist der Zusammenhang zwischen dem Wirtschaftswachstum und anderen gesamtwirtschaftlichen Zielgrößen zu diskutieren. Im Folgenden werden zwei Indikatoren angesprochen, für die der Einfluss des Wirtschaftswachstums theoretisch und empirisch klar belegt ist: Beschäftigung (bzw. Arbeitslosigkeit) und Staatsverschuldung.

---

verzerrt und jedenfalls höher als es für die Grundgesamtheit der Unternehmen anzunehmen wäre. Empirisch könnte man dieser Problematik begegnen, indem man die Teilnehmer nach den Motiven der Inanspruchnahme eines universitären Weiterbildungsangebots fragt und diese Information in entsprechenden Schätzverfahren einfließen lässt.

12 Eine Extremposition vertritt Friedman (1970), der in der Gewinnmaximierung sogar die *gesellschaftliche* Verantwortung der Unternehmen sieht.

In den meisten entwickelten Industrieländern scheint eine stabil negative Beziehung zwischen Wirtschaftswachstum und Arbeitslosigkeit zu bestehen (cf. Perman, Stephan und Tavéra 2015 als aktuelle Metastudie). Dieser Zusammenhang, nach einer Arbeit von Okun (1962) auch als Okun'sches Gesetz bekannt, erscheint ökonomisch plausibel: Ein stärkeres Wirtschaftswachstum entsteht durch eine höhere Produktion der Unternehmen, was zu einer Ausdehnung der Arbeitsnachfrage und zu einer Reduktion der Arbeitslosigkeit führt. Nach Okun (1962) lässt sich zeigen, dass ein Wirtschaftswachstum in Höhe des „gleichgewichtigen" BIP-Wachstums erforderlich ist, um die Arbeitslosigkeit auf einem konstanten Niveau zu halten. Die gleichgewichtige Wachstumsrate kann sich ändern, weil in der Regel die Bevölkerungsgröße (das Arbeitskräfteangebot) und/oder die Arbeitsproduktivität über die Zeit nicht konstant bleiben. Selbst wenn die Bevölkerung unverändert bleibt, erfordert die Aufrechterhaltung einer bestimmten Arbeitslosenrate ein BIP-Wachstum in Höhe der jährlichen Produktivitätszunahme (cf. Badinger 2013, S. 400). Diese liegt in den Industrieländern meist zwischen 1% und 2%. Ein entwickeltes Land ist angesichts fortschreitender technischer Neuerungen und der damit einhergehenden Produktivitätsfortschritte – extrem gesprochen – also zum Wachstum „verdammt", wenn es verhindern will, dass sich die Situation am Arbeitsmarkt merklich verschärft.

Die Bedeutung des Wirtschaftswachstums für die Entwicklung der öffentlichen Haushalte ergibt sich direkt aus der „Arithmetik" der Staatsschuld (cf. Domar 1944). Demnach sind für die Konsolidierung der Staatsfinanzen (i. S. einer Stabilisierung der Staatsverschuldung) vier Faktoren maßgeblich: Das Ausgangsniveau der öffentlichen Schulden, der Primärsaldo (d.h. das jährliche Nettodefizit abzüglich der Zinszahlungen auf die bestehende Staatsschuld), die Zinsen auf die Staatsschuld und das Wirtschaftswachstum.[13] Ein stärkeres Wirtschaftswachstum erhöht unter sonst gleichbleibenden Bedingungen (d.h. konstante öffentliche Ausgaben oder Zinssätze) automatisch die Steuereinnahmen eines Landes, was wiederum das Nettodefizit und damit die Staatsschuldenquote reduziert. Zudem steigt der Nenner der Verschuldungsquote, sodass ein höheres Wirtschaftswachstum eindeutig stabilisierende Effekte auf die Staatsverschuldung hat. Ein Beispiel möge diesen Zusammenhang verdeutlichen (cf. Fn. 13): Angenommen, ein Land habe im Jahr 2015 einen Schuldenstand von 85% des BIP und die Zinsen auf die (langfristige) Staatsschuld betragen 1%. Das Primärdefizit sei 2,5% des BIP und wird innerhalb von fünf Jahren

13 Sei B die Staatsschuldenquote (Niveau der inflationsbereinigten öffentlichen Schulden zu BIP), D der Primärsaldo (zu BIP), r der Zinssatz auf die Staatsschuld und g die Wachstumsrate des BIP, folgt für den Schuldenstand im Jahr t: $B_t = (1 + r - g)\, B_{t-1} + D_t$. Cf. etwa Blanchard und Johnson (2013, Kap. 23) für eine Lehrbuchdarstellung mit formaler Herleitung.

vollständig abgebaut (d.h. dauerhaft ausgeglichener Primärsaldo ab 2020).[14] Bei einem konstanten Zinssatz von 1% und ebenso stabilem Wirtschaftswachstum von 1,5% würde die Verschuldungsquote in einem Zeitraum von 15 Jahren (also bis 2030) nahezu unverändert auf einem Niveau von 85% bleiben, bei einem Wachstum von 2,5% (0,5%) hingegen auf etwa 75% (103%) sinken (steigen). Im Falle eines Nullwachstums würde der Schuldenstand im Jahr 2030 111% des BIP betragen. Relativ geringe Schwankungen des Wirtschaftswachstums hätten damit bereits weitreichende Auswirkungen auf die Tragfähigkeit der Staatsverschuldung. Für Länder mit einer Anfangsverschuldung von über 100% (derzeit etwa Belgien, Griechenland oder Italien) hätte ein Nullwachstum oder gar eine Stagnation weitaus dramatischere Folgen.

Im Gegensatz zu den Auswirkungen auf Beschäftigung und Staatsverschuldung sind die Effekte des Wirtschaftswachstums auf die Verteilungs- und Umweltsituation umstritten: In Bezug auf eine nachhaltige Umweltentwicklung befeuert einerseits die Fixierung auf Wirtschaftswachstum eine exzessive Nutzung von Umweltressourcen, während andererseits ein gewisses Entwicklungs- und Wachstumsniveau den kostenintensiven Einsatz von umweltschonenden Technologien erst ermöglicht.[15] Ähnlich wird im Rahmen der Verteilungsdiskussion darauf hingewiesen, dass durch Wirtschaftswachstum eine Einbindung breiter Bevölkerungskreise in den Arbeitsmarkt ermöglicht wird und damit die Armut in einem Land wirksam bekämpft werden kann (cf. e.g. Aghion und Bolton 1997). Dem wird häufig entgegnet, dass in einem prosperierenden Wirtschaftsumfeld hochqualifizierte Arbeitskräfte und Eliten weit überdurchschnittliche Gehälter (ökonomische Renten) erzielen, was die Einkommens- und Vermögensverteilung eines Landes in starke Schieflage bringen kann (cf. unter anderem Piketty 2014).

---

14 Ähnlich günstige Parameterkonstellationen treffen derzeit auf einige europäische Ökonomien zu. In der Eurozone (Deutschland) beträgt im Jahr 2015 die Staatsschuldenquote 92.5% (71.5%) des BIP, die Zinsen auf die langfristige Staatsschuld 0.75% (0.75%), der Primärsaldo –0.08% (+2.15%) des BIP und die jährliche Wachstumsrate 1.4% (1.7%). Für krisenanfälligere Länder wie Frankreich (Spanien) beträgt die Verschuldungsquote 95.3% (96.8%), die Verzinsung auf die Staatsschuld 0.96% (1.94%), der Primärhaushalt –1.96% (–3.54%) und das Wirtschaftswachstum 1.2% (2.9%).

15 In Anlehnung an Kuznets (1955) wird häufig auf einen konkaven Zusammenhang zwischen der Beanspruchung von Umweltressourcen und dem Wirtschaftswachstum verwiesen („Environmental Kuznets Curve"). Dies impliziert, dass ein umweltschonender Einsatz von natürlichen Ressourcen erst ab einem bestimmten Einkommensniveau erfolgt. Dieser Zusammenhang ist theoretisch und empirisch allerdings umstritten (cf. etwa Stern 2004).

Insgesamt lässt sich aus der Diskussion von gesamtwirtschaftlichen Folgen eines fehlenden Wirtschaftswachstums folgern, dass eine am Wirtschaftswachstum ausgerichtete Wirtschaftspolitik zwar problematische Entwicklungen nach sich ziehen kann, allerdings auch unbestreitbar positive Effekte auf das Beschäftigungsniveau und die Staatsfinanzen eines Landes aufweist. Aus dieser Perspektive ist es verständlich, dass unter allen wirtschaftspolitischen Zielen die Erreichung eines Wirtschaftswachstums von hervorragender Bedeutung ist.

4. Schlussfolgerungen

Wollen in einer Marktwirtschaft, wie von Ökonomen häufig behauptet, tatsächlich alle Unternehmen wachsen? Wie wäre ein fehlender Wachstumswunsch ökonomisch zu bewerten? Diese Fragen werden im vorliegenden Beitrag anhand von empirischen Belegen und gesamtwirtschaftlichen Überlegungen zu beantworten versucht. Empirisch werden die Ergebnisse einer Befragung von Führungskräften aus zwei Regionen präsentiert, welche darauf hinweisen, dass der Wachstumswunsch von Unternehmen ausgeprägt ist und, wenn überhaupt, ein Mangel an Wachstumsambitionen nur sehr eingeschränkt vorhanden ist. Ökonomisch wurde argumentiert, dass ein flächendeckendes Fehlen von Wachstumsbestrebungen der Unternehmen problematisch wäre, weil es mit einem Rückgang des gesamtwirtschaftlichen Wirtschaftswachstums verbunden ist, was negative Effekte auf die Beschäftigungs- und Verschuldungssituation nach sich ziehen würde. Eine Wirtschaftspolitik, die aus berechtigten Gründen der Sicherung eines hinreichenden Wirtschaftswachstums einen besonderen Stellenwert einräumt, würde daher ins Leere gehen und gesellschaftlich unerwünschte Effekte nach sich ziehen. Umgekehrt wäre eine Wirtschaftspolitik, die vorranging andere Ziele verfolgt, ineffizient und gesellschaftlich suboptimal, wenn – wie im Falle der in diesem Beitrag präsentierten Untersuchung – die Wirtschaftsakteure offensichtlich nach Wachstum streben.

Die vorliegende Arbeit eröffnet Möglichkeiten für künftiges Forschungsgeschehen. Ein erster Ansatzpunkt ergibt sich aus der Größe des Samples, welche in der vorliegenden Befragung eher klein ist und daher nur eingeschränkt erlaubt, den – bestehenden bzw. fehlenden – Wachstumswünschen der Unternehmen genauer auf den Grund zu gehen. In einem größeren Sample ließen sich beispielsweise, basierend auf einer multiplen Regression, stilisierte Typen von Unternehmen bilden, die den zugrunde liegenden Wachstumswünschen gegenüber gestellt werden könnten. Damit ließe sich untersuchen, ob fehlende Wachstumswünsche systematisch auftreten oder gesamtwirtschaftlich weniger bedeutsame Einzelfälle darstellen. Eine zweite Forschungslücke betrifft das Design der Befragung. Im Beitrag wurde bereits auf die Probleme einer möglichen Sampleselektion hingewiesen. Entsprechende Verzerrungen ließen sich vermeiden, wenn im Rahmen der empirischen Analyse die Teilnahmeentscheidung an den

Managementkursen berücksichtigt werden könnte. Dazu wäre eine umfassende, sich auf alle Führungskräfte einer Region beziehende Befragung erforderlich.

Quellenverzeichnis

Aghion, Philippe / Bolton, Patrick: „A Theory of Trickle-down Growth and Development". *Review of Economic Studies* 64, 1997, S. 151–172.

Ajzen, Icek: „The Theory of Planned Behavior". *Organizational Behaviour and Human Decision Processes* 50, 1991, S. 179–211.

Badinger, Harald: „Wohlstand ohne Wachstum?" *Wirtschaftspolitische Blätter* 60, 2013, S. 395–411.

Berthold, Norbert / Kullas, Matthias / Neumann, Michael: *Motivatoren und Demotivatoren für Unternehmer im deutschen Maschinen- und Anlagenbau.* (Wirtschaftswissenschaftliche Beiträge des Lehrstuhls für Volkswirtschaftslehre, insbes. Wirtschaftsordnung und Sozialpolitik [Universität Würzburg] 98), Würzburg 2007.

Blanchard, Olivier / Johnson, David R.: *Macroeconomics*. Pearson Education: Boston et al. [6]2013.

Coad, Alex / Hölzl, Werner: *Firm Growth. Empirical Analysis*. (Papers on Economics and Evolution [Max Planck Institute of Economics] 1002). Jena 2010.

Davidsson, Per: „Entrepreneurship – And After? A Study of Growth Willingness in Small Firms". *Journal of Business Venturing* 4, 1989, S. 211–226.

Delmar, Frédéric: „Measuring growth. Methodological Considerations and Empirical Results". In: Donckels, Rik / Miettinen, Asko (Hrsg.): *Entrepreneurship and SME Research. On its Way to the Next Millennium*. Aldershot: Ashgate, 1997, S. 199–216.

Delmar, Frédédric / Wiklund, Johan: „The Effect of Small Business Managers' Growth Motivation on Firm Growth. A Longitudinal Study". *Entrepreneurship Theory and Practice* 32, 2008, S. 437–457.

Domar, Evsey D.: „The 'Burden of the Debt' and the National Income". *American Economic Review* 34, 1944, S. 798–827.

Falkinger, Josef: *Sättigung*. J.C.B. Mohr: Tübingen 1986.

Friedman, Milton: „The Social Responsibility of Business is to Increase its Profits". *The New York Times Magazine*, 13.9.1970.

Heuer, Annamária / Kolvereid, Lars: „Education in Entrepreneurship and the Theory of Planned Behavior". *European Journal of Training and Development* 38, 2014, S. 506–523.

Hidalgo, Cesar: *Why Information Grows. The Evolution of Order, from the Atoms to Economies*. Basic Books: New York 2015.

Hofstätter, Johannes: *Wachstumswunsch von Unternehmen am Beispiel von Salzburg und Südtirol.* Diplomarbeit [Universität Salzburg] 2015.

Kolvereid, Lars: „Growth Aspiration Among Norwegian Entrepreneurs". *Journal of Business Venturing* 7, 1992, S. 209–222.

Kuznets, Simon: „Economic Growth and Income Inequality". *American Economic Review* 49, 1955, S. 1–28.

Levie, Jonathan / Lerner, Miri: „Growth Aspirations and Fear of Failure among Family and Nonfamily Business Owners/Managers". *Frontiers of Entrepreneurship Research* 28(4), 2008.

Meadows, Donella H. / Meadows, Dennis M. / Randers, Jorgen / Behrens, William W.: *The Limits to Growth. A Report for the Club of Rome's Projection on the Predicament of Mankind.* Universe Books: New York 1971.

Meadows, Donella H. / Meadows, Dennis M. / Randers, Jorgen: *Limits to Growth. The 30-year Update.* Chelsea Green Publishing: White River Junction 2004.

Oberhofer, Harald: „Firm Growth, European Industry Dynamics and Domestic Business Cycles". *Scottish Journal of Political Economy* 59, 2012, S. 316–337.

Okun, Arthur M.: *Potential GNP. Its Measurement and Significance.* (Proceedings of the Business and Economic Statistics Section of the American Statistical Association). 1962, S. 98–104.

Perman, Roger / Stephan, Gaetan / Tavéra, Christophe: „Okun's Law – A Meta-analysis". *The Manchester School* 83, 2015, S. 101–126.

Piketty, Thomas: *Das Kapital im 21. Jahrhundert*, C.H. Beck: München 2014.

Stam, Erik / Wennberg, Karl: „The Roles of R&D in New Firm Growth". *Small Business Economics* 33, 2009, S. 77–89.

Stern, David I.: „The Rise and Fall of the Environmental Kuznets Curve". *World Development* 32, 2004, S. 1419–1439.

Steurer, Reinhard: „Die Wachstumskontroverse als Endlosschleife. Themen und Paradigmen im Rückblick". *Wirtschaftspolitische Blätter* 57, 2010, S. 423–435.

Wiklund, Johan / Shepherd, Dean: „Aspiring for, and Achieving Growth. The Moderating Role of Resources and Opportunities". *Journal of Management Studies* 40, 2003, S. 1919–1941.

Raimund Jakob

Fremd sein: Psychosoziologische Gedanken zu Integration und Assimilierung

Vorbemerkung

Fremd ist das Unbekannte, nicht Vertraute. Der Fremde ist jemand, der nicht zur eigenen Gruppe gehört, zur Gruppe der Menschen, in der man groß geworden ist, jener sozialen Gruppe, die durch das „Wir“ verbunden ist. Der Umgang mit Fremden ist riskant und interessant zugleich. Riskant, weil man nicht sicher sein kann, was diese tun werden, wie sie sich verhalten werden, auf unsere Handlungen reagieren würden, ob sie vielleicht Feinde sind. Interessant, weil sie möglicherweise auch Neues, Positives mitbringen oder zu bewirken vermögen, also potenzielle Freunde sind. Auf jeden Fall, man sollte sie im Auge behalten.

Fremd sein hat zwei Seiten, einmal geht es dabei um das Gefühl des Einzelnen, an einem bestimmten Ort fremd zu sein, ein anderes Mal um die Wahrnehmung der an einem Ort Ansässigen, von einer Person als nicht „dazu“, also als nicht zum Ort gehörig. Die Fremdheit einer Person kann durch ihre Integration in die eigene Gruppe, in die eigene Gesellschaft aufgehoben werden; dabei gilt, je mehr an Integration, je weniger Fremdheit. Bei der Integration handelt es sich also um einen Prozess, der zwischen dem Fremden und der Gruppe, die diese aufnimmt, stattfindet.

Damit dieser Prozess positiv verlaufen kann, bedarf es eines gewissen Maßes an Toleranz und an Akzeptanz auf beiden Seiten. Wobei allerdings außer Streit stehen sollte, dass es die Mehrheitsgesellschaft mit ihrer Kultur ist, die schließlich Einzelne oder eine Minderheit in ihre Reihen aufnimmt. Es handelt sich hier in einem weiteren Sinne um so etwas wie einen konkludenten Vertrag einzelner Personen mit der sie aufnehmenden Gesellschaft. Und so gesehen machen Bestrebungen Sinn, Migranten in Rechtsform mit einem „Integrations-Vertrag“ (mit dem auch ein Anspruch auf Sozialleistungen erworben wird) in ihre neue, heimatgebende Gesellschaft einzugliedern.[1] Am Ende einer solchen Entwicklung und insbesondere im Verlauf längerer Zeit kann es zur Assimilation dieser Menschen mit der Mehrheitsgesellschaft kommen. Ein anderes traditionelles Modell von Integration ist jenes der Multikulturalität, wie es beispielsweise in der Schweizerischen Eidgenossenschaft oder (mit mehr

1 So wurde zuletzt in Salzburg am 25. Oktober 2015 seitens der ÖVP-Fraktion für die nächste Landtagssitzung ein dringlicher Antrag betreffend die Einführung eines Integrationsvertrags für anerkannte Asylanten angekündigt.

oder weniger Erfolg) in Kanada praktiziert wird. In diesem Fall beschränkt sich die Integration schwerpunktmäßig auf ihren politischen Aspekt.

I. Kulturelle Nähe und kulturelle Ferne

Jedes Volk hat seine eigene Lebensform, einen bestimmten Bestand von Sitten und Bräuchen, eine bestimmte Art zu denken, zu fühlen und sich auszudrücken – eben seine Kultur. Die Sozialisierung innerhalb einer Kultur und der mit dieser verbundenen Werteordnung (von besonderer Bedeutung ist hier das Verhältnis von Staat und Religion) hat einen identitätsstiftenden Charakter (Integration respektive Akzeptation innerhalb einer bestimmten Gruppe); auf dieser Identität beruht das Selbstwertgefühl. In manchen Staaten wird für die jungen Männer die Armee als „Schule der Nation" verstanden. In der Regel ist die jeweilige Kultur eingebettet in eine umfassendere Kultur, so etwa die österreichische in die mitteleuropäische. In die Kultur der Österreicher sind wiederum unterschiedliche regionale Kulturen eingebettet, z.B. die der Vorarlberger und jene der Wiener. Wenn sich diese beiden Bevölkerungsgruppen im Alltag untereinander nicht immer gut verstehen mögen, so ist es unzweifelhaft, dass anlässlich eines Fußballländerspiels von Österreich gegen Portugal beide Gruppen „österreichisch" fühlen werden („Wir-Gefühl").

Und andererseits wird es einen Österreicher mehr berühren, wenn infolge eines Eisenbahnunglücks ein Dutzend Menschen in Portugal den Tod finden, als wenn bei einem Fährenunglück in Indien mehr als hundert Menschen zu Tode kommen. Das Phänomen, von dem hier die Rede ist, ist das der kulturellen Nähe oder Distanz. Das bedeutet, dass sich das Ausmaß der jeweiligen Betroffenheit von einem Ereignis außerhalb der eigenen Gruppe in einem Verhältnis zur kulturellen Nähe steht. Auch der Umgang mit Fremden und anderen Ethnien findet darin eine Grundlage.

Nicht zuletzt ist die Frage der „Dosis" von Bedeutung für den Umgang mit Fremden. Italiener und Spanier sind gegenwärtig im Gegensatz zu Türken und Bürgern aus dem ehemaligen Jugoslawien in Österreich noch selten anzutreffen. Außerdem kommt ihnen als Stereotyp zugute, dass sie zwar Südländer („Südländer sind faul"), aber immerhin Angehörige von „Kulturnationen" sind; man kommt daher hierzulande Italienern und Spaniern eher interessiert bis wohlwollend entgegen. Ein vergleichbar günstiges Bild ergibt sich für den Betrachter nicht, wenn es um die Situation der genannten Arbeitnehmer in der Bundesrepublik Deutschland geht. Es scheint, dass in Deutschland, wo sie zahlenmäßig einigermaßen stark vertreten sind, so etwas wie die „kritische Zahl" überschritten ist (auch ist in diesem Fall der soziale Anpassungsdruck für diese Gruppe geringer). Denn das Argument, dass das genannte Stereotyp seine Wurzeln möglicherweise in der habsburgisch-österreichischen Geschichte hat, dürfte als Erklärung nicht ausreichen.

In der Frage des Umgangs mit Migranten ist daher eine Politik mit Augenmaß gefragt, die auch Angebote schafft, durch die die Integration der Immigranten gefördert und zugleich eine Entängstigung der Einheimischen bewirkt werden kann. Hier spielt nicht zuletzt die Frage der kulturellen Nähe und die Zahl der Aufzunehmenden eine Rolle. Geschieht dies nicht, so kann sich rasch ein Nährboden entwickeln, auf dem Demagogen erfolgreich ihre Saat einbringen können. Über den einzelnen Staat hinaus ist aber auch zwischen den Staaten Europas an abgestimmte Integrationsbedingungen und Aufteilungsschlüssel zu denken sowie an Maßnahmen, die gesamteuropäisch zu einer einigermaßen gleichmäßigen Verteilung von wirtschaftlichem Wohlstand führen. Zum gegenwärtigen Zeitpunkt Europa mit den USA zu vergleichen, macht wenig Sinn, zumal sich geschichtsbedingt Fragen der nationalen Identität da wie dort anders stellen. So ist es etwa ein Faktum, dass in Europa über Jahrhunderte hinweg viele Staaten unter der Bedrohung der Türken gelitten haben und einige auch unter deren Besatzung. Ebenso eine Tatsache ist, dass noch im 20. Jahrhundert Deutsche und Franzosen sowie Österreicher und Italiener sich mit Waffen bekämpft haben.

II. Sich fremd fühlen

Fremd ist der Mensch dort, wo er nicht daheim ist. Jeder ist mehr oder weniger davon betroffen, spätestens wenn er im Ausland war und nicht ausgerechnet eine Gruppenreise mit Reiseleitung in der Muttersprache gebucht hat. Sich fremd fühlen bedeutet zunächst einmal Unbehagen und entmündigt sein. Es kommt einer kulturellen Regression auf Kindesniveau gleich,[2] sich über Nacht nicht mehr informieren und ausdrücken zu können, nicht mehr für sich sprechen und eintreten zu können, angewiesen sein auf Nachsicht, Freundlichkeit und Entgegenkommen seiner neuen Umgebung. Fremd sein erschöpft, auch dort, wo die Muttersprache dieselbe oder eine verwandte ist. Es ist Schwerstarbeit, macht wund, lahm und verletzlich. Verunsichert tastet man sich durch eine Welt, in der sich nur alle anderen auskennen. Einen Sonderfall stellen Besatzer und Kolonialherren dar, auch sie sind fremd; ihre Unsicherheit kompensieren sie zunächst mit Machtmitteln, langfristig werden sie sinnvollerweise ohne Integrationsangebote an die einheimische Bevölkerung nicht auskommen. In diesem Fall geht es ausnahmsweise um die Integration einer Mehrheit. Ein klassisches Beispiel stellt hier die Expansion des Römischen Reichs dar.

---

2 Cf. Laplanche, Jean / Pontalis, Jean-Bertrand: „Regression“. In: Id.: *Das Vokabular der Psychoanalyse.* Suhrkamp: Frankfurt a.M. ²1975, S. 436–439.

III. Die Wurzeln von Fremdwahrnehmung

Das Fremde macht zunächst Angst. Vordergründig geschieht Fremdwahrnehmung vermittels des Gesichtssinns (Hautfarbe, Kleidung, Auftreten in der Öffentlichkeit, Brauchtum und Religion), aber auch das Gehör (Sprache) und der Geruchssinn (Mutter-Kind-Beziehung) spielen dabei eine Rolle. Für das Bild, das mit der jeweiligen Sinneswahrnehmung verbunden wird, sind situative Faktoren insbesondere die frühe Sozialisierung von Bedeutung. Die Wurzeln für die Fremdwahrnehmung können im Säuglingsalter gefunden werden.

Für die Psychoanalyse[3] zählt die Achtmonatsangst, das sogenannte Fremdln, zu den Ich-Organisatoren beim kleinen Kind und stellt damit eine Vorstufe des Ichs dar. Sie kommt dadurch zustande, dass das Kind das Gesicht der Mutter von anderen unterscheidet und so zwischen Mutter und einem Fremden differenzieren kann; sieht es in Anwesenheit eines Fremden das Gesicht der Mutter nicht, so bekommt das Kind Angst und schreit.

Das Wieder-Erkennen von (Wohl-)Bekanntem dagegen wird grundsätzlich in jedem Alter als lustvoll empfunden und hat offenbar damit zu tun, dass dabei jener psychische Aufwand erspart bleibt, den die Auseinandersetzung mit Fremdem bedeutet.[4] Für den Biologen und Humanethologen Eibl-Eibesfeldt handelt es sich bei der „Fremdenscheu" um eine stammesgeschichtliche Programmierung, da auch Kinder, die nie Böses von Fremden erfahren haben, sich so verhalten, und zwar in allen daraufhin untersuchten Kulturen.[5]

Was den Fremden anlangt, der aus der Fremde kommt, so hat die durch ihn bewirkte Angst ihre Ursache erst einmal darin, dass sein künftiges Wohl-Verhalten für die Gruppe der Einheimischen (Innengruppe) nur schwer vorhersehbar ist. So kommt es, dass er zunächst (bewusst oder unbewusst) als Bedrohung für die weibliche respektive die männliche Sexualsphäre („Raub der Sabinerinnen") den Arbeitsplatz oder andere Besitzstände angesehen wird. Als „fremd" können auch Menschen und soziale Minderheiten (solche können statistisch auch eine Mehrheit sein, wie im Fall der Kolonialvölker) erlebt werden, die nicht überzeugend und vorbehaltslos bejaht werden können (äußere Bedrohung); dies könnte nämlich die eigene Identität gefährden. Denn hier wird sozusagen hinter oder unter der Fremdheit die eigene (ein schwarzafrikanischer „Chieftain" mit mehreren Frauen und großem Gefolge fällt hier wahrscheinlich nicht darunter, viel mehr ein Normalbürger aus dessen Heimat), aber verpönte Tendenz gespürt: das eigene „Fremde" wird

3 Spitz, René: *Vom Säugling zum Kleinkind. Naturgeschichte der Mutter-Kind-Beziehungen im ersten Lebensjahr*. Klett: Stuttgart [3]1972, S. 167ff.

4 Freud, Sigmund: *Der Witz und seine Beziehung zum Unbewußten*. (Gesammelte Werke in Einzelbänden 6). S. Fischer: Frankfurt a.M. et al. 1958, S. 135f.

5 Eibl-Eibesfeldt, Irenäus: *Wider die Mißtrauensgesellschaft: Streitschrift für eine bessere Zukunft*. Piper: München [3]1997, S. 108ff.

dem anderen übergestülpt, der damit Ablehnung erfährt. Für diese werden alle möglichen „vernünftigen" Argumente herbei geholt. Wird das Gegenüber als andersartig, also nicht verwandt erlebt, so kann dieses gefahrlos verneint werden. Grenzen und eigene Identität bleiben damit erhalten. In der Massenpsychologie geschehen die Feststellung der Bedrohung und die Projektionsleistung durch Führer, die die Masse im Wege der Identifizierung mit dem großartigen Führer von der störenden Realitätsprüfung befreien.[6]

IV. Der Fremde

Als fremd wahrgenommen werden Menschen, deren Äußeres und Verhalten sich im Unterschied befindet zu Bekanntem und Gewohntem. Die Unterscheidung von Vertrautem und Fremden ist eine Grunderfahrung des Menschen, der in Korrespondenz zur Entwicklung seines Ich verschiedene Grade von Fremdheit bzw. Zugehörigkeit erfährt. Das als rassistisch umstrittene, gerade in Zeiten terroristischer Gefährdung für eine effektive Polizeiarbeit aber unerlässliche „ethnic profiling" ist hier insbesondere zu nennen. Fremdheit kann auch artifiziell durch besondere äußere Zeichen kenntlich gemacht werden. So wird ein Antisemit, der einen Juden als solchen nicht erkennt, diesen auch nicht antisemitisch behandeln. Und damit wird auch die Bedeutung des Judensterns als Entscheidungshilfe für den „Volksgenossen" offenbar. Der Ruf nach einer Ausweispflicht kann ebenfalls in diesem Zusammenhang gesehen werden.

Das Gefühl der Zugehörigkeit bzw. der Fremdheit ist es, durch das sich eine Ethnie von anderen Gruppen abgrenzt. So etwas kann auch innerhalb der Regionen eines Nationalstaates stattfinden, etwa zwischen Katalanen und Andalusiern. Unter politisch-rechtlichen Gesichtspunkten handelt es sich beim Fremden um einen Ausländer, in der Regel einem Menschen mit einer anderen Staatsbürgerschaft. Aufgrund völkerrechtlicher Verpflichtungen („Konventionsflüchtlinge") ist der Aufnahmestaat zur Aufnahme bestimmter Personen verpflichtet und ganz allgemein gegenüber allen Fremden zur Wahrung von Mindeststandards im sozialen und im rechtlichen Bereich. Einen besonderen Status genießen EU-Ausländer in den einzelnen Mitgliedstaaten, wo sie weitgehend den eigenen Bürgern gleichgestellt sind. Um allen diesen Anforderungen gerecht zu werden, bedarf es nicht zuletzt einer eigenen Gesetzgebung und spezieller Institutionen, angefangen mit der Fremdenpolizei bis hin zu einem zentralen Ministerium für Fragen der Integration.[7]

---

6 Burian, Wilhelm: „Psychoanalytische Anmerkungen zur ‚III. Republik'". *Newsletter des Sigmund-Freud-Museums* 2000/1, S. 32ff.

7 So das Bundesministerium für Europa, Integration und Äußeres der Republik Österreich (BMEIA) in Wien, retrieved 20.4.2016, from https://www.bmeia.gv.at.

V. Subjektive Kriterien für Integration

Die fortschreitende Integration eines Fremden in eine neue ethnische, soziale und kulturelle Umgebung hat neben dessen vordergründigem sozialen Verhaltens Auswirkungen auch auf sein ganz individuelles Verhalten und sein Denken. Es wird wohl an deren sozialen Integration zu zweifeln sein, wenn britische Rentner in Thailand oder deutsche auf den Kanaren einmal im Jahr nach Hause fliegen, um dem ehedem heimischen Zahnarzt einen Besuch abzustatten. Ähnliches darf angenommen werden im Falle der türkischen Familie, wenn diese den in Österreich verstorbenen Großvater für das Begräbnis zurück in die Türkei bringen lässt. Als erste Zeichen einer beginnenden Integration mag das Träumen in einer neuen Sprache verstanden werden. Und schließlich betreffend des Zählens in einer fremden Sprache lehrt uns die Erfahrung, dass dieses ziemlich am Ende einer integrativen Entwicklung Platz greift.

VI. Assimilierung nur eine Frage der Zeit?

Ein Blick ins Wiener Telefonbuch bedeutet, was die dort verzeichneten Namen angeht, so etwas wie einen Ausflug in die k.u.k. Monarchie: von Adamcik bis Zykuda finden sich die ehemaligen Kronländer bestens vertreten. Da klingt es polnisch, tschechisch, serbisch, italienisch, ungarisch und slowakisch. Die ursprünglichen Träger all dieser Namen sind zumeist in der sogenannten Gründerzeit gekommen. Es war die Zeit der Stadterweiterung, wo 1865 die Ringstraße dem Verkehr übergeben wurde und wo 1873 die Weltausstellung ihre Tore öffnete. Um dies alles zu ermöglichen, waren Tausende von Hilfsarbeitern und Handwerkern aus allen Himmelsrichtungen der Monarchie als Gastarbeiter nach Wien gekommen – und geblieben. Aber auch Künstler und Intellektuelle hat es in dieser Zeit hin in die Metropole gezogen. Die Nachfahren all dieser Menschen verstehen sich heute als „waschechte Wiener" und würden es als Kränkung ansehen, wollte man sie als „Wiener mit Migrationshintergrund" behandeln.

Ohne Zweifel, die Wiener, von denen hier die Rede ist, sind über Generationen mit der Gruppe ihrer seinerzeitigen Gastgeber verschmolzen und mittlerweile wie diese Einheimische mit einem homogenen kulturellen Hintergrund, sind also im vollen Umfang assimiliert. Der Prozess, in dem Fremde zu Einheimischen werden, sie in der gastgebenden Gesellschaft aufgehen, ist ein langwieriger, ein umfassender Prozess der stufenweisen Integration, des stufenweisen Verlusts von Fremdheit bis hin zur vollen Assimilierung. Assimilierung kann so letztendlich als ein Ergebnis von Integration angesehen werden.

Die andere Wahrheit dabei ist, dass es ein multikulturell organisiertes – politisch mittlerweile zerfallenes – Großreich war, welches erst die Voraussetzung für die genannte Entwicklung geboten hat. Damit wird auch klar, dass für eine Einschätzung neben dem Zeitfaktor und der jeweiligen konkreten Geschichte der Fokus der jeweiligen Betrachtung eine Rolle spielt; einmal lokal begrenzt und ein anders Mal überregional und großflächig.

Exkurs: Der Nationalstaat und die gegenwärtige Zuwanderung

Die Motive, die Heimat – das meint den Ort, wo man aufgewachsen ist, seine frühe Sozialisierung erfahren und seine Familie und Freunde hat – (mehr oder weniger freiwillig) zu verlassen, können unterschiedlich sein. Einmal wird es die Suche nach besseren Arbeits- und Verdienstmöglichkeiten sein, ein anderes Mal die Flucht im Krieg, vor Krieg und physischer Gefährdung. In diesen Fällen begleitet diese Menschen die Hoffnung auf ein besseres Leben, auf das Überleben. Gemeinsam ist ihnen das Streben, wenigstens auf Zeit so etwas wie eine Heimat neu zu gewinnen. Im Gegensatz zum Flüchtling, dem aufgrund völkerrechtlicher Verpflichtung Aufnahme und Schutz zu gewähren ist, kann der Nationalstaat entsprechend seiner eigenen rechtlichen Vorgaben die Aufnahme von Wirtschaftsmigranten ablehnen. Nicht zu vergessen ist Vertreibung als Grund für (erzwungene) Migration.

Was generell das Verhältnis gegenüber Ausländern anlangt, so verhält sich der Nationalstaat diesen gegenüber in gewisser Weise ambivalent. Zum einen ist der Fremdling im Sinne von Gefahrenabwehr und der Abwehr von finanzieller Belastung Objekt von Zugangsbeschränkungen und einlässlicher Beobachtung, zum andern ist ein Staat daran interessiert, Menschen, die ihm für die wirtschaftliche und die kulturelle Entwicklung oder das sportliche Ansehen interessant erscheinen, als Neubürger zu gewinnen. Im Falle ausländischer Gelehrter, Künstler oder Spitzensportler kann so eine Einbürgerung sehr rasch und unmittelbar erfolgen. Im Fall der Spitzensportler, die beim Publikum höchstes Ansehen und Verehrung genießen, wird das mehr als bloß Integration bedeuten. Es geht hier um so etwas wie die Blutauffrischung einer Gesellschaft und zwar ohne Wenn und Aber; da spielen dann Hautfarbe und Sprachkenntnisse auch keine Rolle mehr.

Dort wo der Staat am Verbleiben des Fremden interessiert ist, sollte ihm an seiner raschen und vollen Integration gelegen sein, weil anderenfalls die Gefahr besteht, dass sich in bestimmten Quartieren des Gastlandes am Staat vorbei fremdsprachige Parallelgesellschaften mit eigener faktischen Friedens- und Strafgerichtsbarkeit entwickeln. Menschen aus Kulturen, wo religiöse Vorgaben das Alltagsleben bestimmen, sind dafür in besonderer Weise prädestiniert. Insbesondere gilt dies für Menschen aus auf dem Islam basierten Kulturen. Im Fall anerkannter Flüchtlinge aus Kriegs- und Krisengebieten, also Menschen mit Kriegserfahrung, ist Gewalt nichts Abstraktes und die Hemmschwelle, diese anzuwenden, eher niedrig. Diese Menschen sind weder sozial noch wirtschaftlich im Gastland verwurzelt, es gilt das Recht des

Stärkeren. So etwas wie einen Rückhalt gibt nur die Gruppe der Gleichbetroffenen, und ihre bisherigen Erfahrungen haben sie gelehrt, dem Staat ganz grundsätzlich zu misstrauen. Staaten, die Angehörigen ihrer ehemaligen Kolonien einen erleichterten und undifferenzierten Zugang zu ihrem Territorium und ihrer Staatsbürgerschaft eingeräumt haben, müssen gegenwärtig erleben, was Ghettoisierung und Parallelkultur für die innere Sicherheit einer Gesellschaft bedeuten können. Etwa im Quartier Goutte d'Or in Paris oder Molenbeek in Brüssel.

Bevor es um die politische Integration von Menschen mit Migrationshintergrund, sprich die Verleihung der Staatsbürgerschaft geht, sollte die kulturelle und soziale Integration des jeweiligen Migranten erfolgt sein. Für eine Eingliederung absolut notwendig ist der einigermaßen korrekte Erwerb der Kenntnisse der Landessprache. Verstümmelte Sprech- und Sprachformen, wie wir sie schon aus der Gastarbeiterkultur kennen (Xenoglossa), und im privaten Verkehr der Verbleib in der Herkunftssprache fördern eine Ghettoisierung. Zugleich mit dem Spracherwerb dieser Fremden sollte das Kennenlernen und die Akzeptanz der spezifischen Kultur und Werteordnung des Aufnahmelandes geschehen. Im Weiteren geht es um eine ausbildungsbezogene Eingliederung in die neue Arbeitswelt und nicht zuletzt um eine entsprechende Wohnsituation. Ein sicherer Arbeitsplatz verschafft ein festes Einkommen und soziale Beziehungen. Im Idealfall sollten Migranten und Einheimische nicht in getrennten, sondern in einem guten Mischungsverhältnis in gemeinsamen Wohnquartieren leben. Und dort sollten die Migranten eine Minderheit bleiben.

VII. Assimilierung oder Multikulturalität?

Auf diese Frage sind grundsätzlich zwei entgegen gesetzte Antworten möglich: Die eine besteht in der Empfehlung, die Zugewanderten/Migranten mögen sich den Gebräuchen und der Kultur ihres Gastlandes anpassen. Wobei im aufgeklärten Rechtsstaat die Sprache, Kultur und Religion der Zuwanderer toleriert, nicht aber explizit gefördert werden. Alles unter der Maxime „Die Freiheit des Einen endet dort, wo das Recht des Anderen beginnt". Der Schutz der ethnischen und religiösen Minderheiten basiert hier insbesondere auf den allgemeinen Freiheitsrechten. Eine nur aus seiner Geschichte zu erklärende Besonderheit in Österreich besteht darin, dass im Fall der Muslime der im europäischen Raum beheimateten Observanzen des Islam, diese seit 1912 rechtliche Anerkennung genießen.[8] Nicht zu vergessen, daneben erhalten die genannten Minderheiten den gleichen Schutz der Rechts, wie er der Mehrheitsbevölkerung zukommt.

8 Gesetz betreffend Anerkennung der Anhänger des Islam als Religionsgesellschaft, öRGBl. Nr. 159/1912 vom 15. Juli 1912.

Die dieser Forderung in Richtung Assimilierung entgegen gesetzte Alternative zielt auf das Recht des Fremden, in seinen eingewurzelten Lebensformen und Wertprinzipien so weiter leben zu dürfen, wie sie ihm aus seinem Herkunftsland vertraut sind. Die Vertreter dieser Auffassung übersehen allerdings zwei Dinge: Einmal, dass dort, wo dieses Modell wirklich funktioniert, wir es mit einer historisch, oft auch topographisch bedingten, eher solitären Entwicklung zu tun haben, die sich über Jahrhunderte erstreckt hat. Dort ist in der Regel auch Interkulturalität angesagt (Sprachen, Gastronomie). Und auch das im deutsch besiedelten Osten im Mittelalter praktizierte Prinzip des *ius ossibus inhaeret* hat nicht zuletzt dazu gedient, den Siedlern eine bessere Rechtsstellung zu gewährleisten. Ein anderes Mal übersehen sie, dass es sich – abgesehen vom Fall politischer Okkupation oder der „Heimholung“ ethnisch nahestehender Gruppen nach Grenzbereinigungen – bei der Aufnahme von Fremden in eine Gesellschaft immer um einen individuellen Vorgang handelt, jedenfalls handeln sollte, wobei das elementare Interesse auf Aufnahme zunächst einmal jenes des Aufnahmewerbers ist.

Auch wenn in Zeiten wie diesen der Zustrom Fremder ein massenhafter ist oder gerade dann, kann es sich im Sinne des Selbstschutzes letztendlich kein Staat leisten, pauschal und vorbehaltslos Fremdlinge („Syrer werden aufgenommen“) an seinen Grenzen über- und aufzunehmen. Solches geschieht selbst nicht in jenen Staaten, die gerne als Musterbeispiele für Multikulturalität zitiert werden. Wenn man genauer hinsieht, wird man feststellen, dass dort gelegentlich illegale Einwanderung gesetzlich saniert wird.[9] Das ist aber etwas anderes, und gerade die derart Integrierten achten besonders darauf, in ihrer neuen Heimat nicht aufzufallen.[10]

VIII. Besondere Erscheinungsformen

Das Leben ist vielfältig und es liegt in der Natur der Sache, dass die Erscheinungsformen von Integration nicht immer unzweifelhaft zuzuordnen sind, insbesondere dann, wenn es um ein Mehr oder Weniger respektive Definitionsfragen geht. Bleibt da die Frage, wie wir weltweit die Kolonien der im 19. und 20. Jhd. ausgewanderten Europäer oder Chinesen zuordnen wollen,

9 So wurden durch den 1986 verabschiedeten „Immigration Reform and Control Act“ zwei Millionen in den USA ansässige Mexikaner legalisiert. 2014 ordnet Präsident Obama an, dass bis zu 4,3 Millionen Menschen ohne Aufenthaltspapiere für vorerst drei Jahre arbeiten dürfen.

10 Cf. Jakob, Raimund: „Die Subkultur und ihre Normen“. *Programmheft des Salzburger Landestheaters* 1998, S. 26ff.

etwa Plätze wie „Little Italy“[11] und „Chinatown“[12] in New York. Im Fall von „Little Italy“ stellen italienische Bewohner mittlerweile eine kleine Minderheit dar und im Fall von Chinatown ist die Mehrheit der dort Sesshaften heute als New Yorkes assimiliert; lediglich das asiatische Äußere mag hier den Blick verstellen. Im Übrigen verstehen sich beide Quartiere wie die Mehrzahl der genannten Kolonien in der Zwischenzeit als Touristenattraktion und das hat Konsequenzen für die Selbstdarstellung.

Ein anderer Fall ist eine „assimilation in progress“. Es handelt sich dabei um eine weitgehend fortgeschrittene Erscheinungsform. Als Beispiel die Zuwanderung der Donauschwaben und Siebenbürger Sachsen zu Ende des Zweiten Weltkriegs in das Bundesland Salzburg.[13] Ursprünglich waren diese in Lagern untergebracht. Mit dem Jahr 1955 sind diese aufgelöst worden und es sind Siedlungen in der Nähe von Salzburg („Sachsenheim“) entstanden, die heute noch bestehen. Dort wohnen mittlerweile auch andere Österreicher zusammen mit den Nachfahren ihrer ursprünglichen Bewohner und die Kinder aus gemischten Ehen. Und auch wenn diese noch in gewisser Weise das überkommene Brauchtum vereinsmäßig hochhalten, wird man ihnen schwer die Qualität von Einheimischen absprechen können. Eine eigene Erscheinungsform hat hier das israelische „Law of Return“ von 1950 geschaffen, das Juden weltweit den Zuzug (eine Zuflucht) in Israel gewährleistet.

Als besonderer Fall angesehen werden darf jene Muslima mit bosnischen Wurzeln, die als Wachtmeisterin des Österreichischen Bundesheers als Ausbildnerin tätig ist und die den Eid abgelegt hat, gegebenenfalls für dieses Land auch ihr Leben zu lassen.[14] Zivildienern aus eingesessenen österreichischen Familien hat diese Frau jedenfalls einiges voraus. Wie es aussieht, ist sie nicht nur politisch, sondern auch sozial und kulturell voll integriert. Sollte es sich hierbei nicht um eine Assimilierung handeln, dann wird man von einem Maximum an Integration ausgehen müssen. Auch da, wo es um Mischehen, um Familiengründungen geht, wird man in der Regel eine maximale Integration annehmen dürfen.

---

11 Cf. retrieved 30.11.2015, from https://de.wikipedia.org/wiki/Little_Italy_(New_York_City).

12 Cf. ibid.

13 Cf. retrieved 30.11.2015, from http://www.salzburg.com/wiki/index.php/Volksdeutsche.

14 Misch, Georg: *Gott und Vaterland – Muslime im Bundesheer [Fernsehdokumentation]*, In: Kreuz & Quer ORF II, Sendung vom 2. Juni 2015, 22.35 Uhr.

Fazit

Was in der gegenwärtigen Situation bleibt, ist eine Integration „mit Herz und Verstand“. Und eine Zukunft mit Bürgern, deren Vorfahren einmal Fremde waren.

Michael Fischer dem dieser Beitrag gewidmet ist, wurde am 25. März in Prag während eines großangelegten amerikanischen Luftangriffs geboren. Zu dieser Zeit haben sich etwa 42.000 Prager Deutsche in der Stadt befunden. Die Kapitulation der deutschen Truppen erfolgte am 8. Mai. Flucht beziehungsweise Vertreibung gehörten somit zu den ganz frühen Lebenserfahrungen von Michael Fischer.

Quellenverzeichnis

Burian, Wilhelm: „Psychoanalytische Anmerkungen zur ‚III. Republik‘“. *Newsletter des Sigmund-Freud-Museums* 2000/1.

Eibl-Eibesfeldt, Irenäus: *Wider die Mißtrauensgesellschaft: Streitschrift für eine bessere Zukunft*. Piper: München ³1997.

Freud, Sigmund: *Der Witz und seine Beziehung zum Unbewußten*. (Gesammelte Werke in Einzelbänden 6). S. Fischer: Frankfurt a.M. et al. 1958.

Gesetz betreffend Anerkennung der Anhänger des Islam als Religionsgesellschaft, öRGBl. Nr. 159/1912 vom 15. Juli 1912.

Jakob, Raimund: „Die Subkultur und ihre Normen“. *Programmheft des Salzburger Landestheaters* 1998.

Laplanche, Jean / Pontalis, Jean-Bertrand: „Regression“. In: Id.: *Das Vokabular der Psychoanalyse*. Suhrkamp: Frankfurt a.M. ²1975, S. 436–439.

Misch, Georg: *Gott und Vaterland – Muslime im Bundesheer [Fernsehdokumentation]*, In: Kreuz & Quer ORF II, Sendung vom 2. Juni 2015, 22.35 Uhr.

Spitz, René: *Vom Säugling zum Kleinkind. Naturgeschichte der Mutter-Kind-Beziehungen im ersten Lebensjahr*. Klett: Stuttgart ³1972.

Internetquellen

Bundesministerium für Europa, Integration und Äußeres der Republik Österreich (BMEIA), retrieved 20.4.2016, from https://www.bmeia.gv.at.

„Chinatown“, retrieved 30.11.2015, from https://de.wikipedia.org/wiki/Chinatown_(New_York_City).

„Little Italy“, retrieved 30.11.2015, from https://de.wikipedia.org/wiki/Little_Italy_(New_York_City).

„Volksdeutsche“, retrieved 30.11.2015, from http://www.salzburg.com/wiki/index.php/Volksdeutsche.

Hanna Maria Kreuzbauer

Sehr kurze Geschichte europäischer Grundwerte

Viele meiner Erinnerungen an Michael Fischer beziehen sich auf seine Lehre in Politikwissenschaft und Rechtssoziologie, an der ich zu Beginn meiner Laufbahn teilnehmen durfte. Ein Thema, das ihn, so meine Hoffnung, interessiert haben könnte, ist die Genese der Grundwerte des Kontinents, dem er sich so verbunden fühlte: Europa. Dieser Beitrag versucht, sich diesem Thema historisch narrativ anzunähern.[1] Das heißt, dass die von der Historiografie bereits rekonstruierten historischen Prozesse in einen narrativen Kontext gestellt werden, der die Genese dieser Werte so plausibel wie möglich erklären soll.[2]

Der *Begriff des Wertes* wird dabei „un-exotisch“, d.h. im traditionellen Sinne der Philosophie, als Hypostasierung menschlicher (durch Emotion und/oder Kognition hervorgerufener) Bewertungen verstanden. Ich beschränke mich aber auf das, was man im Allgemeinen ‚moralische bzw. ethische Werte‘ und ‚sittliche Werte'[3] nennt. Die Existenz von Bewertungen und Werten setze ich damit axiomatisch voraus, ebenso, dass diese dem Menschen nicht vorgegeben sind, sondern evolutionär im Rahmen von Evolution und Kulturentwicklung entstanden sind bzw. entstehen.

Dass der Versuch der genetischen Rekonstruktion sozialer Tatsachen, und noch dazu von so etwas wie „Grundwerten“, aus der ex-post-Perspektive heikel ist, dessen bin ich mir bewusst. Wenn man selbst „Europäerin“ ist, ergeben sich für die philosophisch korrekte Diskussion einige strukturelle Probleme, zu denen etwa das Neutralitätsproblem („Wie kann ich über meine eigenen Werte sprechen, ohne sie automatisch für die richtigen Werte zu

---

1 Die vorgeschlagene – hoffentlich in sich konsistente und plausible – Erklärung ist wissenschaftstheoretisch gesehen ein System historischer Interpretationshypothesen, was im Moment zu Lasten des Rechtfertigungszusammenhangs gehen muss. Allerdings – und das ist wesentlich – wird beansprucht, alle Behauptungen so klar und präzise formuliert zu haben, dass sie jedem hypothesenprüfenden Test jederzeit offen stehen.

2 Dort, wo es sich um die Interpretation hinreichend akzeptierter Forschungsergebnisse handelt, die gewissermaßen zum historischen Schulbuchwissen zählen, werden keine weiteren Quellenangaben gemacht. Wo neuere Forschung eingearbeitet wurde, werden die Quellen genannt, was jedoch vor allem die älteste und die neueste Zeit betrifft.

3 Auch diese und alle weiteren Begriffe verwende ich hier „un-exotisch“ im traditionellen Sinne der Philosophie, um mir damit auch den Platz, den weitere Definitionen benötigen würden, zu sparen.

halten?"), das Manichäismus-Problem („Kann ich über die eigenen Werte sprechen, ohne in ein „Wir-und-die-Anderen-Schema" zu verfallen?") und das Inversivitätsproblem („Wenn ich über meine Werte spreche, was sind dann eigentlich meine Un-Werte?") zählen. Schon alleine an dieser kleinen Aufzählung sieht man die Schwierigkeiten, wertfrei und fair gegenüber allen Seiten über die „eigenen" Werte nachzudenken. Dessen eingedenk möchte ich es dennoch versuchen.

Anders als bei den meisten anderen Kontinentalgrenzen ist man sich bei der *Grenzziehung Europa* nicht völlig einig, insb. die Landgrenze zu Asien betreffend.[4] Über den Verlauf entlang des Uralgebirges und des Uralflusses sowie die Seegrenzen entlang des Kaspischen und des Schwarzen Meeres sowie des Mittelmeeres und des Atlantiks mit all seinen Ausläufern besteht zumindest ein gewisser Konsens. Zwischen dem Schwarzen Meer und dem Kaspischen Meer hingegen ist die Grenzziehung umstritten: oft wird dafür die Manytschniederung angenommen, als Alternative aber auch der etwas südlicher liegende Hauptkamm des Kaukasus oder auch dessen Wasserscheide.

Dic traditionelle Einteilung Europas, der etwa auch der „Ständige Ausschuss für geografische Namen" mit seiner Großgliederung nach „kulturräumlichen Kriterien" folgt[5], unterscheidet zwischen Nordeuropa, Osteuropa, Südosteuropa, Südeuropa, Westeuropa und Mitteleuropa.[6] Im Grunde teilt sich Europa aber nur in drei geografische Großregionen: (1) eine sich vom Westen über Zentraleuropa in den Osten spannenden *große Ebene* (die allerdings durch Hügelland, Mittelgebirge und das Hochgebirge der Karpaten durchbrochen ist) und einen teils ziemlich gebirgigen und stark zergliederten Rand, der die erste Region von der Skandinavischen Halbinsel im Norden bis zum Krim-Gebirge im Süden halbmondförmig einfasst. Dabei kann man (2) einen *atlantisch geprägten westlichen Rand* und (3) einen durch die Alpen von der europäischen Großebene abgetrennten *mediterranen Südrand* unterscheiden. Somit gibt es Kontinentaleuropa, atlantisches Europa und mediterranes Europa. Von der *Vegetation*[7] her hat Europa im Norden Anteil an der polaren Kältesteppe, der Tundra, und wird dann nach Süden gehend immer bewaldeter, und zwar je nach Binnenklima durch immergrüne Nadel- oder sommergrüne Misch- und Laubwälder. Im Osten geht dieser Wald in Steppe

---

4 Lange war die so genannte „konventionelle Grenze nach Strahlenberg" (nach Philip Johan von Strahlenberg [1676–1747]) akzeptiert. Heute ist man sich diesbezüglich jedoch wieder unsicher.

5 Ständiger Ausschuss für geografische Namen: *Empfehlung zur Großgliederung Europas*, retrieved 25.6.2016, from http://www.stagn.de/DE/1_Der_StAGN/Publikationen/StAGN_GGEuropa/grosseu.html.

6 Ibid.

7 Wir verstehen darunter die so genannten bio-geografischen Regionen.

über. Die zentraleuropäischen Hochgebirge der Alpen und Karpaten weisen alpine Vegetation auf, und im Südosten hat Europa wie angesprochen Anteil am bis nach China reichenden eurasischen Steppengürtel sowie im Südwesten an der subtropischen Vegetationszone.[8] Die *europäische Topografie* und dabei insb. der Wald werden sich sozio-politisch und militärisch somit auch für unser Thema noch als sehr wichtig erweisen. Dieser topografischen Grobgliederung entspricht lose auch die kulturelle Grobgliederung in das kontinental orientierte Zentral- und Osteuropa, das atlantisch orientierte Westeuropa und das mediterrane Südeuropa, das als mehr oder weniger einzige europäische Region Anteil am alt-orientalischen Kulturraum hatte.

Europäische Werte im 21. Jahrhundert

Über die *gegenwärtigen europäischen Werte* wissen wir erstaunlich gut Bescheid. Zumindest gibt es normative und empirische Daten, die sie sehr robust abbilden. *Normativ* sind Werte vor allem in nationalen Verfassungsgesetzen – wie etwa in den Art. 1–19 des deutschen Grundgesetzes[9] – und mehreren europarechtlichen und völkerrechtlichen Rechtsakten abgebildet. Von Relevanz sind dabei insbesondere die EMRK, die EU-Grundrechtecharta und die – europäisch beeinflusste – UN-Menschenrechtscharta mit ihren diversen, hier nicht weiter zu erwähnenden, Neben- und Nachfolgeakten (sowie natürlich der dazugehörigen Judikatur) zu nennen. Exemplarisch wollen wir uns hier nur die EU-Grundrechtecharta[10] ansehen: Sie enthält insgesamt 54 Artikel, die zu 7 Titeln [entspricht Kapiteln] zusammen gefasst sind. Titel I („Menschenwürde") schützt neben der Menschenwürde auch das Recht auf Leben und Unversehrtheit und verbietet „Folter und unmenschliche oder erniedrigende Strafe oder Behandlung"[11] sowie „Sklaverei und Zwangsarbeit"[12]. In Titel II geht es um „Freiheiten", in Titel III um Gleichheit", in Titel IV um „Solidarität" in Titel V um „Bürgerrechte", in Titel VI um „Justizielle Rechte" und in Titel VII um „Allgemeine Bestimmungen über die Auslegung und Anwendung der Charta". Damit enthält die Charta im Grunde den klassischen Katalog von Menschen- und Bürgerrechten gemäß der europäisch-okzidentalen Tradition – insb. der

---

8 European Environment Agency: *Biogeographic Regions in Europe*, retrieved 25.6.2016, from http://www.eea.europa.eu/data-and-maps/figures/biogeographical-regions-in-europe-1.

9 *Grundgesetz für die Bundesrepublik Deutschland* (dBGBl. 1949/1, retrieved 25.6.2016, from https://www.juris.de/purl/gesetze/_ges/GG).

10 *Charta der Grundrechte der Europäischen Union* (12007P/TXT; ABl. C 303 vom 14.12.2007, S. 1–16).

11 Art. 4 leg. cit.

12 Art. 5 leg. cit.

Aufklärung – sowie soziale Rechte und ist damit auch als Abbildung der dahinter liegenden Grundwerte zu interpretieren.

Neben den normativen Daten gibt es noch folgende vier *empirische Ansätze*, die sich (auch) mit europäischen Grundwerten befassen: (1) Die vor allem von Ronald Inglehart (*1934) betriebenen *World Values Surveys*[13], (2) die *European Values Study*[14], (3) Geert Hofstedes (*1928) *Kulturdimensionen*[15] und (4) das *Eurobarometer*[16] der Europäischen Kommission. Keine der vier Methoden ist dabei unumstritten, was bei dem Thema aber auch nicht verwundert. Inglehart verdichtet die Ergebnisse der *World Values Survey* auf der zweidimensionalen so genannten Inglehart-Welzel-Wertekarte („Inglehart-Welzel Cultural Map of the World").[17] Die X-Achse geht von Überlebenswerten zu Selbstverwirklichungswerten, und die Y-Achse von traditionellen zu säkularrationalen Werten. Die *European Values Study* ist ein Gemeinschaftsprojekt vieler Sozialwissenschaftler/-innen. Ihre Daten werden für die Öffentlichkeit zwar nach Kenntnis der Autorin nirgends plausibel aggregiert dargestellt, sind aber über die Homepage und den „Atlas of European Values"[18] zugänglich. Hofstede, dem es deutlich erkennbar um die Anwendung seiner Forschung für den Einsatz im praktischen Management geht, bildet seine Daten in folgenden sechs *Kulturdimensionen* ab: Power Distance, Individualism versus Collectivism, Masculinity versus Femininity, Uncertainty Avoidance, Long-Term Orientation und Indulgence versus Restraint. Im Internet[19] kann man sich das Abschneiden diverser Länder ansehen und miteinander vergleichen.

---

13 Retrieved 25.6.2016, from http://www.worldvaluessurvey.org; cf. dazu auch Inglehart, Ronald / Welzel, Christian: *Modernization, Cultural Change, and Democracy. The Human Development Sequence.* Cambridge University Press: New York et al. 2005 sowie insb. Welzel, Christian: *Freedom Rising: Human Empowerment and the Quest for Emancipation.* Cambridge University Press: New York et al. 2013.

14 Retrieved 25.6.2016, from http://www.europeanvaluesstudy.eu.

15 Retrieved 25.6.2016, from https://geert-hofstede.com/cultural-dimensions.html, cf. dazu auch Hofstede, Geert: *Cultural Consequences. Comparing Values, Behaviors, Institutions and Organizations across Nations.* Sage Publications: Thousand Oaks et al. 2001 und Hofstede, Geert / Hofstede, Gert Jan / Minkov, Michael: *Cultures and Organizations. Software of the Mind. Intercultural Cooperation and Its Importance for Survial.* McGraw-Hill: New York et al. 2010.

16 Europäische Kommission: *Eurobarometer*, retrieved 25.6.2016, from http://ec.europa.eu/public_opinion/index_en.htm.

17 Inglehart, Ronald / Welzel, Christian: *Inglehart-Welzel Cultural Map of the World*, retrieved 25.6.2016, from http://www.worldvaluessurvey.org/images/Cultural_map_WVS6_2015.jpg.

18 Cf. dazu Halman, Loek / Sieben, Inge / Zundert, Marga van: *Atlas of European Values: Trends and Traditions at the turn of the Century.* Brill NV: Leiden 2012.

19 Retrieved 25.6.2016, from https://geert-hofstede.com/countries.html.

Das *Eurobarometer* wiederum besteht aus einer Fülle von statistischen Daten zu Europa, darunter auch Informationen über Grundwerte.[20]

Alle vier Projekte geben ihre Rohdaten der Öffentlichkeit relativ unkompliziert weiter und scheinen die bekannten „Stereotypen“ über europäische Grundwerte recht gut zu bestätigen: Bei Inglehart und Welzel massieren sich die europäischen Staaten im oberen rechten Eck, d.h. dass das *Schwergewicht auf rational-säkularen Werten und Selbstverwirklichungswerten* liegt. Welzel spricht in diesem Zusammenhang von Emanzipations- und Individualisierungswerten.[21] Wie gesagt bietet die European Values Study keine Zusammenfassung und auch keinen Vergleich zu anderen Kulturen. Dass die Informationen in dieselbe Richtung deuten, ergibt sich aber passim (siehe dazu sogleich weiter unten). Gemäß Eurobarometer sind „Menschenrechte“, „Respekt vor menschlichem Leben“ und „Friede“ die wichtigsten Werte der meisten Europäer/-innen, während „Religion“ beispielsweise nur für 5% der wichtigste Wert ist.[22] Da auch Hofstedes Ergebnisse von diesem Bild nicht substanziell abweichen, muss die Korrelation zwischen kulturgeografischen und evaluativen Aspekten auf Basis des normativen und empirischen Datenmaterials als hinreichend dafür angesehen werden, tatsächlich von europäischen Werten sprechen zu können. Im Vergleich zu vielen nicht-europäischen oder nicht europäisch beeinflussten Kulturen zeigen sich zwei Besonderheiten: Die gegenwärtigen europäischen Grundwerte sind stärker *emanzipatorisch*, stärker *individualistisch* und stärker *inklusiv*.[23]

Die klassisch-europäische Kultur

Europa ist seit etwa 40.000 v.Chr. durch anatomisch moderne Menschen (homo sapiens) besiedelt. Diese ersten europäischen Vertreter/-innen unserer Spezies waren Jäger und Sammler, deren Kultur auf die heutigen Gesellschaften ohne nennenswerten Einfluss ist. Nach dem Ende der Eiszeit zogen sich die Tundren

20 Europäische Kommission (cf. FN 16).

21 Cf. Inglehart-Welzel Cultural Map of the World, retrieved 25.6.2016, from http://www.worldvaluessurvey.org/images/Cultural_map_WVS6_2015.jpg in Verbindung mit Welzel 2013, S. 87 (zum Zusammenhang zwischen Emanzipation und Individualisierung cf. Welzel 2013, S. 5).

22 Europäische Kommission: *Standard Eurobarometer 77 (Spring 2012). The Values of Europeans. Report*, S. 9, retrieved 25.6.2016, from http://ec.europa.eu/public_opinion/archives/eb/eb77/eb77_value_en.pdf.

23 Cf. Welzel 2013, S. 87, Hofstede / Hofstede / Minkov 2010, S. 95, Halman / Sieben / Zundert 2012 passim und Europäische Kommission (cf. FN 16), S. 9 (teilweise jedoch auch mit widersprüchlichen Ergebnissen). Man beachte, dass wir damit keine wie auch immer geartete Auf- oder Abwertung verbinden.

nach Norden zurück und der Wald breitete sich aus.[24] Schließlich drang verbunden mit der Kultur der Bandkeramik („Linear Pottery culture") um etwa 6000 v.Chr. die Landwirtschaft von Kleinasien kommend über mehrere Wege in Europa ein. Ob dies mit Immigration oder mit der Übernahme von Kulturweisen durch die bereits bestehende Bevölkerung verbunden war, ist dabei nach wie vor strittig.[25] Damit begann jedenfalls die Neolithisierung Europas mit Ackerbau, Sesshaftwerdung, dörflichen bis prä-urbanen Siedlungen und der Domestizierung von Nutztieren. Über die politischen und sozialen Strukturen dieser Zeit ist heute wenig bekannt. Etwas später erfolgte die *indo-europäische Migrationswelle*.[26] Die heute rekonstruierte ursprüngliche Sprache, das „Proto-Indo-Europäische", kann dabei sehr gut einer bestimmten Ursprungskultur, und zwar der *Yamnaya-Kultur* (auch ‚Yamna-Kultur') der pontischen Steppe, zugeordnet werden[27], wofür vor allem genetische Untersuchungen[28] sprechen. Ob es sich bei der Yamnaya-Kultur auch um eine Ethnie[29] handelt, ist umstritten, aber

24 Cf. Thome, Karl N.: *Einführung in das Quartär. Das Zeitalter der Gletscher*. Springer: Berlin et al. 1998, S. 50–52.

25 Neueste Forschung spricht eher für Immigration, cf. dazu Hofmanová, Zuzana et al.: „Early farmers from across Europe directly descended from Neolithic Aegeans". *PNAS Early Edition*, 2016, (retrieved 25.6.2016, from http://www.pnas.org/lookup/doi/10.1073/pnas.15239511136), S. 1.

26 Callayway, Ewen: „Language Origin Debate Rekindled". *Nature* 518, 2015, S. 284–285. Allentoft, Morten E. et al.: „Population Genomics of Bronze Age Eurasia". *Nature* 522, 2015, S. 171; weiterführend cf. Mallory, James P. / Adams, Douglas Q.: *The Oxford Introduction to Proto-Indo-European and the Proto-Indo-European World*. Oxford University Press: Oxford et al. 2006 sowie Anthony, David W.: *The Horse, the Wheel and the Language. How Bronze-Age Riders from the Eurasian Steppes Shaped the Modern World*. Princeton University Press: Princeton 2007. Es versteht sich von selbst, dass wir mit dem Begriff „indo-europäisch" hier keine wie immer geartete Über- oder Unterlegenheitsidee verbinden, und das mit allen derartigen Versuchen des 19. und 20. Jahrhunderts, insb. denen der NS-Zeit, absolut nichts zu tun hat. Man beachte, dass es bekanntlich in Europa im Laufe der Zeit natürlich auch Migrationsbewegungen von Ethnien nicht-indo-europäischen Ursprungs gegeben hat, wobei hier abgesehen von den Basken, Iberern und (wahrscheinlich) Etruskern die semitischen Phönizier, Araber und Juden, mehrere finno-ugrische Ethnien (wie insb. die Samen, Finnen, Esten, Karelier, Ungarn etc.), turk-stämmige Ethnien (wie insb. die Türken) und mongolisch-stämmige Ethnien (wie etwa die Kalmücken und [wahrscheinlich] die Hunnen, Awaren etc.) zu erwähnen sind.

27 Anthony 2007, S. 133 und S. 300–339.

28 Callayway 2015, S. 284, Haak, Wolfgang et al.: „Massive Migration from the Steppe was a Source for Indo-European Languages in Europe". *Nature* 522, 2015, S. 207. Das bedeutet aber gleichzeitig, dass Colin Renfrews so genannte Anatolien-Hypothese unwahrscheinlicher geworden ist.

29 Zum Begriff der *Ethnie* ist zu sagen, dass man heute ziemlich sicher weiß, dass es Ethnien in einem naturwissenschaftlich belastbaren Sinne ebenso wenig gibt wie

nicht unwahrscheinlich. Unter den Bedingungen des Lebens in der Steppe ist es nämlich nicht unnatürlich anzunehmen, dass sich die Sprecher des Proto-Indo-Europäischen zumindest in ihrer Frühzeit als eine Ethnie – ein „Volk“ – verstanden haben. Ausgehend von der Steppe breiteten sich die Träger/-innen der Yamnaya-Kultur in alle Richtungen aus, also in das Gebiet des heutigen Chinas (e.g. Tocharier), in den Süden (e.g. Inder, Iraner, Hethiter), in den Westen (e.g. Griechen, Italiker, Kelten und Germanen) und in den Norden bzw. ins damalige Zentrum (e.g. Slawen). Auch die Schnurkeramik-Kultur („Corded Ware culture“) gehört mit einiger Wahrscheinlichkeit dazu und ist gewissermaßen eine Zwischenstufe, aus der sich zumindest die baltische, slawische und germanische Kultur entwickelt haben.[30] Die indo-europäischen Nachfolgekulturen bzw. -ethnien verbreiteten sich dann über ganz Europa und die indo-europäischen Sprachen dominieren die Welt ja bekanntlich noch immer.

Die frühen Träger der Yamnaya-Kultur – wie immer sie sich genannt haben mögen – waren Steppenbewohner, nahmen aber den Ackerbau an, insb. wenn sie sich in die bereits Ackerbau betreibenden Gebiete Europas bewegten. Nach der alt-europäisch neolithischen, zumindest teilweise vermutlich muttergottheitlich orientierten Agrarkultur entstand durch die Enkulturalisierung der migrierenden – und wohl auch erobernden – indo-europäischen Ethnien das, was man als die *klassisch-europäische Kultur*[31] bezeichnen kann, also die Kultur der Ethnien („Völker“), die in den ältesten Teilen der europäischen Kulturtradition Erwähnung finden, d.h. die Kelten, Germanen, Griechen, Römer etc. Ihr Kulturprofil[32] sieht so aus: (1) *Politisches und soziales System*[33]*:* Alle diese Menschen lebten vermutlich in kleinen, politisch autonomen Einheiten (manchmal Proto-Staaten); sie hatten keine imperiale Idee, aber vermutlich ethnisches und tribales Selbstverständnis. Die politische Führung war sehr variabel: von schwach temporär bis monarchisch. Die Gesellschaften waren vermutlich segmentiert[34], zumindest gab es eine Zweiteilung in eine –

Rassen. Der Begriff bildet aber eine so wirkmächtige eigenkulturelle identitätsstiftende Fiktion ab, dass er *für die Kulturwissenschaften unverzichtbar* ist.

30 Novembre, John: „Ancient DNA Steps into the Language Debate“. *Nature* 522, 2015, S. 165, Callayway 2015, S. 284–285.

31 Damit ist die in den Texten des „klassischen Altertums“ beschriebene Kultur gemeint. Dem folgend verstehen wir unter den klassischen europäischen Ethnien die in den selben Texten beschriebenen, die gleichzeitig den Ausgangspunkt der okzidentalen Historiographie ausmachen, also die Kelten, Germanen, Italiker und Römer, Griechen, Skythen etc.

32 Das Folgende gilt im Sinne einer Zusammenfassung des aktuellen Forschungsstandes (cf. dazu Mallory / Adams 2006) mit allen Unsicherheiten, die das mit sich bringt.

33 Cf. Mallory / Adams 2006, S. 284–285.

34 Ibid., S. 284.

wahrscheinlich berittene – Kriegerelite[35] und eine bäuerliche Bevölkerung mit variabler Ausgestaltung; tendenzmäßig konnte aber auch die agrarische Bevölkerung durchaus ein gewisses Selbstbewusstsein haben. Die Kriegerelite hatte eine Kriegerkultur[36], mit Narrativen über kriegerischen Heldenethos[37]. (2) *Produktion (inkl. Distribution):* Die Produktionsweise war landwirtschaftliche Subsistenz, d.h. Ackerbau, aber auch das Halten von Nutztieren insb. auch dem Pferd; die Siedlungsweise war dominant rural, doch es gab auch (proto-)urbane Zentren. Damit war diese Kultur noch keine Großzivilisation und es gab keine proto-kapitalistische Wirtschaftsweise. (3) *Reproduktion und Familienleben:* Vermutlich herrschte ein patriarchalisches Gesellschafts- und Familienverständnis, es gab keine inklusive Moral, sondern insb. eine „Kriegermoral"[38]. (4) *Spiritualität:* Die Religionen[39] waren noch nicht transethnisch und enthielten einen anthropomorphen, patriarchalen Götterhimmel, der allerdings auch starke weibliche Gottheiten enthielt. Das Konzept vom Jenseits war vergleichsweise schwach ausgebildet und wenig attraktiv.[40] (5) *Kunst- und Kulturschaffen*[41] *sowie Freizeit:* Das Kunstschaffen war sehr variabel, insb. gab es auch ein reichhaltiges Kunsthandwerk. Daneben gab es – wie erwähnt – mythische Narrative über das Motiv von Heldengeschichten.

Die im mediterranen Raum siedelnden indo-europäischen Ethnien kamen mit den Kulturen des alten (vorderen) Orients in Berührung, die sich in mehrfacher Weise teils deutlich von ihren eigenen Kulturen unterschieden: Der alte Orient war zu dieser Zeit schon seit einigen tausend Jahren durch Großzivilisationen geprägt, die große und zentralistische politische Systeme, hoch-segmentierte Gesellschaften, hoch-arbeitsteilige Wirtschaftssysteme, eine urban-rural ausdifferenzierte Lebensweise und ein großes Kunst- und Kulturschaffen kannten. Zwei in diesem Raum entwickelte universalistische Ideen waren für das Weitere von besonderer Bedeutung: (1) *Die imperiale Idee*, also die Idee von einem zentralistischen, über-ethnischen Großstaat, wie etwa Ägypten und die diversen anderen Reiche im fruchtbaren Halbmond. Nicht nur die indo-europäischen Perser und Hethiter hatten dies schnell übernommen, sondern auch die klassisch-europäischen Ethnien, allen voran die Makedonier und Römer. Gerade Rom war in seiner Frühzeit noch klassisch-europäisch geprägt, wie

35 Cf. Hänsel, Bernhard: „Die Bronzezeit (2200–800 v.Chr.)". In: Schnurbein, Siegmar von (Hrsg.): *Atlas der Vorgeschichte. Europa von den ersten Menschen bis Christi Geburt.* Theiss: Darmstadt 2014, S. 141–143.

36 Zumindest passt das besser ins Gesamtbild (cf. Mallory / Adams 2006, S. 284).

37 Man denke etwa an die aus dem Schulunterricht bekannten „Heldensagen" der Germanen und Griechen.

38 Auch dies ergibt sich aus den genannten Sagen.

39 Cf. Mallory / Adams 2006, S. 408.

40 Cf. Mallory / Adams 2006, S. 439.

41 Hier wie ersichtlich im Kontext mit Kunst gemeint.

uns aus den Quellen über die diversen Kriege mit den benachbarten italischen Ethnien bekannt ist. Erst seit etwa den punischen Kriegen wurde Rom mehr und mehr imperial[42] und erst ab dem ersten vorchristlichen Jahrhundert begann der Name ‚Imperium Romanum' auch das alte ‚S.P.Q.R.' zu ersetzen. (2) *Das Christentum*, also die Gesamtheit der aus dem alt-orientalischen Judentum entwickelten und sich auf Jesus von Nazareth berufenden Religionen. Es basierte auf einer verschriftlichten Sammlung von Mythen, die man als Bibel kennt, und die teils tribalen Ursprungs ist. Anders als die klassisch-europäischen Religionen war das Christentum monotheistisch, hatte eine starke und sehr attraktive Jenseitsvorstellung („Himmel") und war in seiner Frühzeit zu einer robusten, expansiv-universalistischen meta-ethnischen Religion ausgebaut worden: d.h. es richtete sich prinzipiell an alle Menschen und bot bereits eine proto-inklusive Moral. Über Rom gelangten also zwei expansive und universalistische imperiale Ideen auf den europäischen Kontinent und prallten auf die deutlich anders gearteten Vorstellungen der klassisch-europäischen Kultur.

Das Scheitern der imperialen Idee in Europa

Anders als im vorderen Orient, in China, teilweise auch in Indien und mehreren anderen Kulturräumen der Erde, scheiterte die imperiale Idee in Europa, d.h. dass Europa nie zu einer zentralisierten politischen Einheit fand und es stellt sich die Frage, warum das so ist. Hauptverantwortlich dafür ist vermutlich die Kombination zweier Gründe: (1.) Grundvoraussetzung ist der – zumindest bis zur Moderne anhaltende – typisch europäische *militärische Vorteil der regionalen Defensive*, für dessen Existenz viele Beispiele gescheiterter imperialer militärischer Eroberungsversuche sprechen: der persische Versuch der Eroberung Griechenlands, der römische Versuch der Eroberung Germaniens, der Hunnische Eroberungsversuch des Imperiums, der Eroberungsversuch der moslemischen Araber im Westen und zu einem gewissen Sinn auch die Versuche der Mongolen und der Osmanen im Osten.[43] Dieser Vorteil liegt mit einer gewissen Wahrscheinlichkeit in der topografischen Kleingliedrigkeit und vegetatorischen Unübersichtlichkeit Europas begründet. Europa ist in den atlantischen und mediterranen Teilen nicht nur partiell zerklüftet, sondern vor allem war es zumindest bis zur großen Rodungswelle (in Mitteleuropa insb. im Hochmittelalter) in weiten Teilen stark bewaldet und damit für jede Divisionsstärke übersteigende militärische Operation ein

42 Man beachte, dass der Begriff „imperium" an sich eine bestimmte Art von Amtsgewalt kennzeichnete.

43 Als gewichtige Ausnahmen könnten einem die germanischen Eroberungszüge der Völkerwanderungs- und Wikingerzeit in den Sinn kommen, bei denen die expansive Macht aber nicht imperialen Charakter hatte.

schwieriges Gelände – ungleich schwieriger jedenfalls, als es beispielsweise der vordere Orient, China oder teilweise sogar Indien darstellten. (2.) Dazu kommt, dass die *imperiale Idee in der Antike ein relativ neuer Import aus dem Orient* war, dessen Einführung erst das Imperium Romanum und etwas später die Päpste und Kaiser versuchten, was aber *zur gerade beschriebenen kleinräumig orientierten klassisch-europäischen Kultur völlig konträr lag.* Die Vertreter/-innen dieses Systems – die klassischen autochthonen Eliten – hatten mit dem soeben erwähnten militärischen Vorteil aber eine entscheidende Trumpfkarte auf ihrer Seite und als Folge blieb Europa, was es immer war: *ein einheitlicher Kultur- und Distributionsraum*[44], *aber ein uneinheitlicher politischer und (mit Ausnahme der Distribution) Produktionsraum.*[45]

Die große europäische Emanzipationswelle

Die Zeitenwende um das Jahr 1500 sah die *Radikalisierung des Scheiterns der imperialen Idee*, was die beiden imperialen Hauptaspiranten, Kaisertum und Papsttum hinweg fegte oder zumindest zu relativ unbedeutenden Mittelmächten degradierte: Die Päpste residierten zwar schon seit 1420 wieder in Rom, waren aber immer noch bzw. noch mehr diskreditiert, bis die Folgen der Reformation ihre Macht endgültig erschütterten. Was die Kaiser betrifft, konnten sich Friedrich III. und Maximilian I. noch als solche fühlen, während Karl V. dem Verfall seiner Macht und dem Aufstieg der neuen Macht, nämlich der der Fürsten, im Reich nur mehr zusehen konnte. Die Reformation setzte dem Kaisertum dabei noch mehr zu als dem Papsttum, denn sie lieferte insb. den deutschen Fürsten die politische Ideologie für deren Emanzipation. Es ist wichtig, dies im Kontext mit dem Vorherigen zu sehen, denn Voraussetzung für die große Linie der historischen Entwicklung war auch hier wieder die klassisch-europäische Kleingliedrigkeit im Zusammenhang mit dem erwähnten militärischen Vorteil der regionalen Defensive.

Für das hier zu besprechende Thema sind dabei folgende drei Aspekte bedeutend: (1.) Der Souveränitätsgewinn der territorialen hocharistokratischen Herrscher, also der Fürsten, (2.) die Ausbeutung weiter Teile der nicht-europäischen Welt durch die europäischen Staaten inkl. die De-Facto-Okkupation des gesamten amerikanischen Kontinents. Das amerikanische Gold/Silber und überhaupt die überseeischen Ressourcen, die dadurch zu den Grundvoraussetzungen des allgemein steigenden Wohlstands Europas werden konnten, und

44 Womit wir hier nicht nur den Handel, sondern auch die Verteilung von Ideen meinen.

45 Mit allen Vor- und Nachteilen, die das bringt. Viele Jahrhunderte überwogen offenbar die Vorteile, da der Wettbewerb im europäischen Konzert Innovation begünstigte, die sich durch den einheitlichen Kultur- und Distributionsraum geografisch – wenn auch nicht sozial – schnell verbreiten konnte.

auf diese Weise auch für dessen Emanzipationsbestrebungen. Schließlich (3.) ist die Entdeckung der Natur und insb. der des Menschen zu nennen.

Damit begann eine etwa 500jährige Epoche europäischer Emanzipation, die in *vier Wellen* verlief und sich zum Großteil mit der historischen Epoche der Moderne überschneidet. *Die wichtigste Idee dieses Beitrags ist dabei, dass sich die gegenwärtigen europäischen Grundwerte unmittelbar aus diesen vier Emanzipationswellen erklären lassen, diese selbst wiederum aber nur aus dem Kontext der bereits erwähnten klassisch-europäischen Kultur und dem erwähnten militärischen Argument begreiflich gemacht werden können.* Die vier Emanzipationswellen[46] sind:

1. Die fürstliche Emanzipationswelle
2. Die bourgeoise Emanzipationswelle
3. Die sozialistische Emanzipationswelle
4. Die individualistisch-inklusive Emanzipationswelle

Die Emanzipationswellen sind sich dabei strukturell sehr ähnlich: Jede erlebte eine ideologische und eine sozio-politisch/ökonomische Vorbereitungsphase, einen Zenit oder eine plateaumäßig angelegte Hochphase und eine Abschwungphase, in der meist bereits die nächste Welle anrollte, die von den Protagonisten der vorherigen meist heftig bekämpft wurde. Die gesamte Bewegung verlief gesellschaftlich von oben nach unten und erst die letzte Welle betraf e.g. auch die Frauen. *Jede Emanzipationswelle sammelte Grundwerte an, goss sie in Rechtstexte*[47] *und trug damit zum Traditionsbestand der europäischen Grundwerte bei.*

Die fürstliche Emanzipationswelle

Die vor allem von Niccolo Machiavelli (1469–1527) und Jean Bodin (1529–1596) ideologisch begleitete Emanzipation der Fürsten, also der territorial herrschenden Teile der (Hoch-)Aristokratie, stellt die erste Welle dar. Die Vorbereitung lief im Grunde seit der Renaissance und dem Humanismus, den Zenit stellte aber der Friede von Münster und Osnabrück (1648) dar. Parallel dazu verlaufend und ebenfalls in diesem Kontext zu nennen sind die Zeit des

46 Der Begriff „Emanzipation" ist hier nicht im individuellen, sondern im soziopolitischen und ökonomischen Sinne gemeint. Darunter wird daher der Prozess des Kampfes einer Menge von Menschen oder sozialen Gruppe gegen die Herrschaft oder zumindest Dominanz anderer Menschen verstanden, mit dem das Ziel verfolgt wird, mehr Handlungsfreiheit zur Verwirklichung selbst gewählter Lebenskonzepte zu erreichen.

47 Beispiele sind der Augsburger Reichs- und Religionsfrieden (1555), der Friedensvertrag von Münster und Osnabrück (1648), die diversen Menschenrechtserklärungen und die sozialistische und später individualistisch-inklusive Gesetzgebung.

Aufstiegs des bourbonischen Frankreichs und Englands sowie die Entwicklung des „europäischen Konzerts". Bereits im 18. Jahrhundert kam es zu einem Abschwung, der in den einzelnen Regionen Europas unterschiedlich verlief.

Wie weiter oben argumentiert wurde, wäre diese erste Emanzipationswelle ohne das Erbe der klassisch-europäischen Kultur und ohne die (wie erwähnt, durch die europäische Topografie verursachten) militärischen Faktoren nicht möglich gewesen. Parallel dazu und die sozio-politische Entwicklung verstärkend wirkte die Reformation. „Cuius regio eius religio" legte fest, dass weder die Untertanen noch Kaiser oder Papst die Religion aller bestimmen konnten, sondern der jeweils regierende Fürst, was dessen neu erlangte Selbständigkeit und Macht präsentierte. Die souveränen Fürsten waren die in der sozialen Vertikalen dominante Schicht. Auch die nationalen Königtümer – e.g. Spanien vor dem Zusammenschluss von Aragon und Kastilien, England vor und während der Tudor-Zeit und Frankreich zu Zeiten der Häuser Capet, Valois und Bourbon sowie Russland unter dem Haus Rurjik – sind in diesem Kontext zu nennen. Ab 1648 entstanden so das europäische Konzert und die *Grundwerte von Souveränität und Eigenstaatlichkeit und die europäische Staatsidee.*

Die bourgeoise Emanzipationswelle

Aufbauend auf der Stärkung der oberen bürgerlichen Schichten, also der Bourgeoisie, durch die Kapitalisierung der vor-industriellen und später auch industriellen Produktions- und Distributionsweise startet im 17. Jahrhundert die zweite Emanzipationswelle, und zwar die bourgeoise, also die der *nicht-aristokratischen bürgerlichen Oberschicht der Städte und der beginnenden Industrie.* Die ideologische Vorbereitung besorgten (ebenfalls) die Reformation und später insb. die Philosophen der Aufklärung. Der Beitrag des Protestantismus bestand in der *Idee der Unmittelbarkeit des Einzelnen vor Gott* liegenden individualistischen Ansatz. Das Bindeglied zum späteren Liberalismus war die Religionsfreiheit, die zunächst – etwa in England – im Vordergrund stand, später aber von der individuellen politischen Freiheit und der Freiheit des Eigentums abgelöst wurde. Die Ressourcen stammten aus den nicht-europäischen Gebieten, aus der beginnenden Ausbeutung des Proletariats, aber auch aus der Effizienzsteigerung durch die beginnende Industrialisierung.

Verbrieft wurde das Erreichte zunächst in England (Petition of Rights [1628], Habeas Corpus Act [1679] und Bill of Rights [1689]) und den USA (Virginia Declaration of Rights [1776] und später in der US-amerikanischen Bill of Rights [1791]). Am prägendsten war aber zweifellos die französische *Déclaration des droits de l'homme et du citoyen* (1789). Dem schloss sich das so genannte bürgerliche Zeitalter an, das etwa bis zum 1. Weltkrieg anhielt und zunächst vom Kampf der Bourgeoise gegen den nach 1815 wieder erstarkten Adel und später insb. gegen das Aufkommen des mittlerweile sozialistisch geprägten Proletariats gekennzeichnet war. Das Erbe dieser Welle ist jedenfalls im Liberalismus zu sehen, und zwar sowohl in seiner *sozio-politischen (Freiheit der Person) als auch seiner ökonomischen (Wirtschafts- und Eigentumsfreiheit) Dimension.*

Die sozialistische Emanzipationswelle

Die sozialistische Emanzipationswelle wurde vor allem durch die Intellektuellen des revolutionären Frankreichs, die frühen Sozialist(inn)en und Anarchist(inn) en sowie Karl Marx (1818 bis 1883) und Friedrich Engels (1820 bis 1895) vorbereitet. Daraus entwickelte sich der sich vom Kommunismus und Anarchismus bis zur Sozialdemokratie spannende Sozialismus. Nach seiner soziopolitischen Vorbereitung in der zweiten Hälfte des 19. Jahrhunderts (sichtbar etwa durch die Pariser Kommune oder die Gründung der Ersten und Zweiten Internationalen) erreichte er seine Hochphase um die Zeit des 1. Weltkriegs, wo er in vielen europäischen Staaten revolutionär oder demokratisch die Macht übernahm, dabei auch die eigentlich zum rechten Spektrum gehörenden christlich-sozialen Parteien beeinflusste und dank des allgemeinen Wahlrechts im Grunde eine bis zur konservativen Wende der 80er-Jahre dauernde *zumindest partielle politische Hegemonie* errichten konnte. In diese Zeit fällt auch der *Totalitarismus*, eine Art ultra-autoritäres politisches System, verbunden mit dem Bestreben, ganze Gesellschaften anhand einer Idee zu kontrollieren und/oder umzuformen. Auf die weitere Entwicklung hin zu Individualismus und Inklusion hatte allerdings nur die UdSSR Einfluss, Faschismus und Nationalsozialismus bemerkenswerter Weise nicht.

Der Niedergang der sozialistischen Emanzipationswelle fing in den 80er-Jahren des 20. Jahrhunderts an – als die strukturelle Unfähigkeit des Sozialismus zu einer funktionierenden ökonomischen Politik immer evidenter wurde. In diese Zeit fällt nicht nur die – von den diversen Think Tanks schulbuchmäßig vorbereitete – konservative Wende, sondern auch die „neoliberale". Das Grundrechtsvermächtnis der sozialistischen Emanzipationswelle war der *kollektivistisch verstandene Wertekomplex der sozialen Gerechtigkeit.*

Die individualistisch-inklusive Emanzipationswelle

Die individualistisch-inklusive Emanzipationswelle war die (vorerst) letzte der europäischen Emanzipationswellen. Hier ging es nicht mehr nur um die Emanzipation einer bestimmten Menge bzw. Gruppe, sondern um *die Emanzipation aller Menschen.*[48] In weit stärkerem Ausmaß als bei den früheren Wellen fand man die Protagonisten dabei nicht unbedingt unter den zu Emanzipierenden

48 Zumindest bezog sich das auf alle, die sich auf dem Staatsgebiet eines europäischen Staates befanden.

selbst, sondern bei allen, die sich diesem moralischen Ziel verpflichtet fühlten (wie e.g. bei den Student(inn)en der 68er-Bewegung). *Die Zentralidee war daher weniger eine sozio-ökonomische, sondern eine moralische*, deren Kern im Wesentlichen auf der alten sozialistischen Gerechtigkeitsidee beruhte und in die Richtung eines universalen Gebots zur Emanzipation aller Menschen erweitert wurde. In Europa bezog sich das auf alle im Standardfall (noch) unterprivilegierten Bevölkerungsgruppen, egal ob die Gruppenzugehörigkeit auf physischen, psychischen, sozio-politischen oder ökonomischen Faktoren beruhte. Das betraf vor allem: Frauen, sehr junge und sehr alte Menschen, Menschen mit körperlichen oder geistigen Einschränkungen, Angehörige von Minderheiten mit Bezug auf Gender/Sexualität, Religion, ethnische Zuschreibung und sozialen oder ökonomischen Status.[49]

Die ideologische Vorbereitungsphase der inklusiven Welle begann nach einzelnen Vorläufern in der Zwischenkriegszeit nach dem Ende des 2. Weltkriegs und ist im Wesentlichen als eine Ausdifferenzierung aus dem Sozialismus zu begreifen.[50] Da aber nach der Shoa und dem 2. Weltkrieg praktisch alle Intellektuellen politisch links[51] waren, erfuhr dies dementsprechende Verbreitung. Der *Individualismus* war zunächst eine aus der zweiten Emanzipationswelle stammende bourgeoise Idee und gleichzeitig – und hier noch wichtiger – ein sozio-ökonomisches Faktum, das vermutlich eine direkte Folge des im Zuge der Modernisierung entstandenen Wohlstandszuwachses darstellte. Als die Individualisierung im 20. Jahrhundert die Arbeiterschaft erreichte, hatten die sozialistischen Denker/-innen kaum eine andere Möglichkeit als sie in den Sozialismus zu integrieren, selbst wenn das auf Kosten alter kollektivistischer Vorstellungen ging.[52] Maßgebliche Vordenker dieses „neuen Sozialismus" fanden sich etwa im Reformismus, im Neomarxismus, dabei insbesondere in der Frankfurter Schule, und in der französischen Philosophie, wie etwa den Existentialisten, den Poststrukturalisten und später den Postmodernisten. Im Zuge dieser Entwicklung erweiterte sich das Spektrum „erlaubter" sozialistischer

49 Obwohl es dazu im heutigen Europa eine große Zustimmung gibt, ist dies keine historische Universalie, wie etwa der Blick in die Geschichte der Religionskämpfe zeigt.

50 Anders als für die USA war der rechts-libertäre Traditionsstrang zum Individualismus für Europa intellektuell relativ unbedeutend. Die Beiträge der christlich-sozialen Parteien sollen dabei auch nicht klein geredet werden, aber schon das Wort ‚sozial' zeigt, dass auch diese bürgerlichen Parteien am Sozialismus nicht vorbei kamen.

51 Durch die Diskreditierung des Rechtsintellektualismus konnten diese auch eine bis dato andauernde Hegemonie innerhalb der intellektuellen Klasse aufbauen.

52 Man beachte die Tragweite der Entwicklung, denn der Sozialismus – insbesondere in seiner totalitären Form – zeichnete sich vorher in der Tendenz vor allem durch seine Geringschätzung liberaler Werte aus.

Ideen dramatisch und schließlich wurden auch Motive aus der Psychoanalyse, christlich inspirierte Moralvorstellungen etc. integriert. Als Folge der dabei entstandenen neuen Gerechtigkeitsvorstellungen erreichte das dadurch vorgeschriebene moralische „*Recht auf Individualismus*" schließlich auch *alle noch nicht Emanzipierten*. Damit wurde Individualismus zur *Inklusion*, d.h. die Idee, dass aus Gründen umfassender Gerechtigkeit jeder Mensch seine individuellen Lebenskonzepte leben können muss und gleichzeitig in die Gesellschaft zu integrieren sei – koste es die Gesellschaft, was es wolle.

Die sozio-ökonomische Vorbereitung wiederum ging nicht nur von Europa, sondern vor allem von den USA aus. Schon vor dem 2. Weltkrieg waren die USA – zumindest was das „wohlhabende, weiße Amerika" betraf – eine auf den Grundlagen des libertären Kapitalismus aufbauende weit individualistischere Massenkonsumgesellschaft als Europa. In den Jahren des Wirtschaftsbooms nach dem 2. Weltkrieg setzte nun ein praktisch-individualistischer popkultureller Wandel ein, zu dem insb. die US-amerikanische Jugendkultur der 50er-Jahre und die Bürgerrechtsbewegungen der 60er-Jahre gehörten, was schließlich bis zu den Hippies und Punkern der 70er-Jahre etc. führte. Jede dieser Wellen schwappte über die zumindest partielle popkulturelle Dominanz der USA auch auf Europa über. Nur wenige Entwicklungen (wie etwa der Punk) waren originär europäisch. In Europa hatten sich die intellektuelle Vorbereitung von Individualismus und Inklusion mit der Jugendkultur verbunden und wurden zur 68er-Bewegung. Daraus entstanden die Bewegungen der Neuen Linken, der Friedens- und Ökologiebewegung und später auch der Anti-Globalisierungs-Bewegung – allesamt maßgeblich für die Werte von Individualismus und Inklusion.

Der Beginn der Hochphase der individualistisch-inklusiven Emanzipationswelle kann daher mit dem 68er-Jahr angesetzt werden. In der Folge kam es ab den 70er-Jahren zu einer ziemlich deutlichen gesetzgeberischen Modernisierung (etwa betreffend die Stellung der Frau im Familienrecht), was auch nach der konservativen Wende der 80er-Jahre im Grunde nicht mehr zurück genommen wurde. Standen die 80er-Jahre mehr im Zeichen der Wirtschaft, so wandte man sich in den 90er-Jahren zunehmend den im Standardfall noch unterprivilegierten Bevölkerungsgruppen zu. Damit begann sich die *Individualisierung zur Inklusion zu wandeln* – was sich ebenfalls gesetzgeberisch bemerkbar machte. Angesichts der Reaktionen weiter Teile der europäischen Gesellschaften auf die Flüchtlingskrise des Jahres 2015 ist davon auszugehen, dass die Welle der *emanzipatorisch-individualistisch-inklusiven Werte* – so wie sie die weiter oben genannte empirische Forschung heute darstellt – weiter geht.

Rückkehr der Tyrannis?

Andererseits sehen sich diese Werte auch massiven Widerständen ausgesetzt, was auch als Anzeichen eines Abstiegs gedeutet werden kann. Gegenwärtig befindet sich Europa in einer veritablen Krise, auf deren Ursachen und Details hier nicht weiter eingegangen werden kann. Bezogen auf die Grundwerte zeichnet sich die heutige Lage durch drei Phänomene aus: (1) die weitere Radikalisierung der Inklusion, die vor allem durch Anhänger/-innen der politischen Linken, insb. der gegenwärtigen Formen der Friedens-, Ökologie- und Anti-Globalisierungsbewegung, betrieben wird und schließlich auch zur so genannten „Willkommenskultur" gegenüber den Flüchtlingen des Jahre 2015 geführt hat. (2) die wachsende inner-europäische Ablehnung der Inklusion bzw. der offene oder geheime Wunsch auf ihr Ende – wenn nicht gar auf die Rückkehr autoritärer Herrschaft. (3) die wachsende außer-europäische Ablehnung der Inklusion. Die interne Ablehnung ist vor allem als Abwehrkampf der Protagonisten der dritten Emanzipationswelle, also der Arbeiterschaft, gegen die Inklusion zu nennen. Man kann nicht bestreiten, dass sich viele von deren Mitgliedern gewissermaßen in die gesellschaftliche Zange genommen fühlen, und zwar durch das Zusammenspiel der moralisch motivierten Inklusions-Befürworter/-innen und der (legitimen) Forderungen der neu zu Emanzipierenden. Die wichtigste Waffe gegen diese Entwicklung ist dabei das Wählen rechtspopulistischer Parteien – mit allen Problemen, die sich daraus ergeben. Auch international hat der emanzipatorisch-individualistisch-inklusive Ansatz deutlich an Attraktivität verloren. Europa ist gegenwärtig praktisch völlig eingeschlossen von einem Kranz ganz oder teilweise autoritärer, nicht-inklusiver politischer Systeme, der von Marokko im Westen bis zu Russland im Osten reicht und im Grunde nur drei Ausnahmen kennt: Israel, Armenien und Georgien. Dem gesellt sich auf der internationalen Bühne noch die – ebenfalls autoritär regierte – neue Großmacht China hinzu – mit einem eigenen, sich von den europäischen Werten doch deutlich unterscheidenden und deutlich weniger individualistisch ausgerichteten Wertekanon[53]. Wie dieser Konflikt ausgeht, ist nicht abzusehen. Die Gefahr der Rückkehr der Tyrannis ist jedenfalls real.

---

53 Man beachte dazu das vermutlich nicht nur auf reiner Propaganda beruhende chinesische Konzept der Harmonischen Gesellschaft; cf. dazu China.org.cn: *China Publishes ‚Harmonious Society' Resolution*, retrieved 25.06.2016, from http://www.china.org.cn/english/2006/Oct/184810.htm.

Quellenverzeichnis

Allentoft, Morten E. et al.: „Population Genomics of Bronze Age Eurasia". *Nature* 522, 2015, S. 167–172.

Anthony, David W.: *The Horse, the Wheel and the Language. How Bronze-Age Riders from the Eurasian Steppes Shaped the Modern World*. Princeton University Press: Princeton 2007.

Callayway, Ewen: „Language Origin Debate Rekindled". *Nature* 518, 2015, S. 284–285.

Charta der Grundrechte der Europäischen Union (12007P/TXT; ABl. C 303 vom 14.12.2007, S. 1–16).

China.org.cn: *China Publishes 'Harmonious Society' Resolution*, retrieved 25.06.2016, from http://www.china.org.cn/english/2006/Oct/184810.htm.

Cultural Dimensions, retrieved 25.6.2016. from https://geert-hofstede.com/cultural-dimensions.html.

Europäische Kommission: *Standard Eurobarometer 77 (Spring 2012). The Values of Europeans. Report*, retrieved 25.6.2016, from http://ec.europa.eu/public_opinion/archives/eb/eb77/eb77_value_en.pdf.

Europäische Kommission: *Eurobarometer*, retrieved 25.6.2016, from http://ec.europa.eu/public_opinion/index_en.htm.

European Environment Agency: *Biogeographic Regions in Europe*, retrieved 25.6.2016, from http://www.eea.europa.eu/data-and-maps/figures/biogeographical-regions-in-europe-1.

European Values Study, retrieved 25.6.2016, from http://www.europeanvaluesstudy.eu.

Grundgesetz für die Bundesrepublik Deutschland (dBGBl. 1949/1, retrieved 25.6.2016, from https://www.juris.de/purl/gesetze/_ges/GG).

Haak, Wolfgang et al.: „Massive Migration from the Steppe was a Source for Indo-European Languages in Europe". *Nature 522*, 2015, S. 207–211.

Hänsel, Bernhard: „Die Bronzezeit (2200–800 v.Chr.)". In: Schnurbein, Siegmar von (Hrsg.): *Atlas der Vorgeschichte. Europa von den ersten Menschen bis Christi Geburt*. Theiss: Darmstadt 2014, S. 141–143.

Halman, Loek / Sieben, Inge / Zundert, Marga van: *Atlas of European Values: Trends and Traditions at the turn of the Century*. Brill NV: Leiden 2012.

Hofmanová, Zuzana et al.: „Early farmers from across Europe directly descended from Neolithic Aegeans". *PNAS Early Edition*, 2016, (retrieved 25.6.2016, from http://www.pnas.org/lookup/doi/10.1073/pnas.15239511136), S. 1–6.

Hofstede, Geert: *Cultural Consequences. Comparing Values, Behaviors, Institutions and Organizations across Nations*. Sage Publications: Thousand Oaks et al. 2001.

Hofstede, Geert: *Country comparison*, retrieved 25.6.2016, from https://geert-hofstede.com/countries.html.

Hofstede, Geert / Hofstede, Gert Jan / Minkov, Michael: *Cultures and Organizations. Software of the Mind. Intercultural Cooperation and Its Importance for Survial*. McGraw-Hill: New York et al. 2010.

Inglehart, Ronald / Welzel, Christian: *Modernization, Cultural Change, and Democracy. The Human Development Sequence*. Cambridge University Press: New York et al. 2005.

Inglehart, Ronald / Welzel, Christian: *Inglehart-Welzel Cultural Map of the World*, retrieved 25.6.2016, from http://www.worldvaluessurvey.org/images/Cultural_map_WVS6_2015.jpg.

Mallory, James P. / Adams, Douglas Q.: *The Oxford Introduction to Proto-Indo-European and the Proto-Indo-European World*. Oxford University Press: Oxford et al. 2006.

Novembre, John: „Ancient DNA Steps into the Language Debate". *Nature* 522, 2015, S. 164–165.

Ständiger Ausschuss für geografische Namen: *Empfehlung zur Großgliederung Europas*, retrieved 25.6.2016, from http://www.stagn.de/DE/1_Der_StAGN/Publikationen/StAGN_GGEuropa/grosseu.html.

Thome, Karl N.: *Einführung in das Quartär. Das Zeitalter der Gletscher*. Springer: Berlin et al. 1998.

Welzel, Christian: *Freedom Rising: Human Empowerment and the Quest for Emancipation*. Cambridge University Press: New York et al. 2013.

World Values Survey, retrieved 25.6. 2016, from http://www.worldvaluessurvey.org.

Die Herausgeber/-innen

Stephan Kirste, Univ.-Prof., Dr. jur., Inhaber des Lehrstuhls für Rechts- und Sozialphilosophie an der Universität Salzburg. Präsident der Deutschen Sektion der Internationalen Vereinigung für Rechts- und Sozialphilosophie (IVR). Wichtigste Publikationen: Die Zeitlichkeit des positiven Rechts und die Geschichtlichkeit des Rechtsbewußtseins, Berlin 1998. – Einführung in die Rechtsphilosophie. Darmstadt 2010. – Geschichte der Rechtsphilosophie der Neuzeit (im Erscheinen), Baden-Baden. Forschungsschwerpunkte: Theorie der Rechtswissenschaften, Ideengeschichte der Rechtsphilosophie, Recht und Zeit, Gerechtigkeit, Menschenrechte.

Hanna Maria Kreuzbauer ist Assistenzprofessorin für Rechts- und Sozialphilosophie am Fachbereich Sozial- und Wirtschaftswissenschaften an der Rechtswissenschaftlichen Fakultät der Universität Salzburg. Studium der Rechtswissenschaften, Geschichte und Philosophie; Diplom in „Social Data Analysis“ (University of Essex [GB]). (Mit-)Autorin und (Mit-)Herausgeberin wissenschaftlicher Publikationen in Rechts- und Sozialphilosophie, Rechtstheorie, Rechtsinformatik, Argumentationstheorie und Rhetorik.

Ingeborg Schrems ist wissenschaftliche Referentin am „Programmbereich Vermittlung zeitgenössischer Musik – Mediating Contemporary Music. ConTempOhr“, Kooperationsschwerpunkt Wissenschaft und Kunst an der Universität Salzburg/Universität Mozarteum. Studium der Germanistik. Von 1992–2014 Referentin von Univ. Prof. DDr. Michael Fischer am Fachbereich Sozial- und Wirtschaftswissenschaften, Universität Salzburg, und am Programmbereich Arts & Festival Culture, Universität Salzburg/Universität Mozarteum.

Michaela Strasser ist emeritierte Professorin für Rechts- und Sozialphilosophie sowie Politische Ideengeschichte am Fachbereich Sozial-und Wirtschaftswissenschaften an der Rechtswissenschaftlichen Fakultät der Universität Salzburg. Studium der Rechtswissenschaften, Politikwissenschaft und Geschichte, Habilitation in Rechts- und Sozialphilosophie sowie Politische Theorie. (Mit-) Autorin und (Mit-)Herausgeberin wissenschaftlicher Publikationen in Rechts- und Sozialphilosophie, politischer Philosophie, Wissenschaftsgeschichte und Wissenschaftssoziologie.

Silvia Traunwieser ist Assistenzprofessorin für Rechts- und Sozialphilosophie am Fachbereich Sozial- und Wirtschaftswissenschaften an der Rechtswissenschaftlichen Fakultät der Universität Salzburg. Studium der Rechtswissenschaften, Post Graduate Studium Business Law. Forschungsschwerpunkt in Medizin- und Wirtschaftsethik.

Verzeichnis der Autorinnen und Autoren

Hendrik Jan ANKERSMIT
Chirurg, Leiter des Christian-Doppler-Labors für Diagnose und Regeneration von Herz- und Thoraxerkrankungen, Medizinische Universität Wien

Dieter BORCHMEYER
Literaturwissenschaftler, Germanistisches Seminar, Universität Heidelberg

Bazon BROCK
Ästhetiker, Kulturtheoretiker und -vermittler, Universität Wuppertal, Berlin

Nikolaus DIMMEL
Rechtssoziologe und Politikwissenschaftler, Fachbereich Politikwissenschaft und Soziologie sowie Fachbereich Sozial- und Wirtschaftswissenschaften an der RW Fakultät, Universität Salzburg

Wilhelm DONNER
Politikwissenschaftler und Redakteur, Hauptverband der österreichischen Sozialversicherungsträger, Wien

Manfred GABRIEL
Kultursoziologe, Fachbereich Politikwissenschaft und Soziologie, Universität Salzburg

Michael GEISTLINGER
Völkerrechtler, Fachbereich Öffentliches Recht, Völker- und Europarecht, Universität Salzburg

Volker GERHARDT
Rechts- und Sozialphilosoph, Institut für Philosophie, Humboldt-Universität Berlin

Ortrud GUTJAHR
Literatur- und Kulturwissenschaftlerin, Institut für Germanistik, Universität Hamburg

Johannes HAHN
EU-Kommissar für Europäische Nachbarschaftspolitik und Erweiterungsverhandlungen, Brüssel

Ingrid HENTSCHEL
Theater- und Kulturwissenschaftlerin, Fachbereich Sozialwesen, Fachhochschule Bielefeld

Helmut HOFBAUER
Philosoph, Christian-Doppler-Labor für Diagnose und Regeneration von Herz- und Thoraxerkrankungen, Medizinische Universität Wien

Johannes HOFSTÄTTER
Ökonom, Fachbereich Sozial- und Wirtschaftswissenschaften an der RW Fakultät, Universität Salzburg

Johannes HONSIG-ERLENBURG
Rechtsanwalt, Präsident der Internationalen Stiftung Mozarteum, Salzburg

Raimund JAKOB
Rechtspsychologe und Psychosoziologe, Fachbereich Sozial- und Wirtschaftswissenschaften an der RW Fakultät, Universität Salzburg

Gerhard KATSCHNIG
Kulturwissenschaftler und freiberuflicher Lektor, Institut für Kulturanalyse, Universität Klagenfurt

Stephan KIRSTE
Rechts- und Sozialphilosoph, Fachbereich Sozial- und Wirtschaftswissenschaften an der RW Fakultät, Universität Salzburg

Reinhold KNOLL
Kultursoziologe, Institut für Soziologie, Universität Wien

Helmut KOHLENBERGER
Philosoph, Übersetzer und Redakteur, Wien

Hanna Maria KREUZBAUER
Rechts- und Sozialphilosophin, Fachbereich Sozial- und Wirtschaftswissenschaften an der RW Fakultät, Universität Salzburg

Ulrich LEISINGER
Musikwissenschaftler, Wissenschaftlicher Leiter der Internationalen Stiftung Mozarteum, Salzburg

Peter Daniel MOSER
Rechtsphilosoph, Salzburg

Rudolf MOSLER
Arbeits- und Sozialrechtler, Fachbereich Arbeits- und Wirtschaftsrecht, Universität Salzburg

Norbert PAULO
Rechtsphilosoph, Fachbereich Sozial- und Wirtschaftswissenschaften an der RW Fakultät, Universität Salzburg

Helga RABL-STADLER
Präsidentin der Salzburger Festspiele

Birgit RECKI
Kulturphilosophin, Philosophisches Seminar, Universität Hamburg

Peter RUZICKA
Komponist und Dirigent, Geschäftsführender Intendant der Osterfestspiele Salzburg, Salzburg/Hamburg

Walter SCHERRER
Ökonom, Fachbereich Sozial- und Wirtschaftswissenschaften an der RW Fakultät, Universität Salzburg

Ingeborg SCHREMS
Programmreferentin, Programmbereich Vermittlung zeitgenössischer Musik, Kooperationsschwerpunkt Wissenschaft und Kunst, Universität Salzburg/ Universität Mozarteum

Kurt SEELMANN
Rechtsphilosoph und Straftrechtler, Universität Basel

Michaela STRASSER
Sozial- und Rechtsphilosophin, Fachbereich Sozial- und Wirtschaftswissenschaften an der RW Fakultät, Universität Salzburg

Silvia TRAUNWIESER
Rechtsphilosophin, Fachbereich Sozial- und Wirtschaftswissenschaften an der RW Fakultät, Universität Salzburg

Jürgen WALLNER
Medizinethiker und Rechtsphilosoph, Barmherzige Brüder Österreich, Zentralbereich Ethik; Institut für Rechtsphilosophie, Universität Wien

Hannes WINNER
Ökonom, Fachbereich Sozial- und Wirtschaftswissenschaften an der RW Fakultät, Universität Salzburg

Walther Ch. ZIMMERLI
Philosoph, Honorarprofessur „Geist und Technologie", Humboldt-Universität Berlin

www.ingramcontent.com/pod-product-compliance
Ingram Content Group UK Ltd.
Pitfield, Milton Keynes, MK11 3LW, UK
UKHW041829290926
8980IPUK00002B/155

9 783631 663790